税务人员和企业培训用书

2015年版
企业所得税汇算清缴

QIYE SUODESHUI HUISUAN
QINGJIAO DAYI JINGXUAN

答疑精选

中国税网◎编著

中国市场出版社
China Market Press

图书在版编目（CIP）数据

2015 年版企业所得税汇算清缴答疑精选/中国税网编著. —北京：中国市场出版社，2015.1

ISBN 978-7-5092-1339-1

Ⅰ.①2⋯ Ⅱ.①中⋯ Ⅲ.①企业所得税-税收管理-中国-问题解答 Ⅳ.①F812.424-44

中国版本图书馆 CIP 数据核字（2014）第 283245 号

2015 年版企业所得税汇算清缴答疑精选

中国税网　编著

出版发行	中国市场出版社				
社　　址	北京月坛北小街 2 号院 3 号楼		邮政编码	100837	
电　　话	编 辑 部 （010）68037344		读者服务部 （010）68022950		
	发 行 部 （010）68021338	68020340	68053489		
	68024335	68033577	68033539		
	总 编 室 （010）68020336				
	盗版举报 （010）68020336				
邮　　箱	943341659@qq.com				
经　　销	新华书店				
印　　刷	河北鑫宏源印刷包装有限责任公司				
规　　格	185 mm×260 mm　16 开本		版　次	2015 年 1 月第 1 版	
印　　张	28.5		印　次	2015 年 1 月第 1 次印刷	
字　　数	710 000		定　价	60.00 元	

编写说明

为便于税务干部和纳税人掌握企业所得税政策和制度规定，根据国家税务总局 2014 年 11 月 3 日下发的《企业所得税年度纳税申报表（A 类，2014 年版）》，圆满完成 2014 年度企业所得税汇算清缴工作，中国税网组织国家税务主管部门相关负责人编写了《2015 年版企业所得税汇算清缴操作指南》和《2015 年版企业所得税汇算清缴答疑精选》丛书，本书为《2015 年版企业所得税汇算清缴答疑精选》。

本书按照《中华人民共和国企业所得税法》立法体系进行分类，主体内容主要以问答形式体现，简洁精练；书中收录的问答是从 2014 年度中国税网回复会员的咨询或提问中精选出来的，同时也收录了部分国家税务总局和省级税务部门回复纳税人的咨询或提问。为方便读者进行新申报表填报，本书附录了国家税务总局 2014 年版企业所得税纳税申报表及填报说明，并以二维码形式附赠了《中国税网 2014 年企业所得税汇算清缴法规汇编》，读者可扫码下载（下载方法参见本书最后"购书扫码 赠送 2 大增值礼包"相关内容）。

为体现回复的准确性，本书在收录问题的答案部分大都标注了援引法规，书中《中华人民共和国企业所得税法》（2007 年 3 月 16 日中华人民共和国主席令第 63 号）、《中华人民共和国企业所得税法实施条例》（2007 年 12 月 6 日中华人民共和国国务院令第 512 号）、《中华人民共和国增值税暂行条例》（2008 年 11 月 5 日中华人民共和国国务院令第 538 号）、《中华人民共和国消费税暂行条例》（2008 年 11 月 5 日中华人民共和国国务院令第 539 号）、《中华人民共和国营业税暂行条例》（2008 年 11 月 5 日中华人民共和国国务院令第 540 号）、《中华人民共和国税收征收管理法》（2001 年 4 月 28 日中华人民共和国主席令第 49 号）、《中华人民共和国公司法》（2005 年 10 月 27 日中华人民共和国主席令第 42 号）分别简称为《企业所得税法》、《企业所得税法实施条例》、《增值税暂行条例》、《消费税暂行条例》、《营业税暂行条例》、《税收征收管理法》、《公司法》，其他法规也作了类似的简称处理。

本书的主要阅读对象为企事业单位的办税人员、财会人员、财务经理、税务经理、财务总监、总会计师等财务一线工作人员，同时对税务干部和企事业单位的董事长、总经理等管理层也具有一定的参考价值。限于水平和时间，对有些问题的回答可能会存在偏差，欢迎广大读者和专家批评指正。

中国税网
2014 年 12 月

CONTENTS 目　录

第二部分　扣除类

第三部分　资产的税务处理

第四部分　税收优惠政策

第五部分　弥补亏损

第六部分　特殊事项处理

第七部分　征收管理

附　录

第一部分
收入类

征税收入

1. 境内企业接受境外捐赠是否单独计缴企业所得税?

问:有一外资企业,接受国外的原材料捐赠,接受捐赠应交企业所得税,但该企业当年亏损,该项所得是与企业所得其他所得一起计算缴纳还是单独计算缴纳?该企业年终亏损,是不缴所得税的,是否捐赠收入也不用缴纳所得税?

答:《企业所得税法》第五条规定,企业每一纳税年度的收入总额,减除不征税收入、免税收入、各项扣除以及允许弥补的以前年度亏损后的余额,为应纳税所得额。

第五十三条规定,企业所得税按纳税年度计算。纳税年度自公历1月1日起至12月31日止。

因此,企业按年度缴纳企业所得税,取得的捐赠收入应计入当年度收入总额,在减除不征税收入、免税收入、各项扣除以及允许弥补的以前年度亏损后的余额仍为负数的,没有应纳税所得额,为亏损,当年度不纳税。

2. 集团内房产投资增值是否缴纳企业所得税?

问:集团企业A(工业)以现金3 000万元、设备2 000万元(账面价、评估价均为2 000万元)、房产2 000万元(账面价格为500万元,评估价为2 000万元)全资成立了新工业企业B(独立法人单位),其业务范围、经营方式、人员等均与集团企业A一致。其房产评估增值部分1 500万元是否由A企业当期缴纳企业所得税?

《国家税务总局关于企业股权投资业务若干所得税问题的通知》(国税发〔2000〕118号)规定,企业以经营活动的部分非货币性资产对外投资,包括股份公司的法人股东以其经营活动的部分非货币性资产向股份公司配购股票,应在投资交易发生时,将其分解为按公允价值销售有关非货币性资产和投资两项经济业务进行所得税处理,并按规定计算确认资产转让所得或损失。该文件已经全文废止,是否可以理解为在投资环节不再缴纳企业所得税,而改为在转让环节缴税?

《国家税务总局关于企业处置资产所得税处理问题的通知》(国税函〔2008〕828 号)第一条规定,企业发生下列情形的处置资产,除将资产转移至境外以外,由于资产所有权属在形式和实质上均不发生改变,可作为内部处置资产,不视同销售确认收入,相关资产的计税基础延续计算。

(四)将资产在总机构及其分支机构之间转移;

······

此项投资可否理解为资产在总机构与分支机构之间转移?由于 B 企业是 A 企业的全资子公司,能否理解为内部资产划转?

答: 新企业所得税法实施后,原国税发〔2000〕118 号文件已经废止。2008 年实施新企业所得税法后,国家税务总局及时印发了国税函〔2008〕828 号文件,明确了视同销售的具体操作情形。新企业所得税法采取法人所得税制,集团公司将其资产评估增值后成立子公司,已经满足了资产所有权转移的条件,不符合国税函〔2008〕828 号文件所称的"(四)将资产在总机构及其分支机构之间转移"的条件,应视同销售处理。

3. 关联企业往来何种情况下应确认利息收入?

问: 关联企业之间的往来款什么情况下应视同借款?无偿使用的情况下,在税收上什么情况下应确认利息收入?

答:《国家税务总局关于印发〈特别纳税调整实施办法(试行)〉的通知》(国税发〔2009〕2 号)第十条规定,关联交易主要包括以下类型:

(三)融通资金,包括各类长短期资金拆借和担保以及各类计息预付款和延期付款等业务;

······

《税收征收管理法》第三十六条规定,企业或者外国企业在中国境内设立的从事生产、经营的机构、场所与其关联企业之间的业务往来,应当按照独立企业之间的业务往来收取或者支付价款、费用;不按照独立企业之间的业务往来收取或者支付价款、费用,而减少其应纳税的收入或者所得额的,税务机关有权进行合理调整。

《税收征收管理法实施细则》第五十四条规定,纳税人与其关联企业之间的业务往来有下列情形之一的,税务机关可以调整其应纳税额:

(二)融通资金所支付或者收取的利息超过或者低于没有关联关系的企业之间所能同意的数额,或者利率超过或者低于同类业务的正常利率;

······

根据上述规定,关联纳税人之间互相融通资金属于关联方交易,如不按照独立纳税人之间的业务往来收取或者支付价款、费用,而减少其应纳税的收入或者所得额的,税务机关有权进行合理调整。

4. 一次性收取铁路道口看守费如何确定收入?

问: 2011 年 1 月,某铁路公司与地方政府签订道口看守合同,合同期限为 10 年,总金额为 1 000 万元，合同约定合同签订后 15 日内一次性付款。

该公司 2011 年申报企业所得税时，是按总金额为 1 000 万元申报缴纳企业所得税，还是按 10 年每年 100 万元进行申报缴纳企业所得税？

答：《企业所得税法实施条例》第九条规定，企业应纳税所得额的计算，以权责发生制为原则，属于当期的收入和费用，不论款项是否收付，均作为当期的收入和费用；不属于当期的收入和费用，即使款项已经在当期收付，均不作为当期的收入和费用。本条例和国务院财政、税务主管部门另有规定的除外。

《国家税务总局关于确认企业所得税收入若干问题的通知》（国税函〔2008〕875 号）规定，长期为客户提供重复的劳务收取的劳务费，在相关劳务活动发生时确认收入。

根据上述规定，铁路公司一次性取得道口看守劳务费，应在相关劳务活动发生时确认收入。遵循权责发生制的原则，按每年 100 万元确认收入进行申报缴纳企业所得税。

5. 转口贸易是否缴纳企业所得税？

问：我公司的子公司××国际商贸公司，注册地在北京，准备做转口贸易，货物不进入中国境内，我公司上下游客户都是境外客户，都使用手写的发票，我公司应缴纳的税款是否只涉及增值部分的所得税？

答：《增值税暂行条例》第一条规定，在中华人民共和国境内销售货物或者提供加工、修理修配劳务以及进口货物的单位和个人，为增值税的纳税人，应当依照本条例缴纳增值税。

因此，该公司做转口贸易，货物不在境内，不属于在境内销售货物，不需要缴纳增值税。

《企业所得税法》第三条第一款规定，居民企业应当就其来源于中国境内、境外的所得缴纳企业所得税。

《企业所得税法实施条例》第七条规定，企业所得税法第三条所称来源于中国境内、境外的所得，按照以下原则确定：

（一）销售货物所得，按照交易活动发生地确定。

因此，该公司为居民企业，取得来源于境内外所得均应缴纳企业所得税。从事转口贸易，货物不在境内，不论交易活动发生地是否在境内，该所得均应缴纳企业所得税。

提示：《企业所得税法实施条例释义及应用指南》明确，交易活动发生地，主要指销售货物行为发生的场所，通常是销售企业的营业机构，在送货上门的情况下为购货单位或个人的所在地，还可以是买卖双方约定的其他地点。

6. 被减免的货款应如何确认收入？

问：2013 年 3 月 10 日，我公司向某公司购买一批材料，价值 300 万元，合同约定最晚当年 5 月 10 日付清货款。由于我公司发生财务困难，一直无法按合同规定偿还债务，经双方协议，该公司同意减免我公司 80 万元债务，剩余 220 万元用现金立即清偿。我公司对这笔业务应如何确认收入？是分期确认收入，还是一次性确认收入？

答：《国家税务总局关于贯彻落实企业所得税法若干税收问题的通知》（国税函〔2010〕79号）规定，企业发生债务重组，应在债务重组合同或协议生效时确认收入的实现。《国家税务总局关于企业取得财产转让等所得企业所得税处理问题的公告》（国家税务总局公告2010年第19号）第一条和第二条规定，企业取得财产（包括各类资产、股权、债权等）转让收入、债务重组收入、接受捐赠收入、无法偿付的应付款收入等，不论是以货币形式、还是非货币形式体现，除另有规定外，均应一次性计入确认收入的年度计算缴纳企业所得税。

根据上述规定，你公司被对方公司减免的80万元收入应一次性计入确认收入的年度计算缴纳企业所得税。

7. 利润分配与否能否影响股权转让所得的确认？

问：A和B为两个企业，分别出资5000万元共同投资设立了C企业，1年后C盈利2000万元，A把自己所有的股权转让给B，如果转让前C分配了全部利润，A和B均分得1000万元，然后A再以原价5000万元把股权转让给B。根据投资收益免缴所得税的规定，A是否不需缴纳所得税？如果C未分配利润，A以6000万元转让，是否需要缴纳250万元（1000×0.25）的股权转让所得税？

答：《企业所得税法》第二十六条规定，企业的下列收入为免税收入：

（二）符合条件的居民企业之间的股息、红利等权益性投资收益；

······

《企业所得税法实施条例》第八十三条规定，企业所得税法第二十六条第（二）项所称符合条件的居民企业之间的股息、红利等权益性投资收益，是指居民企业直接投资于其他居民企业取得的投资收益。企业所得税法第二十六条第（二）项和第（三）项所称股息、红利等权益性投资收益，不包括连续持有居民企业公开发行并上市流通的股票不足12个月取得的投资收益。

根据上述规定，C公司向A、B企业分配利润，A、B分得的利润属于免税收入，免交企业所得税。

如果C公司分配利润后，其所有者权益为实收资本金额，即10000万元。此时C公司的股权价值不一定为10000万元。C公司不是上市企业，其股权价值一般应通过评估确定。如果C公司股权价值为10000万元，则A公司所持股权价值为5000万元，A公司将股权以5000万元转让给B企业，其股权转让所得为零，不需缴纳企业所得税。

如果C公司未分配利润，A公司以6000万元转让（假定为股权价值），则A公司取得股权转让收入6000万元，股权转让成本为5000万元，需缴纳250万元（1000×25%）的股权转让所得税。

提示：《公司法》第一百六十七条规定，公司分配当年税后利润时，应当提取利润的百分之十列入公司法定公积金。公司法定公积金累计额为公司注册资本的百分之五十以上的，可以不再提取。

公司的法定公积金不足以弥补以前年度亏损的，在依照前款规定提取法定公积金之前，应当先用当年利润弥补亏损。

公司从税后利润中提取法定公积金后，经股东会或者股东大会决议，还可以从税后利润中提取任意公积金。

公司弥补亏损和提取公积金后所余税后利润，有限责任公司依照本法第三十五条的规定分配；股份有限公司按照股东持有的股份比例分配，但股份有限公司章程规定不按持股比例分配的除外。

股东会、股东大会或者董事会违反前款规定，在公司弥补亏损和提取法定公积金之前向股东分配利润的，股东必须将违反规定分配的利润退还公司。

公司持有的本公司股份不得分配利润。

因此，公司分配税后利润时，应当提取利润的百分之十列入公司法定公积金。公司法定公积金累计额为公司注册资本的百分之五十以上的，可以不再提取。同时经股东会或者股东大会决议，还可以从税后利润中提取任意公积金。

C 企业开业一年后获利 2 000 万元，不能全额向股东分配利润。

8. 取得的代扣代缴税款手续费收入是否缴税？

问：从税务局取回的代扣代缴个人所得税手续费，再奖励给职工，符合规定不缴纳个人所得税，该手续费收入是否需要缴纳企业所得税？

答：《企业所得税法》第五条规定，企业每一纳税年度的收入总额，减除不征税收入、免税收入、各项扣除以及允许弥补的以前年度亏损后的余额，为应纳税所得额。

第六条规定，企业以货币形式和非货币形式从各种来源取得的收入，为收入总额。包括：

（二）提供劳务收入；

……

《企业所得税法实施条例》第十五条规定，企业所得税法第六条第（二）项所称提供劳务收入，是指企业从事建筑安装、修理修配、交通运输、仓储租赁、金融保险、邮电通信、咨询经纪、文化体育、科学研究、技术服务、教育培训、餐饮住宿、中介代理、卫生保健、社区服务、旅游、娱乐、加工以及其他劳务服务活动取得的收入。

《广西壮族自治区地方税务局关于企业代扣代缴个人所得税取得手续费收入纳税问题的函》（桂地税函〔2009〕446 号）第二条规定，根据《中华人民共和国企业所得税法》和《中华人民共和国企业所得税法实施条例》的有关规定，企业代扣代缴个人所得税取得手续费收入应缴纳企业所得税。

根据上述规定，企业获得 2% 的代扣代缴个人所得税返还手续费属于提供劳务收入，应计入企业收入总额计缴企业所得税。相关成本可按规定在税前扣除。

9. 如何确认小额贷款公司利息收入？

问：（1）小额贷款公司经营贷款业务如何确认收入时间？是按合同约定应收利息的时间吗？假设合同约定每月 10 号为付息日，那么每年 12 月 11 号至 31 号的应计利息是否要计提作为当年收入申报企业所得税？

（2）小额贷款公司经营贷款业务发生利息无法按时收取，如何确认收入？（包括贷款未逾期和逾期的应如何处理？）逾期贷款未收到的利息收入是按金融企业计提 90 天计入收入，还是按合同一直计提计入收入？如果借款方一直未偿还，需要一直计提吗？

答：《企业所得税法实施条例》第十八条第二款规定，利息收入，按照合同约定的债务人应付利息的日期确认收入的实现。

根据上述规定，小额贷款公司的贷款利息收入应按照合同约定的应付利息日确认收入。如果合同约定每月 10 号为付息日，那每年 12 月 11 号至 31 号的应计利息不需要作为当年收入申报企业所得税。

小额贷款公司没有金融许可证，虽然从事贷款业务，但国家有关部门未按金融企业对其进行管理，因此，在没有新政策出台之前，小额贷款公司的逾期贷款利息收入，不适用《国家税务总局关于金融企业贷款利息收入确认问题的公告》（国家税务总局公告 2010 年第 23 号）规定，即便未收到，也应在合同约定付息日确认利息收入。

10. 农村电网维护管理费结余是否缴纳企业所得税？

问：电力行业农村电网维护管理费出现结余，是否缴纳企业所得税？

答：《企业所得税法》第六条规定，企业以货币形式和非货币形式从各种来源取得的收入，为收入总额。包括：

（一）销售货物收入；
（二）提供劳务收入；
（三）转让财产收入；
（四）股息、红利等权益性投资收益；
（五）利息收入；
（六）租金收入；
（七）特许权使用费收入；
（八）接受捐赠收入；
（九）其他收入。

根据上述规定，企业以各种形式取得的收入，为收入总额，应当按照规定缴纳企业所得税。目前对于电力企业收取的农村电网维护管理费，没有免征企业所得税的相关规定。公司将农村电网维护管理费单独列账、专款专用，结余为收支相抵后的余额，实质为应纳税所得额的一部分，应缴纳企业所得税。

11. 购买理财产品取得的利息是否免缴企业所得税？

问：购买理财产品收到的利息能否免缴企业所得税？

答：《企业所得税法》第七条规定，收入总额中的下列收入为不征税收入：

（一）财政拨款；
（二）依法收取并纳入财政管理的行政事业性收费、政府性基金；
（三）国务院规定的其他不征税收入。

第二十六条规定，企业的下列收入为免税收入：

（一）国债利息收入；

（二）符合条件的居民企业之间的股息、红利等权益性投资收益；

（三）在中国境内设立机构、场所的非居民企业从居民企业取得与该机构、场所有实际联系的股息、红利等权益性投资收益；

（四）符合条件的非营利组织的收入。

《财政部、国家税务总局关于非营利组织企业所得税免税收入问题的通知》（财税〔2009〕122号）第一条规定，非营利组织的下列收入为免税收入：

（四）不征税收入和免税收入孳生的银行存款利息收入；

……

根据上述规定，企业购入理财产品取得的利息收入不属于不征税收入范围，也不属于免税收入范围，应计入企业应纳税所得额缴纳企业所得税。

12. 企业所得税收入小于增值税收入是否合理？

问：某公司为软件公司，在向某客户销售一款软件后，另与该客户签订了2年期（2013.1—2014.12）的后续维护服务合同，总价20万元，就此服务已于2013年1月全部收取款项并全额开具了增值税专用发票给客户（税率6%）。会计上没有一次全部确认为2013年收入而是分两年确认收入，2013年只确认收入94 340元。

2013年度企业所得税汇算清缴时是否要纳税调增94 340元（即调增会计上暂未确认的2014年的收入）？如不纳税调增，就会造成企业所得税收入与增值税收入不一致，税务局是否会认可这种差异？

答：《增值税暂行条例》第六条规定，销售额为纳税人销售货物或者应税劳务向购买方收取的全部价款和价外费用，但是不包括收取的销项税额。

第十九条规定，增值税纳税义务发生时间：

（一）销售货物或者应税劳务，为收讫销售款项或者取得索取销售款项凭据的当天；先开具发票的，为开具发票的当天。

《企业会计准则第14号——收入》第十条规定，企业在资产负债表日提供劳务交易的结果能够可靠估计的，应当采用完工百分比法确认提供劳务收入。

完工百分比法，是指按照提供劳务交易的完工进度确认收入与费用的方法。

第十三条规定，企业应当按照从接受劳务方已收或应收的合同或协议价款确定提供劳务收入总额，但已收或应收的合同或协议价款不公允的除外。

企业应当在资产负债表日按照提供劳务收入总额乘以完工进度扣除以前会计期间累计已确认提供劳务收入后的金额，确认当期提供劳务收入；同时，按照提供劳务估计总成本乘以完工进度扣除以前会计期间累计已确认劳务成本后的金额，结转当期劳务成本。

第十五条规定，企业与其他企业签订的合同或协议包括销售商品和提供劳务时，销售商品部分和提供劳务部分能够区分且能够单独计量的，应当将销售商品的部分作为销售商品处理，将提供劳务的部分作为提供劳务处理。

销售商品部分和提供劳务部分不能够区分，或虽能区分但不能够单独计量的，应当将销售商品部分和提供劳务部分全部作为销售商品处理。

《国家税务总局关于确认企业所得税收入若干问题的通知》（国税函〔2008〕875号）第二条规定，企业在各个纳税期末，提供劳务交易的结果能够可靠估计的，应采用完工进度（完工百分比）法确认提供劳务收入。

（三）企业应按照从接受劳务方已收或应收的合同或协议价款确定劳务收入总额，根据纳税期末提供劳务收入总额乘以完工进度扣除以前纳税年度累计已确认提供劳务收入后的金额，确认为当期劳务收入；同时，按照提供劳务估计总成本乘以完工进度扣除以前纳税期间累计已确认劳务成本后的金额，结转为当期劳务成本。

（四）下列提供劳务满足收入确认条件的，应按规定确认收入：

4. 服务费。包含在商品售价内可区分的服务费，在提供服务的期间分期确认收入。

根据上述规定，会计和税法对提供劳务收入确认原则基本一致，包含在商品售价内可区分的服务费，在提供服务的期间分期确认收入。因此，企业对两年期服务合同分期确认收入企业所得税汇算清缴时不需要调整下一年度未提供服务而未确认的收入。

增值税处理时，销售额为纳税人销售货物或者应税劳务向购买方收取的全部价款和价外费用，销售货物或者应税劳务，为收讫销售款项或者取得索取销售款项凭据的当天；先开具发票的，为开具发票的当天。增值税与企业所得税为不同的税种，计税依据、纳税义务发生时间均有不同的规定，上述事项的确存在增值税销售额与企业所得税收入不一致的情况，但符合相关税法规定。

13. 企业取得的信托基金分红是否缴纳企业所得税？

问：企业投资信托投资基金（如房地产信托投资基金）后，信托基金分红是否需要缴纳企业所得税？

答：《财政部、国家税务总局关于企业所得税若干优惠政策的通知》（财税〔2008〕1号）规定，对投资者从证券投资基金分配中取得的收入，暂不征收企业所得税。

因此，对投资者从非证券投资基金分配中取得的收入，应缴纳企业所得税。

14. 风电企业的其他业务收入是否需要做所得税纳税调整？

问：《企业所得税法》规定，从事国家重点扶持的公共基础设施项目投资经营的所得可以免征、减征企业所得税。《企业所得税法实施条例》明确，国家重点扶持的公共基础设施项目，是指《目录》规定的港口码头、机场、铁路、公路、城市公共交通、电力、水利等项目。我公司属于风力发电公司，按政策享受此所得税优惠政策。那么，企业发生的其他业务收入，例如材料销售、资金占用费收入或财政补贴等是否不在政策范围？是否需要调整？

答：《国家税务总局关于实施国家重点扶持的公共基础设施项目企业所得税优惠问题的通知》（国税发〔2009〕80号）第一条第一款规定，对居民企业（以下简称企业）经有关部门批准，从事符合《公共基础设施项目企业所得税优惠目录》（以下简称《目录》）规定范围、条件和标准的公共基础设施项目的投资经营所得，自该项目取得第一笔生产经营收入所属纳税年度起，第一年至第三年免征企业所得税，第四年至第六年减半征收企业所得税。

第六条规定，企业同时从事不在《目录》范围的生产经营项目取得的所得，应与享受优惠的公共基础设施项目经营所得分开核算，并合理分摊企业的期间共同费用；没有单独核算的，不得享受上述企业所得税优惠。

根据上述规定，可以享受企业所得税"三免三减半"优惠政策的是"公共基础设施"项目的投资经营所得，"企业发生的其他业务收入，例如材料销售、资金占用费收入或财政补贴"，不属于《目录》规定的生产经营项目所得，不能享受企业所得税减免税政策。

15. 企业获得的保险赔偿款超过损失部分是否缴纳企业所得税？

问：我公司不久前发生了一起意外事故，造成一些财产的损失，全部损失价值10万元，但这些财产均已投保，保险公司向我公司赔款12万元。

赔偿款超过损失部分是否要缴纳企业所得税？法律条款依据是什么？

答：《企业所得税法实施条例》第三十二条规定，企业所得税法第八条所称损失，是指企业在生产经营活动中发生的固定资产和存货的盘亏、毁损、报废损失，转让财产损失，呆账损失，坏账损失，自然灾害等不可抗力因素造成的损失以及其他损失。

企业发生的损失，减除责任人赔偿和保险赔款后的余额，依照国务院财政、税务主管部门的规定扣除。

企业已经作为损失处理的资产，在以后纳税年度又全部收回或者部分收回时，应当计入当期收入。

根据上述规定，企业资产发生损失已做处理后，收回的部分（无论是小于、等于或大于）应当作为收入计入当期应纳税所得额。

16. 折价购买股权确认的收益是否缴纳企业所得税？

问：2013年3月，甲上市公司向A公司投资1000万元，占30%，按A公司公允价值计算的对应份额为1200万元。甲公司按会计准则规定计入营业外收入200万元。

该200万元是否必须作为2013年度的应纳税所得额？若是，必须一次性确认收入吗？

答：《企业所得税法实施条例》第七十一条规定，企业所得税法第十四条所称投资资产，是指企业对外进行权益性投资和债权性投资形成的资产。

企业在转让或者处置投资资产时，投资资产的成本，准予扣除。

投资资产按照以下方法确定成本：

（一）通过支付现金方式取得的投资资产，以购买价款为成本；

（二）通过支付现金以外的方式取得的投资资产，以该资产的公允价值和支付的相关税费为成本。

根据上述规定，如果是以现金出资投资其他公司，投资方不存在收入确认问题，但成本应按上述规定处理。

17. 如何确认赠品视同销售收入金额？

问：我公司是一家生产企业，销售自产产品的同时也外购产品销售。外购产品的厂家与我公司为同一母公司，所产产品全部销售给我公司。现我公司从关联公司购入产品用于市场销售我公司正式产品的附加赠送产品，那么视同销售收入，是否按购入时的价格计算？

答：关于企业处置资产确认问题，《企业所得税法实施条例》第十三条规定，企业所得税法第六条所称企业以非货币形式取得的收入，应当按照公允价值确定收入额。

前款所称公允价值，是指按照市场价格确定的价值。

《国家税务总局关于确认企业所得税收入若干问题的通知》（国税函〔2008〕875 号）第三条规定，企业以买一赠一等方式组合销售本企业商品的，不属于捐赠，应将总的销售金额按各项商品的公允价值的比例来分摊确认各项的销售收入。

根据上述规定，贵公司将外购产品用于市场销售推广赠送（不包括买一赠一），应视同销售，按公允价值确定收入额，计缴企业所得税。

18. 在建工程试运行收入是否并入应纳税所得额？

问：根据企业所得税法精神，在计算应纳税所得额及应纳所得税时，企业财务、会计处理办法与税法规定不一致的，应按照企业所得税法规定计算。企业所得税法规定不明确的，在没有明确规定之前，暂按企业财务、会计规定计算。

企业会计准则规定，在建工程试运行收入冲减在建工程成本，税法上没有明确的文件规定，国税发〔1994〕132 号文件已经全文作废。那么，在建工程试运行收入是否需要并入应纳税所得额？

答：根据现行企业所得税法规定精神，企业在建工程试运行收入符合应税收入的特点，应缴纳企业所得税。对于会计准则与税法的差异，在纳税申报时作纳税调整。

19. 营改增后计算代扣代缴企业所得税是否需要将不含税收入还原？

问：《财政部、国家税务总局关于将铁路运输和邮政业纳入营业税改征增值税试点的通知》（财税〔2013〕106 号）附件 1《营业税改征增值税试点实施办法》第十七条规定，境外单位或者个人在境内提供应税服务，在境内未设有经营机构的，扣缴义务人按照下列公式计算应扣缴税额：

应扣缴税额＝接受方支付的价款÷（1＋税率）×税率

代扣代缴企业所得税时基数如何确定？是否也要进行不含税收入还原处理？

答：《国家税务总局关于营业税改征增值税试点中非居民企业缴纳企业所得税有关问题的公告》（国家税务总局公告 2013 年第 9 号）规定，营业税改征增值税试点中的非居民企业，取得《企业所得税法》第三条第三款规定的所得，在计算缴纳企业所得税时，应以不含增值税的收入全额作为应纳税所得额。

根据上述规定，营改增后，所述租金在计算代扣代缴企业所得税时，应将支付总额还原为不含增值税的收入作为应纳税所得额。

20. 通过管理公司对外投资取得分红如何缴纳企业所得税？

问：有 A、B 两家公司计划共同出资通过某资产管理公司投资 X 企业，这家资产管理公司为 X 企业名义上的股东（即 A、B 公司不在 X 企业股东名单上）。每年，被投资企业 X 公司将分红支付给这家资产管理公司，再由资产管理公司按投资比例分配给 A、B 两家公司。A、B 公司、资产管理公司及 X 企业，均签订协议明确各自的股权比例。

由资产管理公司分配给 A、B 公司的分红如何缴纳所得税？是否属于免税收入？

答：《企业所得税法》第二十六条规定，企业的下列收入为免税收入：

（二）符合条件的居民企业之间的股息、红利等权益性投资收益；

……

《企业所得税法实施条例》第一百一十九条第三款规定，企业所得税法第四十六条所称权益性投资，是指企业接受的不需要偿还本金和支付利息，投资人对企业净资产拥有所有权的投资。

《公司法》第四条规定，公司股东依法享有资产收益、参与重大决策和选择管理者等权利。

根据上述规定，某资产管理公司为 X 公司股东，其对 X 公司投资属于权益性投资。A、B 两家公司不是 X 公司的股东，其未直接对 X 公司进行权益投资，通过某资产管理公司间接取得的 X 企业分红，不属于权益性投资收益，不是免税收入。

21. 跨期装卸业务企业所得税如何处理？

问：甲公司是一家大型港口码头企业，由于如下原因导致装卸业务常常存在跨月的情形：客户从国外运入货物的船舶吨位较大，在我港（深水港）卸货后再分批转运国内指定港口，但转运船舶吨位较小且需要等待。

比如，2013 年 7 月 28 日从国外进来一艘装有 30 万吨铁矿石的轮船，卸货时间为 7 月 28 日至 8 月 3 日，但搬运时间达两个月；8 月 3 日至 8 月 5 日将其中 5 万吨铁矿石搬往较小的轮船运往锦州港；8 月 14 日至 8 月 18 日再将其中的 10 万吨搬入较小的轮船运往锦州港；8 月 28 日至 9 月 2 日又将其中的 12 万吨搬入较小的轮船运往锦州港；9 月 10 日装完最后一批运往锦州港。我公司与客户约定：最后一批货物到港后一次性开具发票并进行结算。

那么，对于跨月装卸业务企业所得税应如何处理？

答：1.《企业会计准则第 14 号——收入》第十条规定，企业在资产负债表日提供劳务交易的结果能够可靠估计的，应当采用完工百分比法确认提供劳务收入。

完工百分比法，是指按照提供劳务交易的完工进度确认收入与费用的方法。

第十一条规定，提供劳务交易的结果能够可靠估计，是指同时满足下列条件：

（一）收入的金额能够可靠地计量；

（二）相关的经济利益很可能流入企业；

（三）交易的完工进度能够可靠地确定；

（四）交易中已发生和将发生的成本能够可靠地计量。

第十二条规定，企业确定提供劳务交易的完工进度，可以选用下列方法：

（一）已完工作的测量。

（二）已经提供的劳务占应提供劳务总量的比例。

（三）已经发生的成本占估计总成本的比例。

第十三条规定，企业应当按照从接受劳务方已收或应收的合同或协议价款确定提供劳务收入总额，但已收或应收的合同或协议价款不公允的除外。

企业应当在资产负债表日按照提供劳务收入总额乘以完工进度扣除以前会计期间累计已确认提供劳务收入后的金额，确认当期提供劳务收入；同时，按照提供劳务估计总成本乘以完工进度扣除以前会计期间累计已确认劳务成本后的金额，结转当期劳务成本。

根据上述规定，甲公司从事装卸搬运劳务，该劳务的结果能可靠估计，应采用完工百分比法确认提供劳务收入，按合同确定收入总额。对问题所述情况，甲公司应分别确认 7 月份的装卸收入，8 月份及 9 月份的搬运收入。完工进度可按上述第十二条规定确定。

2.《国家税务总局关于确认企业所得税收入若干问题的通知》（国税函〔2008〕875 号）第二条规定，企业在各个纳税期末，提供劳务交易的结果能够可靠估计的，应采用完工进度（完工百分比）法确认提供劳务收入。

（一）提供劳务交易的结果能够可靠估计，是指同时满足下列条件：

1. 收入的金额能够可靠地计量；

2. 交易的完工进度能够可靠地确定；

3. 交易中已发生和将发生的成本能够可靠地核算。

（二）企业提供劳务完工进度的确定，可选用下列方法：

1. 已完工作的测量；

2. 已提供劳务占劳务总量的比例；

3. 发生成本占总成本的比例。

（三）企业应按照从接受劳务方已收或应收的合同或协议价款确定劳务收入总额，根据纳税期末提供劳务收入总额乘以完工进度扣除以前纳税年度累计已确认提供劳务收入后的金额，确认为当期劳务收入；同时，按照提供劳务估计总成本乘以完工进度扣除以前纳税期间累计已确认劳务成本后的金额，结转为当期劳务成本。

因此，甲公司装卸搬运收入在企业所得税上确认的原则，与会计上规定基本一致。对于问题所述情形，企业可分 7、8、9 月确认收入。企业所得税按年度汇算清缴，前述收入应确认为 2013 年度收入。

22. 按权益法核算长期股权投资对初始投资成本确认的损益是否纳税？

问： 长期股权投资的初始投资成本小于投资时应享有被投资单位可辨认净资产公允价值份额的，会计上应当将其差额计入当期损益，同时调整长期股权投资的成本。税收上是否就计入当期损益部分缴纳企业所得税？

答：《企业所得税法实施条例》第七十一条规定，企业所得税法第十四条所称投资资产，是指企业对外进行权益性投资和债权性投资形成的资产。

企业在转让或者处置投资资产时，投资资产的成本，准予扣除。

投资资产按照以下方法确定成本：

（一）通过支付现金方式取得的投资资产，以购买价款为成本；

（二）通过支付现金以外的方式取得的投资资产，以该资产的公允价值和支付的相关税费为成本。

根据上述规定，企业对外进行股权投资时，其计税基础应以上述规定的方法确认。与会计确认的投资成本差异，应当在进行企业所得税纳税申报时，通过填报附表进行纳税调整。

23. 以房产对外投资评估增值是否视同销售缴纳企业所得税？

问：我公司有一处房产，账面原值1 050万元，已计提折旧400万元，现将该房产对全资子公司投资（该子公司与我公司为同一控制），经评估该房产作价4 000万元。子公司账上列固定资产4 000万元，我公司账上列长期投资4 000万元，同时将评估增值部分按会计准则的要求计入资本公积。

依据《企业所得税法实施条例》第二十五条中视同销售的相关规定，并未提到将货物、财产、劳务用于对外投资需视同销售，而依据相关会计准则，我公司在合并子公司的会计报表时，上述评估增值会抵减而不存在。

是否在同一控制下的投资评估增值可以不需要视同销售缴纳企业所得税？

答：1.《国家税务总局关于企业处置资产所得税处理问题的通知》（国税函〔2008〕828号）第二条规定，企业将资产移送他人的下列情形，因资产所有权属已发生改变而不属于内部处置资产，应按规定视同销售确定收入。

（六）其他改变资产所有权属的用途。

第三条规定，企业发生本通知第二条规定情形时，属于企业自制的资产，应按企业同类资产同期对外销售价格确定销售收入；属于外购的资产，可按购入时的价格确定销售收入。

2.《企业所得税法》第六条规定，企业以货币形式和非货币形式从各种来源取得的收入，为收入总额。

《企业所得税法实施条例》第十二条规定，企业所得税法第六条所称企业取得收入的货币形式，包括现金、存款、应收账款、应收票据、准备持有至到期的债券投资以及债务的豁免等。

企业所得税法第六条所称企业取得收入的非货币形式，包括固定资产、生物资产、无形资产、股权投资、存货、不准备持有至到期的债券投资、劳务以及有关权益等。

第十三条规定，企业所得税法第六条所称企业以非货币形式取得的收入，应当按照公允价值确定收入额。

前款所称公允价值，是指按照市场价格确定的价值。

根据上述规定，企业以房产对全资子公司投资，房产产权由企业转到全资子公司，因资产所有权属已经发生改变（该子公司与企业虽为同一控制，但属于两个独立的法人单位，企业所得税单独申报纳税），该房产应做视同销售，按照公允价值即4 000万元确定收入额。

24. 会计上已确认的利息收入能否调减？

问： 在计算应纳税所得额时如何确认利息收入？比如将资金存入银行定期一年或购入一年期银行理财产品抑或将资金出借给其他单位约定期为一年，本金 100 万元，假设年利率为 10％，2013 年 7 月 1 日借出，2014 年 6 月 30 日到期，约定到期收回本息。在财务处理时 2013 年确认利息收入 5 万元。

税法是否规定利息收入应按合同约定的收款时间确认收入？2013 年度是否作纳税调减？待 2014 年是否应将全部利息收入计入应纳税所得额？

答：《企业所得税法实施条例》第十八条规定，利息收入，按照合同约定的债务人应付利息的日期确认收入的实现。

因此，银行定期存款、银行理财产品、借给其他单位应取得的利息收入，按照合同约定应付利息（到期收回本息）的日期确认收入实现。

对跨年取得利息，会计与税法产生的差异处理，会计 2013 年已确认的利息收入 5 万元，2013 年度应作纳税调减，2014 年应作纳税调增处理。

25. 核销其他应付款是否存在涉税问题？

问： 核销其他应付款是否存在涉税的相关规定？是否需要向税务局报批？

答：《企业所得税法实施条例》第二十二条规定，企业所得税法第六条第（九）项所称其他收入，是指企业取得的除企业所得税法第六条第（一）项至第（八）项规定的收入外的其他收入，包括企业资产溢余收入、逾期未退包装物押金收入、确实无法偿付的应付款项、已作坏账损失处理后又收回的应收款项、债务重组收入、补贴收入、违约金收入、汇兑收益等。

根据上述规定，核销的其他应付款应作为"确实无法偿付的应付款项"并入收入总额计征企业所得税。

关于报批问题，已经有确凿证据不再支付的其他应付款，会计上凭相关书证核销，转入"营业外收入"，不需要就这些收入项向税务局进行专门的报批。

另外，只有超过一定年限（如三年以上）应支付未支付的应付款项，很多地区明确规定，税务局认为属无法支付的应付款项应并入当期应纳税所得额的，企业能提供确凿证据（如债权人承担法律责任的书面声明或债权人主管税务机关的证明等，能够证明债权人没有按规定确认损失并在税前扣除的有效证据以及法律诉讼文书）证明债权人没有确认损失并在税前扣除的，可以不并入当期应纳税所得额。

如《河北省地方税务局关于企业所得税若干业务问题的通知》（冀地税发〔2009〕48号）第一条规定，企业因债权人原因确实无法支付的应付款项，包括超过三年未支付的应付账款以及清算期间未支付的应付账款，应并入当期应纳税所得额缴纳企业所得税。企业若能够提供确凿证据（指债权人承担法律责任的书面声明或债权人主管税务机关的证明等，能够证明债权人没有按规定确认损失并在税前扣除的有效证据以及法律诉讼文书）证明债权人没有确认损失并在税前扣除的，可以不并入当期应纳税所得额。已并入当期应纳税所得额的应付账款在以后年度支付的，在支付年度允许税前扣除。

26. 无偿划拨与无偿赠予固定资产如何计缴企业所得税？

问： 对国有独资公司来说，母子公司之间固定资产的无偿划拨带有行政命令，是为了提高资产的使用效率。无偿赠予是自主行为，不带有强制性，应是两种概念，它们在税法上是否有区别？所适用的政策依据是什么？

答：《国家税务总局关于企业处置资产所得税处理问题的通知》（国税函〔2008〕828号）规定，企业将资产移送他人的下列情形，因资产所有权属已发生改变而不属于内部处置资产，应按规定视同销售确定收入：

（一）用于市场推广或销售；

（二）用于交际应酬；

（三）用于职工奖励或福利；

（四）用于股息分配；

（五）用于对外捐赠；

（六）其他改变资产所有权属的用途。

《企业所得税法》第六条规定，企业以货币形式和非货币形式从各种来源取得的收入，为收入总额，包括接受捐赠收入。

《企业所得税法实施条例》第二十一条规定，企业所得税法第六条第（八）项所称接受捐赠收入，是指企业接受的来自其他企业、组织或者个人无偿给予的货币性资产、非货币性资产。

根据上述规定，独立法人企业之间只要发生资产所有权的转移，那么资产转出方应视同销售，按划转资产公允价值确定收入额，计算缴纳企业所得税。对接受资产方应视同接受捐赠，应按照接受资产的公允价值确定应税收入，计算缴纳企业所得税。

27. 无偿转让股权是否视同销售？

问： A公司持有A1公司73％的股权。B、C、D、E、F五家公司（以下简称五家公司）为新成立的公司。A公司及五家公司均受同一自然人控制。

A公司将其持有的73％的A1公司股权无偿转让给五家公司，原因为A公司及五家公司属于同一自然人控制。

五家公司受让股权是否确认收入？A公司无偿转让或零对价转让是否构成公益性捐赠？

股权的无偿转让是否适用《国家税务总局关于企业处置资产所得税处理问题的通知》（国税函〔2008〕828号）？用于对外捐赠是否应视同销售？如构成视同销售，销售价格如何确定？是按股权的公允价格（如评估，交易，或净资产）还是账面价值确定？其中账面价值远低于被投资单位的账面净资产价值。

答：《企业所得税法实施条例》第二十一条规定，企业所得税法第六条第（八）项所称接受捐赠收入，是指企业接受的来自其他企业、组织或者个人无偿给予的货币性资产、非货币性资产。

接受捐赠收入，按照实际收到捐赠资产的日期确认收入的实现。

因此，B、C、D、E、F 五家公司无偿取得 A 公司给予的 A1 公司股权，属于取得接受捐赠收入。

《企业所得税法实施条例》第五十一条规定，企业所得税法第九条所称公益性捐赠，是指企业通过公益性社会团体或者县级以上人民政府及其部门，用于《中华人民共和国公益事业捐赠法》规定的公益事业的捐赠。

因此，A 将持有的 A1 公司股权无偿赠送给 B、C、D、E、F 公司，不属于公益性捐赠。

《国家税务总局关于企业处置资产所得税处理问题的通知》（国税函〔2008〕828 号）第二条规定，企业将资产移送他人的下列情形，因资产所有权属已发生改变而不属于内部处置资产，应按规定视同销售确定收入。

（五）用于对外捐赠；

……

因此，A 公司将 A1 公司股权无偿给予 B、C、D、E、F 公司，应视同转让 A1 公司股权确认收入。A 公司无偿将 A1 公司股权转让给 B、C、D、E、F 公司，不适用按购入价确认收入政策。

《企业所得税法实施条例》第十三条规定，企业所得税法第六条所称企业以非货币形式取得的收入，应当按照公允价值确定收入额。

前款所称公允价值，是指按照市场价格确定的价值。

因此，A 公司视同转让 A1 公司股权，应以 A1 公司股权的市场价格（公允价）确定其收入。A1 公司不是上市公司，其股权市场价通常以评估价确定。同时根据《企业所得税法》第十条规定，在计算应纳税所得额时，下列支出不得扣除：

（五）本法第九条规定以外的捐赠支出；

……

根据上述规定，A 公司对应的捐赠支出不得税前扣除。

28. 供热企业收取的一次性费用如何缴纳企业所得税？

问：我公司是吉林省一家供热企业，在供热之前向用户收取了一次性的供热碰接费（也叫一次性入网费），这个费用会计上按规定应按合理的期限平均摊销，分期确认收入计入当期损益。而在所得税处理方面，是分期确认收入计入当期损益缴纳还是按照收到的入网费一次性并入当期缴纳？相关文件依据是什么？

答：《吉林省地方税务局、吉林省国家税务局关于供热企业收取的一次性入网费征收企业所得税问题的通知》（吉地税发〔2008〕137 号）规定，现对供热企业向享受供热服务的单位（以下简称使用人）收取的一次性入网费征收企业所得税问题明确如下：

根据《中华人民共和国企业所得税法实施条例》第二十条规定，供热企业取得的一次性入网费收入，按照合同约定的使用人应付一次性入网费的日期确认收入的实现；使用人提前付款或者未约定付款日期的，以实际收到一次性入网费的日期确认收入的实现。

2007 年底以前，各地税务部门对供热企业收取的一次性入网费，按照会计制度规定已经采用分期确认计税收入方法的，对 2007 年末一次性入网费累计未征税余额可继续按照原分期确认收入的方法办理。

根据上述规定，企业收取的一次性入网费，按照合同约定的使用人应付一次性入网费的日期确认收入的实现；使用人提前付款或者未约定付款日期的，以实际收到一次性入网费的日期确认收入的实现。

29. 未支付的派遣员工工资等款项是否计入应纳税所得额？

问： 我公司从事劳务派遣业务，根据提供劳务量开具发票向劳务输入方收取款项。我公司就收取的管理费，借记"主营业务收入"科目，贷记"其他应付款"科目（包括收取的工资、社保金、医疗保险、工伤保险等项目）。实际支付上述款项时，借记"其他应付款"科目，贷记"银行存款"等科目。我公司到 2014 年底，"其他应付款"科目仍有 100 多万元的贷方余额，我公司未支付的代收款项是否应并入应纳税所得额缴纳企业所得税？

答：《天津市地方税务局、天津市国家税务局关于劳务派遣业务有关税务处理问题的通知》（津地税企所〔2010〕6 号）第一条规定，劳务派遣企业应符合以下条件：

（一）劳务派遣企业应依法与被派遣劳动者签定劳动合同。

（二）劳务派遣企业依法与被派遣劳动者的用工单位签定劳务派遣协议，用工单位和被派遣劳动者之间没有劳动雇佣关系。

（三）劳务派遣企业按规定为被派遣劳动者支付工资、福利、上缴社会保险费（包括养老保险费、医疗保险费、失业保险费、工伤保险费、生育保险费等）和住房公积金。

第二条规定，劳务派遣企业应以向用工单位收取的全部价款（包括代收转付给被派遣劳动者的工资、社会保险费和住房公积金等）确认收入。

《企业所得税法》第八条规定，企业实际发生的与取得收入有关的、合理的支出，包括成本、费用、税金、税收和其他支出准予扣除。

根据上述规定，企业从事劳务派遣业务，应按照向劳务输入方（用人单位）收取的全部款项确认劳务收入；在实际支付劳务人员工资、社保金、医疗保险、工伤保险等事项时确认劳务成本。因此，企业 2014 年汇算清缴应将"其他应付款"100 多万元的贷方余额（即未支付的劳务成本）并入应纳税所得额缴纳企业所得税。

30. 一次性收取的租金可否分期确认收入？

问： 某企业于 2013 年 7 月一次性收取了 2013 年下半年至 2014 年上半年的租金收入，这笔租金该如何确认收入？

答：《国家税务总局关于贯彻落实企业所得税法若干税收问题的通知》（国税函〔2010〕79 号）第一条规定，根据《实施条例》第十九条的规定，企业提供固定资产、包装物或者其他有形资产的使用权取得的租金收入，应按交易合同或协议规定的承租人应付租金的日期确认收入的实现。其中，如果交易合同或协议中规定租赁期限跨年度，且租金提前一次性支付的，根据《实施条例》第九条规定的收入与费用配比原则，出租人可对上述已确认的收入，在租赁期内，分期均匀计入相关年度收入。

因此，企业一次性收取的租金收入，可以在租赁期内分期均匀计入相关年度收入。

31. 销售需安装的大型设备如何确定企业所得税纳税义务发生时间？

问：我公司为生产大型设备的一般纳税人，设备生产周期一般为半年左右，由于设备比较大，一般要发货到客户现场进行安装调试，安装调试完毕后交付客户，此时货物所有权才转移。与客户签订的合同一般为先支付 30％的预付款，发货后支付 30％，安装调试完支付 30％，验收后一年支付 10％。

企业所得税纳税义务发生时间是否是安装调试完毕后？提前开票是否需要计入所得税收入？与增值税纳税义务发生时间有何联系？

答：《增值税暂行条例》第十九条规定，增值税纳税义务发生时间：

（一）销售货物或者应税劳务，为收讫销售款项或者取得索取销售款项凭据的当天；先开具发票的，为开具发票的当天。

《增值税暂行条例实施细则》第三十八条规定，条例第十九条第一款第（一）项规定的收讫销售款项或者取得索取销售款项凭据的当天，按销售结算方式的不同，具体为：

（三）采取赊销和分期收款方式销售货物，为书面合同约定的收款日期的当天，无书面合同的或者书面合同没有约定收款日期的，为货物发出的当天；

（四）采取预收货款方式销售货物，为货物发出的当天，但生产销售生产工期超过 12 个月的大型机械设备、船舶、飞机等货物，为收到预收款或者书面合同约定的收款日期的当天；

……

《国家税务总局关于确认企业所得税收入若干问题的通知》（国税函〔2008〕875 号）第一条规定，除企业所得税法及实施条例另有规定外，企业销售收入的确认，必须遵循权责发生制原则和实质重于形式原则。

（一）企业销售商品同时满足下列条件的，应确认收入的实现：

1. 商品销售合同已经签订，企业已将商品所有权相关的主要风险和报酬转移给购货方；

2. 企业对已售出的商品既没有保留通常与所有权相联系的继续管理权，也没有实施有效控制；

3. 收入的金额能够可靠地计量；

4. 已发生或将发生的销售方的成本能够可靠地核算。

（二）符合上款收入确认条件，采取下列商品销售方式的，应按以下规定确认收入实现时间：

2. 销售商品采取预收款方式的，在发出商品时确认收入。

3. 销售商品需要安装和检验的，在购买方接受商品以及安装和检验完毕时确认收入。如果安装程序比较简单，可在发出商品时确认收入。

根据上述规定，贵公司以上业务关于纳税义务发生时间的确定首先应按照合同约定的货款结算方式。根据问题提供的信息，初步判断该笔交易的结算方式应为预收款方式或分期收款，如果采取分期收款方式销售货物，则增值税纳税义务发生时间的应为书面合同约定的收款日期的当天；如果采取预收款方式销售货物，则增值税纳税义务的发生时间应为货物发出的当天；企业所得税纳税义务的发生时间应为同时符合国税函〔2008〕875 号文件规定的收入确认四个条件后，在购买方接受商品以及安装和检验完毕时确认收入。

32. 分期收款方式销售货物如何确认收入？

问：某工程合同约定付款方式为，乙方货物到达甲方指定地点后付款70%，工程初验合格时付款20%，合同最终验收时付款10%。《增值税暂行条例》规定，采取分期收款方式销售货物的，纳税义务发生时点为收款的当天或是合同约定的收款日期当天。即上述工程的设备对应的增值税纳税时间也分别为：到货时70%，初验时20%，终验时10%。这样理解是否正确？

企业所得税上对收入的确认采取权责发生制原则，即权利义务实现的当期确认收入。对上述工程业务，乙方在初验合格日与终验合格日，才能确知是否能如期收款，对应的收入确认日期也是初验与终验的当天，这样理解是否正确？

答：《增值税暂行条例》及其实施细则规定，销售货物或者应税劳务增值税纳税义务发生时间，为收讫销售款项或者取得索取销售款项凭据的当天；先开具发票的，为开具发票的当天。其中分期收款方式销售货物，为书面合同约定的收款日期的当天，无书面合同的或者书面合同没有约定收款日期的，为货物发出的当天。

《企业所得税实施条例》第二十三条规定，企业以分期收款方式销售货物的，按照合同约定的收款日期确认收入的实现。

根据上述规定，对于企业采用分期收款方式销售货物并签订了书面合同的情形，增值税与企业所得税都是以合同约定的收款日期作为确认收入实现的时间。

因此，问题中合同约定付款方式为：乙方货物到达甲方指定地点后付款70%，工程初验合格时付款20%，合同最终验收时付款10%。增值税与企业所得税确认销售收入的时间分别为：到货时70%，初验时20%，终验时10%。

33. 委托代销商品何时确认收入？

问：我公司委托其他公司代销一批商品，12月发出该批货物，12月底代销商并没有销售，也没有给我公司出具代销清单。我公司是将该笔委托代销商品计入12月收入，还是在收到代销清单后计入收入？

答：1. 增值税：《增值税暂行条例实施细则》第三十八条规定，条例第十九条第一款第（一）项规定的收讫销售款项或者取得索取销售款项凭据的当天，按销售结算方式的不同，具体为：

（五）委托其他纳税人代销货物，为收到代销单位的代销清单或者收到全部或者部分货款的当天。未收到代销清单及货款的，为发出代销货物满180天的当天；

……

根据上述规定，企业将商品委托其他公司代销，当月发生商品，月底未收到清单或货款的，在未超过180天的情况下，暂不需要确认增值税纳税义务。

2. 企业所得税：《国家税务总局关于确认企业所得税收入若干问题的通知》（国税函〔2008〕875号）第一条规定，除企业所得税法及实施条例另有规定外，企业销售收入的确认，必须遵循权责发生制原则和实质重于形式原则。

（一）企业销售商品同时满足下列条件的，应确认收入的实现：

1. 商品销售合同已经签订，企业已将商品所有权相关的主要风险和报酬转移给购货方；

2. 企业对已售出的商品既没有保留通常与所有权相联系的继续管理权，也没有实施有效控制；

3. 收入的金额能够可靠地计量；

4. 已发生或将发生的销售方的成本能够可靠地核算。

（二）符合上款收入确认条件，采取下列商品销售方式的，应按以下规定确认收入实现时间：

......

4. 销售商品采用支付手续费方式委托代销的，在收到代销清单时确认收入。

根据上述规定，对于代销商品企业所得税确认收入要求与增值税不同的是，没有收到清单 180 天的限制，但这条规定只适用于采用支付手续费委托代销方式。

34. 规划变更取得费用赔偿金是否缴纳企业所得税？

问：我公司 2003 年在工业园区购买了一块地，开发建设标准厂房。我公司已对项目实施开发，产生前期费用 100 多万元。由于设计和营销只是交了定金，方案图出台后，对方只开了收据，我公司就没有入账。后来，园区管委会又重新规划把这块地给了其他企业，返还了我公司土地款。直到今年才对我公司的前期费用进行了赔偿，赔偿金包括占用利息 200 多万元。该赔偿金和利息收入是否需要缴纳企业所得税？

答：《企业所得税法实施条例》第十八条规定，企业所得税法第六条第（五）项所称利息收入，是指企业将资金提供他人使用但不构成权益性投资，或者因他人占用本企业资金取得的收入，包括存款利息、贷款利息、债券利息、欠款利息等收入。

第二十二条规定，企业所得税法第六条第（九）项所称其他收入，是指企业取得的除企业所得税法第六条第（一）项至第（八）项规定的收入外的其他收入，包括……补贴收入、违约金收入、汇兑收益等。

根据上述规定，企业取得的赔偿款和利息收入，均属于企业所得税应税收入，应按规定缴纳企业所得税。

35. 约定购回式证券交易如何缴纳企业所得税？

问：我公司为非金融企业，现与证券公司发生约定购回式证券交易业务，实质为短期融资。应如何缴纳企业所得税？

答：约定购回式证券交易是指符合条件的投资者以约定价格向指定交易的证券公司卖出特定证券，并约定在未来某一日期，按照另一约定价格购回的交易行为。交易目的是实现投资者的短期资金融通，交易形式是两次证券买卖，包括初始交易和购回交易。

因此，企业与证券公司发生约定购回式证券交易业务应区分为出售特定证券和购入特定证券两笔交易。

《企业所得税法实施条例》第十六条规定，企业所得税法第六条第（三）项所称转让财产收入，是指企业转让固定资产、生物资产、无形资产、股权、债权等财产取得的收入。

第七十一条规定，企业所得税法第十四条所称投资资产，是指企业对外进行权益性投资和债权性投资形成的资产。

企业在转让或者处置投资资产时，投资资产的成本，准予扣除。

投资资产按照以下方法确定成本：

（一）通过支付现金方式取得的投资资产，以购买价款为成本；

（二）通过支付现金以外的方式取得的投资资产，以该资产的公允价值和支付的相关税费为成本。

因此，企业出售证券取得的收入属于转让财产收入，应计入企业收入总额计缴企业所得税，该证券成本准予在税前扣除。企业再次购入证券时，经现金方式支付的，以购买价款作为再次购入债券的成本。

36. 抵减增值税税额的技术维护费是否缴纳企业所得税？

问：财税〔2012〕15号文件关于增值税税控系统技术维护费全额抵减的增值税，是否视为国家对企业的政府补贴，作为营业外收入计缴企业所得税？

答：《财政部、国家税务总局关于财政性资金、行政事业性收费、政府性基金有关企业所得税政策问题的通知》（财税〔2008〕151号）第一条规定：

（一）企业取得的各类财政性资金，除属于国家投资和资金使用后要求归还本金的以外，均应计入企业当年收入总额。

（二）对企业取得的由国务院财政、税务主管部门规定专项用途并经国务院批准的财政性资金，准予作为不征税收入，在计算应纳税所得额时从收入总额中减除。

本条所称财政性资金，是指企业取得的来源于政府及其有关部门的财政补助、补贴、贷款贴息，以及其他各类财政专项资金，包括直接减免的增值税和即征即退、先征后退、先征后返的各种税收，但不包括企业按规定取得的出口退税款；所称国家投资，是指国家以投资者身份投入企业、并按有关规定相应增加企业实收资本（股本）的直接投资。

根据上述规定，增值税纳税人依据《财政部、国家税务总局关于增值税税控系统专用设备和技术维护费用抵减增值税税额有关政策的通知》（财税〔2012〕15号）规定，自2011年12月1日以后初次购买增值税税控系统专用设备，可凭增值税专用发票，在增值税应纳税额中全额抵减（抵减额为价税合计额）。此行为虽属直接减免的增值税但不属于专项用途并经国务院批准的不征税的财政性资金。因此，增值税纳税人取得直接减免的增值税应计入企业当年收入总额，计缴企业所得税。

不征税收入

1. 企业取得的符合不征税收入条件的财政性资金能否作为应税收入？

问：企业取得的符合不征税收入条件的财政性资金能否作为应税收入？

答：《国家税务总局关于企业所得税应纳税所得额若干税务处理的公告》（国家税务总局公告 2012 年第 15 号）第七条规定，企业取得的不征税收入，应按照《财政部、国家税务总局关于专项用途财政性资金企业所得税处理问题的通知》（财税〔2011〕70 号，以下简称《通知》）的规定进行处理。凡未按照《通知》规定进行管理的，应作为企业应税收入计入应纳税所得额，依法缴纳企业所得税。

根据上述规定，企业取得的财政性资金符合不征税收入条件，但未按照税收规定进行管理的，应作为企业应税收入计算缴纳企业所得税。

2. 企业取得的政府补贴是否免税？

问：企业从政府无偿取得的政府补贴收入是否免税？

答：《财政部、国家税务总局关于财政性资金、行政事业性收费、政府性基金有关企业所得税政策问题的通知》（财税〔2008〕151 号）规定，对企业取得的由国务院财政、税务主管部门规定专项用途并经国务院批准的财政性资金，准予作为不征税收入，在计算应纳税所得额时从收入总额中减除。

本条所称财政性资金，是指企业取得的来源于政府及其有关部门的财政补助、补贴、贷款贴息，以及其他各类财政专项资金，包括直接减免的增值税和即征即退、先征后退、先征后返的各种税收，但不包括企业按规定取得的出口退税款；所称国家投资，是指国家以投资者身份投入企业、并按有关规定相应增加企业实收资本（股本）的直接投资。

《财政部、国家税务总局关于专项用途财政性资金企业所得税处理问题的通知》（财税〔2011〕70 号）第一条规定，企业从县级以上各级人民政府财政部门及其他部门取得的应计入收入总额的财政性资金，凡同时符合以下条件的，可以作为不征税收入，在计算应纳税所得额时从收入总额中减除：

（一）企业能够提供规定资金专项用途的资金拨付文件；

（二）财政部门或其他拨付资金的政府部门对该资金有专门的资金管理办法或具体管理要求；

（三）企业对该资金以及以该资金发生的支出单独进行核算。

根据上述规定，企业取得的政府补贴属于财政性资金。

如该政府补贴符合上述不征税收入规定条件的，可以作为不征税收入进行企业所得税处理。即该资金在计算应纳税所得额时从收入总额中扣除，不征税收入用于支出所形成的费用，不得在计算应纳税所得额时扣除；用于支出所形成的资产，其计算的折旧、摊销不得在计算应纳税所得额时扣除。在 5 年（60 个月）内未发生支出且未缴回财政部门或其他拨付资金的政府部门的部分，应计入取得该资金第六年的应税收入总额；计入应税收入总额的财政性资金发生的支出，允许在计算应纳税所得额时扣除。

如该政府补贴不符合不征税收入条件的，应计入企业收入总额，计缴企业所得税。

3. 不征税收入孳生的利息是否缴纳企业所得税？

问：不征税收入孳生的利息是否缴纳企业所得税？

答：根据《企业所得税法》第六条、《财政部、国家税务总局关于非营利组织企业所得税免税收入问题的通知》（财税〔2009〕122 号）第一条的规定，在《企业所得税法》没有特别规定的情形下，除了非营利组织，其他单位的不征税收入孳生的利息均应作为企业所得税的应税收入。

4. 取得的政府土地返还款如何计缴企业所得税？

问：我公司从事房地产开发业务，通过政府出让取得一宗土地。因当时和政府约定，土地竞标时超过和政府约定价格的部分由政府返还给我公司，现已收到政府返还款 5 000 万元。

我公司是将这笔返还计入当期损益缴纳企业所得税，还是冲减土地成本？

答：《财政部、国家税务总局关于财政性资金、行政事业性收费、政府性基金有关企业所得税政策问题的通知》（财税〔2008〕151 号）规定，企业取得的各类财政性资金，除属于国家投资和资金使用后要求归还本金的以外，均应计入企业当年收入总额。

本条所称财政性资金，是指企业取得的来源于政府及其有关部门的财政补助、补贴、贷款贴息，以及其他各类财政专项资金，包括直接减免的增值税和即征即退、先征后退、先征后返的各种税收，但不包括企业按规定取得的出口退税款；所称国家投资，是指国家以投资者身份投入企业、并按有关规定相应增加企业实收资本（股本）的直接投资。

《财政部、国家税务总局关于专项用途财政性资金企业所得税处理问题的通知》（财税〔2011〕70 号）第一条规定，企业从县级以上各级人民政府财政部门及其他部门取得的应计入收入总额的财政性资金，凡同时符合以下条件的，可以作为不征税收入，在计算应纳税所得额时从收入总额中减除：

（一）企业能够提供规定资金专项用途的资金拨付文件；

（二）财政部门或其他拨付资金的政府部门对该资金有专门的资金管理办法或具体管理要求；

（三）企业对该资金以及以该资金发生的支出单独进行核算。

上述不征税收入用于支出所形成的费用，不得在计算应纳税所得额时扣除；用于支出所形成的资产，其计算的折旧、摊销不得在计算应纳税所得额时扣除。

根据上述规定，企业取得的财政性资金符合上述条件的可作为不征税收入。企业取得政府土地出让金返还款，是政府为了招商引资所给予企业的一种财政优惠，通常情况并没有规定专项用途，对于企业取得的这类没有规定专项用途的财政返还收入，需要计入当期的应纳税所得额缴纳企业所得税。

对于上述政策，各地有不同的规定，以下政策供参考：

《青岛市地方税务局关于印发〈2010 年所得税问题解答〉的通知》（青地税函〔2011〕4 号）规定：

6. **问**：企业招拍土地后，政府给予的土地返还款企业所得税上如何处理？

答：企业招拍土地后，政府给予的土地返还款不得冲减土地成本，而应当并入收入总额缴纳企业所得税。

《宁波市地方税务局税政一处关于明确所得税有关问题解答口径的函》（甬地税一函

〔2010〕20 号）指出，在土地受让、改变用途过程中，如果政府约定了返还金额，返还金额应冲减对应的计税基础；如果事后取得了政府的补助或奖励，应作为补贴收入处理。

5. 因税负增加取得的财政扶持资金如何缴税？

问："营改增"后，企业税负增加取得的政府给予的过渡性财政扶持资金应如何缴税？

答：此类政府补贴不属于流转税征收范围，不征收流转税。

《财政部、国家税务总局关于财政性资金、行政事业性收费、政府性基金有关企业所得税政策问题的通知》（财税〔2008〕151 号）规定：

一、财政性资金

（一）企业取得的各类财政性资金，除属于国家投资和资金使用后要求归还本金的以外，均应计入企业当年收入总额。

（二）对企业取得的由国务院财政、税务主管部门规定专项用途并经国务院批准的财政性资金，准予作为不征税收入，在计算应纳税所得额时从收入总额中减除。

本条所称财政性资金，是指企业取得的来源于政府及其有关部门的财政补助、补贴、贷款贴息，以及其他各类财政专项资金，包括直接减免的增值税和即征即退、先征后退、先征后返的各种税收，但不包括企业按规定取得的出口退税款；所称国家投资，是指国家以投资者身份投入企业、并按有关规定相应增加企业实收资本（股本）的直接投资。

"营改增"财政扶持政策是各地自行出台的，财政部、国家税务总局没有规定专项用途，更未经国务院批准，因此"营改增"补贴不属于专项用途财政性资金。再对照《财政部、国家税务总局关于专项用途财政性资金企业所得税处理问题的通知》（财税〔2011〕70 号）第一条规定，企业获得财政性资金要同时符合三个条件方能作为不征税收入——企业能够提供规定资金专项用途的资金拨付文件；财政部门或其他拨付资金的政府部门对该资金有专门的资金管理办法或具体管理要求；企业对该资金以及以该资金发生的支出单独进行核算——而企业获得"营改增"补贴，并无相关的文件、资金管理办法等。

根据上述分析，目前对"营改增"补贴要计入收入总额，计算缴纳企业所得税。

6. 分次取得政府补助如何纳税？

问：企业 2012 年 8 月取得政府拨付 500 万元专项补助资金的文件，当年 12 月取得首笔资金 300 万元，2013 年 10 月取得第二笔资金 200 万元。根据《企业会计准则第 16 号——政府补助》第五条、第六条的规定，政府补助为货币性资产的，应当按照收到或应收的金额计量。企业在 2012 年 8 月份一次性确认营业外收入 500 万元，税收上是否可以确认 500 万元收入？如果不可，有何文件依据？

答：《财政部、国家税务总局关于财政性资金、行政事业性收费、政府性基金有关企业所得税政策问题的通知》（财税〔2008〕151 号）规定：

一、财政性资金

（一）企业取得的各类财政性资金，除属于国家投资和资金使用后要求归还本金的以外，均应计入企业当年收入总额。

（二）对企业取得的由国务院财政、税务主管部门规定专项用途并经国务院批准的财政性资金，准予作为不征税收入，在计算应纳税所得额时从收入总额中减除。

根据上述规定，作为企业所得税应税收入的财政性资金应为取得当年，未实际取得年度，不确认收入。

7. 确认递延收益的政府补助如何进行纳税调整？

问： 企业本年收到环保项目以奖代补专项资金，已确认为递延收益，并于12月开始摊销，这种情况是否需要做所得税纳税调整？如何调整？是否可以按照每年实际摊销到营业外收入的金额缴纳企业所得税而不做调整？

答：《国家税务总局关于企业所得税应纳税所得额若干税务处理问题的公告》（国家税务总局公告2012年第15号）第七条规定，企业取得的不征税收入，应按照《财政部、国家税务总局关于专项用途财政性资金企业所得税处理问题的通知》（财税〔2011〕70号，以下简称《通知》）的规定进行处理。凡未按照《通知》规定进行管理的，应作为企业应税收入计入应纳税所得额，依法缴纳企业所得税。

《财政部、国家税务总局关于财政性资金、行政事业性收费、政府性基金有关企业所得税政策问题的通知》（财税〔2008〕151号）第一条第一项规定，企业取得的各类财政性资金，除属于国家投资和资金使用后要求归还本金的以外，均应计入企业当年收入总额。

根据上述规定，取得的政府奖励资金，如果不符合不征税收入条件，应全额并入取得当年收入总额纳税。按照国家统一会计制度确认为递延收益的，通过纳税调整项目明细表进行纳税调整。

8. 软件企业取得的即征即退增值税是否免缴企业所得税？

问： 软件企业取得的即征即退增值税是否免缴企业所得税？

答：《财政部、国家税务总局关于进一步鼓励软件产业和集成电路产业发展企业所得税政策的通知》（财税〔2012〕27号）第五条规定，符合条件的软件企业按照《财政部、国家税务总局关于软件产品增值税政策的通知》（财税〔2011〕100号）规定，取得的即征即退增值税款，由企业专项用于软件产品研发和扩大再生产并单独进行核算，可以作为不征税收入，在计算应纳税所得额时从收入总额中减除。

第十条规定，本通知所称集成电路设计企业或符合条件的软件企业，是指以集成电路设计或软件产品开发为主营业务并同时符合下列条件的企业：

（一）2011年1月1日后依法在中国境内成立并经认定取得集成电路设计企业资质或软件企业资质的法人企业；

（二）签订劳动合同关系且具有大学专科以上学历的职工人数占企业当年月平均职工总人数的比例不低于40%，其中研究开发人员占企业当年月平均职工总数的比例不低于20%；

（三）拥有核心关键技术，并以此为基础开展经营活动，且当年度的研究开发费用总额占企业销售（营业）收入总额的比例不低于6%；其中，企业在中国境内发生的研究开发费用金额占研究开发费用总额的比例不低于60%；

（四）集成电路设计企业的集成电路设计销售（营业）收入占企业收入总额的比例不低于 60%，其中集成电路自主设计销售（营业）收入占企业收入总额的比例不低于 50%；软件企业的软件产品开发销售（营业）收入占企业收入总额的比例一般不低于 50%（嵌入式软件产品和信息系统集成产品开发销售（营业）收入占企业收入总额的比例不低于 40%），其中软件产品自主开发销售（营业）收入占企业收入总额的比例一般不低于 40%（嵌入式软件产品和信息系统集成产品开发销售（营业）收入占企业收入总额的比例不低于 30%）；

（五）主营业务拥有自主知识产权，其中软件产品拥有省级软件产业主管部门认可的软件检测机构出具的检测证明材料和软件产业主管部门颁发的《软件产品登记证书》；

（六）具有保证设计产品质量的手段和能力，并建立符合集成电路或软件工程要求的质量管理体系并提供有效运行的过程文档记录；

（七）具有与集成电路设计或者软件开发相适应的生产经营场所、软硬件设施等开发环境（如 EDA 工具、合法的开发工具等），以及与所提供服务相关的技术支撑环境；

……

《集成电路设计企业认定管理办法》、《软件企业认定管理办法》由工业和信息化部、发展改革委、财政部、税务总局会同有关部门另行制定。

第二十三条规定，本通知自 2011 年 1 月 1 日起执行。《财政部、国家税务总局关于企业所得税若干优惠政策的通知》（财税〔2008〕1 号）第一条第（一）项至第（九）项自 2011 年 1 月 1 日起停止执行。

《财政部、国家税务总局关于企业所得税若干优惠政策的通知》（财税〔2008〕1 号）第一条"关于鼓励软件产业和集成电路产业发展的优惠政策"中规定，软件生产企业实行增值税即征即退政策所退还的税款，由企业用于研究开发软件产品和扩大再生产，不作为企业所得税应税收入，不予征收企业所得税。

根据上述规定，符合条件的软件生产企业取得的增值税即征即退税款，用于研究开发软件产品和扩大再生产并单独进行核算，可以作为不征税收入处理。

第二部分
扣除类

常规扣除项

1. 对外赠送产品视同销售缴纳的增值税能否税前扣除？

问：企业生产销售食品，对外赠送产品时的账务处理为：（单位：元）

借：销售费用   736

　贷：库存商品   600

　　　应交税费——应交增值税（销项税额）   136

所得税纳税调整视同销售收入 800 元，视同销售成本 600 元。应交税费（销项税额）136 元，是否依据《企业所得税法实施条例》第三十一条的规定："企业所得税法第八条所称税金，是指企业发生的除企业所得税法和允许抵扣的增值税以外的各项税金及其附加。" 不得在企业所得税税前扣除？

答：《企业所得税法实施条例》第三十一条规定，企业所得税法第八条所称税金，是指企业发生的除企业所得税和允许抵扣的增值税以外的各项税金及其附加。

根据上述规定，企业视同销售增值税计入销售费用的金额，是企业实际发生的除"企业所得税和允许抵扣的增值税"以外的税金，可以税前扣除。

2. 合同明确负担对方税金能否税前扣除？

问：我单位同个人签订租赁合同，裸租价为 5 万元，已支付对方，但对方不提供发票，我单位代对方去税务代开 5 万元的租赁发票，同时产生税金，我单位也已支付，但完税凭证上纳税人名称是出租人，不是我单位的名称，我单位实际支付的税金，可否在所得税前列支？附租赁合同（租赁合同中注明税金由承租方承担）是否可行？

答：《企业所得税法》第八条规定，企业实际发生的与取得收入有关的、合理的支出，包括成本、费用、税金、损失和其他支出，准予在计算应纳税所得额时扣除。

第十条规定，在计算应纳税所得额时，下列支出不得扣除：

（八）与取得收入无关的其他支出。

《国家税务总局关于纳税人取得不含税全年一次性奖金收入计征个人所得税问题的批复》（国税函〔2005〕715号）规定，根据企业所得税和个人所得税的现行规定，企业所得税的纳税人、个人独资和合伙企业、个体工商户为个人支付的个人所得税款，不得在所得税前扣除。

根据上述规定，公司支付的应由出租方负担的税款，属于与生产经营无关的支出，不得在税前扣除。

3. 计提但未缴纳的各项税费能否税前扣除？

问：计提但未向地方税务机关缴纳的地方各项税费是否应当允许在企业所得税税前扣除？根据《企业所得税法》第八条的规定："企业实际发生的与取得收入有关的、合理的支出，包括成本、费用、税金、损失和其他支出，准予在计算应纳税所得额时扣除。"对本公司计提的地方各项税费是属于与取得收入有关的、合法的支出，并且根据税法的规定，都是已经形成了纳税义务的，所以应当属于"实际发生"了纳税义务的税金。另《企业所得税法实施条例》第九条规定："企业应纳税所得额的计算，以权责发生制为原则，属于当期的收入和费用，不论款项是否收付，均作为当期的收入和费用；不属于当期的收入和费用，即使款项已经在当期收付，均不作为当期的收入和费用。"基于以上理由，不论实现的地方各项税费是否缴纳，均应当允许在企业所得税税前扣除。而一些地方发文要求营业税等税金的所得税税前扣除必须要有完税凭证，这是否与企业所得税有关法律法规相违背？

答：《国家税务总局关于企业所得税若干问题的公告》（国家税务总局公告2011年第34号）规定，企业当年度实际发生的相关成本、费用，由于各种原因未能及时取得该成本、费用的有效凭证，企业在预缴季度所得税时，可暂按账面发生金额进行核算；但在汇算清缴时，应补充提供该成本、费用的有效凭证。

因此，企业当年度实际计提的可在税前扣除的各类税金，在预缴季度所得税时，可暂按账面发生金额进行核算；但在汇算清缴时，应补充提供各类税金完税证明。企业在年度企业所得税汇算清缴结束前未取得相关的完税证明，应作纳税调整处理，待取得完税证明时，应在实际发生的年度追补确认。

4. 汇缴前提供票据跨期费用如何申报税前扣除？

问：由于业务员出差在外，原本取得的2013年度的发票到2014年汇缴前才到财务上报销，那么，在进行2013年所得税汇算清缴时能否进行税前列支？

答：《企业所得税法实施条例》第九条规定，企业应纳税所得额的计算，以权责发生制为原则，属于当期的收入和费用，不论款项是否收付，均作为当期的收入和费用；不属于当期的收入和费用，即使款项已经在当期收付，均不作为当期的收入和费用。本条例和国务院财政、税务主管部门另有规定的除外。

《国家税务总局关于企业所得税若干问题的公告》（国家税务总局公告2011年第34号）

第六条规定，企业当年度实际发生的相关成本、费用，由于各种原因未能及时取得该成本、费用的有效凭证，企业在预缴季度所得税时，可暂按账面发生金额进行核算；但在汇算清缴时，应补充提供该成本、费用的有效凭证。

根据上述规定，企业汇算清缴期间如取得合法有效凭证的费用可以在企业所得税税前扣除。

5. 汇缴后提供票据跨期费用如何税前列支？

问：公司业务部门在 2013 年年初发生了一笔咨询费，有对方公司按时间顺序提供的咨询内容明细表，但相关资料均没有提交给财务部门，财务部门不知道有此笔费用支出，也未列支在 2013 年费用中。现在对方公司把明细单发过来，发票日期为 2014 年 8 月，附件是 2013 年的咨询内容清单，能否通过"以前年度损益调整"科目调整到 2013 年，并调减 2013 年应纳税额？

答：1.《企业会计准则——基本准则》第九条规定，企业应当以权责发生制为基础进行会计确认、计量和报告。

《企业会计准则第 28 号——会计政策、会计估计变更和差错更正》第十一条规定，前期差错，是指由于没有运用或错误运用下列两种信息，而对前期财务报表造成省略漏或错报。

（一）编报前期财务报表时预期能够取得并加以考虑的可靠信息。

（二）前期财务报告批准报出时能够取得的可靠信息。

前期差错通常包括计算错误、应用会计政策错误、疏忽或曲解事实以及舞弊产生的影响以及存货、固定资产盘盈等。

第十二条规定，企业应当采用追溯重述法更正重要的前期差错，但确定前期差错累积影响数不切实可行的除外。

追溯重述法，是指在发现前期差错时，视同该项前期差错从未发生过，从而对财务报表相关项目进行更正的方法。

根据上述规定，疏忽已发生事实而造成应在 2013 年度确认的咨询费用，且金额重要的，会计上应按照前期差错处理，通过"以前年度损益调整"科目调整对 2013 年度会计利润的影响。

2.《国家税务总局关于企业所得税应纳税所得额若干税务处理问题的公告》（国家税务总局公告 2012 年第 15 号）第六条规定，根据《中华人民共和国税收征收管理法》的有关规定，对企业发现以前年度实际发生的、按照税收规定应在企业所得税前扣除而未扣除或者少扣除的支出，企业做出专项申报及说明后，准予追补至该项目发生年度计算扣除，但追补确认期限不得超过 5 年。

企业由于上述原因多缴的企业所得税税款，可以在追补确认年度企业所得税应纳税款中抵扣，不足抵扣的，可以向以后年度递延抵扣或申请退税。

亏损企业追补确认以前年度未在企业所得税前扣除的支出，或盈利企业经过追补确认后出现亏损的，应首先调整该项支出所属年度的亏损额，然后再按照弥补亏损的原则计算以后年度多缴的企业所得税税款，并按前款规定处理。

根据上述规定，2013 年度实际发生的应扣未扣的咨询费，做出专项申报及说明后，准予追补至 2013 年度计算扣除。

但个别地区有特殊口径,建议确认主管税务机关口径后处理。以下口径供您参考:

《北京市国税局 2012 年度汇算清缴政策热点问题解答之一》规定:

1. 应扣未扣支出的范围问题

问:按照 15 号公告第六条的规定,"对企业发现以前年度实际发生的、按照税收规定应在企业所得税前扣除而未扣除或者少扣除的支出,企业做出专项申报及说明后,准予追补至该项目发生年度计算扣除,但追补确认期限不得超过 5 年。"其中"按照税收规定应在企业所得税前扣除而未扣除或者少扣除的支出"是指哪些支出?

答:企业发现以前年度实际发生的、按照税收规定应在企业所得税前扣除而未扣除或者少扣除的支出(以下简称以前年度应扣未扣支出)是指企业在以前年度已进行会计处理,但因财务会计处理规定与税法规定不一致或企业对政策理解有误造成企业以前年度未扣除的支出。如企业以前年度发生支出已进行会计处理计入管理费用,但未取得真实合法的有效凭证,以后年度取得时造成在以前年度应扣未扣。

《青岛市国家税务局 2013 年度企业所得税汇算清缴若干业务问题解答》规定:

三十一、问:企业当年度实际已发生但未取得发票的费用支出是否可以在企业所得税前扣除?

解答:《国家税务总局关于企业所得税若干问题的公告》(国家税务总局公告 2011 年第 34 号)规定,企业当年度实际发生的相关成本、费用,由于各种原因未能及时取得该成本、费用的有效凭证,企业在预缴季度所得税时,可暂按账面发生金额进行核算;但在汇算清缴时,应补充提供该成本、费用的有效凭证。

因此,企业本年度实际已发生但未取得发票的费用支出,会计上已确认的成本、费用,在年度企业所得税汇算清缴结束前未取得发票的,应作纳税调增处理,待取得发票时,应在该项成本、费用实际发生的年度追溯纳税调减处理。

企业将没有取得合法凭据的成本费用申报税前扣除的,税务机关发现后应当依法进行处理。企业在以后纳税年度取得合法扣除凭证后,可以按照《青岛国税 2012 年度企业所得税汇算清缴若干业务问题解答》第十八问进行税收处理:

(十八)问:企业发生的成本费用,未能在实际发生年度取得发票,在以后年度取得发票后,应如何进行税务处理?

解答:企业实际发生的成本费用,未能在实际发生年度取得合法扣除凭据的,不得税前扣除。在以后纳税年度取得合法扣除凭证后,区分以下情况处理:

一、相关年度税收待遇一致

企业可在实际取得合法凭据年度进行税前扣除,也可以在做出专项申报及说明后,追补至该项目发生年度扣除,追补确认期限不得超过 5 年。

二、相关年度税收待遇不一致

税收待遇不一致包括企业在不同年度在税收优惠、亏损弥补等对应纳税额计算产生差异的情形。

企业做出专项申报及说明后,必须还原到该项业务实际发生年度进行税前扣除。

亏损企业追补确认以前年度未在企业所得税前扣除的支出,或盈利企业经过追补确认后出现亏损的,应首先调整该项支出所属年度的亏损额,然后再按照弥补亏损的原则计算以后年度多缴的企业所得税款。

6. 一次性支付的跨年度的费用可否在支付当期税前扣除？

问：我公司在 2013 年 8 月份按合同一次性支付了所属期在 2013 年 8 月—2014 年 7 月间的办公楼租金 12 万元（每月 1 万元），且会计核算时全部计入了 2013 年度的费用。那么，对此跨年度的租金，可否全额在 2013 年度的所得税税前予以扣除？还是要按月分摊到 2013 年和 2014 年分别扣除？

答：《企业所得税法实施条例》第九条规定，企业应纳税所得额的计算，以权责发生制为原则，属于当期的收入和费用，不论款项是否收付，均作为当期的收入和费用；不属于当期的收入和费用，即使款项已经在当期收付，均不作为当期的收入和费用。本条例和国务院财政、税务主管部门另有规定的除外。

《国家税务总局关于贯彻落实企业所得税法若干税收问题的通知》（国税函〔2010〕79号）第一项规定，根据《实施条例》第十九条的规定，企业提供固定资产、包装物或者其他有形资产的使用权取得的租金收入，应按交易合同或协议规定的承租人应付租金的日期确认收入的实现。其中，如果交易合同或协议中规定租赁期限跨年度，且租金提前一次性支付的，根据《实施条例》第九条规定的收入与费用配比原则，出租人可对上述已确认的收入，在租赁期内，分期均匀计入相关年度收入。

根据上述规定，对于跨年度租赁且提前一次性支付租赁费的，出租方可在租赁期内，分期均匀计入相关年度收入。承租方所支付的费用也应按照权责发生制的规定，在租赁期间内分期计入费用，在税前扣除，不得提前扣除。

7. 应摊未摊费用如何税前扣除？

问：我单位 2013 年发生装修费用 50 万元，记入"长期待摊费用"科目中，按租赁期限 10 年进行摊销，每年摊销 5 万元，但由于其中 10 万元装修发票在 2013 年未取得，所以在企业所得税汇算清缴时进行纳税调增 1 万元。

如果在 2014 年 8 月份取得了 2013 年的 10 万元的装修费发票，那么是否在 2014 年汇算清缴时要进行纳税调减 1 万元？

答：《国家税务总局关于企业所得税应纳税所得额若干税务处理问题的公告》（国家税务总局公告 2012 年第 15 号）第六条规定，根据《中华人民共和国税收征收管理法》的有关规定，对企业发现以前年度实际发生的、按照税收规定应在企业所得税前扣除而未扣除或者少扣除的支出，企业做出专项申报及说明后，准予追补至该项目发生年度计算扣除，但追补确认期限不得超过 5 年。

企业由于上述原因多缴的企业所得税税款，可以在追补确认年度企业所得税应纳税款中抵扣，不足抵扣的，可以向以后年度递延抵扣或申请退税。

亏损企业追补确认以前年度未在企业所得税前扣除的支出，或盈利企业经过追补确认后出现亏损的，应首先调整该项支出所属年度的亏损额，然后再按照弥补亏损的原则计算以后年度多缴的企业所得税款，并按前款规定处理。

根据上述规定，2013 年度因未取得合法扣除凭证、应扣除未扣除的摊销额，不是对 2014 年度应税所得额进行调减，而是做出专项申报及说明后，准予追补至 2013 年度计算扣除。

8. 补交的以前年度的残保金和教育经费能否税前扣除？

问： 补交的以前年度的残保金和教育经费可否在税前列支？

答：《国家税务总局关于企业所得税应纳税所得额若干税务处理问题的公告》（国家税务总局公告 2012 年第 15 号）第六条规定，根据《中华人民共和国税收征收管理法》的有关规定，对企业发现以前年度实际发生的、按照税收规定应在企业所得税前扣除而未扣除或者少扣除的支出，企业做出专项申报及说明后，准予追补至该项目发生年度计算扣除，但追补确认期限不得超过 5 年。

企业由于上述原因多缴的企业所得税税款，可以在追补确认年度企业所得税应纳税款中抵扣，不足抵扣的，可以向以后年度递延抵扣或申请退税。

亏损企业追补确认以前年度未在企业所得税前扣除的支出，或盈利企业经过追补确认后出现亏损的，应首先调整该项支出所属年度的亏损额，然后再按照弥补亏损的原则计算以后年度多缴的企业所得税款，并按前款规定处理。

根据上述规定，以前年度的残保金和教育经费属于"以前年度实际发生的、按照税收规定应在企业所得税前扣除而未扣除或者少扣除的支出"，做出专项申报及说明后，可以按照上述规定追补至该项目发生年度计算扣除。

9. 计提的未发放工资如何税前扣除？

问： 企业因绩效考核需要计提工资而年底未发放，挂"应付职工薪酬"科目，企业所得税汇算清缴时是否应调增应纳税所得额？

答：《企业所得税实施条例》第三十四条规定，企业发生的合理的工资薪金支出，准予扣除。

前款所称工资薪金，是指企业每一纳税年度支付给在本企业任职或者受雇的员工的所有现金形式或者非现金形式的劳动报酬，包括基本工资、奖金、津贴、补贴、年终加薪、加班工资，以及与员工任职或者受雇有关的其他支出。

《国家税务总局关于企业工资薪金及职工福利费扣除问题的通知》（国税函〔2009〕3 号）第一条规定，《实施条例》第三十四条所称的"合理工资薪金"，是指企业按照股东大会、董事会、薪酬委员会或相关管理机构制订的工资薪金制度规定实际发放给员工的工资薪金。税务机关在对工资薪金进行合理性确认时，可按以下原则掌握：

（一）企业制订了较为规范的员工工资薪金制度；

（二）企业所制订的工资薪金制度符合行业及地区水平；

（三）企业在一定时期所发放的工资薪金是相对固定的，工资薪金的调整是有序进行的；

（四）企业对实际发放的工资薪金，已依法履行了代扣代缴个人所得税义务。

（五）有关工资薪金的安排，不以减少或逃避税款为目的；

　　根据上述规定，企业发生的合理的工资薪金支出，准予扣除。合理工资薪金必须是企业实际发放的工资薪金。

　　对于年末计提未发放的工资税前扣除问题，各地方税务局有不同的规定。以下规定仅供参考，还请进一步咨询当地主管税务机关的规定及执行口径。

　　《天津市地方税务局、天津市国家税务局关于企业所得税税前扣除有关问题的通知》（津地税企所〔2010〕5号）第五条规定，凡企业与职工签订劳动用工合同或协议的，其支付给在本企业任职或者受雇的员工的合理的工资薪金支出，准予扣除。

　　工资支出必须是实际发生，提取而未实际支付的，在当年纳税年度不得税前扣除。实行下发薪的企业提取的工资可保留一个月。

　　《四川省国家税务局关于企业所得税政策执行口径的公告》（四川省国家税务局公告2011年第4号）第五条规定，企业在年末（12月31日）前已经计提但尚未发放的工资，如果在汇算清缴结束（次年5月31日）前已经支付的，允许在计提年度所得税税前扣除，如果在汇算清缴结束后仍未支付的，不允许在计提年度作所得税税前扣除，应当在支付年度扣除。

10. 离退休人员工资支出能否税前扣除？

　　问：我单位属于河南省尚未改制的科研院所，人员结构分为两部分：一是在职员工，分为事业编制人员和签订合同的人员；二是离退休人员。国家每年拨付的离退休经费数额很少，需要企业将差额部分垫出。企业所得税有无关于离退休经费的所得税处理规定？企业自己弥补的部分能否税前列支？有何政策依据？

　　答：企业对离退休人员的经费补贴能否税前扣除，各地口径不一，公开渠道未取得所属河南省口径规定，建议与主管税务机关确认后处理。以下规定供您参考：

　　1. 中央性法规中，目前可参照的是国家税务总局对定点联系企业（中国石油化工集团公司、中国工商银行股份有限公司、中国烟草总公司、中国大唐集团公司）的口径：

　　《国家税务总局办公厅关于强化部分总局定点联系企业共性税收风险问题整改工作的通知》（税总办函〔2014〕652号）第一条规定，按照《中华人民共和国企业所得税法》（以下简称《企业所得税法》）第八条及《中华人民共和国企业所得税法实施条例》第二十七条的规定，与企业取得收入不直接相关的离退休人员工资、福利费等支出，不得在企业所得税税前扣除。

　　2. 地方文件：

　　《山东省青岛市国家税务局关于做好2008年度企业所得税汇算清缴的通知》（青国税发〔2009〕10号）规定，企业在社保局发放基本养老金之外支付给退休人员的生活补贴和节日慰问费不属于与取得应纳税收入有关的必要和正常的成本、费用，因此，不能在税前扣除。

　　《新疆维吾尔自治区地方税务局关于做好2009年度企业所得税汇算清缴工作的通知》（新地税发〔2010〕82号）规定：

　　四、有关企业所得税政策和征管问题

　　4. 离退休职工统筹外费用，包括离退休职工的医疗费、暖气费等费用，应作为福利费进行所得税处理。

《辽宁省大连市地方税务局关于企业所得税若干税务事项衔接问题的通知》（大地税函〔2009〕91 号）第十条规定，纳税人为离退休人员发放（报销）的取暖补贴（取暖费）、医疗费用（未实行医疗统筹的离退休人员）等相关费用，允许在税前据实扣除。

《浙江省宁波市国家税务局 2011 年度企业所得税汇算清缴政策问题解答》规定：

15. 企业发放的离退休人员统筹外补助能否税前扣除？企业对给离退休人员发放的节日慰问、生活补助等费用可否在税前扣除？

企业发放的离退休人员统筹外补助不能在税前扣除，给离退休人员发放的节日慰问、生活补助等费用可作福利费按规定在税前扣除。

11. 外商投资企业外籍法定代表人的工资和相关费用能否税前列支？

问：青岛某外商投资企业的外籍法定代表人，未办理就业证、工作签证，也未签署劳动协议。这种情况下，他作为法定代表人，能否将相关费用，如住宿费、机票、餐费等其他相关费用在税前列支？他每个月来青岛 1 周时间，只有商务签证，青岛这边不发放工资。

答：《公司法》第十三条规定，公司法定代表人依照公司章程的规定，由董事长、执行董事或者经理担任，并依法登记。公司法定代表人变更，应当办理变更登记。

第五十一条规定，股东人数较少或者规模较小的有限责任公司，可以设一名执行董事，不设董事会。执行董事可以兼任公司经理。执行董事的职权由公司章程规定。

根据上述规定，该外籍法定代表人应为公司的董事长、执行董事或者经理。

《企业所得税法实施条例》第三十四条规定，企业发生的合理的工资薪金支出，准予扣除。

前款所称工资薪金，是指企业每一纳税年度支付给在本企业任职或者受雇的员工的所有现金形式或者非现金形式的劳动报酬，包括基本工资、奖金、津贴、补贴、年终加薪、加班工资，以及与员工任职或者受雇有关的其他支出。

因此，该法定代表人未与公司签订劳动合同，不属于受雇。法定代表人不论是属于董事长、还是执行董事、经理，均属于在该公司任职，属于公司员工范围。

《企业所得税法》第八条规定，企业实际发生的与取得收入有关的、合理的支出，包括成本、费用、税金、损失和其他支出，准予在计算应纳税所得额时扣除。

根据上述规定，该法定代表人发生的住宿费、机票、餐费等费用，需按照该费用发生原因判断。如属于与企业经营收入相关的合理差旅费范围，可税前扣除。如属于个人消费支出的，不得税前扣除。

提示：根据《国家税务总局关于在中国境内无住所的个人取得工资薪金所得纳税义务问题的通知》（国税发〔1994〕148 号）第五条的规定，该法定代表人应自其担任该中国境内企业董事或高层管理职务起，至其解除上述职务止的期间，不论其是否在中国境外履行职务，均应申报缴纳个人所得税；其取得的由中国境外企业支付的工资薪金，应依照本通知第二条、第三条、第四条的规定确定纳税义务。

12. 负责多家公司的高管发生的差旅费如何税前扣除？

问：我公司是在天津注册成立的公司，所有经营业务均发生在天津。总经理由于受母公司的委派，除了负责天津公司之外，还需要负责上海、香港、泰国等公司的业务，但是去上海、香港和泰国的差旅费在天津公司报销，这种差旅费能否在天津公司所得税税前扣除？

答：《企业所得税法》第八条规定，企业实际发生的与取得收入有关的、合理的支出，包括成本、费用、税金、损失和其他支出，准予在计算应纳税所得额时扣除。

《企业所得税法实施条例》第二十七条规定，企业所得税法第八条所称有关的支出，是指与取得收入直接相关的支出。

企业所得税法第八条所称合理的支出，是指符合生产经营活动常规，应当计入当期损益或者有关资产成本的必要和正常的支出。

根据上述规定，总经理为处理上海、香港、泰国等公司的业务而发生的差旅费，属于与天津公司取得收入无关的支出，不能税前扣除。

13. 董事成员的差旅费能否税前扣除？

问：我公司为一项重大决策召开董事会，报销了部分不在公司任职的董事的机票费用，该机票款是否可以在税前列支？

答：董事会会费指企业最高权力机构（如董事会）及其成员为履行职能而发生的各项费用，包括差旅费、会议费等。

《企业所得税法》第八条规定，企业实际发生的与取得收入有关的、合理的支出，包括成本、费用、税金、损失和其他支出，准予在计算应纳税所得额时扣除。

因此，支付董事会及其成员与生产经营相关的差旅费，允许税前扣除。

14. 负担的外单位人员差旅费可否税前列支？

问：我公司聘请老师为我们做 ISO 认证，我公司承担老师的往来差旅费，该差旅费可否税前列支？是否涉及其他税种，比如个人所得税、营业税？

答：1.《财政部、国家税务总局关于将铁路运输和邮政业纳入营业税改征增值税试点的通知》（财税〔2013〕106 号）附件 1《营业税改征增值税试点实施办法》第九条规定，提供应税服务，是指有偿提供应税服务，但不包括非营业活动中提供的应税服务。

有偿，是指取得货币、货物或者其他经济利益。

第三十三条规定，销售额，是指纳税人提供应税服务取得的全部价款和价外费用。

《个人所得税法实施条例》第十条规定，个人所得的形式，包括现金、实物、有价证券和其他形式的经济利益。所得为实物的，应当按照取得的凭证上所注明的价格计算应纳税所得额；无凭证的实物或者凭证上所注明的价格明显偏低的，参照市场价格核定应纳税所得额。所得为有价证券的，根据票面价格和市场价格核定应纳税所得额。所得为其他形式的经济利益的，参照市场价格核定应纳税所得额。

根据上述规定，ISO 认证属于《应税服务范围注释》中"鉴证咨询服务——认证服务"，个人为贵企业提供 ISO 认证，企业承担其往来差旅费部分，属于个人取得的其他形式的经济利益所得，应按规定计征增值税及个人所得税。

2. 企业所得税处理可参照《青岛市国家税务局关于做好 2009 年度企业所得税汇算清缴的通知》（青国税发〔2010〕9 号）规定：

（十）与企业生产经营有关的企业外部人员的交通费用能否据实在所得税前扣除？

解答：根据《企业所得税法》规定，企业实际发生的与取得收入有关的、合理的支出，包括成本、费用、税金、损失和其他支出，准予在计算应纳税所得额时扣除。有关的支出是指与取得收入直接相关的支出。合理的支出是指符合生产经营活动常规，应当计入当期损益或者有关资产成本的必要和正常的支出。

因此，企业负担与本企业生产经营有关的客户的交通、食宿等费用，如果符合业务招待费范畴的，相关支出可以在业务招待费中列支。

15. 企业因辞退员工支付的一次性补偿金是否属于工资薪金支出？

问：企业因辞退员工支付的一次性补偿金，是否作为"工资薪金"总额？

答：《企业会计准则第 9 号——职工薪酬》第二条规定，职工薪酬，是指企业为获得职工提供的服务而给予各种形式的报酬以及其他相关支出。职工薪酬包括：

（一）职工工资、奖金、津贴和补贴；

......

（七）因解除与职工的劳动关系给予的补偿；

......

《〈企业会计准则第 9 号——职工薪酬〉应用指南》规定：

（一）辞退福利包括：

（1）职工劳动合同到期前，不论职工本人是否愿意，企业决定解除与职工的劳动关系而给予的补偿；

（2）职工劳动合同到期前，为鼓励职工自愿接受裁减而给予的补偿，职工有权选择继续在职或接受补偿离职。

辞退福利通常采取在解除劳动关系时一次性支付补偿的方式，也有通过提高退休后养老金或其他离职后福利的标准，或者将职工工资支付至辞退后未来某一期间的方式。

《企业所得税法》第八条规定，企业实际发生的与取得收入有关的、合理的支出，包括成本、费用、税金、损失和其他支出，准予在计算应纳税所得额时扣除。

《企业所得税法实施条例》第二十七条规定，企业所得税法第八条所称有关的支出，是指与取得收入直接相关的支出。

企业所得税法第八条所称合理的支出，是指符合生产经营活动常规，应当计入当期损益或者有关资产成本的必要和正常的支出。

第三十三条规定，企业所得税法第八条所称其他支出，是指除成本、费用、税金、损失外，企业在生产经营活动中发生的与生产经营活动有关的、合理的支出。

第三十四条规定，企业发生的合理的工资薪金支出，准予扣除。

前款所称工资薪金，是指企业每一纳税年度支付给在本企业任职或者受雇的员工的所有现金形式或者非现金形式的劳动报酬，包括基本工资、奖金、津贴、补贴、年终加薪、加班工资，以及与员工任职或者受雇有关的其他支出。

《国家税务总局关于企业工资薪金及职工福利费扣除问题的通知》（国税函〔2009〕3号）规定：

一、关于合理工资薪金问题

《实施条例》第三十四条所称的"合理工资薪金"，是指企业按照股东大会、董事会、薪酬委员会或相关管理机构制订的工资薪金制度规定实际发放给员工的工资薪金。税务机关在对工资薪金进行合理性确认时，可按以下原则掌握：

（一）企业制订了较为规范的员工工资薪金制度；

（二）企业所制订的工资薪金制度符合行业及地区水平；

（三）企业在一定时期所发放的工资薪金是相对固定的，工资薪金的调整是有序进行的；

（四）企业对实际发放的工资薪金，已依法履行了代扣代缴个人所得税义务。

（五）有关工资薪金的安排，不以减少或逃避税款为目的；

二、关于工资薪金总额问题

《实施条例》第四十、四十一、四十二条所称的"工资薪金总额"，是指企业按照本通知第一条规定实际发放的工资薪金总和，不包括企业的职工福利费、职工教育经费、工会经费以及养老保险费、医疗保险费、失业保险费、工伤保险费、生育保险费等社会保险费和住房公积金。属于国有性质的企业，其工资薪金，不得超过政府有关部门给予的限定数额；超过部分，不得计入企业工资薪金总额，也不得在计算企业应纳税所得额时扣除。

根据上述规定，企业因解除劳动关系向职工支付的经济补偿、生活补助等会计核算作为辞退福利，企业所得税属于与取得收入有关的支出，可以在企业所得税税前直接扣除。但不作为工资薪金税前扣除。

16. 向企业互调人员支付报酬如何计税？

问：甲国有企业从其他企业调入人员，调入人员的工资在原企业发放，甲国有企业只发放补助、年终奖，甲国有企业还有调出人员，调出人员的工资在甲国有企业发放。

调入人员、调出人员工资、补助、奖金能否在甲国有企业所得税税前扣除？

答：1. 甲企业向调入人员发放补助、年终奖税前扣除问题。

《国家税务总局关于企业所得税应纳税所得额若干税务处理问题的公告》（国家税务总局公告2012年第15号）第一条规定，企业因雇用季节工、临时工、实习生、返聘离退休人员以及接受外部劳务派遣用工所实际发生的费用，应区分为工资薪金支出和职工福利费支出，并按《企业所得税法》规定在企业所得税前扣除。其中属于工资薪金支出的，准予计入企业工资、薪金总额的基数，作为计算其他各项相关费用扣除的依据。

《国家税务总局关于企业工资薪金及职工福利费扣除问题的通知》（国税函〔2009〕3号）第一条规定，《企业所得税法实施条例》第三十四条所称的"合理工资薪金"，是指企业按照股东大会、董事会、薪酬委员会或相关管理机构制订的工资薪金制度规定实际发放给员工的工资薪金。税务机关在对工资薪金进行合理性确认时，可按以下原则掌握：

（一）企业制订了较为规范的员工工资薪金制度；

（二）企业所制订的工资薪金制度符合行业及地区水平；

（三）企业在一定时期所发放的工资薪金是相对固定的，工资薪金的调整是有序进行的；

（四）企业对实际发放的工资薪金，已依法履行了代扣代缴个人所得税义务；

（五）有关工资薪金的安排，不以减少或逃避税款为目的；

根据上述规定，甲企业向调入人员直接支付的补助、年终奖支出，甲企业作为支付方需按规定代扣代缴个人所得税。该项支出可区分为工资薪金支出和职工福利费支出在税前扣除。甲企业应注意，国税函〔2009〕3 号文件规定，属于国有性质的企业，其工资薪金，不得超过政府有关部门给予的限定数额；超过部分，不得计入企业工资薪金总额，也不得在计算企业应纳税所得额时扣除。

2. 甲企业向调出人员发放工资税前扣除问题。

《企业所得税法》第八条规定，企业实际发生的与取得收入有关的、合理的支出，包括成本、费用、税金、损失和其他支出，准予在计算应纳税所得额时扣除。

《企业所得税法实施条例》第二十七条规定，企业所得税法第八条所称有关的支出，是指与取得收入直接相关的支出。企业所得税法第八条所称合理的支出，是指符合生产经营活动常规，应当计入当期损益或者有关资产成本的必要和正常的支出。

根据上述规定，调出人员不为甲国有企业工作。甲国有企业向其支付的工资属于与取得收入无关的支出，该项支出不得在税前扣除。

17. 如何确定税前扣除的劳动保护支出范围？

问： 某单位每月给各工作点购买发放大量的洗发水、浴液、卫生纸等用品，计入管理费用——劳动保护费。新企业所得税法实施条例第四十八条规定，企业发生的合理的劳动保护支出，准予扣除且没有限额规定，在个人所得税方面也不作为职工的应税所得。如何理解劳动保护支出的真实、合理性？

答： 1. 目前对于劳动保护用品范围在税法上没有明确的具体规定，实践中一般按下列原则掌握：一是必须是确因工作需要，如果企业所发生的所谓的支出，并非出于工作的需要，那么其支出就不得予以扣除；二是为其雇员配备或提供，而不是给其他与其没有任何劳动关系的人配备或提供；三是限于工作服、手套、安全保护用品、防暑降温品等，如高温冶炼企业职工、道路施工企业的防暑降温品，采煤工人的手套、头盔等用品。

《劳动防护用品配备标准（试行）》规定，劳动保护支出的范围包括：工作服、工作帽、工作鞋、劳防手套、防寒服、雨衣胶鞋、眼护具、防尘口罩、防毒护具、安全帽、安全带、护听器。

商品送货（包括相近工种）工作服范围包括：商品送货员、商品运输员、商品押运员、商品采购员、商品供应员、商品收购员、医用商品采购员、医用商品供应员、医用商品运输员、物资进货员（采购员）、蔬菜生产联络员。

2. 中央性文件无标准限制，以下地方文件仅供参考：

《宁波市地方税务局税政一处关于明确所得税有关问题解答口径的函》（甬地税一函

〔2010〕20 号）规定：

二、关于企业发放给本单位职工的劳动保护用品支出问题

企业发放给本单位职工的劳动保护用品支出，2010 年度在每人每年 1 000 元的标准内按实税前扣除。

《山东省青岛市国家税务局关于做好 2008 年度企业所得税汇算清缴的通知》（青国税发〔2009〕10 号）规定：

（十八）劳动保护费如何进行税前扣除？

答：纳税人实际发生的合理的劳动保护支出，可以扣除。劳动保护支出是指确因工作需要为雇员配备或提供工作服、手套、安全保护用品等所发生的支出。以劳动保护名义发放现金和非因工作需要和国家规定以外的带有普遍福利性质的支出，除从职工福利费中支付的以外，一律视为工资薪金支出。

《广西壮族自治区地方税务局关于明确若干所得税税收政策管理问题的通知》（桂地税发〔2010〕19 号）规定：

（五）关于劳动保护费支出的确认问题

劳动保护费支出，应按照《劳动法》规定的劳动保护范围确定。

18. 医疗互助金能否税前扣除？

问：缴纳的中国职工保险互助会医疗互助金是否可以税前扣除？

答：《企业所得税法实施条例》第三十五条规定，企业依照国务院有关主管部门或者省级人民政府规定的范围和标准为职工缴纳的基本养老保险费、基本医疗保险费、失业保险费、工伤保险费、生育保险费等基本社会保险费和住房公积金，准予扣除。

企业为投资者或者职工支付的补充养老保险费、补充医疗保险费，在国务院财政、税务主管部门规定的范围和标准内，准予扣除。

第三十六条规定，除企业依照国家有关规定为特殊工种职工支付的人身安全保险费和国务院财政、税务主管部门规定可以扣除的其他商业保险费外，企业为投资者或者职工支付的商业保险费，不得扣除。

根据上述规定，只有上述法规规定的保险才可在税前扣除，其他形式的保险在没有文件明确规定的情况下，不能在税前扣除。

19. 支付给村民的养老金等能否税前扣除？

问：我公司是一城中村里开办的企业，每月除了计提发放公司员工的工资外，还有村民的养老金、保健费、长寿老人补助等，这些费用能否作为工资薪金在企业所得税税前扣除？

答：《企业所得税法实施条例》第三十四条规定，企业发生的合理的工资薪金支出，准予扣除。

前款所称工资薪金，是指企业每一纳税年度支付给在本企业任职或者受雇的员工的所有现金形式或者非现金形式的劳动报酬，包括基本工资、奖金、津贴、补贴、年终加薪、加班工资，以及与员工任职或者受雇有关的其他支出。

根据上述规定,纳税人实际支付给在本单位任职或者受雇村民的工资薪金可以在税前扣除。贵公司支付给未在本单位任职村民的养老金、保健费及其他人员的支出,不能作为工资薪金在税前扣除。

20. 员工工装支出如何税前扣除?

问:我公司统一给每位员工发放的工装,属于集体福利还是个人消费?作为集体福利和个人消费应如何进行会计处理?

答:关于企业员工服饰费用支出扣除问题,《国家税务总局关于企业所得税若干问题的公告》(国家税务总局公告 2011 年第 34 号)规定,企业根据其工作性质和特点,由企业统一制作并要求员工工作时统一着装所发生的工作服饰费用,根据《实施条例》第二十七条的规定,可以作为企业合理的支出给予税前扣除。

参照上述规定,企业根据其工作性质和特点,由企业统一制作并要求员工工作时统一着装所发生的工作服饰费用,应计入成本费用核算。否则,应计入职工福利费核算,但不能税前扣除。

21. 雇主为雇员承担的个人所得税能否税前列支?

问:雇主为雇员承担的个人所得税能否在企业所得税税前列支?

答:《国家税务总局关于纳税人取得不含税全年一次性奖金收入计征个人所得税问题的批复》(国税函〔2005〕715 号)第三条规定,根据企业所得税和个人所得税的现行规定,企业所得税的纳税人、个人独资和合伙企业、个体工商户为个人支付的个人所得税款,不得在所得税前扣除。

《国家税务总局关于雇主为雇员承担全年一次性奖金部分税款有关个人所得税计算方法问题的公告》(国家税务总局公告 2011 年第 28 号)第四条规定,雇主为雇员负担的个人所得税款,应属于个人工资薪金的一部分。凡单独作为企业管理费列支的,在计算企业所得税时不得税前扣除。

如企业与管理部门张三约定月薪为税后 4 000 元,则企业须每月为张三承担个人所得税 15.46 元(其他未提及事项忽略不计)。

1. 企业如下处理,企业承担的个人所得税可以作为工资在税前扣除:

发工资时:

借:应付职工薪酬	4 015.46
贷:现金	4 000
应交税费——应交个人所得税	15.46

分配工资时:

借:管理费用	4 015.46
贷:应付职工薪酬	4 015.46

2. 但如下处理,企业承担的个人所得税将不能税前扣除,汇算清缴时应进行纳税调增:

发工资时：

 借：应付职工薪酬　　　　　　　　　　　　　　　　　　　　4 000

  贷：现金　　　　　　　　　　　　　　　　　　　　　　　　4 000

计提代承担的个人所得税时：

 借：管理费用　　　　　　　　　　　　　　　　　　　　　15.46

  贷：应交税费——应交个人所得税　　　　　　　　　　　　15.46

分配工资时：

 借：管理费用　　　　　　　　　　　　　　　　　　　　　4 000

  贷：应付职工薪酬　　　　　　　　　　　　　　　　　　　4 000

22. 自查补缴的以前年度个人所得税能否税前扣除？

问： 企业自查补缴的以前年度个人所得税能否在企业所得税税前扣除？

答：《个人所得税法》第八条规定，个人所得税，以所得人为纳税义务人，以支付所得的单位或者个人为扣缴义务人。个人所得超过国务院规定数额的，在两处以上取得工资、薪金所得或者没有扣缴义务人的，以及具有国务院规定的其他情形的，纳税义务人应当按照国家规定办理纳税申报。扣缴义务人应当按照国家规定办理全员全额扣缴申报。

第九条规定，扣缴义务人每月所扣的税款，自行申报纳税人每月应纳的税款，都应当在次月七日内缴入国库，并向税务机关报送纳税申报表。

工资、薪金所得应纳的税款，按月计征，由扣缴义务人或者纳税义务人在次月七日内缴入国库，并向税务机关报送纳税申报表。特定行业的工资、薪金所得应纳的税款，可以实行按年计算、分月预缴的方式计征，具体办法由国务院规定。

第十三条规定，个人所得税的征收管理，依照《中华人民共和国税收征收管理法》的规定执行。

《税收征收管理法》第六十九条规定，扣缴义务人应扣未扣、应收而不收税款的，由税务机关向纳税人追缴税款，对扣缴义务人处应扣未扣、应收未收税款百分之五十以上三倍以下的罚款。

根据上述政策规定，一是个人所得税纳税义务人为取得所得的个人，由支付所得的单位或者个人在法定期限内履行扣缴义务。因此，个人所得税的实际负税人不是履行扣缴义务的单位，而是取得所得的个人。具体到工资薪金个人所得税的实际负税人是企业职工，支付工资的企业只是履行扣缴义务。二是如果扣缴义务人对以前年度的个人所得税应扣未扣、应收未收，未尽到扣缴义务，由税务机关向纳税人追缴税款。因此，自查补缴的以前年度个人所得税应由职工个人负担，不能在企业计算应纳税所得额时税前扣除。

23. 为子公司员工购买社保和住房公积金支出能否税前扣除？

问： 我公司为子公司员工购买社保和住房公积金支出能不能税前扣除？（由于子公司在省外，社保和住房公积金通过当地人力公司缴纳，我公司再支付费用给人力公司。）

答：《企业所得税法实施条例》第三十五条规定，企业依照国务院有关主管部门或者省级人民政府规定的范围和标准为职工缴纳的基本养老保险费、基本医疗保险费、失业保险费、工伤保险费、生育保险费等基本社会保险费和住房公积金，准予扣除。

根据上述规定，企业在规定的范围和标准内为职工缴纳的五险一金，可以在税前扣除。但这里的职工是指在本企业任职或受雇的员工，问题中子公司员工属于在子公司任职或受雇，为该员工所支付不超过规定标准的五险一金应当由子公司支付并在税前扣除。

24. 部分员工超过当地平均工资三倍的住房公积金能否税前扣除？

问：企业部分员工住房公积金超过当地平均工资的三倍，已缴纳个人所得税，但是企业统算并未超标，部分员工超过部分的住房公积金在计算企业所得税时能否税前扣除？换句话说，住房公积金税前扣除的基数是分人算，还是企业统算？

答：《企业所得税法实施条例》第三十五条规定，企业依照国务院有关主管部门或者省级人民政府规定的范围和标准为职工缴纳的基本养老保险费、基本医疗保险费、失业保险费、工伤保险费、生育保险费等基本社会保险费和住房公积金，准予扣除。

《住房公积金管理条例》（国务院令第 350 号）第十六条第（二）款规定，单位为职工缴存的住房公积金的月缴存额为职工本人上一年度月平均工资乘以单位住房公积金缴存比例。

根据上述规定，企业为职工缴纳的住房公积金月工资基数是职工本人工资，在此基础上设定的范围和标准也应是针对缴费个体。所以，是否超标，不能将企业全部人员加起来统算，而应分个体缴费标准判断。

25. 未实际支付的补充医疗保险能否税前扣除？

问：本年按照规定比例计提补充医疗保险，但年末未实际支付使用完毕，是否能够结转下年使用？结余部分是否需要做纳税调增？

答：《财政部、国家税务总局关于补充养老保险费、补充医疗保险费有关企业所得税政策问题的通知》（财税〔2009〕27 号）规定，自 2008 年 1 月 1 日起，企业根据国家有关政策规定，为在本企业任职或者受雇的全体员工支付的补充养老保险费、补充医疗保险费，分别在不超过职工工资总额 5％标准内的部分，在计算应纳税所得额时准予扣除；超过的部分，不予扣除。

因此，只有实际支付的在国家规定的补充医疗保险费方可在不超过职工工资总额 5％标准内扣除，只计提未实际支付的部分应做纳税调整。

26. 为员工报销托管方式养老保险能否税前扣除？

问：企业为员工报销个人以托管方式缴纳的养老保险费用支出，是否可以税前列支？

企业依照国务院有关主管部门或者省级人民政府规定的范围和标准为职工缴纳的基本养老保险费、基本医疗保险费、失业保险费、工伤保险费、生育保险费等基本社会保险费和住房公积金，准予扣除。这一规定是否适用？

答：《企业所得税法实施条例》第三十五条规定，企业依照国务院有关主管部门或者省级人民政府规定的范围和标准为职工缴纳的基本养老保险费、基本医疗保险费、失业保险费、工伤保险费、生育保险费等基本社会保险费和住房公积金，准予扣除。

企业为投资者或者职工支付的补充养老保险费、补充医疗保险费，在国务院财政、税务主管部门规定的范围和标准内，准予扣除。

《财政部、国家税务总局关于补充养老保险费、补充医疗保险费有关企业所得税政策问题的通知》（财税〔2009〕27号）规定，自2008年1月1日起，企业根据国家有关政策规定，为在本企业任职或者受雇的全体员工支付的补充养老保险费、补充医疗保险费，分别在不超过职工工资总额5%标准内的部分，在计算应纳税所得额时准予扣除；超过的部分，不予扣除。

上述政策强调，企业在国家有关政策规定的范围和标准内实际缴纳或支付的基本养老保险费及补充养老保险费准予税前扣除。

因此，企业为员工报销的养老保险费用不属于企业实际缴纳或支付的养老保险支出，不能适用上述政策税前扣除。

27. 雇主责任险和公众责任险是否可以税前扣除？

问：企业缴纳的雇主责任险和公众责任险是否可以税前扣除？

答：《企业所得税法实施条例》第三十六条规定，除企业依照国家有关规定为特殊工种职工支付的人身安全保险费和国务院财政、税务主管部门规定可以扣除的其他商业保险费外，企业为投资者或者职工支付的商业保险费，不得扣除。

雇主责任险虽非直接支付给员工，但是属于为被保险人雇用的员工在受雇的过程中，从事与被保险人经营业务有关的工作而受意外，或与业务有关的国家规定的职业性疾病所致伤、致残或死亡负责赔偿的一种保险，因此该险种应属于商业保险，不能在税前扣除。公众责任险与雇主责任险具有相同性质，属于商业保险，不能在税前扣除。

28. 雇主承担的外籍员工保险费如何进行税务处理？

问：某酒店聘用外籍高管1人，因其聘用合同上规定，酒店需支付外籍高管月薪（税后）10万元人民币，并承担外籍员工的境外人寿保险费、养老金、国际医疗保险、意外伤残险等共1万元人民币，酒店在支付时可获得境外代缴单位开具的境外发票（非中国发票）即INVOICE，同时，聘用合同规定，酒店为他支付并承担由中国政府征收的个人收入所得税。根据《国家税务总局关于外商投资企业和外国企业的雇员的境外保险费有关所得税处理问题的通知》（国税发〔1998〕101号）的规定，酒店若视保险为工资发放扣缴了员工的个人所得税，就可以在企业所得税税前扣除，但若不扣缴个人所得税，保险不能在企业所得税税前扣除。但是国税发〔1998〕101号文件上述条款现已被废止。那么，

（1）酒店若将境外保险视同工资处理，由于工资的支付为税后工资，且公司在合同上约定承担境内的个人所得税，那么，视同工资发放的保险费是否也应为税后，须并入税后工资一并还原为税前工资扣缴个人所得税？

（2）若酒店不将支付的境外保险在企业所得税税前扣除，则酒店的外籍员工保险费是直

接支付给境外机构并获取了境外开具的收条，因而不需扣缴员工的个人所得税。这样操作酒店有无税收风险？

答： 1.《财政部、国家税务总局关于基本养老保险费、基本医疗保险费、失业保险费、住房公积金有关个人所得税政策的通知》（财税〔2006〕10 号）第一条规定，按照国家或省（自治区、直辖市）人民政府规定的缴费比例或办法实际缴付的基本养老保险费、基本医疗保险费和失业保险费，免征个人所得税；个人按照国家或省（自治区、直辖市）人民政府规定的缴费比例或办法实际缴付的基本养老保险费、基本医疗保险费和失业保险费，允许在个人应纳税所得额中扣除。

《国家税务总局关于单位为员工支付有关保险缴纳个人所得税问题的批复》（国税函〔2005〕318 号）规定，依据《中华人民共和国个人所得税法》及有关规定，对企业为员工支付各项免税之外的保险金，应在企业向保险公司缴付时（即该保险落到被保险人的保险账户）并入员工当期的工资收入，按"工资、薪金所得"项目计征个人所得税，税款由企业负责代扣代缴。

根据上述规定，该酒店为外籍高管交纳的境外保险、养老金支出，不属于按照国家或省（自治区、直辖市）人民政府规定缴纳的，该支出应并入外籍高管当期的工资收入，按"工资、薪金所得"计缴个人所得税。

如果酒店为该外籍高管承担该境外保险、养老金支出的个人所得税，则外籍高管的税后所得为 11 万元（10＋1）。按照《国家税务总局关于印发〈征收个人所得税若干问题的法规〉的通知》（国税发〔1994〕89 号）的规定，单位或个人为纳税义务人负担个人所得税税款，应将纳税义务人取得的不含税收入换算为应纳税所得额，计算征收个人所得税。即应将外籍高管税后所得 11 万元还原成税前所得，计缴个人所得税。

2.《企业所得税法实施条例》第三十五条规定，企业依照国务院有关主管部门或者省级人民政府规定的范围和标准为职工缴纳的基本养老保险费、基本医疗保险费、失业保险费、工伤保险费、生育保险费等基本社会保险费和住房公积金，准予扣除。

企业为投资者或者职工支付的补充养老保险费、补充医疗保险费，在国务院财政、税务主管部门规定的范围和标准内，准予扣除。

第三十六条规定，除企业依照国家有关规定为特殊工种职工支付的人身安全保险费和国务院财政、税务主管部门规定可以扣除的其他商业保险费外，企业为投资者或者职工支付的商业保险费，不得扣除。

根据上述规定，酒店为境外高管在境外缴纳的保险费、养老金支出不属于国务院有关主管部门或者省级人民政府规定缴纳的，该保险支出属于商业保险支出，不得在税前扣除。

29. 以前年度未入账社保费能否税前扣除？

问： 企业以前年度发生的社保费用或其他应在当年度列支的费用，在当年没有入账。现在发现当年少缴一笔费用，并将其并入本年缴纳，此费用可否在本年度税前扣除？

答：《企业所得税法实施条例》第九条规定，企业应纳税所得额的计算，以权责发生制为原则，属于当期的收入和费用，不论款项是否收付，均作为当期的收入和费用；不属于当期的收入和费用，即使款项已经在当期收付，均不作为当期的收入和费用。本条例和国务院财政、税务主管部门另有规定的除外。

《国家税务总局关于企业所得税应纳税所得额若干税务处理问题的公告》（国家税务总局公告2012年第15号）第六条规定，根据《中华人民共和国税收征收管理法》的有关规定，对企业发现以前年度实际发生的、按照税收规定应在企业所得税前扣除而未扣除或者少扣除的支出，企业做出专项申报及说明后，准予追补至该项目发生年度计算扣除，但追补确认期限不得超过5年。

企业由于上述原因多缴的企业所得税税款，可以在追补确认年度企业所得税应纳税款中抵扣，不足抵扣的，可以向以后年度递延抵扣或申请退税。

亏损企业追补确认以前年度未在企业所得税前扣除的支出，或盈利企业经过追补确认后出现亏损的，应首先调整该项支出所属年度的亏损额，然后再按照弥补亏损的原则计算以后年度多缴的企业所得税税款，并按前款规定处理。

参考《江苏省常州市地方税局2011年度企业所得税汇算清缴问题解答》第五条规定：

2. 企业因历史遗留问题，需要补交以前年度社保，是否可在实际缴纳年度税前扣除？企业因会计差错以及查补以前年度税金，应如何扣除？

答：企业按国务院有关主管部门或省级人民政府规定的范围和标准为职工补缴的基本或补充养老、医疗和失业保险，应追补至在所属年度扣除。企业由于上述原因多缴的企业所得税税款，可以在补交年度企业所得税应纳税款中抵扣，不足抵扣的，可以向以后年度递延抵扣或申请退税。亏损企业追补确认以前年度未在税前扣除的支出，或盈利企业经过追补确认后出现亏损的，应首先调整该项支出所属年度的亏损额，然后再按照弥补亏损的原则计算以后年度多缴的企业所得税税款，并按上述规定处理。

纳税人因会计差错等存在应当年在税前扣除而未扣除的支出，以及税务机关查补以前年度准予在税前扣除的各项税金及其附加，也按上述规定进行处理。

根据上述规定，企业应纳税所得额的计算，以权责发生制为原则，不属于当期的费用不得在当期税前扣除。对企业发现以前年度实际发生的、按照税收规定应在企业所得税税前扣除而未扣除或者少扣除的支出，企业做出专项申报及说明后，准予追补至该项目发生年度计算扣除，但追补确认期限不得超过5年。

30. 向员工支付的内训费如何在税前列支？

问：企业聘请内部有经验的员工培训企业内部人员，发放的培训费可否在职工教育经费中列支？

答：《企业所得税法实施条例》第三十四条规定，企业发生的合理的工资薪金支出，准予扣除。

前款所称工资薪金，是指企业每一纳税年度支付给在本企业任职或者受雇的员工的所有现金形式或者非现金形式的劳动报酬，包括基本工资、奖金、津贴、补贴、年终加薪、加班工资，以及与员工任职或者受雇有关的其他支出。

根据上述规定，企业支付给任职或受雇员工的劳动报酬，属于工资薪金范畴，企业所得税税前应作为工资薪金列支。

31. 团体意外伤害保险能否税前扣除？

问：公司给全体员工购买了团体人身意外伤害保险，附加意外伤害医疗保险，保单中注明一类人员和三类人员，该保险是否属于商业保险的范畴？在计算应纳税所得额时，是否需调增应纳税所得额？

答：《企业所得税法实施条例》第三十六条规定，除企业依照国家有关规定为特殊工种职工支付的人身安全保险费和国务院财政、税务主管部门规定可以扣除的其他商业保险费外，企业为投资者或者职工支付的商业保险费，不得扣除。

根据上述规定，只有为特殊工种职工支付的人身安全保险费以及国务院财政、税务主管部门规定的其他商业保险费可以税前扣除，但目前财政部、国家税务总局尚未对"其他商业保险费"和"特殊工种职工"进行界定，此类保险费，其依据必须是法定的，即是国家其他法律法规强制规定企业应当为其职工投保的人身安全保险，如果不是国家法律法规所强制性规定的，企业自愿为其职工投保的所谓人身安全保险而发生的保险费支出是不准予税前扣除的。如《建筑法》第四十八条规定，建筑施工企业必须为从事危险作业的职工办理意外伤害保险，支付保险费。《煤炭法》第四十四条规定，煤矿企业必须为煤矿井下作业职工办理意外伤害保险，支付保险费等。上述列举之外企业为其他职工购买的意外伤害险、意外医疗险等，其保险费不能税前扣除，应调增应纳税所得额。

32. 社保滞纳金能否税前扣除？

问：根据所得税法规定，税收滞纳金不能税前扣除，那么，缴纳社保产生的滞纳金是否可以税前扣除？

答：现行税法下对于不能税前扣除的滞纳金限于"税收滞纳金"，社会保险费滞纳金没有文件明确不得在税前扣除，应予扣除。

以下地方规定供参考：

《浙江省宁波市国家税务局 2011 年度企业所得税汇算清缴政策问题解答》规定：

48. 海关滞报金、海关增值税缓息能否税前扣除？

海关滞报金不能税前扣除，海关增值税缓息可以在税前扣除。

33. 补缴的以前年度社保及住房公积金可否在当期税前扣除？

问：本集团辖下有 10 余家公司均在同一工业区，最终投资方均为同一家境外公司，但在中国境内有 10 个营业执照，公司因为以前的经营政策及一些人事问题，部分员工可能在 2 家以上的公司任职，但因均是在本集团任职，故员工年资是有延续的，不会因为换一家公司就从头开始计算。现在我集团所有公司均在补缴 2000 年至 2013 的养老保险及住房公积金（因以前年度少缴纳或未缴纳，已与社保局及住房公积单位谈好，可以补缴），如果一个员工曾任职过 2 家公司，即 2000 年至 2005 年在 A 公司，从 2006 年开始至今在 B 公司上班（A、B 公司均属于本集团）。那么，

（1）补缴的从 2000 年至 2013 年的费用，是否可以全额认列当期损益，在税前扣除？

（2）2000 年至 2005 年因其不在 B 公司任职，归属此期间的费用是否可以认列在 B 公司，并税前扣除？

答：《企业所得税法实施条例》第九条规定，企业应纳税所得额的计算，以权责发生制为原则，属于当期的收入和费用，不论款项是否收付，均作为当期的收入和费用；不属于当期的收入和费用，即使款项已经在当期收付，均不作为当期的收入和费用。本条例和国务院财政、税务主管部门另有规定的除外。

第二十七条规定，企业所得税法第八条所称有关的支出，是指与取得收入直接相关的支出。

企业所得税法第八条所称合理的支出，是指符合生产经营活动常规，应当计入当期损益或者有关资产成本的必要和正常的支出。

根据上述规定，企业应纳税所得额的计算，以权责发生制为原则，属于当期的收入和费用，不论款项是否收付，均作为当期的收入和费用；不属于当期的收入和费用，即使款项已经在当期收付，均不作为当期的收入和费用。与取得收入直接相关的支出可以税前扣除。因此，企业以前年度费用不得在当期扣除，企业负担不在本公司任职的人员社会保险费不得税前扣除。对补缴的本企业员工的社会保险个别地区明确可以在补缴年度扣除，建议企业咨询所在地具体规定再行处理，以下政策供参考：

《河南省地方税务局 2010 年度企业所得税汇算清缴有关问题解答》规定：

二十二、关于企业补缴以前年度的社会保险费能否在补缴年度税前扣除的问题

答：在规定的范围和标准内，凭缴款凭据可在补缴年度扣除，扣除金额不得超过以前年度的扣除标准。

34. 企业将应缴纳的社会保险费以现金向员工发放能否税前扣除？

问：企业对临时用工人员的养老保险没有上交社会保险部门，而是以工资名义用现金发放养老保险费。以现金形式发放养老保险费能否税前扣除？是否有这方面的税收政策规定？

答：《企业所得税法实施条例》第三十四条规定，企业发生的合理的工资薪金支出，准予扣除。

前款所称工资薪金，是指企业每一纳税年度支付给在本企业任职或者受雇的员工的所有现金形式或者非现金形式的劳动报酬，包括基本工资、奖金、津贴、补贴、年终加薪、加班工资，以及与员工任职或者受雇有关的其他支出。

第三十五条规定，企业依照国务院有关主管部门或者省级人民政府规定的范围和标准为职工缴纳的基本养老保险费、基本医疗保险费、失业保险费、工伤保险费、生育保险费等基本社会保险费和住房公积金，准予扣除。

根据上述规定，只有按规定的范围和标准缴纳的"五险一金"才能在税前扣除，没有上缴至国家主管部门的"五险一金"不得在税前扣除。但对于支付给任职或受雇员工的合理的工资薪金可以全额在税前扣除。

35. 员工在异地缴纳的社保费用能否税前扣除？

问： 我公司是一家基金公司，注册地在新疆，但员工均在不同城市开展业务，这些员工统筹在工作生活地缴纳的社保费，能否以复印件的形式在新疆公司报销？税前能否扣除？这样操作的风险是什么？

答：《企业所得税法实施条例》第三十五条规定，企业依照国务院有关主管部门或者省级人民政府规定的范围和标准为职工缴纳的基本养老保险费、基本医疗保险费、失业保险费、工伤保险费、生育保险费等基本社会保险费和住房公积金，准予扣除。

企业为投资者或者职工支付的补充养老保险费、补充医疗保险费，在国务院财政、税务主管部门规定的范围和标准内，准予扣除。

《社会保险法》第四条规定，中华人民共和国境内的用人单位和个人依法缴纳社会保险费，有权查询缴费记录、个人权益记录，要求社会保险经办机构提供社会保险咨询等相关服务。

第五十八条规定，用人单位应当自用工之日起三十日内为其职工向社会保险经办机构申请办理社会保险登记。未办理社会保险登记的，由社会保险经办机构核定其应当缴纳的社会保险费。

第六十条规定，用人单位应当自行申报、按时足额缴纳社会保险费，非因不可抗力等法定事由不得缓缴、减免。职工应当缴纳的社会保险费由用人单位代扣代缴，用人单位应当按月将缴纳社会保险费的明细情况告知本人。

无雇工的个体工商户、未在用人单位参加社会保险的非全日制从业人员以及其他灵活就业人员，可以直接向社会保险费征收机构缴纳社会保险费。

《天津市经济技术开发区国家税务局 2013 年度企业所得税汇算清缴政策问题解答》规定：

九、政府部门出具的哪些凭证可以在税前扣除问题

（五）企业缴纳的社会保险费，以开具的财政票据为税前扣除凭证。

《国家税务总局关于印发〈进一步加强税收征管若干具体措施〉的通知》（国税发〔2009〕114 号）第六条规定，未按规定取得的合法有效凭据不得在税前扣除。

《国家税务总局关于进一步加强普通发票管理工作的通知》（国税发〔2008〕80 号）规定，在日常检查中发现纳税人使用不符合规定发票特别是没有填开付款方全称的发票，不得允许纳税人用于税前扣除、抵扣税款、出口退税和财务报销。

根据上述规定，企业依照国务院有关主管部门或者省级人民政府规定的范围和标准为职工缴纳的基本养老保险费、基本医疗保险费、失业保险费、工伤保险费、生育保险费等基本社会保险费和住房公积金，准予扣除。用人单位应当自行申报、按时足额缴纳社会保险费，职工应当缴纳的社会保险费由用人单位代扣代缴。企业缴纳的社会保险费，以开具的财政票据为税前扣除凭证。因此，职工自行申报社会保险并以复印件形式到公司报销，不得税前扣除。

36. 各种非行政罚款是否可以税前扣除？

问： 我公司是一家施工企业，在施工过程中有时会受到业主处罚，如未按照要求张贴文

明告示，罚款 200 元；施工人员被发现未系安全带，罚款 500 元；有员工在宿舍喝酒，罚款 500 元；等等。

这些"罚款"是否可以税前扣除？税前扣除需要哪些凭据？

答：《企业所得税法》第十条规定，在计算应纳税所得额时，下列支出不得扣除：

（四）罚金、罚款和被没收财物的损失；

......

根据上述规定，凡是违反法律、行政法规而支付的罚金、罚款以及被没收财物的损失是不允许在税前扣除的，罚金是指强制犯罪分子或犯罪单位向国家缴纳一定数额金钱的一种刑罚方法；罚款是行政处罚的一种，指行政机关依法强制违反行政管理法规的行为人（包括法人及其他组织）在一定期限内缴纳一定数量货币的处罚行为。问题中业主对贵公司就违反合同约定所处的罚款，属于违约金性质，可以凭合同约定及支付凭证在税前扣除。

37. 保监局罚款是否可以税前扣除？

问： 某公司将 2013 年被保监局予以行政处罚的罚款计入了营业外支出，该罚款是否可以在本年的企业所得税税前进行扣除？相关文件依据是什么？

答：《企业所得税法》第十条规定，在计算应纳税所得额时，下列支出不得扣除：

（四）罚金、罚款和被没收财物的损失；

......

因此，支付行政罚款，不允许在税前扣除。

38. 合同权利义务转让支付的补偿款如何税前扣除？

问： 我公司与一供应商签订了采购合同，合同只执行了一部分。现在我公司欲终止该合同，将该合同的未执行部分转让给第三方。由于合同关系的变更，我公司需要支付一笔补偿款给该第三方公司。这笔款项是否涉及财产损失税前列支问题？是属于清单申报还是专项申报？如果是专项申报，需要哪些资料？

答：《国家税务总局关于发布〈企业资产损失所得税税前扣除管理办法〉的公告》（国家税务总局公告 2011 年第 25 号）第二条规定，本办法所称资产是指企业拥有或者控制的、用于经营管理活动相关的资产，包括现金、银行存款、应收及预付款项（包括应收票据、各类垫款、企业之间往来款项）等货币性资产，存货、固定资产、无形资产、在建工程、生产性生物资产等非货币性资产，以及债权性投资和股权（权益）性投资。

第三条规定，准予在企业所得税税前扣除的资产损失，是指企业在实际处置、转让上述资产过程中发生的合理损失（以下简称实际资产损失），以及企业虽未实际处置、转让上述资产，但符合《通知》和本办法规定条件计算确认的损失（以下简称法定资产损失）。

《企业所得税法》第十条规定，在计算应纳税所得额时，下列支出不得扣除：

（一）向投资者支付的股息、红利等权益性投资收益款项；

（二）企业所得税税款；

（三）税收滞纳金；

（四）罚金、罚款和被没收财物的损失；

（五）本法第九条规定以外的捐赠支出；

（六）赞助支出；

（七）未经核定的准备金支出；

（八）与取得收入无关的其他支出。

《企业所得税法实施条例》第三十二条规定，企业所得税法第八条所称损失，是指企业在生产经营活动中发生的固定资产和存货的盘亏、毁损、报废损失，转让财产损失，呆账损失，坏账损失，自然灾害等不可抗力因素造成的损失以及其他损失。

企业发生的损失，减除责任人赔偿和保险赔款后的余额，依照国务院财政、税务主管部门的规定扣除。

企业已经作为损失处理的资产，在以后纳税年度又全部收回或者部分收回时，应当计入当期收入。

根据上述规定，企业因转嫁原合同购买义务而向新购买方支付的补偿款，不属于资产损失范畴，但不属于不得扣除的损失，可以税前扣除。

39. 经济合同违约金支出是否需要报批后才能在税前扣除？

问：我单位在执行合同时，被对方起诉，法院强制执行支付对方违约金 90 万元，该费用能否税前列支？是否需要作为损失报批？

答：《企业所得税法》第八条规定，企业实际发生的与取得收入有关的、合理的支出，包括成本、费用、税金、损失和其他支出，准予在计算应纳税所得额时扣除。

根据上述规定，贵公司因经济合同纠纷而发生的违约金不属于资产损失范畴，但属于与生产经营有关的支出，可以直接在企业所得税税前扣除，不需要报批。

40. 延期缴纳土地出让金支付的滞纳金能否税前扣除？

问：企业因延期缴纳土地出让金而支付的滞纳金，计算企业所得税时能否扣除？

答：《企业所得税法》第十条规定，在计算应纳税所得额时，税收滞纳金不得扣除。

因此，企业因延期缴纳土地出让金而支付的非税收滞纳金，允许税前扣除。

41. 延期收取租金相应收取的滞纳金是否开具发票？

问：A 企业向 B 企业承租一块土地用于生产经营，由于支付租金的时间滞后，实际支付时除了租金还支付了滞纳金。那么，

（1）B 企业开给 A 企业的发票，是否应包含滞纳金？

（2）B 企业就滞纳金向 A 企业开具发票或收据，A 企业能否在所得税税前扣除？

答：1. 《营业税暂行条例》及其实施细则规定，纳税人的营业额为纳税人提供应税劳务、转让无形资产或者销售不动产收取的全部价款和价外费用。所称价外费用，包括收取的……违约金、滞纳金、延期付款利息、赔偿金、……及其他各种性质的价外收费，……

因此，B企业出租土地收取的滞纳金为价外费用，应缴纳营业税并开具发票。

2.《企业所得税法》第十条规定，在计算应纳税所得额时，下列支出不得扣除：

（三）税收滞纳金；

（四）罚金、罚款和被没收财物的损失；

……

因此，A企业支付的租赁费滞纳金，不属于上述不得扣除的支出，允许税前扣除。

42. 质量问题赔偿支出如何税前扣除？

问：A公司与B公司存在业务关系，2012年度、2013年度发生质量问题，经协商后A公司在2013年4月份共计赔偿B公司1 000万元，并在4月份计入营业外支出。该项支出能否都在2013年度税前扣除？还是在2012年度、2013年度分开扣除？该项扣除是否需要到税务局进行专项备案？

答：《企业所得税法》第八条规定，企业实际发生的与取得收入有关的、合理的支出，包括成本、费用、税金、损失和其他支出，准予在计算应纳税所得额时扣除。

《河北省地方税务局关于企业所得税若干业务问题的公告》（河北省地方税务局公告2011年第1号）规定，对资产负债表日确认的或有负债和或有资产税收上不予确认，已计入管理费用、营业外支出、营业外收入的或有负债和或有资产作相应的纳税调整。

《大连市地方税务局关于明确企业所得税若干业务问题政策规定的通知》（大地税函〔2010〕39号）规定，企业的违约金、赔偿金收支，原则上在收取款项时确认收入的实现，在支付款项的年度税前扣除。

根据上述规定，赔偿金在实际支付的2013年度税前扣除。企业在税前列支时，应附有该赔偿事项的相关书证，如支付凭证、赔偿协议或权威部门的调解书、裁定书、判决书等。

目前没有规定要求赔偿支出税前列支时需要到税务机关进行备案。

43. 交通事故赔偿金能否税前扣除？

问：企业运货途中发生了交通事故，交通事故赔偿金是否可以税前扣除？

答：《企业所得税法》第八条规定，企业实际发生的与取得收入有关的、合理的支出，包括成本、费用、税金、损失和其他支出，准予在计算应纳税所得额时扣除。

《企业所得税法实施条例》第二十七条规定，企业所得税法第八条所称有关的支出，是指与取得收入直接相关的支出。

企业所得税法第八条所称合理的支出，是指符合生产经营活动常规，应当计入当期损益或者有关资产成本的必要和正常的支出。

第三十条规定，企业所得税法第八条所称费用，是指企业在生产经营活动中发生的销售费用、管理费用和财务费用，已经计入成本的有关费用除外。

根据上述规定，企业运货途中发生交通事故的赔偿金属于企业实际发生的与取得收入有关的、合理的支出，准予税前扣除。

44. 支付给分包方的死伤事故赔偿金能否税前扣除？

问： 甲建筑企业承包工程分包给乙建筑企业，乙建筑企业职工开车下班途中发生翻车事故，职工死伤人数较多，甲建筑企业承担了 100 多万元的死伤赔偿金，甲建筑企业所得税汇算清缴时这部分赔偿金能否税前扣除？

答：《企业所得税法》第八条规定，企业实际发生的与取得收入有关的、合理的支出，包括成本、费用、税金、损失和其他支出，准予在计算应纳税所得额时扣除。

《建筑法》第二十九条规定，建筑工程总承包单位可以将承包工程中的部分工程发包给具有相应资质条件的分包单位；但是，除总承包合同中约定的分包外，必须经建设单位认可。施工总承包的，建筑工程主体结构的施工必须由总承包单位自行完成。

建筑工程总承包单位按照总承包合同的约定对建设单位负责；分包单位按照分包合同的约定对总承包单位负责。总承包单位和分包单位就分包工程对建设单位承担连带责任。

禁止总承包单位将工程分包给不具备相应资质条件的单位。禁止分包单位将其承包的工程再分包。

根据上述规定，问题中甲方作为总包方对于分包方所发生的事故是否具有赔偿责任是判断赔偿款能否税前扣除的关键。首先，应判断甲方的分包行为是否符合相关法律法规的规定，不符合规定的分包行为，不受法律保护；其次，要看总包方与分包方所签订的分包合同中对于相关责任事故条款的约定，如果约定由总包方负担的，甲所负担的部分可以作为损失在前扣除，没约定或约定不明确的，不能在甲方税前扣除。

45. 顾客在酒店发生意外的赔偿金能否税前扣除？

问： 我公司是一家全国性的酒店连锁企业，顾客在酒店消费过程中偶然发生意外时，如在浴室滑到，电梯骤停，房门夹伤等，我公司会给予顾客一定的赔偿金，该赔偿金能否在企业所得税税前扣除？

答：《企业所得税法》第八条规定，企业实际发生的与取得收入有关的、合理的支出，包括成本、费用、税金、损失和其他支出，准予在计算应纳税所得额时扣除。

《企业所得税法实施条例》第二十七条规定，企业所得税法第八条所称有关的支出，是指与取得收入直接相关的支出。企业所得税法第八条所称合理的支出，是指符合生产经营活动常规，应当计入当期损益或者有关资产成本的必要和正常的支出。

根据上述规定，只要以上业务真实，并能够提供完备的资料证明以上业务确实发生，该项支出可以在企业所得税税前扣除。

46. 社会团体发起费能否税前扣除？

问： 企业参与某与其经营有关的社会团体（即商会联盟）的发起，需支付该团体发起费 10 万元。目前，该团体已获取民政局的批复，并取得了相关证照。企业支付的发起费 10 万元该如何进行财税处理？支付的款项能否税前扣除？目前该团体因认为发起费不属于会员费而拒绝出具行政事业收据，企业能否仅凭民政局批复和银行转账支付凭证作会计处理和税前扣除凭据？

答：《企业会计准则应用指南》附录"会计科目和主要账务处理"中指出：

二、主要账务处理

6711 营业外支出

一、本科目核算企业发生的各项营业外支出，包括非流动资产处置损失、非货币性资产交换损失、债务重组损失、公益性捐赠支出、非常损失、盘亏损失等。

《小企业会计准则》规定，小企业的营业外支出包括：……捐赠支出，赞助支出等。

《企业所得税法》第十条规定，在计算应纳税所得额时，赞助支出不得扣除。

根据上述规定，企业支付的商会联盟的发起费，属于赞助支出，应凭付款凭证列入"营业外支出"核算，但不允许税前扣除。

47. 企业交纳的社会团体会费能否税前扣除？

问：企业按照会长、副会长单位、理事单位标准交纳的会费（金额较大，已取得社会团体专用票据）能否税前扣除？

答：《企业所得税法》第八条规定，企业实际发生的与取得收入有关的、合理的支出，包括成本、费用、税金、损失和其他支出，准予在计算应纳税所得额时扣除。

《企业所得税法实施条例》第二十七条规定，企业所得税法第八条所称有关的支出，是指与取得收入直接相关的支出。

企业所得税法第八条所称合理的支出，是指符合生产经营活动常规，应当计入当期损益或者有关资产成本的必要和正常的支出。

参考《大连国税解答 2012 年度企业所得税汇算清缴政策问题》的规定：

网友：请问我公司加入行业协会缴纳的会费是否允许税前扣除？

嘉宾：如果你公司发生的会费支出的确与生产经营管理活动有关，会费收取标准符合该商会或协会章程规定，你公司凭据能够证明该项支出确已发生的真实、合规发票，允许税前扣除。

《财政部关于印发〈行政事业单位资金往来结算票据使用管理暂行办法〉的通知》（财综〔2010〕1 号）第八条第四款规定，社会团体收取会费收入，使用社会团体会费专用收据。

根据上述规定，企业支付的社会团体费用取得了社会团体会费专用收据，如果是与取得收入有关的合理的支出，可税前扣除。

48. 公司团委组织活动产生费用能否税前扣除？

问：我公司下设团委，团委未开设独立账户，现团委组织羽毛球活动产生费用，开立发票项目为运动场地租赁费，该费用能否税前扣除？需要经办部门提供哪些附件作为佐证？

答：《企业所得税法》第八条规定，企业实际发生的与取得收入有关的合理的支出，包括成本、费用、税金、损失和其他支出，准予在计算应纳税所得额时扣除。以上原则可以概括为相关性、合理性、客观（实际发生）性三原则。

共青团青海省委员会、青海省国家税务局、青海省地方税务局联合下发的《关于明确企业共青团组织活动经费问题的通知》（青团联发〔2011〕63 号）第二条规定，企业团组织活动经费，凡符合《中华人民共和国企业所得税法》税前扣除原则的，可按规定在税前据实扣除。

第三条规定，企业团组织活动经费必须用于团的活动，主要范围是：（1）教育和培训团员、青工、入团积极分子；（2）订阅或购买用于开展团员教育的报刊、资料和设备；（3）表彰先进基层团组织、青年示范岗、优秀团员、优秀团干部、青年岗位能手等；（4）青年文明号创建；（5）其他相关团建活动。

根据上述规定，企业团组织发生的活动费用，如你公司团委组织羽毛球活动发生的场地租赁费符合上述企业所得税法三原则，取得合法有效凭证并附列可以说明活动性质的资料（如团委的决定等），可以据实列入管理费用，在税前扣除。

49. 企业为员工支付的住房押金和退学违约金能否税前扣除？

问：在"营业外支出"和"管理费用"科目（未计入工资）中列支替员工支付的无法收回的外籍员工住房押金坏账、退学违约金等，可否税前扣除？有无具体的文件规定？

答：《企业所得税法》第八条规定，企业实际发生的与取得收入有关的、合理的支出，包括成本、费用、税金、损失和其他支出，准予在计算应纳税所得额时扣除。

第十条规定，在计算应纳税所得额时，下列支出不得扣除：

（八）与取得收入无关的其他支出。

《企业所得税法实施条例》第二十七条规定，企业所得税法第八条所称有关的支出，是指与取得收入直接相关的支出。

企业所得税法第八条所称合理的支出，是指符合生产经营活动常规，应当计入当期损益或者有关资产成本的必要和正常的支出。

《企业财务通则》第四十六条第（五）款规定，企业不得承担应由个人承担的其他支出。

根据上述规定，企业实际发生的与取得收入有关的、合理的支出可税前扣除，企业替员工支付的无法收回的住房押金坏账、退学违约金，不属于与取得收入有关的支出，应属于由个人承担的支出，不得税前扣除。

50. 军转干部安置费能否税前扣除？

问：军转干部安置费及政府摊派的费用是否可以税前扣除？

答：《企业所得税法》第八条规定，企业实际发生的与取得收入有关的、合理的支出，包括成本、费用、税金、损失和其他支出，准予在计算应纳税所得额时扣除。

《军队转业干部安置暂行办法》第五十八条规定，军队转业干部安置经费，分别列入中央财政、地方财政和军费预算，并根据经济社会发展，逐步加大投入。

根据上述规定，企业发生的与生产经营有关的、合理的支出，可以在税前扣除。但与取得收入无关的其他支出，不得在税前扣除。军转干部安置费以及政府摊派费用属于与生产经营无关的支出，不得在税前扣除。

51. 母公司收取的管理费能否税前扣除？

问： 目前母公司拟按照销售收入的 0.5% 收取子公司的管理费用（上级管理费），该费用能否税前扣除？依据是什么？母公司收取管理费用是否还涉及营业税？

答：《国家税务总局关于母子公司间提供服务支付费用有关企业所得税处理问题的通知》（国税发〔2008〕86 号）第一条规定，母公司为其子公司提供各种服务而发生的费用，应按照独立企业之间公平交易原则确定服务的价格，作为企业正常的劳务费用进行税务处理。

母子公司未按照独立企业之间的业务往来收取价款的，税务机关有权予以调整。

第二条规定，母公司向其子公司提供各项服务，双方应签订服务合同或协议，明确规定提供服务的内容、收费标准及金额等，凡按上述合同或协议规定所发生的服务费，母公司应作为营业收入申报纳税；子公司作为成本费用在税前扣除。

第四条规定，母公司以管理费形式向子公司提取费用，子公司因此支付给母公司的管理费，不得在税前扣除。

第五条规定，子公司申报税前扣除向母公司支付的服务费用，应向主管税务机关提供与母公司签订的服务合同或者协议等与税前扣除该项费用相关的材料。不能提供相关材料的，支付的服务费用不得税前扣除。

《营业税暂行条例》第一条规定，在中华人民共和国境内提供本条例规定的劳务、转让无形资产或者销售不动产的单位和个人，为营业税的纳税人，应当依照本条例缴纳营业税。

根据上述规定，母公司若是向子公司提供各种服务而收取的费用，母公司应作为营业收入申报缴纳营业税和企业所得税，子公司作为成本费用在税前扣除。母公司若以管理费形式向子公司提取费用，母公司收取的管理费应属于服务性质的收费，应按规定缴纳营业税，子公司因此支付给母公司的管理费，不得在税前扣除。

52. 员工扣款如何进行税务处理？

问： 我公司销售人员在工作中失职，造成其所负责经销商的坏账损失。我公司从其工资里扣款直接冲减经销商应收账款，这部分扣款应该是应税工资前扣款还是应税工资后的扣款？直接冲减客户应收账款有无税务风险？

答： 1.《个人所得税法实施条例》第八条规定，工资、薪金所得，是指个人因任职或者受雇而取得的工资、薪金、奖金、年终加薪、劳动分红、津贴、补贴以及与任职或者受雇有关的其他所得。

《国家税务总局关于企业工资薪金及职工福利费扣除问题的通知》（国税函〔2009〕3 号）第一条规定，《实施条例》第三十四条所称的"合理工资薪金"，是指企业按照股东大会、董事会、薪酬委员会或相关管理机构制订的工资薪金制度规定实际发放给员工的工资薪金。

根据上述规定，企业根据内部管理规定对职工的诸如迟到、早退、工作失职事故等问题做出的罚款，是对员工任职或者受雇所得的减少，扣除罚款后的所得才是个人员工任职或者受雇的真正所得，在计算代扣代缴个人所得税时应相应扣减这部分罚款。

企业所得税前以实际支付给员工的工资薪金列支。会计处理时，扣款作为应付职工薪酬的抵减项处理。

2.《国家税务总局关于发布〈企业资产损失所得税税前扣除管理办法〉的公告》（国家税务总局公告 2011 年第 25 号）第二十二条规定，企业应收及预付款项坏账损失应依据以下相关证据材料确认：

（一）相关事项合同、协议或说明；

……

第二十三条规定，企业逾期三年以上的应收款项在会计上已作为损失处理的，可以作为坏账损失，但应说明情况，并出具专项报告。

第二十四条规定，企业逾期一年以上，单笔数额不超过五万或者不超过企业年度收入总额万分之一的应收款项，会计上已经作为损失处理的，可以作为坏账损失，但应说明情况，并出具专项报告。

根据上述规定，无法收回的债权会计上通过坏账处理，企业所得税前按规定申报扣除。

53. 法定代表人的个人费用税前如何列支？

问：我公司是一家外商独资企业，法定代表人是外国人，该外国法定代表人的儿子任总经理，二人均未办理就业证，在中国无住所，每年每人来华不满 183 天，也不在境内公司发放工资。

二人未办理就业证，是否需要零申报个人所得税？二人来境内的飞机票、住宿费、伙食费等能否在企业所得税税前列支？另外，住宿费是在税前全额列支，还是作业务招待费处理？住宿费的发票应该开具企业名称，还是个人名称？

答：1.《公司法》第十三条规定，公司法定代表人依照公司章程的规定，由董事长、执行董事或者经理担任，并依法登记。公司法定代表人变更，应当办理变更登记。

根据上述规定，该法定代表人的儿子为总经理，该法定代表人应为董事长或执行董事，即应担任董事职务。

《国家税务总局关于在中国境内无住所的个人取得工资薪金所得纳税义务问题的通知》（国税发〔1994〕148 号）第五条规定，担任中国境内企业董事或高层管理职务的个人，其取得的由该中国境内企业支付的董事费或工资薪金，不适用本通知第二条、第三条的规定，而应自其担任该中国境内企业董事或高层管理职务起，至其解除上述职务止的期间，不论其是否在中国境外履行职务，均应申报缴纳个人所得税；其取得的由中国境外企业支付的工资薪金，应依照本通知第二条、第三条、第四条的规定确定纳税义务。

《国家税务总局关于在中国境内无住所的个人计算缴纳个人所得税若干具体问题的通知》（国税函发〔1995〕125 号）规定：

三、关于中国境内企业高层管理职务的界定问题

通知第五条所述中国境内企业高层管理职务，是指公司正、副（总）经理、各职能总

师、总监及其他类似公司管理层的职务。

根据上述规定，该法定代表人和总经理均应自其担任该董事或总经理职务起，至其解除上述职务止的期间，不论其是否在中国境外履行职务，均应申报缴纳个人所得税。

2. 该法定代表人和总经理属于公司的高层管理人员。

《企业所得税法》第八条规定，企业实际发生的与取得收入有关的、合理的支出，包括成本、费用、税金、损失和其他支出，准予在计算应纳税所得额时扣除。

《企业所得税法实施条例》第二十七条规定，企业所得税法第八条所称有关的支出，是指与取得收入直接相关的支出。

企业所得税法第八条所称合理的支出，是指符合生产经营活动常规，应当计入当期损益或者有关资产成本的必要和正常的支出。

根据上述规定，法定代表人和总经理因与公司生产经营相关的事务来境内的飞机票支出准予税前扣除。

法定代表人和总经理的伙食费和住宿费，根据《国家税务总局关于企业工资薪金及职工福利费扣除问题的通知》（国税函〔2009〕3号）的规定，属于职工福利费列支范围，按福利费支出规定在税前扣除。

54. 会议费中的餐费能否税前列支？

问： 我公司邀请客户参加学术会议3天，支付的客户住宿费、工作餐及晚宴餐费是否能在税前列支？其政策依据文件是什么？

答：《企业所得税法实施条例》第四十三条规定，企业发生的与生产经营活动有关的业务招待费支出，按照发生额的60%扣除，但最高不得超过当年销售（营业）收入的5‰。

根据上述规定，企业支付的客户食宿费用可以作为业务招待费税前列支。

此外，《青岛市国家税务局关于做好2009年度企业所得税汇算清缴的通知》（青国税发〔2010〕9号）规定：

（十）与企业生产经营有关的企业外部人员的交通费用能否据实在所得税前扣除？

解答：根据《中华人民共和国企业所得税法》规定，企业实际发生的与取得收入有关的、合理的支出，包括成本、费用、税金、损失和其他支出，准予在计算应纳税所得额时扣除。有关的支出是指与取得收入直接相关的支出。合理的支出是指符合生产经营活动常规，应当计入当期损益或者有关资产成本的必要和正常的支出。

因此，企业负担与本企业生产经营有关的客户的交通、食宿等费用，如果符合业务招待费范畴的，相关支出可以在业务招待费中列支。

55. 代业主承担的物业管理费能否在税前列支？

问： 房地产开发商由于与业主产生纠纷，答应替业主缴纳一定期限的物业管理费，发票由物业管理公司直接开给开发商，该费用开发商可否在税前列支？若能列支，需要什么手续？

答：《企业所得税法》第八条规定，企业实际发生的与取得收入有关的、合理的支出，包括成本、费用、税金、损失和其他支出，准予在计算应纳税所得额时扣除。

《企业所得税法实施条例》第二十七条规定，企业所得税法第八条所称有关的支出，是指与取得收入直接相关的支出。

企业所得税法第八条所称合理的支出，是指符合生产经营活动常规，应当计入当期损益或者有关资产成本的必要和正常的支出。

《发票管理办法》第二十条规定，所有单位和从事生产、经营活动的个人在购买商品、接受服务以及从事其他经营活动支付款项，应当向收款方取得发票。取得发票时，不得要求变更品名和金额。

第二十一条规定，不符合规定的发票，不得作为财务报销凭证，任何单位和个人有权拒收。

《国家税务总局关于印发〈进一步加强税收征管若干具体措施〉的通知》（国税发〔2009〕114 号）第六条规定，未按规定取得的合法有效凭据不得在税前扣除。

根据上述规定，企业实际发生的与取得收入有关的、合理的支出，准予在计算应纳税所得额时扣除。接受服务以及从事其他经营活动支付款项，应当向收款方取得发票。如果房地产开发企业与业主的纠纷与物业管理有关，处理结果为由企业负担物业管理费，则物业管理费发票可开具给企业，属于企业发生的与取得收入有关的合理支出，可税前扣除。如果房地产开发企业与业主的纠纷与物业管理无关，处理结果为由企业负担物业管理费，发票开具给企业，则所支付物业管理费不属于发生的与取得收入有关的合理支出，但对企业支付给业主的赔偿款属于与取得收入有关的、合理的支出，可税前扣除。对可税前列支的情况应提供能证实上述纠纷存在的事实和处理结果相关证据。

56. 4S 店销售汽车的加油支出能否税前扣除？

问：汽车 4S 店销售汽车时，往往给客户购买的商品车加部分汽油，这样客户才能把车从店里开走。那么，向中石化或中石油支付的汽油费能否税前列支？（这部分汽油费由汽车公司 4S 店承担，没有加收客户任何相关款项。）

答：《企业所得税法》第八条规定，企业实际发生的与取得收入有关的、合理的支出，包括成本、费用、税金、损失和其他支出，准予在计算应纳税所得额时扣除。

《企业所得税法实施条例》第二十七条规定，企业所得税法第八条所称有关的支出，是指与取得收入直接相关的支出。

企业所得税法第八条所称合理的支出，是指符合生产经营活动常规，应当计入当期损益或者有关资产成本的必要和正常的支出。

根据上述规定，4S 店为售卖商品车发生的汽油费属于与取得收入有关的、合理的支出，可以在税前扣除。

57. 企业开业后发生与开业有关的支出是否属于开办费？

问：我公司从去年开始筹建，今年 10 月份正式开业取得营业收入，筹建期间发生的支出计入开办费，已于 10 月转入管理费用，但 11 月份仍在发生与开业有关的费用（开业庆典费用、纪念品费用等），这类费用是继续计入开办费还是计入当期损益？

答：《国家税务总局关于企业所得税若干税务事项衔接问题的通知》（国税函〔2009〕98号）第九条规定，新税法中开（筹）办费未明确列作长期待摊费用，企业可以在开始经营之日的当年一次性扣除，也可以按照新税法有关长期待摊费用的处理规定处理，但一经选定，不得改变。

企业在新税法实施以前年度的未摊销完的开办费，也可根据上述规定处理。

根据上述规定，贵公司开始经营后发生的与开业有关的费用，按规定计入当期损益，不再作为开办费处理。

58. 筹建期间发生的会议费能否税前扣除？

问：筹建期间发生的会议费能否税前扣除？

答：《企业会计准则应用指南》附录"会计科目和主要账务处理"中指出：

6602 管理费用

企业在筹建期间内发生的开办费，包括人员工资、办公费、培训费、差旅费、印刷费、注册登记费以及不计入固定资产价值的借款费用等，借记"管理费用"科目，贷记"银行存款"科目。

《国家税务总局关于企业所得税应纳税所得额若干税务处理问题的公告》（国家税务总局公告 2012 年第 15 号）规定，企业在筹建期间，发生的与筹办活动有关的业务招待费支出，可按实际发生额的 60% 计入企业筹办费，并按有关规定在税前扣除；发生的广告费和业务宣传费，可按实际发生额计入企业筹办费，并按有关规定在税前扣除。

《国家税务总局关于企业所得税若干税务事项衔接问题的通知》（国税函〔2009〕98 号）第九条规定，新税法中开（筹）办费未明确列作长期待摊费用，企业可以在开始经营之日的当年一次性扣除，也可以按照新税法有关长期待摊费用的处理规定处理，但一经选定，不得改变。

根据上述规定，并参照国家税务总局关于筹建期间业务招待费、广告费等费用的处理规定，企业在筹建期间发生的会议费可计入开办费中，按照规定在税前扣除。

59. 债券发行费用如何税前扣除？

问：我公司本年发行 5 年期企业债券，发行费发票一次性取得，会计上处理为按期摊销，税务上处理是今年一次性税前扣除还是按摊销进度分期税前扣除？

答：《国家税务总局关于企业所得税应纳税所得额若干税务处理问题的公告》（国家税务总局公告 2012 年第 15 号）第二条规定，企业通过发行债券、取得贷款、吸收保户储金等方式融资而发生的合理的费用支出，符合资本化条件的，应计入相关资产成本；不符合资本化条件的，应作为财务费用，准予在企业所得税前据实扣除。

国家税务总局《关于企业所得税应纳税所得额若干税务处理问题公告的解读》第三条规定，企业通过发行债券、取得贷款、吸收保户储金等方式融资而发生的费用支出如何进行税前扣除，现行税法没有具体规定。根据《企业会计准则第 17 号——借款费用》规定的原则，以及《企业所得税法实施条例》第三十七条的相关规定，《公告》明确：企业通过发行债券、取得贷款、吸收保户储金等方式融资而发生的合理的费用支出，符合资本化条件的，应计入相关资产成本；不符合资本化条件的，应作为财务费用（包括手续费及佣金支出），准予在企业所得税前据实扣除。

根据上述规定，企业发行 5 年期债券，发生的发行费用符合资本化条件的，应计入相关资产成本，通过折旧摊销等方式在税前扣除；不符合资本化条件的，应作为财务费用，直接在税前扣除。

60. 利润分配引起的财务费用是否可以税前扣除？

问：我公司记账本位币是人民币，2012 年 8 月董事会决议分配 2011 年税后利润 100 万元人民币，8 月份做了会计处理计入应付股利。2012 年 12 月向境外支付股利，由于账户的人民币额度不够，通过银行以日元兑换人民币，发生换汇损失 2 万元，计入财务费用。那么，该费用是否属于分配税后利润相关的费用？是否可以在企业所得税税前扣除？

答：《企业所得税法实施条例》第三十九条规定，企业在货币交易中，以及纳税年度终了时将人民币以外的货币性资产、负债按照期末即期人民币汇率中间价折算为人民币时产生的汇兑损失，除已经计入有关资产成本以及与向所有者进行利润分配相关的部分外，准予扣除。

因此，企业在货币交易中，向所有者进行利润分配产生的汇兑损失，不予税前扣除。

61. 借款购入不需安装的机器设备利息支出是否费用化？

问：我公司有银行借款，发生借款期间也有机械设备购入，但不是专门的借款，机械设备不需安装，可以直接投入生产使用。发生的利息是否可以费用化？

答：《企业会计准则第 17 号——借款费用》第四条规定，企业发生的借款费用，可直接归属于符合资本化条件的资产的购建或者生产的，应当予以资本化，计入相关资产成本；其他借款费用，应当在发生时根据其发生额确认为费用，计入当期损益。符合资本化条件的资产，是指需要经过相当长时间的购建或者生产活动才能达到预定可使用或者可销售状态的固定资产、投资性房地产和存货等资产。

根据上述规定，该机械设备购入后直接可以投入使用，不需经过相当长时间的购建或者生产活动就可达到预定可使用状态。企业所发生的借款利息支出不符合资本化的条件，应当计入当期损益。

《企业所得税法实施条例》第三十七条规定，企业在生产经营活动中发生的合理的不需要资本化的借款费用，准予扣除。

企业为购置、建造固定资产、无形资产和经过 12 个月以上的建造才能达到预定可销售状态的存货发生借款的，在有关资产购置、建造期间发生的合理的借款费用，应当作为资本性支出计入有关资产的成本，并依照本条例的规定扣除。

因此，就企业所得税处理而言，企业购入可直接投入使用的机械设备，不存在购置、建造期间，相应借款费用不能计入机械设备成本，应作为财务费用税前扣除。

62. 用于股权投资的银行贷款利息支出可否直接税前扣除？

问： 企业以长期借款作为对外投资的利息费用是资本化还是费用化？从借款费用资本化的定义我们可以分析得出，对外投资借款的借款费用不符合资本化的定义，会计处理上作为当期财务费用处理，但税收上要求将其作为长期股权投资的计税基础，即发生借款费用时要调增应纳税所得额，而处置长期股权投资时则作相反方向的应纳税所得额调减。

上述理解是否正确？

答：《企业所得税法实施条例》第三十七条规定，企业在生产经营活动中发生的合理的不需要资本化的借款费用，准予扣除。

企业为购置、建造固定资产、无形资产和经过 12 个月以上的建造才能达到预定可销售状态的存货发生借款的，在有关资产购置、建造期间发生的合理的借款费用，应当作为资本性支出计入有关资产的成本，并依照本条例的规定扣除。

第七十一条第二款规定，企业在转让或者处置投资资产时，投资资产的成本，准予扣除。

投资资产按照以下方法确定成本：

（一）通过支付现金方式取得的投资资产，以购买价款为成本；

（二）通过支付现金以外的方式取得的投资资产，以该资产的公允价值和支付的相关税费为成本。

因此，企业对外投资发生的合理的利息费用，不需要资本化，准予税前扣除。

63. 可转换公司债券利息支出如何税前扣除？

问： 根据《企业会计准则第 37 号——金融工具列报》及其应用指南的有关规定，应当在初始确认时将负债和权益成分进行分拆，分别进行处理，即先对负债成分的未来现金流量进行折现确定负债成分的初始确认金额，再按发行收入扣除负债成分初始金额的差额确认权益成分的初始确认金额。对于负债成分，通常采用摊余成本法进行后续计量，采用实际利率法计算确认相关的利息支出。可转换公司债券直接按照会计上根据实际利率法确认的利息支出税前扣除，还是根据票面本金和票面利率计算的利息在税前扣除？

答：《企业所得税法》第八条规定，企业实际发生的与取得收入有关的、合理的支出，包括成本、费用、税金、损失和其他支出，准予在计算应纳税所得额时扣除。

《企业所得税法实施条例》第三十八条规定，企业在生产经营活动中发生的下列利息支出，准予扣除：

（一）非金融企业向金融企业借款的利息支出、金融企业的各项存款利息支出和同业拆借利息支出、企业经批准发行债券的利息支出；

……

根据上述规定，企业可转换公司债券按实际发生的利息支出，准予税前扣除。

64. 公司以企业员工名义向银行借款支付的利息能否税前扣除？

问：在当前整个经济形势仍未明显好转的情况下，目前很多企业用公司股东个人和员工个人名义向银行借款，然后交由企业使用并由企业承担利息，有些税务机关会以利息支出单据抬头是个人的名字为由而不允许在税前扣除此利息支出，从而需要纳税调增后缴纳 25% 的企业所得税；同时又认为该借款是个人名义借款，其利息应由个人承担，而实际上公司对此承担的相关利息支出，应视为个人取得了相关利息收入而需要缴纳与利息相关的 5% 的营业税和 20% 的个人所得税。有关税务机关对上述利息相关的企业所得税、营业税和个人所得税的理解是否符合法律规定？

例如，我公司由于缺少资金又无法以企业名义从银行借入资金，遂用企业员工名义向银行借款，借入资金直接汇入公司账户，资金用于公司生产经营，相关利息由企业承担并计入公司财务费用。那么，

（1）在企业所得税汇算清缴时，上述计入财务费用的利息支出，是否需要作纳税调整而缴纳企业所得税？

（2）在申报个人所得税及营业税时，上述计入财务费用的利息支出，是否需要作为个人利息收入而计算缴纳营业税和个人所得税？

答：1.《企业所得税法》第八条规定，企业实际发生的与取得收入有关的、合理的支出，包括成本、费用、税金、损失和其他支出，准予在计算应纳税所得额时扣除。

《企业所得税法实施条例》第二十七条规定，企业所得税法第八条所称有关的支出，是指与取得收入直接相关的支出。企业所得税法第八条所称合理的支出，是指符合生产经营活动常规，应当计入当期损益或者有关资产成本的必要和正常的支出。

根据上述规定，贵公司员工与银行签订借款合同，借款人为员工，员工应按借款合同约定用途使用贷款；并且应当按借款合同约定及时清偿贷款本息。贵公司为该员工承担利息，不属于企业直接发生的利息支出，该项支出不得在税前扣除。

2.《营业税税目注释（试行）》（国税发〔1993〕149 号）规定，贷款，是指将资金贷与他人使用的业务，包括自有资金贷款和转贷。自有资金贷款，是指将自有资本金或吸收的单位、个人的存款贷与他人使用。转贷，是指将借来的资金贷与他人使用。

因此，员工从银行取得借款后，再将资金提供给贵公司使用，由贵公司为其支付贷款利息，员工属于提供贷款行为，取得由贵公司承担的贷款利息应缴纳营业税。

《个人所得税法》规定，利息、股息、红利所得，偶然所得和其他所得，以每次收入额为应纳税所得额。

《个人所得税法实施条例》规定，利息、股息、红利所得，是指个人拥有债权、股权而取得的利息、股息、红利所得。

根据上述规定，贵公司为员工支付的贷款利息，对于员工而言，属于取得利息收入，应缴纳个人所得税，税率为 20%。

65. 企业向供货商支付的资金占用费如何税前扣除？

问：某企业与供货商之间约定，先发货，待企业完成销售后再付款给供货商，这期间供货

商收取该企业的资金占用费比同期银行利率高出四个百分点。企业所得税汇算清缴时这笔费用应如何税前扣除？

答：《增值税暂行条例实施细则》第十二条规定，条例第六条第一款所称价外费用，包括价外向购买方收取的手续费、补贴、基金、集资费、返还利润、奖励费、违约金、滞纳金、延期付款利息、赔偿金、代收款项、代垫款项、包装费、包装物租金、储备费、优质费、运输装卸费以及其他各种性质的价外收费。

根据上述规定，供货商向企业收取的资金占用费，实际为收取延期付款利息，属于价外费用，供货商应缴纳增值税。根据《发票管理办法》规定，供货商应向企业开具发票。

企业未取得发票的，根据《国家税务总局关于印发〈进一步加强税收征管若干具体措施〉的通知》（国税发〔2009〕114号）的规定，未按规定取得的合法有效凭据不得在税前扣除，该项支出不得税前扣除。

企业取得发票的，根据《企业所得税法》第八条规定，企业实际发生的与取得收入有关的、合理的支出，包括成本、费用、税金、损失和其他支出，准予在计算应纳税所得额时扣除。因此，该项支出准予在税前扣除。

66. 银行承兑汇票贴现费用能否税前扣除？

问：公司收到一张客户开出的银行承兑汇票，因公司急需资金用（直接到银行贴现会比较慢），遂将此银行承兑汇票交给公司的法定代表人，并委托该法定代表人联系公司外部个人（注：该个人与公司和该法定代表人均无任何关联关系）进行贴现；该外部个人收取一定的贴现手续费后，按票据金额将扣除贴现手续费后的余额通过银行转账转到公司的法定代表人的个人账户，该法人再将此票据贴现后的金额转账到公司银行账户，整个过程未取得任何发票或其他凭证。那么，

（1）公司账务上的这部分贴现手续费（做财务费用）能否在企业所得税税前扣除？相关法律依据是什么？

（2）该外部个人收取的这部分贴现手续费收入是否要缴纳个人所得税？若需要，是由该个人自行申报还是由公司代扣代缴？法律依据是什么？

答：1.《商业汇票承兑、贴现与再贴现管理暂行办法》（银发〔1997〕216号）规定，本办法所称贴现系指商业汇票的持票人在汇票到期日前，为了取得资金贴付一定利息将票据权利转让给金融机构的票据行为，是金融机构向持票人融通资金的一种方式。

《宁波市地方税务局税政一处关于明确所得税有关问题解答口径的函》（甬地税一函〔2010〕20号）明确：

19. 承兑贴息如何税前列支？

问：承兑贴息各类情况：（1）向非金融机构或个人贴现，未取得发票；（2）向关联企业开具承兑汇票，关联企业持承兑向银行贴现，银行贴现单子利息支付人为关联企业，实际资金由本企业承担，利息也由本企业支付，造成票据抬头与企业不符，未取得合法凭证；（3）货物销售给对方单位（非本地企业）后，对方付款方式为承兑汇票，企业为取得现款，同意支付承兑贴现息，并取得对方开具的收据，本企业支付的贴现息在财务费用中列支（类似现金折扣）。

答：对上述类型的贴息费用暂按借款利息支出相关规定在税前扣除。

《企业所得税法实施条例》第三十八条规定，企业在生产经营活动中发生的下列利息支出，准予扣除：

（二）非金融企业向非金融企业借款的利息支出，不超过按照金融企业同期同类贷款利率计算的数额的部分。

依据上述规定，企业在生产经营活动中支付的贴现费用，不超过按照金融企业同期同类贷款利率计算的数额的部分，准予税前扣除。

2.《营业税暂行条例》第一条规定，在中华人民共和国境内提供本条例规定的劳务、转让无形资产或者销售不动产的单位和个人，为营业税的纳税人，应当依照本条例缴纳营业税。

《个人所得税法》第二条规定，利息、股息、红利所得，应纳个人所得税。

第八条规定，个人所得税，以所得人为纳税义务人，以支付所得的单位或者个人为扣缴义务人。

依据上述规定，企业急需资金将未到期的商业汇票转让给其他单位和个人，提供资金方扣除贴现费用后支付剩余票款的业务活动，其实质是一种短期借款。对个人取得贴现费用收入，应按"金融保险业"5％的税率缴纳营业税并到地税代开发票，同时按"利息、股息、红利所得"20％的税率缴纳个人所得税。以支付所得的单位或者个人为扣缴义务人。

67. 支付给小额信贷公司的借款利息如何税前扣除？

问：企业支付给由有关机构批准成立的小额信贷公司的借款利息（高于银行同期贷款利率）如何在企业所得税税前扣除？

答：《企业所得税法实施条例》第三十八条规定，企业在生产经营活动中发生的下列利息支出，准予扣除：

（一）非金融企业向金融企业借款的利息支出、金融企业的各项存款利息支出和同业拆借利息支出、企业经批准发行债券的利息支出；

（二）非金融企业向非金融企业借款的利息支出，不超过按照金融企业同期同类贷款利率计算的数额的部分。

《中国银行业监督管理委员会、中国人民银行关于小额贷款公司试点的指导意见》（银监发〔2008〕23 号）规定，申请设立小额贷款公司，应向省级政府主管部门提出正式申请，经批准后，到当地工商行政管理部门申请办理注册登记手续并领取营业执照。

根据上述规定，小额贷款公司没有金融许可证，虽然从事贷款业务，但国家有关部门未按金融企业对其进行管理，不属于金融机构。纳税人在小额贷款公司借款的利息支出，不超过按照金融企业同期同类贷款利率计算的数额的部分可以在税前扣除，超过部分不得在税前扣除。

《国家税务总局关于企业所得税若干问题的公告》（国家税务总局公告 2011 年第 34 号）第一条规定，根据《实施条例》第三十八条规定，非金融企业向非金融企业借款的利息支出，不超过按照金融企业同期同类贷款利率计算的数额的部分，准予税前扣除。鉴于目前我国对金融企业利率要求的具体情况，企业在按照合同要求首次支付利息并进行税前扣除时，应提供"金融企业的同期同类贷款利率情况说明",以证明其利息支出的合理性。

"金融企业的同期同类贷款利率情况说明"中,应包括在签订该借款合同当时,本省任何一家金融企业提供同期同类贷款利率情况。该金融企业应为经政府有关部门批准成立的可以从事贷款业务的企业,包括银行、财务公司、信托公司等金融机构。"同期同类贷款利率"是指在贷款期限、贷款金额、贷款担保以及企业信誉等条件基本相同下,金融企业提供贷款的利率。既可以是金融企业公布的同期同类平均利率,也可以是金融企业对某些企业提供的实际贷款利率。

限额扣除项

1. 协助参与投标支付的服务费如何税前列支?

问: 我公司在生产经营活动中,会全权委托经销商(代理商)代表我公司参与投标,如果中标,经销商(代理商)以我公司的名义与终端客户签订合同,我公司向终端客户销售货物,开具发票并收取货款。考虑到经销商(代理商)在投标过程中付出的劳务,我公司相应地会支付一定的服务费(有时称佣金)给经销商(代理商),经销商会开具或由税务机关开具服务费发票给我公司。另外我公司的经销商(代理商)基本都是机械销售公司或贸易公司。

此类服务费是否可以税前列支?是否可以根据《财政部、国家税务总局关于企业手续费及佣金支出税前扣除政策的通知》(财税〔2009〕29 号)的规定"其他企业,按与具有合法经营资格中介服务机构或个人(不含交易双方及其雇员、代理人和代表人等)所签订服务协议或合同确认的收入金额的 5% 计算限额"来进行处理?

答:《企业所得税法》第八条规定,企业实际发生的与取得收入有关的、合理的支出,包括成本、费用、税金、损失和其他支出,准予在计算应纳税所得额时扣除。

《企业所得税法实施条例》第二十七条,企业所得税法第八条所称有关的支出,是指与取得收入直接相关的支出。

企业所得税法第八条所称合理的支出,是指符合生产经营活动常规,应当计入当期损益或者有关资产成本的必要和正常的支出。

《财政部、国家税务总局关于企业手续费及佣金支出税前扣除政策的通知》(财税〔2009〕29 号)是根据《企业所得税法》和《企业所得税法实施条例》有关规定,对企业发生的手续费及佣金支出税前扣除政策进行规范。企业发生与生产经营有关的手续费及佣金支出,应与具有合法经营资格中介服务企业或个人签订代办协议或合同,并按国家有关规定支付手续费及佣金。而贵公司与代理商发生以上业务,国家并没有强制性规定要求与具有合法经营资格中介服务企业或个人签订代办协议或合同,要求按国家有关规定支付手续费及佣金。而是企业间发生的一般经营行为,只要双方签订合同,明确约定双方的权利义务,代理商确实按照合同的约定为贵公司提供具体服务,贵公司因此支付相应的款项。服务费符合《企业所得税法》和《企业所得税法实施条例》的以上规定,即可以税前列支。无须根据财税〔2009〕29 号文件的规定按与具有合法经营资格中介服务机构或个人(不含交易双方及其雇员、代理人和代表人等）所签订服务协议或合同确认的收入金额的 5% 计算限额扣除。相反，如果发生的服务费与实际业务不符，即使服务费未超过所签订服务协议或合同确认的收入金额的 5%，也不得在税前扣除。

2. 电信企业手续费支出可否税前扣除？

问：我公司为了扩大经营业务，增加销售业绩，在发展客户的过程中，需要支付客户手续费或佣金。我公司支付客户的手续费或佣金，是否可以在企业所得税税前扣除？

答：《国家税务总局关于电信企业手续费及佣金支出税前扣除问题的公告》（国家税务总局公告 2013 年第 59 号）规定，国家税务总局公告 2012 年第 15 号第四条所称电信企业手续费及佣金支出，仅限于电信企业在发展客户、拓展业务等过程中因委托销售电话入网卡、电话充值卡所发生的手续费及佣金支出。

《国家税务总局关于企业所得税应纳税所得额若干税务处理问题的公告》（国家税务总局公告 2012 年第 15 号）第四条规定，电信企业在发展客户、拓展业务等过程中（如委托销售电话入网卡、电话充值卡等），需向经纪人、代办商支付手续费及佣金的，其实际发生的相关手续费及佣金支出，不超过企业当年收入总额 5% 的部分，准予在企业所得税前据实扣除。

因此，电信企业在发展客户、拓展业务等过程中因委托销售电话入网卡、电话充值卡所发生的手续费及佣金支出符合上述规定，不超过规定计算限额的可以税前全额扣除。超过规定计算限额的部分，不可以在企业所得税税前扣除。

3. 员工离职一次性补偿是否可以作为计提三项经费的基数？

问：员工离职一次性补偿是否可以作为计提三项经费的基数？

答：《企业所得税法实施条例》第三十四条规定，企业发生的合理的工资薪金支出，准予扣除。

前款所称工资薪金，是指企业每一纳税年度支付给在本企业任职或者受雇的员工的所有现金形式或者非现金形式的劳动报酬，包括基本工资、奖金、津贴、补贴、年终加薪、加班工资，以及与员工任职或者受雇有关的其他支出。

第四十条规定，企业发生的职工福利费支出，不超过工资、薪金总额 14% 的部分，准予扣除。

第四十一条规定，企业拨缴的工会经费，不超过工资、薪金总额 2% 的部分，准予扣除。

第四十二条规定，除国务院财政、税务主管部门另有规定外，企业发生的职工教育经费支出，不超过工资、薪金总额 2.5% 的部分，准予扣除；超过部分，准予在以后纳税年度结转扣除。

《国家税务总局关于企业工资薪金及职工福利费扣除问题的通知》（国税函〔2009〕3号）第二条规定，《实施条例》第四十、四十一、四十二条所称的"工资薪金总额"，是指企业按照本通知第一条规定实际发放的工资薪金总和，不包括企业的职工福利费、职工教育经费、工会经费以及养老保险费、医疗保险费、失业保险费、工伤保险费、生育保险费等社会保险费和住房公积金。属于国有性质的企业，其工资薪金，不得超过政府有关部门给予的限定数额；超过部分，不得计入企业工资薪金总额，也不得在计算企业应纳税所得额时扣除。

《国家统计局关于工资总额组成的规定》（国家统计局令 1990 年第 1 号）第十一条规定，下列各项不列入工资总额的范围：

（十）劳动合同制职工解除劳动合同时由企业支付的医疗补助费、生活补助费等。

根据上述规定，计提三项经费的基数仅仅指"工资薪金总额"，员工离职一次性补偿不属于"工资薪金总额"的范畴，不能作为计提三项经费的基数。

4. 向集团公司上缴的职工教育经费和工会经费能否税前扣除？

问：上缴到集团公司的职工教育经费和工会经费，有银行付款单据，但未取得相应合规票据，是否要做纳税调增？如果集团不能开具相应职工教育经费、工会经费票据，是否可以不做纳税调增？

答：关于职工教育经费税前扣除，《企业所得税法实施条例》第四十二条规定，除国务院财政、税务主管部门另有规定外，企业发生的职工教育经费支出，不超过工资薪金总额2.5%的部分，准予扣除；超过部分，准予在以后纳税年度结转扣除。

这里强调"发生"也就是实际发生支出，具体列支范围根据《财政部、全国总工会、发展改革委、教育部科技部、国防科工委、人事部、劳动保障部国资委、国家税务总局、全国工商联关于印发〈关于企业职工教育经费提取与使用管理的意见〉的通知》（财建〔2006〕317 号）第二条规定确定，上缴给集团公司不属于实际发生教育经费支出，不能在税前扣除。

关于工会经费税前扣除，《企业所得税法实施条例》第四十一条规定，企业拨缴的工会经费，不超过工资薪金总额 2% 的部分，准予扣除。

《国家税务总局关于工会经费企业所得税税前扣除凭据问题的公告》（国家税务总局公告2010 年第 24 号）第一条规定，自 2010 年 7 月 1 日起，企业拨缴的职工工会经费，不超过工资薪金总额 2% 的部分，凭工会组织开具的《工会经费收入专用收据》在企业所得税税前扣除。

根据上述规定，工会经费只有拨缴给工会组织，并凭其开具的《工会经费收入专用收据》才可在企业所得税税前扣除；上缴集团公司且未取得《工会经费收入专用收据》的工会经费，不能在税前扣除。

5. 内设福利部门人员的工资是否计入企业的工资总额？

问：企业内部设置福利部门，那么企业支付给福利部门人员的工资是否可以计入企业的工资总额中，作为三项经费计提的基数？

答：《国家税务总局关于企业工资薪金及职工福利费扣除问题的通知》（国税函〔2009〕3 号）第三条第（一）项规定，尚未实行分离办社会职能的企业，其内设福利部门所发生的设备、设施和人员费用，包括职工食堂、职工浴室、理发室、医务所、托儿所、疗养院等集体福利部门的设备、设施及维修保养费用和福利部门工作人员的工资薪金、社会保险费、住房公积金、劳务费等。

因此,福利部门工作人员的工资薪金、社会保险费、住房公积金、劳务费等均在福利费中列支,不能再作为计算福利费限额的基数。

6. 食堂工作人员工资企业所得税税前如何申报?

问: 某企业 2013 年发放工资总额 20 万元,其中生产成本工资 12 万元,制造费用工资 3 万元,销售费用工资 2 万元,管理费用工资 3 万元(其中食堂工作人员工资 1 万元),当年管理费用中还列支了福利费 3 万元。

福利费及计算福利费的工资总额基数为多少?调整福利费多少?

答:《国家税务总局关于企业工资薪金及职工福利费扣除问题的通知》(国税函〔2009〕3 号)规定,《实施条例》第四十条规定的企业职工福利费,包括以下内容:

(一)尚未实行分离办社会职能的企业,其内设福利部门所发生的设备、设施和人员费用,包括职工食堂、职工浴室、理发室、医务所、托儿所、疗养院等集体福利部门的设备、设施及维修保养费用和福利部门工作人员的工资薪金、社会保险费、住房公积金、劳务费等。

第四条规定,企业发生的职工福利费,应该单独设置账册,进行准确核算。没有单独设置账册准确核算的,税务机关应责令企业在规定的期限内进行改正。逾期仍未改正的,税务机关可对企业发生的职工福利费进行合理的核定。

《企业所得税法实施条例》第四十条规定,企业发生的职工福利费支出,不超过工资薪金总额的 14% 的部分,准予扣除。

根据上述规定,职工食堂人员工资属于福利费列支范围,企业发生的职工福利费,应该单独设置账册,进行准确核算,没有单独设置账册准确核算的,税务机关应责令企业在规定的期限内进行改正。因此,企业管理费用/工资所列食堂人员工资应调整至福利费核算和税前扣除。若工资薪金支出、福利费无其他调整事项,工资薪金支出的税收金额为 19 万元,账载金额 19 万元,福利费的账载金额为 4 万元,税收金额为 $19 \times 14\% = 2.66$(万元),福利费调增金额为 $4 - 2.66 = 1.34$(万元)。如果企业不进行账务调整,则工资薪金支出账载金额 20 万元,税收金额为 19 万元,调增金额 1 万元,福利费账载金额 3 万元,税收金额为 $19 \times 14\% = 2.66$(万元),调增金额 0.34 万元。

7. 食堂对外承包支付的承包费是否属于职工福利费?

问: 企业将食堂劳务外包,支付承包费用时对方出具服务业发票,企业可否列支福利费?

答:《国家税务总局关于企业工资薪金及职工福利费扣除问题的通知》(国税函〔2009〕3 号)规定,《实施条例》第四十条规定的企业职工福利费,包括以下内容:

(一)尚未实行分离办社会职能的企业,其内设福利部门所发生的设备、设施和人员费用,包括职工食堂、职工浴室、理发室、医务所、托儿所、疗养院等集体福利部门的设备、设施及维修保养费用和福利部门工作人员的工资薪金、社会保险费、住房公积金、劳务费等。

（二）为职工卫生保健、生活、住房、交通等所发放的各项补贴和非货币性福利，包括企业向职工发放的因公外地就医费用、未实行医疗统筹企业职工医疗费用、职工供养直系亲属医疗补贴、供暖费补贴、职工防暑降温费、职工困难补贴、救济费、职工食堂经费补贴、职工交通补贴等。

根据上述规定，纳税人发生的食堂费用属于为保障职工生活所支付的费用，属于上述文件所规定的职工福利费核算范围，可以计入职工福利费核算。

8. 离退休人员统筹外补贴费用能否列入福利费税前扣除？

问：离退休人员统筹外补贴可否进行税前扣除？可否通过企业以前年度结余的福利费余额（新旧企业所得税法交替时留存的）进行税前扣除？

答：1. 离退休人员统筹外补贴企业所得税前能否扣除，各地有不同的执行口径，建议取得主管税务机关意见后处理。

参照《山东省青岛市国家税务局关于做好 2008 年度企业所得税汇算清缴的通知》（青国税发〔2009〕10 号）的规定，企业在社保局发放基本养老金之外支付给退休人员的生活补贴和节日慰问费不属于与取得应纳税收入有关的必要和正常的成本、费用，因此，不能在税前扣除。

2. 以前年度结余的职工福利费属于职工权益，如果在这部分结余中列支，且按所属地区口径不能扣除的项目，属于改变用途，应进行纳税调增。

《国家税务总局关于企业所得税若干税务事项衔接问题的通知》（国税函〔2009〕98 号）第四条规定，根据《国家税务总局关于做好 2007 年度企业所得税汇算清缴工作的补充通知》（国税函〔2008〕264 号）的规定，企业 2008 年以前按照规定计提但尚未使用的职工福利费余额，2008 年及以后年度发生的职工福利费，应首先冲减上述的职工福利费余额，不足部分按新税法规定扣除；仍有余额的，继续留在以后年度使用。企业 2008 年以前节余的职工福利费，已在税前扣除，属于职工权益，如果改变用途的，应调整增加企业应纳税所得额。

9. 职工疗养费能否税前扣除？

问：职工疗养费是否允许税前扣除？在方式上是否一定要集体统一组织？还需要扣个人所得税吗？

答：《财政部关于企业加强职工福利费财务管理的通知》（财企〔2009〕242 号）规定，企业职工福利费是指企业为职工提供的除职工工资、奖金、津贴、纳入工资总额管理的补贴、职工教育经费、社会保险费和补充养老保险费（年金）、补充医疗保险费及住房公积金以外的福利待遇支出，包括发放给职工或为职工支付的以下各项现金补贴和非货币性集体福利：

（一）为职工卫生保健、生活等发放或支付的各项现金补贴和非货币性福利，包括职工因公外地就医费用、暂未实行医疗统筹企业职工医疗费用、职工供养直系亲属医疗补贴、职工疗养费用、自办职工食堂经费补贴或未办职工食堂统一供应午餐支出、符合国家有关财务规定的供暖费补贴、防暑降温费等。

《个人所得税法实施条例》第八条规定，税法第二条所说的各项个人所得的范围：

（一）工资、薪金所得，是指个人因任职或者受雇而取得的工资、薪金、奖金、年终加薪、劳动分红、津贴、补贴以及与任职或者受雇有关的其他所得。

《财政部、国家税务总局关于企业以免费旅游方式提供对营销人员个人奖励有关个人所得税政策的通知》（财税〔2004〕11 号）规定，按照我国现行个人所得税法律法规有关规定，对商品营销活动中，企业和单位对营销业绩突出人员以培训班、研讨会、工作考察等名义组织旅游活动，通过免收差旅费、旅游费对个人实行的营销业绩奖励（包括实物、有价证券等），应根据所发生费用全额计入营销人员应税所得，依法征收个人所得税，并由提供上述费用的企业和单位代扣代缴。其中，对企业雇员享受的此类奖励，应与当期的工资薪金合并，按照"工资、薪金所得"项目征收个人所得税；对其他人员享受的此类奖励，应作为当期的劳务收入，按照"劳务报酬所得"项目征收个人所得税。

根据上述规定，组织员工疗养所发生的费用在账务处理时可计入职工福利费，但在税前扣除时应按照《国家税务总局关于企业工资薪金及职工福利费扣除问题的通知》（国税函〔2009〕3 号）所列举内容依规定的标准扣除，该文件没有列举的，不能作为福利费在税前扣除；个别地区有明确规定列入福利费，如《浙江省国家税务局 2010 年企业所得税汇算清缴问题解答》明确：

问：目前企业职工福利形式多样，有旅游、疗养、集中休假等，具体范围应如何把握？

答：根据国家税务总局国税函〔2009〕3 号文件精神，为职工卫生保健、生活、住房、交通等所发放的各项补贴和非货币性福利，可以计入福利费。因此，对全体职工（普惠制）集中休假性质的旅游、疗养支出，可以计入职工福利费。企业应提供内部职工休假计划、与旅行社签订的合同协议、旅游发票等相关凭证。

同时，为员工负担疗养费用属于员工因任职或受雇而取得的所得，在支付时应合并到当月工资中代扣代缴个人所得税。

10. 员工旅游费能否税前扣除？

问：企业组织员工旅游，旅游费是否能税前扣除？

答：《企业所得税法实施条例》第四十条规定，企业发生的职工福利费支出，不超过工资薪金总额 14% 的部分，准予扣除。

《国家税务总局关于企业工资薪金及职工福利费扣除问题的通知》（国税函〔2009〕3 号）第三条第（二）款规定，为职工卫生保健、生活、住房、交通等所发放的各项补贴和非货币性福利，包括企业向职工发放的因公外地就医费用、未实行医疗统筹企业职工医疗费用、职工供养直系亲属医疗补贴、供暖费补贴、职工防暑降温费、职工困难补贴、救济费、职工食堂经费补贴、职工交通补贴等。

参考《青岛市国家税务局 2013 年度企业所得税汇算清缴若干业务问题解答》规定：

问：企业组织员工旅游，旅游费是否能税前扣除？

解答：根据《企业所得税法实施条例》第四十条规定，企业组织本单位员工旅游的费用可以按照职工福利费进行处理。

参考《宁波市地方税务局企业所得税热点政策问答（2014年第1期）》规定：

15. 问：企业组织员工外出旅游，旅游费用是否能在企业所得税税前扣除？

意见：对企业组织员工外出旅游，应区分工资薪金支出和职工福利费支出，并按《企业所得税法》规定在企业所得税税前扣除，如：对优秀职工奖励性质安排旅游的费用应作为工资薪金支出。

参考《浙江省国家税务局2010年企业所得税汇算清缴问题解答》规定：

问：目前企业职工福利形式多样，有旅游、疗养、集中休假等，具体范围应如何把握？

答：根据国家税务总局国税函〔2009〕3号文件精神，为职工卫生保健、生活、住房、交通等所发放的各项补贴和非货币性福利，可以计入福利费。因此，对全体职工（普惠制）集中休假性质的旅游、疗养支出，可以计入职工福利费。企业应提供内部职工休假计划、与旅行社签订的合同协议、旅游发票等相关凭证。

《财政部关于印发工会会计制度、工会新旧会计制度有关衔接问题的处理规定的通知》（财会〔2009〕7号）第三十九条规定，支出是指工会为开展各项工作和活动所发生的各项资金耗费及损失。支出按照功能分为职工活动支出、维权支出、业务支出、行政支出、资本性支出、补助下级支出、事业支出、其他支出。职工活动支出指工会为会员及其他职工开展教育、文体、宣传等活动发生的支出。因此，属于工会组织活动的旅游支出，应在企业工会经费中列支；已在工会经费中列支的职工旅游费用，不再按工资薪金支出或职工福利费支出进行区分；企业和企业的工会共同组织活动的旅游支出，可由企业自主选择在职工福利费或工会经费中列支。

11. 外派高管报销的房租能否税前扣除？

问：我公司总部在北京，现需要派遣公司的部分高管人员到外地工作，在外地租房，房租公司予以报销。这笔费用应计入职工工资总额还是福利费？如何缴税？

答：《〈企业会计准则第9号——职工薪酬〉应用指南》规定，将企业拥有的房屋等资产无偿提供给职工使用的，应当根据受益对象，将该住房每期应计提的折旧计入相关资产成本或当期损益，同时确认应付职工薪酬。租赁住房等资产供职工无偿使用的，应当根据受益对象，将每期应付的租金计入相关资产成本或当期损益，并确认应付职工薪酬。难以认定受益对象的非货币性福利，直接计入当期损益和应付职工薪酬。

《国家税务总局关于企业工资薪金及职工福利费扣除问题的通知》（国税函〔2009〕3号）第三条规定，《实施条例》第四十条规定的企业职工福利费，包括以下内容：

（一）尚未实行分离办社会职能的企业，其内设福利部门所发生的设备、设施和人员费用，包括职工食堂、职工浴室、理发室、医务所、托儿所、疗养院等集体福利部门的设备、设施及维修保养费用和福利部门工作人员的工资薪金、社会保险费、住房公积金、劳务费等。

（二）为职工卫生保健、生活、住房、交通等所发放的各项补贴和非货币性福利，包括企业向职工发放的因公外地就医费用、未实行医疗统筹企业职工医疗费用、职工供养直系亲属医疗补贴、供暖费补贴、职工防暑降温费、职工困难补贴、救济费、职工食堂经费补贴、职工交通补贴等。

（三）按照其他规定发生的其他职工福利费，包括丧葬补助费、抚恤费、安家费、探亲假路费等。

《企业所得税法实施条例》第三十四条规定，企业发生的合理的工资薪金支出，准予扣除。

前款所称工资薪金，是指企业每一纳税年度支付给在本企业任职或者受雇的员工的所有现金形式或者非现金形式的劳动报酬，包括基本工资、奖金、津贴、补贴、年终加薪、加班工资，以及与员工任职或者受雇有关的其他支出。

《浙江省国家税务局所得税处 2011 年企业所得税汇算清缴问题解答》规定，根据国家税务总局国税函〔2009〕3 号文件精神，"为职工卫生保健、生活、住房、交通等所发放的各项补贴和非货币性福利，可以计入福利费在税前扣除"。

关于职工住宿租金的税前扣除问题，《天津市地方税务局、天津市国家税务局关于企业所得税税前扣除有关问题的通知》（津地税企所〔2010〕5 号）规定，企业为职工提供住宿而发生的租金凭房屋租赁合同及合法凭证在职工福利费中列支。

依据上述规定，企业租赁住房供职工无偿使用，属于非货币性福利，会计上应作为职工福利费处理；但税法上职工福利费列举的范围中并不包括职工住宿租金，地方税务局另有规定的除外。

12. 计算福利费扣除限额的基数是否包含未发放工资？

问：某企业 2013 年计入工资总额的金额是 171 326 元，在企业所得税汇算清缴时，将 12 月 31 日未付的工资 32 471 元全部调增。

本年可实际扣除的福利费是按应付工资 171 326 元还是按可以税前扣除的工资 138 855 元计算？

答：《企业所得税法实施条例》第三十四条规定，企业发生的合理的工资薪金支出，准予扣除。

前款所称工资薪金，是指企业每一纳税年度支付给在本企业任职或者受雇的员工的所有现金形式或者非现金形式的劳动报酬，包括基本工资、奖金、津贴、补贴、年终加薪、加班工资，以及与员工任职或者受雇有关的其他支出。

第四十条规定，企业发生的职工福利费支出，不超过工资薪金总额的 14% 的部分，准予扣除。

根据上述规定，福利费的税前扣除限额计税基数为工资薪金支出的税收金额，即不包括未支付的金额。

13. 员工上下班的班车租赁费能否税前扣除？

问：员工上下班的班车租赁费能否作为福利费支出在企业所得税税前扣除？

答：《企业所得税法实施条例》第四十条规定，企业发生的职工福利费支出，不超过工资薪金总额14％的部分，准予扣除。

《国家税务总局关于企业工资薪金及职工福利费扣除问题的通知》（国税函〔2009〕3号）第三条规定，《实施条例》第四十条规定的企业职工福利费，包括以下内容：

（一）尚未实行分离办社会职能的企业，其内设福利部门所发生的设备、设施和人员费用，包括职工食堂、职工浴室、理发室、医务所、托儿所、疗养院等集体福利部门的设备、设施及维修保养费用和福利部门工作人员的工资薪金、社会保险费、住房公积金、劳务费等。

（二）为职工卫生保健、生活、住房、交通等所发放的各项补贴和非货币性福利，包括企业向职工发放的因公外地就医费用、未实行医疗统筹企业职工医疗费用、职工供养直系亲属医疗补贴、供暖费补贴、职工防暑降温费、职工困难补贴、救济费、职工食堂经费补贴、职工交通补贴等。

（三）按照其他规定发生的其他职工福利费，包括丧葬补助费、抚恤费、安家费、探亲假路费等。

根据上述规定，员工上下班的班车租赁费作为职工交通支付的非货币性福利，属于税收政策中的福利费范围，因此可以在税法规定的标准内税前扣除。

14. 租用职工宿舍发生的电费能否税前扣除？

问：企业为员工租用的职工宿舍发生的电费是否可以税前扣除？如果可以，应记入哪个会计科目？

答：《国家税务总局关于企业工资薪金及职工福利费扣除问题的通知》（国税函〔2009〕3号）第三条规定，《实施条例》第四十条规定的企业职工福利费，包括以下内容：

（一）尚未实行分离办社会职能的企业，其内设福利部门所发生的设备、设施和人员费用，包括职工食堂、职工浴室、理发室、医务所、托儿所、疗养院等集体福利部门的设备、设施及维修保养费用和福利部门工作人员的工资薪金、社会保险费、住房公积金、劳务费等。

（二）为职工卫生保健、生活、住房、交通等所发放的各项补贴和非货币性福利，包括企业向职工发放的因公外地就医费用、未实行医疗统筹企业职工医疗费用、职工供养直系亲属医疗补贴、供暖费补贴、职工防暑降温费、职工困难补贴、救济费、职工食堂经费补贴、职工交通补贴等。

（三）按照其他规定发生的其他职工福利费，包括丧葬补助费、抚恤费、安家费、探亲假路费等。

第四条规定，企业发生的职工福利费，应该单独设置账册，进行准确核算。

另外，根据《国家税务总局关于印发〈进一步加强税收征管若干具体措施〉的通知》（国税发〔2009〕114号）的规定，未按规定取得的合法有效凭据不得在税前扣除。

根据上述规定，企业为员工租用宿舍发生的费用，属于职工福利费规定的范围，如果企业按公允价值同资产所有者签订租赁合同的，凭租金发票和其他合法凭证可以记入"管理费用——福利费"科目，将租金及合同约定的水电费用等变动费用作为职工福利费按比例扣除。并且，企业发生的职工福利费，应该单独设置账册，进行准确核算。

15. 支付的高管总裁高级研修班费用能否税前扣除？

问： 企业支付的高管总裁高级研修班费用是否可以税前扣除？

答： 《财政部、全国总工会、发展改革委、教育部科技部、国防科工委、人事部、劳动保障部、国资委、国家税务总局、全国工商联关于印发〈关于企业职工教育经费提取与使用管理的意见〉的通知》（财建〔2006〕317 号）第三条规定，切实保证企业职工教育培训经费足额提取及合理使用。

（五）企业职工教育培训经费列支范围包括：

1. 上岗和转岗培训；

2. 各类岗位适应性培训；

3. 岗位培训、职业技术等级培训、高技能人才培训；

4. 专业技术人员继续教育；

5. 特种作业人员培训；

6. 企业组织的职工外送培训的经费支出；

7. 职工参加的职业技能鉴定、职业资格认证等经费支出；

8. 购置教学设备与设施；

9. 职工岗位自学成才奖励费用；

10. 职工教育培训管理费用；

11. 有关职工教育的其他开支。

（六）经单位批准或按国家和省、市规定必须到本单位之外接受培训的职工，与培训有关的费用由职工所在单位按规定承担。

······

（九）企业职工参加社会上的学历教育以及个人为取得学位而参加的在职教育，所需费用应由个人承担，不能挤占企业的职工教育培训经费。

《企业财务通则》第四十六条第（五）款规定，企业不得承担应由个人承担的其他支出。

《企业所得税法》第十条第（八）款规定，在计算应纳税所得额时，与取得收入无关的其他支出不得扣除。

《企业所得税法实施条例》第二十七条规定，企业所得税法第八条所称有关的支出，是指与取得收入直接相关的支出。

企业所得税法第八条所称合理的支出，是指符合生产经营活动常规，应当计入当期损益或者有关资产成本的必要和正常的支出。

《国务院学位委员会关于开展高级管理人员工商管理硕士（EMBA）专业学位教育工作的通知》（学位办〔2002〕64 号）第一条规定，积极发展高级管理人员工商管理硕士（EMBA）专业学位教育，培养大批适应社会主义现代化教育需要的优秀的、高层次经营管理人才。

开展高级管理人员工商管理硕士（EMBA）专业学位教育工作，是学位与研究生教育主动适应我国改革开放和社会主义现代化建设对高层次经营管理人才的迫切需求，积极探索和完善具有我国特色的 MBA 教育体系的重要举措。高级管理人员工商管理硕士（EMBA）专业学位，是工商管理硕士（MBA）专业学位教育的一种特殊形式。

根据上述规定，企业支付的高管总裁高级研修班费用如果属于财建〔2006〕317 号文件规定的职工教育经费的列支范围，则可作为职工教育经费税前扣除。目前社会各类高管总裁高级研修班多为 MBA 学历教育，如果企业上述高管研修班为学历教育，则不属于职工教育经费的列支范围，所需费用应由个人承担，与企业取得收入无关，不得在所得税税前扣除。

16. 大学函授补助能否作为职工教育经费税前扣除？

问： 企业为职工发放中北大学函授自学补助、中央广播电视大学函授自学补助、党校在职修业补助等，一次补助 3000 元。这类函授、在职修业是否属于社会上的学历教育？所发生的费用能否作为职工教育经费税前扣除？

答：《财政部关于企业职工教育经费提取与使用管理的意见》（财建〔2006〕317 号）规定：

（五）企业职工教育培训经费列支范围包括：

1. 上岗和转岗培训；
2. 各类岗位适应性培训；
3. 岗位培训、职业技术等级培训、高技能人才培训；
4. 专业技术人员继续教育；
5. 特种作业人员培训；
6. 企业组织的职工外送培训的经费支出；
7. 职工参加的职业技能鉴定、职业资格认证等经费支出；
8. 购置教学设备与设施；
9. 职工岗位自学成才奖励费用；
10. 职工教育培训管理费用；
11. 有关职工教育的其他开支。

......

（九）企业职工参加社会上的学历教育以及个人为取得学位而参加的在职教育，所需费用应由个人承担，不能挤占企业的职工教育培训经费。

根据上述规定，职工教育经费列支的内容限于与从事的职业或岗位相关的培训支出，所述"中北大学函授、中央广播电视大学函授、党校在职修业"均属于学历教育，所需费用应由个人承担，企业所得税前不得扣除。

17. 企业高管在院校的培训支出是否属于职工教育经费列支范围？

问： 集团公司为提高高层管理人员的整体素质，决定根据高管的岗位，对应安排参加长江商学院的金融、财税和人力资源管理等方面的培训（不取得学历和学位证书），此人才培训战略预计花费近百万元，这笔费用可否在企业职工教育经费列支？文件依据是什么？

答：《财政部、全国总工会、发展改革委、教育部科技部、国防科工委、人事部、劳动保障部、国资委、国家税务总局、全国工商联关于印发〈关于企业职工教育经费提取与使用管理的意见〉的通知》（财建〔2006〕317 号）第三条规定，切实保证企业职工教育培训经费足额提取及合理使用。

（五）企业职工教育培训经费列支范围包括：

1. 上岗和转岗培训；

2. 各类岗位适应性培训；

3. 岗位培训、职业技术等级培训、高技能人才培训；

4. 专业技术人员继续教育；

5. 特种作业人员培训；

6. 企业组织的职工外送培训的经费支出；

7. 职工参加的职业技能鉴定、职业资格认证等经费支出；

8. 购置教学设备与设施；

9. 职工岗位自学成才奖励费用；

10. 职工教育培训管理费用；

11. 有关职工教育的其他开支。

（六）经单位批准或按国家和省、市规定必须到本单位之外接受培训的职工，与培训有关的费用由职工所在单位按规定承担。

《企业财务通则》第四十六条第（五）款规定，企业不得承担应由个人承担的其他支出。

根据上述规定，属上述职工教育培训经费列支范围的，企业可列入职工教育经费核算。

18. 飞行员培训费能否在职工教育经费中列支？

问：我公司是一家小型通用航空公司，经营范围为出租飞行、航拍等，飞行员到民用飞行学院的培训费在成本中列支，这笔大额培训费能否在职工教育经费中列支？

答：《国家税务总局关于企业所得税若干问题的公告》（国家税务总局公告 2011 年第 34 号）第三条规定，航空企业实际发生的飞行员养成费、飞行训练费、乘务训练费、空中保卫员训练费等空勤训练费用，根据《实施条例》第二十七条规定，可以作为航空企业运输成本在税前扣除。

根据上述规定，该飞行员到民用飞行学院的培训费为企业实际发生的飞行员养成费，该项支出可作为贵公司运输成本在税前扣除。该培训费不计入贵公司的职工教育经费。

19. 职工教育经费余额能否往后结转？

问：本企业职工教育经费年初有余额，今年按照规定比例计提后没有用完，如何进行纳税调增？另外，超出计提部分的费用当年是否不用调增？

答：《企业所得税法实施条例》第四十二条规定，除国务院财政、税务主管部门另有规定外，企业发生的职工教育经费支出，不超过工资薪金总额 2.5% 的部分，准予扣除；超过部分，准予在以后纳税年度结转扣除。

比如，贵公司 2013 年度按照工资薪金总额 2.5% 计提职工教育经费 100 万元，实际发生职工教育经费 80 万元，则 2013 年度税前可扣除的职工教育经费为 80 万元，多计提的 20 万元进行纳税调增；如果 2013 年实际发生职工教育经费 120 万元，那么 2013 年度税前可扣除的职工教育经费为 100 万元，超过的 20 万元可以结转至 2014 年及以后年度扣除。

可以往以后年度结转的是职工教育经费实际发生额超过工资薪金总额 2.5％的部分，未实际发生的计提额不能往后结转。

20. 计提但未实际列支的职工教育经费是否需要进行纳税调增？

问：假设我单位今年按 2.5％准予扣除的职工教育经费为 100 万元，实际计提 100 万元，列支 80 万元，20 万元挂"应付职工薪酬——职工教育经费"账户，这 20 万元是否需要进行纳税调整？如果需要进行纳税调增，假设明年同样准予扣除 100 万元，实际计提 100 万元，实际支付 120 万元。这 20 万元是否可以进行纳税调减？

答：《企业所得税法实施条例》第四十二条规定，除国务院财政、税务主管部门另有规定外，企业发生的职工教育经费支出，不超过工资薪金总额 2.5％的部分，准予扣除；超过部分，准予在以后纳税年度结转扣除。

根据上述规定，如果贵公司 2012 年度实际发生职工教育经费 80 万元，不超过工资薪金总额 2.5％即 100 万元，2012 年税前可扣除的职工教育经费为 80 万元，多计提的 20 万元进行纳税调增；2013 年实际发生 120 万元，超过工资薪金总额 2.5％即 100 万元，2013 年税前可扣除的职工教育经费为 100 万元，超过的 20 万元可以结转至 2014 年及以后年度扣除。

如 2014 年实际发生职工教育经费 80 万元，工资薪金总额的 2.5％为 90 万元，税前可扣除的职工教育经费为 90 万元（80＋10）；剩余 10 万元继续往后结转。

21. 执业资格考试支出是否属于职工教育经费列支范围？

问：支付的执业经理人资格考试费用、保安员资格证考试费用能否作为职工教育经费在税前扣除？

答：《财政部、全国总工会、发展改革委、教育部科技部、国防科工委、人事部、劳动保障部、国资委、国家税务总局、全国工商联关于印发〈关于企业职工教育经费提取与使用管理的意见〉的通知》（财建〔2006〕317 号）第三条第（五）款规定，企业职工教育培训经费列支范围包括：

1. 上岗和转岗培训；
2. 各类岗位适应性培训；
3. 岗位培训、职业技术等级培训、高技能人才培训；
4. 专业技术人员继续教育；
5. 特种作业人员培训；
6. 企业组织的职工外送培训的经费支出；
7. 职工参加的职业技能鉴定、职业资格认证等经费支出；
8. 购置教学设备与设施；

9. 职工岗位自学成才奖励费用；

10. 职工教育培训管理费用；

11. 有关职工教育的其他开支。

第（七）款规定，经单位批准参加继续教育以及政府有关部门集中举办的专业技术、岗位培训、职业技术等级培训、高技能人才培训所需经费，可从职工所在企业职工教育培训经费中列支。

根据上述规定，经单位批准参加继续教育以及政府有关部门集中举办的专业技术、岗位培训、职业技术等级培训、高技能人才培训所需经费，可从职工所在企业职工教育培训经费中列支。因此，企业支付的执业经理人资格考试费用、保安员资格考试费用，属于职工教育经费的列支范围。

22. 员工外出参加培训的交通及住宿费用可否列支为职工教育经费？

问： 员工到外地参加培训（外单位组织的），对方单位开具的培训费列入职工教育经费核算，因参加此次培训发生的机票等交通费以及住宿费可否在职工教育经费中列支？

答：《财政部、全国总工会、发展改革委、教育部科技部、国防科工委、人事部、劳动保障部、国资委、国家税务总局、全国工商联关于印发〈关于企业职工教育经费提取与使用管理的意见〉的通知》（财建〔2006〕317 号）第三条第（五）款规定，企业职工教育培训经费列支范围包括：

6. 企业组织的职工外送培训的经费支出；

……

第（六）款规定，经单位批准或按国家和省、市规定必须到本单位之外接受培训的职工，与培训有关的费用由职工所在单位按规定承担。

《北京市国家税务局企业所得税类热点问题（2014 年 6 月）》规定：

3. 企业到外地培训，发生的住宿费和差旅费，需要作为职工教育经费吗？

答：根据财建〔2006〕317 号第三条规定，企业职工教育培训经费列支范围包括：

1. 上岗和转岗培训；

2. 各类岗位适应性培训；

3. 岗位培训、职业技术等级培训、高技能人才培训；

4. 专业技术人员继续教育；

5. 特种作业人员培训；

6. 企业组织的职工外送培训的经费支出；

7. 职工参加的职业技能鉴定、职业资格认证等经费支出；

8. 购置教学设备与设施；

9. 职工岗位自学成才奖励费用；

10. 职工教育培训管理费用；

11. 有关职工教育的其他开支。

据此，员工到外地参加培训发生的机票等交通费以及住宿费不属于职工教育经费范畴。

23. 工会经费是按工资薪金实发数还是应发数作为扣除依据?

问：税法规定，工会经费，按工资薪金的 2% 计缴扣除。这里的"工资薪金"是实发数还是应发数?

答：《企业所得税法实施条例》第三十四条规定，企业发生的合理的工资薪金支出，准予扣除。

前款所称工资薪金，是指企业每一纳税年度支付给在本企业任职或者受雇的员工的所有现金形式或者非现金形式的劳动报酬，包括基本工资、奖金、津贴、补贴、年终加薪、加班工资，以及与员工任职或者受雇有关的其他支出。

第四十一条规定，企业拨缴的工会经费，不超过工资薪金总额 2% 的部分，准予扣除。

根据上述规定，对于拨缴工会经费的依据，应以纳税人实际支付给在本企业任职或者受雇的员工的所有现金形式或者非现金形式的劳动报酬为基数进行计算，也就是实际发生数额。

24. 年终聚餐费用税前如何列支?

问：我单位组织全体员工年终聚餐的费用和迎春晚会的费用能否在税前列支?

答：《企业所得税法》第八条规定，企业实际发生的与取得收入有关的、合理的支出，包括成本、费用、税金、损失和其他支出，准予在计算应纳税所得额时扣除。

《企业所得税法实施条例》第二十七条规定，企业所得税法第八条所称有关的支出，是指与取得收入直接相关的支出。

企业所得税法第八条所称合理的支出，是指符合生产经营活动常规，应当计入当期损益或者有关资产成本的必要和正常的支出。

《江苏省常州市地方税局 2011 年度企业所得税汇算清缴问题解答》规定：

企业在节日发放的节日费以及聚餐、抽奖、答谢酒会，如何在税前扣除?

答：企业发放给本企业员工的节日费，作为工资薪金支出，按规定在税前扣除。企业面向客户召开的答谢酒会、抽奖发生的支出，作为业务招待费支出，按规定在税前扣除。企业组织员工年终聚餐等节日联欢发生的支出，按规定应由工会经费开支，作为工会经费支出在税前扣除；具体详见中华总工会印发的工会经费收支管理办法。

根据上述规定，企业组织全体员工年终聚餐的费用和迎春晚会的费用应由工会经费开支，作为工会经费在税前扣除。

25. 如何计算集团公司业务招待费扣除限额?

问：集团公司会计报表上投资收益为 1 000 万元，实质是投资收益 1 200 万元，投资损失 200 万元，净收益 1 000 万元。计算业务招待费税前扣除限额的基数是 1 000 万元还是 1 200 万元? 政策依据是什么?

答：《国家税务总局关于贯彻落实企业所得税法若干税收问题的通知》（国税函〔2010〕

79 号)第八条规定,对从事股权投资业务的企业(包括集团公司总部、创业投资企业等),其从被投资企业所分配的股息、红利以及股权转让收入,可以按规定的比例计算业务招待费扣除限额。

根据上述规定,从事股权投资的企业在计算可扣除业务招待费的基数时,应分析投资收益 1 200 万元中哪些是股息、红利及股权转让收入,不能单纯地理解是 1 200 万元还是 1 000 万元。比如,投资收益 1 000 万元为取得股息收入 1 200 万元,转让股权损失 200 万元(股权转让收入 800 万元,该股权成本为 1 000 万元),则计算业务招待费税前扣除限额基数为 2 000 万元(1 200+800)。

26. 工程建设中发生的业务招待费如何在税前扣除?

问: 我公司是小型水电站开发、经营的企业,公司只有水电站投资建设项目,无其他业务。在水电站的开发、建设过程中,发生的请客吃饭等业务招待费是计入在建工程,转入固定资产,还是计入当期损益?在进行所得税汇算时应如何处理?

答: 1.《企业会计准则第 4 号——固定资产》第九条规定,自行建造固定资产的成本,由建造该项资产达到预定可使用状态前所发生的必要支出构成。

业务招待费不属于建造固定资产的必要支出,不作为固定资产成本归集。

2.《企业所得税法实施条例》第五十八条规定,固定资产按照以下方法确定计税基础:

(二)自行建造的固定资产,以竣工结算前发生的支出为计税基础;

……

第四十三条规定,企业发生的与生产经营活动有关的业务招待费支出,按照发生额的 60% 扣除,但最高不得超过当年销售(营业)收入的 5‰。

根据上述规定,在建工程列支的招待费支出,属于与生产经营活动有关的业务招待费支出。该支出不属于自建固定资产发生的支出,不计入固定资产的计税基础。应按业务招待费税前扣除规定处理。

27. 向特定的人或客户赠送礼品是否属于业务招待费?

问: 我公司在商品房的销售过程中发生的向客户赠送大量礼品(如烟、酒、日常用品等)的支出及其他费用(如餐费、车票、住宿费等),都计入销售费用。

我公司就此问题向集团税务部门咨询,得到的答复是,招待费是针对特定的客户或特定人的,而针对不特定的人或客户的费用可以不做招待费,因其是在销售过程中发生的费用,所以可以计入销售费用。

以上理解税法是否有相关规定?

答:《企业所得税法实施条例》第四十三条规定,企业发生的与生产经营活动有关的业务招待费支出,按照发生额的 60% 扣除,但最高不得超过当年销售(营业)收入的 5‰。

《青岛市地方税务局关于印发〈2009 年度企业所得税业务问题解答〉的通知》(青地税函〔2010〕2 号)规定,业务招待费是指企业为生产经营业务活动的需要而合理开支的招待费用,按照税法的有关规定扣除,但并非所有餐费都属于业务招待费。两者主要从发生的原因、性质、目的、用途、对象等方面进行区分，用于招待客户的餐费应当作为业务招待费进行处理，不得分解计入其他项目。

《青岛市国家税务局关于做好 2009 年度企业所得税汇算清缴的通知》（青国税发〔2010〕9 号）规定，……企业负担与本企业生产经营有关的客户的交通、食宿等费用，如果符合业务招待费范畴的，相关支出可以在业务招待费中列支。

《国家税务总局关于确认企业所得税收入若干问题的通知》（国税函〔2008〕875 号）规定，企业以买一赠一等方式组合销售本企业商品的，不属于捐赠，应将总的销售金额按各项商品的公允价值的比例来分摊确认各项的销售收入。

依据上述规定，业务招待费是指企业在经营管理等活动中用于接待应酬而支付的各种费用，主要包括业务洽谈、产品推销、对外联络、公关交往、会议接待、来宾接待等所发生的费用，例如招待饭费、招待用烟茶、交通费等。但不包括促销赠送的礼品。

28. 客户旅游门票支出可否作为业务招待费在税前扣除？

问：我公司请客户旅游发生的门票费用，作为业务招待费报销，是否涉及企业所得税补税问题？

答：《企业所得税法实施条例》第二十七条规定，企业所得税法第八条所称有关的支出，是指与取得收入直接相关的支出。

企业所得税法第八条所称合理的支出，是指符合生产经营活动常规，应当计入当期损益或者有关资产成本的必要和正常的支出。

第四十三条规定，企业发生的与生产经营活动有关的业务招待费支出，按照发生额的 60% 扣除，但最高不得超过当年销售（营业）收入的 5‰。

《青岛市地方税务局关于印发〈2009 年度企业所得税业务问题解答〉的通知》（青地税函〔2010〕2 号）规定，业务招待费是指企业为生产经营业务活动的需要而合理开支的招待费用，按照税法的有关规定扣除，但并非所有餐费都属于业务招待费。两者主要从发生的原因、性质、目的、用途、对象等方面进行区分，用于招待客户的餐费应当作为业务招待费进行处理，不得分解计入其他项目。

《企业财务通则（2006）》第四十六条规定，企业不得承担属于个人的下列支出：

（一）娱乐、健身、旅游、招待、购物、馈赠等支出。

……

（五）应由个人承担的其他支出。

根据上述规定，企业不得承担属于个人娱乐、旅游等支出。

《反不正当竞争法》第八条规定，经营者不得采用财物或者其他手段进行贿赂以销售或者购买商品。在账外暗中给予对方单位或者个人回扣的，以行贿论处；对方单位或者个人在账外暗中收受回扣的，以受贿论处。经营者销售或者购买商品，可以以明示方式给对方折扣，可以给中间人佣金。经营者给对方折扣、给中间人佣金的，必须如实入账。

《财政部关于印发〈行政事业单位业务招待费列支管理规定〉的通知》（财预字〔1998〕159 号）第四条规定，业务招待费，具体反映行政事业单位为执行公务或开展业务活动而开支的接待费，包括交通费、用餐费和住宿费以及各级党委、政府接待办（接待处）用于接待的费用。

根据上述规定，企业为生产经营业务活动的需要，用于招待客户发生的相关费用应作为业务招待费。企业不得承担属于个人娱乐、旅游等支出。不能在企业所得税税前扣除，确因企业生产经营需要而发生的旅游景点参观费，可以税前扣除。

在业务招待费的范围上，不论是财务会计制度还是新旧税法都未给予准确的界定。在税务执法实践中，一般来讲，招待费范围如下：

(1) 因企业生产经营需要而宴请或工作餐的开支；

(2) 因企业生产经营需要赠送纪念品的开支；

(3) 因企业生产经营需要而发生的旅游景点参观费和交通费及其他费用的开支；

(4) 因企业生产经营需要而发生的业务关系人员的差旅费开支。

同时，要严格区分给客户的回扣、贿赂等非法支出，对此不能作为业务招待费而应直接作纳税调整。

29. 售货赠送的产品能否作为促销费用？

问： 因销售产品而赠送的产品是否可以作为促销支出？

答：《国家税务总局关于折扣额抵减增值税应税销售额问题通知》（国税函〔2010〕56号）规定，《国家税务总局关于印发〈增值税若干具体问题的规定〉的通知》（国税发〔1993〕154号）第二条第（二）项规定："纳税人采取折扣方式销售货物，如果销售额和折扣额在同一张发票上分别注明的，可按折扣后的销售额征收增值税"。纳税人采取折扣方式销售货物，销售额和折扣额在同一张发票上分别注明是指销售额和折扣额在同一张发票上的"金额"栏分别注明的，可按折扣后的销售额征收增值税。未在同一张发票"金额"栏注明折扣额，而仅在发票的"备注"栏注明折扣额的，折扣额不得从销售额中减除。

《国家税务总局关于确认企业所得税收入若干问题的通知》（国税函〔2008〕875号）规定，企业以买一赠一等方式组合销售本企业商品的，不属于捐赠，应将总的销售金额按各项商品的公允价值的比例来分摊确认各项的销售收入。

根据上述规定，在买一赠一等方式组合销售下，计算增值税时可将赠品视为实物折扣，如将销售额和折扣额在同一张发票上注明，则可按折扣后的销售额计提增值税。在计算企业所得税对赠品不确认为捐赠，将总的销售金额按各项商品的公允价值的比例来分摊确认各项的销售收入；在结转成本时，因赠品的收入已分摊确认，所以其成本应结转至"主营业务成本"，不做销售费用——促销费用处理。

30. 税前扣除的广告费是否包括广告设计费？

问："营改增"后广告设计费支出是否受15％的比例限制？还是广告设计、制作支出连同广告发布费用支出合并在一起受15％的比例限制？

答：《广告法》第二条规定，广告主、广告经营者、广告发布者在中华人民共和国境内从事广告活动，应当遵守本法。

本法所称广告，是指商品经营者或者服务提供者承担费用，通过一定媒介和形式直接或者间接地介绍自己所推销的商品或者所提供的服务的商业广告。

本法所称广告主，是指为推销商品或者提供服务，自行或者委托他人设计、制作、发布广告的法人、其他经济组织或者个人。

本法所称广告经营者，是指受委托提供广告设计、制作、代理服务的法人、其他经济组织或者个人。

《企业所得税法实施条例》第四十四条规定，企业发生的符合条件的广告费和业务宣传费支出，除国务院财政、税务主管部门另有规定外，不超过当年销售（营业）收入15％的部分，准予扣除；超过部分，准予在以后纳税年度结转扣除。

根据上述规定，企业发生的符合条件的广告费（包括广告策划、设计、制作、广告代理和广告的发布、播映、宣传、展示）和业务宣传费支出，不超过当年销售（营业）收入15％的部分，准予扣除。

31. 白酒企业广告费能否税前扣除？

问：白酒企业广告费能否在企业所得税税前扣除？如何扣除？

答：《企业所得税法实施条例》第四十四条规定，企业发生的符合条件的广告费和业务宣传费支出，除国务院财政、税务主管部门另有规定外，不超过当年销售（营业）收入15％的部分，准予扣除；超过部分，准予在以后纳税年度结转扣除。

《财政部、国家税务总局关于广告费和业务宣传费支出税前扣除政策的通知》（财税〔2012〕48 号）规定，根据《中华人民共和国企业所得税法实施条例》（国务院令第512 号）第四十四条规定，现就有关广告费和业务宣传费支出税前扣除政策通知如下：

1. 对化妆品制造与销售、医药制造和饮料制造（不含酒类制造，下同）企业发生的广告费和业务宣传费支出，不超过当年销售（营业）收入30％的部分，准予扣除；超过部分，准予在以后纳税年度结转扣除。

2. 对签订广告费和业务宣传费分摊协议（以下简称分摊协议）的关联企业，其中一方发生的不超过当年销售（营业）收入税前扣除限额比例内的广告费和业务宣传费支出可以在本企业扣除，也可以将其中的部分或全部按照分摊协议归集至另一方扣除。另一方在计算本企业广告费和业务宣传费支出企业所得税税前扣除限额时，可将按照上述办法归集至本企业的广告费和业务宣传费不计算在内。

3. 烟草企业的烟草广告费和业务宣传费支出，一律不得在计算应纳税所得额时扣除。

根据以上规定，税法对白酒企业的广告费并没有禁止性和特殊性规定，可按照《企业所得税法实施条例》第四十四条的规定在企业所得税前扣除。

32. 从事股权投资业务的企业广告宣传费如何扣除？

问：《国家税务总局关于贯彻落实企业所得税法若干税收问题的通知》（国税函〔2010〕79 号）第八条规定，对从事股权投资业务的企业（包括集团公司总部、创业投资企业等），其从被投资企业所分配的股息、红利以及股权转让收入，可以按规定的比例计算业务招待费扣除限额。

对于从事股权投资业务的企业所发生的广告宣传费，能否按从被投资企业所分配的股息、红利以及股权转让收入的比例，计算广告宣传费扣除限额？

答：《企业所得税实施条例》第四十三条规定，企业发生的与生产经营活动有关的业务招待费支出，按照发生额的 60％ 扣除，但最高不得超过当年销售（营业）收入的 5‰。

第四十四条规定，企业发生的符合条件的支出，除国务院财政、税务主管部门另有规定外，不超过当年销售（营业）收入 15％ 的部分，准予扣除；超过部分，准予在以后纳税年度结转扣除。

《国家税务总局关于贯彻落实企业所得税法若干税收问题的通知》（国税函〔2010〕79 号）第八条规定，对从事股权投资业务的企业（包括集团公司总部、创业投资企业等），其从被投资企业所分配的股息、红利以及股权转让收入，可以按规定的比例计算业务招待费扣除限额。

根据上述规定，虽然《企业所得税实施条例》中计算业务招待费、广告费和业务宣传费税前扣除限额的基数同为当年销售（营业）收入，但是国税函〔2010〕79 号文件仅对从事股权投资业务企业的业务招待费税前扣除限额进行了特殊明确。因此，从事股权投资业务企业的广告费和业务宣传费税前扣除政策不能比照业务招待费扣除限额的计算，其计算基数不包括从被投资企业所分配的股息、红利以及股权转让收入。

33. 广告费和业务宣传费用税前扣除比例是否合并计算？

问：广告费用和业务宣传费用税前扣除的比例是否合并计算？如果我公司没有广告费用，业务宣传费用是否可以按照 15％ 税前扣除？两项扣除有无最低扣除标准限制？

答：《企业所得税法实施条例》第四十四条规定，企业发生的符合条件的广告费和业务宣传费支出，除国务院财政、税务主管部门另有规定外，不超过当年销售（营业）收入 15％ 的部分，准予扣除；超过部分，准予在以后纳税年度结转扣除。

《财政部、国家税务总局关于广告费和业务宣传费支出税前扣除政策的通知》（财税〔2012〕48 号）规定：

1. 对化妆品制造与销售、医药制造和饮料制造（不含酒类制造，下同）企业发生的广告费和业务宣传费支出，不超过当年销售（营业）收入 30％ 的部分，准予扣除；超过部分，准予在以后纳税年度结转扣除。

……

3. 烟草企业的烟草广告费和业务宣传费支出，一律不得在计算应纳税所得额时扣除。

根据上述规定，企业发生的广告费和业务宣传费支出税前扣除比例合并为 15％，其中，化妆品制造与销售、医药制造和饮料制造（不含酒类制造，下同）企业扣除比例为 30％，超过比例部分，准予在以后纳税年度结转扣除。烟草企业不得扣除烟草广告费和业务宣传费支出。

广告费和业务宣传费支出不区分是广告费还是业务宣传费，如果纳税人没有广告费用，符合规定的业务宣传费在当年销售（营业）收入规定比例内，准予扣除，超过部分可结转以后年度扣除。

34. 烟草行业能否税前扣除广告费和业务宣传费？

问：《财政部、国家税务总局关于广告费和业务宣传费支出税前扣除政策的通知》（财税〔2012〕48号）出台后，有两个问题请教：

（1）该文件是否符合《税收规范性文件制定管理办法》（国家税务总局令第20号）精神？

国家税务总局令第20号第十三条规定："税收规范性文件不得溯及既往，但为了更好地保护税务行政相对人权利和利益而作的特别规定除外。"但财税〔2012〕48号文件第三条规定，烟草企业的烟草广告费和业务宣传费支出，一律不得在计算应纳税所得额时扣除。

很显然，财税〔2012〕48号文件对烟草企业是溯及既往且不是"更好地保护税务行政相对人权利和利益"，若与20号令精神相悖，是否可以看作财税〔2012〕48号文件无效？

（2）若烟草行业必须执行财税〔2012〕48号文件，产生的滞纳金应如何处理？

财税〔2012〕48号文件颁布日期为2012年5月30日，已经邻近2011年度企业所得税汇算清缴的最后期限，各级税务局及烟草行业收到该文件时，一般都超过了汇算清缴期，是否可以比照《财政部、国家税务总局关于部分行业广告费和业务宣传费税前扣除政策的通知》（财税〔2009〕72号）及国税函〔2009〕286号文件精神处理？

答：我国对烟草行业的广告支出做了严格的限制性规定。如《广告法》第十八条规定，禁止利用广播、电影、电视、报纸、期刊发布烟草广告。禁止在各类等候室、影剧院、会议厅堂、体育比赛场馆等公共场所设置烟草广告。

因此，2008年新《企业所得税法》实施后，就颁布了《财政部、国家税务总局关于部分行业广告费和业务宣传费税前扣除政策的通知》（财税〔2009〕72号），自2008年1月1日起至2010年12月31日止执行。文件规定，烟草企业的烟草广告费和业务宣传费支出，一律不得在计算应纳税所得额时扣除。

2012年5月颁布的《财政部、国家税务总局关于广告费和业务宣传费支出税前扣除政策的通知》（财税〔2012〕48号），延续了财税〔2009〕72号文件中关于"烟草企业的烟草广告费和业务宣传费支出，一律不得在计算应纳税所得额时扣除"的规定，且从2011年开始执行至2015年止，与财税〔2009〕72号文件执行时间相衔接。

但是，由于财税〔2012〕48号文件公布时，2011年度的企业所得税汇算清缴已经结束，而财税〔2009〕72号文件又于2011年1月1日起失效。因此，烟草企业在2011年企业所得税汇算清缴时，有的按照旧的政策规定，对发生的广告宣传费全额进行纳税调增，这样做符合新政策的要求；有的按照《企业所得税法实施条例》的规定，对广告宣传费按不超过销售（营业）收入15%的标准扣除。

对于按照新政策规定多扣除广告宣传费的企业，根据《税收征收管理法》第五十二条规定，因税务机关的责任，致使纳税人、扣缴义务人未缴或者少缴税款的，税务机关在三年内可以要求纳税人、扣缴义务人补缴税款，但是不得加收滞纳金。

《国家税务总局关于2008年度企业所得税纳税申报有关问题的通知》（国税函〔2009〕286号）规定，本通知仅适用于2008年度企业所得税汇算清缴。

综合上述规定，企业在税法没有明确规定的情况下，也应遵守《广告法》中对于烟草广告的限制性规定。同时，因为税务机关的责任致使纳税人少缴税款的，税务机关在三年内可以追征税款，但不得加收滞纳金。此问题不适用国税函〔2009〕286 号文件的规定。

35. 如何确定补充保险费税前扣除限额基数？

问： 企业支付的补充养老保险费、补充医疗保险费，在计算应纳税所得额税前扣除限额时，是按本企业上年度职工工资总额计算，还是按当年职工工资总额计算？

答：《财政部、国家税务总局关于补充养老保险费、补充医疗保险费有关企业所得税政策问题的通知》（财税〔2009〕27 号）规定，自 2008 年 1 月 1 日起，企业根据国家有关政策规定，为在本企业任职或者受雇的全体员工支付的补充养老保险费、补充医疗保险费，分别在不超过职工工资总额 5% 标准内的部分，在计算应纳税所得额时准予扣除；超过的部分，不予扣除。

《企业所得税法实施条例》第三十四条规定，企业发生的合理的工资薪金支出，准予扣除。

前款所称工资薪金，是指企业每一纳税年度支付给在本企业任职或者受雇的员工的所有现金形式或者非现金形式的劳动报酬，包括基本工资、奖金、津贴、补贴、年终加薪、加班工资，以及与员工任职或者受雇有关的其他支出。

因此，企业支付的补充养老保险费、补充医疗保险费在计算应纳税所得额税前扣除限额时，应当按本年度符合以上规定的职工工资总额计算。

36. 企业计提未上缴的补充医疗保险费能否税前扣除？

问： 我公司是一家国有企业，补充医疗保险按工资总额的 4% 计提，但并没有上缴，而是贷记"应付职工薪酬"科目，借方发生额为给职工报销的药费。这种情形是否属于实际支付？在企业所得税汇算清缴时应如何进行纳税调整？税法的依据是什么？

答：《财政部、国家税务总局关于补充养老保险费、补充医疗保险费有关企业所得税政策问题的通知》（财税〔2009〕27 号）规定，自 2008 年 1 月 1 日起，企业根据国家有关政策规定，为在本企业任职或者受雇的全体员工支付的补充养老保险费、补充医疗保险费，分别在不超过职工工资总额 5% 标准内的部分，在计算应纳税所得额时准予扣除；超过的部分，不予扣除。

《财政部、劳动保障部关于企业补充保险有关问题的通知》（财社〔2002〕18 号）第三条规定，企业补充医疗保险办法应与当地基本医疗保险制度相衔接。企业补充医疗保险资金由企业或行业集中使用和管理，单独建账，单独管理，用于本企业个人负担较重职工和退休人员的医药费补助，不得划入基本医疗保险个人账户，也不得另行建立个人账户或变相用于职工其他方面的开支。

根据上述规定，对符合补充医疗保险规定的，企业为在本企业任职或者受雇的全体员工支付的补充医疗保险费，在不超过职工工资总额 5% 标准内的部分，在计算应纳税所得额时准予扣除；超过的部分，不予扣除。计提而未实际支付的补充医疗保险资金不得税前扣除。

37. 自行管理的补充医疗保险费能否税前扣除?

问：我公司是陕西省一家国有企业，一直按一定比例计提补充医疗保险，但未缴纳社保部门，而是交给公司工会，单独建账管理。这部分补充医疗保险费能否在企业所得税税前扣除？

答：《财政部、国家税务总局关于补充养老保险费、补充医疗保险费有关企业所得税政策问题的通知》（财税〔2009〕27号）规定，自2008年1月1日起，企业根据国家有关政策规定，为在本企业任职或者受雇的全体员工支付的补充养老保险费、补充医疗保险费，分别在不超过职工工资总额5％标准内的部分，在计算应纳税所得额时准予扣除；超过的部分，不予扣除。

《财政部、劳动保障部关于企业补充医疗保险有关问题的通知》（财社〔2002〕18号）第三条规定，企业补充医疗保险办法应与当地基本医疗保险制度相衔接。企业补充医疗保险资金由企业或行业集中使用和管理，单独建账，单独管理，用于本企业个人负担较重职工和退休人员的医药费补助，不得划入基本医疗保险个人账户，也不得另行建立个人账户或变相用于职工其他方面的开支。

《陕西省人民政府关于进一步加强城镇职工医疗保险工作的通知》（陕政发〔2002〕58号）第三条规定，各地要加大建立和完善多层次医疗保障体系的力度，已经参加基本医疗保险的企业，凡有条件的，应当为本单位职工建立补充医疗保险。企业补充医疗保险由企业管理，各级劳动保障部门要指导和督促企业建立和完善有关管理办法和制度。企业补充医疗保险方案必须经企业职工（代表）大会审议，并接受劳动保障部门和有关部门的监督。

根据上述规定，贵公司建立的补充医疗保险可以由企业管理，但应单独建账，单独管理，补充医疗保险方案必须经企业职工（代表）大会审议，并接受劳动保障部门和有关部门的监督。符合这些规定的，贵公司计提并划转入专门账户的补充医疗保险，在计算应纳税所得额时准予扣除。

38. 企业外购图书对外捐赠是否计缴企业所得税?

问：公司外购图书捐赠给福建省读书援助协会，是否视同销售缴纳企业所得税？

答：《企业所得税法实施条例》第二十五条规定，企业发生非货币性资产交换，以及将货物、财产、劳务用于捐赠、偿债、赞助、集资、广告、样品、职工福利或者利润分配等用途的，应当视同销售货物、转让财产或者提供劳务，但国务院财政、税务主管部门另有规定的除外。

《国家税务总局关于企业处置资产所得税处理问题的通知》（国税函〔2008〕828号）第二条规定，企业将资产移送他人的下列情形，因资产所有权属已发生改变而不属于内部处置资产，应按规定视同销售确定收入。

（五）用于对外捐赠；

......

第三条规定，企业发生本通知第二条规定情形时，属于企业自制的资产，应按企业同类资产同期对外销售价格确定销售收入；属于外购的资产，可按购入时的价格确定销售收入。

企业需根据上述规定对无偿赠送给其他单位的货物进行企业所得税处理。

若企业捐赠当年，福建省读书援助协会取得福建省财政厅、福建省国家税务局、福建省地方税务局、福建省民政厅联合发文确定为公益性捐赠所得税税前扣除资格，企业可凭其开具的捐赠票据依法享受税前扣除。

39. 对村民的实物捐赠能否税前扣除？

问：我单位对矿山所在乡的村民捐赠棉被等实物共计 10 万元左右，取得了棉被销售方的发票，我单位能否将其作为捐赠支出？该支出能否在税前扣除？

答：《企业所得税法实施条例》第二十五条规定，企业发生非货币性资产交换，以及将货物、财产、劳务用于捐赠、偿债、赞助、集资、广告、样品、职工福利或者利润分配等用途的，应当视同销售货物、转让财产或者提供劳务，但国务院财政、税务主管部门另有规定的除外。

《企业所得税法》第九条规定，企业发生的公益性捐赠支出，在年度利润总额 12% 以内的部分，准予在计算应纳税所得额时扣除。

年度利润总额，是指企业依照国家统一会计制度的规定计算的大于零的数额。

第十条规定，在计算应纳税所得额时，下列支出不得扣除：

（五）本法第九条规定以外的捐赠支出；

......

第十六条规定，企业转让资产，该项资产的净值，准予在计算应纳税所得额时扣除。

《国务院办公厅关于深化收入分配制度改革重点工作分工的通知》（国办函〔2013〕36号）第一条规定：

（一）继续完善初次分配机制。

对企业公益性捐赠支出超过年度利润总额 12% 的部分，允许结转以后年度扣除。

《财政部、国家税务总局、民政部关于公益性捐赠税前扣除有关问题的通知》（财税〔2008〕160 号）第一条规定，企业通过公益性社会团体或者县级以上人民政府及其部门，用于公益事业的捐赠支出，在年度利润总额 12% 以内的部分，准予在计算应纳税所得额时扣除。年度利润总额，是指企业依照国家统一会计制度的规定计算的大于零的数额。

第三条规定，本通知第一条所称的用于公益事业的捐赠支出，是指《中华人民共和国公益事业捐赠法》规定的向公益事业的捐赠支出，具体范围包括：

（一）救助灾害、救济贫困、扶助残疾人等困难的社会群体和个人的活动；

（二）教育、科学、文化、卫生、体育事业；

（三）环境保护、社会公共设施建设；

（四）促进社会发展和进步的其他社会公共和福利事业。

《财政部、国家税务总局、民政部关于公益性捐赠税前扣除有关问题的补充通知》（财税〔2010〕45 号）第一条规定，企业或个人通过获得公益性捐赠税前扣除资格的公益性社会团体或县级以上人民政府及其组成部门和直属机构，用于公益事业的捐赠支出，可以按规定进行所得税税前扣除。

县级以上人民政府及其组成部门和直属机构的公益性捐赠税前扣除资格不需要认定。

第三条规定，对获得公益性捐赠税前扣除资格的公益性社会团体，由财政部、国家税务总局和民政部以及省、自治区、直辖市、计划单列市财政、税务和民政部门每年分别联合公布名单。名单应当包括当年继续获得公益性捐赠税前扣除资格和新获得公益性捐赠税前扣除资格的公益性社会团体。

企业或个人在名单所属年度内向名单内的公益性社会团体进行的公益性捐赠支出，可按规定进行税前扣除。

第五条规定，对于通过公益性社会团体发生的公益性捐赠支出，企业或个人应提供省级以上（含省级）财政部门印制并加盖接受捐赠单位印章的公益性捐赠票据，或加盖接受捐赠单位印章的《非税收入一般缴款书》收据联，方可按规定进行税前扣除。

根据上述规定，企业对外捐赠棉被等实物，应当视同销售货物，按规定缴纳企业所得税，对外捐赠支出中，公益性捐赠支出在年度利润总额12％以内的部分，准予在计算应纳税所得额时扣除。其他捐赠不得税前扣除。对企业公益性捐赠支出超过年度利润总额12％的部分，允许结转以后年度扣除。对公益性捐赠，要符合捐赠范围，向获得公益性捐赠税前扣除资格的公益性社会团体取得捐赠票据。

40. 公益性捐赠支出扣除限额基数是否包括免税投资收益？

问：计算公益性捐赠扣除限额时，以会计利润的12％为限，免税的投资收益是否包含在其中？

答：《企业所得税法实施条例》第五十三条规定，企业发生的公益性捐赠支出，不超过年度利润总额12％的部分，准予扣除。

年度利润总额，是指企业依照国家统一会计制度的规定计算的年度会计利润。

根据上述规定，计算公益性捐赠扣除的基数为企业按照会计制度计算的年度会计利润，企业的投资收益属于会计利润的一部分，应当包含在内。

41. 通过外省市公益性捐赠团体的捐赠支出能否税前扣除？

问：A是广东省的公益性捐赠团体，经当地税务局、财政局、民政局批准有税前扣除资格，B企业位于其他省份。

假如B企业通过A捐赠，B企业的捐赠支出能否在税前进行扣除（满足其他条件）？

答：《财政部、国家税务总局关于通过公益性群众团体的公益性捐赠税前扣除有关问题的通知》（财税〔2009〕124号）第五条规定，符合本通知第四条规定的公益性群众团体，可按程序申请公益性捐赠税前扣除资格。

（三）对符合条件的公益性群众团体，按照上述管理权限，由财政部、国家税务总局和省、自治区、直辖市、计划单列市财政、税务部门分别每年联合公布名单。名单应当包括继续获得公益性捐赠税前扣除资格和新获得公益性捐赠税前扣除资格的群众团体，企业和个人在名单所属年度内向名单内的群众团体进行的公益性捐赠支出，可以按规定进行税前扣除。

《财政部、国家税务总局、民政部关于公益性捐赠税前扣除有关问题的补充通知》（财税

〔2010〕45 号）第三条规定，对获得公益性捐赠税前扣除资格的公益性社会团体，由财政部、国家税务总局和民政部以及省、自治区、直辖市、计划单列市财政、税务和民政部门每年分别联合公布名单。名单应当包括当年继续获得公益性捐赠税前扣除资格和新获得公益性捐赠税前扣除资格的公益性社会团体。企业或个人在名单所属年度内向名单内的公益性社会团体进行的公益性捐赠支出，可按规定进行税前扣除。

根据上述规定，企业只要是通过名单内的公益性社会团体进行的公益性捐赠支出，即可按规定进行税前扣除，这些名单包括各省、自治区、直辖市、计划单列市财政、税务和民政部门每年联合公布的名单，没有必须是在企业登记注册地的限定。B 企业通过广东省的 A 公益团体的捐赠，同时满足其他条件的情况下可以在税前扣除。

42. 公益性捐赠支出是否需经备案后才能税前扣除？

问：企业的公益性捐赠支出，是否要在税务机关备案后才能税前扣除？政策依据是什么？

答：《企业所得税法实施条例》第五十三条规定，企业发生的公益性捐赠支出，不超过年度利润总额 12% 的部分，准予扣除。

《财政部、国家税务总局、民政部关于公益性捐赠税前扣除有关问题的补充通知》（财税〔2010〕45 号）规定，企业或个人通过获得公益性捐赠税前扣除资格的公益性社会团体或县级以上人民政府及其组成部门和直属机构，用于公益事业的捐赠支出，可以按规定进行所得税税前扣除。

县级以上人民政府及其组成部门和直属机构的公益性捐赠税前扣除资格不需要认定。

根据上述规定，企业通过获得公益性捐赠税前扣除资格的公益性社会团体或县级以上人民政府及其组成部门和直属机构，用于公益事业的捐赠支出，可以按规定进行所得税税前扣除，不需要在税务机关进行备案。需要注意的是，获得公益性捐赠税前扣除资格的公益性社会团体每年都要经税务及民政部门认定并向社会公布，企业在公益性捐赠时应注意该社会团体是否在公布的名单之列。

43. 向国际会计准则基金会的捐赠支出能否税前扣除？

问：我公司为上市公司，每年向国际会计准则基金会捐赠 2 万美元，该项支出能否税前扣除？

答：《企业所得税法》第九条规定，企业发生的公益性捐赠支出，在年度利润总额 12% 以内的部分，准予在计算应纳税所得额时扣除。

第十条规定，在计算应纳税所得额时，下列支出不得扣除：

（五）本法第九条规定以外的捐赠支出；

……

《企业所得税法实施条例》第五十一条规定，企业所得税法第九条所称公益性捐赠，是指企业通过公益性社会团体或者县级以上人民政府及其部门，用于《中华人民共和国公益事业捐赠法》规定的公益事业的捐赠。

《国家税务总局关于公益性捐赠税前扣除有关问题的通知》(财税〔2008〕160号)第三条规定,本通知第一条所称的用于公益事业的捐赠支出,是指《中华人民共和国公益事业捐赠法》规定的向公益事业的捐赠支出,具体范围包括:……

第四条规定,本通知第一条所称的公益性社会团体和第二条所称的社会团体均指依据国务院发布的《基金会管理条例》和《社会团体登记管理条例》的规定,经民政部门依法登记、符合以下条件的基金会、慈善组织等公益性社会团体:……

根据上述规定,国际会计准则基金会不是按照国务院发布的《基金会管理条例》和《社会团体登记管理条例》的规定,经民政部门依法登记的基金会。企业向国际会计准则基金会的捐赠,不属于公益性捐赠,该项支出不得在税前扣除。

44. 向县级以上党群组织捐赠并取得合法凭据可否税前扣除?

问:我单位向市委统战部、团委、妇联等党群组织捐赠,并取得捐赠票据,该项支出能否在企业所得税税前扣除?

答:《财政部、国家税务总局、民政部关于公益性捐赠税前扣除有关问题的补充通知》(财税〔2010〕45号)规定,企业或个人通过获得公益性捐赠税前扣除资格的公益性社会团体或县级以上人民政府及其组成部门和直属机构,用于公益事业的捐赠支出,可以按规定进行所得税税前扣除。

县级以上人民政府及其组成部门和直属机构的公益性捐赠税前扣除资格不需要认定。

因此,企业向市委统战部、团委、妇联等党群组织的公益性捐赠,虽取得捐赠票据,但不允许税前扣除。县级以上人民政府及其组成部门和直属机构不包括市委统战部、团委、妇联等党群组织。

45. 通过有资格的公益性单位定向捐赠是否属于公益性捐赠?

问:我单位拟对一所大学进行捐赠,由于该大学没有取得捐赠扣除资质,故我单位与一家取得资格的公益单位签订三方合同,将款项拨给该公益单位,并指定捐赠受益人为学校。我单位取得公益单位开具的接受捐赠发票。那么,该项捐赠支出凭三方合同协议与捐赠发票是否可以税前扣除?还是只能与公益单位签订协议,取得公益单位的发票,不能在合同里体现指定的学校名称?

答:《财政部、国家税务总局关于通过公益性群众团体的公益性捐赠税前扣除有关问题的通知》(财税〔2009〕124号)第三条规定,本通知第一条和第二条所称的公益事业,是指《中华人民共和国公益事业捐赠法》规定的下列事项:

(二)教育、科学、文化、卫生、体育事业;

……

《财政部、国家税务总局、民政部关于公益性捐赠税前扣除有关问题的补充通知》(财税〔2010〕45号)第三条规定,对获得公益性捐赠税前扣除资格的公益性社会团体,由财政部、国家税务总局和民政部以及省、自治区、直辖市、计划单列市财政、税务和民政部门每年分别联合公布名单。名单应当包括当年继续获得公益性捐赠税前扣除资格和新获得公益性捐赠税前扣除资格的公益性社会团体。

企业或个人在名单所属年度内向名单内的公益性社会团体进行的公益性捐赠支出，可按规定进行税前扣除。

第五条规定，对于通过公益性社会团体发生的公益性捐赠支出，企业或个人应提供省级以上（含省级）财政部门印制并加盖接受捐赠单位印章的公益性捐赠票据，或加盖接受捐赠单位印章的《非税收入一般缴款书》收据联，方可按规定进行税前扣除。

对于通过公益性社会团体发生的公益性捐赠支出，主管税务机关应对照财政、税务、民政部门联合公布的名单予以办理，即接受捐赠的公益性社会团体位于名单内的，企业或个人在名单所属年度向名单内的公益性社会团体进行的公益性捐赠支出可按规定进行税前扣除；接受捐赠的公益性社会团体不在名单内，或虽在名单内但企业或个人发生的公益性捐赠支出不属于名单所属年度的，不得扣除。

根据上述规定，你单位对在名单所属年度内向名单内的公益性社会团体进行捐赠，并在捐赠协议中约定资金专项用于××大学的教育事业，该捐赠属于教育事项捐赠，属公益性捐赠。你单位在取得公益性捐赠票据后，可按规定进行税前扣除。

46. 呆账准备金会计计提比例低于税法规定能否调减？

问：金融企业会计上以低于1‰的比例提取呆账准备金，在企业所得税年度申报时是否可以按1‰的标准进行纳税调整？

答：《国家税务总局关于企业所得税应纳税所得额若干税务处理问题的公告》（国家税务总局公告2012年第15号）第八条规定，根据《企业所得税法》第二十一条规定，对企业依据财务会计制度规定，并实际在财务会计处理上已确认的支出，凡没有超过《企业所得税法》和有关税收法规规定的税前扣除范围和标准的，可按企业实际会计处理确认的支出，在企业所得税前扣除，计算其应纳税所得额。

因此，金融企业在低于1‰的比例范围内提取的呆账准备金应按会计上实际提取的数额申报扣除，不得按1‰的标准再进行纳税调减。

扣除凭证管理

1. 信托公司的利息通知单能否作为合法票据？

问：甲公司与北京A信托公司订立3 000万元借款合同。A信托公司将3 000万元通过甲公司基本户开户行转给甲公司。每季度末，A信托公司会发来利息通知单，甲公司确认后，利息由开户行直接扣除并提供转账单给甲公司。甲公司是否可以银行转账单与利息通知单作为税前扣除的合法凭据？（注：利息通知单系A信托公司自制的（类似差旅费报销单，无税务监制章）盖有财务章的单据。）

答：《国家税务总局关于印发〈营业税问题解答（之一）〉的通知》（国税函发〔1995〕156号）规定，不论金融机构还是其他单位，只要是发生将资金贷与他人使用的行为，均应视为发生贷款行为，按"金融保险业"税目征收营业税。

《发票管理办法》第十九条规定，销售商品、提供服务以及从事其他经营活动的单位和个人，对外发生经营业务收取款项，收款方应当向付款方开具发票；特殊情况下，由付款方向收款方开具发票。

第二十一条规定，不符合规定的发票，不得作为财务报销凭证，任何单位和个人有权拒收。

《广东省地方税务局关于加强对商业银行及非银行金融机构发票管理有关问题的通知》（粤地税发〔2000〕62号）规定，凡在本省行政区域内经营金融业务的商业银行、非银行金融机构（含证券公司），在取得利息收入、结算收入、经营证券收入及其他应征营业税的收入时，应统一开具地方税务机关监制的发票。

《企业所得税法实施条例》第三十八条规定，企业在生产经营活动中发生的下列利息支出，准予扣除：

（一）非金融企业向金融企业借款的利息支出、金融企业的各项存款利息支出和同业拆借利息支出、企业经批准发行债券的利息支出。

《金融机构管理规定》第三条规定，本规定所称金融机构是指下列在境内依法定程序设立、经营金融业务的机构：

（四）信托投资公司、财务公司和金融租赁公司及其分支机构，融资公司、融资中心、金融期货公司、信用担保公司、典当行、信用卡公司。

根据上述规定，信托投资公司将资金贷与他人使用的行为，属于营业税金融保险业应税行为，应按"金融保险业"缴纳营业税并开具发票。企业向金融企业（信托投资公司）借款的利息支出，可据实税前扣除。

2. 中铁快运运单是否属于符合规定的票据？

问：我公司是大型制造业增值税一般纳税人，在生产经营中取得了中铁快运股份有限公司的"中国铁路小件货物运单"（丁联：报销凭证）。该运单上并无税务部门发票监制章，可否作为费用报销原始凭证？能否在企业所得税税前列支？

答：《发票管理办法》第四十四条规定，国务院税务主管部门可以根据有关行业特殊的经营方式和业务需求，会同国务院有关主管部门制定该行业的发票管理办法。

《铁道部关于铁路运输进款及运输收入管理规定》（铁道部令2003年第13号）第三十六条规定，铁路办理客货运输使用的各种车票、行李票、包裹票、货票、客货运杂费收据、定额收据、有价表格等统称为客货运输票据。

客货运输票据是国家批准的专业发票，属有价证券，是铁路运输企业核算运输进款的原始凭证。

《铁路货物运输杂费管理办法》第七条规定，核收货运杂费的票据为货票、运费杂费收据和铁道部规定的专用、定额收据，其格式由铁道部统一制定。

上述票据由铁路运营主管部门统一印制和管理，其他部门不得印制和使用。

《广东省地方税务局发票管理规定》（粤地税发〔1995〕11号）第二十七条规定，根据发票统一管理的原则及会计核算的需要，专业发票采用由单位和主管部门向税务机关申请印制和企业自印自用的方式。

专业发票的票面，均不套印税务机关的发票监制章。

根据上述规定，"中国铁路小件货物快运运单"属于有效凭证，可以作为会计核算中费用报销原始凭证及企业所得税税前扣除的合法有效凭证。

3. 分包单位无法从总包方取得电费发票应如何处理？

问：我公司承接一垃圾填埋场改造工程，在施工过程中需要耗电。电力公司开设线路时，要求必须是业主方办理。由于我公司是分包单位，故线路的开通方是甲方，电力公司收费时开具的发票抬头也是甲方，由甲方支付电费。但实际用电是我公司，故我公司与甲方约定将电费款在工程进度款中扣除。由此造成我公司财务做账时电费成本无发票入账。

是否可以用发票复印件入账？如果不能，应该怎样处理？（总承包包干合同中已与甲方约定电费由我公司承担）

答：《会计基础工作规范》（财会字〔1996〕16 号）第五十一条规定，记账凭证的基本要求是：

（四）除结账和更正错误的记账凭证可以不附原始凭证外，其他记账凭证必须附有原始凭证。如果一张原始凭证涉及几张记账凭证，可以把原始凭证附在一张主要的记账凭证后面，并在其他记账凭证上注明附有该原始凭证的记账凭证的编号或者附原始凭证复印件。一张原始凭证所列支出需要几个单位共同负担的，应当将其他单位负担的部分，开给对方原始凭证分割单，进行结算。原始凭证分割单必须具备原始凭证的基本内容：凭证名称、填制凭证日期、填制凭证单位名称或者填制人姓名、经办人的签名或者盖章、接受凭证单位名称、经济业务内容、数量、单价、金额和费用分摊情况等。

根据上述规定，业主从电力公司取得电力发票，如果发票上的电力由业主和贵公司共同负担的，业主可就贵公司负担部分向贵公司开具原始凭证分割单。贵公司可凭原始凭证分割单入账。

但贵公司不能凭该分割单，就承担的电费在税前扣除。

《国家税务总局关于四川省机场集团有限公司向驻场单位转供水电气征税问题的批复》（国税函〔2009〕537 号）规定，四川省机场集团有限公司向驻场单位转供自来水、电、天然气属于销售货物行为，其同时收取的转供能源服务费属于价外费用，应一并征收增值税，不征收营业税。

因此，业主从电力公司购入电转由贵公司使用，属于转供电，为销售货物行为，即属于从事经营活动，业主应缴纳增值税。

《发票管理办法》第十六条规定，需要临时使用发票的单位和个人，可以凭购销商品、提供或者接受服务以及从事其他经营活动的书面证明、经办人身份证明，直接向经营地税务机关申请代开发票。依照税收法律、行政法规规定应当缴纳税款的，税务机关应当先征收税款，再开具发票。税务机关根据发票管理的需要，可以按照国务院税务主管部门的规定委托其他单位代开发票。

禁止非法代开发票。

第十九条规定，销售商品、提供服务以及从事其他经营活动的单位和个人，对外发生经营业务收取款项，收款方应当向付款方开具发票；特殊情况下，由付款方向收款方开具发票。

因此，业主应向贵公司开具发票，业主为临时使用发票的，可向税务机关提供相关资料申请代开发票。贵公司未取得发票的，根据《国家税务总局关于印发〈进一步加强税收征管若干具体措施〉的通知》（国税发〔2009〕114 号）的规定："未按规定取得的合法有效凭据不得在税前扣除。"该项支出不得税前扣除。但应注意地方上的特殊规定，如《江苏省地方税务局关于发布〈企业所得税税前扣除凭证管理办法〉的公告》（苏地税规〔2011〕13 号）第二十八条规定："企业与其他企业、个人共用水电的，凭租赁合同、共用水电各方盖章（或签字）确认的水电分割单、水电部门开具的水电发票的复印件、付款单据等作为税前扣除凭证。"

4. 门诊收费专用收据能否税前扣除？

问：公司为员工注射疫苗支付款项，取得门诊收费专用收据（对方为一家公立非营利性医院），该收据由财政部监制并加盖了该门诊的收费专用章。该票据是否可以在企业所得税税前列支？

答：《医疗收费票据使用管理办法》（财综〔2012〕73 号）第三条规定，本办法所称医疗收费票据，是指非营利性医疗卫生机构（以下简称医疗机构）为门诊、急诊、急救、住院、体检等患者提供医疗服务取得医疗收入时开具的收款凭证。

本办法所称医疗机构，包括公立医疗卫生机构和其他非营利性医疗机构。

第二十三条规定，医疗机构取得门诊医疗收入和住院医疗收入，应当向付款方开具医疗收费票据，并加盖本单位财务章或收费专用章。医疗机构不开具医疗收费票据的，付款方有权拒绝支付款项。

根据上述规定，企业取得的非营利性公立医疗机构开具的加盖本单位收费专用章的医疗收费票据，可以在税前扣除。

5. 航空运输电子客票行程单能否税前扣除？

问：企业发生差旅费，获取的是盖有国家税务总局监制章和中国民航电子客票行程单发票专用章的航空运输电子客票行程单，该行程单能否在企业所得税税前扣除？

答：根据《国家税务总局、中国民用航空局关于印发〈航空运输电子客票行程单管理办法（暂行）〉的通知》（国税发〔2008〕54 号）第一条的规定，《航空运输电子客票行程单》纳入发票管理范围，由国家税务总局负责统一管理，套印国家税务总局发票监制章。

因此，企业取得符合国税发〔2008〕54 号文件规定的《航空运输电子客票行程单》，可作为合法有效凭证在税前扣除。

6. 会议费票据能否作为业务招待费税前扣除？

问：企业列支的会议费，票据既有写明会议费的各个酒店、会议中心的机打发票，也有大量的定额发票，无会议明细附送，这种情况下，企业列支在会议费中的无法确定费用性质的支出，能否直接作为业务招待费税前扣除？

答：《企业所得税法》第八条规定，企业实际发生的与取得收入有关的、合理的支出，包括成本、费用、税金、损失和其他支出，准予在计算应纳税所得额时扣除。

《企业所得税法实施条例》第四十三条规定，企业发生的与生产经营活动有关的业务招待费支出，按照发生额的 60% 扣除，但最高不得超过当年销售（营业）收入的 5‰。

《河北省国税局企业所得税若干政策问题解答》（冀国税函〔2013〕161 号）规定：

十八、企业发生差旅费、会议费税前扣除需要提供哪些资料？

企业发生的与其经营活动有关的合理的差旅费、会议费，主管税务机关要求提供证明资料的，应能够提供证明其真实性的合法凭证，否则，不得在税前扣除。

差旅费的证明材料应包括：出差人员姓名、地点、时间、任务、支付凭证等。

会议费证明材料应包括：（1）会议名称、时间、地点、目的及参加会议人员签到的花名册；（2）会议材料（会议议程、讨论专件、领导讲话）；（3）会议召开地酒店（饭店、招待处）出具的服务业专用发票。

根据上述规定，企业列支在会议费中但无法确定费用性质的支出，无法证明与生产经营活动的相关性，税前不能扣除，也不能作为业务招待费税前扣除。

7. 资金往来票据能否作为税前扣除凭证？

问：有财政部监制章的山东省资金往来票据是否可以作为税前扣除凭证？

答：《山东省资金往来结算票据使用管理暂行办法》（鲁财综〔2010〕41 号）第二条规定，本办法所称的资金往来结算票据，是指国家机关、事业单位、社会团体、法律法规授权的具有管理公共事务职能的其他组织机构（以下简称"财政票据使用单位"）发生暂收、代收等经济活动时，向单位或个人开具的凭证。

第八条规定，下列行为，不得使用资金往来结算票据：

（一）财政票据使用单位按照自愿有偿的原则提供下列服务，其收费属于经营服务性收费，应当依法使用税务发票。

1. 信息咨询、技术开发、技术成果转让和技术服务收费；

2. 由部门和单位举办的自愿参加的各类培训及会议收费；

3. 展览会、展销会的展位费等服务性收费；

4. 创办刊物、出版书籍并向订购单位和个人收取的费用；

5. 开展演出活动，提供录音录像服务收取的费用；

6. 房屋、场地及其公共设施出租出让收费；

7. 复印费、打字费、资料费、印刷费；

8. 其他经营服务性收费行为。

（二）财政部门认定的不属于资金往来结算范围的行为。

根据上述规定，资金往来结算票据是国家有关部门及组织在发生暂收或代收费用时所使用的票据，一般不作为报销凭证。如发生上述第八条第一款所规定的支出时，应取得正式发票入账。

8. 网上银行打印的单据能否作为合法入账凭证？

问：我公司在有关银行开户，办理了企业网上银行，但有些银行的业务没有回单，需要我公司用彩色打印机自己在网上银行上打印单据，这种单据是否可以作为原始凭证？有何相关依据？

答：《会计基础工作规范》第三十七条规定，各单位发生的下列事项，应当及时办理会计手续、进行会计核算：

（一）款项和有价证券的收付；

（二）财物的收发、增减和使用；

（三）债权债务的发生和结算；

（四）资本、基金的增减；

（五）收入、支出、费用、成本的计算；

（六）财务成果的计算和处理；

（七）其他需要办理会计手续、进行会计核算的事项。

第四十七条规定，各单位办理本规范第三十七条规定的事项，必须取得或者填制原始凭证，并及时送交会计机构。

第四十八条规定，原始凭证的基本要求是：

（一）原始凭证的内容必须具备：凭证的名称；填制凭证的日期；填制凭证单位名称或者填制人姓名；经办人员的签名或者盖章；接受凭证单位名称；经济业务内容；数量、单价和金额。

（二）从外单位取得的原始凭证，必须盖有填制单位的公章；从个人取得的原始凭证，必须有填制人员的签名或者盖章。自制原始凭证必须有经办单位领导人或者其指定的人员签名或者盖章。对外开出的原始凭证，必须加盖本单位公章。

（三）凡填有大写和小写金额的原始凭证，大写与小写金额必须相符。购买实物的原始凭证，必须有验收证明。支付款项的原始凭证。必须有收款单位和收款人的收款证明。

《发票管理办法》第二十二条规定，开具发票应当按照规定的时限、顺序、栏目，全部联次一次性如实开具，并加盖发票专用章。

根据上述规定，贵公司从银行取得的原始凭证，必须盖有银行的公章，通常为财务专用章，其中发票应加盖发票专用章。贵公司直接在网上打印的单据，不能作为原始凭证入账。

9. 出差乘坐交通工具涉及的保险费单据能否税前列支？

问：在外出差时乘坐交通工具涉及的长途汽车票、火车票、飞机票上附带的保险费金额或者独立的保险费票据是否能够列支费用报销？

答：《企业所得税法》第八条规定，企业实际发生的与取得收入有关的、合理的支出，包括成本、费用、税金、损失和其他支出，准予在计算应纳税所得额时扣除。

《企业所得税法实施条例》第三十六条规定，除企业依照国家有关规定为特殊工种职工支付的人身安全保险费和国务院财政、税务主管部门规定可以扣除的其他商业保险费外，企业为投资者或者职工支付的商业保险费，不得扣除。

根据上述规定，除上述规定之外的商业保险费不得在税前扣除。但目前财政部、国家税务总局尚没有对"其他商业保险费"和"特殊工种职工"进行界定，目前的普遍做法是，对于企业员工出差支付的人身意外伤害及航空意外保险费等，视同个人因公出差所发生的费用，均应作为差旅费处理，凭正规保险费发票可以税前列支。

对于此类问题可参照其他省市的规定，如《河北省地方税务局关于企业所得税若干业务问题的通知》（冀地税函〔2008〕4 号）规定，企业相关人员因公乘坐交通工具随票购买的人身意外保险，可按差旅费对待，在计征企业所得税时准予扣除。

10. 支付农民工的劳务费是否一定要取得发票？

问： 我公司承接一园林绿化业务：（1）施工过程中付给农民工的劳务费怎样支付合规？（没有票据）（2）企业是否有代扣农民工个人所得税的义务？（3）企业可否将劳务费付给包工头？是否有税务风险？如果企业按收入利润率核定征收企业所得税，是否不用取得发票，以白条直接列支成本、费用？

答： 参考《青岛市国家税务局 2013 年度企业所得税汇算清缴若干业务问题解答》的规定，根据青岛市人力资源和社会保障局、青岛市国家税务局、青岛市地方税务局联合发布的《关于加强企业劳动合同及工资管理有关问题的通知》（青人社字〔2012〕80 号）和《关于切实加强企业劳动合同网上备案及工资税前扣除审核与监督有关问题的通知》（青人社〔2013〕83 号）的相关规定，用工企业依法与劳动者签订《劳动合同》，并通过人力资源社会保障劳动关系网络系统网上备案，其实际支付的工资薪金准予税前扣除。

（二）企业用工情况未通过人力资源社会保障劳动关系网络系统网上备案，实际发生的下列支出应允许税前扣除：

3. 建筑施工企业依法与农民工签订书面劳动合同、加盖企业公章且经企业法定代表人（或委托代理人）与农民工本人签字或盖章，其发生合理的工资薪金支出可以税前扣除。

……

8. 除上述情况外，其他未在人力资源社会保障劳动关系网络系统进行网上备案的，主管税务机关一经发现，应当将相关情况及时向当地劳动部门进行反馈，其中对用工企业与劳动者已经签订书面《劳动合同》的，凡企业能够证明劳动关系真实且已经实际支付的工资薪金，也应准予税前扣除。

《国家税务总局关于印发〈进一步加强税收征管若干具体措施〉的通知》（国税发〔2009〕114 号）第六条规定，未按规定取得的合法有效凭据不得在税前扣除。

参考上述规定，（1）如果建筑施工企业依法与农民工签订书面劳动合同、加盖企业公章且经企业法定代表人（或委托代理人）与农民工本人签字或盖章，其发生合理的工资薪金支出可以税前扣除。（2）如果企业与农民工不存在雇用关系而未签订劳动合同，农民工提供劳务取得的收入属劳务报酬，应按规定取得个人向税务代开的发票。（3）如果企业将工程承包给其他企业，农民工为承包商所雇用工人，则企业支付工程款时应向承包商索取建筑业发票。（4）未按规定取得的合法有效凭据不得在税前扣除。

《个人所得税法》第八条规定，个人所得税，以所得人为纳税义务人，以支付所得的单位或者个人为扣缴义务人。

根据上述规定，个人所得税，以支付所得的单位或者个人为扣缴义务人。如果农民工为企业雇用工，则支付个人所得时应代扣代缴个人所得税。如果农民工为承包商所雇用工人，则承包商在支付个人所得时代扣代缴个人所得税。

《国家税务总局关于印发〈企业所得税核定征收办法〉（试行）的通知》（国税发〔2008〕30 号）第三条规定，纳税人具有下列情形之一的，核定征收企业所得税：

（一）依照法律、行政法规的规定可以不设置账簿的；

（二）依照法律、行政法规的规定应当设置但未设置账簿的；

（三）擅自销毁账簿或者拒不提供纳税资料的；

（四）虽设置账簿，但账目混乱或者成本资料、收入凭证、费用凭证残缺不全，难以查账的；

（五）发生纳税义务，未按照规定的期限办理纳税申报，经税务机关责令限期申报，逾期仍不申报的；

（六）申报的计税依据明显偏低，又无正当理由的。

特殊行业、特殊类型的纳税人和一定规模以上的纳税人不适用本办法。上述特定纳税人由国家税务总局另行明确。

《发票管理办法》第二十条规定，所有单位和从事生产、经营活动的个人在购买商品、接受服务以及从事其他经营活动支付款项，应当向收款方取得发票。取得发票时，不得要求变更品名和金额。

第二十一条规定，不符合规定的发票，不得作为财务报销凭证，任何单位和个人有权拒收。

第三十五条规定，违反本办法的规定，有下列情形之一的，由税务机关责令改正，可以处 1 万元以下的罚款；有违法所得的予以没收：

（一）应当开具而未开具发票，或者未按照规定的时限、顺序、栏目，全部联次一次性开具发票，或者未加盖发票专用章的；

……

（六）以其他凭证代替发票使用的。

根据上述规定，对可以采取核定征收的企业，应该是有上述行为之一，可以不设置账簿、未设置账簿、账目混乱或成本资料、收入凭证、费用凭证残缺不全，难以查账的。难以查账不能证明可以不取得发票，按发票管理办法的规定应取得发票，否则会有处罚风险。

11. 业务招待费中不合规发票是否应进行纳税调整？

问：根据《企业所得税法》的有关规定，业务招待费按照营业（销售）收入的 5‰ 与业务招待费实际发生额的 60% 之中较小的金额在税前扣除。但是业务招待费中还有发票不合格等需要纳税调整的事项，进行纳税调整时是否应当将不合格发票剔除？

答：《发票管理办法》第二十一条规定，不符合规定的发票，不得作为财务报销凭证，任何单位和个人有权拒收。

《营业税暂行条例实施细则》第十九条规定，条例第六条所称符合国务院税务主管部门有关规定的凭证（以下统称合法有效凭证），是指：

（一）支付给境内单位或者个人的款项，且该单位或者个人发生的行为属于营业税或者增值税征收范围的，以该单位或者个人开具的发票为合法有效凭证。

因此，不合规的发票，不得作为财务报销凭证，也就意味不能作为税前扣除的凭据。因此，允许税前扣除的业务招待费属于营业税或者增值税征收范围的，取得发票必须为合法有效凭证。企业发生的与生产经营活动有关的业务招待费支出，按照发生额的 60% 扣除，但最高不得超过当年销售（营业）收入的 5‰。业务招待费纳税调增额应包括取得不符合规定的发票和发生额 40% 的金额。

12. 占地补偿费如何开具发票？

问：建筑企业电线杆塔改造工程占地及赔偿支付给甲村的赔偿费，甲村开具行政事业单位收款收据。该收据是否属于不合规票据？甲村是否应代开发票？

答：《发票管理办法》第十九条规定，销售商品、提供服务以及从事其他经营活动的单位和个人，对外发生经营业务收取款项，收款方应当向付款方开具发票；特殊情况下，由付款方向收款方开具发票。

参照《北京市地方税务局关于农村集体土地拆迁补偿费有关税收问题的通知》（京地税营〔2007〕488 号）规定：

一、适用政策

……

（二）相关单位取得的拆迁补偿费

部分单位与村集体（村委会）签订集体土地租赁协议，租用集体土地并自行兴建了厂房或其他建筑物用于经营。在拆迁过程中，租用土地的单位取得的拆迁补偿费中对于"建筑物"的补偿应按"销售不动产"税目照章征收营业税，而对于停产停业补偿、机器设备补偿、员工失业补偿等不属于营业税征收范围，不征收营业税。

但对于上述各类补偿款的具体款项应在拆迁协议中予以明确，且被拆迁单位在财务处理上应分别核算，否则应并入建筑物补偿款，一并征收营业税。

根据上述规定，涉及占用土地补偿的补偿部分应取得营业税发票；不涉及营业税的补偿支出，根据赔（补）偿协议、受偿人签字的收款收据等税前扣除。

13. 筹建期间外购菜品未取得发票能否税前扣除？

问：我公司筹建期间，每天请人给员工买菜做饭，这些费用支出都没有发票，这些费用能否直接计入开办费在税前列支？

答：《国家税务总局关于印发〈进一步加强税收征管若干具体措施〉的通知》（国税发〔2009〕114 号）第六条规定，未按规定取得的合法有效凭据不得在税前扣除。

根据上述规定，无论是筹建期还是正常生产经营期间，外购菜品等未取得合法凭证均不能税前扣除。

14. 支付给员工的讲课费所得税税前以何种票据列支？

问：单位员工为本单位员工讲课，单位支付给员工的讲课费属于劳务报酬还是工资薪金？单位企业所得税税前扣除合法凭证应是什么？必须是发票吗？

答：《企业所得税法实施条例》第三十四条规定，企业发生的合理的工资薪金支出，准予扣除。

前款所称工资薪金，是指企业每一纳税年度支付给在本企业任职或者受雇的员工的所有现金形式或者非现金形式的劳动报酬，包括基本工资、奖金、津贴、补贴、年终加薪、加班工资，以及与员工任职或者受雇有关的其他支出。

《营业税暂行条例实施细则》第三条规定，条例第一条所称提供条例规定的劳务、转让无形资产或者销售不动产，是指有偿提供条例规定的劳务、有偿转让无形资产或者有偿转让不动产所有权的行为。但单位或者个体工商户聘用的员工为本单位或者雇主提供条例规定的劳务，不包括在内。

《发票管理办法》第三条规定，本办法所称发票，是指在购销商品、提供或者接受服务以及从事其他经营活动中，开具、收取的收付款凭证。

因此，单位员工为本单位讲课，单位支付给员工的讲课费属于企业支付给在本企业任职或者受雇的员工的劳动报酬，即工资薪金，企业所得税税前扣除合法凭证为企业的劳动报酬发放表。发票是在经营活动中使用的，以上业务不属于员工的经营行为，不应开具发票。同时企业也无须取得发票作为税前扣除凭证。

15. 对境外出差费用报销凭证有何规定？

问：在中国境外出差所发生的费用，如住宿费、餐费、的士费、会务费、培训费等，其相关费用票据是否可以视同国内正式发票报销？并可以在企业所得税税前列支？

答：《发票管理办法》第三十三条规定，单位和个人从中国境外取得的与纳税有关的发票或者凭证，税务机关在纳税审查时有疑义的，可以要求其提供境外公证机构或者注册会计师的确认证明，经税务机关审核认可后，方可作为记账核算的凭证。

根据上述规定，企业在境外取得的相关票据可以按规定在税前扣除，但税务机关在纳税审查时有疑义的，可以要求企业提供境外公证机构或者注册会计师的确认证明。

16. 逾重行李票能否税前扣除？

问：我公司人员出差取得东方航空公司逾重行李票和南方航空股份有限公司逾重行李票，这两家的票据都是自制票据，加盖航空公司印章，无税务局监制章，这种发票能否报销？是否可以税前扣除？国际航空公司是否已能使用增值税定额发票？以后如果是乘坐国际航空公司的行李逾重，是否必须取得税务局正式发票才可以入账？

答：《发票管理办法》第四十四条第一款规定，国务院税务主管部门可以根据有关行业特殊的经营方式和业务需求，会同国务院有关主管部门制定该行业的发票管理办法。

《民用航空运输凭证印制管理规定》（中国民用航空总局令第 126 号）第三条规定，运输凭证是指与从事民用航空运输活动相关的凭据，包括客票及行李票、航空货运单、逾重行李票、航空邮运结算单以及退票、误机、变更收费单和旅费证等用于航空运输的纸质凭证。

《国家税务总局关于在全国开展营业税改征增值税试点有关征收管理问题的公告》（国家税务总局公告 2013 年第 39 号）第一条规定：

（一）自本地区营改增试点实施之日起，增值税纳税人不得开具公路、内河货物运输业统一发票。

增值税一般纳税人（以下简称一般纳税人）提供货物运输服务的，使用货物运输业增值税专用发票（以下简称货运专票）和普通发票；提供货物运输服务之外其他增值税应税项目的，统一使用增值税专用发票（以下简称专用发票）和增值税普通发票。

小规模纳税人提供货物运输服务，服务接受方索取货运专票的，可向主管税务机关申请代开，填写《代开货物运输业增值税专用发票缴纳税款申报单》。代开货运专票按照代开专用发票的有关规定执行。

（二）提供港口码头服务、货运客运场站服务、装卸搬运服务、旅客运输服务的一般纳税人，可以选择使用定额普通发票。

根据上述规定，逾重行李票属于民用航空运输凭证。目前，国家税务总局尚未与民航局就逾重行李票事项制定相应管理办法。航空公司开具逾重行李票不属于发票，其收取逾重行李费应开具增值税发票。贵公司取得的逾重行李票，原则上不得税前扣除。

有的地方有不同口径，如宁波市国家税务局执行口径为：逾重行李票能够佐证是公司人员因公出差引起的，可与机票附在一起作为报销凭证。航空公司的票据在税务部门备过案的，暂作为正规票据管理。《企业所得税法》第八条规定，企业实际发生的与取得收入有关的、合理的支出，包括成本、费用、税金、损失和其他支出，准予在计算应纳税所得额时扣除。

17. 取得发票但未实际支付的佣金能否税前扣除？

问：房地产企业预提销售佣金，预提当年未支付，企业所得税汇算清缴时做纳税调增，以后年度取得发票及支付，取得发票当年如何处理？支付当年如何处理？（因资金困难，取得发票和支付不在一个年度。）

答：《企业所得税法》第八条规定，企业实际发生的与取得收入有关的、合理的支出，包括成本、费用、税金、损失和其他支出，准予在计算应纳税所得额时扣除。

《广西壮族自治区地方税务局关于明确若干所得税税收政策管理问题的通知》（桂地税发〔2010〕19 号）规定，企业所得税法第八条及其实施条例第二十七条所称的"合理"：是指实际发生，取得合法发票，符合独立法人之间公平交易原则，并与生产经营活动直接相关的支出。

《企业所得税法实施条例》第九条规定，企业应纳税所得额的计算，以权责发生制为原则，属于当期的收入和费用，不论款项是否收付，均作为当期的收入和费用；不属于当期的收入和费用，即使款项已经在当期收付，均不作为当期的收入和费用。本条例和国务院财政、税务主管部门另有规定的除外。

《国家税务总局关于企业所得税应纳税所得额若干税务处理问题的公告》（国家税务总局公告 2012 年第 15 号）第六条规定，根据《中华人民共和国税收征收管理法》的有关规定，对企业发现以前年度实际发生的、按照税收规定应在企业所得税前扣除而未扣除或者少扣除的支出，企业做出专项申报及说明后，准予追补至该项目发生年度计算扣除，但追补确认期限不得超过 5 年。

根据上述规定，预提且取得合法扣除凭证的销售佣金，即便因为企业资金紧张而暂未支付，仍属于房地产企业"实际发生的与取得收入有关的、合理的"佣金支出，可以税前扣除。预提但未取得合法扣除凭证的销售佣金，在预提年度应做纳税调增，取得扣除凭证年度，企业做出专项申报及说明后，准予追补至预提年度计算扣除，但追补确认期限不得超过 5 年。

已实际发生但未支付的佣金支出，实际支付年度不再进行企业所得税处理。建议企业处理之前与主管税务机关沟通。

18.　拨给企业工会组织的经费未取得专用收据能否税前扣除？

问：企业自身有工会组织，按工资总额 2％ 提取工会经费，其中 35％ 上缴市工会组织，取得拨缴款收据，其余 65％ 拨给自身工会组织，无专用收据。

税前扣除金额是全部扣除，还是按上缴市工会有拨缴款收据的部分扣除？（即自身 65％ 部分不能扣除。）

答：《国家税务总局关于工会经费企业所得税税前扣除凭据问题的公告》（国家税务总局公告 2010 年第 24 号）第一条规定，自 2010 年 7 月 1 日起，企业拨缴的职工工会经费，不超过工资薪金总额 2％ 的部分，凭工会组织开具的《工会经费收入专用收据》在企业所得税税前扣除。

因此，企业税前扣除的工会经费在拨缴后，凭工会组织开具的《工会经费收入专用收据》在企业所得税税前扣除。无专用收据的部分不得扣除。

19.　工程决算滞后未能按期取得发票能否预转固定资产并计提折旧？

问：我公司新建项目，由于工程量大，决算难度大，有大量资产发票未按期取得，有些专用发票可能延迟取得，有的甚至要延后半年到一年才能取得。能否先按合同金额预转固定资产计提折旧？该固定资产折旧能否税前扣除？文件依据是什么？

答：对工程未结清未取得全额发票的情况适用如下规定处理：《国家税务总局关于贯彻落实企业所得税法若干税收问题的通知》（国税函〔2010〕79 号）第五条规定，企业固定资产投入使用后，由于工程款项尚未结清未取得全额发票的，可暂按合同规定的金额计入固定资产计税基础计提折旧，待发票取得后进行调整。但该项调整应在固定资产投入使用后 12 个月内进行。

20. 银行收取的未开具发票的融资顾问费能否税前扣除？

问：银行收取的未开具发票的融资顾问费能否税前列支？

答：《国家税务总局关于印发〈进一步加强税收征管若干具体措施〉的通知》（国税发〔2009〕114号）规定，未按规定取得的合法有效凭据不得在税前扣除。

《发票管理办法》第十九条规定，销售商品、提供服务以及从事其他经营活动的单位和个人，对外发生经营业务收取款项，收款方应当向付款方开具发票。

《广东省地方税务局关于加强对商业银行及非银行金融机构发票管理有关问题的通知》（粤地税发〔2000〕62号）规定，凡在本省行政区域内经营金融业务的商业银行、非银行金融机构（含证券公司），在取得利息收入、结算收入、手续费收入、出租设备收入、对外投资收入、经营证券收入及其他应征营业税的收入时，应统一开具地方税务机关监制的发票。

银行收取的未开具发票的融资顾问费不能在企业所得税税前列支。

21. 善意取得的虚假增值税专用发票可否税前扣除？

问：企业善意取得的虚假的增值税专用发票，是否允许税前扣除成本？

答：《国家税务总局关于纳税人善意取得虚开的增值税专用发票处理问题的通知》（国税发〔2000〕187号）规定，购货方与销售方存在真实的交易，销售方使用的是其所在省（自治区、直辖市和计划单列市）的专用发票，专用发票注明的销售方名称、印章、货物数量、金额及税额等全部内容与实际相符，且没有证据表明购货方知道销售方提供的专用发票是以非法手段获得的，对购货方不以偷税或者骗取出口退税论处。但应按有关法规不予抵扣进项税款或者不予出口退税；购货方已经抵扣的进项税款或者取得的出口退税，应依法追缴。购货方能够重新从销售方取得防伪税控系统开出的合法、有效专用发票的，或者取得手工开出的合法、有效专用发票且取得了销售方所在地税务机关或者正在依法对销售方虚开专用发票行为进行查处证明的，购货方所在地税务机关应依法准予抵扣进项税款或者出口退税。

《发票管理办法》第二十一条规定，不符合规定的发票，不得作为财务报销凭证，任何单位和个人有权拒收。

根据上述规定，企业善意取得虚开的增值税专用发票的相关费用或货物成本，不得在税前扣除；但如果能重新按规定取得增值税专用发票，其相关的费用或货物成本，可在税前扣除。

22. 国税发〔2012〕83 号文件是否适用于外国公共航空运输企业？

问：《国家税务总局、中国民用航空局关于国际客票使用〈航空运输电子客票行程单〉有关问题的通知》（国税发〔2012〕83号）中要求"《行程单》作为我国境内注册的公共航空运输企业和航空运输销售代理企业销售国际电子客票的付款凭证或报销凭证"。

该规定是否适用于外国公共航空运输企业及航空运输销售代理企业？我公司员工在国外购买机票，获得的外国航空公司开具的行程单或收据，可否作为报销凭证入账，并允许在税前列支?

    答：《国家税务总局、中国民用航空局关于国际客票使用〈航空运输电子客票行程单〉有关问题的通知》（国税发〔2012〕83 号）第五条规定，《航空运输电子客票行程单》严禁携带出境使用。国内具备国际航线运营资质的公共航空运输企业的境外派出机构在出售国际航空客票时，应遵循所在国的法律制度向旅客出具付款凭证。

    根据上述规定，外国公共航空运输企业及航空运输销售代理企业在境外出售国际航空客票时，应遵循所在国的法律制度向旅客出具付款凭证。《航空运输电子客票行程单》严禁携带出境使用。国税发〔2012〕83 号文件并不适用于在境外的公共航空运输企业及航空运输销售代理企业。贵公司员工在国外购买的机票获得的外国航空公司开具的行程单或收据，只要真实、有效，与实际业务相符，即可作为财务报销凭证入账，并在税前扣除。

23. 手工更改通用机打发票能否税前扣除？

    问：通用机打发票及行政事业单位收据名称抬头有误，手工更改后加盖企业章是否可以作为合理票据在企业所得税税前列支？

    答：《会计基础工作规范》第四十九条规定，原始凭证不得涂改、挖补。发现原始凭证有错误的，应当由开出单位重开或者更正，更正处应当加盖开出单位的公章。

    《发票管理办法》第二十二条规定，开具发票应当按照规定的时限、顺序、栏目，全部联次一次性如实开具，并加盖发票专用章。

    《发票管理办法实施细则》第四条规定，发票的基本内容包括：发票的名称、发票代码和号码、联次及用途、客户名称、开户银行及账号、商品名称或经营项目、计量单位、数量、单价、大小写金额、开票人、开票日期、开票单位（个人）名称（章）等。

    第二十八条规定，单位和个人在开具发票时，必须做到按照号码顺序填开，填写项目齐全，内容真实，字迹清楚，全部联次一次打印，内容完全一致，并在发票联和抵扣联加盖发票专用章。

    《国家税务总局关于加强公路内河货物运输业统一发票和机动车销售统一发票印制管理有关问题的通知》（国税函〔2006〕1268 号）第四条规定，……货运发票和机动车发票的各项打印内容不能打印出格，票面不能手工涂改；如发生开具错误，应按废票处理。

    第五条规定，纳税人在开票过程中，如出现使用的电脑中国家标准字库无法打印汉字的现象，可以手工填写，但需在手工填写的汉字上加盖开票单位财务专用章或发票专用章（指发票联、注册登记联），代开发票加盖税务机关代开发票专用章。

    《河南省国家税务局关于新版普通发票有关事项的公告》（河南省国家税务局公告 2010 年第 1 号）第四条规定：

    1. 通用机打发票因发票损毁、丢失、开具错误等需要作废的，除在实物发票上注明作废外，还需在《普通发票网络服务系统》中做作废处理并在备注项中标明作废原因。对于丢失发票的还应向税务机关及时报告接受处理。

    《国家税务总局关于进一步加强普通发票管理工作的通知》（国税发〔2008〕80 号）规定，在日常检查中发现纳税人使用不符合规定发票特别是没有填开付款方全称的发票，不得允许纳税人用于税前扣除、抵扣税款、出口退税和财务报销。

根据上述规定，发票的各项打印内容不能手工涂改，发生开具错误，应当作废重开。不合规的票据不得在税前扣除。

24. 计提未取得发票的福利费支出能否税前扣除？

问：企业提供给员工的工作餐列入福利费参与工资薪金14%的计算，当年计入费用的金额有一部分已计提，但没有取得发票，这部分计提数能否参与工资薪金14%的计算在税前扣除？

答：《企业所得税法实施条例》第四十条规定，企业发生的职工福利费支出，不超过工资薪金总额14%的部分，准予扣除。

根据上述规定，企业发生的职工福利费，不超过工资薪金总额14%的部分，在税前扣除。此处的发生，是指企业实际发生，不仅已支付相关费用，且已取得符合税法规定的票据。问题中已计提但未实际支付的部分，不属于实际发生，即使未超过税法规定的标准，也不得在税前扣除。

25. 取得饭店提供的员工中餐发票能否计入职工福利费？

问：我单位没有职工食堂，就找了一家附近的饭店为职工中午送餐。取得的饭店开具的餐费发票是否属于职工福利费？

答：《国家税务总局关于企业工资薪金及职工福利费扣除问题的通知》（国税函〔2009〕3号）第三条规定，《实施条例》第四十条规定的企业职工福利费，包括以下内容：

（一）尚未实行分离办社会职能的企业，其内设福利部门所发生的设备、设施和人员费用，包括职工食堂、职工浴室、理发室、医务所、托儿所、疗养院等集体福利部门的设备、设施及维修保养费用和福利部门工作人员的工资薪金、社会保险费、住房公积金、劳务费等。

（二）为职工卫生保健、生活、住房、交通等所发放的各项补贴和非货币性福利，包括企业向职工发放的因公外地就医费用、未实行医疗统筹企业职工医疗费用、职工供养直系亲属医疗补贴、供暖费补贴、职工防暑降温费、职工困难补贴、救济费、职工食堂经费补贴、职工交通补贴等。

（三）按照其他规定发生的其他职工福利费，包括丧葬补助费、抚恤费、安家费、探亲假路费等。

因此，在业务真实发生的情况下，企业凭合法有效凭证可以将此部分费用计入职工福利费按比例扣除。

26. 如何确定未能及时取得有效凭证的票据开具时间？

问：《国家税务总局关于企业所得税若干问题的公告》（国家税务总局公告2011年第34号）第六条规定，企业当年度实际发生的相关成本、费用，由于各种原因未能及时取得该成本、费用的有效凭证，企业在预缴季度所得税时，可暂按账面发生金额进行核算；但在汇算清缴时，应补充提供该成本、费用的有效凭证。

如果企业 2012 年发生了 5 万元的费用，但在 2012 年未能及时取得发票，直到 2013 年汇算清缴前才取得，有效凭证的日期是 2012 年还是 2013 年?

答:《企业所得税法实施条例》第九条规定，企业应纳税所得额的计算，以权责发生制为原则，属于当期的收入和费用，不论款项是否收付，均作为当期的收入和费用;不属于当期的收入和费用，即使款项已经在当期收付，均不作为当期的收入和费用。本条例和国务院财政、税务主管部门另有规定的除外。

问题中所述的《国家税务总局关于企业所得税若干问题的公告》(国家税务总局公告 2011 年第 34 号)第六条规定就是上述关于权责发生制的解释，企业在日常经营中应当按照权责发生制原则进行会计核算和纳税申报，但在汇算清缴前(即次年 5 月 31 日前)，应取得税前扣除相关成本、费用的有效凭证。"次年 5 月 31 日前"应当是取得有效凭证的日期，而不是有效凭证的开具日期。

27. 工程发包给个人取得税务机关代开发票能否税前扣除?

问:我公司有一个开发项目现已进入外装阶段，遂将外墙漆、装饰等部分工程承包给个人，由承包人到当地税务机关开具建安发票给我公司。提供给我公司的建筑安装发票在汇算清缴及清算时是否准许扣除?

答:《建筑法》第二十九条规定，建筑工程总承包单位可以将承包工程中的部分工程发包给具有相应资质条件的分包单位;但是，除总承包合同中约定的分包外，必须经建设单位认可。

《营业税暂行条例》第十四条第一款规定，纳税人提供应税劳务应当向其机构所在地或者居住地的主管税务机关申报纳税。但是，纳税人提供的建筑业劳务以及国务院财政、税务主管部门规定的其他应税劳务，应当向应税劳务发生地的主管税务机关申报纳税。

《企业所得税法》第八条规定，企业实际发生的与取得收入有关的、合理的支出，包括成本、费用、税金、损失和其他支出，准予在计算应纳税所得额时扣除。

根据上述规定，建筑工程可以实行分包，分包人应在劳务所在地交纳营业税并提供劳务所在地建筑业发票，总包方对分包工程所支付的工程款可以作为成本在所得税税前扣除。

成本处理

1. 税法对固定资产的入账价值有无金额要求？

问： 我公司原来的会计账务处理上，将人民币 2 000 元以上的金额作为固定资产入账的标准，现在拟变更为以 3 000 元作为固定资产的确认标准。这种变更是否与现有的税法规定有差异？

答：《企业会计准则第 4 号——固定资产》第三条规定，固定资产，是指同时具有下列特征的有形资产：

（一）为生产商品、提供劳务、出租或经营管理而持有的；

（二）使用寿命超过一个会计年度。使用寿命，是指企业使用固定资产的预计期间，或者该固定资产所能生产产品或提供劳务的数量。

《企业所得税法实施条例》第五十七条规定，企业所得税法第十一条所称固定资产，是指企业为生产产品、提供劳务、出租或者经营管理而持有的、使用时间超过 12 个月的非货币性资产，包括房屋、建筑物、机器、机械、运输工具以及其他与生产经营活动有关的设备、器具、工具等。

《企业所得税法实施条例释义》规定：

四、从种类上看，固定资产包括房屋、建筑物、机器、机械、运输工具以及其他与生产经营活动有关的设备、器具、工具等。企业所得税法和本条例所说的固定资产是有形的资产，本条具体列举了固定资产的种类，更加提高了企业所得税的可操作性。根据本条的规定，企业的固定资产种类，包括房屋和建筑物、机器和机械，以及与生产经营活动有关的设备、器具、工具等，只要这些有形资产满足前述三个条件的，就属于固定资产。需要注意的是，与原内资、外资税法界定的固定资产相比，本条取消了资产价值在 2 000 元以上的限制，这主要是考虑到与现行会计准则上的变化相适应，以便于企业会计和税务上的统一，也考虑到原来固定资产价值 2 000 元以上的认定标准，需要根据实践上的变化作相应的调整，条例如果直接限定 2 000 元的最低标准，反而容易机械化。

　　根据上述规定，关于资产的分类税法与现行会计准则的分类没有根本性的差异。企业会计准则对于固定资产的确认已无价值标准，企业可根据准则的规定结合自身资产状况判断3 000 元以上资产是否符合固定资产确认条件。

2. 新税法实施后能否重新确定固定资产残值率？

　　问：我公司有一些在 2008 年之前就已经投入使用的固定资产，新税法实施前的残值率为 10%，新税法实施之后未重新确定其残值率。但是 2013 年经评估，我公司认为这些固定资产的残值率只有 1%。现在我公司重新确定其残值率为 1%，自今年 1 月起，就其尚未计提折旧的余额，按照新的残值率 1% 和剩余折旧年限计算折旧。这种做法在税法上是否允许？

　　答：《企业所得税法实施条例》第五十九条规定，固定资产按照直线法计算的折旧，准予扣除。

　　企业应当自固定资产投入使用月份的次月起计算折旧；停止使用的固定资产，应当自停止使用月份的次月起停止计算折旧。

　　企业应当根据固定资产的性质和使用情况，合理确定固定资产的预计净残值。固定资产的预计净残值一经确定，不得变更。

　　《国家税务总局关于企业所得税若干税务事项衔接问题的通知》（国税函〔2009〕98 号）第一条规定，新税法实施前已投入使用的固定资产，企业已按原税法规定预计净残值并计提的折旧，不做调整。新税法实施后，对此类继续使用的固定资产，可以重新确定其残值，并就其尚未计提折旧的余额，按照新税法规定的折旧年限减去已经计提折旧的年限后的剩余年限，按照新税法规定的折旧方法计算折旧。新税法实施后，固定资产原确定的折旧年限不违背新税法规定原则的，也可以继续执行。

　　根据上述规定，新税法实施后，对企业已按原税法规定预计净残值并计提的折旧的固定资产，仍继续使用的，可以重新确定其残值，并就其尚未计提折旧的余额，按照新税法规定的折旧年限减去已经计提折旧的年限后的剩余年限，按照新税法规定的折旧方法计算折旧。但企业应当根据固定资产的性质和使用情况，合理确定固定资产的预计净残值。税法未对残值比例做出限制性规定。因此，对于计提折旧所使用的预计净残值来说，原固定资产可以按原预计净残值继续使用，也可按新税法的规定重新确定。

3. 固定资产金额确认标准变更是否需要向税务机关报备？

　　问：我公司一直将购入资产价值在人民币 2 000 元以上作为固定资产入账的标准，现在拟变更为以 3 000 元作为固定资产的确认标准。这种调整是否需要报主管税务局备案？

　　答：《税收征收管理法》第二十条规定，从事生产、经营的纳税人的财务、会计制度或者财务、会计处理办法和会计核算软件，应当报送税务机关备案。

　　《国家税务总局关于纳税人权利与义务的公告》（国家税务总局公告 2009 年第 1 号）规定，纳税人、扣缴义务人的财务、会计制度或者财务、会计处理办法与国务院或者国务院财政、税务主管部门有关税收的法规抵触的，依照国务院或者国务院财政、税务主管部门有关税收的法规计算应纳税款、代扣代缴和代收代缴税款。

《税收征收管理法实施细则》第二十四条规定，从事生产、经营的纳税人应当自领取税务登记证件之日起 15 日内，将其财务、会计制度或者财务、会计处理办法报送主管税务机关备案。

纳税人使用计算机记账的，应当在使用前将会计电算化系统的会计核算软件、使用说明书及有关资料报送主管税务机关备案。

纳税人建立的会计电算化系统应当符合国家有关规定，并能正确、完整核算其收入或者所得。

《四川省德阳市国家税务局关于实行企业重大涉税事项报告的通知》（德国税函〔2013〕98 号）第二条规定：

（七）从事生产、经营的纳税人应当自领取税务登记证件之日起 15 日内，将其财务、会计制度或者财务、会计处理办法报送主管税务机关备案。

财务会计制度和会计核算软件备案是指从事生产、经营的纳税人必须将所采用的财务、会计制度，具体的财务、会计处理办法和会计核算软件，按税务机关的规定，及时报送税务机关存储备查。

根据上述规定，企业会计处理办法的改变应按税务机关规定，及时报送税务机关存储备查。但企业上述固定资产标准从 2 000 元变为 3 000 元，会计准则已无要求，只是一种企业对自身资产的判断标准改变，并非会计处理办法的改变，不需向税务机关报备。

4. 企业购入古董支出能否税前扣除？

问： 生产塑料产品的制造企业通过拍卖公司购入一件古董，总计费用 200 万元。该项支出是否可以分五年摊销，在所得税税前列支？今年 1 月份，出售当月购入的古董一件，计 300 万元，对此企业应如何缴税？如果认为其摊销同企业生产经营无关，所以不允许在所得税税前列支，那么，其收入也不应该认为是企业所得税征收范围，这样理解是否正确？

答： 企业拥有的资产并不一定都通过计提折旧或摊销在企业所得税税前扣除。《企业所得税法》第八条规定，企业实际发生的与取得收入有关的、合理的支出，准予在计算应纳税所得额时扣除。《企业所得税法实施条例》第五十七条规定，《企业所得税法》第十一条所称固定资产，是指企业为生产产品、提供劳务、出租或者经营管理而持有的、使用时间超过 12 个月的非货币性资产，包括房屋、建筑物、机器、机械、运输工具以及其他与生产经营活动有关的设备、器具、工具等。相关性原则是判定支出项目能否在税前扣除的基本原则。除一些特殊的文化企业外，一般生产性企业、商贸企业购买的非经营性的古董等，与取得收入没有直接相关，不符合相关性原则，也不具有固定资产确认的特征，所发生的折旧费用不能在税前扣除。

《北京市地方税务局关于明确若干企业所得税业务政策问题的通知》（京地税企〔2005〕542 号）第三条规定，纳税人为了提升企业形象，购置古玩、字画以及其他艺术品的支出，不得在购买年度企业所得税前扣除，而在处置该项资产的年度企业所得税税前扣除。

该企业花费公司资金 200 万元购入古董，该项支出不能在税前扣除折旧或摊销；卖出古董取得的收入应确认销售收入，结转销售成本后的所得应并入企业当年应纳税所得额计算缴纳企业所得税。

5. 原址重建建筑物如何进行企业所得税处理？

问：我公司将未提足折旧的一个地面建筑物进行拆除，并在原址上重建新建筑物，原建筑物账面的固定资产清理余额，计入当年损益，还是计入新建筑物造价？

答：《国家税务总局关于企业所得税若干问题的公告》（国家税务总局公告 2011 年第 34 号）第四条规定，企业对房屋、建筑物固定资产在未足额提取折旧前进行改扩建的，如属于推倒重置的，该资产原值减除提取折旧后的净值，应并入重置后的固定资产计税成本，并在该固定资产投入使用后的次月起，按照税法规定的折旧年限，一并计提折旧；如属于提升功能、增加面积的，该固定资产的改扩建支出，并入该固定资产计税基础，并从改扩建完工投入使用后的次月起，重新按税法规定的该固定资产折旧年限计提折旧，如该改扩建后的固定资产尚可使用的年限低于税法规定的最低年限的，可以按尚可使用的年限计提折旧。

根据上述规定，贵公司建筑工程立项若属改扩建项目的，应按上述推倒重置情形，原建筑物"原值减除提取折旧后的净值，应并入重置后的固定资产计税成本，并在该固定资产投入使用后的次月起，按照税法规定的折旧年限，一并计提折旧"，企业所得税前不确认原建筑物清理损益。

若建筑工程立项为新建项目，则原建筑物账面净值扣除残值后的清理余额，可以按照《国家税务总局关于发布〈企业资产损失所得税税前扣除管理办法〉的公告》（国家税务总局公告 2011 年第 25 号）规定申报税前扣除。

6. 往年因未取得发票已调增折旧额的固定资产取得发票后如何处理？

问：企业 5 年前购置固定资产未取得发票，各年度对折旧已作纳税调增，在本年度取得了发票，则以前年度已调增的金额是在取得发票的年度作纳税调减还是追索调整以前年度的应纳税所得额？

答：《国家税务总局关于企业所得税应纳税所得额若干税务处理问题的公告》（国家税务总局公告 2012 年第 15 号）第六条规定，根据《中华人民共和国税收征收管理法》的有关规定，对企业发现以前年度实际发生的、按照税收规定应在企业所得税前扣除而未扣除或者少扣除的支出，企业做出专项申报及说明后，准予追补至该项目发生年度计算扣除，但追补确认期限不得超过 5 年。

参考《宁波国税 2012 年所得税汇缴政策解答》：

10. 以前年度因为未取得发票的固定资产折旧、装修费摊销等，当年度已经纳税调增，在本年度已实际取得发票，则以前年度已调增的金额是在取得发票的年度作纳税调减还是追索调整以前年度的应纳税所得额？

答：应追索调整固定资产的计税基础和以前年度的应纳税所得额。

7. 固定资产评估增值如何进行税务处理？

问： 固定资产评估增值是否需要纳税？是否可以计提折旧？所提折旧是否可以税前扣除？

答：《国家税务总局关于企业处置资产所得税处理问题的通知》（国税函〔2008〕828号）第二条规定，企业将资产移送他人的下列情形，因资产所有权属已发生改变而不属于内部处置资产，应按规定视同销售确定收入。

（六）其他改变资产所有权属的用途。

《营业税暂行条例实施细则》第三条规定，条例第一条所称提供条例规定的劳务、转让无形资产或者销售不动产，是指有偿提供条例规定的劳务、有偿转让无形资产或者有偿转让不动产所有权的行为。

《增值税暂行条例实施细则》第三条规定，条例第一条所称销售货物，是指有偿转让货物的所有权。

根据上述规定，企业对资产评估增值，资产所有权属并未改变，因企业不涉及企业所得税、营业税和增值税。

《企业所得税法实施条例》第五十六条规定，企业的各项资产，包括固定资产、生物资产、无形资产、长期待摊费用、投资资产、存货等，以历史成本为计税基础。

前款所称历史成本，是指企业取得该项资产时实际发生的支出。

企业持有各项资产期间资产增值或者减值，除国务院财政、税务主管部门规定可以确认损益外，不得调整该资产的计税基础。

根据上述规定，企业持有各项资产期间资产增值或者减值，除国务院财政、税务主管部门规定可以确认损益外，不得调整该资产的计税基础。评估增值部分提取的折旧依法不能在税前扣除。

财税主管部门对特定企业下发过文件的除外。

例如，《财政部、国家税务总局关于中国中化集团有限公司重组上市资产评估增值有关企业所得税政策问题的通知》（财税〔2010〕49号）第一条规定，中国中化集团公司在重组改制上市过程中发生的资产评估增值 5 060 464.25 万元，应缴纳的企业所得税不征收入库，直接转计中国中化集团公司的国有资本金。

第二条规定，对上述经过评估的资产，中国中化集团公司及其所属子公司可按评估后的资产价值计提折旧或摊销，并在企业所得税税前扣除。

另外，《财政部、国家税务总局关于中国对外贸易运输（集团）总公司资产评估增值有关企业所得税问题的通知》（财税〔2009〕56号）规定，对中外运集团实施集团资源整合中第一批改制企业资产评估增值 30 679.78 万元的部分，在资产转让发生时，按照规定在集团总部所在地缴纳企业所得税。中国对外股份有限公司及其子公司收购中外运集团第一批改制企业的资产，可按评估后的价值计提折旧或摊销，并在企业所得税税前扣除。

8. 国家税务总局 2014 年第 29 号公告第二条规定的资产是否包含现金资产？

问：《国家税务总局关于企业所得税应纳税所得额若干问题的公告》（国家税务总局公告

2014 年第 29 号）规定：

二、企业接收股东划入资产的企业所得税处理

（一）企业接收股东划入资产（包括股东赠予资产、上市公司在股权分置改革过程中接收原非流通股股东和新非流通股股东赠予的资产、股东放弃本企业的股权，下同），凡合同、协议约定作为资本金（包括资本公积）且在会计上已做实际处理的，不计入企业的收入总额，企业应按公允价值确定该项资产的计税基础。

（二）企业接收股东划入资产，凡作为收入处理的，应按公允价值计入收入总额，计算缴纳企业所得税，同时按公允价值确定该项资产的计税基础。

这里的资产是否包含现金资产？

答：《国家税务总局关于发布〈企业资产损失所得税税前扣除管理办法〉的公告》（国家税务总局公告 2011 年第 25 号）第二条规定，本办法所称资产是指企业拥有或者控制的、用于经营管理活动相关的资产，包括现金、银行存款、应收及预付款项（包括应收票据、各类垫款、企业之间往来款项）等货币性资产，存货、固定资产、无形资产、在建工程、生产性生物资产等非货币性资产，以及债权性投资和股权（权益）性投资。

根据上述规定，问题中所述的"资产"，包括现金资产。

9. 使用安全生产费用购入固定资产如何进行税务调整？

问：某煤矿企业 2012 年从成本费用中计提"专项资金——安全生产费用"300 万元，在该科目中列支安全生产设备 120 万元，该安全生产设备本年按税法规定可计提折旧 10 万元。

该项业务应如何进行企业所得税处理？

答：1.《国家税务总局关于煤矿企业维简费和高危行业企业安全生产费用企业所得税税前扣除问题的公告》（国家税务总局公告 2011 年第 26 号）第一条规定，煤矿企业实际发生的维简费支出和高危行业企业实际发生的安全生产费用支出，属于收益性支出的，可直接作为当期费用在税前扣除；属于资本性支出的，应计入有关资产成本，并按企业所得税法规定计提折旧或摊销费用在税前扣除。企业按照有关规定预提的维简费和安全生产费用，不得在税前扣除。

2.《财政部关于印发企业会计准则解释第 3 号的通知》（财会〔2009〕8 号）第三条规定：

高危行业企业按照国家规定提取的安全生产费，应当计入相关产品的成本或当期损益，同时记入"4301 专项储备"科目。

企业使用提取的安全生产费时，属于费用性支出的，直接冲减专项储备。企业使用提取的安全生产费形成固定资产的，应当通过"在建工程"科目归集所发生的支出，待安全项目完工达到预定可使用状态时确认为固定资产；同时，按照形成固定资产的成本冲减专项储备，并确认相同金额的累计折旧。该固定资产在以后期间不再计提折旧。

"专项储备"科目期末余额在资产负债表所有者权益项下"减：库存股"和"盈余公积"之间增设"专项储备"项目反映。

企业提取的维简费和其他具有类似性质的费用，比照上述规定处理。

本解释发布前未按上述规定处理的，应当进行追溯调整。

企业提取安全生产费用时（单位：万元）：

　　借：成本费用类科目　　　　　　　　　　　　　　　　　　　　　　300

　　　　贷：专项储备　　　　　　　　　　　　　　　　　　　　　　　300

使用安全生产费用购置生产设备时（单位：万元）：

　　借：固定资产　　　　　　　　　　　　　　　　　　　　　　　　　120

　　　　贷：银行存款　　　　　　　　　　　　　　　　　　　　　　　120

同时：

　　借：专项储备　　　　　　　　　　　　　　　　　　　　　　　　　120

　　　　贷：累计折旧　　　　　　　　　　　　　　　　　　　　　　　120

企业年终汇算时，应进行如下纳税调整：

（1）调增预提并计入成本费用科目的安全生产费用 300 万元；

（2）调减资本性支出形成的固定资产，按企业所得税法规定计提的折旧额 10 万元。

10. 子公司无偿使用母公司房屋发生的支出能否税前扣除？

问：母公司的房屋现在由其全资子公司无偿使用。该房屋折旧及修理费用能否在子公司进行税前扣除？

答：《企业所得税法》第十一条规定，在计算应纳税所得额时，企业按照规定计算的固定资产折旧，准予扣除。

下列固定资产不得计算折旧扣除：

（一）房屋、建筑物以外未投入使用的固定资产；

（二）以经营租赁方式租入的固定资产；

（三）以融资租赁方式租出的固定资产；

（四）已足额提取折旧仍继续使用的固定资产；

（五）与经营活动无关的固定资产；

（六）单独估价作为固定资产入账的土地；

（七）其他不得计算折旧扣除的固定资产。

《企业所得税法实施条例》第五十七条规定，企业所得税法第十一条所称固定资产，是指企业为生产产品、提供劳务、出租或者经营管理而持有的、使用时间超过 12 个月的非货币性资产，包括房屋、建筑物、机器、机械、运输工具以及其他与生产经营活动有关的设备、器具、工具等。

由于该房屋的所有权在母公司，子公司只是无偿使用，因此该房屋的折旧及修理费用不得在子公司税前扣除。

11. 无形资产投资和过户时间不同步如何进行税务处理？

问：B 公司是 A 公司的全资子公司，2011 年 A 公司以一项无形资产对 B 公司增资，评估价 100 万元，但未办理过户，A 公司确认长期股权投资 100 万元，B 公司确认实收资本

100 万元。2013 年办理该无形资产过户时，无形资产评估值为 300 万元。那么，

（1）2011 年过户未完成，A 公司长期股权投资和 B 公司实收资本的确认计量是否正确？

（2）2013 年过户时，对无形资产的增值，A、B 公司如何进行账务调整？A 公司是否需补缴企业所得税？如何计算？

（3）A 公司无形资产增值所得确认在 2011 年度还是 2013 年度？

答：《企业所得税法实施条例》第二十五条规定，企业发生非货币性资产交换，以及将货物、财产、劳务用于捐赠、偿债、赞助、集资、广告、样品、职工福利或者利润分配等用途的，应当视同销售货物、转让财产或者提供劳务，但国务院财政、税务主管部门另有规定的除外。

第五十六条规定，企业的各项资产，包括固定资产、生物资产、无形资产、长期待摊费用、投资资产、存货等，以历史成本为计税基础。

前款所称历史成本，是指企业取得该项资产时实际发生的支出。

企业持有各项资产期间资产增值或者减值，除国务院财政、税务主管部门规定可以确认损益外，不得调整该资产的计税基础。

第六十六条规定，无形资产按照以下方法确定计税基础：

（三）通过捐赠、投资、非货币性资产交换、债务重组等方式取得的无形资产，以该资产的公允价值和支付的相关税费为计税基础。

根据上述规定，A 公司用无形资产增资，投资协议生效同时完成工商登记时，增资行为即完成。A 公司应在增资行为完成当期确认无形资产转让收益，同时确认长期股权投资计税基础 100 万元；B 公司同时确认取得无形资产的计税基础 100 万元。

A 公司的"长期股权投资"与 B 公司的"无形资产"持有期间不得调整计税基础。

其他风险提示：《中国注册会计师审计准则第 1602 号——验资》第十四条第（三）项规定，对于出资者以知识产权、土地使用权等无形资产出资的，应当审验其权属转移情况，并按照国家有关规定在资产评估的基础上审验其价值。

按照规定，被审验单位及其出资者不按国家有关规定对出资的实物、知识产权、土地使用权等非货币财产进行资产评估或价值鉴定、办理有关财产权转移手续，注册会计师应当拒绝出具验资报告并解除业务约定。

折旧摊销扣除

1. 路面和篮球场能否按三年摊销？

问：路面和篮球场从企业所得税角度来说是否可以按其他资产分三年摊销？

答：《企业所得税法实施条例》第六十条规定，除国务院财政、税务主管部门另有规定外，固定资产计算折旧的最低年限如下：

（一）房屋、建筑物，为 20 年；

……

《企业所得税法实施条例释义》规定：

本条的规定，具体可从以下几方面来理解。

建筑物作为最主要的固定资产，其构造、属性等方面相对较为特殊，使用寿命相对较长，价值相对较高，其使用价值的体现也是一个相对较长的过程，根据收入与支出配比原则等要求，其折旧年限也应相对较长，所以本条规定，房屋、建筑物的最低折旧年限为 20 年，这基本能反映房屋、建筑物的现实使用情况。本条所说的房屋、建筑物，是指供生产、经营使用和为职工生活、福利服务的房屋、建筑物及其附属设施，其中房屋，包括厂房、营业用房、办公用房、库房、住宿用房、食堂及其他房屋等；建筑物，包括塔、池、槽、井、架、棚（不包括临时工棚、车棚等简易设施）、场、路、桥、平台、码头、船坞、涵洞、加油站以及独立于房屋和机器设备之外的管道、烟囱、围墙等。

根据上述规定，企业路面和篮球场属于建筑物，税法按不低于 20 年计提折旧。

2. 未开机车间的机械设备的折旧可否税前扣除？

问：企业有若干条生产线，生产若干种产品。因为某种产品（A 产品）市场环境剧变，全年未开机（仅仅是日常维护）。在年末企业所得税汇算清缴时，该未开机车间的机械设备的折旧可否税前扣除？

答：《企业所得税法》第八条规定，企业实际发生的与取得收入有关的、合理的支出，包括成本、费用、税金、损失和其他支出，准予在计算应纳税所得额时扣除。

《企业所得税法实施条例》第二十七条规定，企业所得税法第八条所称有关的支出，是指与取得收入直接相关的支出。

企业所得税法第八条所称合理的支出，是指符合生产经营活动常规，应当计入当期损益或者有关资产成本的必要和正常的支出。

根据上述规定，企业所得税税前扣除的支出必须从性质与根源上与纳税人取得的应税收入直接相关，房屋、建筑物以外未投入使用的固定资产，其所发生的折旧费用与纳税人取得的经营收入无关。因此，不允许计提折旧在税前扣除。

3. 政策性搬迁新购置的固定资产折旧能否税前扣除？

问：国家税务总局 2013 年第 11 号公告发布之后，签订搬迁协议，政策性搬迁新购置的固定资产折旧是否可以在企业所得税税前列支？

答：1. 2012 年 10 月 1 日之后，即国家税务总局 2012 年第 40 号公告生效后签订的搬迁协议与国家税务总局 2013 年第 11 号公告无关。

2. 2012 年 10 月 1 日之后签订的搬迁协议，新购置资产折旧问题完全适用国家税务总局 2012 年第 40 号公告的下述规定。

《国家税务总局关于发布〈企业政策性搬迁所得税管理办法〉的公告》（国家税务总局公告 2012 年第 40 号）第十四条规定，企业搬迁期间新购置的各类资产，应按《企业所得税法》及其实施条例等有关规定，计算确定资产的计税成本及折旧或摊销年限。

企业发生的购置资产支出，不得从搬迁收入中扣除。

4. 会计折旧年限与税法规定折旧年限不同如何进行纳税调整?

问：固定资产税收折旧年限与会计账务年限不符，如果税务年限期间是纳税调减，那么，税务年限以后折旧额是否就得调增?

答：《国家税务总局关于企业所得税应纳税所得额若干问题的公告》（国家税务总局公告2014年第49号）第五条第一款规定，企业固定资产会计折旧年限如果短于税法规定的最低折旧年限，其按会计折旧年限计提的折旧高于按税法规定的最低折旧年限计提的折旧部分，应调增当期应纳税所得额；企业固定资产会计折旧年限已期满且会计折旧已提足，但税法规定的最低折旧年限尚未到期且税收折旧尚未足额扣除，其未足额扣除的部分准予在剩余的税收折旧年限继续按规定扣除。

第五条第二款规定，企业固定资产会计折旧年限如果长于税法规定的最低折旧年限，其折旧应按会计折旧年限计算扣除，税法另有规定除外。

第五条第三款规定，企业按会计规定提取的固定资产减值准备，不得税前扣除，其折旧仍按税法确定的固定资产计税基础计算扣除。

第五条第四款规定，企业按税法规定实行加速折旧的，其按加速折旧办法计算的折旧额可全额在税前扣除。

第五条第五款规定，石油天然气开采企业在计提油气资产折耗（折旧）时，由于会计与税法规定计算方法不同导致的折耗（折旧）差异，应按税法规定进行纳税调整。

根据上述规定，假定企业对某生产设备确定的会计折旧年限为12年，未低于《企业所得税法实施条例》规定的10年，属于符合实施条例对折旧年限的规定，应按照12年计算折旧税前扣除，不需要进行纳税调整。

若该生产设备确定的会计折旧年限为8年，低于实施条例规定的10年，则属于不符合实施条例对折旧年限的规定，应对会计上按8年计算的超过10年计算的折旧额部分，进行纳税调增；同时该设备会计8年折旧期满并已提足折旧，但税收折旧期未满未提足折旧，在剩余2年税法可继续计提折旧，进行纳税调减。

5. 行政机关责令停产停业期间的固定资产折旧能否税前扣除?

问：行政机关责令停产停业期间的固定资产折旧能否税前列支?

答：《企业所得税法》第十一条第二款规定，下列固定资产不得计算折旧扣除：

（一）房屋、建筑物以外未投入使用的固定资产；

……

《企业所得税法实施条例》第五十九条第二款规定，企业应当自固定资产投入使用月份的次月起计算折旧；停止使用的固定资产，应当自停止使用月份的次月起停止计算折旧。

根据上述规定，停产停业期间房屋按税法规定折旧年限计提的折旧，可以税前扣除，与房屋是否在用无关。停产停业期间其他固定资产折旧，通常除了季节性正常停工外，不能税前扣除。

6. 外购软件最短摊销年限为 2 年的企业范围如何界定？

问：《财政部、国家税务总局关于进一步鼓励软件产业和集成电路产业发展企业所得税政策的通知》（财税〔2012〕27 号）第七条规定，企业外购的软件，凡符合固定资产或无形资产确认条件的，可以按照固定资产或无形资产进行核算，其折旧或摊销年限可以适当缩短，最短可为 2 年（含）。

这里的"企业"是指所有企业还是专指软件企业和集成电路企业？

答：《企业所得税法实施条例》第三条规定，企业所得税法第二条所称依法在中国境内成立的企业，包括依照中国法律、行政法规在中国境内成立的企业、事业单位、社会团体以及其他取得收入的组织。

因此，"企业"包括所有的企业、事业单位、社会团体以及其他取得收入的组织。

7. 原政策性搬迁下购置的固定资产是否还能计算折旧？

问：《国家税务总局关于企业政策性搬迁或处置收入有关企业所得税处理问题的通知》（国税函〔2009〕118 号）第二条第三款规定，企业利用政策性搬迁或处置收入购置或改良的固定资产，可以按照现行税收规定计算折旧或摊销，并在企业所得税税前扣除。

《国家税务总局关于发布〈企业政策性搬迁所得税管理办法〉的公告》（国家税务总局公告 2012 年第 40 号）发布实施后，原来已按国税函〔2009〕118 号文件处理结束的政策性搬迁或处置收入购置或改良的固定资产是否仍然可以计算折旧或摊销，并在企业所得税税前扣除？

答：《国家税务总局关于企业政策性搬迁或处置收入有关企业所得税处理问题的通知》（国税函〔2009〕118 号）第二条规定，对企业取得的政策性搬迁或处置收入，应按以下方式进行企业所得税处理：

（一）企业根据搬迁规划，异地重建后恢复原有或转换新的生产经营业务，用企业搬迁或处置收入购置或建造与搬迁前相同或类似性质、用途或者新的固定资产和土地使用权（以下简称重置固定资产），或对其他固定资产进行改良，或进行技术改造，或安置职工的，准予其搬迁或处置收入扣除固定资产重置或改良支出、技术改造支出和职工安置支出后的余额，计入企业应纳税所得额。

……

（三）企业利用政策性搬迁或处置收入购置或改良的固定资产，可以按照现行税收规定计算折旧或摊销，并在企业所得税税前扣除。

《国家税务总局关于发布〈企业政策性搬迁所得税管理办法〉的公告》（国家税务总局公告 2012 年第 40 号）第十四条规定，企业搬迁期间新购置的各类资产，应按《企业所得税法》及其实施条例等有关规定，计算确定资产的计税成本及折旧或摊销年限。企业发生的购置资产支出，不得从搬迁收入中扣除。

第二十六条规定，企业在本办法生效前尚未完成搬迁的，符合本办法规定的搬迁事项，一律按本办法执行。本办法生效年度以前已经完成搬迁且已按原规定进行税务处理的，不再调整。

《国家税务总局关于企业政策性搬迁所得税有关问题的公告》（国家税务总局公告 2013 年第 11 号）第一条规定，凡在国家税务总局 2012 年第 40 号公告生效前已经签订搬迁协议且尚未完成搬迁清算的企业政策性搬迁项目，企业在重建或恢复生产过程中购置的各类资产，可以作为搬迁支出，从搬迁收入中扣除。但购置的各类资产，应剔除该搬迁补偿收入后，作为该资产的计税基础，并按规定计算折旧或费用摊销。凡在国家税务总局 2012 年第 40 号公告生效后签订搬迁协议的政策性搬迁项目，应按国家税务总局 2012 年第 40 号公告有关规定执行。

第三条规定，本公告自 2012 年 10 月 1 日起执行。国家税务总局 2012 年第 40 号公告第二十六条同时废止。

根据上述规定，对于企业政策性搬迁过程中购置或改良的固定资产的处理有三种不同情形，区别在于搬迁何时完成。对于在国家税务总局 2012 年第 40 号公告生效前已经完成搬迁清算的企业政策性搬迁项目仍应按国税函〔2009〕118 号文件的规定进行税务处理。即以政策性搬迁或处置收入购置或改良的固定资产仍然可以计算折旧或摊销，并在企业所得税税前扣除。

8. 企业取得实物投资的资产能否计提折旧？

问： 2014 年董事长个人以固定资产投资，企业实收资本增加，企业以评估价格入账，该资产是否可以计提折旧？

答：《企业所得税法实施条例》第五十八条第（五）项规定，通过捐赠、投资、非货币性资产交换、债务重组等方式取得的固定资产，以该资产的公允价值和支付的相关税费为计税基础；……

《国家税务总局关于印发〈进一步加强税收征管若干具体措施〉的通知》（国税发〔2009〕114 号）规定，未按规定取得的合法有效凭据不得在税前扣除。

根据上述规定，通过投资取得的固定资产可以以评估价为基础确认资产计税基础并计提折旧，并且企业应从投资方处取得合法有效凭据。

9. 如何确定土地使用权的摊销年限？

问： 企业新取得的使用期为 50 年的土地使用权能否按照不低于 10 年的规定进行摊销？

答：《企业所得税法实施条例》第二十七条规定，企业所得税法第八条所称有关的支出，是指与取得收入直接相关的支出。

企业所得税法第八条所称合理的支出，是指符合生产经营活动常规，应当计入当期损益或者有关资产成本的必要和正常的支出。

第六十七条规定，无形资产按照直线法计算的摊销费用，准予扣除。

无形资产的摊销年限不得低于 10 年。

作为投资或者受让的无形资产，有关法律规定或者合同约定了使用年限的，可以按照规定或者约定的使用年限分期摊销。

通常情况下，有关法律规定或者合同约定土地使用权的使用年限即是其使用寿命，因此按照合理性原则，企业新取得的使用期为 50 年的土地使用权应按 50 年进行摊销。

10. 租入房屋的装修费用税法摊销年限如何确定？

问：租入房屋发生装修费，税法规定的摊销年限是多少？是按照房屋剩余租赁期间摊销，还是按照其他长期待摊费用不得低于 3 年摊销？

答：《企业所得税法》第十三条规定，在计算应纳税所得额时，企业发生的下列支出作为长期待摊费用，按照规定摊销的，准予扣除：

（二）租入固定资产的改建支出；

……

（四）其他应当作为长期待摊费用的支出。

《企业所得税法实施条例》第七十条规定，企业所得税法第十三条第（四）项所称其他应当作为长期待摊费用的支出，自支出发生月份的次月起，分期摊销，摊销年限不得低于 3 年。

参照《山东省青岛市国家税务局关于 2010 年度企业所得税汇算清缴若干问题的公告》（山东省青岛市国家税务局公告 2011 年第 1 号）的规定：

（二）问：租入店铺的装修费用如何进行摊销？

解答：企业以经营租赁方式租入固定资产，对固定资产的整体装修支出，凡符合《税法》第十三条规定的，应作为长期待摊费用支出，分三年摊销。对提前解除租赁合同后尚未税前扣除的装修费，可在当年一次性税前扣除。

企业可参考上述规定处理。

11. 固定资产折旧年限变更后所提折旧可否税前扣除？

问：我公司下属煤矿整块开采井田分 10 个作业区，现已采空 9 个，剩余一个作业区预计明年全部开采完毕。固定资产折旧年限大于实际经营期限，那么账面上的固定资产净值能否在明年年内分摊列支完毕？

答：《企业会计准则第 4 号——固定资产》第十五条规定，企业应当根据固定资产的性质和使用情况，合理确定固定资产的使用寿命和预计净残值。

固定资产的使用寿命、预计净残值一经确定，不得随意变更。但是，符合本准则第十九条规定的除外。

第十六条规定，企业确定固定资产使用寿命，应当考虑下列因素：

（一）预计生产能力或实物产量；

（二）预计有形损耗和无形损耗；

（三）法律或者类似规定对资产使用的限制。

第十七条规定，企业应当根据与固定资产有关的经济利益的预期实现方式，合理选择固定资产折旧方法。

可选用的折旧方法包括年限平均法、工作量法、双倍余额递减法和年数总和法等。

固定资产的折旧方法一经确定，不得随意变更。但是，符合本准则第十九条规定的除外。

第十九条规定，企业至少应当于每年年度终了，对固定资产的使用寿命、预计净残值和折旧方法进行复核。

使用寿命预计数与原先估计数有差异的，应当调整固定资产使用寿命。

预计净残值预计数与原先估计数有差异的，应当调整预计净残值。

与固定资产有关的经济利益预期实现方式有重大改变的，应当改变固定资产折旧方法。

根据上述规定，企业至少应当于每年年度终了，对固定资产的使用寿命、预计净残值和折旧方法进行复核。使用寿命预计数与原先估计数有差异的，应当调整固定资产使用寿命。预计净残值预计数与原先估计数有差异的，应当调整预计净残值。与固定资产有关的经济利益预期实现方式有重大改变的，应当改变固定资产折旧方法。

《企业所得税法》第十一条规定，在计算应纳税所得额时，企业按照规定计算的固定资产折旧，准予扣除。

下列固定资产不得计算折旧扣除：

（一）房屋、建筑物以外未投入使用的固定资产；

……

（五）与经营活动无关的固定资产；

……

（七）其他不得计算折旧扣除的固定资产。

《企业所得税法实施条例》第五十九条规定，固定资产按照直线法计算的折旧，准予扣除。

企业应当自固定资产投入使用月份的次月起计算折旧；停止使用的固定资产，应当自停止使用月份的次月起停止计算折旧。

企业应当根据固定资产的性质和使用情况，合理确定固定资产的预计净残值。固定资产的预计净残值一经确定，不得变更。

《国家税务总局关于企业所得税应纳税所得额若干税务处理问题的公告》（国家税务总局公告2012年第15号）第八条规定，根据《企业所得税法》第二十一条规定，对企业依据财务会计制度规定，并实际在财务会计处理上已确认的支出，凡没有超过《企业所得税法》和有关税收法规规定的税前扣除范围和标准的，可按企业实际会计处理确认的支出，在企业所得税前扣除，计算其应纳税所得额。

参考《青岛市国家税务局2013年度企业所得税汇算清缴若干业务问题解答》的规定：

二十五、问：企业调整折旧年限，由30年改为20年，如何办理专项申报？

解答：对企业依据财务会计制度规定，实际在财务会计处理上已确认的支出，凡没有超过《企业所得税法》和有关税收法规规定的税前扣除范围和标准的，可按企业实际会计处理确认的支出，在企业所得税税前扣除。企业调整折旧年限，应自调整年度起，对该项资产净值在剩余折旧年限内重新计算折旧额，但不得追溯调整以前年度。

根据上述规定，税法对固定资产的预计净残值一经确定，不得变更。对于折旧方法，税法规定只能使用直线法。对于使用寿命，企业所得税法规定不明确的，在没有明确规定之前，暂按企业财务、会计规定计算。会计上不超过税法规定的税前扣除范围和标准的，可按企业实际会计处理确认的支出，在企业所得税税前扣除，计算其应纳税所得额。

12. 购入的旧固定资产折旧年限如何确定？

问：企业购进的旧固定资产，在计算企业所得税时折旧年限如何确定？

答：《企业所得税法》第十一条规定，在计算应纳税所得额时，企业按照规定计算的固定资产折旧，准予扣除。

下列固定资产不得计算折旧扣除：

（四）已足额提取折旧仍继续使用的固定资产；

……

《国家税务总局关于企业固定资产加速折旧所得税处理有关问题的通知》（国税发〔2009〕81 号）第三条规定，企业采取缩短折旧年限方法的，对其购置的新固定资产，最低折旧年限不得低于《实施条例》第六十条规定的折旧年限的 60％；若为购置已使用过的固定资产，其最低折旧年限不得低于《实施条例》规定的最低折旧年限减去已使用年限后剩余年限的 60％．最低折旧年限一经确定，一般不得变更。

参考《山东省青岛市国家税务局关于 2010 年度企业所得税汇算清缴若干问题的公告》（山东省青岛市国家税务局公告 2011 年第 1 号）第二条的规定：

（三）问：购入的旧设备如何提取折旧？

解答：企业外购固定资产的计税基础和折旧年限，不论是新旧设备，均应该根据《中华人民共和国企业所得税法实施条例》第五十八条和第五十九条以及第六十条处理，其中对购入的旧设备又以按实际使用剩余年限提取折旧，计税基础应为买入价加上相关税费。

关于企业取得已使用过的固定资产折旧年限的认定问题，如果能够取得前环节固定资产使用情况的证据，如初始购置发票、出厂日期等能够证明已使用年限的证据，则可就其剩余年限计提折旧；对无法取得上述证据的，应当根据已使用过固定资产的新旧磨损程度、使用情况以及是否进行改良等因素合理估计新旧程度，然后与该固定资产的法定折旧年限相乘确定。

参考《河北省国家税务局关于企业所得税若干问题的公告》（河北省国家税务局公告 2014 年第 5 号）第十三条的规定，企业购入旧固定资产用于生产经营，由于固定资产已在出售方使用过若干年限，其实际可使用年限有可能低于税法规定的最低使用年限，如果仍然要求旧固定资产的购入方按不低于税法规定的年限计提折旧，有可能造成购入方税收负担不均衡，因此，对企业购进旧固定资产，可按照不得低于《实施条例》规定的最低折旧年限减去已经使用年限作为折旧年限。

根据上述规定，企业购入旧固定资产，其折旧年限可按不短于《企业所得税法实施条例》规定的最低折旧年限减去已使用年限后剩余年限计提折旧；该旧固定资产已提足折旧仍继续使用的，可不再提取折旧。企业应提供取得该旧固定资产使用情况的证据，如初始购置发票、出厂日期等能够证明已使用年限的证据。

13. 固定资产的大修理支出能否税前一次性扣除？

问： 固定资产的大修理支出能否税前一次性扣除？

答：《企业所得税法》第十三条规定，在计算应纳税所得额时，企业发生的下列支出作为长期待摊费用，按照规定摊销的，准予扣除：

（三）固定资产的大修理支出；

……

《企业所得税法实施条例》第六十九条规定，企业所得税法第十三条第（三）项所称固定资产的大修理支出，是指同时符合下列条件的支出：

（一）修理支出达到取得固定资产时的计税基础50%以上；

（二）修理后固定资产的使用年限延长2年以上。

《企业所得税法》第十三条第（三）项规定的支出，按照固定资产尚可使用年限分期摊销。

根据上述规定，企业发生固定资产的大修理费用可以作为长期待摊费用，按固定资产尚可使用年限分期摊销。

14. 提取折旧满一年的暂估固定资产能否继续计提折旧？

问： 暂估固定资产投入使用后，提取折旧满一年后是否可以继续提取折旧？

答：《国家税务总局关于贯彻落实企业所得税法若干税收问题的通知》（国税函〔2010〕79号）第五条规定，企业固定资产投入使用后，由于工程款项尚未结清未取得全额发票的，可暂按合同规定的金额计入固定资产计税基础计提折旧，待发票取得后进行调整。但该项调整应在固定资产投入使用后12个月内进行。

对于固定资产投入使用后，超过12个月仍未取得发票的，折旧如何处理，各地口径不一，以下地方规定供参考：

《青岛市国家税务局关于2010年度企业所得税汇算清缴若干问题的公告》（青岛市国家税务局公告2011年第1号）规定，……对超过12个月仍未取得全额发票的固定资产，不得继续计提折旧，已计提的折旧额应当在12个月期满的当年度全额进行纳税调增。

《北京市西城区国家税务局金融企业2010年企业所得税汇算清缴资料》规定：

3. 固定资产投入使用后计税基础确定问题【12月前、12个月后】

在国税函〔2010〕79号文件第五条规定，企业固定资产投入使用后，由于工程款项尚未结清未取得全额发票的，可暂按合同规定的金额计入固定资产计税基础计提折旧，待发票取得后进行调整。但该项调整应在固定资产投入使用后12个月内进行。

针对此项规定明确以下问题：（1）企业因工程款项尚未结清而未取得全额发票的固定资产，在投入使用后可以按合同规定的暂估价计提折旧从税前扣除。（2）企业在固定资产投入使用后12个月内取得发票的，可以调整投入使用固定资产的计税基数，其以前年度按暂估价计提的折旧也应做相应调整。（3）固定资产投入使用12个月后取得发票的，参照《企业会计准则》的规定，企业已达到预定可使用状态但尚未办理竣工决算的固定资产，应当按照估计价值确定其成本，并计提折旧；待办理竣工决算后再按实际成本调整原来的暂估价值，但不需要调整原已计提的折旧额。因此，对于固定资产投入使用 12 个月后取得发票的，调整该项固定资产的计税基础，但不需要调整原已计算扣除的折旧额，其以后年度的折旧按调整后的计税基础减已提取折旧额后的资产净值计算。

取得发票时间	计税基础	已提折旧	未提折旧
12 个月内取得发票	调整	调整	调整
12 个月后取得发票	调整	不调整	调整

注意：企业在固定资产投入使用后 12 个月内取得发票，且在 12 个月内跨年的，还应调整前一年度的申报。

15. 闲置资产的折旧费用能否税前扣除？

问：我公司有部分闲置的房屋及机械设备，最近几年一直未使用。关于闲置的房屋及机械（之前已经使用过，近几年未用）产生的折旧费用，是否可以在企业所得税税前扣除？相关政策依据是什么？

答：《企业所得税法》第十一条第（一）项规定，在计算应纳税所得额时，房屋、建筑物以外未投入使用的固定资产不得计算折旧扣除。

根据上述规定，纳税处理时应区分固定资产种类：

一是房屋、建筑物。对于达到可使用状态后的房屋，按税法规定最低折旧年限计提的折旧，可以计算折旧并税前扣除，与房屋是否在用无关；

二是房屋、建筑物以外的固定资产。"最近几年一直未使用"的机械设备属于第十一条规定的未投入使用的固定资产，不得计算折旧并税前扣除。

16. 已入账但未投入使用的固定资产可否计提折旧？

问：固定资产当月入账，但没有投入使用，是否要计提折旧？

答：《企业会计准则第 4 号——固定资产》第十四条规定，企业应当对所有固定资产计提折旧。但是，已提足折旧仍继续使用的固定资产和单独计价入账的土地除外。

《〈企业会计准则第 4 号——固定资产〉应用指南》规定：

一、固定资产的折旧

（一）固定资产应当按月计提折旧，当月增加的固定资产，当月不计提折旧，从下月起计提折旧；当月减少的固定资产，当月仍计提折旧，从下月起不计提折旧。

《企业所得税法》第十一条规定，在计算应纳税所得额时，企业按照规定计算的固定资产折旧，准予扣除。

下列固定资产不得计算折旧扣除：

（一）房屋、建筑物以外未投入使用的固定资产；

……

根据上述规定，企业应当对所有固定资产计提折旧。但是，已提足折旧仍继续使用的固定资产和单独计价入账的土地除外。当月增加的固定资产，当月不计提折旧，从下月起计提折旧。房屋、建筑物以外未投入使用的固定资产不得计算折旧税前扣除。

17. 计提减值准备的固定资产折旧是否存在税会差异？

问： 我公司关于固定资产折旧的理解如下：

会计上：在未提取固定资产减值准备的情况下，年折旧额＝原值×(1－残值率)÷年限；在计提减值准备的情况下，应当按照该固定资产的账面价值（即固定资产原价－累计折旧和已计提的减值准备）以及尚可使用寿命重新计算确定年折旧额。

税法上：不论是否提取了减值准备，年折旧额均保持不变，即年折旧额＝原值×(1－残值率)÷年限。

结论：在未提取固定资产减值准备的情况下，会计与税法无差异；在计提减值准备的情况下，会计与税法则出现了差异，每年度需进行纳税调整。

以上理解是否正确？

答： 如果会计折旧年限与税法折旧年限一致，同时不采用加速折旧法，都采用直线法计提折旧的情况下，贵公司的理解正确。

18. 无法取得权属登记的房产及土地能否计提折旧？

问： 某公司自有土地10万平方米，房产4栋，总建筑面积约3万平方米。由于历史原因，这些房产和土地不能办理合法的权属登记，即不能办理房产证和土地使用证，但是确实是企业从政府手里买到的，有政府出具的财政收据作为记账凭证。这种情况下，这些资产是否可以在税收上确认为资产，并允许计提折旧和税前扣除？

答：《企业所得税法实施条例》第五十七条规定，企业所得税法第十一条所称固定资产，是指企业为生产产品、提供劳务、出租或者经营管理而持有的、使用时间超过12个月的非货币性资产，包括房屋、建筑物、机器、机械、运输工具以及其他与生产经营活动有关的设备、器具、工具等。

《国家税务总局关于未办理土地使用权证转让土地有关税收问题的批复》（国税函〔2007〕645号）规定，土地使用者转让、抵押或置换土地，无论其是否取得了该土地的使用权属证书，无论其在转让、抵押或置换土地过程中是否与对方当事人办理了土地使用权属证书变更登记手续，只要土地使用者享有占有、使用、收益或处分该土地的权利，且有合同等证据表明其实质转让、抵押或置换了土地并取得了相应的经济利益，土地使用者及其对方当事人应当依照税法规定缴纳营业税、土地增值税和契税等相关税收。

《财政票据管理办法》（财政部令2012年第70号）第六条规定，财政票据的种类和适用范围如下：

2. 非税收入专用票据，是指特定的行政事业单位依法收取特定的政府非税收入时开具的专用凭证。主要包括行政事业性收费票据、政府性基金票据、国有资源（资产）收入票据、罚没票据等。

根据上述规定，企业为生产经营管理而持有的固定资产，无论其是否取得了权属证书，均可以凭借与政府机关签订的合同及票据，在企业所得税税前计提折旧并申报扣除。

19. 企业接受不动产投资取得的固定资产折旧能否税前扣除？

问：企业股东经过工商部门通过投入不动产增加注册资本，有验资报告和资产评估报告，但无企业名称的原始发票，这种方式增加的固定资产是否可以在企业所得税税前扣除？

答：《财政部、国家税务总局关于股权转让有关营业税问题的通知》（财税〔2002〕191号）第一条规定，以无形资产、不动产投资入股，参与接受投资方利润分配，共同承担投资风险的行为，不征收营业税。

《广东省地方税务局关于以不动产、无形资产投资入股是否开具发票问题的批复》（粤地税函〔2007〕703号）规定，纳税人以不动产、无形资产投资入股不是经营活动，没有发生经营业务收付款行为，根据《中华人民共和国发票管理办法》第二十条规定，不开具发票。

《增值税暂行条例实施细则》第四条第（六）款规定，单位或者个体工商户将自产、委托加工或者购进的货物作为投资，提供给其他单位或者个体工商户，视同销售货物。

《企业所得税法实施条例》第五十八条第（五）项规定，通过捐赠、投资、非货币性资产交换、债务重组等方式取得的固定资产，以该资产的公允价值和支付的相关税费为计税基础。

根据上述规定，被投资企业接受投资入股的固定资产，可以该资产的公允价值和支付的相关税费为计税基础。企业以固定资产（机器设备）对外投资，应视同销售固定资产，缴纳增值税，应开具发票；以不动产投资入股不是经营活动，不征收营业税，不需开具发票，计提折旧可税前扣除。

20. 接受设备出资未取得发票其折旧能否税前扣除？

问：某企业以机器设备投资于一公司，被投资公司以评估报告及验资报告作为资产的计税基础。

被投资公司取得该设备（未取得发票）是否可以正常计提折旧并税前列支？

答：《增值税暂行条例实施细则》第四条规定，单位或者个体工商户的下列行为，视同销售货物：

（六）将自产、委托加工或者购进的货物作为投资，提供给其他单位或者个体工商户；

……

第三十八条规定，条例第十九条第一款第（一）项规定的收讫销售款项或者取得索取销售款项凭据的当天，按销售结算方式的不同，具体为：

（七）纳税人发生本细则第四条第（三）项至第（八）项所列视同销售货物行为，为货物移送的当天。

《发票管理办法》第十九条规定，销售商品、提供服务以及从事其他经营活动的单位和个人，对外发生经营业务收取款项，收款方应当向付款方开具发票；

《国家税务总局关于印发〈进一步加强税收征管若干具体措施〉的通知》（国税发〔2009〕114号）第六条规定，未按规定取得的合法有效凭证不得在税前扣除。

根据上述规定，投资人以设备对外投资，视同销售货物缴纳增值税，应在货物移送时开具发票。如被投资方未取得发票，则其按规定计提的折旧不得在税前扣除。

21. 以公允价值模式计量的投资性房地产能否计算折旧并税前扣除？

问：企业以公允价值模式计量的投资性房地产，能否计算折旧并税前扣除？

答：《企业会计准则第3号——投资性房地产》第十条规定，有确凿证据表明投资性房地产的公允价值能够持续可靠取得的，可以对投资性房地产采用公允价值模式进行后续计量。采用公允价值模式计量的，应当同时满足下列条件：

（一）投资性房地产所在地有活跃的房地产交易市场；

（二）企业能够从房地产交易市场上取得同类或类似房地产的市场价格及其他相关信息，从而对投资性房地产的公允价值作出合理的估计。

第十一条规定，采用公允价值模式计量的，不对投资性房地产计提折旧或进行摊销，应当以资产负债表日投资性房地产的公允价值为基础调整其账面价值，公允价值与原账面价值之间的差额计入当期损益。

《企业所得税法实施条例》第五十九条规定，固定资产按照直线法计算的折旧，准予扣除。

企业应当自固定资产投入使用月份的次月起计算折旧；停止使用的固定资产，应当自停止使用月份的次月起停止计算折旧。

企业应当根据固定资产的性质和使用情况，合理确定固定资产的预计净残值。固定资产的预计净残值一经确定，不得变更。

第六十条规定，除国务院财政、税务主管部门另有规定外，固定资产计算折旧的最低年限如下：房屋、建筑物，为20年……

《企业所得税法》第八条规定，企业实际发生的与取得收入有关的、合理的支出，包括成本、费用、税金、损失和其他支出，准予在计算应纳税所得额时扣除。

第二十一条规定，在计算应纳税所得额时，企业财务、会计处理办法与税收法律、行政法规的规定不一致的，应当依照税收法律、行政法规的规定计算。

根据上述规定，在计算应纳税所得额时，企业财务、会计处理办法与税收法律、行政法规的规定不一致的，应当依照税收法律、行政法规的规定计算。采用公允价值模式计量的，不对投资性房地产计提折旧或进行摊销，但按照企业所得税法的规定，该房地产属于房屋建筑建，最低折旧年限为20年，应当允许计提折旧并税前扣除。但实际执行中有争议，建议跟主管税务机关沟通后处理。以下政策供参考：

《北京通州国税解答2012年汇算清缴政策热点问题》规定：

（七）税前扣除规定与企业实际会计处理之间的协调问题

2. 以公允模式计量投资性房地产的扣除问题

问：企业以公允模式计量的投资性房地产，能否计算折旧从税前扣除？

答：企业以公允模式计量的投资性房地产，在会计处理中不计提折旧，未确认折旧年限，与《实施条例》规定的固定资产或无形资产的扣除条件不相符，因此不得计算折旧从税前扣除。

22. 因加速折旧形成的税会差异是否可以进行纳税调整?

问: 国家税务总局 2014 年第 29 号公告规定,企业按税法规定实行加速折旧,其按加速折旧办法计算的折旧额可全额在税前扣除。

如果公司部分固定资产已按国税发〔2009〕81 号文件备案,但会计处理未加速折旧,是否可以按国家税务总局 2014 年第 29 号公告进行纳税调减?

答:《国家税务总局关于企业所得税应纳税所得额若干问题的公告》(国家税务总局公告 2014 年第 29 号)第五条规定:

(四)企业按税法规定实行加速折旧的,其按加速折旧办法计算的折旧额可全额在税前扣除。

第六条规定,本公告适用于 2013 年度及以后年度企业所得税汇算清缴。

《国家税务总局关于企业固定资产加速折旧所得税处理有关问题的通知》(国税发〔2009〕81 号)第一条规定,根据《企业所得税法》第三十二条及《实施条例》第九十八条的相关规定,企业拥有并用于生产经营的主要或关键的固定资产,由于以下原因确需加速折旧的,可以缩短折旧年限或者采取加速折旧的方法:

(一)由于技术进步,产品更新换代较快的;

(二)常年处于强震动、高腐蚀状态的。

第五条规定,企业确需对固定资产采取缩短折旧年限或者加速折旧方法的,应在取得该固定资产后一个月内,向其企业所得税主管税务机关(以下简称主管税务机关)备案,并报送以下资料:

(一)固定资产的功能、预计使用年限短于《实施条例》规定计算折旧的最低年限的理由、证明资料及有关情况的说明;

(二)被替代的旧固定资产的功能、使用及处置等情况的说明;

(三)固定资产加速折旧拟采用的方法和折旧额的说明;

(四)主管税务机关要求报送的其他资料。

企业主管税务机关应在企业所得税年度纳税评估时,对企业采取加速折旧的固定资产的使用环境及状况进行实地核查。对不符合加速折旧规定条件的,主管税务机关有权要求企业停止该项固定资产加速折旧。

根据上述规定,2013 年度及以后年度,企业按税法规定实行加速折旧的,其按加速折旧办法计算的折旧额可全额在税前扣除。因此,企业会计处理未加速折旧,但税法按规定实行加速折旧的,对税法与会计折旧方法不同产生的差异汇算清缴时可以调整应纳税所得额。

23. 接受捐赠的固定资产能否计提折旧并扣除?

问: 企业接受别人捐赠的汽车、笔记本电脑是否可以计提折旧? 折旧能否在企业所得税税前扣除?

答:《企业所得税法实施条例》第五十八条规定,固定资产按照以下方法确定计税基础:

(五)通过捐赠、投资、非货币性资产交换、债务重组等方式取得的固定资产,以该资产的公允价值和支付的相关税费为计税基础；

……

因此，企业接受捐赠的固定资产，以该资产的公允价值和支付的相关税费为计税基础，按规定计提折旧并税前扣除。

24. 不征税收入形成固定资产计提的折旧如何进行纳税调减？

问： 甲工业企业 2009 年 10 月收到当地财政部门拨入的科技型中小企业创新基金 100 万元，专门用于高新技术产品研发。2009 年 12 月甲企业购置了专门用于新产品研发的机器设备 100 万元（不含增值税进项税额 17 万元），该企业制定的折旧政策如下：采用年限平均法计提折旧，机器设备折旧年限为 8 年，预计净残值率为 4%。假设 2017 年 12 月研发设备处置净收入为零，记入当年"营业外支出"科目的金额为 40 000 元。

上述 100 万元科技型中小企业创新基金符合《财政部、国家税务总局关于专项用途财政性资金有关企业所得税处理问题的通知》（财税〔2009〕87 号）第一条"不征税收入"的条件，甲企业在编制 2009 年企业所得税年度纳税申报表时已将 100 万元创新基金作为"不征税收入"项目调减收入，那么甲企业 2010 年至 2017 年每年计提的折旧 12 万元如何进行纳税调减？

答：《财政部、国家税务总局关于财政性资金、行政事业性收费、政府性基金有关企业所得税政策问题的通知》（财税〔2008〕151 号）第三条规定，企业的不征税收入用于支出所形成的资产，其计算的折旧、摊销不得在计算应纳税所得额时扣除。

根据上述规定，2010 年至 2017 年每年调增不征税收入形成的机器设备折旧金额 12 万元，按会计制度计算本纳税年度的折旧为 12 万元；按税收规定计算税前扣除的折旧为 0 万元；每年纳税调增 12 万元；同时在 2017 年调增营业外支出 4 万元，累计调增折旧及支出合计为 100 万元。

25. 盘盈固定资产计提的折旧能否税前扣除？

问： 企业盘盈的固定资产由于没有原始的有效凭证，虽可"以同类固定资产的重置完全价值为计税基础"（《企业所得税法实施条例》第五十七条），但按此方法确认价值后所计提的折旧额是否可以税前列支？是否要到税务机关补开发票？

答：《企业所得税法实施条例》第五十七条规定，企业盘盈的固定资产"以同类固定资产的重置完全价值为计税基础"，此种情形不是交易行为，是企业资产以前没有入账，属于遗漏登记的资产，在盘点过程中重新发现后，可以"以同类固定资产的重置完全价值为计税基础"，不需索取原始的有效凭证。

26. 如何确定消防设备和电梯的折旧年限？

问： 我单位办公楼的消防设备、电梯在会计上均分别设账户核算，按照 5 年计提折旧。税法上消防设备是否需要按照房屋的折旧年限 20 年来计提折旧？电梯在税法上按 5 年还是 10 年计提折旧？

答：《企业所得税法实施条例》第六十条规定，除国务院财政、税务主管部门另有规定外，固定资产计算折旧的最低年限如下：

（一）房屋、建筑物，为 20 年；

（二）飞机、火车、轮船、机器、机械和其他生产设备，为 10 年；

（三）与生产经营活动有关的器具、工具、家具等，为 5 年；

（四）飞机、火车、轮船以外的运输工具，为 4 年；

（五）电子设备，为 3 年。

《企业所得税法实施条例释义》解读：

（一）房屋、建筑物的最低折旧年限为 20 年。

本条所说的房屋、建筑物，是指供生产、经营使用和为职工生活、福利服务的房屋、建筑物及其附属设施，其中房屋，包括厂房、营业用房、办公用房、库房、住宿用房、食堂及其他房屋等；建筑物，包括塔、池、槽、井、架、棚（不包括临时工棚、车棚等简易设施）、场、路、桥、平台、码头、船坞、涵洞、加油站以及独立于房屋和机器设备之外的管道、烟囱、围墙等；房屋、建筑物的附属设施，是指同房屋、建筑物不可分割的、不单独计算价值的配套设施，包括房屋、建筑物内的通气、通水、通油管道，通信、输电线路，电梯，卫生设备等。

根据上述规定，同办公楼不可分割的消防设备、电梯应作为房屋、建筑物的附属设施，其计算折旧的最低年限为 20 年。

27. 以房产入股未取得发票其折旧能否税前扣除？

问：以个人所有的房地产评估后投资入股，没有开具发票，那么评估增值部分及房地产原值折旧是否能在企业所得税税前列支？

答：《财政部、国家税务总局关于股权转让有关营业税问题的通知》（财税〔2002〕191号）第一条规定，以无形资产、不动产投资入股，参与接受投资方利润分配，共同承担投资风险的行为，不征收营业税。

《广东省地方税务局关于以不动产、无形资产投资入股是否开具发票问题的批复》（粤地税函〔2007〕703号）规定，纳税人以不动产、无形资产投资入股不是经营活动，没有发生经营业务收付款行为，根据《中华人民共和国发票管理办法》第二十条规定，不开具发票。

《企业所得税法实施条例》第五十八条第（五）项规定，通过捐赠、投资、非货币性资产交换、债务重组等方式取得的固定资产，以该资产的公允价值和支付的相关税费为计税基础；

根据上述规定，被投资企业接受投资入股的固定资产，可以该资产的公允价值和支付的相关税费为计税基础计提折旧并税前扣除。

提示：个人以房产投资，虽然投资环节不开具发票，但出资前应有归属于出资者的证明文件，同时，应依法办理财产权转移手续才能作为接受投资的房产。

《中国注册会计师审计准则第 1602 号——验资》（财会〔2006〕4 号）第十四条规定，对于出资者投入的资本及其相关的资产、负债，注册会计师应当分别采用下列方法进行审验：

（二）以实物出资的，应当观察、检查实物，审验其权属转移情况，并按照国家有关规定在资产评估的基础上审验其价值。如果被审验单位是外商投资企业，注册会计师应当按照国家有关外商投资企业的规定，审验实物出资的价值。

第十五条规定，对于出资者以实物、知识产权和土地使用权等非货币财产作价出资的，注册会计师应当在出资者依法办理财产权转移手续后予以审验。

28. "无偿"提供给供应厂商的设备折旧能否税前扣除？

问：我公司是一家贸易公司，现因供应商无法提供满足产品质量要求的设备，我公司无偿提供专用设备供其使用，这种情况下我公司的设备折旧能否在所得税税前扣除？我公司这种情况是否属于《企业所得税法》第十一条第二款"下列固定资产不得计算折旧扣除，（五）与经营活动无关的固定资产"中规定的固定资产？

答：《企业所得税法》第八条规定，企业实际发生的与取得收入有关的、合理的支出，包括成本、费用、税金、损失和其他支出，准予在计算应纳税所得额时扣除。

《企业所得税法实施条例》第二十七条规定，企业所得税法第八条所称有关的支出，是指与取得收入直接相关的支出。

企业所得税法第八条所称合理的支出，是指符合生产经营活动常规，应当计入当期损益或者有关资产成本的必要和正常的支出。

根据上述规定，企业无偿提供的设备相应的折旧，不能税前扣除。如果有约定的租金收入，该折旧才属于与取得收入有关的、合理的支出。

29. 如何确定固定资产加速折旧的六大行业？

问：《财政部、国家税务总局关于完善固定资产加速折旧企业所得税政策的通知》（财税〔2014〕75号）第一条规定，对生物药品制造业，专用设备制造业，铁路、船舶、航空航天和其他运输设备制造业，计算机、通信和其他电子设备制造业，仪器仪表制造业，信息传输、软件和信息技术服务业等6个行业的企业2014年1月1日后新购进的固定资产，可缩短折旧年限或采取加速折旧的方法。对上述6个行业的小型微利企业2014年1月1日后新购进的研发和生产经营共用的仪器、设备，单位价值不超过100万元的，允许一次性计入当期成本费用在计算应纳税所得额时扣除，不再分年度计算折旧；单位价值超过100万元的，可缩短折旧年限或采取加速折旧的方法。

那么，这六个行业应如何确定？新购进是否包括自行建造？

答：《国家税务总局关于固定资产加速折旧税收政策有关问题的公告》（国家税务总局公告2014年第64号）第一条规定，对生物药品制造业，专用设备制造业，铁路、船舶、航空航天和其他运输设备制造业，计算机、通信和其他电子设备制造业，仪器仪表制造业，信息传输、软件和信息技术服务业等行业企业（以下简称六大行业），2014年1月1日后购进的固定资产（包括自行建造），允许按不低于企业所得税法规定折旧年限的60%缩短折旧年限，或选择采取双倍余额递减法或年数总和法进行加速折旧。

六大行业按照国家统计局《国民经济行业分类与代码（GB/4754—2011）》确定。今后国家有关部门更新国民经济行业分类与代码，从其规定。

六大行业企业是指以上述行业业务为主营业务，其固定资产投入使用当年主营业务收入占企业收入总额 50％（不含）以上的企业。所称收入总额，是指企业所得税法第六条规定的收入总额。

据此，允许加速折旧的六大行业按照国家统计局《国民经济行业分类与代码（GB/4754—2011）》确定，六大行业企业是指以上述行业业务为主营业务，其固定资产投入使用当年主营业务收入占企业收入总额 50％（不含）以上的企业，新购进包括购进及自行建造的固定资产。

资产损失税前扣除

1. 产品维修或改造费用是否属于资产损失？

问：我公司是一家车辆制造企业，由于产品日常存放、市场销售期限较长或产品落后等原因，造成车辆需要再进入加工环节进行喷漆改造等处理，期间发生的维修或改造费用是否属于资产损失？

答：《企业所得税法实施条例》第三十二条规定，企业所得税法第八条所称损失，是指企业在生产经营活动中发生的固定资产和存货的盘亏、毁损、报废损失，转让财产损失，呆账损失，坏账损失，自然灾害等不可抗力因素造成的损失以及其他损失。

《国家税务总局关于发布〈企业资产损失所得税税前扣除管理办法〉的公告》《国家税务总局公告 2011 年 25 号》第三条规定，准予在企业所得税税前扣除的资产损失，是指企业在实际处置、转让上述资产过程中发生的合理损失，以及企业虽未实际处置、转让上述资产，但符合《通知》和本办法规定条件计算确认的损失。

因此，贵公司以上业务属于对产品的再加工，不属于资产损失范围。

2. 以前年度资产损失可否追补扣除？

问：某企业 2010 年发生的资产损失未能在当年税前扣除，可否追补至 2011 年扣除？

答：《国家税务总局关于发布〈企业资产损失所得税税前扣除管理办法〉的公告》（国家税务总局公告 2011 年第 25 号）第六条规定，企业以前年度发生的资产损失未能在当年税前扣除的，可以按照本办法的规定，向税务机关说明并进行专项申报扣除。其中，属于实际资产损失，准予追补至该项损失发生年度扣除，其追补确认期限一般不得超过 5 年，但因计划经济体制转轨过程中遗留的资产损失、企业重组上市过程中因权属不清出现争议而未能及时扣除的资产损失、因承担国家政策性任务而形成的资产损失以及政策定性不明确而形成资产损失等特殊原因形成的资产损失，其追补确认期限经国家税务总局批准后可适当延长。属于法定资产损失，应在申报年度扣除。

企业因以前年度实际资产损失未在税前扣除而多缴的企业所得税税款，可在追补确认年度企业所得税应纳税款中予以抵扣，不足抵扣的，向以后年度递延抵扣。

企业实际资产损失发生年度扣除追补确认的损失后出现亏损的,应先调整资产损失发生年度的亏损额,再按弥补亏损的原则计算以后年度多缴的企业所得税税款,并按前款办法进行税务处理。

根据上述规定,企业 2010 年发生的资产损失,属于实际资产损失,准予追补至该项损失发生年度 2010 年度税前扣除;属于法定资产损失,应在申报年度扣除。

3. 以清单申报损失所提资产使用年限是会计还是税法使用年限?

问: 国家税务总局 2011 年第 25 号公告第九条规定,下列资产损失,应以清单申报的方式向税务机关申报扣除:

(三)企业固定资产达到或超过使用年限而正常报废清理的损失。

"使用年限"是会计使用年限还是税法使用年限?

答:《企业所得税法实施条例》第六十条规定,除国务院财政、税务主管部门另有规定外,固定资产计算折旧的最低年限如下:

(一)房屋、建筑物,为 20 年;

(二)飞机、火车、轮船、机器、机械和其他生产设备,为 10 年;

(三)与生产经营活动有关的器具、工具、家具等,为 5 年;

(四)飞机、火车、轮船以外的运输工具,为 4 年;

(五)电子设备,为 3 年。

《国家税务总局关于企业所得税应纳税所得额若干问题的公告》(国家税务总局公告 2014 年第 29 号)第五条规定:

(一)企业固定资产会计折旧年限如果短于税法规定的最低折旧年限,其按会计折旧年限计提的折旧高于按税法规定的最低折旧年限计提的折旧部分,应调增当期应纳税所得额;企业固定资产会计折旧年限已期满且会计折旧已提足,但税法规定的最低折旧年限尚未到期且税收折旧尚未足额扣除,其未足额扣除的部分准予在剩余的税收折旧年限继续按规定扣除。

(二)企业固定资产会计折旧年限如果长于税法规定的最低折旧年限,其折旧应按会计折旧年限计算扣除,税法另有规定除外。

……

(四)企业按税法规定实行加速折旧的,其按加速折旧办法计算的折旧额可全额在税前扣除。

根据上述规定,所述"使用年限"为税法使用,则年限,但不是税法规定的最低使用年限。如果会计折旧年限低于税法规定的最低折旧年限,则为税法规定的最低折旧年限;如果会计折旧年限长于或等于税法规定的最低折旧年限,则为会计折旧年限。

4. 报废到期的资产损失如何确定税前扣除申报年度?

问: 2013 年 12 月,我公司某固定资产折旧到期并无法继续使用,我公司进行了设备拆除,账面进行了固定资产清理并将残值转入营业外支出,做损失处理,但并没有变卖残余价值。2014 年 9 月我公司将残余设备予以销售，并将收入计入营业外收入。我公司对于报废到期的资产损失是否可以在 2013 年进行申报并予以税前扣除？还是需要等到 2014 年再进行资产损失申报？

答：《企业会计准则应用指南》附录"会计科目和主要账务处理"中指出：

1606 固定资产清理

一、本科目核算企业因出售、报废和毁损、对外投资、非货币性资产交换、债务重组等原因转入清理的固定资产价值以及在清理过程中所发生的清理费用和清理收入等。

《国家税务总局关于发布〈企业资产损失所得税税前扣除管理办法〉的公告》（国家税务总局公告 2011 年第 25 号）第四条规定，企业实际资产损失，应当在其实际发生且会计上已作损失处理的年度申报扣除；法定资产损失，应当在企业向主管税务机关提供证据资料证明该项资产已符合法定资产损失确认条件，且会计上已作损失处理的年度申报扣除。

因此，贵公司将在固定资产清理结束，在固定资产损失实际发生且会计上已作损失处理的年度申报，即 2013 年度申报扣除。

5. 备用金因员工离职无法收回如何申报税前扣除？

问：单位借给员工的备用金因员工离职无法收回，该项损失是否需要进行专项申报？

答：《国家税务总局关于发布〈企业资产损失所得税税前扣除管理办法〉的公告》（国家税务总局公告 2011 年第 25 号）第九条规定，下列资产损失，应以清单申报的方式向税务机关申报扣除：

（一）企业在正常经营管理活动中，按照公允价格销售、转让、变卖非货币资产的损失；

（二）企业各项存货发生的正常损耗；

（三）企业固定资产达到或超过使用年限而正常报废清理的损失；

（四）企业生产性生物资产达到或超过使用年限而正常死亡发生的资产损失；

（五）企业按照市场公平交易原则，通过各种交易场所、市场等买卖债券、股票、期货、基金以及金融衍生产品等发生的损失。

第四十八条规定，企业正常经营业务因内部控制制度不健全而出现操作不当、不规范或因业务创新但政策不明确、不配套等原因形成的资产损失，应由企业承担的金额，可以作为资产损失并准予在税前申报扣除，但应出具损失原因证明材料或业务监管部门定性证明、损失专项说明。

根据上述规定，借给员工的备用金因员工离职无法收回造成的资产损失，不属于清单申报事项，应出具专项说明，进行专项申报。

6. 收到的假币能否作为损失在税前扣除？

问：收到的假币能否作为损失在所得税税前扣除？如果可以列支，是企业自行扣除还是向税务机关申报扣除？

答：《国家税务总局关于发布〈企业资产损失所得税税前扣除管理办法〉的公告》（国家税务总局公告 2011 年第 25 号）第九条规定，下列资产损失，应以清单申报的方式向税务机关申报扣除：

（一）企业在正常经营管理活动中，按照公允价格销售、转让、变卖非货币资产的损失；

（二）企业各项存货发生的正常损耗；

（三）企业固定资产达到或超过使用年限而正常报废清理的损失；

（四）企业生产性生物资产达到或超过使用年限而正常死亡发生的资产损失；

（五）企业按照市场公平交易原则，通过各种交易场所、市场等买卖债券、股票、期货、基金以及金融衍生产品等发生的损失。

第十条规定，前条以外的资产损失，应以专项申报的方式向税务机关申报扣除。企业无法准确判别是否属于清单申报扣除的资产损失，可以采取专项申报的形式申报扣除。

第十九条规定，企业货币资产损失包括现金损失、银行存款损失和应收及预付款项损失等。

第二十条规定，现金损失应依据以下证据材料确认：

（一）现金保管人确认的现金盘点表（包括倒推至基准日的记录）；

（二）现金保管人对于短缺的说明及相关核准文件；

（三）对责任人由于管理责任造成损失的责任认定及赔偿情况的说明；

（四）涉及刑事犯罪的，应有司法机关出具的相关材料；

（五）金融机构出具的假币收缴证明。

根据上述规定，企业收到的假币，可以作为损失在所得税税前扣除。应采取专项申报的形式向税务机关申报扣除，未经申报的损失，不得在税前扣除。

7. 过期药品销毁损失如何在税前扣除？

问：药品存货过期报废销毁，该损失在所得税税前扣除是否需要专项审批？是否需要会计师事务所出具鉴证报告，并报税务局审批？

答：《国家税务总局关于发布〈企业资产损失所得税税前扣除管理办法〉的公告》（国家税务总局公告 2011 年第 25 号）第五条规定，企业发生的资产损失，应按规定的程序和要求向主管税务机关申报后方能在税前扣除。未经申报的损失，不得在税前扣除。

第九条规定，下列资产损失，应以清单申报的方式向税务机关申报扣除：

（一）企业在正常经营管理活动中，按照公允价格销售、转让、变卖非货币资产的损失；

（二）企业各项存货发生的正常损耗；

……

第十条规定，前条以外的资产损失，应以专项申报的方式向税务机关申报扣除。企业无法准确判别是否属于清单申报扣除的资产损失，可以采取专项申报的形式申报扣除。

第二十七条规定，存货报废、毁损或变质损失，为其计税成本扣除残值及责任人赔偿后的余额，应依据以下证据材料确认：

（一）存货计税成本的确定依据；

（二）企业内部关于存货报废、毁损、变质、残值情况说明及核销资料；

（三）涉及责任人赔偿的，应当有赔偿情况说明；

（四）该项损失数额较大的（指占企业该类资产计税成本 10% 以上，或减少当年应纳税所得、增加亏损 10% 以上，下同），应有专业技术鉴定意见或法定资质中介机构出具的专项报告等。

根据上述规定，药品存货过期报废销毁损失属于应以专项申报方式向税务机关申报扣除的损失，损失数额较大的，应有专业技术鉴定意见或法定资质中介机构出具的专项报告等。

8. 只承担单一功能的企业发生的存货损失能否税前扣除？

问：我公司现从事进料加工业务，从境外关联方进口一批保税料件约 500 万元，因该批原材料生产的产品市场萎缩已停止后续的订单，现该批材料暂无价值，公司决定报废该批原材料，已在账上进行损失处理，并已向海关补缴进口环节的关税和增值税。现税务机关按照国税函〔2007〕236 号文件的规定，认为我公司只承担单一生产功能，订单取消所带来的损失应由境外关联公司承担，我公司的这批存货损失不能在税前扣除，并且相应的进项税额不能抵扣。

税务机关的观点是否正确？该如何处理？

答：《国家税务总局关于调查承担单一生产功能外商投资企业和外国企业纳税情况的通知》（国税函〔2007〕236 号）规定，在我国设立的外商投资企业和外国企业，根据国外母公司的总体经营计划，按照产品订单从事产品加工制造，只承担单一生产功能，企业经营决策、产品研发、销售等功能均由国外母公司或其他关联公司承担。由于这些企业不承担决策、市场开发、营销等功能，相应也不应当承担由于企业集团决策失误、开工不足、产品滞销等原因带来的风险和损失。按照转让定价的国际通行原则，只承担单一生产功能的企业通常应保持一定的利润率水平，原则上不应该出现亏损。

因此，承担单一生产功能外商投资企业和外国企业，不应当承担由于企业集团决策失误、开工不足、产品滞销等原因带来存货损失，发生的存货损失，不予税前扣除。

9. 特定信息的定制品无法再销售所得税如何处理？

问：一贸易企业应客户要求，向印刷企业采购（定制）一批纸质宣传品（标牌），并收取一定数额保证金。后因客户原因，拒绝要货。因为印有定制客户信息，该批宣传品（标牌）只能作废纸出售处理。其所得税应如何处理？

答：《国家税务总局关于发布〈企业资产损失所得税税前扣除管理办法〉的公告》（国家税务总局公告 2011 年第 25 号）第九条规定，下列资产损失，应以清单申报的方式向税务机关申报扣除：

（一）企业在正常经营管理活动中，按照公允价格销售、转让、变卖非货币资产的损失；

（二）企业各项存货发生的正常损耗；

（三）企业固定资产达到或超过使用年限而正常报废清理的损失；

（四）企业生产性生物资产达到或超过使用年限而正常死亡发生的资产损失；

（五）企业按照市场公平交易原则，通过各种交易场所、市场等买卖债券、股票、期货、基金以及金融衍生产品等发生的损失。

第十条规定，前条以外的资产损失，应以专项申报的方式向税务机关申报扣除。企业无法准确判别是否属于清单申报扣除的资产损失，可以采取专项申报的形式申报扣除。

第二十七条规定，存货报废、毁损或变质损失，为其计税成本扣除残值及责任人赔偿后的余额，应依据以下证据材料确认：

（一）存货计税成本的确定依据；

（二）企业内部关于存货报废、毁损、变质、残值情况说明及核销资料；

（三）涉及责任人赔偿的，应当有赔偿情况说明；

（四）该项损失数额较大的（指占企业该类资产计税成本 10% 以上，或减少当年应纳税所得、增加亏损 10% 以上，下同），应有专业技术鉴定意见或法定资质中介机构出具的专项报告等。

根据上述规定，该标牌损失应以专项申报的方式向税务机关申报扣除，标牌损失应以其计税成本扣除残值（该标牌处置收入）及责任人赔偿后的余额，作为损失并提交上述第二十七条规定的资料。

10. 存货盘亏损失能否税前扣除？

问：我公司是一家外资制造企业，主要从事零部件的组装，生产成品，因此原材料主要以"个"为单位，容易计量，不像有些公司铁板等不易计量。我公司几乎每月都发生存货盘亏，金额与销售成本相比不是很大，但是绝对数额一年有几百万元。那么，根据国家税务总局 2011 年第 25 号公告的规定：

（1）我公司的盘亏损失可以在所得税税前扣除吗？如果可以，是专项申报还是清单申报？是否要准备专项报告？

（2）如果可以在所得税税前扣除，需要提交哪些资料，以证明我公司的盘亏损失的合理性？

（3）盘亏存货假如被认定为是管理不善造成的，其增值税进项税额是否需要作转出处理？

答：1.《国家税务总局关于发布〈企业资产损失所得税税前扣除管理办法〉的公告》（国家税务总局公告 2011 年第 25 号）第九条规定，下列资产损失，应以清单申报的方式向税务机关申报扣除：

（二）企业各项存货发生的正常损耗；

……

第十条规定，前条以外的资产损失，应以专项申报的方式向税务机关申报扣除。企业无法准确判别是否属于清单申报扣除的资产损失，可以采取专项申报的形式申报扣除。

第二十六条规定，存货盘亏损失，为其盘亏金额扣除责任人赔偿后的余额，应依据以下证据材料确认：

（一）存货计税成本确定依据；

（二）企业内部有关责任认定、责任人赔偿说明和内部核批文件；

（三）存货盘点表；

（四）存货保管人对于盘亏的情况说明。

第四十八条规定，企业正常经营业务因内部控制制度不健全而出现操作不当、不规范或因业务创新但政策不明确、不配套等原因形成的资产损失，应由企业承担的金额，可以作为资产损失并准予在税前申报扣除，但应出具损失原因证明材料或业务监管部门定性证明、损失专项说明。

根据上述规定，"正常损耗"的认定，税法没有明确的定量标准，实务中，企业应就该标准与主管税务机关沟通并取得认可。否则不能作为正常损耗以清单申报方式申报扣除。

存货盘亏损失扣除责任人赔偿后应由企业承担的金额，可以按上述规定税前扣除。

2.《增值税暂行条例实施细则》第二十四条规定，条例第十条第（二）项所称非正常损失，是指因管理不善造成被盗、丢失、霉烂变质的损失。

根据上述规定，管理不善造成的盘亏损失，相应进项税额不得抵扣，应进行转出处理。

11. 商业零售企业存货丢失损失如何申报税前扣除？

问：我公司为商业零售企业，购入的存货经过盘点，存在丢失的情况，该部分丢失的存货能否税前扣除？

答：《国家税务总局关于商业零售企业存货损失税前扣除问题的公告》（国家税务总局公告 2014 年第 3 号）第一条规定，商业零售企业存货因零星失窃、报废、废弃、过期、破损、腐败、鼠咬、顾客退换货等正常因素形成的损失，为存货正常损失，准予按会计科目进行归类、汇总，然后再将汇总数据以清单的形式进行企业所得税纳税申报，同时出具损失情况分析报告。

第二条规定，商业零售企业存货因风、火、雷、震等自然灾害，仓储、运输失事，重大案件等非正常因素形成的损失，为存货非正常损失，应当以专项申报形式进行企业所得税纳税申报。

第四条规定，本公告适用于 2013 年度及以后年度企业所得税纳税申报。

根据上述规定，商业零售企业存货因零星失窃正常因素形成的损失，为存货正常损失，以清单的形式进行企业所得税纳税申报，同时出具损失情况分析报告。存货丢失属仓储、运输失事，重大案件等非正常因素形成的损失，为存货非正常损失，应当以专项申报形式进行企业所得税纳税申报。

12. 存货以低于成本价出售是否需申报损失才可以税前扣除？

问：企业存货以低于成本价出售，是否需向税务机关申报损失才可以税前扣除？

答：《企业所得税法实施条例》第三十二条规定，企业所得税法第八条所称损失，是指企业在生产经营活动中发生的固定资产和存货的盘亏、毁损、报废损失，转让财产损失，呆账损失，坏账损失，自然灾害等不可抗力因素造成的损失以及其他损失。

《国家税务总局关于发布〈企业资产损失所得税税前扣除管理办法〉的公告》（国家税务总局公告 2011 年第 25 号）第九条规定，下列资产损失，应以清单申报的方式向税务机关申报扣除：

（一）企业在正常经营管理活动中，按照公允价格销售、转让、变卖非货币资产的损失；

（二）企业各项存货发生的正常损耗；

（三）企业固定资产达到或超过使用年限而正常报废清理的损失；

（四）企业生产性生物资产达到或超过使用年限而正常死亡发生的资产损失；

（五）企业按照市场公平交易原则，通过各种交易场所、市场等买卖债券、股票、期货、基金以及金融衍生产品等发生的损失。

《河北省国家税务局关于企业所得税若干问题的公告》（河北省国家税务局公告 2014 年第 5 号）第二十条规定，《实施条例》第三十二条对"损失"的税法口径做出了规定，企业正常销售的产品因市场价格波动造成的售价低于成本的差额不属于税法口径的损失，可作为企业生产经营亏损直接计入当期利润总额进行纳税申报，不需作为资产损失进行清单申报。

根据上述规定，企业正常销售的产品因市场价格波动造成售价低于成本的差额不属于资产损失，可作为企业生产经营亏损直接计入当期利润总额进行纳税申报，不需作为资产损失进行清单申报。

13. 合理损耗标准是否必须备案才能税前列支？

问：发电企业消耗原料主要为燃煤，根据《电力网和火力发电厂省煤节电工作条例》[(79) 电生字第 66 号] 的通知规定，每月的贮存损失，一般在日平均存煤量的 0.5% 以下，这也是各大电力集团的行业标准，企业据此列入成本。而税务部门认为要进行备案方可列入成本，所以要对此列入成本的存货损失计征 25% 的企业所得税；企业认为这是所有电力企业燃煤存货损失的一个公开透明的行业标准，不应征收企业所得税。

税务部门的观点是否正确？

答：《国家税务总局关于发布〈企业资产损失所得税税前扣除管理办法〉的公告》（国家税务总局公告 2011 年第 25 号）第九条规定，下列资产损失，应以清单申报的方式向税务机关申报扣除：

（二）企业各项存货发生的正常损耗；

……

第十四条规定，企业应当建立健全资产损失内部核销管理制度，及时收集、整理、编制、审核、申报、保存资产损失税前扣除证据材料，方便税务机关检查。

第十五条规定，税务机关应按分项建档、分级管理的原则，建立企业资产损失税前扣除管理台账和纳税档案，及时进行评估。对资产损失金额较大或经评估后发现不符合资产损失税前扣除规定，或存有疑点、异常情况的资产损失，应及时进行核查。对有证据证明申报扣除的资产损失不真实、不合法的，应依法作出税收处理。

根据上述规定，合理损耗内的存货损失，应以清单申报的方式向税务机关申报扣除，清单申报通常采取申报表附报形式，即纳税人在进行年度申报时，将《企业资产损失清单申报表》随同企业所得税年度纳税申报表一同提供给税务机关。企业按上述规定向税务机关申报后，税务机关认为有疑问的，有权利进行核查，对企业不能够提供证据材料的，有权进行税务处理。

燃煤合理损失的标准，税法上并无统一标准，企业可以就《电力网和火力发电厂省煤节电工作条例》中提到的行业标准与税务机关充分沟通，以取得对方认可。

14. 低于成本价销售的生鲜农产品如何申报损失？

问：某公司销售一批生鲜农产品，库存价值 20 多万元，由于多种原因（品相不好、临近保质期等），低于成本价赔本清库销售，取得销售收入 10 万元。结转的 20 多万元成本可否全额在税前扣除？是否属于存货正常损失？

答：《国家税务总局关于发布〈企业资产损失所得税税前扣除管理办法〉的公告》（国家税务总局公告 2011 年第 25 号）第九条规定，下列资产损失，应以清单申报的方式向税务机关申报扣除：

（一）企业在正常经营管理活动中，按照公允价格销售、转让、变卖非货币资产的损失；

（二）企业各项存货发生的正常损耗；

（三）企业固定资产达到或超过使用年限而正常报废清理的损失；

（四）企业生产性生物资产达到或超过使用年限而正常死亡发生的资产损失；

（五）企业按照市场公平交易原则，通过各种交易场所、市场等买卖债券、股票、期货、基金以及金融衍生产品等发生的损失。

参照《浙江省宁波市国家税务局 2011 年度企业所得税汇算清缴政策问题解答》的规定：

41. 存货因超过保质期而报废发生的损失是否可作为正常损耗？

超过保质期而报废发生的损失属于正常损失，可通过清单申报在税前扣除。

根据上述规定，企业低于成本价处置因品相不好、临近保质期等原因的滞销生鲜农产品，属于企业在正常经营管理活动中变卖的非货币资产损失，可以清单申报扣除变卖产生的损失。

15. 以借款形式筹资形成的坏账损失能否税前扣除？

问：甲、乙两公司协议：新注册开业的甲公司（注册资金 600 万元）先以借款形式向乙公司筹集资金 500 万元（此时乙公司在甲公司无股份），约定 3 年（至 2010 年底）后，若甲公司累计实现税后利润超过 400 万元，则乙公司上述 500 万元将转为甲公司的注册资金，乙公司从而成为甲公司的股东之一（占总注册资本的 40%，其他股东同时调整股本）；若 2010 年底没能实现累计税后利润 400 万元，则甲公司应归还乙公司 500 万元，并按 7% 年利率支付利息。后因甲公司经营不善，连年亏损，目前已倒闭注销。乙公司尚有 300 余万元无法收回（2011 年后已收回部分）。

乙公司该笔坏账损失是否可以税前列支？

答：《财政部、国家税务总局关于企业资产损失税前扣除政策的通知》（财税〔2009〕57号）第五条规定，企业经采取所有可能的措施和实施必要的程序之后，符合下列条件之一的贷款类债权，可以作为贷款损失在计算应纳税所得额时扣除：

（一）借款人和担保人依法宣告破产、关闭、解散、被撤销，并终止法人资格，或者已完全停止经营活动，被依法注销、吊销营业执照，对借款人和担保人进行追偿后，未能收回的债权；

......

《国家税务总局关于发布〈企业资产损失所得税税前扣除管理办法〉的公告》（国家税务总局公告 2011 年第 25 号）第四十条规定，企业债权投资损失应依据投资的原始凭证、合同或协议、会计核算资料等相关证据材料确认。下列情况债权投资损失的，还应出具相关证据材料：

（一）债务人或担保人依法被宣告破产、关闭、被解散或撤销、被吊销营业执照、失踪或者死亡等，应出具资产清偿证明或者遗产清偿证明。无法出具资产清偿证明或者遗产清偿证明，且上述事项超过三年以上的，或债权投资（包括信用卡透支和助学贷款）余额在三百万元以下的，应出具对应的债务人和担保人破产、关闭、解散证明、撤销文件、工商行政管理部门注销证明或查询证明以及追索记录等（包括司法追索、电话追索、信件追索和上门追索等原始记录）；

……

第四十六条规定，下列股权和债权不得作为损失在税前扣除：

（五）企业发生非经营活动的债权；

……

根据上述规定，乙公司的借款在未达到转股条件时，有约定的利率，构成贷款类债权，不是非经营活动的债权，因对方倒闭，追偿后未能收回的债权可以按规定申报税前扣除。

16. 坏账损失税前扣除需提供什么手续？

问： A 公司某客户在 2013 年 2 月申请破产并清算，A 公司在 2013 年 11 月对此客户的应收账款计提了资产减值准备，若 A 公司 2014 年 4 月去税务局备案并对该笔应收账款确认坏账损失，那么此笔坏账损失能否在 2013 年度的所得税汇算中税前扣除？另外，A 公司去税务局备案需要准备什么材料？

答：《企业会计准则第 22 号——金融工具确认和计量》第二十五条规定，金融资产满足下列条件之一的，应当终止确认：

（一）收取该金融资产现金流量的合同权利终止。

（二）该金融资产已转移，且符合《企业会计准则第 23 号——金融资产转移》规定的金融资产终止确认条件。

终止确认，是指将金融资产或金融负债从企业的账户和资产负债表内予以转销。

《国家税务总局关于发布〈企业资产损失所得税税前扣除管理办法〉的公告》（国家税务总局公告 2011 年第 25 号）第四条规定，企业实际资产损失，应当在其实际发生且会计上已作损失处理的年度申报扣除；法定资产损失，应当在企业向主管税务机关提供证据资料证明该项资产已符合法定资产损失确认条件，且会计上已作损失处理的年度申报扣除。

第五条规定，企业发生的资产损失，应按规定的程序和要求向主管税务机关申报后方能在税前扣除。未经申报的损失，不得在税前扣除。

第六条规定，企业以前年度发生的资产损失未能在当年税前扣除的，可以按照本办法的规定，向税务机关说明并进行专项申报扣除。其中，属于实际资产损失，准予追补至该项损失发生年度扣除，其追补确认期限一般不得超过五年，但因计划经济体制转轨过程中遗留的资产损失、企业重组上市过程中因权属不清出现争议而未能及时扣除的资产损失、因承担国家政策性任务而形成的资产损失以及政策定性不明确而形成资产损失等特殊原因形成的资产损失，其追补确认期限经国家税务总局批准后可适当延长。属于法定资产损失，应在申报年度扣除。

企业因以前年度实际资产损失未在税前扣除而多缴的企业所得税税款，可在追补确认年度企业所得税应纳税款中予以抵扣，不足抵扣的，向以后年度递延抵扣。

企业实际资产损失发生年度扣除追补确认的损失后出现亏损的，应先调整资产损失发生年度的亏损额，再按弥补亏损的原则计算以后年度多缴的企业所得税税款，并按前款办法进行税务处理。

第二十二条规定，企业应收及预付款项坏账损失应依据以下相关证据材料确认：

（一）相关事项合同、协议或说明；

（二）属于债务人破产清算的，应有人民法院的破产、清算公告；

……

根据上述规定，若 2013 年 2 月客户即清算完毕，A 公司应在 2013 年 2 月即终止应收债权的确认，确认坏账损失。形成的坏账损失作为 2013 年度资产损失，依据协议、合同及客户的破产、清算公告申报税前扣除；若 2013 年度申请破产清算，直到 2014 年 4 月才清算完毕，则 A 公司应在 2014 年 4 月即终止应收债权的确认，确认坏账损失。形成的坏账损失作为 2014 年度资产损失，依据协议、合同及客户的破产、清算公告申报税前扣除。

应在 2013 年度税前扣除的损失未能在当年申报扣除的，按上述规定向税务机关说明并进行专项申报，追补至 2013 年度税前扣除。

17. 应收账款逾期三年作为坏账损失可否税前扣除？

问：我公司 2013 年末核销了两笔应收账款，一笔是 2010 年形成的，金额为 23 万元，对方企业未在工商注销，但实际已不存在，找不到机构和相关人员。一笔金额为 4 万元，2012 年形成的，对方企业状况与上一笔相同。

这两笔坏账损失需取得什么证明材料才可以税前扣除？工商部门不给出具证明材料，第一笔能否依据账龄超过 3 年，第二笔能否依据金额小于 5 万元来扣除？

答：《国家税务总局关于发布〈企业资产损失所得税税前扣除管理办法〉的公告》（国家税务总局公告 2011 年第 25 号）第二十三条规定，企业逾期三年以上的应收款项在会计上已作为损失处理的，可以作为坏账损失，但应说明情况，并出具专项报告。

第二十四条规定，企业逾期 1 年以上，单笔数额不超过 5 万或者不超过企业年度收入总额万分之一的应收款项，会计上已经作为损失处理的，可以作为坏账损失，但应说明情况，并出具专项报告。

根据上述规定，对于逾期 3 年以上及单笔金额较小的应账款项，在会计上已做损失处理后，由企业说明情况，并出具专项报告后，可以作为坏账损失。在实际工作中，主管税务机关对此种类型的财产损失一般会要求纳税人同时提供中介机构的鉴证报告。贵公司可根据中介机构的要求准备并提供相关证明资料，以下规定供参考：

《企业资产损失所得税税前扣除鉴证业务指导意见（试行）》（中税协发〔2011〕109 号）第九条规定，对企业在会计上已作为损失处理的、逾期 3 年以上的应收款项以及逾期 1 年以上、单笔数额不超过 5 万元或者不超过企业年度收入总额万分之一的应收款项的鉴证，还应当审核专项报告。

《企业资产损失所得税税前扣除鉴证业务操作指南》第十二条规定，执行指导意见第九条规定的应收款项坏账损失鉴证程序时，应特别关注：

（一）取得有关逾期三年以上且认定为坏账的应收款项的证据资料，确认该类应收款项的发生情况；

（二）取得上述应收款项会计上已作为损失的核算资料；

（三）上述损失确认的情况说明，如：应收款项发生情况，损失会计处理情况，逾期三年未收回的原因，真实性、合法性评价；

（四）取得债务人无力清偿债务的证据；

（五）填制工作底稿（范本）中的《货币资产损失——坏账损失税前扣除鉴证表》。

第十三条规定，执行指导意见第九条规定的逾期短、单笔数额小或占年收入比重低的应收款项坏账损失鉴证程序时，应特别关注：

（一）取得有关逾期一年以上，单笔数额不超过五万或者不超过被鉴证人年度收入总额万分之一的应收款项的证据资料，确认该类应收款项的发生情况；

（二）取得上述应收款项会计上已作为损失的核算资料；

（三）上述损失确认的情况说明，如：应收款项发生情况，损失的会计处理情况，逾期未收回的原因，单笔应收款的额度或占年收入比重；

（四）填制工作底稿（范本）中的《货币资产损失——坏账损失税前扣除鉴证表》。

18. 企业向个人借款无法收回的损失可否税前扣除？

问： 我公司是一家从事其他服务业的按率征收企业所得税的有限责任公司，去年我公司法定代表人的朋友向我公司借款 200 万元，打了一张借条，因为是暂时借款，也没有收取利息。现在对方因生意失败无法偿还借款。如果我公司申报资产损失，需要什么手续？按率征收的企业和按账征收的企业规定是否一样？我公司是否需要专项申报？申报时需要提供什么材料？

答：《国家税务总局关于发布〈企业资产损失所得税税前扣除管理办法〉的公告》（国家税务总局公告 2011 年第 25 号）第四十六条规定，下列股权和债权不得作为损失在税前扣除：

（五）企业发生非经营活动的债权；

……

因此，你公司借给单位法定代表人朋友的借款属于非经营活动的债权，不得作为损失在税前扣除。

19. 外部董事借款无法归还的损失能否税前扣除？

问： 企业外部董事从公司无偿借款，到年末未归还，这种外部董事从企业借款无法归还的情形能否确认坏账申报税前扣除？

答：《国家税务总局关于发布〈企业资产损失所得税税前扣除管理办法〉的公告》（国家税务总局公告 2011 年第 25 号）第二十三条规定，企业逾期三年以上的应收款项在会计上已作为损失处理的，可以作为坏账损失，但应说明情况，并出具专项报告。

第二十四条规定，企业逾期一年以上，单笔数额不超过五万或者不超过企业年度收入总额万分之一的应收款项，会计上已经作为损失处理的，可以作为坏账损失，但应说明情况，并出具专项报告。

《财政部关于建立健全企业应收款项管理制度的通知》（财企〔2002〕513 号）规定，企业坏账损失视不同情况按照以下方法确认：

（四）逾期 3 年的应收款项，具有企业依法催收磋商记录，并且能够确认 3 年内没有任何业务往来的，在扣除应付该债务人的各种款项和有关责任人员的赔偿后的余额，作为坏账损失；

（五）逾期 3 年的应收款项，债务人在境外及我国香港、澳门、台湾地区的，经依法催收仍未收回，且在 3 年内没有任何业务往来的，在取得境外中介机构出具的终止收款意见书，或者取得我国驻外使（领）馆商务机构出具的债务人逃亡、破产证明后，作为坏账损失。

关于个人投资者从其投资的企业（个人独资企业、合伙企业除外）借款长期不还的处理问题，《财政部、国家税务总局关于规范个人投资者个人所得税征收管理的通知》（财税〔2003〕158 号）规定，纳税年度内个人投资者从其投资企业（个人独资企业、合伙企业除外）借款，在该纳税年度终了后即不归还，又未用于企业生产经营的，其未归还的借款可视为企业对个人投资者的红利分配，依照"利息、股息、红利所得"项目计征个人所得税。

根据上述规定，外部董事从企业借款长期不还，不符合会计坏账损失处理规定的，不允许税前扣除。

20. 不当付款造成的损失如何税前扣除？

问：我单位预付给某个单位货款，因当时未对其企业身份进行验证考察，就支付了款项，但付款后发现该企业根本不存在，货款也无法收回，发生的损失可否在税前扣除？如可以，应提供什么证据？

答：《国家税务总局关于发布〈企业资产损失所得税税前扣除管理办法〉的公告》（国家税务总局公告 2011 年第 25 号）第四十八条规定，企业正常经营业务因内部控制制度不健全而出现操作不当、不规范或因业务创新但政策不明确、不配套等原因形成的资产损失，应由企业承担的金额，可以作为资产损失并准予在税前申报扣除，但应出具损失原因证明材料或业务监管部门定性证明、损失专项说明。

第四十九条规定，企业因刑事案件原因形成的损失，应由企业承担的金额，或经公安机关立案侦查两年以上仍未追回的金额，可以作为资产损失并准予在税前申报扣除，但应出具公安机关、人民检察院的立案侦查情况或人民法院的判决书等损失原因证明材料。

根据上述规定，对不当付款行为中应由企业承担的金额，可以按上述第四十八条规定税前扣除，涉及刑事案件的，形成损失且应由企业承担的金额，按第四十九条规定申报税前扣除。

21. 企业正常转让固定资产折价损失如何申报税前扣除?

问：企业正常转让固定资产发生的折价损失如何申报税前扣除?

答：《国家税务总局关于发布〈企业资产损失所得税税前扣除管理办法〉的公告》(国家税务总局公告 2011 年第 25 号)第八条规定，企业资产损失按其申报内容和要求的不同，分为清单申报和专项申报两种申报形式。其中，属于清单申报的资产损失，企业可按会计核算科目进行归类、汇总，然后再将汇总清单报送税务机关，有关会计核算资料和纳税资料留存备查；属于专项申报的资产损失，企业应逐项(或逐笔)报送申请报告，同时附送会计核算资料及其他相关的纳税资料。

企业在申报资产损失税前扣除过程中不符合上述要求的，税务机关应当要求其改正，企业拒绝改正的，税务机关有权不予受理。

第九条规定，下列资产损失，应以清单申报的方式向税务机关申报扣除：

(一)企业在正常经营管理活动中，按照公允价格销售、转让、变卖非货币资产的损失；

……

根据上述规定，企业在正常经营管理活动中，按照公允价格转让固定资产发生的损失，应以清单申报的方式向税务机关申报扣除。属于清单申报的资产损失，企业可按会计核算科目进行归类、汇总，然后再将汇总清单报送税务机关，有关会计核算资料和纳税资料留存备查。

22. 固定资产正常报废形成损失如何申报扣除?

问：固定资产正常报废(已提完折旧，达到使用年限)，没有处置收益，形成损失，是否需按照国家税务总局 2011 年第 25 号公告第三十条进行损失确认?

答：《国家税务总局关于发布〈企业资产损失所得税税前扣除管理办法〉的公告》(国家税务总局公告 2011 年第 25 号)第九条规定，下列资产损失，应以清单申报的方式向税务机关申报扣除：

(三)企业固定资产达到或超过使用年限而正常报废清理的损失；

……

第三十条规定，固定资产报废、毁损损失，为其账面净值扣除残值和责任人赔偿后的余额，应依据以下证据材料确认：

(一)固定资产的计税基础相关资料；

(二)企业内部有关责任认定和核销资料；

(三)企业内部有关部门出具的鉴定材料；

(四)涉及责任赔偿的，应当有赔偿情况的说明；

(五)损失金额较大的或自然灾害等不可抗力原因造成固定资产毁损、报废的，应有专业技术鉴定意见或法定资质中介机构出具的专项报告等。

因此，企业固定资产达到或超过使用年限而正常报废清理的损失，应依据以上证据材料确认，以清单申报的方式向税务机关申报扣除。

23. 提足折旧的固定资产损失如何进行税务处理？

问： 我公司按照规定一直对固定资产提取 10% 的残值，目前这部分固定资产已经正常全部提足折旧，准备清理账面上的残值，这部分残值最后会转入营业外支出，这样产生的损失可否在税前列支？税务流程是什么？该损失应以何种方式申报？

答：《国家税务总局关于发布〈企业资产损失所得税税前扣除管理办法〉的公告》（国家税务总局公告 2011 年第 25 号）第三条规定，准予在企业所得税税前扣除的资产损失，是指企业在实际处置、转让上述资产过程中发生的合理损失（以下简称实际资产损失），以及企业虽未实际处置、转让上述资产，但符合《通知》和本办法规定条件计算确认的损失（以下简称法定资产损失）。

第四条规定，企业实际资产损失，应当在其实际发生且会计上已作损失处理的年度申报扣除；法定资产损失，应当在企业向主管税务机关提供证据资料证明该项资产已符合法定资产损失确认条件，且会计上已作损失处理的年度申报扣除。

第九条规定，下列资产损失，应以清单申报的方式向税务机关申报扣除：

（三）企业固定资产达到或超过使用年限而正常报废清理的损失；

......

《上海市国家税务局、上海市地方税务局关于印发〈上海市企业资产损失所得税税前扣除申报事项操作规程（试行）〉的通知》（沪国税所〔2011〕101 号）规定：

申报事项名称：资产损失清单申报

申报依据：《中华人民共和国企业所得税法》及其实施条例，《财政部、国家税务总局关于企业资产损失税前扣除政策的通知》（财税〔2009〕57 号）、《国家税务总局关于发布〈企业资产损失所得税税前扣除管理办法〉的公告》（国家税务总局公告 2011 年第 25 号）。

企业申报时限：在企业所得税年度汇算清缴期间，企业应先于企业所得税年度纳税申报表申报之前将资产损失申报材料向主管税务机关报送。

企业提交的材料：

1. 《企业资产损失（清单申报）税前扣除申报表》；

2. 属于境内跨地区经营汇总纳税的总机构，须向其主管税务机关报送《境内跨地区经营汇总纳税企业资产损失申报汇总表》，并附报盖有分支机构所在地主管税务机关受理专用章的资产损失申报表或其他相关证明复印件。

3. 税务机关所需的其他材料；

受理流程：受理窗口

受理期限：除特殊情况外，受理部门一般应在一个工作日内办理完受理手续。

回复方式：在企业上报的《企业资产损失（清单申报）税前扣除申报表》、《境内跨地区经营汇总纳税企业资产损失申报汇总表》上加盖主管税务机关受理专用章。

根据上述规定，准予在企业所得税税前扣除的、达到使用年限而正常报废清理的固定资产损失，可以清单申报方式申报。具体申报流程参考沪国税所〔2011〕101 号文件规定。

24. 固定资产未实际处置发生的清理费用可否税前扣除？

问： 2014年我公司将燃煤锅炉置换为燃气锅炉，发生清理费用3万元，因燃煤锅炉购置时间不长，卖价太低而至今未处置，固定资产清理账转入营业外支出只有这3万元，这3万元能否税前扣除？

答：《国家税务总局关于发布〈企业资产损失所得税税前扣除管理办法〉的公告》（国家税务总局公告2011年第25号）第三条规定，准予在企业所得税税前扣除的资产损失，是指企业在实际处置、转让上述资产过程中发生的合理损失，以及企业虽未实际处置、转让上述资产，但符合《通知》和本办法规定条件计算确认的损失。

第四条规定，企业实际资产损失，应当在其实际发生且会计上已作损失处理的年度申报扣除；法定资产损失，应当在企业向主管税务机关提供证据资料证明该项资产已符合法定资产损失确认条件，且会计上已作损失处理的年度申报扣除。

《企业会计准则第4号——固定资产》第二十一条规定，固定资产满足下列条件之一的，应当予以终止确认：

（一）该固定资产处于处置状态。

（二）该固定资产预期通过使用或处置不能产生经济利益。

第二十三条规定，企业出售、转让、报废固定资产或发生固定资产毁损，应当将处置收入扣除账面价值和相关税费后的金额计入当期损益。固定资产的账面价值是固定资产成本扣减累计折旧和累计减值准备后的金额。

《新疆维吾尔自治区地方税务局关于做好2009年度企业所得税汇算清缴工作的通知》（新地税发〔2010〕82号）规定，企业发生的资产损失，若资产已处置未变卖，则残值为合理确定的预计净残值；若资产已变卖，则为实际取得的变价收入。

根据上述规定，贵公司固定资产已处置未变卖，发生的固定资产清理费用会计上已作损失处理，允许税前扣除。

25. 未实际处置固定资产损失税前扣除金额如何确认？

问： 固定资产原值为10万元，已提折旧6.5万元，净值为3.5万元，残值率为5%，预计净残值0.5万元，现已报废，未实际转让处置，固定资产报废损失申请税前扣除金额应如何确认？是按扣除预计残值0.5万元以后的3万元确认，还是按净值3.5万元确认？

答：《国家税务总局关于发布〈企业资产损失所得税税前扣除管理办法〉的公告》（国家税务总局公告2011年第25号）第三十条规定，固定资产报废、毁损损失，为其账面净值扣除残值和责任人赔偿后的余额，应依据以下证据材料确认：

（一）固定资产的计税基础相关资料；

（二）企业内部有关责任认定和核销资料；

（三）企业内部有关部门出具的鉴定材料；

（四）涉及责任赔偿的，应当有赔偿情况的说明；

（五）损失金额较大的或自然灾害等不可抗力原因造成固定资产毁损、报废的，应有专业技术鉴定意见或法定资质中介机构出具的专项报告等。

《新疆维吾尔自治区地方税务局关于做好 2009 年度企业所得税汇算清缴工作的通知》（新地税发〔2010〕82 号）规定，企业发生的资产损失，若资产已处置未变卖，则残值为合理确定的预计净残值；若资产已变卖，则为实际取得的变价收入。

根据上述规定，企业发生的资产损失，若资产已处置未变卖，则残值为合理确定的预计净残值。因此，企业固定资产报废损失为 3 万元。

26. 债权性投资损失是否可以全额税前扣除？

问： 债权性投资损失是否可以全额在企业所得税税前扣除？单位之间的借款损失属于债权性投资损失吗？

答： 1. 《国家税务总局关于发布〈企业资产损失所得税税前扣除管理办法〉的公告》（国家税务总局公告 2011 年第 25 号）第四十条规定，企业债权投资损失应依据投资的原始凭证、合同或协议、会计核算资料等相关证据材料确认。下列情况债权投资损失的，还应出具相关证据材料：……

根据上述规定，债权投资损失凭相关证明材料全额申报税前扣除。

2. 《国家税务总局关于发布〈企业资产损失所得税税前扣除管理办法〉的公告》（国家税务总局公告 2011 年第 25 号）第四十五条规定，企业按独立交易原则向关联企业转让资产而发生的损失，或向关联企业提供借款、担保而形成的债权损失，准予扣除，但企业应作专项说明，同时出具中介机构出具的专项报告及其相关的证明材料。

第四十六条规定，下列股权和债权不得作为损失在税前扣除：

（五）企业发生非经营活动的债权；

……

根据上述规定，企业之间借款损失可以税前扣除，但应与经营活动相关，与非关联企业之间的无息借款，属于企业发生的非经营活动债权，损失不能在税前扣除。

27. 向子公司提供担保形成的债权损失能否税前扣除？

问： 全资子公司向银行贷款，由母公司提供担保，到期无力还款，母公司基于担保责任代偿银行借款，后来子公司经营不善，进行清算，母公司形成的这笔债权损失能否税前扣除？

答： 《国家税务总局关于发布〈企业资产损失所得税税前扣除管理办法〉的公告》（国家税务总局公告 2011 年第 25 号）第四十四条规定，企业对外提供与本企业生产经营活动有关的担保，因被担保人不能按期偿还债务而承担连带责任，经追索，被担保人无偿还能力，对无法追回的金额，比照本办法规定的应收款项损失进行处理。

与本企业生产经营活动有关的担保是指企业对外提供的与本企业应税收入、投资、融资、材料采购、产品销售等生产经营活动相关的担保。

第四十五条规定，企业按独立交易原则向关联企业转让资产而发生的损失，或向关联企业提供借款、担保而形成的债权损失，准予扣除，但企业应作专项说明，同时出具中介机构出具的专项报告及其相关的证明材料。

根据上述规定，母公司向全资子公司提供担保形成的债权损失，可以税前扣除。但企业应作专项说明，同时出具中介机构出具的专项报告及其相关的证明材料。

28. 权益性投资损失可否税前扣除？

问：甲公司有一全资子公司乙，采用成本法核算，现在乙公司注销，甲公司收回的投资低于投资成本，该损失是否可以税前扣除？

答：《国家税务总局关于企业股权投资损失所得税处理问题的公告》（国家税务总局公告2010年第6号）第一条规定，企业对外进行权益性投资所发生的损失，在经确认的损失发生年度，作为企业损失在计算企业应纳税所得额时一次性扣除。

《国家税务总局关于发布〈企业资产损失所得税税前扣除管理办法〉的公告》（国家税务总局公告2011年第25号）第四十一条规定，企业股权投资损失应依据以下相关证据材料确认：

（一）股权投资计税基础证明材料；

（二）被投资企业破产公告、破产清偿文件；

（三）工商行政管理部门注销、吊销被投资单位营业执照文件；

（四）政府有关部门对被投资单位的行政处理决定文件；

（五）被投资企业终止经营、停止交易的法律或其他证明文件；

（六）被投资企业资产处置方案、成交及入账材料；

（七）企业法定代表人、主要负责人和财务负责人签章证实有关投资（权益）性损失的书面申明；

（八）会计核算资料等其他相关证据材料。

根据上述规定，企业对外进行权益性投资所发生的损失，在经确认的损失发生年度，作为企业损失在计算企业应纳税所得额时一次性扣除。

29. 股票投资发生损失可否自行在企业所得税税前扣除？

问：我公司今年在证券交易市场进行股票投资，买卖股票发生损失20万元。股票投资发生损失是否可以直接计算并自行在企业所得税税前扣除？

答：《国家税务总局关于发布〈企业资产损失所得税税前扣除管理办法〉的公告》（国家税务总局公告2011年第25号）第八条规定，企业发生的资产损失，应按规定的程序和要求向主管税务机关申报后方能在税前扣除。未经申报的损失，不得在税前扣除。企业资产损失按其申报内容和要求的不同，分为清单申报和专项申报两种申报形式。其中，属于清单申报的资产损失，企业可按会计核算科目进行归类、汇总，然后再将汇总清单报送税务机关，有关会计核算资料和纳税资料留存企业备查；属于专项申报的资产损失，企业应逐项（或逐笔）报送申请报告，同时附送会计核算资料及其他相关的纳税资料。

第九条规定，下列资产损失，应以清单申报的方式向税务机关申报扣除：

（五）企业按照市场公平交易原则，通过各种交易场所、市场等买卖债券、股票、期货、基金以及金融衍生产品等发生的损失。

根据上述规定，你公司在证券交易市场买卖股票发生损失，属于应进行清单申报的资产损失，你公司应按规定将汇总清单报送税务机关，方可在企业所得税税前扣除。

30. 期货投资损失是否需要备案才能税前扣除？

问：我公司期货投资发生损失，对该损失已直接列入投资收益，是否需要另外备案？

答：《国家税务总局关于发布〈企业资产损失所得税税前扣除管理办法〉的公告》（国家税务总局公告 2011 年第 25 号）第八条规定，企业资产损失按其申报内容和要求的不同，分为清单申报和专项申报两种申报形式。其中，属于清单申报的资产损失，企业可按会计核算科目进行归类、汇总，然后再将汇总清单报送税务机关，有关会计核算资料和纳税资料留存备查；属于专项申报的资产损失，企业应逐项（或逐笔）报送申请报告，同时附送会计核算资料及其他相关的纳税资料。

第九条规定，下列资产损失，应以清单申报的方式向税务机关申报扣除：

（五）企业按照市场公平交易原则，通过各种交易场所、市场等买卖债券、股票、期货、基金以及金融衍生产品等发生的损失。

根据上述规定，贵公司按照市场公平交易原则，通过各种交易场所、市场等买卖期货发生的损失，符合清单申报的内容，可按照规定做出账务处理后，汇总清单报送税务机关进行申报扣除，无须向税务机关备案。需要注意的是，在税前申报扣除的前提条件是会计上已作相应账务处理。

31. 应收外债的汇兑损失如何税前扣除？

问：我公司系一家房地产公司，2010 年与外方股东共同投资成立了一家中外合资房地产公司，我方占 60%，外方股东占 40%。当年我公司将 60% 的股份以 1.8 亿美元平价转让给另外一家外方股东。2013 年外方股东将转让款 1.8 亿美元打给我方，由于美元汇率原因，我方亏损 2 亿元人民币，2010—2012 年期末我公司未做汇兑损益相关账务处理，在 2013 年收到该笔外汇时计入财务费用（汇兑损失）2 亿元人民币。

该笔汇兑损失能否在 2013 年所得税汇算时扣除？如何处理？

答：1.《企业所得税法实施条例》第三十九条规定，企业在货币交易中，以及纳税年度终了时将人民币以外的货币性资产、负债按照期末即期人民币汇率中间价折算为人民币时产生的汇兑损失，除已经计入有关资产成本以及与向所有者进行利润分配相关的部分外，准予扣除。

《企业所得税法实施条例释义》及适用指南中第二条规定，纳税年度终了时将人民币以外的货币性资产、负债按照期末即期人民币汇率中间价折算为人民币时产生的汇兑损失，准予扣除。

企业所拥有的资产或者负债，可能是以计账本位币以外的货币计量，那么在纳税年度终了时，需要按照期末即期人民币汇率中间价为标准，将其折算成人民币，以反映企业的真正经济利益流动情况，当期末即期人民币汇率中间价，与企业取得货币性资产、负债时的汇率产生变动时，就可能使企业承担因汇率变动而产生的损失。其中，负债是由企业已完成的经济业务所引起，可以用货币客观计量，并在将来以资产或提供劳务等方式予以清偿的经济责任，如应付账款、应付票据等。货币性资产是企业经营过程中以货币形态存在的资产，包括狭义上的现金（即库存现金）、银行存款、其他货币资金等。这部分损失是企业生产经营活动中的正常与必要的支出，应准予扣除。

第三条规定，已经计入有关资产成本以及与向所有者进行利润分配相关的部分的汇兑损失，不予扣除。

一般而言，汇兑损失属于企业生产经营活动过程中所发生的必要与正常的支出，应准予扣除。但是，企业在会计处理时，有些汇兑损失已经通过其他途径体现在企业的支出中，或者有时候产生的汇兑损失，虽然也与企业所拥有的资产数额有关联，但其是企业税后利润的组成部分，产生的汇兑损失只会对所有者权益产生一定的影响，对于这些情况下的汇兑损失，是不应允许扣除的，否则就违背了税前扣除中的不得重复扣除原则和相关性原则。企业发生的汇兑损失，如果已经计入资产成本的话，那么这部分损失已经通过资产的折旧或者摊销等方式予以税前扣除；如果企业发生的损失，是由向所有者进行利润分配相关的部分所产生，考虑到这部分属于所有者权益，是税后利润分配问题，一定程度上与企业资产相脱离，不属于企业的资产，其产生的汇兑损失，不应该作为企业支出在税前扣除。

根据上述规定，贵公司将持有的"长期股权投资"转让后形成的应收债权，纳税年度终了时将人民币以外的货币性资产按照期末即期人民币汇率中间价折算为人民币时产生的汇兑损失，不是向所有者进行利润分配相关的部分所产生汇兑损失，准予扣除。

2.《企业会计准则第 19 号——外币折算》第十一条规定，企业在资产负债表日，应当按照下列规定对外币货币性项目和外币非货币性项目进行处理：

（一）外币货币性项目，采用资产负债表日即期汇率折算。因资产负债表日即期汇率与初始确认时或者前一资产负债表日即期汇率不同而产生的汇兑差额，计入当期损益。

《国家税务总局关于企业所得税应纳税所得额若干税务处理问题的公告》（国家税务总局公告 2012 年第 15 号）第六条规定，根据《中华人民共和国税收征收管理法》的有关规定，对企业发现以前年度实际发生的、按照税收规定应在企业所得税前扣除而未扣除或者少扣除的支出，企业做出专项申报及说明后，准予追补至该项目发生年度计算扣除，但追补确认期限不得超过 5 年。

企业由于上述原因多缴的企业所得税税款，可以在追补确认年度企业所得税应纳税款中抵扣，不足抵扣的，可以向以后年度递延抵扣或申请退税。

亏损企业追补确认以前年度未在企业所得税前扣除的支出，或盈利企业经过追补确认后出现亏损的，应首先调整该项支出所属年度的亏损额，然后再按照弥补亏损的原则计算以后年度多缴的企业所得税款，并按前款规定处理。

根据上述规定，贵公司应在每个资产负债表日对应收债权项目折算，并将汇兑差额计入当期损益，同时对这部分损益按规定进行企业所得税申报。属于以前年度应扣未扣支出的，做出专项申报及说明后，准予追补至该项目发生年度计算扣除，但追补确认期限不得超过 5 年。

32. 关联企业之间债务重组损失能否税前扣除？

问： 关联企业之间发生了债务重组，因经营困难进行债务豁免，债权人因此发生的资产损失，是否可以在所得税税前列支？是否需要进行专项申报？若需要，应提供哪些证明材料？

答：《国家税务总局关于发布〈企业资产损失所得税税前扣除管理办法〉的公告》（国家税务总局公告 2011 年第 25 号）第四十五条规定，企业按独立交易原则向关联企业转让资产而发生的损失，或向关联企业提供借款、担保而形成的债权损失，准予扣除，但企业应作专项说明，同时出具中介机构出具的专项报告及其相关的证明材料。

根据上述规定，关联方之间因债务重组而产生的资产损失，应以专项申报的方式在所得税税前扣除。同时应提供中介机构的专项报告以及相关证明资料，相关证明资料应包括但不限于下列资料：有关会计核算资料和原始凭证；相关经济行为的业务合同；企业内部核批文件及有关情况说明；法定代表人、企业负责人和企业财务负责人对特定事项真实性承担法律责任的声明；债务重组协议及其债务人重组收益纳税情况说明等。

33. 应收账款未全额收回如何处理？

问： 我公司某业务在 2013 年 2 月份发生应收账款，对方收货后不按期支付。为了减少损失，我公司于 2014 年 10 月份与客户达成和解协议，减免 24.7％的货款，原应收 587 760 元，现只要求客户限期于 2014 年 10 月 15 日前支付 442 400 元，该应收款就算结清。那么，中间的这笔差额属于什么业务性质？（坏账损失还是财务费用）应该记入什么会计科目？

答：《财政部、国家税务总局关于企业重组业务企业所得税处理若干问题的通知》（财税〔2009〕59 号）第一条第（二）项规定，债务重组，是指在债务人发生财务困难的情况下，债权人按照其与债务人达成的书面协议或者法院裁定书，就其债务人的债务作出让步的事项。

第四条第（二）项规定，企业债务重组，相关交易应按以下规定处理：

3. 债务人应当按照支付的债务清偿额低于债务计税基础的差额，确认债务重组所得；债权人应当按照收到的债务清偿额低于债权计税基础的差额，确认债务重组损失。

《国家税务总局关于发布〈企业资产损失所得税税前扣除管理办法〉的公告》（国家税务总局公告 2011 年第 25 号）第二十二条规定，企业应收及预付款项坏账损失应依据以下相关证据材料确认：

（六）属于债务重组的，应有债务重组协议及其债务人重组收益纳税情况说明；

……

根据上述规定，企业可以依据债务重组协议及其债务人重组收益纳税情况说明，将收到的债务清偿额低于债权计税基础的差额，确认债务重组损失。

会计处理如下（单位：元）：

借：应收账款——重组后债权　　　　　　　　　　　　　　　442 400
　　营业外支出——债务重组损失　　　　　　　　　　　　　145 360
　　贷：应收账款——重组前债权　　　　　　　　　　　　　　　587 760

免税、减计收入

1. 哪些债券利息收入可以享受企业所得税优惠？

问：现行企业所得税法下，何种债券利息收入可以享受企业所得税优惠政策？

答：《国家税务总局关于企业国债投资业务企业所得税处理问题的公告》（国家税务总局公告 2011 年第 36 号）第一条规定：

（一）国债利息收入时间确认

1. 根据企业所得税法实施条例第十八条的规定，企业投资国债从国务院财政部门（以下简称发行者）取得的国债利息收入，应以国债发行时约定应付利息的日期，确认利息收入的实现。

2. 企业转让国债，应在国债转让收入确认时确认利息收入的实现。

（二）国债利息收入计算

企业到期前转让国债，或者从非发行者投资购买的国债，其持有期间尚未兑付的国债利息收入，按以下公式计算确定：

$$国债利息收入＝国债金额×（适用年利率÷365）×持有天数$$

上述公式中的"国债金额"，按国债发行面值或发行价格确定："适用年利率"按国债票面年利率或折合年收益率确定；如企业不同时间多次购买同一品种国债的，"持有天数"可按平均持有天数计算确定。

（三）国债利息收入免税问题

根据企业所得税法第二十六条的规定，企业取得的国债利息收入，免征企业所得税。具体按以下规定执行：

1. 企业从发行者直接投资购买的国债持有至到期，其从发行者取得的国债利息收入，全额免征企业所得税。

2. 企业到期前转让国债，或者从非发行者投资购买的国债，其按本公告第一条第（二）

项计算的国债利息收入，免征企业所得税。

《财政部、国家税务总局关于地方政府债券利息所得免征所得税问题的通知》（财税〔2011〕76 号）规定：

一、对企业和个人取得的 2009 年、2010 年和 2011 年发行的地方政府债券利息所得，免征企业所得税和个人所得税。

二、地方政府债券是指经国务院批准，以省、自治区、直辖市和计划单列市政府为发行和偿还主体的债券。

《财政部、国家税务总局关于铁路建设债券利息收入企业所得税政策的通知》（财税〔2011〕99 号）规定：

一、对企业持有 2011—2013 年发行的中国铁路建设债券取得的利息收入，减半征收企业所得税。

二、中国铁路建设债券是指经国家发展改革委核准，以铁道部为发行和偿还主体的债券。

《财政部、国家税务总局关于 2014、2015 年铁路建设债券利息收入企业所得税政策的通知》（财税〔2014〕2 号）规定：

一、对企业持有 2014 年和 2015 年发行的中国铁路建设债券取得的利息收入，减半征收企业所得税。

二、中国铁路建设债券是指经国家发展改革委核准，以中国铁路总公司为发行和偿还主体的债券。

根据上述规定，除了国债利息收入可以享受免征企业所得税外，企业取得的 2009 年至 2011 年发行的、经国务院批准，以省、自治区、直辖市和计划单列市政府为发行和偿还主体的地方政府债券利息所得；同时，企业持有 2011—2013 年以及 2014 年和 2015 年发行的、经国家发展改革委核准，以中国铁路总公司（原为铁道部）为发行和偿还主体的中国铁路建设债券利息收入，可以减半征收企业所得税。

除此之外，其他债券利息应作为"利息收入"并入收入总额纳税。

2. 购买国债持有到期取得的利息收入如何计算？

问： 某企业 2009 年从其他非发行者购买 2008 年发行的 3 年期国债，票面价值为 100 万元，年利率为 5%，卖方已持有 1 年，双方约定购买价为 106 万元。这样购买方持有到期时实际取得的收益为 9 万元（3 年×5 万元－6 万元），购买方持有期间国债利息为 10 万元（2 年×5 万元）。那么，2010 年国债到期日计算所得税时免税收入是 9 万元还是 10 万元？

答：《国家税务总局关于企业国债投资业务企业所得税处理问题的公告》（国家税务总局公告 2011 年第 36 号）第一条规定，企业到期前转让国债，或者从非发行者投资购买的国债，其持有期间尚未兑付的国债利息收入，按以下公式计算确定：

国债利息收入＝国债金额×（适用年利率÷365）×持有天数

上述公式中的"国债金额"，按国债发行面值或发行价格确定；"适用年利率"按国债票面年利率或折合年收益率确定；如企业不同时间多次购买同一品种国债的，"持有天数"可按平均持有天数计算确定。

同时，该文件规定，有关国债利息收入免税问题，根据《企业所得税法》第二十六条的规定，企业取得的国债利息收入，免征企业所得税。具体按以下规定执行：

1. 企业从发行者直接投资购买的国债持有至到期，其从发行者取得的国债利息收入，全额免征企业所得税。

2. 企业到期前转让国债，或者从非发行者投资购买的国债，其按本公告第一条第（二）项计算的国债利息收入，免征企业所得税。

根据上述规定，企业应按照实际持有的天数计算国债利息的免税收入。

3. 铁路建设债券利息减半计税是否属于免税收入？

问： 持有铁路建设债券取得的利息减半计征企业所得税是否属于免税收入？

答：《企业所得税法》第二十六条规定，企业的下列收入为免税收入：

（一）国债利息收入；

……

《企业所得税法实施条例》第八十二条规定，企业所得税法第二十六条第（一）项所称国债利息收入，是指企业持有国务院财政部门发行的国债取得的利息收入。

《财政部、国家税务总局关于铁路建设债券利息收入企业所得税政策的通知》（财税〔2011〕99号）规定：

一、对企业持有2011—2013年发行的中国铁路建设债券取得的利息收入，减半征收企业所得税。

二、中国铁路建设债券是指经国家发展改革委核准，以铁道部为发行和偿还主体的债券。

根据上述规定，企业持有2011—2013年发行的中国铁路建设债券取得的利息收入，减半征收企业所得税，减半部分不属于国务院财政部门发行的国债取得的利息收入，即不属于免税收入。减半部分原则上属于减计收入。

4. 取得参股企业的投资收益是否需要补交所得税款？

问： 某亏损公司分得参股企业的投资收益，且被投资企业采用优惠税率，这种情况应如何补税？是全额补差还是扣除亏损额后再补交税款？

答：《企业所得税法》第二十六条规定，企业的下列收入为免税收入：

（二）符合条件的居民企业之间的股息、红利等权益性投资收益；

……

《企业所得税法实施条例》第八十三条规定，企业所得税法第二十六条第（二）项所称符合条件的居民企业之间的股息、红利等权益性投资收益，是指居民企业直接投资于其他居民企业取得的投资收益。企业所得税法第二十六条第（二）项和第（三）项所称股息、红利等权益性投资收益，不包括连续持有居民企业公开发行并上市流通的股票不足12个月取得的投资收益。

《企业所得税法》第五条规定，企业每一纳税年度的收入总额，减除不征税收入、免税收入、各项扣除以及允许弥补的以前年度亏损后的余额，为应纳税所得额。

根据上述规定，居民企业直接投资于其他居民企业所取得的投资收益，不包括连续持有居民企业公开发行并上市流通的股票不足 12 个月取得的投资收益，属于免税收入，不缴企业所得税，即使被投资企业享受优惠税率，也不用补交所得税；对企业取得的免税收入、减计收入以及减征、免征所得额项目，不得弥补当期及以前年度应税项目亏损。

5. 被投资方享受优惠政策，投资方收到股利时是否补缴差额？

问：被投资企业享受的是定期减免"公共基础设施优惠'三免三减半'"，收到股利的投资企业是否要补差缴纳企业所得税？

答：《企业所得税法》第二十六条规定，企业的下列收入为免税收入：

（二）符合条件的居民企业之间的股息、红利等权益性投资收益；

……

《企业所得税法实施条例》第八十三条规定，企业所得税法第二十六条第（二）项所称符合条件的居民企业之间的股息、红利等权益性投资收益，是指居民企业直接投资于其他居民企业取得的投资收益。企业所得税法第二十六条第（二）项和第（三）项所称股息、红利等权益性投资收益，不包括连续持有居民企业公开发行并上市流通的股票不足 12 个月取得的投资收益。

因此，投资企业收到以上情形的被投资企业股利，属于符合条件的居民企业之间的股息、红利等权益性投资收益，无须补差。

6. 取得红股收益如何缴纳税款？

问：公司从投资的农村合作银行分得红股 100 万元（同时分得现金红利 80 万元），该红股是否符合免税条件的居民企业间投资收益？税务上是否认可增加长期股权投资的计税基础？

答：《企业所得税法》第二十六条规定，企业的下列收入为免税收入：

（二）符合条件的居民企业之间的股息、红利等权益性投资收益；

……

《企业所得税法实施条例》第十七条规定，企业所得税法第六条第（四）项所称股息、红利等权益性投资收益，是指企业因权益性投资从被投资方取得的收入。

股息、红利等权益性投资收益，除国务院财政、税务主管部门另有规定外，按照被投资方做出利润分配决定的日期确认收入的实现。

第八十三条规定，企业所得税法第二十六条第（二）项所称符合条件的居民企业之间的股息、红利等权益性投资收益，是指居民企业直接投资于其他居民企业取得的投资收益。企业所得税法第二十六条第（二）项和第（三）项所称股息、红利等权益性投资收益，不包括连续持有居民企业公开发行并上市流通的股票不足 12 个月取得的投资收益。

第七十一条规定，企业所得税法第十四条所称投资资产，是指企业对外进行权益性投资和债权性投资形成的资产。

企业在转让或者处置投资资产时，投资资产的成本，准予扣除。

投资资产按照以下方法确定成本：

（二）通过支付现金以外的方式取得的投资资产，以该资产的公允价值和支付的相关税费为成本。

《国家税务总局关于贯彻落实企业所得税法若干税收问题的通知》（国税函〔2010〕79号）第四条规定，企业权益性投资取得股息、红利等收入，应以被投资企业股东会或股东大会做出利润分配或转股决定的日期，确定收入的实现。

被投资企业将股权（票）溢价所形成的资本公积转为股本的，不作为投资方企业的股息、红利收入，投资方企业也不得增加该项长期投资的计税基础。

根据上述规定，居民企业收到被投资企业分派的股息、红利收入属于企业免税收入，但连续持有上市公司股票不足 12 个月的不属于免税收入。通过支付现金以外的方式取得的投资资产，以该资产的公允价值和支付的相关税费为成本。投资方企业可以增加该项长期投资的计税基础。

从原理来讲，农村合作银行用留存收益派发红股，相当于用留存收益向股东分配了股息、红利，股东再以分得的股息、红利增加股本。农村合作银行不是上市公司，贵公司对其直接投资取得的红股收入属于免税收入。贵公司以农村合作银行转增额为依据确认股息收入，并按转增额增加投资成本。

7. 如何确定股息、红利免征企业所得税的时间？

问："可以享受免税优惠的居民企业间的股息、红利投资收益不包括连续持有股票不足 12 个月而取得的权益性投资收益"，是指从买入股票到分红的时间要超过 12 个月还是买入股票到 12 月 31 日超过 12 个月，或是只要持有股票的时间超过 12 个月就可以，而不考虑具体什么时候分红？

答：《企业所得税法实施条例》第八十三条规定，企业所得税法第二十六条第（二）项所称符合条件的居民企业之间的股息、红利等权益性投资收益，是指居民企业直接投资于其他居民企业取得的投资收益。企业所得税法第二十六条第（二）项和第（三）项所称股息、红利等权益性投资收益，不包括连续持有居民企业公开发行并上市流通的股票不足 12 个月取得的投资收益。

《企业所得税法实施条例》第十七条规定，股息、红利等权益性投资收益，除国务院财政、税务主管部门另有规定外，按照被投资方作出利润分配决定的日期确认收入的实现。

因此，免税收入不包括连续持有居民企业公开发行并上市流通的股票不足 12 个月取得的投资收益。也就是企业买入股票到被投资方作出利润分配决定的日期应不少于 12 个月。

8. 持有时间超过 12 个月的股票取得分红是否免税？

问：有限责任公司持有的"短期投资——股票投资"，持有时间超过 12 个月，获得的现金分红是否免征企业所得税？

答：《企业所得税法实施条例》第八十三条规定，企业所得税法第二十六条第（二）项所称符合条件的居民企业之间的股息、红利等权益性投资收益，是指居民企业直接投资于其他居民企业取得的投资收益。企业所得税法第二十六条第（二）项和第（三）项所称股息、红利等权益性投资收益，不包括连续持有居民企业公开发行并上市流通的股票不足 12 个月取得的投资收益。

根据上述规定，有限责任公司投资股票，该股票为其他居民企业发行，持有时间超过 12 个月，获得的现金分红适用上述免税政策。

9. 如何理解持有上市公司股票不足 12 个月取得收益涉税事项？

问：我公司为北京市纳税人，持有居民企业公开发行并上市流通的股票不足 12 个月取得的投资收益如何确认？

答：《企业所得税法实施条例》第八十三条规定，企业所得税法第二十六条第（二）项所称符合条件的居民企业之间的股息、红利等权益性投资收益，是指居民企业直接投资于其他居民企业取得的投资收益。企业所得税法第二十六条第（二）项和第（三）项所称股息、红利等权益性投资收益，不包括连续持有居民企业公开发行并上市流通的股票不足 12 个月取得的投资收益。

对于企业连续持有居民企业公开发行并上市流通的股票不足 12 个月时取得的投资收益不得作为免税的股息红利收入，待连续持有该企业股票满 12 个月后再将此部分股息红利收入作为免税收入。

例如，A 企业 2011 年 7 月 1 日购买 B 上市公司股票 10 万股，2012 年 3 月 1 日 B 公司股东大会作出利润分配方案，每股派发股息 0.1 元，2012 年 3 月 16 日 A 企业取得股息 1 万元，2012 年汇算清缴时 A 企业如何进行税务处理？

因 A 企业持有 B 上市公司股票未满 12 个月，因此取得的股息不得作为免税收入。

假设 A 企业将购买的 B 上市公司 10 万股股票持有至 2012 年 7 月 1 日，此时 A 企业持有 B 上市公司的股票已满 12 个月，这时可向税务机关办理股息收入免税备案手续，办理完成股息收入免税备案手续后，调整 2011 年度纳税申报，涉及多缴税款的予以退税。

假设 A 企业将购买的 B 上市公司 10 万股股票于 2012 年 6 月 29 日转让，则不能享受股息收入免税的优惠政策。

10. 购买基金产品取得的基金分红是否属于免税收入？

问：我公司为广东省企业，购买易方达恒生中国企业基金产品取得的基金分红，是否属于企业所得税的免税收入？

答：《财政部、国家税务总局关于企业所得税若干优惠政策的通知》（财税〔2008〕1 号）第二条规定：

（一）对证券投资基金从证券市场中取得的收入，包括买卖股票、债券的差价收入，股权的股息、红利收入，债券的利息收入及其他收入，暂不征收企业所得税。

（二）对投资者从证券投资基金分配中取得的收入，暂不征收企业所得税。

（三）对证券投资基金管理人运用基金买卖股票、债券的差价收入，暂不征收企业所得税。

如企业取得的基金分红符合上述规定，应根据《广东省国家税务局、广东省地方税务局关于企业所得税减免税管理问题的通知》（粤国税发〔2010〕3号）的相关规定进行备案，即投资者从证券投资基金分配中取得的收入属实行简易备案管理的企业所得税减免优惠项目，由纳税人在汇算清缴结束前（包括预缴期）按规定报送相应的资料，税务机关受理后，纳税人即可享受该企业所得税减免优惠。报备资料包括：（1）企业所得税减免优惠备案表；（2）从证券投资基金分配中取得的收入证明。

11. 从私募基金取得的分红是否缴纳企业所得税？

问：从私募基金取得的分红是否缴纳企业所得税？

答：《财政部、国家税务总局关于企业所得税若干优惠政策的通知》（财税〔2008〕1号）第二条中规定：

（一）对证券投资基金从证券市场中取得的收入，包括股票买卖、债券的差价收入、股权的股息、红利收入、债券的利息收入及其他收入，暂不征收企业所得税。

（二）对投资者从证券投资基金分配中取得的收入，暂不征收企业所得税。

（三）对债券投资基金管理人运用基金买卖股票、债券的差价收入，暂不征收企业所得税。

根据上述规定，符合以上规定的收益暂不征收企业所得税，私募基金取得的分红不符合规定，应并入收入总额纳税。

12. 赎回货币基金取得的收益是否属于免税收入？

问：我公司5月购买了货币基金，6月全部赎回。取得的基金投资收益，根据货币基金的特点，这部分投资收益是否可以按基金分红收益的性质，在计算企业所得税时作为免税收入处理？

答：《企业所得税法实施条例》第八十三条规定，企业所得税法第二十六条第（二）项所称符合条件的居民企业之间的股息、红利等权益性投资收益，是指居民企业直接投资于其他居民企业取得的投资收益。企业所得税法第二十六条第（二）项和第（三）项所称股息、红利等权益性投资收益，不包括连续持有居民企业公开发行并上市流通的股票不足12个月取得的投资收益。

因此，贵公司购入货币基金取得的投资收益，不属于直接投资于其他居民企业取得的投资收益，不适用"符合条件的居民企业之间的股息、红利等权益性投资收益为免税收入"的规定。

《财政部、国家税务总局关于企业所得税若干优惠政策的通知》（财税〔2008〕1号）第二条规定，对投资者从证券投资基金分配中取得的收入，暂不征收企业所得税。

根据上述规定，贵公司赎回货币基金取得的投资收益，如果属于基金分红形成的，暂不征收企业所得税。

13. 从一人有限公司取得的利润如何纳税？

问： 一人有限责任公司应该缴纳企业所得税。其股东如分得税后利润，若股东为自然人，是否应该缴纳个人所得税？若股东为法人股东，其取得的投资收益按规定是否可以不再缴纳企业所得税？

答：《企业所得税法》第一条规定，在中华人民共和国境内，企业和其他取得收入的组织（以下统称企业）为企业所得税的纳税人，依照本法的规定缴纳企业所得税。

个人独资企业、合伙企业不适用本法。

《个人所得税法实施条例》第八条第（七）项规定，利息、股息、红利所得，是指个人拥有债权、股权而取得的利息、股息、红利所得。

《企业所得税法实施条例》第八十三条规定，企业所得税法第二十六条第（二）项所称符合条件的居民企业之间的股息、红利等权益性投资收益，是指居民企业直接投资于其他居民企业取得的投资收益。企业所得税法第二十六条第（二）项和第（三）项所称股息、红利等权益性投资收益，不包括连续持有居民企业公开发行并上市流通的股票不足 12 个月取得的投资收益。

按照上述规定，根据《公司法》规定设立的一人有限责任公司不是个人独资企业，设立和组织机构适用《公司法》相关规定，只有一个自然人股东或者一个法人股东的有限责任公司，属于企业所得税法规定的企业所得税纳税人。

个人股东从一人独资有限公司分得的股息、红利应按规定计征个人所得税。若为法人股东，从一人有限公司分得的股息、红利，属于居民企业直接投资于其他居民企业取得的投资收益，可以作为免税收入处理。

14. 企业通过合伙制基金取得的投资收益是否属于免税收入？

问： 合伙制基金从被投资企业（法人企业）获得的股息、红利等投资性收益（已缴纳企业所得税），再分配给法人合伙企业，法人合伙企业取得该投资收益是否缴纳企业所得税？

答：《企业所得税法》及其实施条例第二十六条、第八十三条规定，符合条件的居民企业之间的股息、红利等权益性投资收益为免税收入；所称符合条件的居民企业之间的股息、红利等权益性投资收益，是指居民企业直接投资于其他居民企业取得的投资收益。

因此，居民企业直接投资于其他居民企业取得的投资收益为免税收入，居民企业间接投资于其他居民企业取得的投资收益，应缴纳企业所得税。

15. 将 2008 年以前形成的盈余公积转增资本是否缴纳企业所得税？

问： 母公司为境外公司，中国子公司将 2008 年以前形成的盈余公积转增资本，是否需要为境外公司扣缴所得税？是否有相关的法规参考？

答：《财政部、国家税务总局关于企业所得税若干优惠政策的通知》（财税〔2008〕1号）第四条规定，2008 年 1 月 1 日之前外商投资企业形成的累积未分配利润，在 2008 年以后分配给外国投资者的，免征企业所得税；2008 年及以后年度外商投资企业新增利润分配给外国投资者的，依法缴纳企业所得税。

根据上述规定，境内子公司将 2008 年以前形成的盈余公积转增资本，境外母公司免征企业所得税。

16. 税法对"化工废气"有无明确界定？

问： A 公司利用化肥生产中的废气生产天然气，是否符合资源综合利用目录中的轻烃项目？税务部门对于轻烃的解释是什么？对"化工废气"税法是否有明确界定？

答：《企业所得税法》第三十三条规定，企业综合利用资源，生产符合国家产业政策规定的产品所取得的收入，可以在计算应纳税所得额时减计收入。

《企业所得税法实施条例》第九十九条规定，企业所得税法第三十三条所称减计收入，是指企业以《资源综合利用企业所得税优惠目录》规定的资源作为主要原材料，生产国家非限制和禁止并符合国家和行业相关标准的产品取得的收入，减按 90% 计入收入总额。

前款所称原材料占生产产品材料的比例不得低于《资源综合利用企业所得税优惠目录》规定的标准。

经查询《资源综合利用企业所得税优惠目录（2008 年版）》，利用化工废气生产的可燃气符合目录第二项"废水（液、废气、废渣）"的相关规定。按照国家统计局发布的《国家行业分类标准》里"制造业"第 26 项的内容规定，肥料制造业属于化学原料和化学制品制造业，也就是说，化肥厂应属于化工企业，根据上述规定，纳税人利用化工废气生产的天然气可作为资源综合利用项目享受企业所得税的税收优惠。

17. 利用树皮和树叶等发电能否享受资源综合利用优惠政策？

问： 资源综合利用企业利用玉米秸秆、棉花秸秆、树皮、树叶等（占燃料比重100%）生产的电力是否可以享受所得税收入减按90%的税收优惠？财税〔2008〕117 号文件中只规定了农作物秸秆及壳皮（包括粮食作物秸秆、农业经济作物秸秆、粮食壳皮、玉米芯）生产的电力、热力享受该项所得税优惠政策，树皮、树叶生产电力能否享受所得税优惠政策？

答：《国家税务总局关于资源综合利用企业所得税优惠管理问题的通知》（国税函〔2009〕185 号）第一条规定，本通知所称资源综合利用企业所得税优惠，是指企业自 2008 年 1 月 1 日起以《资源综合利用企业所得税优惠目录（2008 年版）》（以下简称《目录》）规定的资源作为主要原材料，生产国家非限制和非禁止并符合国家及行业相关标准的产品取得的收入，减按 90% 计入企业当年收入总额。

第二条规定，经资源综合利用主管部门按《目录》规定认定的生产资源综合利用产品的企业（不包括仅对资源综合利用工艺和技术进行认定的企业），取得《资源综合利用认定证书》，可按本通知规定申请享受资源综合利用企业所得税优惠。

经查询《财政部、国家税务总局、国家发展改革委关于公布资源综合利用企业所得税优惠目录（2008 年版）的通知》（财税〔2008〕117 号）所附的《资源综合利用企业所得税优惠目录（2008 年版）》，以树皮、树叶为原料生产电力、热力并不包括在该目录中，无法享受该项所得税优惠政策。

18. 经营免税和减税项目的期间费用未分别核算能否享受优惠？

问：我们公司是一家集团公司，集团有一家从事花卉、苗木销售的公司，该公司苗木所得税免税，花卉所得税减半征收（已在税局备案）。现公司花卉、苗木收入、成本都是分开核算的，但期间费用没有分开核算。在所得税汇算清缴时，未分开核算的期间费用是否可以在减半征收部分全额扣除？

答：《企业所得税法实施条例》第一百零二条规定，企业同时从事适用不同企业所得税待遇的项目的，其优惠项目应当单独计算所得，并合理分摊企业的期间费用；没有单独计算的，不得享受企业所得税优惠。

根据上述规定，企业应合理分摊企业的期间费用到免税项目，否则仅就独立核算的所得享受减免税。

加计扣除

1. 企业研发费用核算不规范能否加计扣除？

问：我公司是一家高新技术企业，每年进行多项科研活动。由于科研活动的特殊性，它们往往与生产活动分不开，比如在生产设备上进行多种实用新型的试验。在财务核算中，研发费用没有按照规定进行单独的主账核算，采取辅助账核算的形式，每年研发费用也在税前加计扣除。现税务机关检查认为，我公司财务核算不规范，不允许加计扣除。但我公司的研发领料记录、研发工时记录、项目立项、成果验收、专利申请等材料均齐全，那么，在这种情况下，我公司研发费能否加计扣除？如何补救？

答：《国家税务总局关于印发〈企业研究开发费用税前扣除管理办法（试行）〉的通知》（国税发〔2008〕116 号）第九条规定，企业未设立专门的研发机构或企业研发机构同时承担生产经营任务的，应对研发费用和生产经营费用分开进行核算，准确、合理的计算各项研究开发费用支出，对划分不清的，不得实行加计扣除。

《江苏省企业研发费用归集操作办法（试行）》（苏国税发〔2012〕15 号）第十三条规定，企业未设立专门的研发机构或企业研发机构同时承担生产经营任务的，应按合理方法将实际发生费用在研发费用和生产经营费用间进行分配，并按月编制相应的分配表；涉及多个研发项目的，再按合理方法将研发费分配至各研发项目，并编制相应的分配表。

分配方法应及时报送主管税务机关备案，且一经确定不得随意变更。若因为合理原因确实需要变更的，需报主管税务机关同意。

企业在研发费和生产经营费用间，或各研发项目间划分不清的支出，不得归集到研发费用科目。

根据上述规定，企业未设立专门的研发机构或企业研发机构同时承担生产经营任务的，应按会计准则和会计制度，在相关科目下，设置明细科目，按合理方法将研发费分配至各研发项目，并按月编制相应的分配表。企业财务核算不健全、未按照规定准确归集与核算研发费用的，不得实行加计扣除。

2. 分摊的折旧额能否计入研发费用加计扣除？

问：某工业企业生产使用的生产线价值2亿元，企业研发时也会用到该生产线，如果能准确核算研发用的时间，这部分分摊的折旧能否计入研发费用加计扣除？

答：《国家税务总局关于印发〈企业研究开发费用税前扣除管理办法（试行）〉的通知》（国税发〔2008〕116号）第四条规定，企业从事《国家重点支持的高新技术领域》和国家发展改革委员会等部门公布的《当前优先发展的高技术产业化重点领域指南（2007年度）》规定项目的研究开发活动，其在一个纳税年度中实际发生的下列费用支出，允许在计算应纳税所得额时按照规定实行加计扣除。

（四）专门用于研发活动的仪器、设备的折旧费或租赁费。

因此，企业混用于研发活动的生产线，分摊的折旧不能计入研发费用加计扣除。

3. 用于研发的融资租赁设备，其折旧额能否加计扣除？

问：融资租赁设备用于研发，其折旧费能否加计扣除？

答：《企业所得税法实施条例》第四十七条第二款规定，以融资租赁方式租入固定资产发生的租赁费支出，按照规定构成融资租入固定资产价值的部分应当提取折旧费用，分期扣除。

《国家税务总局关于印发〈企业研究开发费用税前扣除管理办法（试行）〉的通知》（国税发〔2008〕116号）第四条规定，企业从事《国家重点支持的高新技术领域》和国家发展改革委员会等部门公布的《当前优先发展的高技术产业化重点领域指南（2007年度）》规定项目的研究开发活动，其在一个纳税年度中实际发生的下列费用支出，允许在计算应纳税所得额时按照规定实行加计扣除。

（四）专门用于研发活动的仪器、设备的折旧费或租赁费。

第八条规定，法律、行政法规和国家税务总局规定不允许企业所得税前扣除的费用和支出项目，均不允许计入研究开发费用。

根据上述规定，融资租赁设备计提的折旧费用，可以税前扣除；符合国税发〔2008〕116号文件第四条规定的专门用于研发活动融资租赁设备折旧费，可以加计扣除。

4. 用于研发的财政性资金能否加计扣除？

问：A软件企业取得财政研发补助资金（无批文，企业已经作为征税收入），并取得软件企业增值税超税负3%部分即征即退资金，两项资金全部用于研发支出。

A软件企业取得的两项资金全部用于研发支出是否可以加计扣除？税前是否可据实扣除？

答：《企业所得税法实施条例》第二十八条第二款规定，企业的不征税收入用于支出所形成的费用或者财产，不得扣除或者计算对应的折旧、摊销扣除。

《企业研究开发费用税前扣除管理办法（试行）》（国税发〔2008〕116 号）第八条规定，法律、行政法规和国家税务总局规定不允许企业所得税前扣除的费用和支出项目，均不允许计入研究开发费用。

参照《北京市国税局 2012 年度汇算清缴政策热点问题解答》的规定：

（六）企业不征税收入税务处理问题。

问：按照 15 号公告第七条的规定，"企业取得的不征税收入，应按照《财政部国家税务总局关于专项用途财政性资金企业所得税处理问题的通知》（财税〔2011〕70 号，以下简称《通知》）的规定进行处理。凡未按照《通知》规定进行管理的，应作为企业应税收入计入应纳税所得额，依法缴纳企业所得税。"对于未按照《通知》规定进行管理作为应税收入处理的财政性资金，其发生的支出能否税前扣除？如支出符合研究开发费加计扣除的范围能否享受加计扣除的税收优惠？

答：对于未按照《通知》规定进行管理作为应税收入处理的财政性资金，其发生的支出可以从税前扣除。如支出符合研究开发费加计扣除的范围，可以享受研究开发费加计扣除的税收优惠。

根据上述规定，形成应税收入的财政性资金，发生的研发支出可以税前扣除，符合加计扣除条件的，可以享受加计扣除规定。

但个别地区有不同规定，供您参考。

《江苏省国家税务局 2011 年所得税汇算清缴专题政策解读》规定：

4. 企业所得税实施条例二十八条规定，企业的不征税收入用于支出所形成的费用或者财产，不得扣除或者计算对应的折旧、摊销扣除。如企业将不征税收入计入应税所得正常缴纳企业所得税，同时申请研发费用加计扣除，是否可以？

回复：国税发〔2008〕116 号文件规定，企业从有关部门和母公司取得的研究开发费专项拨款不得加计扣除。

《济南市经济委员会、济南市科学技术局、山东省济南市国家税务局、济南市地方税务局关于进一步规范企业研究开发费用税前扣除管理工作的意见》（济经技装字〔2009〕4 号）规定，企业发生的研究开发费用，凡由国家财政拨款并纳入不征税收入的部分，不得在企业所得税税前扣除。

5. 为研发而自产的样机所发生的所有费用能否享受加计扣除？

问：企业为研发而自产的样机所发生的所有费用能否按照财税〔2013〕70 号文件规定享受加计扣除？

答：《财政部、国家税务总局关于研究开发费用税前加计扣除有关政策问题的通知》（财税〔2013〕70 号）第一条规定，企业从事研发活动发生的下列费用支出，可纳入税前加计扣除的研究开发费用范围：

（三）不构成固定资产的样品、样机及一般测试手段购置费。

因此，企业将自产的不构成固定资产的样品、样机用于研究开发活动（非购置），不纳入税前加计扣除的研究开发费用范围。

6. 既用于研发活动又用于经营活动的支出是否属于研究开发费用范围？

问：我是一高新技术企业，现在对于研究开发费的范围咨询如下：

对于（1）材料、燃料和动力费用；（2）仪器、设备、房屋等固定资产的折旧费或租赁费以及相关固定资产的运行维护、维修等费用；（3）软件、专利权、非专利技术等无形资产的摊销费用，在《高新技术认定管理指引》及财企〔2007〕194号文件的相关规定中以上费用可以计入研发费用的前提都是"用于研发活动"，而国税发〔2008〕116号文件中对于可加计扣除的研发费用则强调是"直接或专门用于研发活动"，对于以上费用如果既用于研发活动又用于正常生产经营，肯定不能加计扣除，那么，是否可以计入研发费用？

答：《国家税务总局关于印发〈企业研究开发费用税前扣除管理办法（试行）〉的通知》（国税发〔2008〕116号）规定按照规定实行加计扣除的研发费用的口径，与《财政部关于企业加强研发费用财务管理的若干意见》（财企〔2007〕194号）中的可以作为研发费用核算的口径及《高新技术企业认定管理工作指引》（国科发火〔2008〕362号）中的作为判断指标之一的研发费用的口径不完全一致，因此，企业在进行加计扣除、会计核算及申请高新技术企业认定时，应分别按照上述文件口径归集。

如用于研发活动的仪器、设备的折旧费或租赁费（含非专用仪器、设备），会计核算和申请高新技术企业认定时，可以作为研发费用归集，但在申请加计扣除时，却限定为"专门用于研发活动的仪器、设备的折旧费或租赁费"。

7. 研发支出中的大额材料费是否需要先分摊再进行税前扣除？

问：我公司是生产制造企业，公司的研发费在研发支出中归集，之后计入管理费用的研发费，其中包含材料费，约占研发费的51%。那么，

（1）研发费中材料费是否会影响企业所得税？

（2）研发费中的材料费是否要调整到生产成本中或者按存货余额、在产品和销售成本进行分摊，对年度所得税进行调整？

答：《财政部关于企业加强研发费用财务管理的若干意见》（财企〔2007〕194号）第一条规定，企业研发费用（即原"技术开发费"），指企业在产品、技术、材料、工艺、标准的研究、开发过程中发生的各项费用，包括：

（一）研发活动直接消耗的材料、燃料和动力费用。

......

（五）用于中间试验和产品试制的模具、工艺装备开发及制造费，设备调整及检验费，样品、样机及一般测试手段购置费，试制产品的检验费等。

《国家税务总局关于印发〈企业研究开发费用税前扣除管理办法（试行）〉的通知》（国税发〔2008〕116号）第四条规定，企业从事《国家重点支持的高新技术领域》和国家发展改革委员会等部门公布的《当前优先发展的高技术产业化重点领域指南（2007年度）》规定项目的研究开发活动，其在一个纳税年度中实际发生的下列费用支出，允许在计算应纳税所

得额时按照规定实行加计扣除。

（二）从事研发活动直接消耗的材料、燃料和动力费用。

《财政部、国家税务总局关于研究开发费用税前加计扣除有关政策问题的通知》（财税〔2013〕70 号）第一条规定，企业从事研发活动发生的下列费用支出，可纳入税前加计扣除的研究开发费用范围：

（三）不构成固定资产的样品、样机及一般测试手段购置费。

根据上述规定，用于从事研发活动直接消耗的材料费等可以作为研发费用归集并税前扣除，不需要调整分摊。构成固定资产的样品、样机购置费不能申报研发费加计扣除。

8. 研发人员缴纳的"五险一金"如何认定？

问：税前扣除时如何认定研发人员缴纳的"五险一金"？

答：《财政部、国家税务总局关于研究开发费用税前加计扣除有关政策问题的通知》（财税〔2013〕70 号）第一条规定，企业从事研发活动发生的下列费用支出，可纳入税前加计扣除的研究开发费用范围：

（一）企业依照国务院有关主管部门或者省级人民政府规定的范围和标准为在职直接从事研发活动人员缴纳的基本养老保险费、基本医疗保险费、失业保险费、工伤保险费、生育保险费和住房公积金。

第四条规定，企业享受研究开发费用税前扣除政策的其他相关问题，按照《国家税务总局关于印发〈企业研究开发费用税前扣除管理办法（试行）〉的通知》（国税发〔2008〕116 号）的规定执行。

《国家税务总局关于印发〈企业研究开发费用税前扣除管理办法（试行）〉的通知》（国税发〔2008〕116 号）第十条规定，企业必须对研究开发费用实行专账管理，同时必须按照本办法附表的规定项目，准确归集填写年度可加计扣除的各项研究开发费用实际发生金额。企业应于年度汇算清缴所得税申报时向主管税务机关报送本办法规定的相应资料。申报的研究开发费用不真实或者资料不齐全的，不得享受研究开发费用加计扣除，主管税务机关有权对企业申报的结果进行合理调整。

第十一条规定，企业申请研究开发费加计扣除时，应向主管税务机关报送如下资料：

（二）自主、委托、合作研究开发专门机构或项目组的编制情况和专业人员名单。

根据上述规定，企业为直接从事研发活动人员缴纳的"五险一金"作为研发费用，应按国税发〔2008〕116 号文件规定实行专账管理，才能准确归集并申报加计扣除。

9. 委托境外机构的研发费用可否加计扣除？

问：根据《国家税务总局关于印发〈企业研究开发费用税前扣除管理办法（试行）〉的通知》（国税发〔2008〕116 号）第六条的规定，对企业委托给外单位进行开发的研发费用，凡符合上述条件的，由委托方按照规定计算加计扣除，受托方不得再进行加计扣除。上述规定的委外研发费用，是否包括境外机构的研发费用？

答：《科技部、财政部、国家税务总局关于印发〈高新技术企业认定管理工作指引〉的通知》（国科发火〔2008〕362 号）第四条规定：

（二）研究开发费用的归集

2. 各项费用科目的归集范围

（7）委托外部研究开发费用

委托外部研究开发费用是指企业委托境内其他企业、大学、研究机构、转制院所、技术专业服务机构和境外机构进行研究开发活动所发生的费用（项目成果为企业拥有，且与企业的主要经营业务紧密相关）。委托外部研究开发费用的发生金额应按照独立交易原则确定。认定过程中，按照委托外部研究开发费用发生额的 80% 计入研发费用总额。

参考以上高新技术企业的相关规定，对于企业委托境外机构发生的研发费用，只要符合国税发〔2008〕116 号文件规定的委托外部单位进行开发研发费用的相关规定，可适用该政策进行加计扣除。

10. 研制新药发生的临床试验费能否加计扣除？

问：我公司是山东一家大型制药企业。2010 年度为提升企业的科技创新水平，发生"三新"研发费用 5 000 余万元，其中 60% 属于委托有关科研院所研发。我公司与其签订了正式的委托合同并取得了正式发票。在今年的所得税年度汇算清缴过程中，公司与主管税务机关就企业报送的备案材料及部分费用项目归属问题上产生歧义。

作为医药行业的"三新"研发，临床试验费是一项必不可少的支出，它事关新产品、新技术、新工艺是否达到预定用途，是否能够产生可观的经济效益与社会效益。国税发〔2008〕116 号文件第四条规定，……在一个纳税年度中实际发生的下列费用支出，允许在计算应纳税所得额时按照规定实行加计扣除。

（八）研发成果的论证、评审、验收费用。

我们认为上述临床试验费符合第四条第（八）项的规定内容，在这个问题上又与主管税务机关产生分歧。

我公司之前向山东省国家税务局多次咨询，至今未得到答复，鉴于以上情况，恳请中国税网及早给予明确答复，非常感谢！

答：《财政部、国家税务总局关于研究开发费用税前加计扣除有关政策问题的通知》（财税〔2013〕70 号）规定：

一、企业从事研发活动发生的下列费用支出，可纳入税前加计扣除的研究开发费用范围：

（一）企业依照国务院有关主管部门或者省级人民政府规定的范围和标准为在职直接从事研发活动人员缴纳的基本养老保险费、基本医疗保险费、失业保险费、工伤保险费、生育保险费和住房公积金。

（二）专门用于研发活动的仪器、设备的运行维护、调整、检验、维修等费用。

（三）不构成固定资产的样品、样机及一般测试手段购置费。

（四）新药研制的临床试验费。

（五）研发成果的鉴定费用。

五、本通知自 2013 年 1 月 1 日起执行。

因此，自 2013 年 1 月 1 日起，该制药企业从事研发活动发生的新药研制临床试验费可在税前加计扣除。

11. 对研发人员的股权激励可否加计扣除？

问： 我单位是一家上市公司，对部分雇员发放的薪酬含有以股权激励形式的酬劳。按照税法相关规定此部分酬劳应计入职工工资。那么企业在研发费用中列支的股权激励可否视同工资在企业所得税税前进行加计扣除？

答：《国家税务总局关于印发〈企业研究开发费用税前扣除管理办法（试行）〉的通知》（国税发〔2008〕116 号）第四条规定，企业从事《国家重点支持的高新技术领域》和国家发展改革委员会等部门公布的《当前优先发展的高技术产业化重点领域指南（2007 年度）》规定项目的研究开发活动，其在一个纳税年度中实际发生的下列费用支出，允许在计算应纳税所得额时按照规定实行加计扣除。

（三）在职直接从事研发活动人员的工资、薪金、奖金、津贴、补贴。

《国家税务总局关于我国居民企业实行股权激励计划有关企业所得税处理问题的公告》（国家税务总局公告 2012 年第 18 号）第二条规定，上市公司依照《管理办法》要求建立职工股权激励计划，并按我国企业会计准则的有关规定，在股权激励计划授予激励对象时，按照该股票的公允价格及数量，计算确定作为上市公司相关年度的成本或费用，作为换取激励对象提供服务的对价。上述企业建立的职工股权激励计划，其企业所得税的处理，按以下规定执行：

（一）对股权激励计划实行后立即可以行权的，上市公司可以根据实际行权时该股票的公允价格与激励对象实际行权支付价格的差额和数量，计算确定作为当年上市公司工资薪金支出，依照税法规定进行税前扣除。

（二）对股权激励计划实行后，需待一定服务年限或者达到规定业绩条件（以下简称等待期）方可行权的。上市公司等待期内会计上计算确认的相关成本费用，不得在对应年度计算缴纳企业所得税时扣除。在股权激励计划可行权后，上市公司方可根据该股票实际行权时的公允价格与当年激励对象实际行权支付价格的差额及数量，计算确定作为当年上市公司工资薪金支出，依照税法规定进行税前扣除。

（三）本条所指股票实际行权时的公允价格，以实际行权日该股票的收盘价格确定。

根据上述规定，对在职直接从事研发活动人员发放的股权激励，按上述规定作为当年上市公司工资薪金支出扣除的，计入研发费用部分可以加计扣除。

12. 试制新产品耗用的材料和人工费能否加计扣除？

问： 我单位研发部门取得初步成果后，安排生产部门试制出新产品，新产品所耗用的原材料、人工是否可作为从事研发活动直接消耗的材料、燃料和动力费用，享受研究开发费用加计扣除政策？

答：《国家税务总局关于印发〈企业研究开发费用税前扣除管理办法（试行）〉的通知》（国税发〔2008〕116 号）第四条规定，企业从事《国家重点支持的高新技术领域》和国家发展改革委员会等部门公布的《当前优先发展的高技术产业化重点领域指南（2007 年度）》规定项目的研究开发活动，其在一个纳税年度中实际发生的下列费用支出，允许在计算应纳税所得额时按照规定实行加计扣除。

（二）从事研发活动直接消耗的材料、燃料和动力费用。

（三）在职直接从事研发活动人员的工资、薪金、奖金、津贴、补贴。

《财政部、国家税务总局关于研究开发费用税前加计扣除有关政策问题的通知》（财税〔2013〕70 号）第一条规定，企业从事研发活动发生的下列费用支出，可纳入税前加计扣除的研究开发费用范围：

（一）企业依照国务院有关主管部门或者省级人民政府规定的范围和标准为在职直接从事研发活动人员缴纳的基本养老保险费、基本医疗保险费、失业保险费、工伤保险费、生育保险费和住房公积金。

（二）专门用于研发活动的仪器、设备的运行维护、调整、检验、维修等费用。

（三）不构成固定资产的样品、样机及一般测试手段购置费。

（四）新药研制的临床试验费。

（五）研发成果的鉴定费用。

因此，企业从事规定项目的研究开发活动，试制新产品直接消耗的材料、半成品、燃料和动力费用和在职直接从事研发活动人员的工资、薪金、奖金、津贴、补贴、五险一金支出，允许在计算应纳税所得额时按照规定实行加计扣除。但为新产品批量生产而发生的上述支出，不得加计扣除。

13. 加计扣除的研发费用是否必须在审计报告中专门披露？

问： 对研发费用加计扣除项目，财务报表审计报告中是否必须做专门披露？

答：《国家税务总局关于印发〈企业研究开发费用税前扣除管理办法（试行）〉的通知》（国税发〔2008〕116 号）第十条规定，企业必须对研究开发费用实行专账管理，同时必须按照本办法附表的规定项目，准确归集填写年度可加计扣除的各项研究开发费用实际发生金额。企业应于年度汇算清缴所得税申报时向主管税务机关报送本办法规定的相应资料。申报的研究开发费用不真实或者资料不齐全的，不得享受研究开发费用加计扣除，主管税务机关有权对企业申报的结果进行合理调整。

《中国注册会计师审计准则第 1101 号——财务报表审计的目标和一般原则》规定，财务报表审计的目标是注册会计师通过执行审计工作，对财务报表的下列方面发表审计意见：

（1）财务报表是否按照适用的会计准则和相关会计制度的规定编制；

（2）财务报表是否在所有重大方面公允反映被审计单位的财务状况、经营成果和现金流量。

根据上述规定，企业在申请研发费用企业所得税税前加计扣除时，要求提供专账管理的开发费用归集资料。而审计报告重在对财务报表的信息质量发表意见，如果财务报表中对于研发费用的核算符合规定，审计报告不需要对研发费用进行专门披露。

14. 申请和代理费等专利申请费用能否加计扣除?

问: 研发成果的论证、评审、验收费用具体包括哪些? 研发成果的专利申请费、专利代理费、认证费等费用是否可以加计扣除?

答:《国家税务总局关于印发〈企业研究开发费用税前扣除管理办法(试行)〉的通知》(国税发〔2008〕116 号)第四条规定,企业从事《国家重点支持的高新技术领域》和国家发展改革委员会等部门公布的《当前优先发展的高技术产业化重点领域指南(2007 年度)》规定项目的研究开发活动,其在一个纳税年度中实际发生的下列费用支出,允许在计算应纳税所得额时按照规定实行加计扣除:

(一)新产品设计费、新工艺规程制定费以及与研发活动直接相关的技术图书资料费、资料翻译费。

(二)从事研发活动直接消耗的材料、燃料和动力费用。

(三)在职直接从事研发活动人员的工资、薪金、奖金、津贴、补贴。

(四)专门用于研发活动的仪器、设备的折旧费或租赁费。

(五)专门用于研发活动的软件、专利权、非专利技术等无形资产的摊销费用。

(六)专门用于中间试验和产品试制的模具、工艺装备开发及制造费。

(七)勘探开发技术的现场试验费。

(八)研发成果的论证、评审、验收费用。

第七条规定,企业根据财务会计核算和研发项目的实际情况,对发生的研发费用进行收益化或资本化处理的,可按下述规定计算加计扣除:

(一)研发费用计入当期损益未形成无形资产的,允许再按其当年研发费用实际发生额的 50%,直接抵扣当年的应纳税所得额。

(二)研发费用形成无形资产的,按照该无形资产成本的 150% 在税前摊销。除法律另有规定外,摊销年限不得低于 10 年。

《财政部、国家税务总局关于研究开发费用税前加计扣除有关政策问题的通知》(财税〔2013〕70 号)第一条规定,企业从事研发活动发生的下列费用支出,可纳入税前加计扣除的研究开发费用范围:

(一)企业依照国务院有关主管部门或者省级人民政府规定的范围和标准为在职直接从事研发活动人员缴纳的基本养老保险费、基本医疗保险费、失业保险费、工伤保险费、生育保险费和住房公积金。

(二)专门用于研发活动的仪器、设备的运行维护、调整、检验、维修等费用。

(三)不构成固定资产的样品、样机及一般测试手段购置费。

(四)新药研制的临床试验费。

(五)研发成果的鉴定费用。

根据上述规定,企业对发生的上述八项研究开发费用支出,无论计入当期损益或无形资产,允许在计算应纳税所得额时按照规定实行加计扣除。允许加计扣除的研究开发费用包括研发成果的论证、评审、验收费用,以及研发成果的鉴定费用。

15. 为研发人员缴纳的住房公积金能否加计扣除？

问： 企业为研发人员缴纳的住房公积金能否加计扣除？

答：《财政部、国家税务总局关于研究开发费用税前加计扣除有关政策问题的通知》（财税〔2013〕70号）第一条规定，企业从事研发活动发生的下列费用支出，可纳入税前加计扣除的研究开发费用范围：

（一）企业依照国务院有关主管部门或者省级人民政府规定的范围和标准为在职直接从事研发活动人员缴纳的基本养老保险费、基本医疗保险费、失业保险费、工伤保险费、生育保险费和住房公积金。

根据上述规定，企业为在职直接从事研发活动人员缴纳的符合规定的住房公积金，可以加计扣除。

16. 如何理解研发费用形成无形资产加计摊销规定？

问：（1）研发过程中需要使用无形资产，该无形资产是否专用于研发才能加计摊销？分录如下：

借：研发支出——无形资产摊销

贷：累计摊销

（2）研发费用资本化，形成无形资产。该无形资产用于生产，则其对应的研发费用就不能加计摊销。分录如下：

借：生产成本

贷：累计摊销

这样理解是否正确？

答：《国家税务总局关于印发〈企业研究开发费用税前扣除管理办法（试行）〉的通知》（国税发〔2008〕116号）第四条规定，企业从事《国家重点支持的高新技术领域》和国家发展改革委员会等部门公布的《当前优先发展的高技术产业化重点领域指南（2007年度）》规定项目的研究开发活动，其在一个纳税年度中实际发生的下列费用支出，允许在计算应纳税所得额时按照规定实行加计扣除。

（五）专门用于研发活动的软件、专利权、非专利技术等无形资产的摊销费用。

第七条规定，企业根据财务会计核算和研发项目的实际情况，对发生的研发费用进行收益化或资本化处理的，可按下述规定计算加计扣除：

（一）研发费用计入当期损益未形成无形资产的，允许再按其当年研发费用实际发生额的50%，直接抵扣当年的应纳税所得额。

（二）研发费用形成无形资产的，按照该无形资产成本的150%在税前摊销。除法律另有规定外，摊销年限不得低于10年。

1. 上述办法第四条规定中，可以加计扣除的无形资产摊销费用，指的是企业在进行研究开发活动过程中，会使用到"专门用于研发活动的软件、专利权、非专利技术等无形资产"，这项资产的来源可能是外购，也可能是自行研发的，但这条强调"专门用于研发活动"，非专门用于研发活动的无形资产的摊销费用，不能加计扣除；

2．上述办法中第七条规定中是对已经发生的、已经确定可以加计扣除的研发费用，实现加计扣除的两种方式。其中研发费用形成无形资产的，通过摊销额加计50%实现加计扣除。至于这项研发出来的无形资产是用于企业管理（摊销额会计上记入"管理费用"科目），还是用于生产活动（摊销额会计上记入"制造费用/生产成本"科目），均不影响其摊销额加计50%扣除的规定。

17. 受让技术费是否属于研发费用的加计扣除范围？

问： A公司与另一家企业D订立技术转让合同，引进对方企业已取得现有专利和非专利技术，载体为技术或工艺的设计图纸，并由对方企业提供配套的技术培训和服务等。整体作价分成"技术图纸费"和"服务指导费"两大部分构成。

A企业可否将其中的"技术图纸费"按"三新技术研发费用"进行50%的加计扣除？

答：《国家税务总局关于印发〈企业研究开发费用税前扣除管理办法（试行）〉的通知》（国税发〔2008〕116号）第四条规定，企业从事《国家重点支持的高新技术领域》和国家发展改革委员会等部门公布的《当前优先发展的高技术产业化重点领域指南（2007年度）》规定项目的研究开发活动，其在一个纳税年度中实际发生的下列费用支出，允许在计算应纳税所得额时按照规定实行加计扣除。

（一）新产品设计费、新工艺规程制定费以及与研发活动直接相关的技术图书资料费、资料翻译费。

（二）从事研发活动直接消耗的材料、燃料和动力费用。

（三）在职直接从事研发活动人员的工资、薪金、奖金、津贴、补贴。

（四）专门用于研发活动的仪器、设备的折旧费或租赁费。

（五）专门用于研发活动的软件、专利权、非专利技术等无形资产的摊销费用。

（六）专门用于中间试验和产品试制的模具、工艺装备开发及制造费。

（七）勘探开发技术的现场试验费。

（八）研发成果的论证、评审、验收费用。

根据上述规定，税前加计扣除的研制开发费用强调的是企业从事政策规定项目的研究开发活动纳税年度中实际发生的上述八项费用支出。

企业所得税政策中研究开发费用加计扣除的税收优惠旨在鼓励自主创新研发活动。因此，A公司与另一家企业D订立技术转让合同，引进对方企业已取得现有专利和非专利技术，如果该专利和非专利技术不是专门用于研发活动的，其摊销支出不属于研究开发费用加计扣除的范围。

18. 直接从事研发活动的人员是否包括项目负责人？

问： 在企业研发费用加计扣除的审核过程中，一般一个研发项目中会有若干项目负责人，职责为全面主持（或协调）项目的进行。此类人员是否为直接从事研发活动人员？

答：《山东省青岛市地方税务局关于印发〈2009年度企业所得税业务问题解答〉的通

知》（青地税函〔2010〕2号）规定，在研究开发费用加计扣除时，企业研发人员指直接从事研究开发活动的在职人员，不包括外聘的专业技术人员以及为研究开发活动提供直接服务的管理人员。

参考上述规定，直接从事研发活动人员不包括为研究开发活动提供直接服务的管理人员。

19. 内部技术改造是否适用加计扣除政策？

问：企业内部进行技术改造的费用，是否适用研发费用加计扣除政策？

答：《国家税务总局关于印发〈企业研究开发费用税前扣除管理办法（试行）〉的通知》（国税发〔2008〕116号）规定，研究开发活动是指企业为获得科学与技术（不包括人文、社会科学）新知识，创造性运用科学技术新知识，或实质性改进技术、工艺、产品（服务）而持续进行的具有明确目标的研究开发活动。

创造性运用科学技术新知识，或实质性改进技术、工艺、产品（服务），是指企业通过研究开发活动在技术、工艺、产品（服务）方面的创新取得了有价值的成果，对本地区（省、自治区、直辖市或计划单列市）相关行业的技术、工艺领先具有推动作用，不包括企业产品（服务）的常规性升级或对公开的科研成果直接应用等活动（如直接采用公开的新工艺、材料、装置、产品、服务或知识等）。

同时，企业从事的研究开发活动的有关支出，应符合《国家重点支持的高新技术领域》和国家发展改革委员会等部门公布的《当前优先发展的高技术产业化重点领域指南（2007年度）》的规定项目。

凡符合规定项目定义和范围的，可享受研发费用加计扣除；不符合定义和范围的，则不能享受研发费用加计扣除。

20. 研发费用能否递延以后年度加计扣除？

问：我公司2011年核算的研发费用（经贸委2012年才下发审批文件）能否在2012年汇算清缴中追溯补扣？如2012年因故也未抵扣，能否在2013年补扣？

答：《国家税务总局关于印发〈企业研究开发费用税前扣除管理办法（试行）〉的通知》（国税发〔2008〕116号）第十条规定，企业必须对研究开发费用实行专账管理，同时必须按照本办法附表的规定项目，准确归集填写年度可加计扣除的各项研究开发费用实际发生金额。企业应于年度汇算清缴所得税申报时向主管税务机关报送本办法规定的相应资料。申报的研究开发费用不真实或者资料不齐全的，不得享受研究开发费用加计扣除，主管税务机关有权对企业申报的结果进行合理调整。

第十一条规定，企业申请研究开发费加计扣除时，应向主管税务机关报送如下资料：

（六）研究开发项目的效用情况说明、研究成果报告等资料。

《天津市企业研究开发费用税前加计扣除项目鉴定办法（试行）》（津科政〔2009〕48号）第二条规定，企业研究开发费用税前加计扣除项目鉴定范围：本市主管税务机关要求企业提供政府科技部门鉴定意见书的项目。

《济南市经济委员会、济南市科学技术局、山东省济南市国家税务局、济南市地方税务局关于进一步规范企业研究开发费用税前扣除管理工作的意见》（济经技装字〔2009〕4号）第五条规定：

（一）企业发生研究开发费用加计扣除时，应在年度终了后，按税务部门的规定时限向主管税务机关报送《企业研究开发费用税前扣除管理办法》（国税发〔2008〕116号）规定的相应资料，以及省及省以上经贸、科技相关部门的文件、计划或建议书。

企业应提供相关证明材料，应能证明研究开发项目属于《国家重点支持的高新技术领域》和国家发展改革委员会等部门公布的《当前优先发展的高技术产业化重点领域指南（2007年度）》范围，并达到省内相关行业技术和工艺领先、具有推动作用。

（二）企业申报的研发费用不真实或者资料不齐全的，不得享受研发费用的加计扣除。

《河南省国家税务局关于转发国家税务总局关于印发〈企业研究开发费用税前扣除管理办法〉（试行）的通知》（豫国税发〔2009〕24号）规定，企业申请研究开发费用加计扣除，除按照《通知》第十一条规定报送有关资料外，还应向主管税务机关报送以下资料：

1. 企业研究开发活动已取得有价值成果说明；

2. 企业研究开发项目属于符合《国家重点支持的高新技术领域》和《当前优先发展的高技术产业化重点领域指南（2007年度）》规定项目的说明。

根据上述规定，因企业报送资料不全，研发费不得在当年享受加计扣除，以后年度也无法递延补扣。

但也有地方对此进行了特殊规定，如《福建省地方税务局关于进一步落实企业所得税优惠政策的通知》（闽地税〔2013〕119号）规定："可以采用发放调查表的形式，积极帮助企业分析可以享受优惠的生产经营项目，对符合企业所得税优惠条件却未申请的企业，应逐户查明原因并分类统计。对当期符合优惠政策条件的纳税人，由于不了解优惠政策或者不了解申请程序、期限等原因，未及时申请备案，导致未享受税收优惠的，应根据《中华人民共和国税收征收管理法》第五十一条以及《税收减免管理办法（试行）》（国税发〔2005〕129号）第五条、第七条的规定，允许纳税人在优惠事项所属年度的次年6月1日起三年内补申请备案，主管地税机关追溯备案登记后，纳税人据以进行补充申报，并申请退还多缴的税款或抵缴以后应缴的企业所得税税款。"

21. 研发人员生活费用能否加计扣除？

问：我公司负责黄金地质矿产勘查，2011年对于3000米以下的深孔钻探申请了高新技术，并取得了相关部门的认定通知。为了解决工地工作人员的生活及钻探施工用水，单位在施工地点修盖了宿舍、厕所等。宿舍、厕所等零星工程费用是否可以加计扣除？

答：《企业研究开发费用税前扣除管理办法（试行）》（国税发〔2008〕116号）第四条规定，企业从事《国家重点支持的高新技术领域》和国家发展改革委员会等部门公布的《当前优先发展的高技术产业化重点领域指南（2007年度）》规定项目的研究开发活动，其在一个纳税年度中实际发生的下列费用支出，允许在计算应纳税所得额时按照规定实行加计扣除。

（一）新产品设计费、新工艺规程制定费以及与研发活动直接相关的技术图书资料费、资料翻译费。

（二）从事研发活动直接消耗的材料、燃料和动力费用。

（三）在职直接从事研发活动人员的工资、薪金、奖金、津贴、补贴。

（四）专门用于研发活动的仪器、设备的折旧费或租赁费。

（五）专门用于研发活动的软件、专利权、非专利技术等无形资产的摊销费用。

（六）专门用于中间试验和产品试制的模具、工艺装备开发及制造费。

（七）勘探开发技术的现场试验费。

（八）研发成果的论证、评审、验收费用。

根据上述规定，为解决工地工作人员的生活及钻探施工用水，发生的宿舍、厕所等零星工程费用，不在加计扣除的费用之列。

22. 技术提成费可否加计扣除？

问：我公司每年按销售收入一定比例支付给国外母公司技术提成费，但此部分技术提成费实际上是获取了某项技术的数据库使用权，企业在该技术基础上进行二次技术开发。这部分技术提成费可否享受技术研发费加计扣除的政策？

答：《国家税务总局关于印发〈企业研究开发费用税前扣除管理办法〔试行〕〉的通知》（国税发〔2008〕116号）第四条规定，企业从事《国家重点支持的高新技术领域》和国家发展改革委员会等部门公布的《当前优先发展的高技术产业化重点领域指南（2007年度）》规定项目的研究开发活动，其在一个纳税年度中实际发生的下列费用支出，允许在计算应纳税所得额时按照规定实行加计扣除。

（一）新产品设计费、新工艺规程制定费以及与研发活动直接相关的技术图书资料费、资料翻译费。

（二）从事研发活动直接消耗的材料、燃料和动力费用。

（三）在职直接从事研发活动人员的工资、薪金、奖金、津贴、补贴。

（四）专门用于研发活动的仪器、设备的折旧费或租赁费。

（五）专门用于研发活动的软件、专利权、非专利技术等无形资产的摊销费用。

（六）专门用于中间试验和产品试制的模具、工艺装备开发及制造费。

（七）勘探开发技术的现场试验费。

（八）研发成果的论证、评审、验收费用。

第五条规定，对企业共同合作开发的项目，凡符合上述条件的，由合作各方就自身承担的研发费用分别按照规定计算加计扣除。

第六条规定，对企业委托给外单位进行开发的研发费用，凡符合上述条件的，由委托方按照规定计算加计扣除，受托方不得再进行加计扣除。

对委托开发的项目，受托方应向委托方提供该研发项目的费用支出明细情况，否则，该委托开发项目的费用支出不得实行加计扣除。

根据上述规定，贵公司发生的技术提成费（技术使用费）允许税前扣除，但不属于上述列举的研发费用，不允许加计扣除。

23. 安装研发设备的材料设备费能否加计扣除？

问：我国修订的《当前优先发展的高技术产业化重点领域指南》中关于煤炭的高效安全生产、开发与加工利用中，包括煤矿瓦斯高效抽放设备，是否只有瓦斯抽放设备能加计扣除？为安装瓦斯抽放设备发生的材料、设备、土建等费用能否加计扣除？

答：《国家税务总局关于印发〈企业研究开发费用税前扣除管理办法（试行）〉的通知》（国税发〔2008〕116号）第四条规定，企业从事《国家重点支持的高新技术领域》和国家发展改革委员会等部门公布的《当前优先发展的高技术产业化重点领域指南（2007年度）》规定项目的研究开发活动，其在一个纳税年度中实际发生的下列费用支出，允许在计算应纳税所得额时按照规定实行加计扣除。

（一）新产品设计费、新工艺规程制定费以及与研发活动直接相关的技术图书资料费、资料翻译费。

（二）从事研发活动直接消耗的材料、燃料和动力费用。

（三）在职直接从事研发活动人员的工资、薪金、奖金、津贴、补贴。

（四）专门用于研发活动的仪器、设备的折旧费或租赁费。

（五）专门用于研发活动的软件、专利权、非专利技术等无形资产的摊销费用。

（六）专门用于中间试验和产品试制的模具、工艺装备开发及制造费。

（七）勘探开发技术的现场试验费。

（八）研发成果的论证、评审、验收费用。

根据上述规定，问题所述瓦斯抽放设备如果专属于研发活动，为使该设备达到可使用状态而发生的安装的材料、设备、土建等费用构成设备价值，折旧费可以享受加计扣除。

24. 自筹资金形成的研发费用可否加计扣除？

问：我公司某研发项目部分资金来自财政拨款，部分自筹。财政拨款部分未花完，结转下年。自筹部分形成的研发费用可否享受加计扣除税收优惠？

答：《企业所得税法》第三十条第（一）款规定，企业开发新技术、新产品、新工艺发生的研究开发费用，可以在计算应纳税所得额时加计扣除。

根据上述规定，企业自筹资金部分形成的研发费用，符合《国家税务总局关于印发〈企业研究开发费用税前扣除管理办法（试行）〉的通知》（国税发〔2008〕116号）的规定，即可在税前加计扣除。

25. 年度亏损高新技术企业可否申请加计扣除？

问：我公司2013年度亏损，对于发生的研发费用能否申请加计扣除？

答：《企业所得税法实施条例》第九十五条规定，企业所得税法第三十条第（一）项所称研究开发费用的加计扣除，是指企业为开发新技术、新产品、新工艺发生的研究开发费用，未形成无形资产计入当期损益的，在按照规定据实扣除的基础上，按照研究开发费用的

50%加计扣除；形成无形资产的，按照无形资产成本的150%摊销。

关于技术开发费的加计扣除形成的亏损的处理，《国家税务总局关于企业所得税若干税务事项衔接问题的通知》（国税函〔2009〕98号）规定，企业技术开发费加计扣除部分已形成企业年度亏损，可以用以后年度所得弥补，但结转年限最长不得超过5年。

依据上述规定，贵公司2013年度亏损，但对发生的研发费用可申请加计扣除，加计扣除部分增加的企业年度亏损，可以用以后年度所得弥补，但结转年限最长不得超过5年。

26. 研发设备单台价值在30万元以下如何税前扣除？

问："研发设备等单台价值在30万元以下可一次计入成本费用，可以税前扣除"，这项规定具体出自何处？

答：该规定出自《财政部、国家税务总局关于企业技术创新有关企业所得税优惠政策的通知》（财税〔2006〕88号），企业用于研究开发的仪器和设备，单位价值在30万元以下的，可一次或分次计入成本费用，在企业所得税税前扣除，其中达到固定资产标准的应单独管理，不再提取折旧。

企业用于研究开发的仪器和设备，单位价值在30万元以上的，允许其采取双倍余额递减法或年数总和法实行加速折旧，具体折旧方法一经确定，不得随意变更。

前两款所述仪器和设备，是指2006年1月1日以后企业新购进的用于研究开发的仪器和设备。

2008年1月1日以后实施新的《企业所得税法》，因此该文件2008年1月1日以后已不再执行。

2014年1月1日起，按以下新的政策规定执行：

《国家税务总局关于固定资产加速折旧税收政策有关问题的公告》（国家税务总局公告2014年第64号）规定：

一、对生物药品制造业，专用设备制造业，铁路、船舶、航空航天和其他运输设备制造业，计算机、通信和其他电子设备制造业，仪器仪表制造业，信息传输、软件和信息技术服务业等行业企业（以下简称六大行业），2014年1月1日后购进的固定资产（包括自行建造），允许按不低于企业所得税法规定折旧年限的60%缩短折旧年限，或选择采取双倍余额递减法或年数总和法进行加速折旧。

六大行业按照国家统计局《国民经济行业分类与代码（GB/4754—2011）》确定。今后国家有关部门更新国民经济行业分类与代码，从其规定。

六大行业企业是指以上述行业业务为主营业务，其固定资产投入使用当年主营业务收入占企业收入总额50%（不含）以上的企业。所称收入总额，是指企业所得税法第六条规定的收入总额。

二、企业在2014年1月1日后购进并专门用于研发活动的仪器、设备，单位价值不超过100万元的，可以一次性在计算应纳税所得额时扣除；单位价值超过100万元的，允许按不低于企业所得税法规定折旧年限的60%缩短折旧年限，或选择采取双倍余额递减法或年数总和法进行加速折旧。

用于研发活动的仪器、设备范围口径，按照《国家税务总局关于印发〈企业研究开发费用税前扣除管理办法（试行）的通知》（国税发〔2008〕116 号）或《科学技术部财政部国家税务总局关于印发（高新技术企业认定管理工作指引）的通知》（国科发火〔2008〕362 号）规定执行。

企业专门用于研发活动的仪器、设备已享受上述优惠政策的，在享受研发费加计扣除时，按照《国家税务总局关于印发（企业研发费用税前扣除管理办法（试行）的通知》（国税发〔2008〕116 号）、《财政部国家税务总局关于研究开发费用税前加计扣除有关政策问题的通知》（财税〔2013〕70 号）的规定，就已经进行会计处理的折旧、费用等金额进行加计扣除。

六大行业中的小型微利企业研发和生产经营共用的仪器、设备，可以执行本条第一、二款的规定。所称小型微利企业，是指企业所得税法第二十八条规定的小型微利企业。

27. 残疾人加计扣除工资中是否含个人负担的"五险一金"？

问：我单位在 2010 年企业所得税年度汇算清缴时，支付给残疾人的工资可以在税前加计 100% 扣除，由职工负担的上述养老保险费、医疗保险费、失业保险费、工伤保险费、生育保险费等社会保险费和住房公积金，以及个人所得税，是否能作为加计扣除的基数？

例如，企业全年应发给残疾人职工工资为 10 万元，由职工负担的养老保险费、医疗保险费等保险费为 1 万元（实际也应该属于工资的一部分），实际发放到职工手中的金额为 9 万元。那么，加计扣除的基数是实际数 10 万元，还是实发数 9 万元？

答：《国家税务总局关于企业工资薪金及职工福利费扣除问题的通知》（国税函〔2009〕3 号）第二条规定，《实施条例》第四十、四十一、四十二条所称的"工资薪金总额"，是指企业按照本通知第一条规定实际发放的工资薪金总和，不包括企业的职工福利费、职工教育经费、工会经费以及养老保险费、医疗保险费、失业保险费、工伤保险费、生育保险费等社会保险费和住房公积金。

《企业会计准则第 9 号——职工薪酬》第二条规定，职工薪酬，是指企业为获得职工提供的服务而给予各种形式的报酬以及其他相关支出。职工薪酬包括：

（一）职工工资、奖金、津贴和补贴；

（二）职工福利费；

（三）医疗保险费、养老保险费、失业保险费、工伤保险费和生育保险费等社会保险费；

（四）住房公积金；

（五）工会经费和职工教育经费；

（六）非货币性福利；

（七）因解除与职工的劳动关系给予的补偿；

（八）其他与获得职工提供的服务相关的支出。

对照上述规定，企业在实际核算中，分配到成本费用的工资金额，税法与会计口径相同，而计入费用的工资金额并不是减除由个人负担的各项保险。因此，根据问题所述，对于可加计扣除的残疾人工资基数应为实际数 10 万元。

28. 非民政福利企业安置残疾人实际支付工资能否加计扣除？

问：我公司不是民政福利企业，安置的残疾人实际支付工资能否加计扣除？

答：《财政部、国家税务总局关于安置残疾人员就业有关企业所得税优惠政策问题的通知》（财税〔2009〕70号）第一条规定，企业安置残疾人员的，在按照支付给残疾职工工资据实扣除的基础上，可以在计算应纳税所得额时按照支付给残疾职工工资的100％加计扣除。

企业就支付给残疾职工的工资，在进行企业所得税预缴申报时，允许据实计算扣除；在年度终了进行企业所得税年度申报和汇算清缴时，再依照本条第一款的规定计算加计扣除。

第二条规定，残疾人员的范围适用《中华人民共和国残疾人保障法》的有关规定。

第三条规定，企业享受安置残疾职工工资100％加计扣除应同时具备如下条件：

（一）依法与安置的每位残疾人签订了1年以上（含1年）的劳动合同或服务协议，并且安置的每位残疾人在企业实际上岗工作。

（二）为安置的每位残疾人按月足额缴纳了企业所在区县人民政府根据国家政策规定的基本养老保险、基本医疗保险、失业保险和工伤保险等社会保险。

（三）定期通过银行等金融机构向安置的每位残疾人实际支付了不低于企业所在区县适用的经省级人民政府批准的最低工资标准的工资。

（四）具备安置残疾人上岗工作的基本设施。

因此，安置残疾人员的企业只要符合以上规定，即可享受"支付给残疾职工工资的100％加计扣除"政策，税法没有限定必须是民政福利企业。

29. 残疾人离职补偿金能否作为工资加计扣除？

问：如果我公司按照国家规定雇用了残疾员工，条件也符合法规可以加计扣除的要求，现合同到期，我公司不准备继续雇佣该员工，而支付了离职补偿金，支付的补偿金是否可以作为残疾人工资在计算应纳税所得额时加计扣除？

答：《企业所得税法实施条例》第三十四条规定，企业发生的合理的工资薪金支出，准予扣除。

前款所称工资薪金，是指企业每一纳税年度支付给在本企业任职或者受雇的员工的所有现金形式或者非现金形式的劳动报酬，包括基本工资、奖金、津贴、补贴、年终加薪、加班工资，以及与员工任职或者受雇有关的其他支出。

参考《国家统计局关于工资总额组成的规定》（国家统计局令1990年第1号）第十一条的规定，下列各项不列入工资总额的范围：

（十）劳动合同制职工解除劳动合同时由企业支付的医疗补助费、生活补助费等；

因此，工资总额不包括解除劳动合同时支付的补偿金。对此，支付离职补偿金，不作为残疾人加计扣除的工资基数。

30. 以劳务派遣方式雇用残疾人能否加计扣除?

问: 我们公司通过劳务派遣的方式雇用了部分残疾人员工,能否享受企业所得税加计扣除的税收优惠政策?

答:《财政部、国家税务总局关于安置残疾人员就业有关企业所得税优惠政策问题的通知》(财税〔2009〕70 号)第三条规定,企业享受安置残疾职工工资 100% 加计扣除应同时具备如下条件:

(一)依法与安置的每位残疾人签订了 1 年以上(含 1 年)的劳动合同或服务协议,并且安置的每位残疾人在企业实际上岗工作。

(二)为安置的每位残疾人按月足额缴纳了企业所在区县人民政府根据国家政策规定的基本养老保险、基本医疗保险、失业保险和工伤保险等社会保险。

(三)定期通过银行等金融机构向安置的每位残疾人实际支付了不低于企业所在区县适用的经省级人民政府批准的最低工资标准的工资。

(四)具备安置残疾人上岗工作的基本设施。

根据上述规定,你公司通过劳务派遣的方式雇用残疾人员工,如果符合上述规定,具备与之签订 1 年以上劳动合同或服务协议,并为其足额缴纳社会保险等条件,则可以享受加计扣除优惠。

31. 安置残疾人享受企业所得税优惠是否有最低人数要求?

问: 雇用残疾人享受所得税优惠,是否有最低人数要求?

答:《财政部、国家税务总局关于安置残疾人员就业有关企业所得税优惠政策问题的通知》(财税〔2009〕70 号)第一条规定,企业安置残疾人员的,在按照支付给残疾职工工资据实扣除的基础上,可以在计算应纳税所得额时按照支付给残疾职工工资的 100% 加计扣除。

第三条规定,企业享受安置残疾职工工资 100% 加计扣除应同时具备如下条件:

(一)依法与安置的每位残疾人签订了 1 年以上(含 1 年)的劳动合同或服务协议,并且安置的每位残疾人在企业实际上岗工作。

(二)为安置的每位残疾人按月足额缴纳了企业所在区县人民政府根据国家政策规定的基本养老保险、基本医疗保险、失业保险和工伤保险等社会保险。

(三)定期通过银行等金融机构向安置的每位残疾人实际支付了不低于企业所在区县适用的经省级人民政府批准的最低工资标准的工资。

(四)具备安置残疾人上岗工作的基本设施。

根据上述规定,企业安置残疾人员的,在按照支付给残疾职工工资据实扣除的基础上,可以在计算应纳税所得额时按照支付给残疾职工工资的 100% 加计扣除。符合财税〔2009〕70 号文件第三条规定的条件即可,无安置残疾人员最低人数要求。

32. 二级机构残疾人员工资加计扣除是否需要汇总备案?

问: 跨省二级机构有残疾人工资,在计算企业所得税应纳税所得额时按 100% 加计扣除，是由总公司统一备案，还是需要先在二级机构所在地税务局备案，再由总公司汇总备案？

答：《国家税务总局关于印发〈跨地区经营汇总纳税企业所得税征收管理办法〉的公告》（国家税务总局公告 2012 年第 57 号）第二条规定，居民企业在中国境内跨地区（指跨省、自治区、直辖市和计划单列市，下同）设立不具有法人资格分支机构的，该居民企业为跨地区经营汇总纳税企业（以下简称汇总纳税企业），除另有规定外，其企业所得税征收管理适用本办法。

第二十一条规定，汇总纳税企业总机构和分支机构应依法办理税务登记，接受所在地主管税务机关的监督和管理。

第二十六条规定，对于按照税收法律、法规和其他规定，由分支机构所在地主管税务机关管理的企业所得税优惠事项，分支机构所在地主管税务机关应加强审批（核）、备案管理，并通过评估、检查和台账管理等手段，加强后续管理。

第二十九条规定，税务机关应将汇总纳税企业总机构、分支机构的税务登记信息、备案信息、总机构出具的分支机构有效证明情况及分支机构审核鉴定情况、企业所得税月（季）度预缴纳税申报表和年度纳税申报表、汇总纳税企业分支机构所得税分配表、财务报表（或年度财务状况和营业收支情况）、企业所得税款入库情况、资产损失情况、税收优惠情况、各分支机构参与企业年度纳税调整情况的说明、税务检查及查补税款分摊和入库情况等信息，定期分省汇总上传至国家税务总局跨地区经营汇总纳税企业管理信息交换平台。

根据上述规定，如问题中二级机构为跨地区设立的分支机构，则属于上述文件中规定的应汇总缴纳企业所得税的纳税人。其分支机构应当在所在地办理税务登记，并接受所在地主管税务机关的日常管理。对于分支机构按照税收法律、法规和其他规定，应享受的企业所得税优惠事项，应向所在地主管税务机关申请办理审批（核）、备案等手续，备案后由税务机关上传到国家税务总局跨地区经营汇总纳税企业管理信息交换平台。

减免应纳税所得额

1. 仅从事种子购销能否免缴企业所得税？

问：某有限责任公司从事种子和化肥的销售，是否免缴企业所得税？是否只有培育、种植、选育后销售才能免缴？

答：《企业所得税法实施条例》八十六条规定，企业所得税法第二十七条第（一）项规定的企业从事农、林、牧、渔业项目的所得，可以免征、减征企业所得税，是指：

（一）企业从事下列项目的所得，免征企业所得税：

1. 蔬菜、谷物、薯类、油料、豆类、棉花、麻类、糖料、水果、坚果的种植；

2. 农作物新品种的选育；

3. 中药材的种植；

4. 林木的培育和种植；

5. 牲畜、家禽的饲养；

6. 林产品的采集；

7. 灌溉、农产品初加工、兽医、农技推广、农机作业和维修等农、林、牧、渔服务业项目；

8. 远洋捕捞。

（二）企业从事下列项目的所得，减半征收企业所得税：

1. 花卉、茶以及其他饮料作物和香料作物的种植；

2. 海水养殖、内陆养殖。企业从事国家限制和禁止发展的项目，不得享受本条规定的企业所得税优惠。

根据上述规定，对于农林企业而言，只有培育、种植、选育后销售才免缴企业所得税。

2. 屠宰中对肉类的简单加工是否属于农产品初加工？

问：我公司经营屠宰加工，经简单加工处理（未经过加热处理）的动物内脏、头、尾、蹄或制成的肉片、肉丁等能否享受所得税优惠？

答：《财政部、国家税务总局关于发布享受企业所得税优惠政策的农产品初加工范围（试行）的通知》（财税〔2008〕149 号）规定，肉类初加工。通过对畜禽类动物（包括各类牲畜、家禽和人工驯养、繁殖的野生动物以及其他经济动物）宰杀、去头、去蹄、去皮、去内脏、分割、切块或切片、冷藏或冷冻、分级、包装等简单加工处理，制成的分割肉、保鲜肉、冷藏肉、冷冻肉、绞肉、肉块、肉片、肉丁。

根据上述规定，企业从事农产品屠宰加工，经简单加工处理动物内脏、头、尾、蹄、分割、切块或切片，制成的肉片、肉丁应同样享受所得税税收优惠。

3. 獭兔是否属于"牲畜、家禽的饲养"？

问：《国家税务总局关于实施农、林、牧、渔业项目企业所得税优惠问题的公告》（国家税务总局公告 2011 年第 48 号）规定，猪、兔的饲养按"牲畜、家禽的饲养"处理。兔子是否有具体的分类？獭兔是否也属于兔子的范畴，免征企业所得税？还是归属于内陆养殖减半征收企业所得税？

答：《国家税务总局关于实施农、林、牧、渔业项目企业所得税优惠问题的公告》（国家税务总局公告 2011 年第 48 号）第四条规定：

（一）猪、兔的饲养，按"牲畜、家禽的饲养"项目处理；

......

《企业所得税法实施条例》规定，牲畜、家禽的饲养，免征企业所得税。

根据上述规定，獭兔是一种原产法国的既可食用又能用于装饰的皮用动物，应属于兔类范围。因此，企业取得獭兔饲养所得，免征企业所得税。

4. 购入农产品再种植销售可否享受税收优惠？

问：购入农产品再种植、养殖并销售，可否享受税收优惠？

答：《国家税务总局关于实施农、林、牧、渔业项目企业所得税优惠问题的公告》（国家税务总局公告 2011 年第 48 号）第七条规定，企业将购入的农、林、牧、渔产品，在自有或租用的场地进行育肥、育秧等再种植、养殖，经过一定的生长周期，使其生物形态发生变化，且并非由于本环节对农产品进行加工而明显增加了产品的使用价值的，可视为农产品的种植、养殖项目享受相应的税收优惠。主管税务机关对企业进行农产品的再种植、养殖是否符合上述条件难以确定的，可要求企业提供县级以上农、林、牧、渔业政府主管部门的确认意见。

5. 对收购的茶叶进行分类包装是否属于农产品初加工？

问：我公司从农户手中收购茶叶后进行分类、包装再销售，取得的收入是否属于免税的农产品初加工收入？

答：《国家税务总局关于实施农、林、牧、渔业项目企业所得税优惠问题的公告》（国家税务总局公告 2011 年第 48 号）第五条第四项规定，企业对外购茶叶进行筛选、分装、包装后进行销售的所得，不享受农产品初加工的优惠政策。

6. 普通企业卖树苗能否享受免税优惠政策？

问：我公司厂区绿化时买的小树苗现在已经长得很高了，需要移植，如果对外销售，收入是否享受企业所得税免税优惠收入？

答：《国家税务总局关于实施农、林、牧、渔业项目企业所得税优惠问题的公告》（国家税务总局公告 2011 年第 48 号）第三条规定，企业从事林木的培育和种植的免税所得，是指企业对树木、竹子的育种和育苗、抚育和管理以及规模造林活动取得的所得，包括企业通过拍卖或收购方式取得林木所有权并经过一定的生长周期，对林木进行再培育取得的所得。

第四条第（三）款规定，观赏性作物的种植，按"花卉、茶及其他饮料作物和香料作物的种植"项目处理。

第七条规定，企业将购入的农、林、牧、渔产品，在自有或租用的场地进行育肥、育秧等再种植、养殖，经过一定的生长周期，使其生物形态发生变化，且并非由于本环节对农产品进行加工而明显增加了产品的使用价值的，可视为农产品的种植、养殖项目享受相应的税收优惠。

主管税务机关对企业进行农产品的再种植、养殖是否符合上述条件难以确定的，可要求企业提供县级以上农、林、牧、渔业政府主管部门的确认意见。

依据上述规定，贵公司将购入绿化树苗进行养殖，经过一定的生长周期，使其生物形态发生变化，且并非由于本环节对农产品进行加工而明显增加了产品的使用价值的，如果对外销售，视为农产品的种植、养殖项目，享受企业所得税免税优惠政策。

7. 水稻加工业务是否适用农产品初加工优惠政策？

问：我企业专门从事水稻加工业务，收购水稻加工成大米包装销售是否属于农产品初加工业务，享受免征企业所得税税收优惠？

答：《企业所得税法实施条例》第八十六条规定，企业所得税法第二十七条第（一）项规定的企业从事农、林、牧、渔业项目的所得，可以免征、减征企业所得税，是指：

（一）企业从事下列项目的所得，免征企业所得税：

7. ……农产品初加工、……等农、林、牧、渔服务业项目；……

《财政部、国家税务总局关于发布享受企业所得税优惠政策的农产品初加工范围（试行）的通知》（财税〔2008〕149 号）规定，稻米初加工是指，通过对稻谷进行清理、脱壳、碾米（或不碾米）、烘干、分级、包装等简单加工处理，制成的成品粮及其初制品，具体包括大米、蒸谷米。

《国家税务总局关于实施农林牧渔业项目企业所得税优惠问题的公告》（国家税务总局公告 2011 年第 48 号）第五条第（一）款规定，企业根据委托合同，受托对符合《财政部、国家税务总局关于发布享受企业所得税优惠政策的农产品初加工范围（试行）的通知》（财税〔2008〕149 号）和《财政部、国家税务总局关于享受企业所得税优惠的农产品初加工有关范围的补充通知》（财税〔2011〕26 号）规定的农产品进行初加工服务，其所收取的加工费，可以按照农产品初加工的免税项目处理……

第十条规定，企业购买农产品后直接进行销售的贸易活动产生的所得，不能享受农、林、牧、渔业项目的税收优惠政策。

依据上述规定，企业将水稻加工成大米的过程，尽管购入水稻后再加工，应该属于农产品初加工，可以享受所得税优惠政策。若受托加工大米，其所收取的加工费，可以按照农产品初加工的免税项目处理。

8. 丝加工能否享受农产品初加工优惠政策？

问：依据《国家税务总局关于实施农、林、牧、渔业项目企业所得税优惠问题的公告》（国家税务总局 2011 年 48 号公告）规定，享受税收优惠的农、林、牧、渔业项目，除另有规定外，参照《国民经济行业分类》（GB/T4754—2002）的规定标准执行。

丝加工业在国民经济行业分类中属于制造业中的纺织业，则不符合所得税优惠的条件规定，但是依据《财政部、国家税务总局关于享受企业所得税优惠的农产品初加工有关范围的补充通知》（财税〔2011〕26 号）第八款第三项"蚕茧初加工"的相关规定，丝加工又符合优惠条件。那么，丝加工能否享受农产品初加工所得税优惠政策？

答：《财政部、国家税务总局关于享受企业所得税优惠的农产品初加工有关范围的补充通知》（财税〔2011〕26 号）蚕茧初加工规定，《范围》规定的蚕包括蚕茧，生丝包括厂丝。

《广州市地方税务局关于印发涉农税收优惠政策指引的通知》（穗地税函〔2009〕148 号）规定，蚕茧初加工。通过烘干、杀蛹、缫丝、煮剥、拉丝等简单加工处理，制成的蚕、蛹、生丝、丝棉。

生丝是桑蚕茧缫丝后所得的产品。俗称真丝，机缫的又叫厂丝，手工缫的叫土丝。生丝脱胶后称熟丝。

依据上述规定，若为生丝初加工可享受企业所得税农产品初加工优惠政策。

9. 外购豆子加工豆芽可否免缴企业所得税?

问: 豆芽加工厂外购豆子加工成豆芽后对外销售,能否免缴企业所得税?

答:《企业所得税法》第二十七条规定,从事农、林、牧、渔业项目的所得可以免征、减征企业所得税。

《企业所得税法实施条例》第八十六条规定,企业所得税法第二十七条第(一)项规定的企业从事农、林、牧、渔业项目的所得,可以免征、减征企业所得税,是指:

(一)企业从事下列项目的所得,免征企业所得税:

1. 蔬菜、谷物、薯类、油料、豆类、棉花、麻类、糖料、水果、坚果的种植;

2. 农作物新品种的选育;

3. 中药材的种植;

4. 林木的培育和种植;

5. 牲畜、家禽的饲养;

6. 林产品的采集;

7. 灌溉、农产品初加工、兽医、农技推广、农机作业和维修等农、林、牧、渔服务业项目。

《财政部、国家税务总局关于发布享受企业所得税优惠政策的农产品初加工范围(试行)的通知》(财税〔2008〕149号)第一条规定,种植业类(一)粮食初加工中的第五项,食用豆类初加工,通过对大豆、绿豆、红小豆等食用豆类进行清理去杂、浸洗、晾晒、分级、包装等简单加工处理,制成的豆面粉、黄豆芽、绿豆芽。

根据上述规定,豆芽加工厂外购豆子加工成黄豆芽、绿豆芽后对外销售,属于食用豆类初加工范围,可以享受免征企业所得税的优惠政策。

10. 园林苗木及盆景的销售所得可否减免所得税?

问: 我公司属国有园林绿化企业,主营业务范围是园林绿化景观设计、施工与管理,园林苗木、盆景的生产和销售等。我公司园林苗木、盆景的销售所得是否可以减免企业所得税? 园林绿化规划、设计业务属国家鼓励类项目,我公司园林绿化工程收入是否可以享受15%的企业所得税优惠政策?

答: 1. 关于园林苗木、盆景的销售所得减免税问题。

《企业所得税法实施条例》第八十六条第(一)款规定,企业从事下列项目的所得,免征企业所得税:

1. 蔬菜、谷物、薯类、油料、豆类、棉花、麻类、糖料、水果、坚果的种植;

2. 农作物新品种的选育;

3. 中药材的种植;

4. 林木的培育和种植;

5. 牲畜、家禽的饲养;

6. 林产品的采集;

7. 灌溉、农产品初加工、兽医、农技推广、农机作业和维修等农、林、牧、渔服务业项目;

8. 远洋捕捞。

第(二)款规定,企业从事下列项目的所得,减半征收企业所得税:

1. 花卉、茶以及其他饮料作物和香料作物的种植;

2. 海水养殖、内陆养殖。

企业从事国家限制和禁止发展的项目,不得享受本条规定的企业所得税优惠。

《财政部、国家税务总局关于发布享受企业所得税优惠政策的农产品初加工范围(试行)的通知》(财税〔2008〕149 号)规定,花卉及观赏植物初加工,指通过对观赏用、绿化及他各种用途的花卉及植物进行保鲜、储藏、烘干、分级、包装等简单加工处理,制成的各类鲜干花,可以作为农产品初加工享受企业所得税优惠。

依据上述规定,园林绿化企业取得园林苗木销售所得,可按林木的培育和种植所得,免征企业所得税;种植花卉盆景销售所得,可按减半征收企业所得税。

若将花卉及观赏植物初加工,对其销售所得,可按农产品初加工免征企业所得税。

2. 关于园林绿化规划、设计业务征税问题。

根据《企业所得税法》第二十八条规定,国家需要重点扶持的高新技术企业,减按15%的税率征收企业所得税。

《企业所得税法实施条例》第九十三条对高新技术企业进行了界定,我们认为根据《科技部、财政部、国家税务总局关于印发〈高新技术企业认定管理办法〉的通知》(国科发火〔2008〕172 号)规定,园林绿化规划、设计业务不属于国家重点支持的高新技术领域,因此不可以享受15%的企业所得税优惠政策。

11. 收购种蛋孵化销售是否享受减免税优惠政策?

问:我公司是专业的养殖公司,为带动当地农户,我公司今年准备实行"公司+农户"的经营模式,具体流程如下:

养殖户从我公司购买种鸡苗,然后公司按照"保底价格+提成"的价格进行种蛋回收;每月不管市场行情如何变化,农户必须上交种蛋,我公司必须按时收购农户的种蛋;种鸡到产蛋前所耗的饲料,由养殖户在指定的饲料厂家购买;在开始产蛋时所耗的饲料由我公司垫付,每月进行种蛋结算时扣除公司垫付的饲料款后余下的款再支付给养殖户;我公司对收回的种蛋实行孵化后,再对外销售。

那么,我公司收购农户种蛋,孵化后销售鸡苗取得的收入可否减免所得税?

答:《国家税务总局关于"公司+农户"经营模式企业所得税优惠问题的通知》(国家税务总局公告 2010 年第 2 号)规定,目前,一些企业采取"公司+农户"经营模式从事牲畜、家禽的饲养,即公司与农户签订委托养殖合同,向农户提供畜禽苗、饲料、兽药及疫苗等(所有权〈产权〉仍属于公司),农户将畜禽养大成为成品后交付公司回收。鉴于采取"公司+农户"经营模式的企业,虽不直接从事畜禽的养殖,但系委托农户饲养,并承担诸如市场、管理、采购、销售等经营职责及绝大部分经营管理风险,公司和农户是劳务外包关系。为此,对此类以"公司+农户"经营模式从事农、林、牧、渔业项目生产的企业,可以按照

《中华人民共和国企业所得税法实施条例》第八十六条的有关规定，享受减免企业所得税优惠政策。

《企业所得税法实施条例》第八十六条规定，企业从事牲畜、家禽的饲养项目的所得，免征企业所得税：

根据上述规定，企业向农户销售种鸡苗后，按照"保底价格＋提成"进行种蛋回收，对收回的种蛋实行孵化后，再对外销售种鸡苗。对种鸡孵化饲养所得，可按照牲畜、家禽的饲养，免征企业所得税。

12. 农产品加工企业取得利息收入是否享受免税优惠政策？

问：某公司只从事农产品初加工业务，符合免征企业所得税的规定。那么，以下三种不同情况的利息收入是否可并入计算应纳税所得额，享受免征企业所得税的优惠待遇？

（1）银行结算账户的存款利息收入；

（2）对外借出资金收取的利息；

（3）购买银行理财产品的收益（利滚利理财产品的利息收入）。

答：《企业所得税法实施条例》第八十六条规定，企业所得税法第二十七条第（一）项规定的企业从事农、林、牧、渔业项目的所得，可以免征、减征企业所得税，是指：

（一）企业从事下列项目的所得，免征企业所得税：

（7）灌溉、农产品初加工、兽医、农技推广、农机作业和维修等农、林、牧、渔服务业项目；

……

第一百零二条规定，企业同时从事适用不同企业所得税待遇的项目的，其优惠项目应当单独计算所得，并合理分摊企业的期间费用；没有单独计算的，不得享受企业所得税优惠。

根据上述规定，上述利息收入不属于农产品初加工所得，不能享受免征企业所得税。你公司应单独核算利息收入所得和农产品初加工所得，并合理分摊企业的期间费用。

13. 如何理解农产品初加工免征企业所得税的范围？

问：关于农产品初加工的免税范围，到底是按农产品初加工整个加工项目免税，还是按加工后的产品项目免税？根据《企业所得税法实施条例》第八十六条规定，企业所得税法第二十七条第（一）项规定的企业从事农、林、牧、渔业项目的所得，可以免征、减征企业所得税，是指：

（一）企业从事下列项目的所得，免征企业所得税：

7.灌溉、农产品初加工、兽医、农技推广、农机作业和维修等农、林、牧、渔服务业项目；

……

根据上述规定，可以理解为农产品初加工项目所得免征企业所得税。但根据《财政部、国家税务总局关于发布享受企业所得税优惠政策的农产品初加工范围（试行）的通知》（财税〔2008〕149号）规定，享受企业所得税优惠政策的农产品初加工是按产品列举的，造成理解出现偏差。在实际工作中，农产品初加工一般是联产品加工，一种农产品往往生产出多种产品，比如棉籽初加工项目，产成品有棉籽油、棉粕、棉壳、棉短绒，那么在实际执行税收优惠政策时，是该棉籽初加工项目生产出的所有产成品的所得全部免税，还是按财税〔2008〕149号文件规定，仅为列举的棉籽油和棉籽粕项目所得免税，而棉壳、棉短绒等产品的所得不享受免税政策？按该种理解，每项产成品从收入、成本、期间费用到利润总额均需单项分别核算，对应纳税所税额的调增调减项目如何区分属免税还是应税？

答： 有关享受企业所得税优惠政策的农产品初加工范围，国家税务总局先后下发了《财政部、国家税务总局关于发布享受企业所得税优惠政策的农产品初加工范围（试行）的通知》（财税〔2008〕149号）和《财政部、国家税务总局关于享受企业所得税优惠的农产品初加工有关范围的补充通知》（财税〔2011〕26号），两者均明确是按照规定列举的农产品所得享受税收优惠，没有规定的产品的所得则不享受。因此，对于享受企业所得税优惠的企业应合理划分不同农产品初加工项目各项产品的成本、费用支出，分别核算所得，并各按适用的企业所得税政策进行纳税申报。

14. 农产品初加工企业取得政府补助应如何处理？

问： 某公司是一家农产品初加工企业，并且只有农产品初加工业务，现取得政府补助收入，这部分补助收入是单独核算并计算企业所得税，还是与农产品初加工业务一起合并核算，并享受农产品初加工业务免征企业所得税？如果这部分补助收入与初加工业务有关，应如何处理？与农产品初加工无关又如何处理？

答： 《企业所得税法实施条例》第八十六条规定，企业所得税法第二十七条第（一）项规定的企业从事农、林、牧、渔业项目的所得，可以免征、减征企业所得税。

第一百零二条规定，企业同时从事适用不同企业所得税待遇的项目的，其优惠项目应当单独计算所得，并合理分摊企业的期间费用；没有单独计算的，不得享受企业所得税优惠。

因此，农产品初加工企业取得政府补助收入和其他项目收入，应当单独计算农产品初加工所得，并合理分摊企业的期间费用；没有单独计算的，不得享受企业所得税优惠。

15. 享受"农作物新品种选育"所得免税政策是否需要资质？

问： 《国家税务总局关于实施农林、牧、渔业项目企业所得税优惠问题的公告》（国家税务总局公告2011年第48号）规定，企业从事农作物新品种选育的免税所得，是指企业对农作物进行品种和育种材料选育形成的成果，以及由这些成果形成的种子（苗）等繁殖材料的生产、初加工、销售一体化取得的所得。

按条款进行解读，种子企业只要经营以上规定的项目就可享受该项税收优惠，不论其是否获得"育繁推一体化"经营许可证，该理解是否正确？

答： 《农作物种子生产经营许可管理办法》第六条规定，生产主要农作物商品种子的，应当依法取得主要农作物种子生产许可证。

因此，企业只有取得相关的许可证，才能享受相关税收优惠。

16. 为农业生产提供科技和信息咨询服务是属于农林牧渔业？

问：某政府性项目公司主要经营范围是为农业生产提供科技、信息咨询服务，其行业是属于农林牧渔业，还是属于其他服务业？

答：《企业所得税法实施条例》第八十六条规定，企业所得税法第二十七条第（一）项规定的企业从事农、林、牧、渔业项目的所得，可以免征、减征企业所得税，是指：

（一）企业从事下列项目的所得，免征企业所得税：

7. 灌溉、农产品初加工、兽医、农技推广、农机作业和维修等农、林、牧、渔服务业项目；

......

其中的农技推广是指与农业有关的新技术、新产品、新工艺直接推向市场而进行的相关技术活动，以及技术推广的转让活动。

根据上述规定，为农业生产提供科技、信息咨询服务不属于农技推广，该行业不属于农林牧渔业。

17. 农产品初加工企业取得的营业外收入是否免税？

问：我公司只从事农产品初加工，符合免征企业所得税的规定，取得的财政补贴和贴息记入"营业外收入"科目。国税稽查人员认为财政补贴和贴息收入不属于农产品初加工所得，政策依据是什么？

答：《企业所得税法实施条例》第八十六条规定，企业所得税法第二十七条第（一）项规定的企业从事农、林、牧、渔业项目的所得，可以免征、减征企业所得税，是指：

（一）企业从事下列项目的所得，免征企业所得税：

7. 灌溉、农产品初加工、兽医、农技推广、农机作业和维修等农、林、牧、渔服务业项目；

......

《企业所得税法实施条例》第一百零二条规定，企业同时从事适用不同企业所得税待遇的项目的，其优惠项目应当单独计算所得，并合理分摊企业的期间费用；没有单独计算的，不得享受企业所得税优惠。

根据上述规定，补贴收入不属于农产品初加工收入，不属于农产品初加工所得。该补贴收入不能享受免征企业所得税优惠待遇。企业应单独核算补贴收入所得和农产品初加工所得，并合理分摊企业的期间费用。

18. 增值税即征即退收入能否享受"三免三减半"优惠政策？

问：我公司享受公共基础设施项目企业所得税"三免三减半"优惠政策，同时又享受增值税即征即退50％的优惠政策。增值税即征即退50％所得收入，是否也享受企业所得税的"三免三减半"优惠政策？我公司理解为：风力发电企业只有一项经营业务即风力发电，而增值税即征即退 50％的收入，也是由于从事风力发电的业务而获得的一项收入，可否视其为公共基础设施项目的投资经营所得？

答：《国家税务总局关于实施国家重点扶持的公共基础设施项目企业所得税优惠问题的通知》（国税发〔2009〕80 号）规定，对居民企业（以下简称企业）经有关部门批准，从事符合《公共基础设施项目企业所得税优惠目录》（以下简称《目录》）规定范围、条件和标准的公共基础设施项目的投资经营所得，自该项目取得第一笔生产经营收入所属纳税年度起，第一年至第三年免征企业所得税，第四年至第六年减半征收企业所得税。

《财政部、国家税务总局关于财政性资金、行政事业性收费、政府性基金有关企业所得税政策问题的通知》（财税〔2008〕151 号）规定，企业取得的各类财政性资金，除属于国家投资和资金使用后要求归还本金的以外，均应计入企业当年收入总额。

本条所称财政性资金，是指企业取得的来源于政府及其有关部门的财政补助、补贴、贷款贴息，以及其他各类财政专项资金，包括直接减免的增值税和即征即退、先征后退、先征后返的各种税收，但不包括企业按规定取得的出口退税款。

根据上述规定，企业取得的风力发电的增值税税收返还，属于财政性资金，不属于公共基础设施项目的投资经营所得，不享受企业所得税"三免三减半"的税收优惠政策。

19. 收到的乡及村林道补助能否享受减免税优惠政策？

问：生态农业发展有限公司收到的乡及村里的林道改造补助，企业所得税如何处理？能否享受减免税优惠？

答：《企业所得税法实施条例》第八十七条规定，企业所得税法第二十七条第（二）项所称国家重点扶持的公共基础设施项目，是指《公共基础设施项目企业所得税优惠目录》规定的港口码头、机场、铁路、公路、城市公共交通、电力、水利等项目。

企业从事前款规定的国家重点扶持的公共基础设施项目的投资经营的所得，自项目取得第一笔生产经营收入所属纳税年度起，第一年至第三年免征企业所得税，第四年至第六年减半征收企业所得税。

企业承包经营、承包建设和内部自建自用本条规定的项目，不得享受本条规定的企业所得税优惠。

第一百零二条规定，企业同时从事适用不同企业所得税待遇的项目的，其优惠项目应当单独计算所得，并合理分摊企业的期间费用；没有单独计算的，不得享受企业所得税优惠。

《财政部、国家税务总局、国家发展改革委关于公布〈公共基础设施项目企业所得税优惠目录〉（2008 年版）的通知》（财税〔2008〕116 号）附件《公共基础设施项目企业所得税优惠目录》中规定，公路新建项目由省级以上政府投资主管部门核准的一级以上的公路建设项目。

根据上述规定，生态农业发展有限公司收到的乡及村里的林道改造补助，实质上为公司提供林道改造获取的利益，而非无因受赠，为企业的劳务收入。乡及村里的林道改造项目不属于"由省级以上政府投资主管部门核准的一级以上的公路建设项目"，不享受企业所得税优惠。

20. 从关联方取得的借款利息收入是否享受减免税优惠政策？

问：我公司为风力发电企业，属于国家扶持的公共基础设施建设项目，享受企业所得税免三减三的优惠政策。企业的资金来源有两方面：一是借款，二是经营积累。那么，企业将自己的富余资金借给关联企业（平级的兄弟单位），取得的利息收入，能否享受企业所得税免三减三的优惠？我公司认为：出借方企业有富余资金，如果不借给其他公司，可以选择提前偿还自有借款，同样是减少了利息支出，所以，从关联方取得的利息收入可以视同出借方贷款利息的减少。这样理解是否正确？

答：《企业所得税法》第二十七条规定，企业的下列所得，可以免征、减征企业所得税：

（二）从事国家重点扶持的公共基础设施项目投资经营的所得；

……

《企业所得税法实施条例》第八十七条规定，企业所得税法第二十七条第（二）项所称国家重点扶持的公共基础设施项目，是指《公共基础设施项目企业所得税优惠目录》规定的港口码头、机场、铁路、公路、城市公共交通、电力、水利等项目。

企业从事前款规定的国家重点扶持的公共基础设施项目的投资经营的所得，自项目取得第一笔生产经营收入所属纳税年度起，第一年至第三年免征企业所得税，第四年至第六年减半征收企业所得税。

第一百零二条规定，企业同时从事适用不同企业所得税待遇的项目的，其优惠项目应当单独计算所得，并合理分摊企业的期间费用；没有单独计算的，不得享受企业所得税优惠。

根据上述规定，贵公司从事国家重点扶持的公共基础设施项目投资经营的所得，可以享受企业所得税优惠，但优惠仅限于符合条件的项目经营所得，贵公司将资金借给其他单位使用而收取的利息，不属于项目经营所得，不符合免税的条件，不得享受税收优惠。

21. BT方式下的投资经营所得是否享受企业所得税优惠政策？

问：《企业所得税法》规定的"企业从事国家重点扶持的公共基础设施项目的投资经营的所得，自项目取得第一笔生产经营收入所属纳税年度起，三免三减半征收企业所得税"中所指的投资经营所得是否包含BT（投资建设—移交）方式取得的投资收入？还是仅仅只是指BOT（投资建设—经营—移交）方式取得的投资收入？

答：《国家税务总局关于实施国家重点扶持的公共基础设施项目企业所得税优惠问题的通知》（国税发〔2009〕80号）第一条规定，对居民企业经有关部门批准，从事符合《公共基础设施项目企业所得税优惠目录》（以下简称《目录》）规定范围、条件和标准的公共基础设施项目的投资经营所得，自该项目取得第一笔生产经营收入所属纳税年度起，第一年至第三年免征企业所得税，第四年至第六年减半征收企业所得税。

企业从事承包经营、承包建设和内部自建自用《目录》规定项目的所得，不得享受前款规定的企业所得税优惠。

第二条规定，本通知所称第一笔生产经营收入，是指公共基础设施项目建成并投入运营

（包括试运营）后所取得的第一笔主营业务收入。

第三条规定，本通知所称承包经营，是指与从事该项目经营的法人主体相独立的另一法人经营主体，通过承包该项目的经营管理而取得劳务性收益的经营活动。

第四条规定，本通知所称承包建设，是指与从事该项目经营的法人主体相独立的另一法人经营主体，通过承包该项目的工程建设而取得建筑劳务收益的经营活动。

第五条规定，本通知所称内部自建自用，是指项目的建设仅作为本企业主体经营业务的设施，满足本企业自身的生产经营活动需要，而不属于向他人提供公共服务业务的公共基础设施建设项目。

根据以上规定，BT（投资建设—移交）方式不涉及运营，不符合从事符合《公共基础设施项目企业所得税优惠目录》规定范围、条件和标准的公共基础设施项目的企业所得税税收优惠的条件，无法享受。BOT（投资建设—经营—移交）方式在运营阶段取得的收入可能享受。

22. 如何确定"五免五减半"税收优惠政策的适用范围？

问： 我们公司是从事港口码头建设的外商投资企业，企业所得税享受"五免五减半"优惠政策，2013 年企业所得税减半征收。那么，是企业所有收入都享受"五免五减半"优惠政策，还是仅港口码头项目经营所得享受"五免五减半"优惠政策？如果只是港口码头项目经营所得享受"五免五减半"优惠政策，2013 年有存款利息收入和固定资产对外投资增值部分是否也享受"五免五减半"优惠政策？

答：《财政部、国家税务总局关于执行公共基础设施项目企业所得税优惠目录有关问题的通知》（财税〔2008〕46 号）第一条规定，企业从事《目录》内符合相关条件和技术标准及国家投资管理相关规定，于 2008 年 1 月 1 日后经批准的公共基础设施项目，其投资经营的所得，自该项目取得第一笔生产经营收入所属纳税年度起，第一年至第三年免征企业所得税，第四年至第六年减半征收企业所得税。

第一笔生产经营收入，是指公共基础设施项目已建成并投入运营后所取得的第一笔收入。

第二条规定，企业同时从事不在《目录》范围内的项目取得的所得，应与享受优惠的公共基础设施项目所得分开核算，并合理分摊期间费用，没有分开核算的，不得享受上述企业所得税优惠政策。

第三条规定，企业承包经营、承包建设和内部自建自用公共基础设施项目，不得享受上述企业所得税优惠。

《国家税务总局关于外商投资企业从事港口、码头等特定项目投资经营适用税收优惠问题的通知》（国税发〔1995〕151 号）第二条规定，投资经营特定项目的外商投资企业，同时兼营其他一般项目的，应分别核算并申报其特定项目和一般项目的收入、成本费用及相应的应纳税所得额，分别按特定项目和一般项目所适用税率及定期减免税法规计算缴纳企业所得税。凡企业不能分别准确核算申报的，或者当地主管税务机关认定其核算申报不合理的，当地主管税务机关可以对其应纳税所得总额，按照其特定项目和一般项目的营业收入比例或其他合理的比例划分各自的应纳税所得额，计算应纳所得税额。

根据上述规定，企业取得存款利息收入和固定资产对外投资收益，应与享受优惠的特定项目所得分开核算，分别按特定项目和一般项目所适用税率及定期减免税法规计算缴纳企业所得税。

23. 出租港口码头是否享受"三免三减半"优惠政策？

问： 如果甲港口码头经营企业，经营的码头符合《财政部、国家税务总局关于执行公共基础设施项目企业所得税优惠目录有关问题的通知》（财税〔2008〕46号）规定的可享受优惠条件的港口码头条件，将其码头提供给乙企业使用，那么，甲企业是否能够享受财税〔2008〕46号文件规定的对企业所得税"三免三减半"的优惠政策？

答：《财政部、国家税务总局关于执行公共基础设施项目企业所得税优惠目录有关问题的通知》（财税〔2008〕46号）第一条规定，企业从事《目录》内符合相关条件和技术标准及国家投资管理相关规定，于2008年1月1日后经批准的公共基础设施项目，其投资经营的所得，自该项目取得第一笔生产经营收入所属纳税年度起，第一年至第三年免征企业所得税，第四年至第六年减半征收企业所得税。

第三条规定，企业承包经营、承包建设和内部自建自用公共基础设施项目，不得享受上述企业所得税优惠。

根据上述规定，自2008年1月1日以后投资于上述经批准的公共基础设施项目的经营所得，享受税收优惠政策。问题中甲企业应为投资方，其符合规定的投资项目经营所得可以享受税收优惠政策。但问题中未提及该码头是否只提供给乙企业使用，以及乙企业与甲企业是否为关联方。如果该码头只供乙企业使用，且乙企业为甲企业关联方的话，那么依据上述文件第三条的规定，可能会被主管税务机关认定为自建自用的公共基础设施项目，而不得享受税收优惠。

24. 如何理解（上海）自由贸易试验区内企业的"对外投资"？

问：《财政部、国家税务总局关于中国（上海）自由贸易试验区内企业以非货币性资产对外投资等资产重组行为有关企业所得税政策问题的通知》（财税〔2013〕91号）中所指"对外投资"具体是指对境外投资，对自贸区外投资还是对自身以外企业投资？

答：《财政部、国家税务总局关于中国（上海）自由贸易试验区内企业以非货币性资产对外投资等资产重组行为有关企业所得税政策问题的通知》（财税〔2013〕91号）规定，根据《国务院关于印发中国（上海）自由贸易试验区总体方案的通知》（国发〔2013〕38号）有关规定，现就中国（上海）自由贸易试验区（简称试验区）非货币性资产投资资产评估增值企业所得税政策通知如下：

一、注册在试验区内的企业，因非货币性资产对外投资等资产重组行为产生资产评估增值，据此确认的非货币性资产转让所得，可在不超过5年期限内，分期均匀计入相应年度的应纳税所得额，按规定计算缴纳企业所得税。

……

八、本通知所称注册在试验区内的企业，是指在试验区注册并在区内经营，实行查账征收的居民企业。

本通知所称非货币性资产对外投资等资产重组行为，是指以非货币性资产出资设立或注入公司，限于以非货币性资产出资设立新公司和符合《财政部、国家税务总局关于企业重组业务企业所得税处理若干问题的通知》（财税〔2009〕59 号）第一条规定的股权收购、资产收购。

根据上述规定，"对外投资"并没有限定是对境外投资，也没有限定是对自贸区投资，投资限于以非货币性资产出资设立新公司和符合《财政部、国家税务总局关于企业重组业务企业所得税处理若干问题的通知》（财税〔2009〕59 号）第一条规定的股权收购、资产收购。

25. 如何认定创业投资企业可以享受优惠的投资期限？

问：我公司是"创业投资企业"，根据《国家税务总局关于实施创业投资企业所得税优惠问题的通知》（国税发〔2009〕87 号）相关规定，"创业投资企业"采取股权投资方式投资于未上市的中小高新技术企业满 2 年的，可按投资额的 70％抵扣当年创业投资企业的应纳税所得额。

我公司的几个投资项目情况如下：

（1）2009 年 8 月投资时，该企业符合中小企业的标准；

（2）被投资企业在 2011 年 12 月拿到了高新证书，由于我公司的投资入股，该企业的总资产增加，企业规模超过了 2 亿元的标准。

那么，税务局认定中小企业的时间是哪个？2013 年我公司能否享受该优惠政策？

答：《财政部、国家税务总局关于执行企业所得税优惠政策若干问题的通知》（财税〔2009〕69 号）第十一条规定，实施条例第九十七条所称投资于未上市的中小高新技术企业 2 年以上的，包括发生在 2008 年 1 月 1 日以前满 2 年的投资；所称中小高新技术企业是指按照《高新技术企业认定管理办法》（国科发火〔2008〕172 号）和《高新技术企业认定管理工作指引》（国科发火〔2008〕362 号）取得高新技术企业资格，且年销售额和资产总额均不超过 2 亿元、从业人数不超过 500 人的企业，其中 2007 年底前已取得高新技术企业资格的，在其规定有效期内不需重新认定。

《国家税务总局关于实施创业投资企业所得税优惠问题的通知》（国税发〔2009〕87 号）第三条规定，中小企业接受创业投资之后，经认定符合高新技术企业标准的，应自其被认定为高新技术企业的年度起，计算创业投资企业的投资期限。该期限内中小企业接受创业投资后，企业规模超过中小企业标准，但仍符合高新技术企业标准的，不影响创业投资企业享受有关税收优惠。

在上述第三条规定中，"该期限内中小企业接受创业投资后，企业规模超过中小企业标准，但仍符合高新技术企业标准的，不影响创业投资企业享受有关税收优惠"，企业超过中小企业标准应主要为企业自身发展的原因。如果在这一问题上征纳双方没有分歧，被投资方于 2011 年 12 月拿到高新企业证书，你公司于 2013 年 12 月份后具备享受创投企业优惠政策的资格，可以在 2013 年汇算清缴中享受此项优惠政策。

减免、抵免税额

1. 小型微利企业所得税优惠政策是否适用于不建账企业？

　　问：小型微利企业所得税优惠政策适用于任何核定征收的纳税人吗？比如，根本不建账的企业？

　　答：《国家税务总局关于扩大小型微利企业减半征收企业所得税范围有关问题的公告》（国家税务总局公告 2014 年第 23 号）规定，符合规定条件的小型微利企业（包括采取查账征收和核定征收方式的企业），均可按照规定享受小型微利企业所得税优惠政策。

　　《国家税务总局关于印发〈企业所得税核定征收办法〉（试行）的通知》（国税发〔2008〕30 号）第三条规定，纳税人具有下列情形之一的，核定征收企业所得税：

　　（一）依照法律、行政法规的规定可以不设置账簿的；

　　（二）依照法律、行政法规的规定应当设置但未设置账簿的；

　　（三）擅自销毁账簿或者拒不提供纳税资料的；

　　（四）虽设置账簿，但账目混乱或者成本资料、收入凭证、费用凭证残缺不全，难以查账的；

　　（五）发生纳税义务，未按照规定的期限办理纳税申报，经税务机关责令限期申报，逾期仍不申报的；

　　（六）申报的计税依据明显偏低，又无正当理由的。

　　根据上述规定，对不设置账簿被税务机关采取核定征收方式征收企业所得税的纳税人，可按照规定享受小型微利企业所得税优惠政策。

2. 如何正确理解农业险所得税税收优惠政策？

　　问：我公司承保某林业投资公司的林木种植保险，是否可以依据《财政部、国家税务总局关于农村金融有关税收政策的通知》（财税〔2010〕4 号）相关规定享受所得税优惠政策？其保费收入是按扣减 90％后纳入计税还是按扣减 10％后纳入计税？应如何申报？

　　答：《财政部、国家税务总局关于农村金融有关税收政策的通知》（财税〔2010〕4 号）规定，自 2009 年 1 月 1 日至 2013 年 12 月 31 日，对保险公司为种植业、养殖业提供保险业务取得的保费收入，在计算应纳税所得额时，按 90％比例减计收入。

　　根据上述规定，并按照国家统计局发布的《国民经济行业分类》（GB/T 4754—2011）标准，种植业和养殖业都属于农、林、牧、渔业，而林木种植属于其中林业的范围，贵公司对林木种植提供保险应属于文件规定可享受税收优惠的范围。

　　对于符合条件的保费收入在计算应纳税所得额时，减计 10％，即将符合条件保费收入的 90％计入应纳税所得额。符合文件规定的保费收入在会计核算时按照会计准则的规定确认会计收入，计算应纳税所得额时，可按收入的 10％减计。

3. 商业企业能否享受西部大开发税收优惠政策？

问：享受西部大开发税收优惠政策的企业，是否必须是生产型的企业？商业企业可否同样享受该优惠政策？

答：《国家税务总局关于深入实施西部大开发战略有关企业所得税问题的公告》（国家税务总局公告 2012 年第 12 号）第一条规定，自 2011 年 1 月 1 日至 2020 年 12 月 31 日，对设在西部地区以《西部地区鼓励类产业目录》中规定的产业项目为主营业务，且其当年度主营业务收入占企业收入总额 70% 以上的企业，经企业申请，主管税务机关审核确认后，可减按 15% 税率缴纳企业所得税。

上述所称收入总额，是指《企业所得税法》第六条规定的收入总额。

第三条规定，在《西部地区鼓励类产业目录》公布前，企业符合《产业结构调整指导目录（2005 年版）》、《产业结构调整指导目录（2011 年版）》、《外商投资产业指导目录（2007年修订）》和《中西部地区优势产业目录（2008 年修订）》范围的，经税务机关确认后，其企业所得税可按照 15% 税率缴纳。《西部地区鼓励类产业目录》公布后，已按 15% 税率进行企业所得税汇算清缴的企业，若不符合本公告第一条规定的条件，可在履行相关程序后，按税法规定的适用税率重新计算申报。

根据上述规定，享受西部大开发税收优惠政策的企业，不以生产企业和商业企业划分，而是必须以《西部地区鼓励类产业目录》中规定的产业项目为主营业务，且其当年度主营业务收入占企业收入总额 70% 以上才有条件享受。

4. 收入来源是否影响企业享受西部大开发税收优惠政策？

问：企业设立在西部地区，2009 年被认定为享受西部大开发企业所得税优惠政策，按15% 计税，现发现其主营业务收入多来自南方地区，这种情况下，还能否享受西部大开发所得税优惠政策？

答：《国家税务总局关于深入实施西部大开发战略有关企业所得税问题的公告》（国家税务总局公告 2012 年第 12 号）规定，企业主营业务属于《西部地区鼓励类产业目录》范围的，经主管税务机关确认，可按照 15% 税率预缴企业所得税。年度汇算清缴时，其当年度主营业务收入占企业总收入的比例达不到规定标准的，应按税法规定的税率计算申报并进行汇算清缴。

因此，对设在西部地区企业主营业务收入不属于《西部地区鼓励类产业目录》范围的，其当年度主营业务收入占企业总收入的比例达不到规定标准的，应按税法规定的税率计算申报并进行汇算清缴。对于企业客户是否属于西部地区，即主营业务收入来源并无限定。

5. 在西部地区的分支机构能否享受西部大开发税收优惠政策？

问：我公司在湖北武汉，计划在成都设立分公司，该分公司业务包括生产制造、销售。那么，该分公司是否能享受西部地区优惠的企业所得税税率 15%？

答:《国家税务总局关于深入实施西部大开发战略有关企业所得税问题的公告》（国家税务总局公告 2012 年第 12 号）第六条规定：

（二）总机构设在西部大开发税收优惠地区外的企业，其在优惠地区内设立的分支机构（不含仅在优惠地区内设立的三级以下分支机构），仅就该分支机构所得确定适用 15％优惠税率。在确定该分支机构是否符合优惠条件时，仅以该分支机构的主营业务是否符合《西部地区鼓励类产业目录》及其主营业务收入占其收入总额的比重加以确定。该企业应纳所得税额的计算和所得税缴纳，按照国税发〔2008〕28 号第十六条和国税函〔2009〕221 号第二条的规定执行。有关审核、备案手续向分支机构主管税务机关申请办理，分支机构主管税务机关需将该分支机构享受西部大开发税收优惠情况及时函告总机构所在地主管税务机关。

根据上述规定，对总机构未在西部大开发地区，但在优惠地区设立分支机构的，可仅就该分支机构所得确定适用 15％优惠税率。

6. 如何享受西部大开发税收优惠政策？

问: 我公司为陕西省外商投资生产性企业，2011 年西部鼓励类产业目录未下发，我公司是否无法享受西部大开发企业所得税优惠政策？

答:《西部地区鼓励类产业目录》（国家发展和改革委员会令 2014 年第 15 号）规定，《西部地区鼓励类产业目录》已经国务院批准，现予以发布，自 2014 年 10 月 1 日起施行。

《西部地区鼓励类产业目录》规定：

本目录共包括两部分，一是国家现有产业目录中的鼓励类产业，二是西部地区新增鼓励类产业。

本目录原则上适用于在西部地区生产经营的各类企业。其中外商投资企业按照《外商投资产业指导目录》和《中西部地区外商投资优势产业目录》执行。

一、国家现有产业目录中的鼓励类产业

（一）《产业结构调整指导目录（2011 年本）（修正）》（国家发展改革委令 2013 年第 21 号）中的鼓励类产业。

（二）《外商投资产业指导目录（2011 年修订）》（国家发展改革委、商务部令 2011 年第 12 号）中的鼓励类产业。

（三）《中西部地区外商投资优势产业目录（2013 年修订）》（国家发展改革委、商务部令 2013 年第 1 号）中的西部地区产业。

以上目录如修订，按新修订版本执行。

二、西部地区新增鼓励类产业

西部地区新增鼓励类产业按省、自治区、直辖市分列，并根据实际情况适时修订。

根据上述规定，贵公司为外商投资企业，以《外商投资产业指导目录》和《中西部地区外商投资优势产业目录》规定的产业项目作为主营业务，且该主营业务收入占该产业的企业收入总额 70％以上的，减按 15％税率计缴企业所得税。

7. 如何确定西部大开发"两免三减半"优惠政策执行的起始时间？

问: 我公司为一水电发电企业，符合西部大开发的"两免三减半"优惠政策，享受"两免三减半"政策的起始日期，是按取得营业执照日期还是取得第一笔营业收入的日期开始计算？法律依据是什么？

答：《财政部、海关总署、国家税务总局关于深入实施西部大开发战略有关税收政策问题的通知》（财税〔2011〕58 号）第三条规定，对西部地区 2010 年 12 月 31 日前新办的、根据《财政部、国家税务总局、海关总署关于西部大开发税收优惠政策问题的通知》（财税〔2001〕202 号）第二条第（三）款规定，可以享受企业所得税"两免三减半"优惠的交通、电力、水利、邮政、广播电视企业，其享受的企业所得税"两免三减半"优惠可以继续享受到期满为止。

《财政部、国家税务总局、海关总署关于西部大开发税收优惠政策问题的通知》（财税〔2001〕202 号）第二条第（三）款规定，对在西部地区新办交通、电力、水利、邮政、广播电视企业，上述项目业务收入占企业总收入 70% 以上的，可以享受企业所得税如下优惠政策：内资企业自开始生产经营之日起，第一年至第二年免征企业所得税，第三年至第五年减半征收企业所得税；外商投资企业经营期在 10 年以上的，自获利年度起，第一年至第二年免征企业所得税，第三年至第五年减半征收企业所得税。

《国家税务总局关于税收减免管理办法（试行）》（国税发〔2005〕129 号）第十五条规定，关于减免税起始时间的计算按以下规定执行：

（二）规定新办企业减免税执行起始时间的生产经营之日是指纳税人取得第一笔收入之日。

根据上述规定，享受西部大开发税收优惠政策的企业，其计算减免税的起始日期所指生产经营日期是指纳税人取得第一笔收入之日。

8. 如何理解西部大开发税收优惠政策的收入总额范畴？

问：享受西部大开发企业所得税优惠政策的企业，在计算企业总收入时，是否应将对外投资取得的分红收入计入总收入？

答：根据《国家税务总局关于深入实施西部大开发战略有关企业所得税问题的公告》（国家税务总局公告 2012 年第 12 号）第一条的规定，自 2011 年 1 月 1 日至 2020 年 12 月 31 日，对设在西部地区以《西部地区鼓励类产业目录》中规定的产业项目为主营业务，且其当年度主营业务收入占企业收入总额 70% 以上的企业，经企业申请，主管税务机关审核确认后，可减按 15% 税率缴纳企业所得税。上述所称收入总额，是指《企业所得税法》第六条规定的收入总额。

《企业所得税法》第六条规定，企业以货币形式和非货币形式从各种来源取得的收入，为收入总额。包括：

（一）销售货物收入；

……

（四）股息、红利等权益性投资收益；

……

（九）其他收入。

根据上述规定，企业申请享受西部大开发税收优惠政策在计算其收入总额时，对外投资取得的分红收入应计入收入总额。

9. 享受西部大开发税收优惠政策的跨地区经营企业如何界定收入总额？

问：我公司是跨地区经营企业，总机构设在西部地区，在西部地区内外都设有分支机构，并且各分支机构经营项目不同。现就总机构享受西部大开发税收优惠政策在计算主营业务比重时有疑问，由于我公司在西部地区内的分支机构经营项目中，只有部分分支机构经营项目符合《西部地区鼓励类产业目录》（以下简称《目录》），根据文件规定，达到70％以上才符合要求，那么总机构在计算比重时，分母的"收入总额"是指所有西部地区分支机构的"收入总额"的合计数，还是仅指主营业务符合《目录》的分支机构的"收入总额"的合计数？

答：《国家税务总局关于深入实施西部大开发战略有关企业所得税问题的公告》（国家税务总局公告2012年第12号）第六条规定：

（一）总机构设在西部大开发税收优惠地区的企业，仅就设在优惠地区的总机构和分支机构（不含优惠地区外设立的二级分支机构在优惠地区内设立的三级以下分支机构）的所得确定适用15％优惠税率。在确定该企业是否符合优惠条件时，以该企业设在优惠地区的总机构和分支机构的主营业务是否符合《西部地区鼓励类产业目录》及其主营业务收入占其收入总额的比重加以确定，不考虑该企业设在优惠地区以外分支机构的因素。该企业应纳所得税额的计算和所得税缴纳，按照《国家税务总局关于印发〈跨地区经营汇总纳税企业所得税征收管理暂行办法〉的通知》（国税发〔2008〕28号）第十六条和《国家税务总局关于跨地区经营汇总纳税企业所得税征收管理若干问题的通知》（国税函〔2009〕221号）第二条的规定执行。有关审核、备案手续向总机构主管税务机关申请办理。

根据上述规定，你公司计算收入比重的分母应为所有设在西部地区分支机构和总机构的收入总额，不是仅指西部地区符合《目录》的分支机构的收入。

10. 预售收入是否属于房地产企业享受西部大开发税收优惠政策的主营业务收入？

问：我公司是一家房地产开发公司，现正开发保障性住房。在申请西部大开发企业所得税减按15％税率时，房地产开发企业当年度主营业务收入占企业收入总额70％中，主营业务收入指标是指当年度房产预售收入还是房产完工确认收入？

答：《国家税务总局关于深入实施西部大开发战略有关企业所得税问题的公告》（国家税务总局公告2012年第12号）规定，自2011年1月1日至2020年12月31日，对设在西部地区以《西部地区鼓励类产业目录》中规定的产业项目为主营业务，且其当年度主营业务收入占企业收入总额70％以上的企业，经企业申请，主管税务机关审核确认后，可减按15％税率缴纳企业所得税。

上述所称收入总额，是指《企业所得税法》第六条规定的收入总额。

《国家税务总局关于印发〈房地产开发经营业务企业所得税处理办法〉的通知》（国税发〔2009〕31号）第六条规定，企业通过正式签订《房地产销售合同》或《房地产预售合同》所取得的收入，应确认为销售收入的实现，具体按以下规定确认：……

根据上述规定，房地产开发企业当年度主营业务收入占企业收入总额 70% 中，主营业务收入应按通过正式签订《房地产销售合同》或《房地产预售合同》所取得的收入，确认销售收入的实现。

11. 软件企业如何享受"两免三减半"优惠政策？

问：我公司于 2009 年 9 月成立，是小微企业，2009 年已获利，公司于 2010 年 7 月取得软件企业认定，按照《财政部、国家税务总局关于企业所得税若干优惠政策的通知》（财税〔2008〕1 号）和《财政部、国家税务总局关于进一步鼓励软件产业和集成电路产业发展企业所得税政策的通知》（财税〔2012〕27 号）的相关规定，我公司是否享受 2010 和 2011 年度的企业所得税全免，以及 2012 至 2014 年企业所得税减半的优惠政策？

答：《财政部、国家税务总局关于进一步鼓励软件产业和集成电路产业发展企业所得税政策的通知》（财税〔2012〕27 号）第十七条规定，符合本通知规定须经认定后享受税收优惠的企业，应在获利年度当年或次年的企业所得税汇算清缴之前取得相关认定资质。如果在获利年度次年的企业所得税汇算清缴之前取得相关认定资质，该企业可从获利年度起享受相应的定期减免税优惠；如果在获利年度次年的企业所得税汇算清缴之后取得相关认定资质，该企业应在取得相关认定资质起，就其从获利年度起计算的优惠期的剩余年限享受相应的定期减免优惠。

第二十一条规定，在 2010 年 12 月 31 日前，依照《财政部、国家税务总局关于企业所得税若干优惠政策的通知》（财税〔2008〕1 号）第一条规定，经认定并可享受原定期减免税优惠的企业，可在本通知施行后继续享受到期满为止。

《财政部、国家税务总局关于企业所得税若干优惠政策的通知》（财税〔2008〕1 号）第一条规定：

（二）我国境内新办软件生产企业经认定后，自获利年度起，第一年和第二年免征企业所得税，第三年至第五年减半征收企业所得税。

根据上述规定，贵公司 2009 年为获利年度，公司于 2010 年 7 月取得软件企业认定，属于在获利年度次年的企业所得税汇算清缴之后取得相关认定资质，应在取得相关认定资质起，就其从获利年度起计算的优惠期的剩余年限享受相应的定期减免优惠。即 2010 和 2011 年享受企业所得税全免的税收优惠，2012 至 2014 年享受企业所得税减半的优惠政策。

12. 如何确定"两免三减半"税收优惠政策的获利年度？

问：软件生产企业所得税自获利年度起享受"两免三减半"税收优惠政策。获利年度指的是弥补亏损后的获利还是弥补亏损前的获利？如果会计上当年度获利，但弥补亏损后依然亏损能否确认为"盈利年度"？

答：《财政部、国家税务总局关于企业所得税若干优惠政策的通知》（财税〔2008〕1 号）第一条规定：

（二）我国境内新办软件生产企业经认定后，自获利年度起，第一年和第二年免征企业所得税，第三年至第五年减半征收企业所得税。

《财政部、国家税务总局关于进一步鼓励软件产业和集成电路产业发展企业所得税政策的通知》（财税〔2012〕27号）第三条规定，我国境内新办的集成电路设计企业和符合条件的软件企业，经认定后，在2017年12月31日前自获利年度起计算优惠期，第一年至第二年免征企业所得税，第三年至第五年按照25％的法定税率减半征收企业所得税，并享受至期满为止。

第十四条规定，本通知所称获利年度，是指该企业当年应纳税所得额大于零的纳税年度。

第二十一条规定，在2010年12月31日前，依照《财政部、国家税务总局关于企业所得税若干优惠政策的通知》（财税〔2008〕1号）第一条规定，经认定并可享受原定期减免税优惠的企业，可在本通知施行后继续享受到期满为止。

《企业所得税法》第五条规定，企业每一纳税年度的收入总额，减除不征税收入、免税收入、各项扣除以及允许弥补的以前年度亏损后的余额，为应纳税所得额。

根据上述规定，软件企业享受定期减免税优惠的"获利年度"应为依照现行税法有关规定进行纳税调整，并弥补以前年度亏损后应纳税所得额大于零的年度。

13. 2011年1月1日前成立的软件企业能否享受企业所得税优惠政策？

问：《财政部、国家税务总局关于进一步鼓励软件产业和集成电路产业发展企业所得税政策的通知》（财税〔2012〕27号）第十条规定，本通知所称集成电路设计企业或符合条件的软件企业，是指以集成电路设计或软件产品开发为主营业务并同时符合下列条件的企业：

（一）2011年1月1日后依法在中国境内成立并经认定取得集成电路设计企业资质或软件企业资质的法人企业。

如境内某企业2010年10月成立，2012年9月取得软件企业资质，其他要件均符合财税〔2012〕27号文件的要求，该企业能否适用财税〔2012〕27号文件规定的所得税税收优惠？如果不能适用财税〔2012〕27号文件规定的所得税税收优惠，应适用哪个文件才能享受税收优惠？

答：对此种情况，该企业不能按照《财政部、国家税务总局关于进一步鼓励软件产业和集成电路产业发展企业所得税政策的通知》（财税〔2012〕27号）规定享受软件企业所得税优惠政策。

《国家税务总局关于执行软件企业所得税优惠政策有关问题的公告》（国家税务总局公告2013年第43号）第五条规定，2010年12月31日以前依法在中国境内成立但尚未认定的软件企业，仍按照《财政部、国家税务总局关于企业所得税若干优惠政策的通知》（财税〔2008〕1号）第一条的规定以及《软件企业认定标准及管理办法（试行）》（信部联产〔2000〕968号）的认定条件，办理相关手续，并继续享受到期满为止。优惠期间内，亦按照信部联产〔2000〕968号文件的认定条件进行年审。

第六条规定，本公告自2011年1月1日起执行。其中，2011年1月1日以后依法在中国境内成立的软件企业认定管理的衔接问题仍按照国家税务总局公告2012年第19号的规定执行；2010年12月31日以前依法在中国境内成立的软件企业的政策及认定管理衔接问题按本公告第五条的规定执行。集成电路生产企业、集成电路设计企业认定和优惠管理涉及的上述事项按本公告执行。

因此，所述案例中的软件企业可以按照财税〔2008〕1 号文件的相关规定以及信部联产〔2000〕968 号文件的认定条件办理相关手续，享受企业所得税减免政策。

14. 新认定的软件企业能否享受"两免三减半"税收优惠政策？

问：我公司成立于 2002 年，能否申请认定软件企业？能否享受"两免三减半"税收优惠政策？

答：《国家税务总局关于执行软件企业所得税优惠政策有关问题的公告》（国家税务总局公告 2013 年第 43 号）第五条规定，2010 年 12 月 31 日以前依法在中国境内成立但尚未认定的软件企业，仍按照《财政部、国家税务总局关于企业所得税若干优惠政策的通知》（财税〔2008〕1 号）第一条的规定以及《软件企业认定标准及管理办法（试行）》（信部联产〔2000〕968 号）的认定条件，办理相关手续，并继续享受到期满为止。优惠期间内，亦按照信部联产〔2000〕968 号文件的认定条件进行年审。

国家税务总局解读《国家税务总局关于执行软件企业所得税优惠政策有关问题的公告》第二条第三款规定，财税〔2012〕27 号文件对 2011 年 1 月 1 日后依法成立的软件企业享受优惠问题有明确的规定，对 2010 年 12 月 31 日前依法成立的软件企业，已完成认定的，其享受优惠问题也有明确的规定，但对于 2010 年 12 月 31 日前依法在中国境内成立的软件企业，由于种种原因尚未完成认定的，其如何享受优惠问题则不够明确。为此，本着"老人老办法、新人新办法"的处理原则，公告规定对此类软件企业仍应按照《财政部、国家税务总局关于企业所得税若干优惠政策的通知》（财税〔2008〕1 号）第一条的规定及原软件企业认定办法，继续享受到优惠期满为止。

《财政部、国家税务总局关于企业所得税若干优惠政策的通知》（财税〔2008〕1 号）第一条第（二）项规定，我国境内新办软件生产企业经认定后，自获利年度起，第一年和第二年免征企业所得税，第三年至第五年减半征收企业所得税。

根据上述规定，企业可以按照《软件企业认定标准及管理办法（试行）》（信部联产〔2000〕968 号）办理完认定手续后，享受软件企业的"两免三减半"企业所得税优惠政策。

15. 如何认定新办软件企业享受税收优惠政策的年限？

问：我软件公司于 2011 年成立，2012 年预计首次盈利，我公司打算 2013 年 1 月申请资格认定，如果能够在 3 月份取得认定，并且假设在 2013 年、2014 年均获利，那么我公司可以享受哪年的免税优惠？

答：《财政部、国家税务总局关于进一步鼓励软件产业和集成电路产业发展企业所得税政策的通知》（财税〔2012〕27 号）第三条规定，我国境内新办的集成电路设计企业和符合条件的软件企业，经认定后，在 2017 年 12 月 31 日前自获利年度起计算优惠期，第一年至第二年免征企业所得税，第三年至第五年按照 25% 的法定税率减半征收企业所得税，并享受至期满为止。

《集成电路设计企业认定管理办法》、《软件企业认定管理办法》由工业和信息化部、发展改革委、财政部、税务总局会同有关部门另行制定。

《财政部、国家税务总局关于进一步鼓励软件产业和集成电路产业发展企业所得税政策的通知》（财税〔2012〕27号）第十条规定，本通知所称集成电路设计企业或符合条件的软件企业，是指以集成电路设计或软件产品开发为主营业务并同时符合下列条件的企业：

（一）2011年1月1日后依法在中国境内成立并经认定取得集成电路设计企业资质或软件企业资质的法人企业；

……

第十七条规定，符合本通知规定须经认定后享受税收优惠的企业，应在获利年度当年或次年的企业所得税汇算清缴之前取得相关认定资质。如果在获利年度次年的企业所得税汇算清缴之前取得相关认定资质，该企业可从获利年度起享受相应的定期减免税优惠；如果在获利年度次年的企业所得税汇算清缴之后取得相关认定资质，该企业应在取得相关认定资质起，就其从获利年度起计算的优惠期的剩余年限享受相应的定期减免优惠。

上述政策强调，一是只有同时符合2011年1月1日起新成立的企业及经认定取得集成电路设计企业资质或软件企业资质且符合上述第十条规定的企业才能自获利年度起享受"两免三减半"的税收优惠政策；二是企业于获利年度后取得了集成电路设计或软件企业的认定资质，应自取得认定资质起，享受从获利年度起计算的剩余年限的税收优惠政策。

因此，企业2011年成立，预计2012年盈利，2013年1月申请资格认定。如果企业在2013年5月底之前（企业所得税汇算清缴之前）取得了软件企业的认定资质，可以享受2012年至2013年度免税，2014年至2016年减半征收企业所得税的税收优惠政策；如果企业在2013年5月底之后（企业所得税汇算清缴之后）取得了软件企业的认定资质，可以享受2013年度免税，2014年至2016年减半征收企业所得税的税收优惠政策。

16. 如何确定高新技术企业认定的总收入范围？

问：关于高新技术企业认定中高新技术产品（服务）的收入占总收入超过60％的条件中，总收入具体包含哪些？是否包括营业外收入或处置资产收入（如处置长期股权投资的收入是转让全价还是转让收入减转让成本）？本人查看了《高新技术企业认定专项审计指引》中第七章的相关内容，强调"主营业务收入＋其他业务收入"是否正确？

答：《高新技术企业认定管理办法》（国科发火〔2008〕172号）第十条规定，高新技术企业认定须同时满足以下条件：

（五）高新技术产品（服务）收入占企业当年总收入的60％以上；

……

参考《国家税务总局关于执行软件企业所得税优惠政策有关问题的公告》（国家税务总局公告2013年第43号）的规定，软件企业的收入总额，是指《企业所得税法》第六条规定的收入总额。

《企业所得税法》第六条规定，企业以货币形式和非货币形式从各种来源取得的收入，为收入总额。包括：

（一）销售货物收入；

（二）提供劳务收入；

（三）转让财产收入；

（四）股息、红利等权益性投资收益；

（五）利息收入；

（六）租金收入；

（七）特许权使用费收入；

（八）接受捐赠收入；

（九）其他收入。

依据上述规定，高新技术企业的"企业总收入"按上述（一）至（九）的内容确认收入总额。

17. 高新技术产品收入是否只包括核心技术产品收入？

问：我单位是高新技术企业，比如计算器上的芯片是核心技术产品，又买了其他按钮和外壳进行组装，在确定收入时，是否仅核心技术的芯片是高新收入，购买的其他按钮和外壳不能确认为高新收入？是否还要出具高新产品的证据？比如专利，证书等。

答：《科技部、财政部、国家税务总局关于印发〈高新技术企业认定管理办法〉的通知》（国科发火〔2008〕172 号）第十条规定，高新技术企业认定须同时满足以下条件：

（一）在中国境内（不含港、澳、台地区）注册的企业，近三年内通过自主研发、受让、受赠、并购等方式，或通过 5 年以上的独占许可方式，对其主要产品（服务）的核心技术拥有自主知识产权；

（二）产品（服务）属于《国家重点支持的高新技术领域》规定的范围；

......

（五）高新技术产品（服务）收入占企业当年总收入的 60% 以上；

......

因此，高新技术企业取得产品（服务）收入包括拥有自主知识产权核心技术的主要产品（服务）与外购的产品进行组装生产的产品（服务）。

18. 如何确定高新技术企业认定中研究开发费用占销售收入总额的比例？

问：《高新技术企业认定管理办法》（国科发火〔2008〕172 号）第十条中"研究开发费用总额占销售收入总额的比例"是指"三年费用合计数"占"三年收入合计数"的比例吗？

答：《科技部、财政部、国家税务总局关于印发〈高新技术企业认定管理办法〉的通知》（国科发火〔2008〕172 号）第十条规定，高新技术企业认定须同时满足以下条件：

（四）企业为获得科学技术（不包括人文、社会科学）新知识，创造性运用科学技术新知识，或实质性改进技术、产品（服务）而持续进行了研究开发活动，且近三个会计年度的研究开发费用总额占销售收入总额的比例符合如下要求：

1. 最近一年销售收入小于 5 000 万元的企业，比例不低于 6%；

2. 最近一年销售收入在 5 000 万元至 20 000 万元的企业，比例不低于 4%；

3. 最近一年销售收入在 20 000 万元以上的企业，比例不低于 3%。

其中，企业在中国境内发生的研究开发费用总额占全部研究开发费用总额的比例不低于 60%。企业注册成立时间不足三年的，按实际经营年限计算；

……

《高新技术企业认定管理工作指引》（国科发火〔2008〕362 号）第二条第（四）款规定，复核对高新技术企业资格及其相关税收政策落实产生争议的，凡属于《认定办法》第十四条、第十五条情况的企业，按《认定办法》规定办理；属于对是否符合第十条（四）款产生争议的，应组织复核，即采用企业自认定前三个会计年度（企业实际经营不满三年的，按实际经营时间）至争议发生之日的研究开发费用总额与同期销售收入总额之比是否符合《认定办法》第十条（四）款规定，判别企业是否应继续保留高新技术企业资格和享受税收优惠政策。

根据上述规定，进行高新技术企业认定时，指标采集有年度指标，但此处的比例计算应采用三年合计数，即近三个会计年度的研究开发费用总额占销售收入总额的比例。

19. 研发费用指标对项目资金来源有无要求？

问：高新技术企业的研发费用中，有些项目是政府拨款进行资助的。政府资助的项目中支出形成研发费用的，其费用是否可以纳入高新技术企业的研发费用总额计算相关指标？

答：根据现行法规，在高新技术企业指标认定管理中，对研发费用的性质认定与资金来源并没有必然联系，但企业发生的研发费用，凡由国家财政拨款并纳入不征税收入的部分，不得在企业所得税税前扣除，更不能享受加计扣除政策。

20. 高新技术企业认定时研发费是否包括研发人员的福利费？

问：高新技术企业研究开发费归集时，是否包括研究开发人员的福利费？

答：《科学技术部、财政部、国家税务总局关于印发〈高新技术企业认定管理工作指引〉的通知》（国科发火〔2008〕362 号）第四条第（二）项规定：

2. 各项费用科目的归集范围

（1）人员人工

从事研究开发活动人员（也称研发人员）全年工资薪金，包括基本工资、奖金、津贴、补贴、年终加薪、加班工资以及与其任职或者受雇有关的其他支出。

关于工资薪金总额问题，《国家税务总局关于企业工资薪金及职工福利费扣除问题的通知》（国税函〔2009〕3 号）规定，《实施条例》第四十、四十一、四十二条所称的"工资薪金总额"，是指企业按照本通知第一条规定实际发放的工资薪金总和，不包括企业的职工福利费、职工教育经费、工会经费以及养老保险费、医疗保险费、失业保险费、工伤保险费、生育保险费等社会保险费和住房公积金。

根据上述规定，高新技术企业研究开发费归集时，不包括研究开发人员的福利费。

21. 如何确定高新技术企业股权转让业务的适用税率？

问：我公司是一家药业企业，属高新技术企业，享受高新技术企业所得税低税率 15％，我公司目前有一股权转让业务，转让所得是否应按 15％计征企业所得税？

答：《企业所得税法》第二十八条第二款规定，国家需要重点扶持的高新技术企业，减按 15％的税率征收企业所得税。

《高新技术企业认定管理办法》第十条规定，高新技术企业认定须同时满足以下条件：（五）高新技术产品（服务）收入占企业当年总收入的 60％以上。

根据上述规定，高新技术企业当年高新技术产品（服务）收入若达到规定的比例，取得股权转让所得，适用 15％的税率缴纳企业所得税。

22. 高新技术企业查补税款能否适用 15％的税率？

问：我公司是一家高新技术企业，2011 年至 2013 年均为高新技术企业，按 15％的税率缴纳企业所得税。今年税务检查出 2011 年至 2013 年需要补缴企业所得税，应该按什么税率补缴？是否仍可以按 15％税率补缴？

答：《企业所得税法》第二十八条第二款规定，国家需要重点扶持的高新技术企业，减按 15％的税率征收企业所得税。

《国家税务总局关于查增应纳税所得额弥补以前年度亏损处理问题的公告》（国家税务总局公告 2010 年第 20 号）规定，根据《企业所得税法》第五条规定，税务机关对企业以前年度纳税情况进行检查时调增的应纳税所得额，凡企业以前年度发生亏损、且该亏损属于企业所得税法规定允许弥补的，应允许调增的应纳税所得额弥补该亏损。弥补该亏损后仍有余额的，按照企业所得税法规定计算缴纳企业所得税。对检查调增的应纳税所得额应根据其情节，依照《中华人民共和国税收征收管理法》有关规定进行处理或处罚。

根据上述规定，税务机关查增的以前年度应纳税所得额，应按企业所得税法的规定计算缴纳企业所得税。也就是应按纳税人查出年度的适用税率补征税款，如贵公司在 2011 年至 2013 年均为高新技术企业，则对查增的以前年度应纳税所得额，应按 15％的税率补缴税款。但如果税务机关的检查事项发现贵公司不符合高新技术企业规定条件的，则贵公司不得享受 15％的优惠税率。

23. 高新技术企业的技术转让所得减半征收适用何税率？

问：我公司为高新技术企业，企业所得税适用税率为 15％。发生的技术转让所得超过 500 万元的部分是否按 15％税率减半征收？

答：《国家税务总局关于进一步明确企业所得税过渡期优惠政策执行口径问题的通知》（国税函〔2010〕157 号）第一条第（三）项规定，居民企业取得《中华人民共和国企业所得税法实施条例》第八十六条、第八十七条、第八十八条和第九十条规定可减半征收企业所得税的所得，是指居民企业应就该部分所得单独核算并依照 25％的法定税率减半缴纳企业所得税。

因此，居民企业（包括高新技术企业）的技术转让所得超过 500 万元的部分，均应按 25％的税率减半缴纳企业所得税。

24. 高新技术企业认定中职工总人数是否包括劳务派遣人员？

问：某高新技术企业，现正申请享受高新技术企业低税率优惠政策，其中对于科技人员占职工总人数的比例在计算时有了分歧。那么，职工总人数应该如何确定？是否包括临时工，劳务派遣工？其文件依据是什么？

答：《国家税务总局关于企业所得税应纳税所得额若干税务处理问题的公告的解读》（国家税务总局公告 2012 年第 15 号）中明确，企业雇佣季节工、临时工、实习生、返聘离退休人员以及接受外部劳务派遣用工，也属于企业任职或者受雇员工范畴。

参照《关于组织开展 2014 年度高新技术企业信息备案工作的通知》（京科发〔2014〕85号）附件《高新技术企业年度信息备案表》的指标解释：

从业人员期末人数：指报告期末最后一日 24 时在本单位工作，并取得工资或其他形式劳动报酬的人员数。该指标为时点指标，不包括最后一日当天及以前已经与单位解除劳动合同关系的人员，是在岗职工、劳务派遣人员及其他从业人员之和。从业人员不包括：

1. 离开本单位仍保留劳动关系，并定期领取生活费的人员；
2. 利用课余时间打工的学生及在本单位实习的各类在校学生；
3. 本单位因劳务外包而使用的人员，如：建筑业整建制使用的人员；
4. 参军人员无论原单位是否仍发生活费或补贴都不统计在从业人员期末人数中；
5. 本单位正式离退休人员，但包括正式离退休后又被单位返聘的离退休人员。

根据上述规定，劳务派遣人员属于企业职工或雇员范畴，高新技术企业职工总人数应包括劳务派遣员工。

25. 高新技术企业能否自行选择优惠期？

问：如果 A 公司从 2011 年通过评审开始享受高新技术企业税收优惠，到 2013 年期满，是否能够放弃或者推迟 2011 年税收优惠（因为当年 A 公司享受其他税收优惠政策），从 2012 年开始享受，到 2014 年期满？假定该公司高新证书从当年 11 月或者 12 月份开始有效。

该税收优惠期是否能够推迟？假如当年申请后该公司发生亏损，能否推迟至下年度？

答：1.《国家税务总局关于实施高新技术企业所得税优惠有关问题的通知》（国税函〔2009〕203 号）第四条规定，认定（复审）合格的高新技术企业，自认定（复审）批准的有效期当年开始，可申请享受企业所得税优惠。企业取得省、自治区、直辖市、计划单列市高新技术企业认定管理机构颁发的高新技术企业证书后，可持"高新技术企业证书"及其复印件和有关资料，向主管税务机关申请办理减免税手续。手续办理完毕后，高新技术企业可按 15％的税率进行所得税预缴申报或享受过渡性税收优惠。

第五条规定，纳税年度终了后至报送年度纳税申报表以前，已办理减免税手续的企业应向主管税务机关备案以下资料：

（一）产品（服务）属于《国家重点支持的高新技术领域》规定的范围的说明；

（二）企业年度研究开发费用结构明细表；

（三）企业当年高新技术产品（服务）收入占企业总收入的比例说明；

（四）企业具有大学专科以上学历的科技人员占企业当年职工总数的比例说明、研发人员占企业当年职工总数的比例说明。

以上资料的计算、填报口径参照《高新技术企业认定管理工作指引》的有关规定执行。

第六条规定，未取得高新技术企业资格，或虽取得高新技术企业资格但不符合企业所得税法及实施条例以及本通知有关规定条件的企业，不得享受高新技术企业的优惠；已享受优惠的，应追缴其已减免的企业所得税税款。

根据上述规定，A 公司 2011 年取得高新技术企业认定，可从认定批准的有效期当年开始申请享受企业所得税优惠。按照《高新技术企业认定管理办法》的规定，高新技术企业资格自颁发证书之日起有效期为三年。A 公司可在 2011 年、2012 年、2013 年申请享受企业所得税优惠，A 企业应在期满前三个月内提出复审申请，不提出复审申请或复审不合格的，其高新技术企业资格到期自动失效。

A 公司 2011 年取得证书，如果 A 公司在 2012 年申请享受所得税优惠，并已申请办理减免税手续，A 公司则可按 15% 的税率进行所得税预缴申报或享受过渡性税收优惠。同时在报送年度纳税申报表前，应向税务机关备案资料。

2. 不能推迟到下年度。

根据《国家税务总局关于实施高新技术企业所得税优惠有关问题的通知》（国税函〔2009〕203 号）第四条的规定，该企业在当年 11 月或 12 月有效（有效期截止到此时），在有效期内（当年）可以申请享受高新政策，符合规定的可按 15% 预缴企业所得税。但根据《科技部、财政部、国家税务总局关于印发〈高新技术企业认定管理办法〉的通知》（国科发火〔2008〕172 号）第十三条的规定，企业在有效期满前三个月内提出复审申请，不提出复审申请或复审不合格的，其高新技术企业资格到期自动失效。如果该企业未提出复核申请或者复审不合格的，根据该法第九条规定，企业已不符合减税条件，应在资格到期时后 15 个月内向主管税务机关报告，并应当履行纳税义务。

同时根据国税函〔2009〕203 号文件第五条的规定，在申报当年度企业所得税时，企业应向主管税务机关提交相关资料备案，而企业已不符合高新条件，不能享受减税政策。

26. 分公司可否享受总公司高新技术企业优惠税率？

问：总公司为高新技术企业，享受 15% 的税收优惠，分公司（年末汇算清缴合并纳税，属于非独立法人）是否也可以享受 15% 的所得税优惠？

答：《企业所得税法》第五十条第二款规定，居民企业在中国境内设立不具有法人资格的营业机构的，应当汇总计算并缴纳企业所得税。

《科技部、财政部、国家税务总局关于印发〈高新技术企业认定管理办法〉的通知》（国科发火〔2008〕172 号）第二条规定，本办法所称的高新技术企业是指：在《国家重点支持的高新技术领域》（见附件）内，持续进行研究开发与技术成果转化，形成企业核心自主知识产权，并以此为基础开展经营活动，在中国境内（不包括港、澳、台地区）注册一年以上的居民企业。

根据上述规定，高新技术企业认定是以整个法人为主体进行的，高新技术企业执行15％的低税率优惠也是以整个法人来确认的。因此，总公司认定为高新技术企业的，分公司所得汇总至总公司统一享受15％的优惠税率。

27. 高新技术企业境外研发业务是否纳入企业考核指标？

问： 国内高新技术企业在境外发生的研发费用，是否可以纳入总体研发费用？境外机构的研发人员是否可以纳入研发总人数？其境外高新收入是否可以按照15％所得税税率进行抵免？

答：《财政部、国家税务总局关于高新技术企业境外所得适用税率及税收抵免问题的通知》（财税〔2011〕47号）第一条规定，以境内、境外全部生产经营活动有关的研究开发费用总额、总收入、销售收入总额、高新技术产品（服务）收入等指标申请并经认定的高新技术企业，其来源于境外的所得可以享受高新技术企业所得税优惠政策，即对其来源于境外所得可以按照15％的优惠税率缴纳企业所得税，在计算境外抵免限额时，可按照15％的优惠税率计算境内外应纳税总额。

第二条规定，上述高新技术企业境外所得税收抵免的其他事项，仍按照财税〔2009〕125号文件的有关规定执行。

《科技部、财政部、国家税务总局关于印发〈高新技术企业认定管理办法〉的通知》（国科发火〔2008〕172号）第二条规定，本办法所称的高新技术企业是指：在《国家重点支持的高新技术领域》内，持续进行研究开发与技术成果转化，形成企业核心自主知识产权，并以此为基础开展经营活动，在中国境内（不包括港、澳、台地区）注册1年以上的居民企业。

根据上述规定，高新技术企业属于居民企业。若该高新技术企业的境外机构属于其分支机构，企业也是以境内、境外全部生产经营活动有关的研究开发费用总额、总收入、销售收入总额、高新技术产品（服务）收入等指标申请并经认定的高新技术企业，其来源于境外所得可以按15％税率缴纳企业所得税，在计算境外抵免限额时，可按照15％的优惠税率计算境内外应纳税总额。

《科学技术部、财政部、国家税务总局关于印发〈高新技术企业认定管理工作指引〉的通知》（国科发火〔2008〕362号）第四条第（二）项规定：

3. 企业在中国境内发生的研究开发费用

是指企业内部研究开发活动实际支出的全部费用与委托境内的企业、大学、转制院所、研究机构、技术专业服务机构等进行的研究开发活动所支出的费用之和，不包括委托境外机构完成的研究开发活动所发生的费用。

根据上述规定，企业在境外发生的研发费用不能计入高新技术企业认定的研究开发费范围，境外机构的研发人员不纳入研发人数总和。但是，如果境外机构属于高新技术企业的分支机构，该企业也将境内、境外全部生产经营活动有关的研究开发费用总额、总收入、销售收入总额、高新技术产品（服务）收入等指标申请并经认定的高新技术企业的，境外机构发生的研发费用可计入研发费用范围；从事研发活动的人员，可纳入企业研发总人数。

28. 企业被取消"高新"资格后是否追缴以前年度税款？

问：如果发现企业不具备高新技术企业资格，税务局是否有权要求企业补缴企业所得税税款？是否连续追缴 3 年的企业所得税税款？还是需要由高新技术认定管理小组先撤销企业的该项资格再要求企业进行补税？上市公司中"贝因美事件"和"精艺股份事件"处理方式各不相同，如何解释？

答：《国家税务总局关于实施高新技术企业所得税优惠有关问题的通知》（国税函〔2009〕203 号）第六条规定，未取得高新技术企业资格，或虽取得高新技术企业资格但不符合企业所得税法及实施条例以及本通知有关规定条件的企业，不得享受高新技术企业的优惠；已享受优惠的，应追缴其已减免的企业所得税税款。

根据上述规定，对虽取得高新技术企业资格但不符合规定条件的高新技术企业，不得享受相关优惠，对已享受的优惠，税务机关有权追缴其已减免的税款，而不论其是否被认定管理小组撤销资格。是否连续追缴 3 年，要看这 3 年是否都不符合规定条件及办理减免税程序。

29. 如何界定国家需要重点扶持的高新技术企业？

问：《企业所得税法》第二十八条规定，符合条件的小型微利企业，减按 20% 的税率征收企业所得税。

国家需要重点扶持的高新技术企业，减按 15% 的税率征收企业所得税。

是否高新技术企业都是国家重点扶持的？现在某家企业是高新技术企业，已取得证书，那么如何判断这家企业是不是国家重点扶持的高新技术企业？

答：《科技部、财政部、国家税务总局关于印发〈高新技术企业认定管理办法〉的通知》（国科发火〔2008〕172 号）第二条规定，本办法所称的高新技术企业是指：在《国家重点支持的高新技术领域》内，持续进行研究开发与技术成果转化，形成企业核心自主知识产权，并以此为基础开展经营活动，在中国境内（不包括港、澳、台地区）注册一年以上的居民企业。

第四条规定，依据本办法认定的高新技术企业，可依照《企业所得税法》及其《实施条例》、《中华人民共和国税收征收管理法》（以下称《税收征管法》）及《中华人民共和国税收征收管理法实施细则》（以下称《实施细则》）等有关规定，申请享受税收优惠政策。

第五条规定，科技部、财政部、税务总局负责指导、管理和监督全国高新技术企业认定工作。

根据上述规定，凡是按照《高新技术企业认定管理办法》认定的高新技术企业，获得高新技术企业资格证书的，均属于企业所得税法所规定的"国家重点扶持的高新技术企业"，税法没有区分"一般高新企业"。当然，被认定为高新技术企业后，企业每年度的研发费用、高新业务收入、科技人员等指标比例应符合高新技术企业认定条件，不符合规定条件的，当年度不享受 15% 税率的优惠政策。

30. 高新技术企业优惠政策与资源综合利用优惠政策能否同时享受?

问：如果企业已经享受了资源综合利用减按收入 90% 计征所得税的优惠政策，但该企业又同时成为高新技术企业，那么，这两项优惠政策是否能够同时享受？

答：《国务院关于实施企业所得税过渡优惠政策的通知》（国发〔2007〕39 号）规定，企业所得税过渡优惠政策与新税法及实施条例规定的优惠政策存在交叉的，由企业选择最优惠的政策执行，不得叠加享受，且一经选择，不得改变。

《财政部、国家税务总局关于执行企业所得税优惠政策若干问题的通知》（财税〔2009〕69 号）规定，《国务院关于实施企业所得税过渡优惠政策的通知》（国发〔2007〕39 号）第三条所称不得叠加享受，且一经选择，不得改变的税收优惠情形，限于企业所得税过渡优惠政策与企业所得税法及其实施条例中规定的定期减免税和减低税率类的税收优惠。

《企业所得税法》及其实施条例中规定的各项税收优惠，凡企业符合规定条件的，可以同时享受。

根据上述规定，问题中所述的两项优惠是属于新《企业所得税法实施条例》中规定的优惠，只要符合条件就可以同时享受。

31. 高新技术企业从境外取得的分红能否按 15% 的税率计算抵免限额?

问：我公司是一家高新技术企业，目前的企业所得税适用税率是 15%。我公司在境外有控股公司，该控股公司持有运营实体，从事经营活动，境外控股公司将向境内分配股利。

取得前述境外所得，计算境外所得抵免限额时，是否可以适用 15% 的所得税税率？

答：《财政部、国家税务总局关于高新技术企业境外所得适用税率及税收抵免问题的通知》（财税〔2011〕47 号）第一条规定，以境内、境外全部生产经营活动有关的研究开发费用总额、总收入、销售收入总额、高新技术产品（服务）收入等指标申请并经认定的高新技术企业，其来源于境外的所得可以享受高新技术企业所得税优惠政策，即对其来源于境外所得可以按照 15% 的优惠税率缴纳企业所得税，在计算境外抵免限额时，可按照 15% 的优惠税率计算境内外应纳税总额。

第二条规定，上述高新技术企业境外所得税收抵免的其他事项，仍按照财税〔2009〕125 号文件的有关规定执行。

《财政部、国家税务总局关于企业境外所得税收抵免有关问题的通知》（财税〔2009〕125 号）第八条规定，企业应按照企业所得税法及其实施条例和本通知的有关规定分国（地区）别计算境外税额的抵免限额。

某国（地区）所得税抵免限额＝中国境内、境外所得依照企业所得税法及实施条例的规定计算的应纳税总额×来源于某国（地区）的应纳税所得额÷中国境内、境外应纳税所得总额。

据以计算上述公式中"中国境内、境外所得依照企业所得税法及实施条例的规定计算的应纳税总额"的税率，除国务院财政、税务主管部门另有规定外，应为企业所得税法第四条第一款规定的税率。

《企业所得税法》第四条规定，企业所得税的税率为 25％。

根据上述规定，公司计算境外所得抵免限额时，应适用 25％的所得税税率。

32. 高新技术企业部分养殖业务所得可否按 15％的税率减半征收？

问： 我公司系一家高新技术企业，其中有部分业务系内陆养殖业务。该部分内陆养殖业务的所得税可否享受按 15％的税率减半征收的政策？

答：《企业所得税法实施条例》第八十六条规定，企业所得税法第二十七条第（一）项规定的企业从事农、林、牧、渔业项目的所得，可以免征、减征企业所得税，是指：

（二）企业从事下列项目的所得，减半征收企业所得税：

2. 海水养殖、内陆养殖。

《国家税务总局关于进一步明确企业所得税过渡期优惠政策执行口径问题的通知》（国税函〔2010〕157 号）第一条第（三）款规定，居民企业取得中华人民共和国企业所得税法实施条例第八十六条、第八十七条、第八十八条和第九十条规定可减半征收企业所得税的所得，是指居民企业应就该部分所得单独核算并依照 25％的法定税率减半缴纳企业所得税。

《财政部、国家税务总局关于执行企业所得税优惠政策若干问题的通知》（财税〔2009〕69 号）第二条规定，企业所得税法及其实施条例中规定的各项税收优惠，凡企业符合规定条件的，可以同时享受。

依据上述规定，企业被认定为高新技术企业，同时又符合养殖业务减半征收企业所得税优惠条件的，可以分别同时享受各项税收优惠政策。对养殖业务所得单独核算并依照 25％的法定税率减半缴纳企业所得税，但不能享受 15％税率的减半征税。

33. 混用设备折旧能否作为高新技术企业认定中的研发费？

问： 高新技术企业认定中有一项为折旧费用，我公司的生产设备价值上亿元，如果只用于研发不符合生产经营常规。所以设备既用于生产又用于研发，可以按工时核算清楚。

此设备用于研发时的折旧费用，是否可以作为高新技术企业认定中的研究开发费用？

答：《科技部、财政部、国家税务总局关于印发〈高新技术企业认定管理工作指引〉的通知》（国科发火〔2008〕362 号）第四条第（二）项规定：

2. 各项费用科目的归集范围

（3）折旧费用与长期待摊费用

包括为执行研究开发活动而购置的仪器和设备以及研究开发项目在用建筑物的折旧费用，包括研发设施改建、改装、装修和修理过程中发生的长期待摊费用。

目前，在高新技术企业认定条件中有关研发费用归集的折旧费用，主要限于"为执行研究开发活动而购置的仪器和设备以及研究开发项目在用建筑物"所发生折旧费用。对于你公司所述的上亿元的设备，主要用于生产活动，偶尔用于研发项目，不属于为执行研究开发活动而购置的仪器和设备，税务机关难以核实其用于研发活动的真实性，不能作为高新技术企业认定中的研究开发费用。

34. 环保设备的承租方能否享受所得税优惠？

问：我公司租赁环保设备进行生产经营，作为环保设备的承租方能否享受所得税的优惠政策？

答：《财政部、国家税务总局关于执行环境保护专用设备等企业所得税优惠目录的通知》（财税〔2008〕48 号）第五条规定，企业购置并实际投入适用、已开始享受税收优惠的专用设备，如从购置之日起 5 个纳税年度内转让、出租的，应在该专用设备停止使用当月停止享受企业所得税优惠，并补缴已经抵免的企业所得税税款。转让的受让方可以按照该专用设备投资额的 10% 抵免当年企业所得税应纳税额；当年应纳税额不足抵免的，可以在以后 5 个纳税年度结转抵免。

根据上述规定，转让的受让方可以按照该专用设备投资额的 10% 抵免当年企业所得税应纳税额，但承租方不能享受此优惠政策。

35. 企业废水处理设备可否抵免企业所得税？

问：企业废水处理设施投资是否可以抵免企业所得税？

答：《财政部、国家税务总局关于执行环境保护专用设备企业所得税优惠目录、节能节水专用设备企业所得税优惠目录和安全生产专用设备企业所得税优惠目录有关问题的通知》（财税〔2008〕48 号）第一条规定，企业自 2008 年 1 月 1 日起购置并实际使用列入《目录》范围内的环境保护、节能节水和安全生产专用设备，可以按专用设备投资额的 10% 抵免当年企业所得税应纳税额；企业当年应纳税额不足抵免的，可以向以后年度结转，但结转期不得超过 5 个纳税年度。

根据上述规定，企业的购置的废水处理设备，应对照《财政部、国家税务总局、国家发展改革委关于公布节能节水专用设备企业所得税优惠目录（2008 年版）和环境保护专用设备企业所得税优惠目录（2008 年版）的通知》（财税〔2008〕115 号）附件《环境保护专用设备企业所得税优惠目录（2008 年版）》中的第一大类"水污染治理设备"中列举的设备名称，属于目录列举设备的，专用设备投资额的 10% 可以按规定抵免企业所得税应纳税额。

36. 购置年度与实际使用年度不一致的专用设备能否享受税收优惠？

问：《企业所得税法实施条例》第一百条规定，企业所得税法第三十四条所称税额抵免，是指企业购置并实际使用《环境保护专用设备企业所得税优惠目录》、《节能节水专用设备企业所得税优惠目录》和《安全生产专用设备企业所得税优惠目录》规定的环境保护、节能节水、安全生产等专用设备的，该专用设备的投资额的 10% 可以从企业当年的应纳税额中抵免；当年不足抵免的，可以在以后 5 个纳税年度结转抵免。

那么，我单位在 2013 年度购进符合目录规定的节能节水专用设备，2014 年度实际投入使用，这部分设备的投资额的 10% 是否可以从 2014 年度的应纳税额中抵免？

答：《财政部、国家税务总局关于执行环境保护专用设备企业所得税优惠目录节能节水专用设备企业所得税优惠目录和安全生产专用设备企业所得税优惠目录有关问题的通知》（财税〔2008〕48 号）第一条规定，企业自 2008 年 1 月 1 日起购置并实际使用列入《目录》范围内的环境保护、节能节水和安全生产专用设备，可以按专用设备投资额的 10% 抵免当年企业所得税应纳税额；企业当年应纳税额不足抵免的，可以向以后年度结转，但结转期不得超过 5 个纳税年度。

《国家税务总局关于企业所得税减免税管理问题的通知》（国税发〔2008〕111 号）第一条规定，企业所得税的各类减免税应按照《国家税务总局关于印发〈税收减免管理办法（试行）〉的通知》（国税发〔2005〕129 号）的相关规定办理。

国税发〔2005〕129 号文件规定与《中华人民共和国企业所得税法》及其实施条例规定不一致的，按《中华人民共和国企业所得税法》及其实施条例的规定执行。

第二条规定，企业所得税减免税实行审批管理的，必须是《中华人民共和国企业所得税法》及其实施条例等法律法规和国务院明确规定需要审批的内容。

对列入备案管理的企业所得税减免的范围、方式，由各省、自治区、直辖市和计划单列市国家税务局、地方税务局（企业所得税管理部门）自行研究确定，但同一省、自治区、直辖市和计划单列市范围内必须一致。

第四条规定，企业所得税减免税有资质认定要求的，纳税人须先取得有关资质认定，税务部门在办理减免税手续时，可进一步简化手续，具体认定方式由各省、自治区、直辖市和计划单列市国家税务局、地方税务局研究确定。

第六条规定，本通知自 2008 年 1 月 1 日起执行。

根据上述规定，一是企业购置并实际使用政策规定的环境保护、节能节水、安全生产等专用设备的投资额的 10% 可以从当年的应纳税额中抵免；二是企业享受减免税的税收优惠必须履行报批或备案的相关程序，否则不得享受税收优惠。企业 2013 年度购进了符合规定的节能节水专用设备，2014 年度实际投入使用并履行了相关报备手续后，设备投资额的 10% 可以从 2014 年度应纳税额中抵免。

37. 计算民族自治地方企业所得税减免税能否适用 15% 的税率？

问：我公司是 2011 年新设立的西部少数民族地区企业，2012 年应纳税所得额为 100 万元，符合享受西部大开发税收优惠政策条件，可以执行 15% 企业所得税税率。同时，根据《企业所得税法》第二十九条规定，湖北省政府以《省财政厅、省国家税务局、省地方税务局关于恩施州实施民族地区所得税优惠政策的通知》（鄂财税发〔2009〕14 号）批准对我州新办企业，给予三年减征或免征属于地方分享的部分的企业所得税的优惠。我公司是否可以同时享受？即计算应纳所得税额为 9 万元（100 万元 × 15% × 60%）是否正确？

答：《国家税务总局关于深入实施西部大开发战略有关企业所得税问题的公告》（国家税务总局公告 2012 年第 12 号）第五条规定，根据《财政部、国家税务总局关于执行企业所得税优惠政策若干问题的通知》（财税〔2009〕69 号）第一条及第二条的规定，企业既符合西部大开发 15% 优惠税率条件，又符合《企业所得税法》及其实施条例和国务院规定的各项税收优惠条件的，可以同时享受。在涉及定期减免税的减半期内，可以按照企业适用税率计算的应纳税额减半征税。

因此，企业既符合西部大开发15％优惠税率条件，又符合《企业所得税法》第二十九条地方减免税规定，企业可以同时享受企业所得税地方分享部分三年减征或免征及15％优惠税率，可以按照企业15％优惠税率计算的应纳税额中地方分享部分减征所得税。

38. 风力发电企业即征即退税款和CDM收入能否适用减免税政策？

问： 我公司系风力发电企业，风力发电是我公司运营的唯一业务，属于企业所得税法及其实施条例规定的可以享受"三免三减半"税收优惠的公共基础设施项目。根据《企业所得税法实施条例》第八十七条规定，企业所得税法第二十七条第（二）项所称国家重点扶持的公共基础设施项目，是指《公共基础设施项目企业所得税优惠目录》规定的……电力、水利等项目。企业从事前款规定的国家重点扶持的公共基础设施项目的投资经营的所得，自项目取得第一笔生产经营收入所属纳税年度起，第一年至第三年免征企业所得税，第四年至第六年减半征收企业所得税。2009年至2011年，我公司先后取得了增值税即征即退税款和CDM（清洁发展机制项目）收入。

上述收入是否能够享受"三免三减半"的税收优惠？

答： 能够享受"三免三减半"税收优惠的所得仅指企业从事规定的国家重点扶持的公共基础设施项目的投资经营的所得。增值税即征即退税款和CDM（清洁发展机制项目）收入不属于以上所得，不适用"三免三减半"的税收优惠。

39. 享受所得税优惠的电网新建项目应满足何种条件？

问： 《国家税务总局关于电网企业电网新建项目享受所得税优惠政策问题的公告》（国家税务总局公告2013年第26号）中电网企业新建项目享受优惠的具体计算方法一中"对于企业能独立核算收入的330KV以上跨省及长度超过200KM的交流输变电新建项目"，是指必须同时满足330KV以上跨省和长度超过200KM两个条件，还是满足其中任何一个条件即可？

答： 《国家税务总局关于电网企业电网新建项目享受所得税优惠政策问题的公告》（国家税务总局公告2013年第26号）中的计算方法一对能独立核算收入的交流输变电新建项目和直流输变电新建项目如何享受税收优惠给予明确。其中，交流输变电新建项目是指330KV以上跨省及长度超过200KM的交流输变电新建项目，对于上述功率和长度条件应同时满足条件；直流输变电新建项目是指500KV以上直流输变电新建项目。

优惠政策管理

1. 企业能否选择放弃已获批的减免税政策？

问： 四川省某改制企业符合经营性文化事业单位转制为企业，经税务局受理免征2010年至2012年三年企业所得税，但是，该企业2010年亏损1万元，2011年盈利20万元，

2012 年产生亏损 15 万元,由于企业 2013 年预计将有较多应税所得,但将不再享受减免税政策,能否放弃 2012 年的减免税政策?若可以,那么原申请的减免政策期为三年,企业三年盈亏整体计算后为盈利,如果企业选择放弃享受 2012 年免税政策,那么 2011 年的盈利是否会认为企业放弃免税政策需要补税?

答:《四川省地方税务局关于发布〈企业所得税优惠备案管理办法〉的公告》(四川省地方税务局公告 2012 年第 1 号)第七条规定,企业申请企业所得税优惠备案应遵循"一事一备"原则,即每一项优惠应独立作为一项备案内容提出申请。

备案类优惠期限超过一个纳税年度的,主管税务机关可进行一次性确认,企业在优惠期限内以后年度进行汇算清缴纳税申报时附报相关资料。

第十条规定,纳税人享受事先备案类优惠的,应于年度终了后办理年度纳税申报前不低于 30 个工作日提请备案;在预缴申报时就能实际享受优惠待遇的,应于预缴申报前不低于 10 个工作日提供相关证明材料,但国家税务总局有明确规定的除外。年度中间享受优惠条件发生变化的,纳税人应于下一个申报期报告主管地税机关。

对需要事先向税务机关备案而纳税人未按规定备案或税务机关认定不符合税收优惠条件的,纳税人不得享受税收优惠。

根据上述规定,超过一个纳税年度的税收优惠,主管税务机关一次性确认备案,企业不能在税务机关已确认年度内自行放弃享受优惠政策。

2. 是否必须在被投资单位作出利润分配当年备案才能免税?

问:我公司为四川省一家工业制造企业,持有的长期股权投资中,有一家被投资单位于 2013 年 10 月作出利润分配的股东会决议,但未实际支付现金股利。由于被投资单位未及时告知我公司财务人员,故我公司财务于 2014 年 1 月才收到该决议并入账(借记"应收股利"1 000 万元,贷记"投资收益"1 000 万元),被投资单位分红为税后分配。那么,

(1)该分红属于免税收入,我公司在 2014 年 1 月进行了账务处理,但被投资单位作出分红决议的时间是 2013 年 10 月,我公司能否在 2014 年度进行免税申报备案?

(2)在 2014 年备案如果不能免税,能否在 2013 年度所得税汇算期内作为事后备案?

答:《企业所得税法实施条例》第十七条规定,企业所得税法第六条第(四)项所称股息、红利等权益性投资收益,是指企业因权益性投资从被投资方取得的收入。

股息、红利等权益性投资收益,除国务院财政、税务主管部门另有规定外,按照被投资方作出利润分配决定的日期确认收入的实现。

《国家税务总局关于贯彻落实企业所得税法若干税收问题的通知》(国税函〔2010〕79 号)第四条规定,企业权益性投资取得股息、红利等收入,应以被投资企业股东会或股东大会作出利润分配或转股决定的日期,确定收入的实现。

《四川省地方税务局关于发布〈企业所得税优惠备案管理办法〉的公告》(四川省地方税务局公告 2012 年第 1 号)第十五条规定,纳税人应按照企业所得税法及其实施条例和其他有关税收规定,在年度汇算清缴纳税申报时附报相关资料(附件 2),同时填报《企业所得税优惠备案表》一式三份按规定报送主管税务机关。未按规定附报相关资料的,或主管税务机关审核后发现不符合享受税收优惠政策条件的,应取消其自行享受的税收优惠,并相应追

缴税款等。

《四川省国家税务局关于印发〈四川省国税系统企业所得税优惠管理办法（试行）〉的通知》（川国税发〔2010〕35号）第二十三条规定，企业所得税备案类优惠具体分为事先备案和事后报送相关资料两种。由省国税局按照国家税务总局有关规定进行分类。

事先备案的优惠（以下简称事先备案）是指纳税人在执行前必须按税法规定先行备案的企业所得税优惠。

事后报送相关资料的优惠（以下简称事后备案）是指纳税人按税法规定先予执行事后备案的企业所得税优惠。

根据上述规定，企业取得被投资企业分回的税后利润，收入确认的时间为被投资企业股东会或股东大会作出利润分配决定的日期，而不是取得股息、红利的日期，贵企业为四川省纳税人，取得的2013年被投资企业股东大会已做出决定分配的股息、红利，应确认为2013年度的收入，如果符合税法规定的免税收入，无论是国税管理还是地税管理的纳税人，该免税收入均属于事后报送相关资料的优惠，应于2013年度所得税汇算清缴时作为所得税优惠事后报送资料事项报送主管税务机关，而不能作为2014年度的免税收入处理。

3. 软件企业所得税减免未备案是否需要补缴税款？

问： 我公司是××股份有限公司下属子公司——××有限公司，均位于河南省。公司成立于2006年6月22日，于2007年7月18日认定为软件企业。我公司于2009年6月17日获得《减、免税批准通知书》。具体内容为：××有限公司，你公司报来的减免税申请及所附资料收悉。根据《财政部、国家税局总局关于企业所得税若干优惠政策的通知》（财税〔2008〕1号）的规定，经审核，你公司符合减免税条件，减免原因为：新办软件企业。同意你公司从获利年度起，第1年至第2年的经营所得免征所得税。第3年至第5年减半征收所得税。减免期间按税法规定，如期办理纳税申报。减免税期满应及时恢复缴纳税款。

我公司2008年度开始盈利，因此我公司2008年至2010年享受免税征收，2011年至2012年享受减半征收。我公司2012年度盈利，企业所得税已按减半征收缴纳税款12万元多。现在税局通知我公司，说我公司2012年度未进行企业所得税优惠政策备案，让我公司补缴税款。

我公司是否可以由获得的《减、免税批准通知书》文件而免于补缴税款的处罚？

答：《河南省国家税务局关于印发〈企业所得税优惠政策备案管理暂行办法（试行）〉的通知》（豫国税发〔2009〕141号）附件1《企业所得税优惠政策备案时间及资料要求》第十六条规定，新办软件产业和集成电路企业减免企业所得税。

1. 备案时间

（1）资格备案：纳税人应自取得《软件企业（产品）证书》或《集成电路企业（产品）证书》后30个工作日内向主管税务机关递交备案申请；（2）确认备案：纳税年度终了后至报送年度纳税申报表前向主管税务机关办理备案手续。

2. 备案资料

（1）《企业所得税优惠政策备案报告表》；内容包括：纳税人基本情况、被认定日期、认定部门、批准文号、软件（或集成电路）企业（或产品）证书编号、政策依据等；（2）软件

（或集成电路）企业（或产品）证书复印件；（3）税务机关要求的其他资料。

根据所属地区河南省规定，新办软件产业减免所得税优惠政策的备案有两个阶段，一是资格备案，二是确认备案。确认备案应在每个享受优惠纳税年度终了后至报送年度纳税申报表前向主管税务机关办理。企业 2012 年度如果享受减半征收，应在纳税年度终了后至报送年度纳税申报表前按上述规定提交备案资料。

4. 取得以前年度分红能否申请免税？

问：我单位 2014 年收到被投资单位的分红 200 万元，系 2009—2010 年度的分红，该分红能否在 2014 年度申请免税？

答：《企业所得税法实施条例》第十七条第二款规定，股息、红利等权益性投资收益，除国务院财政、税务主管部门另有规定外，按照被投资方作出利润分配决定的日期确认收入的实现。

《国家税务总局关于印发〈税收减免管理办法（试行）〉的通知》（国税发〔2005〕129号）第四条规定，减免税分为报批类减免税和备案类减免税。报批类减免税是指应由税务机关审批的减免税项目；备案类减免税是指取消审批手续的减免税项目和不需税务机关审批的减免税项目。

第五条规定，纳税人享受报批类减免税，应提交相应资料，提出申请，经按本办法规定具有审批权限的税务机关审批确认后执行。未按规定申请或虽申请但未经有权税务机关审批确认的，纳税人不得享受减免税。

纳税人享受备案类减免税，应提请备案，经税务机关登记备案后，自登记备案之日起执行。纳税人未按规定备案的，一律不得减免税。

根据上述规定，被投资方作出利润分配决定的日期如果是 2014 年，不论实际分配利润是哪一年度，均在 2014 年确认该笔投资收益，并作为 2014 年度的免税申报事项。

如果被投资方作出利润分配决定的日期不是 2014 年，而是以前年度，这部分所得应按《税收征收管理法》相关规定补缴税款及滞纳金。

对补充备案可以享受税收优惠的政策，以下地方规定供参考：

《福建省地方税务局关于进一步落实企业所得税优惠政策的通知》（闽地税〔2013〕119号）规定，可以采用发放调查表的形式，积极帮助企业分析可以享受优惠的生产经营项目，对符合企业所得税优惠条件却未申请的企业，应逐户查明原因并分类统计。对当期符合优惠政策条件的纳税人，由于不了解优惠政策或者不了解申请程序、期限等原因，未及时申请备案，导致未享受税收优惠的，应根据《中华人民共和国税收征收管理法》第五十一条以及《税收减免管理办法（试行）》（国税发〔2005〕129号）第五条、第七条的规定，允许纳税人在优惠事项所属年度的次年 6 月 1 日起三年内补申请备案，主管地税机关追溯备案登记后，纳税人据以进行补充申报，并申请退还多缴的税款或抵缴以后应缴的企业所得税税款。

5. 生产企业能否备案为节能服务公司？

问：A 公司是一家以生产节能设备为主营的生产企业，能否参加合同能源管理备案成为节能服务公司并享受相关税收优惠及财政奖励?

答:《财政部、国家发展改革委关于印发合同能源管理项目财政奖励资金管理暂行办法的通知》(财建〔2010〕249号)附件《合同能源管理财政奖励资金管理暂行办法》第二条规定,本办法所称合同能源管理,是指节能服务公司与用能单位以契约形式约定节能目标,节能服务公司提供必要的服务,用能单位以节能效益支付节能服务公司投入及其合理利润。本办法支持的主要是节能效益分享型合同能源管理。

节能服务公司,是指提供用能状况诊断和节能项目设计、融资、改造、运行管理等服务的专业化公司。

根据上述规定,上项规定中对合同能源管理和节能服务公司做了明确。

《财政部、国家税务总局关于促进节能服务产业发展增值税营业税和企业所得税政策问题的通知》(财税〔2010〕110号)第一条第(一)款规定,对符合条件的节能服务公司实施合同能源管理项目,取得的营业税应税收入,暂免征收营业税。

第(二)款规定,节能服务公司实施符合条件的合同能源管理项目,将项目中的增值税应税货物转让给用能企业,暂免征收增值税。

第(三)款规定,本条所称"符合条件"是指同时满足以下条件:

1. 节能服务公司实施合同能源管理项目相关技术应符合国家质量监督检验检疫总局和国家标准化管理委员会发布的《合同能源管理技术通则》(GB/T24915—2010)规定的技术要求;

2. 节能服务公司与用能企业签订《节能效益分享型》合同,其合同格式和内容,符合《合同法》和国家质量监督检验检疫总局和国家标准化管理委员会发布的《合同能源管理技术通则》(GB/T24915—2010)等规定。

第二条第(一)款规定,对符合条件的节能服务公司实施合同能源管理项目,符合企业所得税税法有关规定的,自项目取得第一笔生产经营收入所属纳税年度起,第一年至第三年免征企业所得税,第四年至第六年按照25%的法定税率减半征收企业所得税。

第(二)款规定,对符合条件的节能服务公司,以及与其签订节能效益分享型合同的用能企业,实施合同能源管理项目有关资产的企业所得税税务处理按以下规定执行:

1. 用能企业按照能源管理合同实际支付给节能服务公司的合理支出,均可以在计算当期应纳税所得额时扣除,不再区分服务费用和资产价款进行税务处理;

2. 能源管理合同期满后,节能服务公司转让给用能企业的因实施合同能源管理项目形成的资产,按折旧或摊销期满的资产进行税务处理,用能企业从节能服务公司接受有关资产的计税基础也应按折旧或摊销期满的资产进行税务处理;

3. 能源管理合同期满后,节能服务公司与用能企业办理有关资产的权属转移时,用能企业已支付的资产价款,不再另行计入节能服务公司的收入。

第(三)款规定,本条所称"符合条件"是指同时满足以下条件:

1. 具有独立法人资格,注册资金不低于100万元,且能够单独提供用能状况诊断、节能项目设计、融资、改造(包括施工、设备安装、调试、验收等)、运行管理、人员培训等服务的专业化节能服务公司;

2. 节能服务公司实施合同能源管理项目相关技术应符合国家质量监督检验检疫总局和国家标准化管理委员会发布的《合同能源管理技术通则》(GB/T24915—2010)规定的技术

要求；

3. 节能服务公司与用能企业签订《节能效益分享型》合同，其合同格式和内容，符合《合同法》和国家质量监督检验检疫总局和国家标准化管理委员会发布的《合同能源管理技术通则》（GB/T24915—2010）等规定；

4. 节能服务公司实施合同能源管理的项目符合《财政部、国家税务总局国家发展改革委关于公布环境保护节能节水项目企业所得税优惠目录（试行）的通知》（财税〔2009〕166号）"4、节能减排技术改造"类中第一项至第八项规定的项目和条件；

5. 节能服务公司投资额不低于实施合同能源管理项目投资总额的70%；

6. 节能服务公司拥有匹配的专职技术人员和合同能源管理人才，具有保障项目顺利实施和稳定运行的能力。"

根据上述规定，只有节能服务公司实施合同能源管理项目的，才有资格获得和享受所述的奖励和税收优惠。如 A 公司仅是一家以生产节能设备为主营的生产企业，不能享受相关税收优惠及财政奖励。

6. 享受优惠税率的高新技术企业是否每年都需资格认定？

问：我公司 2013 年被认定为高新技术企业，2014 年可否继续享受 15% 的企业所得税优惠税率？

答：2013 年被认定为高新技术企业的企业，自认定批准有效期当年开始，3 年内可申请享受企业所得税优惠。因此，企业在 2014 年及 2015 年是否可享受 15% 优惠税率，需要依照《国家税务总局关于实施高新技术企业所得税优惠有关问题的通知》（国税函〔2009〕203号）规定的条件逐年判定。

7. 减免的企业所得税能否用于分配？

问：某外商投资企业享受企业所得税"两免三减半"优惠政策。现在该公司拟进行利润分配。外商投资企业免税期间，因减免税形成的利润是否能用于分配？

答：《税收减免管理办法（试行）》（国税发〔2005〕129 号）第二十一条规定，税务机关应结合纳税检查、执法检查或其他专项检查，每年定期对纳税人减免税事项进行清查、清理，加强监督检查，主要内容包括：

（三）减免税税款有规定用途的，纳税人是否按规定用途使用减免税款；有规定减免税期限的，是否到期恢复纳税。

因此，外资企业享受"两免三减半"税收优惠政策，形成的减免企业所得税税款没有指定用途的，自然形成可分配利润。

1. 企业股东变更是否影响以前年度可弥补亏损?

问: 企业发生股权转让,被收购企业有以前年度的可弥补亏损,在收购后,被收购企业若使用此亏损进行弥补,是否可以正常进行弥补?有无限制规定?企业的股权股东发生变更,对之前的可弥补亏损是否有所限制?法规对此是否有特别的规定?

答: 股权转让,涉及股权转让方、被转让方及被转让股权的企业三方,被转让股权的企业除另有规定外,有关企业所得税纳税事项保持不变。税法范围内的亏损可以用以后年度所得弥补,没有特别规定。

2. 关联交易调查调整金额能否弥补亏损?

问: 我公司材料购进、出口都通过境外关联公司进行。现税务局针对我公司 2003 年至 2012 年的关联交易进行调查,预计会调整关联交易金额,需补税。关联交易调查调整的金额是分年进行。那么,

(1)如果调整当年是亏损的,关联交易调查调整的金额可否弥补当年亏损?

(2)如果弥补亏损后,有盈利,但我公司当年在"两免三减半"优惠年度,是否可适用"两免三减半"优惠政策?

答: 《国家税务总局关于印发〈特别纳税调整实施办法(试行)的通知〉》(国税发〔2009〕2 号)第一百零七条规定,税务机关根据所得税法及其实施条例的规定,对企业做出特别纳税调整的,应对 2008 年 1 月 1 日以后发生交易补征的企业所得税税款,按日加收利息。

《国家税务总局关于查增应纳税所得额弥补以前年度亏损处理问题的公告》(国家税务总局公告 2010 年第 20 号)第一条规定,根据《中华人民共和国企业所得税法》第五条的规定,税务机关对企业以前年度纳税情况进行检查时调增的应纳税所得额,凡企业以前年度发生亏损且该亏损属于企业所得税法规定允许弥补的,应允许调增的应纳税所得额弥补该亏损。弥补该亏损后仍有余额的,按照企业所得税法规定计算缴纳企业所得税。对检查调增的应纳税所得额应根据其情节,依照《中华人民共和国税收征收管理法》有关规定进行处理或

处罚。

第二条规定，本规定自 2010 年 12 月 1 日开始执行。以前（含 2008 年度之前）没有处理的事项，按本规定执行。

根据上述规定，税务机关对企业关联交易做出特别纳税调整的，检查时调增的应纳税所得额，凡企业以前年度发生亏损且该亏损属于企业所得税法规定允许弥补的，应允许调增的应纳税所得额弥补该亏损。但弥补该亏损后仍有余额的，按照企业所得税法规定计算缴纳企业所得税。若企业处于享受"两免三减半"优惠年度，可适用"两免三减半"企业所得税优惠政策。

3. 税务机关查补的所得所属年度为亏损是否需要补缴税款？

问：税务部门检查以前年度账务，发现存在一些问题需要补缴税款，但企业以前年度都是亏损的，这样是否还需要补缴税款？

答：《国家税务总局关于查增应纳税所得额弥补以前年度亏损处理问题的公告》（国家税务总局公告 2010 年第 20 号）规定，根据《企业所得税法》第五条的规定，税务机关对企业以前年度纳税情况进行检查时调增的应纳税所得额，凡企业以前年度发生亏损且该亏损属于企业所得税法规定允许弥补的，应允许调增的应纳税所得额弥补该亏损。弥补该亏损后仍有余额的，按照企业所得税法规定计算缴纳企业所得税。对检查调增的应纳税所得额应根据其情节，依照《税收征收管理法》有关规定进行处理或处罚。

根据上述规定，对于税务机关对企业以前年度纳税情况进行检查时应调增的应纳税所得额，凡企业以前年度发生亏损且该亏损属于企业所得税法规定允许弥补的，应允许调增的应纳税所得额弥补该亏损。弥补该亏损后仍有余额的，按照企业所得税法规定计算缴纳企业所得税。弥补该亏损后没有余额的，将不需要补缴税款。

4. 变更主管税务机关后原亏损可否继续弥补？

问：因为厂房搬迁，变更主管税务机关后，原未弥补完的亏损可否继续弥补？

答：《财政部、国家税务总局关于企业重组业务企业所得税处理若干问题的通知》（财税〔2009〕59 号）规定，企业发生其他法律形式简单改变的，可直接变更税务登记，除另有规定外，有关企业所得税纳税事项（包括亏损结转、税收优惠等权益和义务）由变更后企业承继，但因住所发生变化而不符合税收优惠条件的除外。

根据《企业所得税法》第十八条的规定，企业纳税年度发生的亏损，准予向以后年度结转，用以后年度的所得弥补，但结转年限最长不得超过 5 年。该法规定发生的年度亏损予以结转，主要是基于纳税主体的持续经营。

根据上述规定，因为厂房搬迁，变更了主管的税务机关，属于法律形式的简单改变，纳税人办理变更税务登记证后，有关企业所得税纳税事项由变更后的纳税人承继，包括之前未弥补完的亏损，可在规定的限期内继续弥补。

5. 子公司被境外母公司统一核算盈亏是否还能在境内补亏？

问：我公司是一家美国投资成立的从事钢结构房屋制造及安装的工业企业，总公司决定将我公司的经营情况合并到总部在美国统一核算企业所得税。如我公司的亏损在美国总部抵减其利润总额，以后年度是否还可以在境内弥补该项亏损？

答：《企业所得税法》第二条规定，企业分为居民企业和非居民企业。

本法所称居民企业，是指依法在中国境内成立，或者依照外国（地区）法律成立但实际管理机构在中国境内的企业。

第三条第一款规定，居民企业应当就其来源于中国境内、境外的所得缴纳企业所得税。

第十八条规定，企业纳税年度发生的亏损，准予向以后年度结转，用以后年度的所得弥补，但结转年限最长不得超过五年。

《企业所得税法实施条例》第十条规定，企业所得税法第五条所称亏损，是指企业依照企业所得税法和本条例的规定将每一纳税年度的收入总额减除不征税收入、免税收入和各项扣除后小于零的数额。

根据上述规定，贵公司为居民企业，应就其来源于境内外的所得缴纳企业所得税。贵公司纳税年度发生的亏损，无论母公司是否弥补，准予向以后年度结转，用以后年度的所得弥补，但结转年限最长不得超过五年。

6. 取得境外投资收益能否弥补境内亏损？

问：境内 A 公司，企业所得税税率为 15%，2009 年亏损 10 亿元。A 公司的全资子公司香港 B 公司，如果 2009 年分配投资收益 1 亿元给 A 公司，境内 A 公司能否用 1 亿元的投资收益弥补亏损？如果能弥补，境内 A 公司亏损是否为 9 亿元（10－1），并留待以后弥补？如果按 1 亿元直接弥补了境内亏损，境外投资收益抵免限额可否留待以后抵免？

答：《国家税务总局关于发布〈企业境外所得税收抵免操作指南〉的公告》（国家税务总局公告 2010 年第 1 号）第八条"关于抵免限额的计算"中第 27 项规定，若企业境内所得为亏损，境外所得为盈利，且企业已使用同期境外盈利全部或部分弥补了境内亏损，则境内已用境外盈利弥补的亏损不得再用以后年度境内盈利重复弥补。由此，在计算境外所得抵免限额时，形成当期境内、外应纳税所得总额小于零的，应以零计算当期境内、外应纳税所得总额，其当期境外所得税的抵免限额也为零。上述境外盈利在境外已纳的可予抵免但未能抵免的税额可以在以后 5 个纳税年度内进行结转抵免。

根据上述规定，境内 A 公司可以用境外投资收益弥补亏损，在境外已纳的可予抵免但未能抵免的税额可以在以后 5 个纳税年度内进行结转抵免。

7. 境外机构资产损失产生亏损可否税前扣除？

问：企业境外营业机构因发生资产损失而产生的亏损，是否可以在计算境内应纳税所得额时扣除？

答:《财政部、国家税务总局关于企业资产损失税前扣除政策的通知》(财税〔2009〕57号)第十二条规定,企业境内、境外营业机构发生的资产损失应分开核算,对境外营业机构由于发生资产损失而产生的亏损,不得在计算境内应纳税所得额时扣除。

8. 减资弥补亏损是否调增应纳税所得额?

问:我公司是一家外商投资企业,现为改善公司财务结构,拟减少实收资本 4 000 万元。此项减资额不归还股东,直接用来弥补以前年度累积亏损,账务处理如下:

借:实收资本   40 000 000

    贷:未分配利润   40 000 000

该事项是否应调增当年度应纳税所得额?

答:上述事项可以理解为你公司减资后将款项归还给股东,股东再以同样的款项捐赠给你公司用以弥补亏损,根据《企业所得税法》第六条八款的规定,企业以货币形式和非货币形式从各种来源取得的收入,为收入总额,其中第八款为接受捐赠收入。

因此,应调增当年度应纳税所得额。

9. 集团企业间亏损能否互相弥补?

问:甲集团公司有 5 个子公司,省内跨区,当年度子公司盈亏不同,亏损的子公司的亏损额怎样弥补? 总公司怎样申报? 是否可以由总公司合并会计报表,将所属子公司的盈亏相抵后,由总公司统一申报企业所得税?

答:《企业所得税法》第五十条第二款规定,居民企业在中国境内设立不具有法人资格的营业机构的,应当汇总计算并缴纳企业所得税。

现行企业所得税实行法人税制,母子公司均为独立法人单位,独立企业所得税纳税人,子公司发生的年度亏损,根据《企业所得税法》第十八条规定,准予向以后年度结转,用子公司以后年度的所得弥补,结转年限最长不得超过五年。

但是,母子公司之间或 5 个子公司之间的盈亏不得互相弥补。

10. 改制前未弥补的亏损可否继续弥补?

问:我单位收购一家设计院,该设计院为国有企业,存在未弥补的亏损。收购后设计院仍然以法人身份存续,设计院改制前未弥补的亏损我单位能否继续弥补?

答:《财政部、国家税务总局关于企业重组业务企业所得税处理若干问题的通知》(财税〔2009〕59 号)第四条规定,企业重组,除符合本通知规定适用特殊性税务处理规定的外,按以下规定进行税务处理:

(三)企业股权收购、资产收购重组交易,相关交易应按以下规定处理:

1. 被收购方应确认股权、资产转让所得或损失。

2. 收购方取得股权或资产的计税基础应以公允价值为基础确定。

3. 被收购企业的相关所得税事项原则上保持不变。

　　第六条规定，企业重组符合本通知第五条规定条件的，交易各方对其交易中的股权支付部分，可以按以下规定进行特殊性税务处理：

　　（二）股权收购，收购企业购买的股权不低于被收购企业全部股权的 75%，且收购企业在该股权收购发生时的股权支付金额不低于其交易支付总额的 85%，可以选择按以下规定处理：

　　1. 被收购企业的股东取得收购企业股权的计税基础，以被收购股权的原有计税基础确定。

　　2. 收购企业取得被收购企业股权的计税基础，以被收购股权的原有计税基础确定。

　　3. 收购企业、被收购企业的原有各项资产和负债的计税基础和其他相关所得税事项保持不变。

　　根据上述规定，问题所述收购后仍然以法人身份存续的设计院，即为财税〔2009〕59 文件中"股权收购"方式下的"被收购企业"，不论税务上是一般税务处理还是特殊税务处理，设计院弥补亏损的企业所得税事项都保持不变，即继续按未被收购之前弥补规定弥补。

第六部分
特殊事项处理

权益投资变动

1. 捆绑转让能否捆绑计算转让所得？

问： 某总公司所属的甲、乙、丙三家全资子公司捆绑转让，三家子公司可否捆绑转让来计算转让所得？如：某总公司下有甲、乙、丙三家子公司，甲公司净资产为负数（即资产总额减负债总额后为负数）；乙公司净资产亦为负数；丙公司资产总额大于负债总额，净资产为正数。假设转让价无偏低情况，单个公司计算转让所得和捆绑计算转让所得，其结果是不一样的：甲、乙公司净资产为负数，无转让所得，丙公司净资产为正数，有转让所得。而将三家子公司捆绑转让，三家子公司净资产互相冲抵后，结果为零。故以一元价值打包转让给其投资人，这种转让方式是否符合税法规定？

答：《企业所得税法》第一条规定，在中华人民共和国境内，企业和其他取得收入的组织（以下统称企业）为企业所得税的纳税人，依照本法的规定缴纳企业所得税。

第五十条第二款规定，居民企业在中国境内设立不具有法人资格的营业机构的，应当汇总计算并缴纳企业所得税。

《国家税务总局关于发布〈企业资产损失所得税税前扣除管理办法〉的公告》（国家税务总局公告 2011 年第 25 号）第四十七条规定，企业将不同类别的资产捆绑（打包），以拍卖、询价、竞争性谈判、招标等市场方式出售，其出售价格低于计税成本的差额，可以作为资产损失并准予在税前申报扣除，但应出具资产处置方案、各类资产作价依据、出售过程的情况说明、出售合同或协议、成交及入账证明、资产计税基础等确定依据。

因此，三家子公司捆绑转让股权，应分别计算转让所得，分别纳税申报，不得汇总计算转让所得。

2. 生产企业转型为贸易企业处置生产设备如何进行税务处理？

问： 有一外资企业，由于市场问题，决定转为贸易型企业，转型后，生产设备就用不上了，需要变卖。

那么，成立十年的生产企业是否影响已免的所得税？另外，处理及变卖生产设备是放在转型前还是转型后？贸易型企业能否处理生产设备？生产型企业转为贸易型企业是否需要到工商变更登记？是否需清算再转型？

答： 关于享受定期减免税优惠的外商投资企业在 2008 年后条件发生变化的处理，《国家税务总局关于外商投资企业和外国企业原有若干税收优惠政策取消后有关事项处理的通知》（国税发〔2008〕23 号）规定，外商投资企业按照《中华人民共和国外商投资企业和外国企业所得税法》规定享受定期减免税优惠，2008 年后，企业生产经营业务性质或经营期发生变化，导致其不符合《中华人民共和国外商投资企业和外国企业所得税法》规定条件的，仍应依据《中华人民共和国外商投资企业和外国企业所得税法》规定补缴其此前（包括在优惠过渡期内）已经享受的定期减免税税款。各主管税务机关在每年对这类企业进行汇算清缴时，应对其经营业务内容和经营期限等变化情况进行审核。

因此，外资企业由生产型企业转为贸易型企业，即企业生产经营业务性质发生变化，导致其不符合《中华人民共和国外商投资企业和外国企业所得税法》规定条件的，仍应依据《中华人民共和国外商投资企业和外国企业所得税法》规定补缴其此前（包括在优惠过渡期内）已经享受的定期减免税税款。

对转型变卖生产设备，不影响补缴已经享受的定期减免税税款。

生产型企业转为贸易型企业需到工商变更经营范围，无须进行清算。

3. 中外合资企业转为内资企业如何纳税？

问： 我市有一家中外合资企业，中方、外方股东均为法人股，从成立至今已有十年（但尚未到法定经营终止年限），外方股东占有 41% 的股份，目前合资公司处于盈利状态，现公司有意将中外合资企业通过外方股权转让的形式将其在该企业所占有的 41% 的股份转让给中方股东，使其变更为内资企业。那么，

（1）外方股东投资时的币种为美元，外方股东将 41% 的股权转让给中方股东时将以人民币计价进行转让，这样在确认股权转让所得时应按照《国家税务总局关于加强非居民企业股权转让所得企业所得税管理的通知》（国税函〔2009〕698 号）的规定："在计算股权转让所得时，以非居民企业向被转让股权的中国居民企业投资时或向原投资方购买该股权时的币种计算股权转让价和股权成本价。如果同一非居民企业存在多次投资的，以首次投入资本时的币种计算股权转让价和股权成本价，以加权平均法计算股权成本价；多次投资时币种不一致的，则应按照每次投入资本当日的汇率换算成首次投资时的币种"，先将股权转让时的股权转让所得币种（人民币）按现行美元汇率调整为初始投资币种（美元）计算股权转让价和股权成本价，以初始投资币种（美元）计价的股权转让所得（转让价减去股权成本价），再折合成人民币计价股权转让所得代扣代缴企业所得税。这样理解是否正确？

（2）股权转让缴纳企业所得税，纳税义务发生时间除了在《国家税务总局关于加强非居民企业股权转让所得企业所得税管理的通知》（国税函〔2009〕698 号）明确规定："扣缴义务人未依法扣缴或者无法履行扣缴义务的，非居民企业应自合同、协议约定的股权转让之日（如果转让方提前取得股权转让收入的，应自实际取得股权转让收入之日）起 7 日内，到被

转让股权的中国居民企业所在地主管税务机关（负责该居民企业所得税征管的机关）申报缴纳企业所得税"之外，对于正常履行扣缴义务的纳税义务发生时间是如何规定的？

（3）如果该中外合资企业先进行股利分配，然后以初始投资成本平价进行股权转让，这样就不产生股权转让所得，因此外方也就不存在 10% 的企业所得税；再假如股利分配后不立即与双方股东结算分配的股利，由合资企业将分配给双方股东的股利挂其他应付账款科目，这样双方股东在未实际收到股利的前提下，其双方股东的纳税义务发生时间是如何规定的？

答：1.《国家税务总局关于加强非居民企业股权转让所得企业所得税管理的通知》（国税函〔2009〕698 号）规定，在计算股权转让所得时，以非居民企业向被转让股权的中国居民企业投资时或向原投资方购买该股权时的币种计算股权转让价和股权成本价。

因此，在计算股权转让所得时，先将股权转让价换算美元减去原投资成本（美元），差额部分（美元）股权转让所得换算人民币计算代扣代缴企业所得税。

2.《国家税务总局关于印发〈非居民企业所得税源泉扣缴管理暂行办法〉的通知》（国税发〔2009〕3 号）第七条规定，扣缴义务人在每次向非居民企业支付或者到期应支付本办法第三条规定的所得时，应从支付或者到期应支付的款项中扣缴企业所得税。

本条所称到期应支付的款项，是指支付人按照权责发生制原则应当计入相关成本、费用的应付款项。

因此，扣缴义务人在每次向非居民企业支付或者到期应支付股权转让所得时，应从支付或者到期应支付的款项中扣缴企业所得税。

3.《企业所得税法实施条例》第十七条规定，企业所得税法第六条第（四）项所称股息、红利等权益性投资收益，是指企业因权益性投资从被投资方取得的收入。

股息、红利等权益性投资收益，除国务院财政、税务主管部门另有规定外，按照被投资方作出利润分配决定的日期确认收入的实现。

因此，股息、红利等权益性投资收益，纳税义务发生时间为按照被投资方作出利润分配决定的日期确认收入的实现。

4. 如何确定股权转让所得的纳税地点？

问：A 公司处置持有的 B 公司股权，产生的股权交易收入，应在 A 公司所属税务局缴纳企业所得税还是在 B 公司所属税务局缴纳？另 B 公司办理工商变更登记时，要求提供完税凭证，此笔业务是弥补上年亏损后按差额上缴还是可以汇算清缴一起上缴？因为 A 公司按全年计算应为亏损，此笔业务应不缴纳企业所得税。

答：关于转让股权的纳税地点，要区分纳税人的性质分别处理。

《企业所得税法》及其实施条例关于企业所得税纳税地点的规定为，除税收法律、行政法规另有规定外，居民企业以企业登记注册地为纳税地点，但登记注册地在境外的，以实际管理机构所在地为纳税地点。所称企业登记注册地，是指企业依照国家有关规定登记注册的住所地。

因此，对居民企业转让境内外的股权，均以登记注册地为纳税地点。问题中所诉 A、B 公司均为中国居民企业时，A 公司转让所持有的 B 公司股权应在 A 公司登记注册地纳税。

对在中国境内未设立机构（场所）的非居民企业的股权转让所得，以扣缴义务人所在地为纳税地点。《国家税务总局关于加强非居民企业股权转让所得企业所得税管理的通知》（国税函〔2009〕698号）对非居民企业转让中国居民企业的股权（不包括在公开的证券市场买入并卖出中国居民企业的股票）所取得的所得有如下特别规定：扣缴义务人未依法扣缴或者无法履行扣缴义务的，非居民企业应自合同、协议约定的股权转让之日（如果转让方提前取得股权转让收入的，应自实际取得股权转让收入之日）起7日内，到被转让股权的中国居民企业所在地主管税务机关（负责该居民企业所得税征管的机关）申报缴纳企业所得税。非居民企业未按期如实申报的，依照税收征管法的有关规定处理。

股权转让交易双方均为非居民企业且在境外交易的，根据《国家税务总局关于印发〈非居民企业所得税源泉扣缴管理暂行办法〉的通知》（国税发〔2009〕3号）的规定，由取得所得的非居民企业自行或委托代理人向被转让股权的境内企业所在地主管税务机关申报纳税。

《企业所得税法》第五条规定，企业每一纳税年度的收入总额，减除不征税收入、免税收入、各项扣除以及允许弥补的以前年度亏损后的余额，为应纳税所得额。

第六条规定，企业以货币形式和非货币形式从各种来源取得的收入，为收入总额。包括：

（三）转让财产收入。

第五十三条规定，企业所得税按纳税年度计算。纳税年度自公历1月1日起至12月31日止。

《企业所得税法实施条例》第十六条规定，企业所得税法第六条第（三）项所称转让财产收入，是指企业转让固定资产、生物资产、无形资产、股权、债权等财产取得的收入。

根据上述规定，企业所得税是按年度计税的，股权转让收入属于转让财产收入，应并入收入总额一并计算企业所得税，企业所得税的应纳税所得额为收入总额减除不征税收入、免税收入、各项扣除以及允许弥补的以前年度亏损后的余额，因此，股权转让收入并入收入总额后应扣除允许弥补的以前年度亏损，有余额才应该缴纳企业所得税，如果没有余额为亏损的情况，不缴纳企业所得税（因股权转让收入并入收入总额，用于弥补亏损也是一种纳税情况的表现），B公司在办理工商登记时可凭企业所得税汇算清缴申报表（属于法定的文书）及税务机关的证明（看A公司注册地主管税务机关是否能出具）来说明此项股权转让所得的纳税情况。

5. 筹建期企业股权转让如何进行税务处理？

问：甲、乙两企业共同投资100万元组成丙企业，甲、乙企业各占50%股份。现甲、乙两企业商定将丙企业20%股份以28万元价格转让给丁企业。丙企业现处于筹建阶段，未正式投产。将股权转让的溢价收入8万元记入"资本公积"账户。丙企业股权转让的溢价收入8万元在企业所得税上应如何处理？是否应冲减当期的"开办费"？如何填写年度企业所得税汇算清缴纳税申报表？

答：关于股权转让所得确认和计算问题，《国家税务总局关于贯彻落实企业所得税法若干税收问题的通知》（国税函〔2010〕79号）规定，企业转让股权收入，应于转让协议生效且完成股权变更手续时，确认收入的实现。转让股权收入扣除为取得该股权所发生的成本后，为股权转让所得。企业在计算股权转让所得时，不得扣除被投资企业未分配利润等股东留存收益中按该项股权所可能分配的金额。

因此，丙企业的甲、乙企业股东转让其股权，取得的股权转让所得，甲、乙企业应分别缴纳企业所得税。甲、乙企业转让股权取得所得 8 万元，不在丙公司账上反映。

丙企业的账务处理为（单位：万元）：

  借：实收资本——甲、乙企业   20

    贷：实收资本——丁企业   20

除此之外，不涉及其他账务处理。

6. 股权转让形成的收益如何缴纳企业所得税？

问：我公司 3 年前对某公司投资 300 万元，占全部股本的 6％，期间没有分红。今年 5 月将持有的股权全部转让，收到转让款 700 万元。那么，

（1）投资收益 400 万元是否纳入应纳税所得额？

（2）如果这 400 万元需要缴税，还有哪些是收益的减项？

答：《国家税务总局关于贯彻落实企业所得税法若干税收问题的通知》（国税函〔2010〕79 号）第三条规定，企业转让股权收入，应于转让协议生效、且完成股权变更手续时，确认收入的实现。转让股权收入扣除为取得该股权所发生的成本后，为股权转让所得。企业在计算股权转让所得时，不得扣除被投资企业未分配利润等股东留存收益中按该项股权所可能分配的金额。

《财政部、国家税务总局关于企业清算业务企业所得税处理若干问题的通知》（财税〔2009〕60 号）第五条规定，被清算企业的股东分得的剩余资产的金额，其中相当于被清算企业累计未分配利润和累计盈余公积中按该股东所占股份比例计算的部分，应确认为股息所得；剩余资产减除股息所得后的余额，超过或低于股东投资成本的部分，应确认为股东的投资转让所得或损失。

《国家税务总局关于企业所得税若干问题的公告》（国家税务总局公告 2011 年第 34 号）第五条规定，投资企业从被投资企业撤回或减少投资，其取得的资产中，相当于初始出资的部分，应确认为投资收回；相当于被投资企业累计未分配利润和累计盈余公积按减少实收资本比例计算的部分，应确认为股息所得；其余部分确认为投资资产转让所得。

根据上述规定，只有被投资企业清算或投资企业撤资、减资情形下，投资收益 400 万元才能区分为股息所得和投资资产转让所得两部分；投资企业转让股权的，不能区分。在计算股权转让所得时，只能扣除取得该股权所发生的成本，不得扣除被投资企业未分配利润等股东留存收益中按该项股权所可能分配的金额，即 400 万元应作为股权转让所得计入应纳税所得额缴纳企业所得税。

7. 未分配利润转增股本股东如何计缴所得税？

问：我公司是按 15％ 税率计征企业所得税的高新技术企业，拟将未分配利润转增股本。

我公司股东（均为按25％税率计征企业所得税的居民企业）是否因为此转增股本行为，影响其今年的企业所得税？影响额度如何计算？

答：《企业所得税法实施条例》第八十三条规定，企业所得税法第二十六条第（二）项所称符合条件的居民企业之间的股息、红利等权益性投资收益，是指居民企业直接投资于其他居民企业取得的投资收益。

《企业所得税法》第二十六条第（二）项和第（三）项所称股息、红利等权益性投资收益，不包括连续持有居民企业公开发行并上市流通的股票不足12个月取得的投资收益。

《国家税务总局关于贯彻落实企业所得税法若干税收问题的通知》（国税函〔2010〕79号）第四条规定，企业权益性投资取得股息、红利等收入，应以被投资企业股东会或股东大会作出利润分配或转股决定的日期，确定收入的实现。

被投资企业将股权（票）溢价所形成的资本公积转为股本的，不作为投资方企业的股息、红利收入，投资方企业也不得增加该项长期投资的计税基础。

根据上述规定，企业将未分配利润转增股本属于股东取得股息、红利收入再增加长期投资的行为。首先按照《企业所得税法》及其实施条例的规定，居民企业股东直接投资于其他居民企业取得的股息、红利免征企业所得税，其次居民企业股东可以将这部分免税收入转增股本的部分相应增加长期股权投资计税基础。

8. 代归还银行债务能否计入投资成本？

问：甲公司拟收购乙公司所属一个水电站，该水电站尚未完工，处于在建期，经双方协商一致后签订以下框架协议并按步骤分步实施：

（1）由甲公司以货币出资3 000万元，乙公司以该水电站资产经评估后作价出资7 000万元共同成立丙公司，丙公司注册资本为1亿元。丙公司成立后该在建水电站的后续建设和经营管理权归甲公司。

（2）甲公司承担并代为归还乙公司的固定资产项目贷款5 000万元（此贷款为乙公司以该水电站名义在某银行取得的项目贷款）和流动资金贷款1 000万元。

（3）乙公司将持有丙公司70％的股权以7 000万元的价格转让给甲公司，转让后甲公司即持有丙公司100％的股权，同时甲公司和丙公司均向某银行承诺将继续履行该项贷款的归还事宜并取得银行的同意。

（4）甲公司通过上述步骤（1）～（3）最终实施对乙公司所属水电站的收购，共需要支付的总价款为1.3亿元（其中：股权转让款7 000万元，代乙公司归还银行贷款6 000万元）。那么，

（1）甲公司对乙公司所属水电站的收购，是通过先以资产出资再以股权转让的形式实施的，甲乙双方在签订协议时，将甲公司代乙公司归还的银行贷款6 000万元作为框架协议条款中的一部分，但并未作为股权转让的对价包含在股权转让价款中。上述6 000万元甲公司在会计账务上作为投资成本处理，税法上是否认可？

（2）若有税收风险，是否应将甲公司代乙公司归还的银行贷款6 000万元包含在70％的股权转让价款中，即股权转让协议修改为："乙公司将持有丙公司70％的股权以1.3亿元的价格转让给甲公司"？

答：1. 收购方处理。

《企业所得税法实施条例》规定，投资资产按照以下方法确定成本：

（一）通过支付现金方式取得的投资资产，以购买价款为成本；

（二）通过支付现金以外的方式取得的投资资产，以该资产的公允价值和支付的相关税费为成本。

《〈企业会计准则第 2 号——长期股权投资〉应用指南》指出，企业取得长期股权投资，实际支付的价款或对价中包含的已宣告但尚未发放的现金股利或利润，作为应收项目处理，不构成取得长期股权投资的成本。

依据上述规定，甲公司对乙公司所属水电站的股权收购、债务收购，共需支付总价款为1.3亿元，其中：代乙公司归还银行贷款 6 000 万元，应作为债务类处理，构成会计与税法取得长期股权投资的成本。

甲公司会计处理为（单位：万元）：

借：长期股权投资——丙公司		13 000
贷：银行存款		7 000
长期（短期）借款		6 000

2. 被收购方处理。

《财政部、国家税务总局关于企业重组业务企业所得税处理若干问题的通知》（财税〔2009〕59 号）第四条第（三）款规定，企业股权收购、资产收购重组交易，相关交易应按以下规定处理：

1. 被收购方应确认股权、资产转让所得或损失。

2. 收购方取得股权或资产的计税基础应以公允价值为基础确定。

3. 被收购企业的相关所得税事项原则上保持不变。

根据上述规定，乙公司应确认股权转让和债务转让所得。

乙公司会计处理为（单位：万元）：

借：银行存款		7 000
贷：长期股权投资——丙公司		7 000
借：长期（短期）借款		6 000
贷：营业外收入		6 000

9. 如何确定股权转让基准日？

问：A、B 公司共同出资成立丙公司，注册资本为 5 000 万元。2012 年 6 月，A 公司挂牌转让持有丙公司 40% 的股权给 B 公司，挂牌交易价格为 4 000 万元，于 2012 年 6 月 30 日进行股权交割。A 公司对 C 公司的初始投资成本为 2 000 万元，按权益法核算。另外，A、B 双方协商确定以 2011 年 6 月 30 日为基准日对其进行股利分配，截至 2011 年 6 月 30 日，C 公司未分配利润为 2 000 万元，盈余公积为 600 万元，A 公司"长期股权投资——损益调整"账面余额为 1 500 万元。2012 年 6 月 30 日，丙公司未分配利润为 2 500 万元，盈余公积为 800 万元。

A 公司应怎样缴纳此项股权转让所得税？其中 C 公司留存收益中归属于 A 公司的部分

能否税前扣除？如果能扣除，是以 2011 年 6 月 30 日还是以 2012 年 6 月 30 日为基准日扣除？

答：《国家税务总局关于贯彻落实企业所得税法若干税收问题的通知》（国税函〔2010〕79 号）第三条规定，企业转让股权收入应于转让协议生效、且完成股权变更手续时，确认收入的实现。

转让股权收入扣除为取得该股权所发生的成本后，为股权转让所得。企业在计算股权转让所得时，不得扣除被投资企业未分配利润等股东留存收益中按该项股权所可能分配的金额。

《国家税务总局关于贯彻落实企业所得税法若干税收问题的通知》（国税函〔2010〕79 号）第四条规定，企业权益性投资取得股息、红利等收入，应以被投资企业股东会或股东大会作出利润分配或转股决定的日期，确定收入的实现。被投资企业将股权（票）溢价所形成的资本公积转为股本的，不作为投资方企业的股息、红利收入，投资方企业也不得增加该项长期投资的计税基础。

根据上述规定，A 公司应于 2012 年 6 月 30 日进行股权交割时，确认该笔股权转让所得。

股权转让所得为 2 000 万元（4 000－2 000）。在计算股权转让所得时，被投资企业未分配利润等股东留存收益中按该项股权所可能分配的金额不得扣除。

如果在股权转让之前，被投资企业股东会或股东大会作出了利润分配决定，则以作出决定之日确定股息、红利收入的实现。以何日期为基准日，以被投资企业股东会的决定为准。

10. 股权投资转让企业所得税政策是否存在冲突？

问：《国家税务总局关于企业所得税若干问题的公告》（国家税务总局公告 2011 年第 34 号）第五条规定，投资企业从被投资企业撤回或减少投资，其取得的资产中，相当于初始出资的部分，应确认为投资收回；相当于被投资企业累计未分配利润和累计盈余公积按减少实收资本比例计算的部分，应确认为股息所得；其余部分确认为投资资产转让所得。

但是，《国家税务总局关于贯彻落实企业所得税法若干税收问题的通知》（国税函〔2010〕79 号）第三条规定，企业在计算股权转让所得时，不得扣除被投资企业未分配利润等股东留存收益中按该项股权所可能分配的金额。

那么，未分配利润和盈余公积等留存收益在转让时，是按照享有的比例确认股息所得（免税），还是根本就不允许从股权转让所得中扣除？

答：《国家税务总局关于企业所得税若干问题的公告》（国家税务总局公告 2011 年第 34 号）第五条规定与《国家税务总局关于贯彻落实企业所得税法若干税收问题的通知》（国税函〔2010〕79 号）第三条规定并不矛盾。被投资企业账面所载未分配利润和盈余公积等留存收益，投资方企业转让所持股权，上述留存收益不得确认为股息收入，一并视为股权转让收入。

《国家税务总局关于企业所得税若干问题的公告》（国家税务总局公告 2011 年第 34 号）规定，投资企业从被投资企业撤回或减少投资，其取得的资产中，相当于初始出资的部分，应确认为投资收回；相当于被投资企业累计未分配利润和累计盈余公积按减少实收资本比例计算的部分，应确认为股息所得；其余部分确认为投资资产转让所得。

此处撤回或减少投资是指被投资方通过减少注册资金的方式解决，不包括投资方转让投资的行为。

11. 股权转让预收款是否缴纳企业所得税？

问： 我公司 2011 年 6 月与对方签订股权转让协议，并于 7 月取得 1 亿元的股权转让款（总价的 50％），合同约定收到款项后变更法人，但不做股权变更。但是，由于种种原因现在法人也未变更，股权在所有权方面无任何变化，预收的 1 亿元转让款一直作为预收款挂账。这笔款项在汇算清缴时是否应缴纳企业所得税？

答：《国家税务总局关于贯彻落实企业所得税法若干税收问题的通知》（国税函〔2010〕79 号）第三条规定，企业转让股权收入，应于转让协议生效、且完成股权变更手续时，确认收入的实现。转让股权收入扣除为取得该股权所发生的成本后，为股权转让所得。企业在计算股权转让所得时，不得扣除被投资企业未分配利润等股东留存收益中按该项股权所可能分配的金额。

根据上述规定，你公司虽与对方签订股权转让协议，但未办理股权变更手续，不需确认股权转让收入。该笔预收款不需缴纳企业所得税。

12. 无偿转让股权如何进行企业所得税处理？

问： B 企业是 A 企业的子公司，C 企业是 B 企业的子公司，B 企业将 C 企业股权无偿转让 A 企业，如何进行企业所得税处理？

答：《国家税务总局关于印花税若干具体问题的解释和规定的通知》（国税发〔1991〕155 号）规定，"财产所有权"转移书据的征税范围是：经政府管理机关登记注册的动产、不动产的所有权转移所立的书据，以及企业股权转让所立的书据。

因此，B 企业与 A 企业签订的将其持有 C 公司的股权无偿转让给母公司 A 的协议，涉及企业股权转让。A、B 企业均应对该协议按"产权转移书据"贴花。

《企业所得税法实施条例》第十六条规定，企业所得税法第六条第（三）项所称转让财产收入，是指企业转让固定资产、生物资产、无形资产、股权、债权等财产取得的收入。

第二十五条规定，企业发生非货币性资产交换，以及将货物、财产、劳务用于捐赠、偿债、赞助、集资、广告、样品、职工福利或者利润分配等用途的，应当视同销售货物、转让财产或者提供劳务，但国务院财政、税务主管部门另有规定的除外。

根据上述规定，B 企业将 C 企业股权无偿转让 A 企业，其股权用于捐赠应视同转让财产，按照公允价值确定收入额，缴纳企业所得税。

《企业所得税法》第六条规定，企业以货币形式和非货币形式从各种来源取得的收入，为收入总额。包括：

（八）接受捐赠收入；

……

《企业所得税法实施条例》第十三条规定，企业所得税法第六条所称企业以非货币形式取得的收入，应当按照公允价值确定收入额。

前款所称公允价值，是指按照市场价格确定的价值。

第二十一条规定，企业所得税法第六条第（八）项所称接受捐赠收入，是指企业接受的来自其他企业、组织或者个人无偿给予的货币性资产、非货币性资产。接受捐赠收入，按照实际收到捐赠资产的日期确认收入的实现。

因此，A 企业取得 B 企业无偿转让的 C 企业股权，应按该股权的市场价值确认为捐赠收入，计入企业收入总额，并计缴企业所得税。

13. 境外子公司直接将利润转增资本是否需要缴纳税款？

问：境外全资子公司利润不汇回境内母公司，而是直接转增子公司的实收资本，母公司对于转增资本的利润是否要缴税？

答：《企业所得税法》第三条规定，居民企业应当就其来源于中国境内、境外的所得缴纳企业所得税。

第二十四条规定，居民企业从其直接或者间接控制的外国企业分得的来源于中国境外的股息、红利等权益性投资收益，外国企业在境外实际缴纳的所得税税额中属于该项所得负担的部分，可以作为该居民企业的可抵免境外所得税税额，在本法第二十三条规定的抵免限额内抵免。

《企业所得税法实施条例》第七十七条规定，企业所得税法第二十三条所称已在境外缴纳的所得税税额，是指企业来源于中国境外的所得依照中国境外税收法律以及相关规定应当缴纳并已经实际缴纳的企业所得税性质的税款。

《国家税务总局关于贯彻落实企业所得税法若干税收问题的通知》（国税函〔2010〕79号）第四条规定，企业权益性投资取得股息、红利等收入，应以被投资企业股东会或股东大会作出利润分配或转股决定的日期，确定收入的实现。

被投资企业将股权（票）溢价所形成的资本公积转为股本的，不作为投资方企业的股息、红利收入，投资方企业也不得增加该项长期投资的计税基础。

《国家外汇管理局、国家税务总局关于进一步明确服务贸易等项目对外支付提交税务证明有关问题的通知》（汇发〔2009〕52号）第五条规定，境内机构办理下列境内外汇划转或境内再投资、增资活动时，应向主管国税机关和地税机关申请办理《税务证明》，并按规定向所在地外汇局或外汇指定银行提交由主管国税机关和地税机关出具并签章的《税务证明》。

（一）外商投资企业的外国投资者以其在境内所得利润以及外商投资企业将属于外国投资者的资本公积金、盈余公积金、未分配利润等在境内转增资本或再投资；

……

根据上述规定，境外被投资企业用未分配利润直接增资，应作为境内投资企业的股息所得，于转股决定日确认该项收入。如果依照境外税收法律以及相关规定应当缴纳并已经实际缴纳的企业所得税性质的税款，可以作为可抵免境外所得税税额。

14. 股权转让可否提前进行利润分配？

问： 2011 年 5 月，我公司想把下属一家物业公司的股权平价转让给一家关联公司。该物业公司截止到 2010 年的利润为 400 多万元，2011 年 1 至 4 月利润为 500 多万元。我公司决定先进行利润分配，但是按照《公司法》的规定，是否今年 1 至 4 月的利润要等到所得税汇算清缴，提取法定公积金后才能分配？若我公司把股权转让协议提前到 2011 年 1 月，分配 2010 年以前的利润是否可以？

答： 该物业公司为持续经营的企业，由于不能确定 2011 年度的税后利润，根据《公司法》第一百六十七条规定，该物业公司不能分配 2011 年度 1 至 4 月的利润。

《国家税务总局关于贯彻落实企业所得税法若干税收问题的通知》（国税函〔2010〕79 号）第三条规定，企业转让股权收入，应于转让协议生效、且完成股权变更手续时，确认收入的实现。转让股权收入扣除为取得该股权所发生的成本后，为股权转让所得。企业在计算股权转让所得时，不得扣除被投资企业未分配利润等股东留存收益中按该项股权所可能分配的金额。

第四条规定，企业权益性投资取得股息、红利等收入，应以被投资企业股东会或股东大会作出利润分配或转股决定的日期，确定收入的实现。

被投资企业将股权（票）溢价所形成的资本公积转为股本的，不作为投资方企业的股息、红利收入，投资方企业也不得增加该项长期投资的计税基础。

根据上述规定，企业转让股权收入确认的时点为，转让协议生效、且完成股权变更手续时。企业单纯将股权转让协议提前到 2011 年 1 月，而未在 1 月完成股权变更手续，不影响收入确认的时点。

15. 股权转让取得的投资收益如何缴纳企业所得税？

问： 股权转让取得的投资收益可否分期计入应纳税所得额计缴企业所得税？何种情况下可分期缴纳？需要办理哪些申请手续？

答：《国家税务总局关于企业取得财产转让等所得企业所得税处理问题的公告》（国家税务总局公告 2010 年第 19 号）第一条规定，企业取得财产（包括各类资产、股权、债权等）转让收入、债务重组收入、接受捐赠收入、无法偿付的应付款收入等，不论是以货币形式、还是非货币形式体现，除另有规定外，均应一次性计入确认收入的年度计算缴纳企业所得税。

第二条规定，本公告自发布之日起 30 日后施行。2008 年 1 月 1 日至本公告施行前，各地就上述收入计算的所得，已分 5 年平均计入各年度应纳税所得额计算纳税的，在本公告发布后，对尚未计算纳税的应纳税所得额，应一次性作为本年度应纳税所得额计算纳税。

根据上述规定，股权转让不可分期确认收入，但也存在如下特殊情况：

《财政部、国家税务总局关于企业重组业务企业所得税处理若干问题的通知》（财税〔2009〕59 号）第七条规定，企业发生涉及中国境内与境外之间（包括港澳台地区）的股权和资产收购交易，除应符合本通知第五条规定的条件外，还应同时符合下列条件，才可选择适用特殊性税务处理规定：

（三）居民企业以其拥有的资产或股权向其 100% 直接控股的非居民企业进行投资；

……

第八条规定，本通知第七条第（三）项所指的居民企业以其拥有的资产或股权向其 100% 直接控股关系的非居民企业进行投资，其资产或股权转让收益如选择特殊性税务处理，可以在 10 个纳税年度内均匀计入各年度应纳税所得额。

16. 股权支付时是否确认股权转让收入？

问：《财政部、国家税务总局关于企业重组业务企业所得税处理若干问题的通知》（财税〔2009〕59 号）规定，对于股权收购，资产收购，合并，分立等情况，作为对价，受让者可以以自己的股权或者所持有子公司的股权进行支付。在支付时受让者是否需要对股权的转让进行收入确认？

我理解按照一般纳税处理，受让者按公允价值确认取得股权或者资产，意味着将此公允价值减去作为对价的股权的成本价核算收入并纳税。同时，特殊性税务处理时，以原来的计税基础确认，因此不用纳税。我的理解是否正确？

答：您的理解基本准确。

《财政部、国家税务总局关于企业重组业务企业所得税处理若干问题的通知》（财税〔2009〕59 号）第一条规定：

（三）股权收购，是指一家企业（以下称为收购企业）购买另一家企业（以下称为被收购企业）的股权，以实现对被收购企业控制的交易。收购企业支付对价的形式包括股权支付、非股权支付或两者的组合。

（四）资产收购，是指一家企业（以下称为受让企业）购买另一家企业（以下称为转让企业）实质经营性资产的交易。受让企业支付对价的形式包括股权支付、非股权支付或两者的组合。

（五）合并，是指一家或多家企业（以下称为被合并企业）将其全部资产和负债转让给另一家现存或新设企业（以下称为合并企业），被合并企业股东换取合并企业的股权或非股权支付，实现两个或两个以上企业的依法合并。

第二条规定，本通知所称股权支付，是指企业重组中购买、换取资产的一方支付的对价中，以本企业或其控股企业的股权、股份作为支付的形式；所称非股权支付，是指以本企业的现金、银行存款、应收款项、本企业或其控股企业股权和股份以外的有价证券、存货、固定资产、其他资产以及承担债务等作为支付的形式。

第六条规定，企业重组符合本通知第五条规定条件的，交易各方对其交易中的股权支付部分，可以按以下规定进行特殊性税务处理：

（二）股权收购，收购企业购买的股权不低于被收购企业全部股权的 75%，且收购企业在该股权收购发生时的股权支付金额不低于其交易支付总额的 85%，可以选择按以下规定处理：

3. 收购企业、被收购企业的原有各项资产和负债的计税基础和其他相关所得税事项保持不变。

（三）资产收购，受让企业收购的资产不低于转让企业全部资产的 75%，且受让企业在该资产收购发生时的股权支付金额不低于其交易支付总额的 85%，可以选择按以下规定处理：

2. 受让企业取得转让企业资产的计税基础，以被转让资产的原有计税基础确定。

（四）企业合并，企业股东在该企业合并发生时取得的股权支付金额不低于其交易支付总额的 85%，以及同一控制下且不需要支付对价的企业合并，可以选择按以下规定处理：

1. 合并企业接受被合并企业资产和负债的计税基础，以被合并企业的原有计税基础确定。

另外，《企业所得税法实施条例》第二十五条规定，企业发生非货币性资产交换，以及将货物、财产、劳务用于捐赠、偿债、赞助、集资、广告、样品、职工福利或者利润分配等用途的，应当视同销售货物、转让财产或者提供劳务，但国务院财政、税务主管部门另有规定的除外。

第十三条规定，企业所得税法第六条所称企业以非货币形式取得的收入，应当按照公允价值确定收入额。前款所称公允价值，是指按照市场价格确定的价值。

第七十一条第二款规定，企业在转让或者处置投资资产时，投资资产的成本，准予扣除。

依据上述规定，企业重组中购买、换取资产的一方支付的对价中，支付对价的形式包括股权支付、非股权支付或两者的组合。因此，对以股权支付对价购买、换取资产发生非货币性资产交换，应当视同销售货物、转让财产或者提供劳务，按照公允价值确定收入额。企业在转让投资资产时，投资资产的成本，准予扣除。

适用一般性税务处理的，受让者以本企业或者本企业直接持有股份企业的股权作为支付对价的，受让者应按公允价值确认换入资产的计税基础；同时，应按公允价值确认转让股权的收入，该股权的成本或按规定在税前扣除（若存在股权转让损失的，应主管税务机关办理股权转让损失税前扣除审批手续）。

适用特殊性税务处理的，受让者暂不缴纳股权转让所得（或损失）企业所得税。相关换入资产的计税基础按该股权原计税基础确定。

17. 如何计算直接转增国家资本金的企业所得税？

问：《财政部、国家税务总局关于电网企业接受用户资产有关企业所得税政策问题的通知》（财税〔2011〕35 号）规定，电网企业接受用户资产应缴纳的企业所得税不征收入库，直接转增国家资本金。应缴纳的企业所得税是否依据《企业所得税法》计算？

如果接受企业接受资产以前年度有未弥补亏损，那么接受资产产生的应纳税所得额应当先弥补亏损，再计算应缴的企业所得税，这样理解是否正确？

例如，某电网企业 2012 年度接受资产 1 000 万元，2012 年度汇算清缴应纳税所得额为 1 000 万元，以前年度亏损可在本年度弥补数额为 800 万元，那么，接受资产应缴的企业所得税应当为：(1 000－800)×25%＝50（万元），以 50 万元计入国家资本金。这样理解是否正确？

答：这样计算是正确的。同时以后年度，按剩余资产额 800 万元计算应缴纳的企业所得税额，仍不征收入库，直接转增国家资本金。

18. 增资扩股、稀释股权是否缴纳企业所得税？

问： 企业增资扩股、稀释股权，是否缴纳企业所得税？

答：《企业所得税法》第六条及实施条例相关条款规定了企业所得税收入的不同类型。企业增资扩股（稀释股权），是企业股东投资行为，可直接增加企业的实收资本（股本），没有取得企业所得税应税收入，不作为企业应税收入征收企业所得税，也不存在征税问题。

19. 盈余公积增加注册资本是否缴纳企业所得税？

问： 我公司是一家中外合资企业，2005—2013年的盈余公积金为3573万元人民币。由于要增加生产线，2014年董事会用2005—2014年的盈余公积金增加注册资本2400万人民币。那么，

（1）我公司是否因增资需要缴纳企业所得税？

（2）外方为非居民企业，在中国没有办事机构，我公司是否因增资为其代扣代缴企业所得税？

答： 1. 企业用盈余公积增资可以理解为先用盈余公积对股东进行分配，而后股东再以相同金额对公司增资。企业无论是分配盈余公积还是接受投资，均不是企业所得税的纳税人，不涉及申报缴纳企业所得税。

2.《国家税务总局关于贯彻落实企业所得税法若干税收问题的通知》（国税函〔2010〕79号）第四条规定，企业权益性投资取得股息、红利等收入，应以被投资企业股东会或股东大会作出利润分配或转股决定的日期，确定收入的实现。

被投资企业将股权（票）溢价所形成的资本公积转为股本的，不作为投资方企业的股息、红利收入，投资方企业也不得增加该项长期投资的计税基础。

《国家税务总局关于印发〈非居民企业所得税源泉扣缴管理暂行办法〉的通知》（国税发〔2009〕3号）第七条规定，扣缴义务人在每次向非居民企业支付或者到期应支付本办法第三条规定的所得时（包括股息红利等权益性投资收益和利息、租金、特许权使用费所得、转让财产所得以及其他所得），应从支付或到期应支付的款项中扣缴企业所得税。

根据上述规定，对于转股决定，企业应按转股日作为纳税义务发生时间，对转股部分视同分配代扣代缴相应的股息、红利企业所得税。同时应注意，如果双边税收协定有特殊规定，应依照协定与所得税法孰优原则选择享受相应优惠。

20. 企业取得股东划入资产是否缴纳企业所得税？

问： B公司是A公司的全资子公司，因业务重整，现A公司将房产无偿划转给B公司，B公司取得该房产是否缴纳企业所得税？

答：《国家税务总局关于企业所得税应纳税所得额若干问题的公告》（国家税务总局公告2014年第29号）第二条规定：

（一）企业接收股东划入资产（包括股东赠予资产、上市公司在股权分置改革过程中接收原非流通股股东和新非流通股股东赠予的资产、股东放弃本企业的股权，下同），凡合同、协议约定作为资本金（包括资本公积）且在会计上已做实际处理的，不计入企业的收入总额，企业应按公允价值确定该项资产的计税基础。

（二）企业接收股东划入资产，凡作为收入处理的，应按公允价值计入收入总额，计算缴纳企业所得税，同时按公允价值确定该项资产的计税基础。

根据上述规定，如果 A 公司向 B 公司无偿划转房产协议约定，B 公司取得该划转资产应作为资本公积，并且 B 公司会计处理上也作为资本公积的，B 公司取得该房产不计入收入总额，不缴企业所得税，并按该房产的公允价值确定该房产的计税基础。

21. 超过资本金计入资本公积的投资额是否缴纳企业所得税？

问：股东超过资本金的投入，计入资本公积后，是否缴纳企业所得税？股东要从资本公积中退出资金，是否缴纳企业所得税？

答：《企业会计准则应用指南》附录"会计科目和主要账务处理"中指出：

4001 实收资本

一、本科目核算企业接受投资者投入的实收资本。

股份有限公司应将本科目改为"4001 股本"科目。

企业收到投资者出资超过其在注册资本或股本中所占份额的部分，作为资本溢价或股本溢价，在"资本公积"科目核算。

《企业所得税法》第六条规定，企业以货币形式和非货币形式从各种来源取得的收入，为收入总额。包括：

（一）销售货物收入；

（二）提供劳务收入；

（三）转让财产收入；

（四）股息、红利等权益性投资收益；

（五）利息收入；

（六）租金收入；

（七）特许权使用费收入；

（八）接受捐赠收入；

（九）其他收入。

根据上述规定，股东出资超过其注册资本或股本中所占份额部分，计入资本公积。该项资金属于股东对被投资企业的投入，不属于被投资企业的收入总额，不需要缴纳企业所得税。

《国家税务总局关于企业所得税若干问题的公告》（国家税务总局公告 2011 年第 34 号）第五条规定，投资企业从被投资企业撤回或减少投资，其取得的资产中，相当于初始出资的部分，应确认为投资收回；相当于被投资企业累计未分配利润和累计盈余公积按减少实收资本比例计算的部分，应确认为股息所得；其余部分确认为投资资产转让所得。被投资企业发生的经营亏损，由被投资企业按规定结转弥补；投资企业不得调整减低其投资成本，也不得将其确认为投资损失。因此，被投资企业减少注册资本的，股东取得减资额应按上述规定计缴企业所得税。

22. 新股东增资引起老股东账面投资收益增加是否缴纳所得税？

问：根据会计核算规定，新股东增资使按照权益法核算的老股东账面可能形成投资成本转出，并形成相应的投资损益，该部分投资损益涉及的企业所得税如何处理？

答：《企业所得税法实施条例》第十六条规定，企业所得税法第六条第（三）项所称转让财产收入，是指企业转让固定资产、生物资产、无形资产、股权、债权等财产取得的收入。

第十七条规定，企业所得税法第六条第（四）项所称股息、红利等权益性投资收益，是指企业因权益性投资从被投资方取得的收入。

股息、红利等权益性投资收益，除国务院财政、税务主管部门另有规定外，按照被投资方作出利润分配决定的日期确认收入的实现。

第五十六条规定，企业的各项资产，包括固定资产、生物资产、无形资产、长期待摊费用、投资资产、存货等，以历史成本为计税基础。

前款所称历史成本，是指企业取得该项资产时实际发生的支出。

企业持有各项资产期间资产增值或者减值，除国务院财政、税务主管部门规定可以确认损益外，不得调整该资产的计税基础。

第七十一条规定，企业所得税法第十四条所称投资资产，是指企业对外进行权益性投资和债权性投资形成的资产。

企业在转让或者处置投资资产时，投资资产的成本，准予扣除。

投资资产按照以下方法确定成本：

（一）通过支付现金方式取得的投资资产，以购买价款为成本；

（二）通过支付现金以外的方式取得的投资资产，以该资产的公允价值和支付的相关税费为成本。

根据上述规定，仅发生新股东增资，被投资企业未作利润分配的，对于原股东而言，也不涉及股权转让事项，其持有的股权投资成本不发生改变。因此，原股东会计上确认的投资损益，不计入原股东应纳税所得额，不涉及企业所得税；会计上确认投资收益的，应作纳税调减；会计上确认投资亏损的，应作纳税调增。

政策性搬迁

1. 政策性搬迁停产年限可否从法定亏损结转弥补年限中减除？

问：我公司今年起因政策性搬迁而停止生产经营，没有所得，搬迁期限预计为三年。截至今年仍有三年前尚未弥补亏损120万元，税法规定的弥补期限为五年，但由于发生政策性搬迁改造，接下来的三年企业均无所得。

以前年度发生的尚未弥补的亏损能否在搬迁完成或恢复生产经营后，按税法规定继续进行弥补？

答： 可以。《国家税务总局关于发布〈企业政策性搬迁所得税管理办法〉的公告》（国家税务总局公告 2012 年第 40 号）第二十一条规定，自 2012 年 10 月 1 日起，企业以前年度发生尚未弥补的亏损的，凡企业由于搬迁停止生产经营无所得的，从搬迁年度次年起，至搬迁完成年度前一年度止，可作为停止生产经营活动年度，从法定亏损结转弥补年限中减除；企业边搬迁、边生产的，其亏损结转年度应连续计算。

2. 如何确定因搬迁引起亏损弥补期的递延时间？

问：《国家税务总局关于发布〈企业政策性搬迁所得税管理办法〉的公告》（国家税务总局公告 2012 年第 40 号）第二十一条规定，企业以前年度发生尚未弥补的亏损的，凡企业由于搬迁停止生产经营无所得的，从搬迁年度次年起，至搬迁完成年度前一年度止，可作为停止生产经营活动年度，从法定亏损结转弥补年限中减除；企业边搬迁、边生产的，其亏损结转年度应连续计算。

若企业第一年开始搬迁，第二年完成搬迁工作，连续停产时间实际又差不多一年时间，法定亏损弥补期是否可以顺延一年？

答：《国家税务总局关于发布〈企业政策性搬迁所得税管理办法〉的公告》（国家税务总局公告 2012 年第 40 号）第二十一条规定，企业以前年度发生尚未弥补的亏损的，凡企业由于搬迁停止生产经营无所得的，从搬迁年度次年起，至搬迁完成年度前一年度止，可作为停止生产经营活动年度，从法定亏损结转弥补年限中减除；企业边搬迁、边生产的，其亏损结转年度应连续计算。

企业所得税法规定企业可以弥补亏损的期限为 5 年。上述规定企业在此期间发生搬迁行为停止生产经营活动无所得的，可以从法定亏损弥补期限中扣除，即适当延长弥补亏损的期限，但并不是按照企业实际搬迁活动的时间据实延长期限。

例如，某企业自 2011 年 9 月发生搬迁行为，2015 年 4 月完成搬迁行为，其实际搬迁活动耗用时间为 3 年零 7 个月，依照《国家税务总局关于发布〈企业政策性搬迁所得税管理办法〉的公告》（国家税务总局公告 2012 年第 40 号）规定，企业自 2012 年至 2014 年不计算亏损弥补期限，实际享受 3 年的政策。对于您所述案例，法定亏损弥补期限不能顺延一年。

3. 如何确定政策性搬迁新旧政策衔接适用条款？

问： 我公司为配合当地市政规划需要，2008 年已经签订搬迁协议并开始着手办理搬迁事宜，属于《国家税务总局关于企业政策性搬迁或处置收入有关企业所得税处理问题的通知》（国税函〔2009〕118 号）规定的政策性搬迁。但近日发布的《国家税务总局关于发布〈企业政策性搬迁所得税管理办法〉的公告》（国家税务总局公告 2012 年第 40 号）明确自 2012 年 10 月 1 日起施行，同时国税函〔2009〕118 号文件废止。

我公司在新文件生效之前尚未完全搬迁清算，该项政策性搬迁事项如何申报？资产能否继续适用国税函〔2009〕118 号文件规定的企业所得税处理？

答:《国家税务总局关于企业政策性搬迁所得税有关问题的公告》(国家税务总局公告2013年第11号)第一条规定,凡在国家税务总局2012年第40号公告生效前已经签订搬迁协议且尚未完成搬迁清算的企业政策性搬迁项目,企业在重建或恢复生产过程中购置的各类资产,可以作为搬迁支出,从搬迁收入中扣除。但购置的各类资产,应剔除该搬迁补偿收入后,作为该资产的计税基础,并按规定计算折旧或费用摊销。凡在国家税务总局2012年第40号公告生效后签订搬迁协议的政策性搬迁项目,应按国家税务总局2012年第40号公告有关规定执行。

第三条规定,本公告自2012年10月1日起执行。国家税务总局2012年第40号公告第二十六条同时废止。

根据上述规定,企业属于"在国家税务总局2012年第40号公告生效前已经签订搬迁协议且尚未完成搬迁清算的企业政策性搬迁项目",在重建或恢复生产过程中购置的各类资产,可以作为搬迁支出,从搬迁收入中扣除。但购置的各类资产,应剔除该搬迁补偿收入后,作为该资产的计税基础,并按规定计算折旧或费用摊销。

4. 政策性搬迁报废机器设备损失可否税前扣除?

问:我单位因政府规划进行搬迁,假设政策补助5 000万元,我单位重置固定资产2 000万元,因搬迁报废机器设备损失1 000万元。1 000万元损失可否在处置当年税前扣除?如果不能扣除,可否在完成搬迁清算时在政策补助收入中扣减重置固定资产和报废机器设备损失后再计算缴纳企业所得税?

答:《国家税务总局关于发布〈企业政策性搬迁所得税管理办法〉的公告》(国家税务总局公告2012年第40号)第十条规定,资产处置支出,是指企业由于搬迁而处置各类资产所发生的支出,包括变卖及处置各类资产的净值、处置过程中所发生的税费等支出。企业由于搬迁而报废的资产,如无转让价值,其净值作为企业的资产处置支出。

第十五条规定,企业在搬迁期间发生的搬迁收入和搬迁支出,可以暂不计入当期应纳税所得额,而在完成搬迁的年度,对搬迁收入和支出进行汇总清算。

第十六条规定,企业的搬迁收入,扣除搬迁支出后的余额,为企业的搬迁所得。企业应在搬迁完成年度,将搬迁所得计入当年度企业应纳税所得额计算纳税。

根据上述规定,企业在政策性搬迁过程中,发生的搬迁报废机器设备损失1 000万元,属于资产处置支出,应于搬迁工作完成后,在搬迁完成年度统一进行处理,不在发生实际损失的年度扣除。

5. 如何确定政策性搬迁项目中购置资产的计税基础?

问:《国家税务总局关于企业政策性搬迁所得税有关问题的公告》(国家税务总局公告2013年第11号)规定,凡在国家税务总局2012年第40号公告生效前已经签订搬迁协议且尚未完成搬迁清算的企业政策性搬迁项目,企业在重建或恢复生产过程中购置的各类资产,可以作为搬迁支出,从搬迁收入中扣除。但购置的各类资产,应剔除该搬迁补偿收入后,作为该资产的计税基础,并按规定计算折旧或费用摊销。那么,

（1）搬迁补偿收入总额如何分摊到购置的各类资产中去确定计税基础？

（2）如搬迁补偿收入大于资产的购置成本，如何确定各类资产的计税基础？

答：《国家税务总局关于发布〈企业政策性搬迁所得税管理办法〉的公告》（国家税务总局公告 2012 年第 40 号）第五条规定，企业的搬迁收入，包括搬迁过程中从本企业以外（包括政府或其他单位）取得的搬迁补偿收入，以及本企业搬迁资产处置收入等。

《国家税务总局关于企业政策性搬迁所得税有关问题的公告》（国家税务总局公告 2013 年第 11 号）第一条规定，凡在国家税务总局 2012 年第 40 号公告生效前已经签订搬迁协议且尚未完成搬迁清算的企业政策性搬迁项目，企业在重建或恢复生产过程中购置的各类资产，可以作为搬迁支出，从搬迁收入中扣除。但购置的各类资产，应剔除该搬迁补偿收入后，作为该资产的计税基础，并按规定计算折旧或费用摊销。

根据上述规定，购置的各类资产，应剔除该搬迁补偿收入后的计税基础，在政策没有进一步明确之前，企业可以在与主管机关沟通后，自己采取合理分配方法确定，如把采购市值作为权数计算确定等。搬迁补偿收入大于购置成本时，资产计税基础为零。

6. 政策性搬迁中存货损失如何申报？

问：《国家税务总局关于发布〈企业政策性搬迁所得税管理办法〉的公告》（国家税务总局公告 2012 年第 40 号）第十八条规定，企业搬迁收入扣除搬迁支出后为负数的，应为搬迁损失。搬迁损失可在下列方法中选择其一进行税务处理：

（一）在搬迁完成年度，一次性作为损失进行扣除。

（二）自搬迁完成年度起分 3 个年度，均匀在税前扣除。

资产处置损失是否包括存货的损失？如不包含存货损失，存货损失如何申报？

答：《国家税务总局关于发布〈企业政策性搬迁所得税管理办法〉的公告》（国家税务总局公告 2012 年第 40 号）规定，存货损失不作为搬迁过程中的资产处置损失处理。可以按照《国家税务总局关于发布〈企业资产损失所得税税前扣除管理办法〉的公告》（国家税务总局公告 2011 年第 25 号）有关规定处理。

7. 重置厂房和土地能否在搬迁补偿收入中扣除？

问：重置厂房和土地是否允许在搬迁补偿的专项款中税前扣除？

答：《国家税务总局关于发布〈企业政策性搬迁所得税管理办法〉的公告》（国家税务总局公告 2012 年第 40 号）第十四条规定，企业搬迁期间新购置的各类资产，应按《企业所得税法》及其实施条例等有关规定，计算确定资产的计税成本及折旧或摊销年限。

企业发生的购置资产支出，不得从搬迁收入中扣除。

第十五条规定，企业在搬迁期间发生的搬迁收入和搬迁支出，可以暂不计入当期应纳税所得额，而在完成搬迁的年度，对搬迁收入和支出进行汇总清算。

根据上述规定，企业搬迁期间重置厂房和土地，不得从搬迁收入中扣除，但可作为资产按税法规定计算折旧或摊销税前扣除。

8. 如何理解购置资产剔除搬迁收入规定?

问: 国家税务总局 2013 年第 11 号公告第一条中的"企业在重建或恢复生产过程中购置的各类资产,可以作为搬迁支出,从搬迁收入中扣除。但购置的各类资产,应剔除该搬迁补偿收入后,作为该资产的计税基础,并按规定计算折旧或费用摊销",该如何理解? 购置的资产已经作为搬迁支出予以扣除,是否还要进行折旧? 这样做是否重复?

答:《国家税务总局关于企业政策性搬迁所得税有关问题的公告》(国家税务总局公告 2013 年第 11 号)第一条规定,凡在国家税务总局 2012 年第 40 号公告生效前已经签订搬迁协议且尚未完成搬迁清算的企业政策性搬迁项目,企业在重建或恢复生产过程中购置的各类资产,可以作为搬迁支出,从搬迁收入中扣除。但购置的各类资产,应剔除该搬迁补偿收入后,作为该资产的计税基础,并按规定计算折旧或费用摊销。

根据上述规定,"但"字后面的规定应理解为,如果对被征用资产价值的补偿为 100 万元,购置该资产的成本为 130 万元,该资产的计税基础即计提折旧的基数为 30 万元,补偿收入 100 万元支付形成的资产价值部分计提的折旧不能税前扣除,不存在重复扣除问题。

9. 出售政策性搬迁活动中购置的固定资产是否受限?

问: 企业拟出售用原政策性搬迁收入购置的固定资产(设备),是否有限制性规定(比如年限)?

答:《国家税务总局关于发布〈企业政策性搬迁所得税管理办法〉的公告》(国家税务总局公告 2012 年第 40 号)第十四条规定,企业搬迁期间新购置的各类资产,应按《企业所得税法》及其实施条例等有关规定,计算确定资产的计税成本及折旧或摊销年限。

根据上述规定,对于纳税人政策性搬迁购置的固定资产,应按《企业所得税法》及其实施条例的相关规定进行税务处理,目前并未对政策性搬迁购置设备的使用年限有强制性规定。

重　组

1. 企业所得税法中的企业合并为何不包括控股合并?

问:《财政部、国家税务总局关于企业重组业务企业所得税处理若干问题的通知》(财税〔2009〕59 号)明确了企业重组的六种形式,即: 企业法律形式改变、债务重组、股权收购、资产收购、合并、分立六种,该六种类型基本上涵盖了资本运作的所有基本形式。其中涉及的合并,是指一家或多家企业(以下称为被合并企业)将其全部资产和负债转让给另一家现存或新设企业(以下称为合并企业),被合并企业股东换取合并企业的股权或非股权支付,实现两个或两个以上企业的依法合并。

《国家税务总局关于企业重组业务企业所得税管理办法》(国家税务总局公告 2010 年第

4 号）第十七条明确了企业重组主导方的确定原则，其中：

（四）吸收合并为合并后拟存续的企业，新设合并为合并前资产较大的企业。

结合上述两份文件，税法涉及的企业合并类型有两种：吸收合并和新设合并；而在实践中尤其会计规范中涉及的企业合并类型有三种：吸收合并、新设合并、控股合并。

财税〔2009〕59 号文件和国家税务总局 2010 年第 4 号公告所规范的企业合并是否只有吸收合并和新设合并，而不包括控股合并？

答：《企业会计准则第 20 号——企业合并》第二条规定，企业合并，是指将两个或者两个以上单独的企业合并形成一个报告主体的交易或事项。企业合并分为同一控制下的企业合并和非同一控制下的企业合并。

会计上对企业合并以形成一个报告主体为结果。因此，除了吸收合并与新设合并，还包括控股合并。企业通过控股合并，被合并方变成合并方的子公司，进而将被合并方纳入合并方合并财务报表的合并范围，从合并报表角度，形成一个报告主体。

《企业所得税法》第二条规定，企业分为居民企业和非居民企业。

本法所称居民企业，是指依法在中国境内成立，或者依照外国（地区）法律成立但实际管理机构在中国境内的企业。

根据上述规定，在控股合并方式下，从合并报表角度，合并方应将被合并方纳入合并范围编制合并报表。但从企业所得税角度，被合并方和合并方分别属于不同的居民企业，不同的企业所得税纳税人。被合并方和合并方均应独立计算其应纳税所得额，计缴企业所得税。财税〔2009〕59 号文件所述企业合并，是由两个或多个企业（两个或多个企业所得税纳税人）合并后形成一家企业（一个企业所得税纳税人）情形。因此，企业所得税法所述企业合并只包括新设合并和吸收合并，不包括会计上的控股合并。

2. 吸收合并后将被合并公司房产出售是否适用特殊性税务处理？

问： 2012 年 7 月份我公司对一全资子公司进行吸收合并，人员、业务已在当月转入母公司，8 月份税务注销，因子公司名下有房产需办理过户等相关手续，房产于 2012 年 12 月份过户至母公司名下，吸收合并账务处理在 12 月份完成，2013 年 6 月份工商注销手续办理完毕，母公司预将此房产出售。

这种作法是否违背财税〔2009〕59 号文件第五条"适用特殊性税务处理"的规定？依据哪个时点确定"企业重组后的连续 12 个月内不改变重组资产原来的实质性经营活动"？

答：《国家税务总局关于企业重组业务企业所得税管理办法》（国家税务总局公告 2010 年第 4 号）第七条规定，《通知》中规定的企业重组，其重组日的确定，按以下规定处理：

（四）企业合并，以合并企业取得被合并企业资产所有权并完成工商登记变更日期为重组日。

第十九条规定，《通知》第五条第（三）和第（五）项所称"企业重组后的连续 12 个月内"，是指自重组日起计算的连续 12 个月内。

根据上述规定，贵公司应以取得被合并企业资产所有权并完成工商登记变更日期作为重组日，自重组日起计算连续 12 个月内。按照《公司法》第一百八十条规定，公司合并或者分立，登记事项发生变更的，应当依法向公司登记机关办理变更登记；公司解散的，应当依法办理公司注销登记；设立新公司的，应当依法办理公司设立登记。公司增加或者减少注册资本，应当依法向公司登记机关办理变更登记。即重组日为贵公司办理变更工商登记并取得被合并企业资产所有权时。

《财政部、国家税务总局关于企业重组业务企业所得税处理若干问题的通知》（财税〔2009〕59号）第五条规定，企业重组同时符合下列条件的，适用特殊性税务处理规定：

（一）具有合理的商业目的，且不以减少、免除或者推迟缴纳税款为主要目的。

（二）被收购、合并或分立部分的资产或股权比例符合本通知规定的比例。

（三）企业重组后的连续12个月内不改变重组资产原来的实质性经营活动。

（四）重组交易对价中涉及股权支付金额符合本通知规定比例。

（五）企业重组中取得股权支付的原主要股东，在重组后连续12个月内，不得转让所取得的股权。

根据上述规定，如果贵公司吸收合并子公司后，自重组日起12个月内，将取得被合并子公司的房屋对外出售，则将改变重组资产原来的实质性经营活动。此种情况不符合上述第五条第（三）项规定，因此不适用特殊性税务处理。

3. 全资子公司注销能否适用企业合并重组政策？

问：1. 我公司想将下属的全资子公司注销，那么在全资子公司注销、母公司收回投资的这一过程，是否可以按照财税〔2009〕59号文件第六条第四款"企业合并"的规定处理，并采用特殊性税务处理？

2. 如果适用这一特殊性税务处理，按照财税〔2009〕59号文件中第六条第四款第2项的规定，被合并企业合并前的相关所得税事项由合并企业承继。如何继承？

（1）如果10月份完成重组，那么被合并方在本年度1—10月份的赢利直接由合并方继承，合并方在年度汇算时一并汇算清缴即可？如果亏损，则按"可由合并企业弥补的被合并企业亏损的限额"继承给存续公司，那么这一限额是否已包含了以前年度亏损？

（2）合并方（存续公司）所得税税率为15%，被合并方所得税税率为25%，那么被合并方的利润继承到合并方后，合并方是按照15%的税率汇算缴纳所得税吗？

答：《财政部、国家税务总局关于企业重组业务企业所得税处理若干问题的通知》（财税〔2009〕59号）规定，合并是指一家或多家企业（以下称为被合并企业）将其全部资产和负债转让给另一家现存或新设企业（以下称为合并企业），被合并企业股东换取合并企业的股权或非股权支付，实现两个或两个以上企业的依法合并。

因此，全资子公司注销，被注销企业股东（母公司）收回投资，不属于企业合并，不适用财税〔2009〕59号文件的规定。

4. 母公司吸收合并全资子公司是否适用特殊性税务处理？

问：我公司目前准备吸收合并全资子公司，无须支付对价，是否符合特殊性重组的规定？如果不符合，所得税如何缴纳？

答：《财务部、国家税务总局关于企业重组业务企业所得税处理若干问题的通知》（财税

〔2009〕59 号）第五条规定，企业重组同时符合下列条件的，适用特殊性税务处理规定：

（一）具有合理的商业目的，且不以减少、免除或者推迟缴纳税款为主要目的。

（二）被收购、合并或分立部分的资产或股权比例符合本通知规定的比例。

（三）企业重组后的连续 12 个月内不改变重组资产原来的实质性经营活动。

（四）重组交易对价中涉及股权支付金额符合本通知规定比例。

（五）企业重组中取得股权支付的原主要股东，在重组后连续 12 个月内，不得转让所取得的股权。

第六条规定，企业重组符合本通知第五条规定条件的，交易各方对其交易中的股权支付部分，可以按以下规定进行特殊性税务处理：

（四）企业合并，企业股东在该企业合并发生时取得的股权支付金额不低于其交易支付总额的 85％，以及同一控制下且不需要支付对价的企业合并，可以选择按以下规定处理：

1. 合并企业接受被合并企业资产和负债的计税基础，以被合并企业的原有计税基础确定。

2. 被合并企业合并前的相关所得税事项由合并企业承继。

3. 可由合并企业弥补的被合并企业亏损的限额＝被合并企业净资产公允价值×截至合并业务发生当年年末国家发行的最长期限的国债利率。

4. 被合并企业股东取得合并企业股权的计税基础，以其原持有的被合并企业股权的计税基础确定。

根据上述规定，贵公司吸收合并一全资子公司不需支付对价，属于同一控制下且不需要支付对价的企业合并，符合上述第六条第（四）项规定，如果还同时符合上述第五条规定的，可适用特殊性税务处理。

如果不适用特殊性税务处理，采用一般性税务处理的，按如下规定执行：

《财政部、国家税务总局关于企业重组业务企业所得税处理若干问题的通知》（财税〔2009〕59 号）第四条规定，企业重组，除符合本通知规定适用特殊性税务处理规定的外，按以下规定进行税务处理：

（四）企业合并，当事各方应按下列规定处理：

1. 合并企业应按公允价值确定接受被合并企业各项资产和负债的计税基础。

2. 被合并企业及其股东都应按清算进行所得税处理。

3. 被合并企业的亏损不得在合并企业结转弥补。

因此，适用一般性税务处理的，全资子公司及贵公司（股东）应按《财政部、国家税务总局关于企业清算业务企业所得税处理若干问题的通知》（财税〔2009〕60 号）进行清算的所得税处理，即全资子公司应计缴清算所得税，贵公司取得剩余资产应确认为股息所得、投资转让所得或亏损计缴企业所得税。贵公司按公允价值确定接受全资子公司各项资产和负债的计税基础。全资子公司亏损不得在贵公司结转弥补。

5. 分公司资产整体转让能否适用特殊性税务处理？

问：某上海外商投资企业（总公司）在青岛有一家分公司和一家子公司，现拟将该分公司的资产全部转给子公司，是否适用特殊性税务重组？

答：《企业所得税法》第二条规定，企业分为居民企业和非居民企业。

本法所称居民企业，是指依法在中国境内成立，或者依照外国（地区）法律成立但实际管理机构在中国境内的企业。

本法所称非居民企业，是指依照外国（地区）法律成立且实际管理机构不在中国境内，但在中国境内设立机构、场所的，或者在中国境内未设立机构、场所，但有来源于中国境内所得的企业。

第五十条第二款规定，居民企业在中国境内设立不具有法人资格的营业机构的，应当汇总计算并缴纳企业所得税。

因此，该分公司不属于企业所得税法中的企业，分公司的资产转让给子公司不适用财税〔2009〕59号文件的规定，不涉及特殊性税务处理事项。

6. 兄弟公司变成母子公司能否适用特殊性税务处理？

问：我公司境外股东A全资投资于国内两家公司，分别为投资公司甲（5 000万元注册资本）和贸易公司乙（2 000万元注册资本）。甲、乙为兄弟公司。

现在A欲使投资公司甲合并贸易公司乙，变为A全资控制甲，而甲全资控制乙。由于这是同一控制下100％股权的转换，符合《财政部、国家税务总局关于企业重组业务企业所得税处理若干问题的通知》（财税〔2009〕59号）的要求，故我公司准备采用特殊重组的方式。

但对于究竟采取什么形式，目前有几个争论：

观点1：直接将乙放在甲下面，股份不发生变化。即重组后，甲注册资本仍为5 000万元，乙仍为2 000万元。类似于无偿划拨形式。

观点2：不采取无偿划拨形式，有象征性对价。比如甲以1美元收购乙。双方的注册资本不变，但是甲应向A支付对价为1美元。从税务角度看，若以1美元为对价，就属于现金收购，是否就不能享受特殊重组的政策？

观点3：A以乙初始投资成本作为对甲的增资。在这种情况下，重组后乙的注册资本仍为2 000万元，但甲的注册资本变为7 000万元。

观点4：以乙的评估价格增资，而不考虑甲的评估价格。比如乙评估价格为6 000万元，则A以6 000万元增资甲换取乙的股权，重组后甲的注册资本为11 000万元，乙仍为2 000万元，但甲的计税基础为7 000万元。

观点5：双方均要求评估，按照评估价格计算。比如乙评估价格为6 000万元，甲评估价格为10 000万元，则A以3 000万元（评估价为6 000万元）增资甲换取乙的股权（评估价格也为6 000万元），重组甲的注册资本为8 000万元。乙仍为2 000万元，但甲的计税基础为7 000万元。

应怎样进行相关的重组？上述哪些方法是可行的？各需要什么样的流程？

答：1. 关于股权收购支付对价的形式。

《财政部、国家税务总局关于企业重组业务企业所得税处理若干问题的通知》（财税〔2009〕59号）规定：

一、本通知所称企业重组，是指企业在日常经营活动以外发生的法律结构或经济结构重大改变的交易，包括企业法律形式改变、债务重组、股权收购、资产收购、合并、分立等。

（三）股权收购，是指一家企业（以下称为收购企业）购买另一家企业（以下称为被收购企业）的股权，以实现对被收购企业控制的交易。收购企业支付对价的形式包括股权支付、非股权支付或两者的组合。

二、本通知所称股权支付，是指企业重组中购买、换取资产的一方支付的对价中，以本企业或其控股企业的股权、股份作为支付的形式；所称非股权支付，是指以本企业的现金、银行存款、应收款项、本企业或其控股企业股权和股份以外的有价证券、存货、固定资产、其他资产以及承担债务等作为支付的形式。

……

六、企业重组符合本通知第五条规定条件的，交易各方对其交易中的股权支付部分，可以按以下规定进行特殊性税务处理：

（二）股权收购，收购企业购买的股权不低于被收购企业全部股权的 75％，且收购企业在该股权收购发生时的股权支付金额不低于其交易支付总额的 85％，可以选择按以下规定处理：

1. 被收购企业的股东取得收购企业股权的计税基础，以被收购股权的原有计税基础确定。

2. 收购企业取得被收购企业股权的计税基础，以被收购股权的原有计税基础确定。

3. 收购企业、被收购企业的原有各项资产和负债的计税基础和其他相关所得税事项保持不变。

七、企业发生涉及中国境内与境外之间（包括港澳台地区）的股权和资产收购交易，除应符合本通知第五条规定的条件外，还应同时符合下列条件，才可选择适用特殊性税务处理规定：

（二）非居民企业向与其具有 100％直接控股关系的居民企业转让其拥有的另一居民企业股权；

……

根据上述规定，境外股东 A（公司）全资控股甲公司，再由甲公司全资控股乙公司。该项业务属于股权收购业务。即甲公司购买乙公司股权，以实现对乙公司控制，甲公司支付对价的形式包括股权支付。甲公司必须向境外 A 公司支付公允价值对价。由于股东 A 在境外，其应符合上述第七条规定条件方可适用特殊性税务处理。

境外股东 A 公司将持有境内乙公司股权转让给甲公司（A 公司对其持 100％股权），如果还符合财税〔2009〕59 号文件第五条的规定，可适用特殊性税务处理。此时境外 A 公司和甲公司均不确认股权转让所得。

若适用特殊性税务处理，收购企业、被收购企业的原有各项资产和负债的计税基础和其他相关所得税事项保持不变。无须确认公允价值。

2. 关于无偿划拨股权形式。

《企业所得税法实施条例》第十三条规定，企业所得税法第六条所称企业以非货币形式取得的收入，应当按照公允价值确定收入额。

前款所称公允价值，是指按照市场价格确定的价值。

第二十一条规定，企业所得税法第六条第（八）项所称接受捐赠收入，是指企业接受的来自其他企业、组织或者个人无偿给予的货币性资产、非货币性资产。

接受捐赠收入，按照实际收到捐赠资产的日期确认收入的实现。

根据上述规定，境外 A 公司无偿将乙公司股权划拨甲公司，甲公司应当按照股权公允价值确定收入额，缴纳企业所得税。

程序性规定如下：

《国家税务总局关于发布〈企业重组业务企业所得税管理办法〉的公告》（国家税务总局公告 2010 年第 4 号）第三十五条规定，发生《通知》（即财税〔2009〕59 号文件，下同）第七条规定的重组，凡适用特殊性税务处理规定的，应按照本办法第三章相关规定执行。

第三十六条规定，发生《通知》第七条第（一）、（二）项规定的重组，适用特殊税务处理的，应按照《国家税务总局关于印发〈非居民企业所得税源泉扣缴管理暂行办法〉的通知》（国税发〔2009〕3 号）和《国家税务总局关于加强非居民企业股权转让所得企业所得税管理的通知》（国税函〔2009〕698 号）要求，准备资料。

7. 如何确认适用特殊性税务处理的重组主导方？

问：同一控制下的关联企业涉及股权置换的特殊税务重组问题。

A 和 B 属于同一控制下的关联方。A 持有 C 20％的股份，B 持有 D 100％的股份。出于商业角度考虑，集团希望重组架构，令 A 持有 D 全部股份，而 B 持有 C 20％的股份。假设 100％D 的股份与 20％C 的股份价值相当，在相互收购（或称为置换）过程中无现金交易。

角度 1：A 以 20％C 的股权为对价，收购 100％D 的股权。其中，A 为收购方；B 为被收购方股东；C 为被收购方。

根据财税〔2009〕59 号文件第六条第二款，收购企业（A）购买的股权不低于被收购企业（D）全部股权的 75％（100％）；且收购企业（A）在该收购发生时的股权支付金额不低于交易对价总额的 85％（100％，A 支付的对价均为股权）；假设满足其他符合特殊性交易重组的要求。该方案符合特殊性税务处理。

因此，根据财税〔2009〕59 号文件的相关规定，"被收购企业的股东取得收购企业股权的计税基础，以被收购股权的原有计税基础确定"；即，B 取得 C 的计税基础以 D 的原计税基础确定。

"收购企业取得被收购企业股权的计税基础，以被收购股权的原有计税基础确定"。即，A 取得 D 的股权计税基础，以 D 的原计税基础确定。

角度 2：反过来看，B 以 100％D 的股权为对价，收购 20％C 的股权。其中，A 为被收购企业股东；B 为收购方；C 为被收购方。

根据财税〔2009〕59 号文件，收购企业（B）购买的股权低于被收购企业（C）全部股权的 75％（20％），因此不符合特殊性税务重组，适用一般性税务处理。

因此，根据财税〔2009〕59 号文件第四条第三款，"收购方取得股权或资产的计税基础应以公允价值为基础确定"，即 B 取得 C 的计税基础应以公允价值确定。

"被收购方应确认股权、资产转让所得或损失"，A 的转让所得或损失＝取得股权的公允价值一换出的原有成本＝D的公允价值一C的原有成本，因此抛开所得或损失的确认，我们也可以理解为：A取得D的计税基础为D的公允价值。

（1）综上所述，我认为以上重组属于集团内部同一个股权交易行为，即一方以自己名下的股权换取另一方名下的股权，但从不同角度看就会产生不同的税务结果。根据《国家税务总局关于企业重组业务企业所得税管理办法》（国家税务总局公告2010年第4号）第四条的规定，"同一重组业务当事各方应采取一致税务处理原则，即统一按一般性或特殊性税务处理"，对于以上结论，我们应该怎样看待？是按一般性税务还是特殊性税务来处理？如果处理不一致是否违背4号公告的精神？

（2）姑且先承认从不同角度看待以上重组，会分别产生不同的处理，那根据以上结论，从符合特殊性处理的角度看，B取得C的计税基础以D的原计税基础确定，而一般性处理时B取得C的计税基础应以公允价值确定；同理，A取得D的计税基础也存在不一致性。这种情况下，分别应该按什么来确定取得股权的计税基础？

答：《财政部、国家税务总局关于企业重组业务企业所得税处理若干问题的通知》（财税〔2009〕59号）规定，股权收购，是指一家企业购买另一家企业的股权，以实现对被收购企业控制的交易。收购企业支付对价的形式包括股权支付、非股权支付或两者的组合。

根据上述规定，对于所述案例，A为股权收购D。B取得C 20%的股权，通常不能对C实现控制，B不属于股权收购C，即角度2不存在。

《国家税务总局关于发布〈企业重组业务企业所得税管理办法〉的公告》（国家税务总局公告2010年第4号）第十七条规定，企业重组主导方，按以下原则确定：

（二）股权收购为股权转让方；

……

因此，如果A股权收购D，符合特殊性税务处理条件且选用特殊性税务处理的，应由股权转让方B作为重组主导方。其中，A为收购企业，D为被收购企业，B为转让方（被收购企业的股东）。A得取D 100%股权的计税基础为原B持有D 100%的计税基础；B取得C 20%的计税基础为原持D 100%的计税基础。

如果适用一般性税务处理的，A取得D 100%股权的计税基础为其公允价值；B取得C 20%的计税基础为其公允价值。

8. 如何界定债务重组中债务人财务困难情况？

问：《企业会计准则12号——债务重组》第二条规定，债务重组是指在债务人发生财务困难的情况下，债权人按照其与债务人达成的协议或者法院的裁定作出让步的事项。那么，税法中对于债务人财务困难是如何界定的？如果企业发生债务重组损失，需要提交哪些资料证明债务人"财务困难"？如果债务人是个人，又应该如何界定其"财务困难"并提交什么资料？

答：《〈企业会计准则第12号——债务重组〉应用指南》规定，债务人发生财务困难，是指因债务人出现资金周转困难、经营陷入困境或者其他原因，导致其无法或者没有能力按原定条件偿还债务。

《财政部、国家税务总局关于企业重组业务企业所得税处理若干问题的通知》（财税

〔2009〕59 号）第一条规定，本通知所称企业重组，是指企业在日常经营活动以外发生的法律结构或经济结构重大改变的交易，包括企业法律形式改变、债务重组、股权收购、资产收购、合并、分立等。

（二）债务重组，是指在债务人发生财务困难的情况下，债权人按照其与债务人达成的书面协议或者法院裁定书，就其债务人的债务作出让步的事项。

从上述解释及税收规定中可以看出，债务重组是债权人和债务人双方在自愿基础上达成的一致意见或者经法院判决裁定，在法律层面，对于债务重组应提交哪些证明材料并没有强制性规定。但国家税务总局以及部分省市税务机关针对债务重组引起的资产损失在税前扣除时，规定了应报送的具体资料，以下规定供参考：

（1）《国家税务总局关于发布〈企业资产损失所得税税前扣除管理办法〉的公告》（国家税务总局公告 2011 年第 25 号）第二十二条规定，企业应收及预付款项坏账损失应依据以下相关证据材料确认：

（一）相关事项合同、协议或说明；

（二）属于债务人破产清算的，应有人民法院的破产、清算公告；

（三）属于诉讼案件的，应出具人民法院的判决书或裁决书或仲裁机构的仲裁书，或者被法院裁定终（中）止执行的法律文书；

（四）属于债务人停止营业的，应有工商部门注销、吊销营业执照证明；

（五）属于债务人死亡、失踪的，应有公安机关等有关部门对债务人个人的死亡、失踪证明；

（六）属于债务重组的，应有债务重组协议及其债务人重组收益纳税情况说明；

（2）《宁波市地方税务局企业所得税热点政策问答（2014 年第一期）》明确：

53. 问：应收账款损失，债务重组类需要出具"债务人重组收益的纳税情况说明以及债务人发生财务困难的证明材料"需要进一步明确。

答：债权人应提供包括但不限于债务人债务重组收益的会计凭证、当期财务报表等证据材料作为纳税说明。

9. 现金折扣与债务重组有何区别？

问：企业已经发生了销售业务，全额确认了收入，现客户想提前付款，但是提出给予折扣。销售业务实现后发生的折扣是现金折扣还是债务重组？

答：《国家税务总局关于确认企业所得税收入若干问题的通知》（国税函〔2008〕875 号）第一条第（五）项规定，债权人为鼓励债务人在规定的期限内付款而向债务人提供的债务扣除属于现金折扣，销售商品涉及现金折扣的，应当按扣除现金折扣前的金额确定销售商品收入金额，现金折扣在实际发生时作为财务费用扣除。

参照《山东省青岛市国家税务局关于 2010 年度企业所得税汇算清缴若干问题的公告》（山东省青岛市国家税务局公告 2011 年第 1 号）的规定：

（十六）问：某企业发生现金折扣业务，协议中注明购货方在规定期限内付款则给与其一定现金折扣，计入财务费用时应当提供哪些凭据？

解答：符合国税函〔2008〕875 号文件第一条第（五）款规定的现金折扣，可凭双方盖章确认的有效合同、根据实际情况计算的折扣金额明细、银行付款凭据、收款收据等证明该业务真实发生的合法凭据据实列支。

《财政部、国家税务总局关于企业重组业务企业所得税处理若干问题的通知》（财税〔2009〕59号）规定，债务重组是指在债务人发生财务困难的情况下，债权人按照其与债务人达成的书面协议或者法院裁定书，就其债务人的债务作出让步的事项。

《国家税务总局关于发布〈企业资产损失所得税税前扣除管理办法〉的公告》（国家税务总局公告2011年第25号）第二十二条规定，企业应收及预付款项坏账损失应依据以下相关证据材料确认：

（一）相关事项合同、协议或说明；

······

（六）属于债务重组的，应有债务重组协议及其债务人重组收益纳税情况说明；

······

根据上述规定，现金折扣与债务重组是两种不同的经济事项，现金折扣依附于销售合同或补充协议中约定的现金折扣条款，发生时形成销售方的财务费用，汇算清缴时不需要就此事项进行专门的申报；而债务重组则需要双方有专门的重组协议，发生时形成债权人的重组损失，汇算清缴时需要对该损失进行专项申报。

10. 债转股能否按照债务重组进行企业所得税处理？

问：我公司作为集团公司独立法人的子公司欠集团公司300亿元借款，集团公司根据陕西省发改委批复同意将我公司所欠集团公司300亿元的借款实行债转股，转为对我公司的资本金。对于这种情况，我公司能否按照财税〔2009〕59号文件第四条债务重组的规定进行企业所得税处理？

答：《财政部、国家税务总局关于企业重组业务企业所得税处理若干问题的通知》（财税〔2009〕59号）规定，债务重组，是指在债务人发生财务困难的情况下，债权人按照其与债务人达成的书面协议或者法院裁定书，就其债务人的债务作出让步的事项。

因此，财税〔2009〕59号文件所说的债务重组涉及债权人对债务人作出让步。如果集团公司对你公司的债权300亿元转为股权，没有作出让步，即转作对应股权的公允价值也为300亿元，则该债转股事项不属于债务重组，不适用债务重组相关规定。

11. 转让方与受让方均为境外企业如何缴纳企业所得税？

问：企业实收资本72%由中国投资公司所有，28%由该中国投资公司的境外母公司所有。该中国投资公司和其境外母公司计划将所有股权转让给境外没有任何关联关系的其他公司。交付方式为100%现金。

对于这种情况，是否仍适用一般性税务处理？所得税代扣代缴义务由谁承担？该被投资的中国公司是否需要在主管税务机关做备案手续？办理手续的时间、资料规定是什么？

答：股权收购企业所得税适用特殊性税务处理的，应同时符合《财政部、国家税务总局关于企业重组业务企业所得税处理若干问题的通知》（财税〔2009〕59号）第五条、第六条第（二）项以及第七条的规定。其他公司以现金支付方式购买该境内企业的 100% 股权，不适用股权收购特殊性税务处理条件，应适用一般性税务处理。

《财政部、国家税务总局关于企业重组业务企业所得税处理若干问题的通知》（财税〔2009〕59 号）第四条规定，企业重组，除符合本通知规定适用特殊性税务处理规定的外，按以下规定进行税务处理：

（三）企业股权收购、资产收购重组交易，相关交易应按以下规定处理：

1. 被收购方应确认股权、资产转让所得或损失。

2. 收购方取得股权或资产的计税基础应以公允价值为基础确定。

3. 被收购企业的相关所得税事项原则上保持不变。

因此，中国投资公司和境外母公司应确认股权转让所得，其他公司应以股权的公允价值为基础确认购入股权的计税基础。

中国投资公司确认的股权转让所得，应计入其应纳税所得额，计缴企业所得税。

境外母公司转让境内股权取得的所得，属于来源于境内的所得，其未在境内构成机构、场所，根据《企业所得税法》第三条第三款规定，境外母公司取得的股权转让所得应在境内缴纳企业所得税。

《国家税务总局关于印发〈非居民企业所得税源泉扣缴管理暂行办法〉的通知》（国税发〔2009〕3 号）第三条规定，对非居民企业取得来源于中国境内的股息、红利等权益性投资收益和利息、租金、特许权使用费所得、转让财产所得以及其他所得应当缴纳的企业所得税，实行源泉扣缴，以依照有关法律规定或者合同约定对非居民企业直接负有支付相关款项义务的单位或者个人为扣缴义务人。

第五条规定，扣缴义务人每次与非居民企业签订与本办法第三条规定的所得有关的业务合同时，应当自签订合同（包括修改、补充、延期合同）之日起 30 日内，向其主管税务机关报送《扣缴企业所得税合同备案登记表》（见附件 1）、合同复印件及相关资料。文本为外文的应同时附送中文译本。

股权转让交易双方均为非居民企业且在境外交易的，被转让股权的境内企业在依法变更税务登记时，应将股权转让合同复印件报送主管税务机关。

第十五条规定，扣缴义务人未依法扣缴或者无法履行扣缴义务的，非居民企业应于扣缴义务人支付或者到期应支付之日起 7 日内，到所得发生地主管税务机关申报缴纳企业所得税。

股权转让交易双方为非居民企业且在境外交易的，由取得所得的非居民企业自行或委托代理人向被转让股权的境内企业所在地主管税务机关申报纳税。被转让股权的境内企业应协助税务机关向非居民企业征缴税款。

根据上述规定，境外母公司将境内企业股权转让给境外非关联的其他公司，其他公司作为支付方，属于扣缴义务人，应代扣代缴境外母公司的企业所得税。由于境外的其他公司在境外无法履行扣缴义务，境外母公司应于其他公司支付或者到期应支付之日起 7 日内，到境内公司所在地的主管税务机关申报缴纳企业所得税。境外母公司自行或委托代理人向被转让股权的境内企业所在地主管税务机关申报纳税。

境内公司在依法变更税务登记时，应将境外母公司向境外其他公司转让股权合同的复印件报送主管税务机关；并协助税务机关向境外母公司征缴税款。

12. 境外非居民企业是否适用特殊性税务重组?

问:我公司是一家外资地产公司,公司现有一栋酒店产业,已开业。目前拟将酒店资产分立,成为独立法人公司。

分立后酒店公司控股母公司为境外公司,这种情况是否适用特殊性税务重组?

答:企业的境外母公司为企业所得税纳税人。企业分立,如果符合条件可适用特殊性税务处理。

根据《财政部、国家税务总局关于企业重组业务企业所得税处理若干问题的通知》(财税〔2009〕59)规定,企业分立适用特殊性税务处理应同时符合以下条件:

(一)具有合理的商业目的,且不以减少、免除或者推迟缴纳税款为主要目的。

(二)企业分立,被分立企业所有股东按原持股比例取得分立企业的股权,分立企业和被分立企业均不改变原来的实质经营活动,且被分立企业股东在该企业分立发生时取得的股权支付金额不低于其交易支付总额的85%。

(三)企业重组后的连续12个月内不改变重组资产原来的实质性经营活动。

(四)重组交易对价中涉及股权支付金额符合本通知规定比例。

(五)企业重组中取得股权支付的原主要股东,在重组后连续12个月内,不得转让所取得的股权。

如果不能同时符合上述条件,应适用一般性税务处理。符合特殊性税务处理条件并选用特殊性税务处理的,应按《企业重组业务企业所得税管理办法》(国家税务总局公告2010年第4号)规定,向主管税务机关提交书面备案资料,证明其符合各类特殊性重组规定的条件。

13. 如何理解非居民企业"转让其拥有的居民企业股权"中的"拥有"?

问:日本企业A,拥有日本企业B的100%股权,拥有香港企业C的99.99%股权,C拥有内地企业D的100%股权。现在企业A将"拥有香港企业C的99.99%股权"转让给企业B。那么,

(1)上述股权转让是否涉及特殊重组?

(2)如何理解《财政部、国家税务总局关于企业重组业务企业所得税处理若干问题的通知》(财税〔2009〕59号)中"非居民企业向其100%直接控股的另一非居民企业转让其拥有的居民企业股权"中的"拥有"?能否是间接持有股权?

答:1.《国家税务总局关于加强非居民企业股权转让所得企业所得税管理的通知》(国税函〔2009〕698号)第五条规定,境外投资方(实际控制方)间接转让中国居民企业股权,如果被转让的境外控股公司所在国(地区)实际税负低于12.5%或者对其居民境外所得不征所得税的,应自股权转让合同签订之日起30日内,向被转让股权的中国居民企业所在地主管税务机关提供以下资料:……

第六条规定,境外投资方(实际控制方)通过滥用组织形式等安排间接转让中国居民企业股权,且不具有合理的商业目的,规避企业所得税纳税义务的,主管税务机关层报税务总

局审核后可以按照经济实质对该股权转让交易重新定性，否定被用作税收安排的境外控股公司的存在。

根据上述规定，日本企业 A 将持有香港企业 C 的 99.99％股权转让给日本企业 B，由于香港企业 C 持有内地 D 公司 100％股权，日本企业 A 属于间接转让境内企业 D 公司的股权。

按照香港税务局《税务条例释义及执行指引》的规定，香港对其居民企业的境外所得不征收所得税。日本企业 C 与日本企业 B 签订的转让香港 C 企业股权协议，应自合同签订之日起 30 日内，向境内企业 D 所在地主管税务机关提供相关资料。

如果该转让属于日本企业 A 滥用组织形式等安排，且不具有合理的商业目的，规避企业所得税纳税义务的，境内 D 企业的主管税务机关层报税务总局审核后可以按照经济实质对该股权转让交易重新定性，否定被用作税收安排的境外控股公司的存在，对日本企业 A 间接转让境内 D 企业股权所得在境内缴纳企业所得税。否则，日本企业 A 不需在境内申报缴纳企业所得税。

《企业所得税法实施条例》第七条规定，企业所得税法第三条所称来源于中国境内、境外的所得，按照以下原则确定：

（三）转让财产所得，不动产转让所得按照不动产所在地确定，动产转让所得按照转让动产的企业或者机构、场所所在地确定，权益性投资资产转让所得按照被投资企业所在地确定；

……

因此，日本企业 A 除适用国税函〔2009〕698 号文件第六条规定以外，其转让香港企业 C 股权的所得属于来源于中国境外的所得。《企业所得税法》第二条第三款规定，非居民企业，是指依照外国（地区）法律成立且实际管理机构不在中国境内，但在中国境内设立机构、场所的，或者在中国境内未设立机构、场所，但有来源于中国境内所得的企业。日本企业 A 不属于非居民企业，不属于企业所得税的纳税人。该股权转让不适用财税〔2009〕59 号文件规定，更不涉及特殊性税务处理规定。

《财政部、国家税务总局关于企业重组业务企业所得税处理若干问题的通知》（财税〔2009〕59 号）第一条规定，本通知所称企业重组，是指企业在日常经营活动以外发生的法律结构或经济结构重大改变的交易，包括企业法律形式改变、债务重组、股权收购、资产收购、合并、分立等。

因此，日本企业 A 适用国税函〔2009〕698 号文件第六条规定的，日本企业应在境内申报缴纳企业所得税，此时日本企业 A 转让香港企业 C 的股权，不属于企业重组行为，不适用财税〔2009〕59 号文件规定。

2.《财政部、国家税务总关于企业重组业务企业所得税处理若干问题的通知》（财税〔2009〕59 号）第七条规定，企业发生涉及中国境内与境外之间（包括港澳台地区）的股权和资产收购交易，除应符合本通知第五条规定的条件外，还应同时符合下列条件，才可选择适用特殊性税务处理规定：

（一）非居民企业向其 100％直接控股的另一非居民企业转让其拥有的居民企业股权，没有因此造成以后该项股权转让所得预提税负担变化，且转让方非居民企业向主管税务机关书面承诺在 3 年（含 3 年）内不转让其拥有受让方非居民企业的股权；

因此，上述"转让其拥有的居民企业股权"中的"拥有"，是指直接拥有，不包括间接拥有情况。

清 算

1. 投资方取得的剩余资产小于投资成本部分能否税前扣除？

问：母公司的全资子公司关闭，分得的剩余财产小于投资金额的损失，可否在母公司税前扣除？

答：《财政部、国家税务总局关于企业清算业务企业所得税处理若干问题的通知》（财税〔2009〕60 号）第五条第二款规定，被清算企业的股东分得的剩余资产的金额，其中相当于被清算企业累计未分配利润和累计盈余公积中按该股东所占股份比例计算的部分，应确认为股息所得；剩余资产减除股息所得后的余额，超过或低于股东投资成本的部分，应确认为股东的投资转让所得或损失。

因此，母公司应按上述规定确定股权投资转让所得或者损失。结合问题所述情况，母公司剩余资产减除股息所得后的余额，将低于其投资成本，即发生投资转让损失。

《国家税务总局关于发布〈企业资产损失所得税税前扣除管理办法〉的公告》（国家税务总局公告 2011 年第 25 号）第四十一条规定，企业股权投资损失应依据以下相关证据材料确认：

（一）股权投资计税基础证明材料；

（二）被投资企业破产公告、破产清偿文件；

（三）工商行政管理部门注销、吊销被投资单位营业执照文件；

（四）政府有关部门对被投资单位的行政处理决定文件；

（五）被投资企业终止经营、停止交易的法律或其他证明文件；

（六）被投资企业资产处置方案、成交及入账材料；

（七）企业法定代表人、主要负责人和财务负责人签章证实有关投资（权益）性损失的书面申明；

（八）会计核算资料等其他相关证据材料。

第四十二条规定，被投资企业依法宣告破产、关闭、解散或撤销、吊销营业执照、停止生产经营活动、失踪等，应出具资产清偿证明或者遗产清偿证明。

根据上述规定，企业发生的投资损失应准备上述证明材料，以专项申报的方式向税务机关申报扣除。

2. 注销清算预收账款余额是否纳税？

问：商场闭店，对预收的购物卡办理退款手续，经公告后，在规定期限后，仍有未退余额，这部分余额在清算时是否缴纳税款？

答：《国家税务总局关于印发〈中华人民共和国企业清算所得税申报表〉的通知》（国税函〔2009〕388 号）附件 2《中华人民共和国企业清算所得税申报表填报说明》规定：

2. 第 2 行"负债清偿损益"：填报纳税人全部负债按计税基础减除其清偿金额后确认的

负债清偿所得或损失金额。本行通过附表二《负债清偿损益明细表》计算填报。

根据上述规定，预收账款属于应付债务，企业清算时，对于确实无法退还的预收账款，应作为负债清偿收益申报纳税。

3. 清算时未偿付的其他应付款是否纳税？

问：我公司因亏损清算，用全部资产偿还债务后，还有部分负债无法偿还，在办理税务注销登记时，该部分负债是否需要调增应纳税所得额？其依据是什么？

答：《国家税务总局关于印发〈中华人民共和国企业清算所得税申报表〉的通知》（国税函〔2009〕388号）附件2《中华人民共和国企业清算所得税申报表填报说明》规定：

2. 第2行"负债清偿损益"：填报纳税人全部负债按计税基础减除其清偿金额后确认的负债清偿所得或损失金额。本行通过附表二《负债清偿损益明细表》计算填报。

根据上述规定，企业清算时，对于确实无法偿还的负债，应作为负债清偿收益申报纳税。

4. 企业清算时无力偿付的负债是否确认清算损益？

问：一资不抵债企业清算过程中，"其他应付款——关联公司"贷方余额为500万元，现公司已无法支付此笔款项，那么，

（1）如关联公司声明放弃此债权，是否其他应付款清偿金额为0元，清偿损益为500万元？

（2）如关联公司不放弃此债权，是否其他应付款清偿金额为500万元，清偿损益为0元？

答：《企业所得税法实施条例》第二十二条规定，企业所得税法第六条第（九）项所称其他收入，是指企业取得的除企业所得税法第六条第（一）项至第（八）项规定的收入外的其他收入，包括企业资产溢余收入、逾期未退包装物押金收入、确实无法偿付的应付款项、已作坏账损失处理后又收回的应收款项、债务重组收入、补贴收入、违约金收入、汇兑收益等。

《企业所得税法实施条例释义》对此条释义为，……第四，将"因债权人缘故确实无法支付的应付款项"修改为"确实无法偿付的应付款项"，将债权人之外的不可抗力等原因也纳入其范围；……

（三）确实无法偿付的应付款项。根据企业财务制度规定，企业应当按期偿还各种负债，如确实无法支付的应付款项，计入营业外收入。

参考《辽宁省大连市地方税务局关于企业所得税若干税务事项衔接问题的通知》（大地税函〔2009〕91号）的规定：

十二、关于超过三年未支付的应付账款的税务处理问题

企业因债权人原因确实无法支付的应付款项，包括超过三年未支付的应付账款以及清算期间未支付的应付账款，应并入当期应纳税所得额缴纳企业所得税。企业如果能够提供确凿证据（指债权人承担法律责任的书面声明或债权人主管税务机关的证明等，能够证明债权人

没有按规定确认损失并在税前扣除的有效证据以及法律诉讼文书）证明债权人没有确认损失并在税前扣除的，可以不并入当期应纳税所得额。已并入当期应纳税所得额的应付账款在以后年度支付的，在支付年度允许税前扣除。

参考《宁波市地方税务局关于明确 2008 年度企业所得税汇算清缴若干问题的通知》（甬地税一〔2009〕20 号）"关于长期挂账未付的应付账款核销的有关问题"的规定，企业已申报扣除的财产损失又获得价值恢复或补偿，应在价值恢复或实际取得补偿年度并入应纳税所得。因债权人原因确实无法支付的应付账款，包括超过三年以上未支付的应付账款，如果债权人已按本办法规定确认损失并在税前扣除的，应并入当期应纳税所得依法缴纳企业所得税。

《财政部、国家税务总局关于企业清算业务企业所得税处理若干问题的通知》（财税〔2009〕60 号）第三条第二款规定，企业清算的所得税处理包括确认债权清理、债务清偿的所得或损失。

《国家税务总局关于印发〈中华人民共和国企业清算所得税申报表〉的通知》（国税函〔2009〕388 号）附件二《企业清算所得税申报表填报说明》第三条规定：

2. 第 2 行"负债清偿损益"：填报纳税人全部负债按计税基础减除其清偿金额后确认的负债清偿所得或损失金额。本行通过附表二《负债清偿损益明细表》计算填报。

附表二"《负债清偿损益明细表》填报说明"规定：

3. "计税基础（2）"列：填报纳税人按照税收规定确定的清算开始日的各项负债计税基础的金额，即负债的账面价值减去未来期间计算应纳税所得额时按照税收规定予以扣除金额的余额。

4. "清偿金额（3）"列：填报纳税人清算过程中各项负债的清偿金额。

第四条规定，表内及表间关系：

1. "负债清偿损益（4）"列＝本表"计税基础（2）"列－"清偿金额（3）"列。

根据上述规定，企业清算时应确认债权清理、债务清偿的所得或损失，对于"确实无法偿付的应付款项"的形成包括债权人也包括债务人的原因，应并入清算期应纳税所得依法缴纳企业所得税。企业由于资不抵债清算时，所借关联方的确实无法偿还的借款，属于债务人的原因形成无法偿还，应确认为债务清偿收益。

5. 清算时股东如何确认所得？

问：境外 A 公司全额投资境内 B 公司，B 公司清算结束时有资本公积 10 万元、盈余公积 100 万元、未分利润 150 万元、实收资本 200 万元、净资产 460 万元，A 公司投资成本为 200 万元。若可以向 A 公司分配的剩余资产为 510 万元，A 公司股息所得额、投资转让所得额分别为多少？

答：《财政部、国家税务总局关于企业清算业务企业所得税处理若干问题的通知》（财税〔2009〕60 号）第五条规定，企业全部资产的可变现价值或交易价格减除清算费用，职工的工资、社会保险费用和法定补偿金，结清清算所得税、以前年度欠税等税款，清偿企业债务，按规定计算可以向所有者分配的剩余资产。

被清算企业的股东分得的剩余资产的金额，其中相当于被清算企业累计未分配利润和累计盈余公积中按该股东所占股份比例计算的部分，应确认为股息所得；剩余资产减除股息所得后的余额，超过或低于股东投资成本的部分，应确认为股东的投资转让所得或损失。

被清算企业的股东从被清算企业分得的资产应按可变现价值或实际交易价格确定计税基础。

因此，被清算企业的股东分得的剩余资产 510 万元，其中相当于被清算企业累计未分配利润和累计盈余公积中的部分，应确认为股息所得 250 万元；剩余资产减除股息所得后的余额，超过股东投资成本 200 万元的部分，应确认为股东的投资转让所得 60 万元。

6. 子公司注销时应如何计算缴纳企业所得税？

问：甲公司有一全资子公司乙，采用成本法核算，现在乙公司注销，甲公司收回投资并取得投资收益，该投资收益是否缴纳企业所得税？

答：《财政部、国家税务总局关于企业清算业务企业所得税处理若干问题的通知》（财税〔2009〕60 号）第五条规定，企业全部资产的可变现价值或交易价格减除清算费用，职工的工资、社会保险费用和法定补偿金，结算清算所得税、以前年度欠税等税款，清偿企业债务，按规定计算可以向所有者分配的剩余资产。

被清算企业的股东分得的剩余资产的金额，其中相当于被清算企业累计未分配利润和累计盈余公积中按该股东所占股份比例计算的部分，应确认为股息所得；剩余资产减除股息所得后的余额，超过或低于股东投资成本的部分，应确认为股东的投资转让所得或损失。

《企业所得税法》第二十六条规定，符合条件的居民企业之间的股息、红利等权益性投资收益为免税收入。

《企业所得税法实施条例》第八十三条规定，企业所得税法第二十六条第（二）项所称符合条件的居民企业之间的股息、红利等权益性投资收益，是指居民企业直接投资于其他居民企业取得的投资收益。企业所得税法第二十六条第（二）项和第（三）项所称股息、红利等权益性投资收益，不包括连续持有居民企业公开发行并上市流通的股票不足 12 个月取得的投资收益。

《国家税务总局关于企业股权投资损失所得税处理问题的公告》（国家税务总局公告 2010 年第 6 号）第一条规定，企业对外进行权益性（以下简称股权）投资所发生的损失，在经确认的损失发生年度，作为企业损失在计算企业应纳税所得额时一次性扣除。

《国家税务总局关于发布〈企业资产损失所得税税前扣除管理办法〉的公告》（国家税务总局公告 2011 年第 25 号）第四十一条规定，企业股权投资损失应依据以下相关证据材料确认：

（一）股权投资计税基础证明材料；

（二）被投资企业破产公告、破产清偿文件；

（三）工商行政管理部门注销、吊销被投资单位营业执照文件；

（四）政府有关部门对被投资单位的行政处理决定文件；

（五）被投资企业终止经营、停止交易的法律或其他证明文件；

（六）被投资企业资产处置方案、成交及入账材料；

（七）企业法定代表人、主要负责人和财务负责人签章证实有关投资（权益）性损失的书面申明；

（八）会计核算资料等其他相关证据材料。

根据上述规定，被投资企业注销清算，股东分得的剩余资产分为两部分，一部分为股息所得，一部分为投资转让所得或损失，符合条件的居民企业的股息所得可以适用减免税政策，投资转让所得或损失应计算企业所得税或作为资产损失在税前扣除。

7. 企业清算计算所得是否必须将全部资产变卖？

问：对于企业解散时清算的所得税处理，《财政部、国家税务总局关于企业清算业务企业所得税处理若干问题的通知》（财税〔2009〕60 号）规定，处置资产，包括收回应收账款、变卖非货币资产等，其中无法收回的应收账款应作坏账处理，报经税务机关批准后才能扣除损失。企业解散清算，计算清算所得税前是否一定要将全部资产处置变卖？

答：《财政部、国家税务总局关于企业清算业务企业所得税处理若干问题的通知》（财税〔2009〕60 号）第三条规定，企业清算的所得税处理包括以下内容：

（一）全部资产均应按可变现价值或交易价格，确认资产转让所得或损失；

（二）确认债权清理、债务清偿的所得或损失；

......

参考《山东省青岛市国家税务局、山东省青岛市地方税务局关于印发〈企业清算环节所得税管理暂行办法〉的通知》（青国税发〔2008〕161 号）第九条的规定，企业的全部资产可变现价值或者交易价格是指企业全部资产在清算处置时为企业带来的经济利益，即公允价值或实际成交价。

第十二条规定，清算财产以其公允价值或评估价格或合同价格作为确认价值的依据。已经处置的财产应使用实际交易价，但实际交易价不公允的除外。

根据上述规定，企业清算时，全部资产均应按可变现价值或交易价格，确认资产转让所得或损失。对于已经处置的资产，应按实际交易价确认资产转让所得或损失，但实际交易价不公允的除外；对于不进行处置的资产，应按可变现价值，即该资产的公允价值（通常与评估价一致）确认资产转让所得或损失。

企业解散清算时，在计算清算所得税时，不一定要将全部资产处理变卖。

8. 企业分得的清算资产如何再缴企业所得税？

问：L 公司与另一公司联合购买了 Q 公司的股权，L 公司出资 2 000 万元购得 66.7% 的股份。股权受让前，Q 公司已连续亏损多年，处于停产关闭状态，仅土地尚有变现价值。受让后，新股东将 Q 公司债权债务清理完毕、建筑物拆除，土地平整完毕后交由政府土地部门收回转作开发用地。Q 公司从政府取得土地补偿 30 000 万元，缴纳企业所得税 10 000 万元后，获利 20 000 万元。经营两年后，Q 公司终结清算。其资产负债表中所有者权益相关时点的数据如下：

Q公司资产负债表中所有者权益（单位：万元）

	股权受让前	当前清算时
股本	10 900	10 900
资本公积	100	100
未分配利润	−19 000	1 000
所有者权益合计	−8 000	12 000

按照持股比例，L公司将从Q公司分得清算资产8 004万元（12 000×66.7%）。L公司分得的清算资产8 004万元是否还要缴纳企业所得税？

答： 1.《企业所得税法实施条例》第七十一条规定，企业所得税法第十四条所称投资资产，是指企业对外进行权益性投资和债权性投资形成的资产。

企业在转让或者处置投资资产时，投资资产的成本，准予扣除。

投资资产按照以下方法确定成本：

（一）通过支付现金方式取得的投资资产，以购买价款为成本；

（二）通过支付现金以外的方式取得的投资资产，以该资产的公允价值和支付的相关税费为成本。

根据上述规定，L公司取得Q公司66.7%的股权的投资成本为2 000万元。

2.《财政部、国家税务总局关于企业清算业务企业所得税处理若干问题的通知》（财税〔2009〕60号）第五条规定，企业全部资产的可变现价值或交易价格减除清算费用，职工的工资、社会保险费用和法定补偿金，结清清算所得税、以前年度欠税等税款，清偿企业债务，按规定计算可以向所有者分配的剩余资产。

被清算企业的股东分得的剩余资产的金额，其中相当于被清算企业累计未分配利润和累计盈余公积中按该股东所占股份比例计算的部分，应确认为股息所得；剩余资产减除股息所得后的余额，超过或低于股东投资成本的部分，应确认为股东的投资转让所得或损失。

被清算企业的股东从被清算企业分得的资产应按可变现价值或实际交易价格确定计税基础。

因此，Q公司清算时，应以全部资产的可变现价值或交易价格减除清算费用，职工的工资、社会保险费用和法定补偿金，结清清算所得税、以前年度欠税等税款，清偿企业债务，按规定计算可以向所有者分配的剩余资产。

如问题所述，若Q公司可向所有者分配的剩余资产为12 000万元，则L公司应确认股息所得：累计未分配利润1 000×66.7%＝667（万元）；确认股权转让所得：12 000×66.7%−667−2 000＝5 337（万元）。

3.《企业所得税法实施条例》第八十三条规定，企业所得税法第二十六条第（二）项所称符合条件的居民企业之间的股息、红利等权益性投资收益，是指居民企业直接投资于其他居民企业取得的投资收益。企业所得税法第二十六条第（二）项和第（三）项所称股息、红利等权益性投资收益，不包括连续持有居民企业公开发行并上市流通的股票不足12个月取得的投资收益。

因此，L公司从Q公司取得的股息所得667万元，属于免税收入。L公司应向主管税务机关提交相关资料办理备案手续。

《企业所得税法实施条例》第十六条规定，企业所得税法第六条第（三）项所称转让财产收入，是指企业转让固定资产、生物资产、无形资产、股权、债权等财产取得的收入。

因此，L 公司确认股权转让所得 5 337 万元，应计入其应纳税所得额，计缴企业所得税。

9. 同一控制下的企业合并被合并方是否需要清算？

问：一广东公司和上海公司为同一外国企业独资 100％控股。广东公司计划吸收合并上海公司，同一控制下并购是否可以不支付对价？上海公司将资产转移到广东公司有何限制？上海公司是否需要清算？

答：该同一控制下合并可以不支付对价。

广东公司吸收合并上海公司，上海公司的资产、债权、债务等转到广东公司，通常没有限制。其吸收合并应符合《公司法》及《关于外商投资企业合并与分立的规定》等规定。

《公司法》规定，被合并公司上海公司应解散，应依法办理注销工商登记。《税务登记管理办法》规定，上海公司在办理注销工商登记前，应先办理注销税务登记。办理注销税务登记前，应当向税务机关提交相关证明文件和资料，结清应纳税款、多退（免）税款、滞纳金和罚款，缴销发票、税务登记证件和其他税务证件，经税务机关核准后，办理注销税务登记手续。

因此，如果该吸收合并适用特殊性税务处理的，上海公司不需进行企业所得税清算。

10. 企业清算期间支付的职工安置费能否税前扣除？

问：我公司依法终止经营，企业进行清算。在清算期间需要向职工支付安置费用。支付的安置费能否在清算所得中进行扣除？

答：《财政部、国家税务总局关于企业清算业务企业所得税处理若干问题的通知》（财税〔2009〕60 号）第四条规定，企业的全部资产可变现价值或交易价格，减除资产的计税基础、清算费用、相关税费，加上债务清偿损益等后的余额，为清算所得。

企业应将整个清算期作为一个独立的纳税年度计算清算所得。

第五条规定，企业全部资产的可变现价值或交易价格减除清算费用，职工的工资、社会保险费用和法定补偿金，结清清算所得税、以前年度欠税等税款，清偿企业债务，按规定计算可以向所有者分配的剩余资产。

《国家税务总局关于印发〈中华人民共和国企业清算所得税申报表〉的通知》（国税函〔2009〕388 号）附件 2《中华人民共和国企业清算所得税申报表填报说明》第三条规定：

3. 第 3 行"清算费用"：填报纳税人清算过程中发生的与清算业务有关的费用支出，包括清算组组成人员的报酬，清算财产的管理、变卖及分配所需的评估费、咨询费等费用，清算过程中支付的诉讼费用、仲裁费用及公告费用，以及为维护债权人和股东的合法权益支付的其他费用。

根据上述规定，企业在清算期间向职工支付的安置费用，应在向所有者分配的剩余资产前扣除，不允许在清算所得税前扣除。

11. 合并导致的清算由哪方税务机关确认？

问：《企业重组业务企业所得税管理办法》（国家税务总局公告 2010 年第 4 号）第十七条规定，吸收合并为合并后存续的企业为重组主导方。那么，

（1）A 公司和 B 公司被 C 公司 100％吸收合并，而 A 和 B 为 2002 年以前成立的老公司，所得税归地税局管辖。C 公司为 2012 年成立，所得税归国税局管辖，重组主导方应该如何确认？应由哪家公司向哪家税务机关确认？

（2）是否进行企业所得税清算？由哪家税务局负责清算？

答：《企业重组业务企业所得税管理办法》（国家税务总局公告 2010 年第 4 号）第十七条规定，企业重组主导方，按以下原则确定：

（四）吸收合并为合并后拟存续的企业，新设合并为合并前资产较大的企业；

……

第十六条规定，企业重组业务，符合《通知》规定条件并选择特殊性税务处理的，应按照《通知》第十一条规定进行备案；如企业重组各方需要税务机关确认，可以选择由重组主导方向主管税务机关提出申请，层报省税务机关给予确认。

《财政部、国家税务总局关于企业重组业务企业所得税处理若干问题的通知》（财税〔2009〕59 号）第四条第（四）款规定，企业合并，当事各方应按下列规定处理：

2. 被合并企业及其股东都应按清算进行所得税处理。

第六条第（四）款规定，企业合并，企业股东在该企业合并发生时取得的股权支付金额不低于其交易支付总额的 85％，以及同一控制下且不需要支付对价的企业合并，可以选择按以下规定处理：

2. 被合并企业合并前的相关所得税事项由合并企业承继。

根据上述规定，A 公司和 B 公司被 C 公司吸收合并，合并后存续的 C 公司为企业重组主导方。可以选择由重组主导方 C 公司向主管国税机关提出申请，层报省税务机关给予确认。

另外，若企业重组符合规定的条件，选择了特殊性税务处理，被合并企业合并前的相关所得税事项由合并企业承继，不需要清算。若按一般处理，被合并 A 公司和 B 公司应按清算进行所得税处理，由 A 公司和 B 公司主管税务机关负责所得税清算。

12. 无法偿还的债务如何申报缴纳企业所得税？

问：清算过程中，企业无法偿还的债务、股东贷款等是否需要转作收入，缴纳企业所得税？比如，企业处于清算过程中，且资不抵债。企业的股东贷款无法偿还，且股东不愿放弃债权。

答：《财政部、国家税务总局关于企业清算业务企业所得税处理若干问题的通知》（财税〔2009〕60 号）第四条规定，企业的全部资产可变现价值或交易价格，减除资产的计税基础、清算费用、相关税费，加上债务清偿损益等后的余额，为清算所得。企业应将整个清算期作为一个独立的纳税年度计算清算所得。

第五条规定，企业全部资产的可变现价值或交易价格减除清算费用，职工的工资、社会保险费用和法定补偿金，结清清算所得税、以前年度欠税等税款，清偿企业债务，按规定计算可以向所有者分配的剩余资产。

《国家税务总局关于印发〈中华人民共和国企业清算所得税申报表〉的通知》（国税函〔2009〕388号）附件2《中华人民共和国企业清算所得税申报表填报说明》第三条有关项目填报说明第（二）款规定：

第2行"负债清偿损益"：填报纳税人全部负债按计税基础减除其清偿金额后确认的负债清偿所得或损失金额。本行通过附表二《负债清偿损益明细表》计算填报。

其中，附表二"《负债清偿损益明细表》填报说明"中，第三条有关项目填报说明规定：

3."计税基础（2）"列：填报纳税人按照税收规定确定的清算开始日的各项负债计税基础的金额，即负债的账面价值减去未来期间计算应纳税所得额时按照税收规定予以扣除金额的余额。

4."清偿金额（3）"列：填报纳税人清算过程中各项负债的清偿金额。

第四条表内及表间关系规定：

1."负债清偿损益（4）"列＝本表"计税基础（2）"列－"清偿金额（3）"列

根据上述规定，企业清算时，应清偿应付账款。按应付账款计税基础减去清偿金额，确认应付账款清偿损益，进而确认清算所得，计算清算所得税。

股东不愿放弃的债权，属于应清偿金额，如贷款计税基础为100万元，与股东协商拟清偿80万元：

"负债清偿损益（4）"＝100－80＝20（万元）

如果股东不愿放弃的债权，属于应清偿金额，如贷款计税基础为100万元，与股东协商仍须清偿100万元：

"负债清偿损益（4）"＝100－100＝0（万元）

13. 清算所得与剩余资产有何区别？

问：清算所得与剩余资产有何区别？

答：《财政部、国家税务总局关于企业清算业务企业所得税处理若干问题的通知》（财税〔2009〕60号）第四条规定，企业的全部可变现价值或交易价格，减除资产的计税基础、清算费用、相关税费，加上债务清偿损益等后的余额，为清算所得。

第五条规定，企业全部资产的可变现价值或交易价格减除清算费用，职工的工资、社会保险费用和法定补偿金，结算清算所得税、以前年度欠税等税款，清偿企业债务，按规定计算可向所得者分配的剩余资产。

清算所得与剩余资产的区别主要是：清算所得是清算企业应缴企业所得税的应纳税所得额，清算企业的剩余资产是可以向股东分配的资产。

14. 如何掌握企业所得税清算表的填报口径？

问：我公司进行企业所得税清算，清算开始日的资产负债表中有如下项目：

（1）长期待摊费用 20 万元，在《资产处置损益明细表》（附表一）中可变现价值或交易价格是否为 0？

（2）《清算所得税申报表主表》的清算税金及附加是填列计提数还是实际支付数？《剩余财产计算和分配明细表》（附表三）的职工工资、社会保险费用等项目是填列计提数还是实际支付数？

答：《国家税务总局关于印发〈中华人民共和国企业清算所得税申报表〉的通知》（国税函〔2009〕388 号）附表一"《资产处置损益明细表》填报说明"规定：

4. 可变现价值或交易价格（3）列：填报纳税人清算过程中各项资产可变现价值或交易价格的金额。

《中华人民共和国企业清算所得税申报表填报说明》规定：

4. 第 4 行清算税金及附加：填报纳税人清算过程中发生的除企业所得税和允许抵扣的增值税以外的各项税金及其附加。

附表三"《剩余财产计算明细表》填报说明"规定：

3. 第 3 行职工工资：填报纳税人清算过程中偿还的职工工资。

4. 第 4 行社会保险费用：填报纳税人清算过程中偿还欠缴的各种社会保险费用。

根据上述规定：

（1）长期待摊费用 20 万元，企业在清算处置时不会再给企业带来任何经济价值，可变现价值为 0；

（2）清算税金及附加应填应交税费数，即按规定计提的应交税费；

（3）附表三《剩余财产计算和分配明细表》中，职工工资、社会保险费用等项目应填报纳税人清算过程中偿还的职工工资和偿还欠缴的各种社会保险费用。

15. 企业清算所得是否包括资本公积？

问：我公司按照旧准则的要求，接受非现金捐赠，并于当年缴纳了企业所得税，税后全额确认为资本公积。现在我公司清算，是否应将这部分资本公积作为清算所得，再次缴纳企业所得税？

答：《财政部、国家税务总局关于企业清算业务企业所得税处理若干问题的通知》（财税〔2009〕60 号）第三条规定，企业清算的所得税处理包括以下内容：

（一）全部资产均应按可变现价值或交易价格，确认资产转让所得或损失；

（二）确认债权清理、债务清偿的所得或损失；

（三）改变持续经营核算原则，对预提或待摊性质的费用进行处理；

（四）依法弥补亏损，确定清算所得；

（五）计算并缴纳清算所得税；

（六）确定可向股东分配的剩余财产、应付股息等。

第四条规定，企业的全部资产可变现价值或交易价格，减除资产的计税基础、清算费用、相关税费，加上债务清偿损益等后的余额，为清算所得。

上述规定用公式可列示为：

清算所得＝资产变现价或交易价－资产计税基础－清算费用－相关税费＋（负债计税基

础－清偿金额）。

通过上述计算公式可知，计算清算所得时，与企业的资产、负债相关。根据问题所述，已缴纳企业所得税的捐赠计入资本公积，不影响企业清算所得的计算。

16. 企业清算后将不动产转让给股东是否缴纳税款？

问：某合资企业成立于 1994 年，注册资本 2 300 万元，由当地乡村村委会所属的乡镇企业发展公司（简称中方）和外国公司（简称外方）共同出资组建，中方以土地（集体所有土地）、厂房折价 598 万元出资，占股权 26%；外方以进口设备和外汇货币资金 1 702 万元出资，占股权 74%。合资企业现在由于经营困难，决定终止经营，并进行清算。清算结果为：全部资产变现价值为 2 400 万元，账面资产价值亦为 2 400 万元，清算费用 17 000 元，相关手续费 63 000 元，清算净损失为 80 000 元。清算终止的所有者权益为 2 342 万元，中外双方按股权比列对剩余财产进行分摊：中方应得财产 6 089 200 元。其中取回土地、厂房 300 万元，货币资金 3 059 200 元；外方应得财产 17 330 800 元，其中取得货币资金 500 万元，债权（应收母公司账款）1 233 万元。

清算结束后，合资企业必须到主管税务机关办理注销税务登记，按规定要对固定资产进行评估，经委托评估机构评出：土地价值为 450 万元、厂房价值为 400 万元，合计 850 万元，清算及评估报告已呈送税务机关。那么，

（1）合资公司清算后，公司房地产转移给中方股东，要否缴纳销售不动产营业税？

（2）中方（农村村委会）投入的土地是集体所有土地，但没有集体土地证书，只有审批机关批准合资。文件说明是村委会的土地、厂房。在此情形下，清算环节是否需要缴纳土地增值税？如要缴纳，又以何种凭证为依据计算缴纳土地增值税？

（3）上述清算报告，清算结果为清算净损失，但经评估后的土地、厂房增值额达 550 万元，这是一个虚数，没有真实销售升值部分，是否要缴纳企业所得税？

答：1.《营业税暂行条例实施细则》第三条规定，提供应税劳务，转让无形资产或销售不动产，是指有偿提供应税劳务、有偿转让无形资产或者有偿转让不动产所有权的行为。所称有偿，是指取得货币、货物或其他经济利益。

合资企业在清算过程中，根据《公司法》规定，企业存在剩余财产时，才能向股东分配。该合资企业解散之前其资产仍属于公司法人所有。剩余财产尚未处置前，公司继续存在，剩余资产仍属于企业。企业不存在剩余资产，才能宣告终止。

合资企业将不动产分配给股东，与企业将不动产分配给债权人实质是一样的，合资公司实质上均获得其他经济利益，均属于有偿转让不动产行为。

《国家税务总局关于未办理土地使用权证转让土地有关税收问题的批复》（国税函〔2007〕645 号）规定，土地使用者转让、抵押或置换土地，无论其是否取得了该土地的使用权属证书，无论其在转让、抵押或置换土地过程中是否与对方当事人办理了土地使用权属证书变更登记手续，只要土地使用者享有占有、使用、收益或处分该土地的权利，且有合同等证据表明其实质转让、抵押或置换了土地并取得了相应的经济利益，土地使用者及其对方当事人应当依照税法规定缴纳营业税、土地增值税和契税等相关税收。

因此，公司清算后，尽管企业没有取得土地使用权，将该土地和房产分配给中方股东，

均需要计算缴纳营业税。

2. 合资企业清算时,将土地、房产分配给股东实质上取得了其他经济利益。

根据《国家税务总局关于未办理土地使用权证转让土地有关税收问题的批复》(国税函〔2007〕645 号)的规定,合资企业转让没有取得土地使用权属证书,但该土地转让给中方时,中方享有占有、使用、收益或处分该土地的权利,且有企业相关清算资料表明其实质转让了土地并取得了相应的经济利益。因此,合资企业应缴纳土地增值税。

另外,《国家税务总局关于转让地上建筑物土地增值税征收问题的批复》(国税函〔2010〕347 号)规定,对转让码头泊位、机场跑道等基础设施性质的建筑物行为,应当征收土地增值税。

根据上述规定,合资企业还应缴纳房产的土地增值税。

3.《财政部、国家税务总局关于企业清算业务企业所得税处理若干问题的通知》(财税〔2009〕60 号)第三条第(一)款规定,全部资产均应按可变现价值或交易价格,确认资产转让所得或损失;……

第四条规定,企业的全部资产可变现价值或交易价格,减除资产的计税基础、清算费用、相关税费,加上债务清偿损益等后的余额,为清算所得。

企业应将整个清算期作为一个独立的纳税年度计算清算所得。

根据上述规定,该土地,厂房的评估价值能反映该土地、房屋的市场价时,该评估价就为该资产的可变现价。这样企业的清算所得将增加 550 万元。因此,增值部分也应计算缴纳企业所得税。

17. 计算清算所得时账载投资成本为外币如何处理?

问:《财政部、国家税务总局关于企业清算业务企业所得税处理若干问题的通知》(财税〔2009〕60 号)第五条规定,被清算企业的股东分得的剩余资产的金额,其中相当于被清算企业累计未分配利润和累计盈余公积中按该股东所占股份比例计算的部分,应确认为股息所得;剩余资产减除股息所得后的余额,超过或低于股东投资成本的部分,应确认为股东的投资转让所得或损失。

如果股东为境外企业,股东的投资成本是否指股东账上所记录的投资成本?由于股东的成本以外币核算,应以何时的汇率计算超出或低于剩余资产的余额?

答:《国家税务总局关于加强非居民企业股权转让所得企业所得税管理的通知》(国税函〔2009〕698 号)第四条规定,在计算股权转让所得时,以非居民企业向被转让股权的中国居民企业投资时或向原投资方购买该股权时的币种计算股权转让价和股权成本价。如果同一非居民企业存在多次投资的,以首次投入资本时的币种计算股权转让价和股权成本价,以加权平均法计算股权成本价;多次投资时币种不一致的,则应按照每次投入资本当日的汇率换算成首次投资时的币种。

例如,该境外非居民企业 2010 年 8 月取得境内被清算企业剩余资产的金额为 1 000 万元,被清算企业累计未分配利润(假设均为 2010 年 1—8 月产生)和累计盈余公积中按该股东所占股份比例计算的部分为 400 万元。原投资成本为 50 万美元,投资日美元对人民币折算汇率为 8.1:1。其他未提及事项暂忽略不计。则计算代扣代缴该境外非居民企业股东应纳企业所得税：

股息所得纳税：$400 \times 10\% = 40$（万元）；

投资转让所得纳税：$[(1000-400)-50 \times 8.1] \times 10\% = 19.5$（万元）；

总计应纳税：$40+19.5=59.5$（万元）。

18.《清算所得税申报表》第 17 行应如何填报？

问：《清算所得税申报表》第 17 行"以前纳税年度应补（退）所得税额"应如何填报？

答：《中华人民共和国企业清算所得税申报表填报说明》规定，第 17 行填报纳税人因以前纳税年度损益调整、汇算清缴多缴、欠税等在清算期间应补（退）企业所得税额。其中，应退企业所得税额以"－"号（负数）填列。

核定征收

1. 核定征收企业土地被政府收回如何申报缴纳企业所得税？

问：A企业为一核定征收企业所得税的工业企业，每年的收入不超过1000万元，并且2013年3月已通过税务局核定征收所得税预缴方式鉴定。A企业拥有一土地，其成本为500万元。2013年政府收回该土地，并补偿A企业5000万元。

A企业由于政府收回土地而取得的4500万元收益应如何申报缴纳企业所得税？

答：《国家税务总局关于企业所得税核定征收若干问题的通知》（国税函〔2009〕377号）第二条规定，国税发〔2008〕30号文件第六条中的"应税收入额"等于收入总额减去不征税收入和免税收入后的余额。用公式表示为：

$$应税收入额＝收入总额－不征税收入－免税收入$$

其中，收入总额为企业以货币形式和非货币形式从各种来源取得的收入。

《企业所得税法》第六条规定，企业以货币形式和非货币形式从各种来源取得的收入，为收入总额。包括：

（一）销售货物收入；

（二）提供劳务收入；

（三）转让财产收入；

（四）股息、红利等权益性投资收益；

（五）利息收入；

（六）租金收入；

（七）特许权使用费收入；

（八）接受捐赠收入；

（九）其他收入。

因此，核定征收的应税收入总额应当包括上述收入项目，但不含不征税收入和免税收入。

《重庆市地方税务局关于企业所得税核定征收管理有关问题的公告》（重庆市地方税务局公告 2012 年第 9 号）规定：

（四）申报调整

已实行企业所得税核定征收的纳税人生产经营范围、主营业务发生重大变化，或者应纳税所得额或应纳税额增减变化达到 20％及以上的，应及时主动向主管税务机关申报调整已确定的应纳税额或应税所得率。

参考《青岛市国家税务局关于发布〈青岛市国家税务局企业所得税核定征收实施办法（试行）〉的公告》第十条的规定，依法按核定应税所得率方式核定征收企业所得税的纳税人，取得的转让股权（股票）收入等转让财产收入，应全额计入应税收入额，按照主营项目（业务）确定适用的应税所得率计算征税；若主营项目（业务）发生变化，应在当年汇算清缴时，按照变化后的主营项目（业务）重新确定适用的应税所得率计算征税。

转让股权（股票）收入等财产收益率高于已核定主营项目（业务）的应税所得率的，应在当年汇算清缴前向主管税务机关报送《企业所得税核定征收调整（取消）鉴定表》（以下简称：《调整表》）申请调整应税所得率，并按照调整后的应税所得率计算征税，计算公式如下：

$$转让财产收益率＝转让财产所得/转让财产收入×100\%$$

$$调整后应税所得率＝\frac{(主营项目(业务)收入×已核定的应税所得率＋转让财产所得)}{(主营项目(业务)收入＋转让财产收入)}×100\%$$

根据上述规定，核定征收企业的收入总额包含土地使用权转让收入，但其属于非日常经营项目所得，在这项所得超过应纳税所得额 20％时，应及时主动向主管税务机关申报调整已确定的应纳税额或应税所得率。参考青岛市的规定，转让财产收益高于已核定主营项目（业务）的应税所得率的，应在当年汇算清缴前向主管税务机关报送《企业所得税核定征收调整（取消）鉴定表》申请调整应税所得率，并按照调整后的应税所得率计算征税。

2. 核定征收企业可否享受小型微利企业优惠政策？

问： 企业所得税实行核定征收的企业，是否可以享受小型微利企业所得税税收优惠？

答：《国家税务总局关于扩大小型微利企业减半征收企业所得税范围有关问题的公告》（国家税务总局公告 2014 年第 23 号）第一条规定，符合规定条件的小型微利企业（包括采取查账征收和核定征收方式的企业），均可按照规定享受小型微利企业所得税优惠政策。

小型微利企业所得税优惠政策，包括企业所得税减按 20％征收，以及财税〔2014〕34 号文件规定的优惠政策。

第六条规定，小型微利企业 2014 年及以后年度申报纳税适用本公告，以前规定与本公告不一致的，按本公告规定执行。本公告发布之日起，财税〔2009〕69 号文件第八条废止。

根据上述规定，核定征收企业所得税的企业也可以适用小型微利企业优惠税率及减半征税政策。

3. 核定征收企业从事农业项目所得能否享受税收优惠?

问:《企业所得税法实施条例》第八十六条规定:

(一) 企业从事下列项目的所得,免征企业所得税:

4. 林木的培育和种植;

……

(二) 企业从事下列项目的所得,减半征收企业所得税:

1. 花卉、茶以及其他饮料作物和香料作物的种植。

实行定率征收所得税的企业,是否享受该优惠政策? 如何享受?

答:《国家税务总局关于印发〈企业所得税核定征收办法〉(试行)的通知》(国税发〔2008〕30号)第三条第二款规定:

特殊行业、特殊类型的纳税人和一定规模以上的纳税人不适用本办法。上述特定纳税人由国家税务总局另行明确。

《国家税务总局关于企业所得税核定征收若干问题的通知》(国税函〔2009〕377号)第一条规定,国税发〔2008〕30号文件第三条第二款所称"特定纳税人"包括以下类型的企业:

(一) 享受《中华人民共和国企业所得税法》及其实施条例和国务院规定的一项或几项企业所得税优惠政策的企业(不包括仅享受《中华人民共和国企业所得税法》第二十六条规定免税收入优惠政策的企业);

……

第二条规定,国税发〔2008〕30号文件第六条中的"应税收入额"等于收入总额减去不征税收入和免税收入后的余额。用公式表示为:

应税收入额＝收入总额－不征税收入－免税收入

其中,收入总额为企业以货币形式和非货币形式从各种来源取得的收入。

《企业所得税法》第二十七条规定,企业的下列所得,可以免征、减征企业所得税:

(一) 从事农、林、牧、渔业项目的所得;

……

参考《山东省青岛市地方税务局关于印发〈2010年所得税问题解答〉的通知》(青地税函〔2011〕4号)的规定:

2. 问:核定征收企业从事农、林、牧、渔业项目的所得或从事符合条件的环境保护、节能节水项目所得等是否可以享受税收优惠?

答:根据总局在企业所得税优惠管理方面的相关规定,税收优惠的享受需要相关项目单独核算,核定征收企业由于不能单独核算相关项目,不能享受有关税收优惠。

根据《国家税务总局关于企业所得税核定征收若干问题的通知》(国税函〔2009〕377号)以及《财政部、国家税务总局关于执行企业所得税优惠政策若干问题的通知》(财税〔2009〕69号)等规定,核定征收企业可以享受《中华人民共和国企业所得税法》及其实施条例规定的免税收入有关税收优惠,除此以外的各项企业所得税优惠政策均不得享受。

根据上述规定，企业实行核定征收企业所得税，可享受不征税收入、免税收入企业所得税优惠政策，不享受其他所得税优惠政策，从事农业项目的所得税优惠属于可以免征、减征企业所得税优惠，因此实行核定征收企业所得税企业从事农业项目所得不能享受有关税收优惠。

4. 核定征收企业享受小微企业免征增值税政策是否缴纳企业所得税？

问：《财政部印发〈关于小微企业免征增值税和营业税的会计处理规定〉的通知》（财会〔2013〕24 号）规定，小微企业在取得销售收入时，应当按照税法的规定计算应交增值税，并确认为应交税费，在达到《通知》规定的免征增值税条件时，将有关应交增值税转入当期营业外收入。

如果企业是采用应税所得率方式按收入额核定征收企业所得税的，这笔营业外收入是否需要缴纳企业所得税？

答：《财政部、国家税务总局关于财政性资金、行政事业性收费、政府性基金有关企业所得税政策问题的通知》（财税〔2008〕151 号）规定，企业取得的各类财政性资金，除属于国家投资和资金使用后要求归还本金的以外，均应计入企业当年收入总额。……

本条所称财政性资金，……包括直接减免的增值税和即征即退、先征后退、先征后返的各种税收，但不包括企业按规定取得的出口退税款；……

《国家税务总局关于企业所得税核定征收若干问题的通知》（国税函〔2009〕377 号）第二条规定，国税发〔2008〕30 号文件第六条中的"应税收入额"等于收入总额减去不征税收入和免税收入后的余额。用公式表示为：

应税收入额＝收入总额－不征税收入－免税收入

其中，收入总额为企业以货币形式和非货币形式从各种来源取得的收入。

《国家税务总局关于企业所得税核定征收有关问题的公告》（国家税务总局公告 2012 年第 27 号）第二条规定，依法按核定应税所得率方式核定征收企业所得税的企业，取得的转让股权（股票）收入等转让财产收入，应全额计入应税收入额，按照主营项目（业务）确定适用的应税所得率计算征税；若主营项目（业务）发生变化，应在当年汇算清缴时，按照变化后的主营项目（业务）重新确定适用的应税所得率计算征税。

根据上述规定，小微企业采取核定征收企业所得税的，取得直接减免的增值税转入当期营业外收入，应计入企业当年收入总额，按照主营项目（业务）确定适用的应税所得率计算征税。

5. 核定征收出租汽车公司是以收入额还是承包费作为计税依据？

问：我公司是一家出租汽车公司，属于"营改增"纳税人，"营改增"后按简易征收率征收增值税，增值税收入额的确定沿用原地税收入额 6 000 元/月·台车（实际承包给驾驶员是 10 000 元左右/月·台车）。我公司所得税由地税征管，实行核定征收，应纳税所得率为 10%，我公司缴纳所得税是按增值税收入缴税，还是按收取的承包费缴税？

答：《国家税务总局关于印发〈企业所得税核定征收办法〉（试行）的通知》第四条规定，税务机关应根据纳税人具体情况，对核定征收企业所得税的纳税人，核定应税所得率或者核定应纳所得税额。

具有下列情形之一的，核定其应税所得率：

（一）能正确核算（查实）收入总额，但不能正确核算（查实）成本费用总额的；

（二）能正确核算（查实）成本费用总额，但不能正确核算（查实）收入总额的。

第九条规定，纳税人的生产经营范围、主营业务发生重大变化，或者应纳税所得额或应纳税额增减变化达到 20%的，应及时向税务机关申报调整已确定的应纳税额或应税所得率。

根据上述规定，贵公司如能正确核算收入总额，应按实际收入金额依税务机关核定的应税所得率申报缴纳企业所得税。如应纳税所得额与税务机关已核定金额增减变化达到 20%以上的，应及时向主管税务机关申请调整。

6. 如何计算旅游业核定征收的企业所得税？

问：旅游业核定征收的企业所得税如何计算？比如收入为 10 000 元，应缴纳的企业所得税是多少？

答：《国家税务总局关于印发〈企业所得税核定征收办法〉（试行）的通知》（国税发〔2008〕30 号）第四条规定，税务机关应根据纳税人具体情况，对核定征收企业所得税的纳税人，核定应税所得率或者核定应纳所得税额。

具有下列情形之一的，核定其应税所得率：

（一）能正确核算（查实）收入总额，但不能正确核算（查实）成本费用总额的；

（二）能正确核算（查实）成本费用总额，但不能正确核算（查实）收入总额的；

（三）通过合理方法，能计算和推定纳税人收入总额或成本费用总额的。

纳税人不属于以上情形的，核定其应纳所得税额。

第六条规定，采用应税所得率方式核定征收企业所得税的，应纳所得税额计算公式如下：

应纳所得税额＝应纳税所得额×适用税率

应纳税所得额＝应税收入额×应税所得率

或：应纳税所得额＝成本（费用）支出额/（1－应税所得率）×应税所得率

根据上述规定，企业所得税核定征收采取核定应税所得率和核定应纳所得税额两种方式，第二种方式直接确定应纳税额，第一种方式由当地主管税务机关根据不同的行业制定应税所得率，从而根据上述公式计算应纳税所得额，再计算应纳所得税额。

7. 预收账款能否作为核定征收企业所得税的依据？

问：我公司企业所得税征收方式为核定定率征收，公司收到了一笔货物预收账款，但还未达到收入确认条件，账务处理上列入预收账款，是否要计入收入总额按"收入总额×核定定率×25％"来缴纳企业所得税？

答：《国家税务总局关于印发〈企业所得税核定征收办法〉（试行）的通知》（国税发〔2008〕30 号）第六条规定，采用应税所得率方式核定征收企业所得税的，应纳所得税额计算公式如下：

应纳所得税额＝应纳税所得额×适用税率

应纳税所得额＝应税收入额×应税所得率

《国家税务总局关于企业所得税核定征收若干问题的通知》（国税函〔2009〕377 号）第二项规定，国税发〔2008〕30 号文件第六条中的"应税收入额"等于收入总额减去不征税收入和免税收入后的余额。用公式表示为：

应税收入额＝收入总额－不征税收入－免税收入

《国家税务总局关于确认企业所得税收入若干问题的通知》（国税函〔2008〕875 号）规定，除企业所得税法及实施条例另有规定外，企业销售收入的确认，必须遵循权责发生制原则和实质重于形式原则。

（二）符合上款收入确认条件，采取下列商品销售方式的，应按以下规定确认收入实现时间：

2. 销售商品采取预收款方式的，在发出商品时确认收入。

根据上述规定，采用核定应税所得率征收办法的企业，其应税收入额是收入总额减去不征税收入和免税收入后的余额。应税收入的确认应按国税函〔2008〕875 号文件的规定，以预收款方式销售商品的，应在发出商品时确认收入。

8. 核定征收方式下对外发生的支出可否不取得发票？

问：我公司是一家房地产开发企业，所得税采取的是定率征收方式，我公司向小额贷款公司借款所支付的利息，小额贷款公司给我公司出具的是"普通收据"。

我公司取得小额贷款公司提供的收据有何税收风险？依据是什么？

答：《国家税务总局关于印发〈企业所得税核定征收办法〉（试行）的通知》（国税发〔2008〕30 号）第三条规定，纳税人具有下列情形之一的，核定征收企业所得税：

（一）依照法律、行政法规的规定可以不设置账簿的；

（二）依照法律、行政法规的规定应当设置但未设置账簿的；

（三）擅自销毁账簿或者拒不提供纳税资料的；

（四）虽设置账簿，但账目混乱或者成本资料、收入凭证、费用凭证残缺不全，难以查账的；

（五）发生纳税义务，未按照规定的期限办理纳税申报，经税务机关责令限期申报，逾期仍不申报的；

（六）申报的计税依据明显偏低，又无正当理由的。

特殊行业、特殊类型的纳税人和一定规模以上的纳税人不适用本办法。上述特定纳税人由国家税务总局另行明确。

根据上述规定，对可以采取核定征收的房地产企业，应该是有上述行为之一，可以不设置账簿、未设置账簿、账目混乱或成本资料、收入凭证、费用凭证残缺不全，难以查账不能证明可以不按规定取得发票，虽然不影响企业所得税的征收方式，但税务机关可以对房地产公司及小额贷款公司按照发票管理办法的规定进行处罚。

处罚依据如下：

《发票管理办法》第三十五条规定，违反本办法的规定，有下列情形之一的，由税务机关责令改正，可以处 1 万元以下的罚款；有违法所得的予以没收：

（一）应当开具而未开具发票，或者未按照规定的时限、顺序、栏目，全部联次一次性开具发票，或者未加盖发票专用章的；

......

（六）以其他凭证代替发票使用的；

......

9. 核定征收企业取得补贴收入是否缴纳税款？

问：《国家税务总局关于公布全文失效废止部分条款失效废止的税收规范性文件目录的公告》（国家税务总局公告 2011 年第 2 号）将《国家税务总局关于核定征收企业所得税的纳税人取得财政补贴收入计征所得税的批复》（国税函〔2005〕541 号）废止。对按定率核定征收方式缴纳企业所得税的纳税人，其取得的财政补贴收入是否还应并入收入总额，按主营项目的应税所得率计算缴纳企业所得税？

答：《国家税务总局关于公布全文失效废止部分条款失效废止的税收规范性文件目录的公告》（国家税务总局公告 2011 年第 2 号）中的"全文失效废止的税收规范性文件目录"包括《国家税务总局关于核定征收企业所得税的纳税人取得财政补贴收入计征所得税的批复》（国税函〔2005〕541 号）文件。

《国家税务总局关于企业所得税核定征收若干问题的通知》（国税函〔2009〕377 号）第二条规定，国税发〔2008〕30 号文件第六条中的"应税收入额"等于收入总额减去不征税收入和免税收入后的余额。用公式表示为：

应税收入额＝收入总额－不征税收入－免税收入

其中，收入总额为企业以货币形式和非货币形式从各种来源取得的收入。

第三条规定，本通知从 2009 年 1 月 1 日起执行。

根据上述规定，虽然国税函〔2005〕541 号文件中核定征收企业取得财政补贴收入计征所得税的政策依据废止执行，但是，依据《国家税务总局关于企业所得税核定征收若干问题的通知》（国税函〔2009〕377 号）的规定，核定征收企业取得的财政补贴收入首先应并入收入总额。如果财政补贴收入符合税收政策规定的不征税收入，可以从收入总额中抵减；如果财政补贴收入不符合税收政策规定的不征税收入，应计征企业所得税。

10. 如何理解企业所得税核定征收的申报调整？

问：《国家税务总局关于印发〈企业所得税核定征收办法〉（试行）的通知》（国税发

〔2008〕30 号）第九条规定，纳税人的生产经营范围、主营业务发生重大变化，或者应纳税所得额或应纳税额增减变化达到 20% 的，应及时向税务机关申报调整已确定的应纳税额或应税所得率。

对于"应纳税所得额或应纳税额增减变化达到 20% 的"应当怎么理解？增减变化达到 20% 的比较基础是什么？是比较上期的应纳税所得额或应纳税额还是当期的？

答：《国家税务总局关于印发〈企业所得税核定征收办法〉（试行）的通知》（国税发〔2008〕30 号）第九条规定，纳税人的生产经营范围、主营业务发生重大变化，或者应纳税所得额或应纳税额增减变化达到 20% 的，应及时向税务机关申报调整已确定的应纳税额或应税所得率。

关于应纳税所得额增减变化达到 20% 计算口径问题，实行定率征收的企业，按全年核定的应税所得率计算的应纳税所得额与实际经营核算的应纳税所得额进行比较，其实际应纳税所得额增减变化达到 20% 的，应及时向税务机关申报调整已确定的应税所得率。

例如，年核定的应税所得额为 100 元，若年实际经营核算的应纳税所得额在 80 元以下，120 元以上时，应及时向税务机关申报调整已确定的应税所得率。若年实际经营核算的应纳税所得额在 80 元以上，120 元以下时，应按照年核定的应税所得额 100 元，计缴企业所得税。

11. 核定征收企业的企业所得税是否需要汇算清缴？

问：核定征收企业的企业所得税是否需要汇算清缴？

答：《国家税务总局关于印发〈企业所得税核定征收办法〉（试行）的通知》（国税发〔2008〕30 号）第十三条规定，纳税人实行核定应税所得率方式的，按下列规定申报纳税：

（一）主管税务机关根据纳税人应纳税额的大小确定纳税人按月或者按季预缴，年终汇算清缴。预缴方法一经确定，一个纳税年度内不得改变。

（二）纳税人应依照确定的应税所得率计算纳税期间实际应缴纳的税额，进行预缴。按实际数额预缴有困难的，经主管税务机关同意，可按上一年度应纳税额的 1/12 或 1/4 预缴，或者按经主管税务机关认可的其他方法预缴。

（三）纳税人预缴税款或年终进行汇算清缴时，应按规定填写《中华人民共和国企业所得税月（季）度预缴纳税申报表（B 类）》，在规定的纳税申报时限内报送主管税务机关。

第十四条规定，纳税人实行核定应纳所得税额方式的，按下列规定申报纳税：

（一）纳税人在应纳所得税额尚未确定之前，可暂按上年度应纳所得税额的 1/12 或 1/4 预缴，或者按经主管税务机关认可的其他方法，按月或按季分期预缴。

（二）在应纳所得税额确定以后，减除当年已预缴的所得税额，余额按剩余月份或季度均分，以此确定以后各月或各季的应纳税额，由纳税人按月或按季填写《中华人民共和国企业所得税月（季）度预缴纳税申报表（B 类）》，在规定的纳税申报期限内进行纳税申报。

（三）纳税人年度终了后，在规定的时限内按照实际经营额或实际应纳税额向税务机关申报纳税。申报额超过核定经营额或应纳税额的，按申报额缴纳税款；申报额低于核定经营额或应纳税额的，按核定经营额或应纳税额缴纳税款。

根据上述规定，实行核定应税所得率方式的企业，在年度终了后也需要进行汇算清缴。

12. 核定征收企业申请查账征收需要具备哪些条件?

问：我公司是河南郑州一家从事贸易批发的小规模企业，以前企业所得税核定征收，现拟申请查账征收，需要具备哪些条件?

答：《国家税务总局关于印发〈企业所得税核定征收办法〉(试行)的通知》(国税发〔2008〕30号)第三条规定，纳税人具有下列情形之一的，核定征收企业所得税:

(一)依照法律、行政法规的规定可以不设置账簿的;

(二)依照法律、行政法规的规定应当设置但未设置账簿的;

(三)擅自销毁账簿或者拒不提供纳税资料的;

(四)虽设置账簿，但账目混乱或者成本资料、收入凭证、费用凭证残缺不全，难以查账的;

(五)发生纳税义务，未按照规定的期限办理纳税申报，经税务机关责令限期申报，逾期仍不申报的;

(六)申报的计税依据明显偏低，又无正当理由的。

《河南省国家税务局关于印发〈企业所得税核定征收管理暂行办法〉的通知》(豫国税发〔2010〕119号)第十条规定，对上年度实行核定征收企业所得税的纳税人，主管税务机关应按照本办法规定程序在年度终了后6个月内完成重新鉴定，重新鉴定工作完成前，纳税人暂按上年度的核定征收方式预缴企业所得税;重新鉴定工作完成后，按重新鉴定的结果进行调整。

第十一条规定，纳税人因条件发生变化，不再符合原有征收方式，以及纳税人因发生符合第十二条规定情形影响其原核定应税所得率及应纳税额的，须按照以下程序向主管税务机关提出申请。

(一)纳税人应向主管税务机关提出书面申请，并填报《企业所得税核定征收变更(调整)申请审批表》(见附件三，以下简称《审批表》)。

(二)主管税务机关接到纳税人《审批表》后，委托税收管理员调查人员开展调查并在《调查表》上填写意见;主管税务机关根据调查结果做出鉴定意见，报县(市、区)税务机关认定后，送达纳税人执行。

(三)纳税人在未接到变更通知以前，原有征收方式及核定应税所得率、核定应纳税额继续执行。

根据上述规定，如果贵企业不再属于核定征收企业所得税的六种情形，可以向主管税务机关申请变更企业所得税征收方式。

13. 律师事务所的企业所得税能否核定征收?

问：律师事务所的企业所得税可否核定征收?

答：根据《国家税务总局关于企业所得税核定征收若干问题的通知》(国税函〔2009〕377号)与《国家税务总局关于进一步加强税收征管若干具体措施的通知》(国税发〔2009〕114号)的规定，对会计、审计、资产评估、税务、房地产估价、土地估价、工程造价、律师、价格鉴证、公证机构、基层法律服务机构、专利代理、商标代理以及其他经济鉴证类社会中介机构的税收不得实行核定征收，全部实行查账征收。

因此，律师事务所不能采用核定征收方式征收企业所得税。

对于构成非居民企业的外国律师事务所，《国家税务总局关于印发〈非居民企业所得税核定征收管理办法〉的通知》（国税发〔2010〕19 号）第二条、第四条规定，外国律师事务所在中国境内构成企业所得税法第二条第三项的非居民企业，因会计账簿不健全，资料残缺难以查账，或者其他原因不能准确计算并据实申报其应纳税所得额的，税务机关有权核定其应纳税所得额。《国家税务总局关于印发〈外国企业常驻代表机构税收管理暂行办法〉的通知》（国税发〔2010〕18 号）规定，外国律师事务所在中国设立常驻代表机构，对账簿不健全、不能准确核算收入或成本费用，以及无法据实申报的代表机构，税务机关有权核定其应纳税所得额。

特别纳税调整

1. 母子公司间提供服务支付费用如何进行纳税处理？

问：我集团公司包括多家独立核算的分、子公司。近期，拟准备依据《国家税务总局关于母子公司间提供服务支付费用有关企业所得税处理问题的通知》（国税发〔2008〕86 号）规定，向分、子公司收取服务费，涉及如下问题：

（1）收取服务费的一方，必须是集团中的母公司吗？如果成立一家子公司，而且此子公司是实际提供服务咨询的提供方，那么以此子公司的名义，向其他分、子公司提供服务收取费用，是否符合文件的规定？或者是母公司成立一家分公司，以此母公司的分公司向集团其他的分、子公司收取费，是否可以？原因在于，我集团总部（提供服务方）与母公司相互分离。以母公司的名义提供服务，收取费用存在操作上的难度。

（2）母公司向多家子公司提供服务收取费用，是否有统一的标准？如果将集团总部的收费汇总，然后按全部接受服务的子公司收入比例进行分摊是否可行？除此以外，如果母公司和子公司单独签订协议，其收费的标准如何确定，才能确保是公允的？

答：1.《公司法》规定，母公司通常为控股方对子公司的控制权，或者虽不是控股方但是能实质控制子公司。母公司控制子公司的方式主要体现为决定子公司的财务和经营政策。因此，根据国税发〔2008〕86 号文件的规定，母公司为子公司提供服务，服务提供方应为母公司。母公司为子公司提供服务可以通过其分公司对外提供。

2.《国家税务总局关于母子公司间提供服务支付费用有关企业所得税处理问题的通知》（国税发〔2008〕86 号）第三条规定，母公司向其多个子公司提供同类项服务，其收取的服务费可以采取分项签订合同或协议收取；也可以采取服务分摊协议的方式，即，由母公司与各子公司签订服务费用分摊合同或协议，以母公司为其子公司提供服务所发生的实际费用并附加一定比例利润作为向子公司收取的总服务费，在各服务受益子公司（包括盈利企业、亏损企业和享受减免税企业）之间按《中华人民共和国企业所得税法》第四十一条第二款规定合理分摊。

因此，母公司向多家子公司提供同类服务可以采取服务分摊协议方式，先以母公司为其子公司提供服务所发生的实际费用并附加一定比例利润作为向子公司收取的总服务费，再向各子公司收取服务费。向各子公司分摊应收取服务费时，应符合独立交易原则。

参考《国家税务总局关于实施国家重点扶持的公共基础设施项目企业所得税优惠问题的通知》（国税发〔2009〕80号）的规定，期间共同费用的合理分摊比例可以按照投资额、销售收入、资产额、人员工资等参数确定。上述比例一经确定，不得随意变更。凡特殊情况需要改变的，需报主管税务机关核准。

因此，母公司应按照具体服务内容采用合理分摊方法，比如按销售收入、职工工资、资产总额等因素进行分摊。

母公司与子公司单独签订服务协议，可采用可比非受控价格法、再销售价格法、成本加成法、交易净利润法、利润分割法等方法确定价格。

2. 如何确定计算关联方交易额的期间？

问： 我公司于2012年7月被A公司收购，成为关联方；按照税法规定，在计算2012年与A公司的关联方交易额时，口径是7至12月份的交易额，还是全年的交易额？

答：《国家税务总局关于印发〈特别纳税调整实施办法（试行）〉的通知》（国税发〔2009〕2号）第九条规定，所得税法实施条例第一百零九条及征管法实施细则第五十一条所称关联关系，主要是指企业与其他企业、组织或个人具有下列之一关系：

（一）一方直接或间接持有另一方的股份总和达到25%以上，或者双方直接或间接同为第三方所持有的股份达到25%以上。若一方通过中间方对另一方间接持有股份，只要一方对中间方持股比例达到25%以上，则一方对另一方的持股比例按照中间方对另一方的持股比例计算。

（二）一方与另一方（独立金融机构除外）之间借贷资金占一方实收资本50%以上，或者一方借贷资金总额的10%以上是由另一方（独立金融机构除外）担保。

（三）一方半数以上的高级管理人员（包括董事会成员和经理）或至少一名可以控制董事会的董事会高级成员是由另一方委派，或者双方半数以上的高级管理人员（包括董事会成员和经理）或至少一名可以控制董事会的董事会高级成员同为第三方委派。

（四）一方半数以上的高级管理人员（包括董事会成员和经理）同时担任另一方的高级管理人员（包括董事会成员和经理），或者一方至少一名可以控制董事会的董事会高级成员同时担任另一方的董事会高级成员。

（五）一方的生产经营活动必须由另一方提供的工业产权、专有技术等特许权才能正常进行。

（六）一方的购买或销售活动主要由另一方控制。

（七）一方接受或提供劳务主要由另一方控制。

（八）一方对另一方的生产经营、交易具有实质控制，或者双方在利益上具有相关联的其他关系，包括虽未达到本条第（一）项持股比例，但一方与另一方的主要持股方享受基本相同的经济利益，以及家族、亲属关系等。

根据上述规定，贵公司与A公司存在上述关系之一时，贵公司与A公司属于关联方。

如果在收购事项发生前，贵公司与 A 公司不存在关联关系，因收购事项发生，贵公司与 A 公司存在关联关系，则在 2012 年 7 月前（收购日以前），贵公司与 A 公司不属于关联方，贵公司与 A 公司的交易不属于关联交易；收购日以后，贵公司与 A 公司属于关联方，贵公司与 A 公司发生的交易属于关联交易，需计入关联交易额。

3. 如何理解"直接或间接持有股权之和"？

问：《财政部、国家税务总局关于居民企业技术转让有关企业所得税政策问题的通知》（财税〔2010〕111 号）第四条规定，居民企业从直接或间接持有股权之和达到100％的关联方取得的技术转让所得，不享受技术转让减免企业所得税优惠政策。

如何理解100％比例？如果 A、B 公司分别持有甲公司75％和25％的股权，同时，A 公司和 E 自然人又分别持有 B 公司75％和25％的股权，此种情况下，A 公司是否构成了对甲公司直接或间接持有股权之和达到100％的规定？

参照《公开发行证券的公司信息披露编报规则第 15 号——财务报告的一般规定》（2010 年修订）中"持股比例和表决权比例的确定"，15 号编报规则及其附件中的"持股比例"填列享有被投资单位权益份额的比例，即 A 的持股比例为：$75\% + 75\% \times 25\% = 93.75\%$，这样算对吗？

答： 1.《国家税务总局关于印发〈特别纳税调整实施办法（试行）〉的通知》（国税发〔2009〕2 号）第九条规定，所得税法实施条例第一百零九条及征管法实施细则第五十一条所称关联关系，主要是指企业与其他企业、组织或个人具有下列之一关系：

（一）一方直接或间接持有另一方的股份总和达到 25％以上，或者双方直接或间接同为第三方所持有的股份达到 25％以上。若一方通过中间方对另一方间接持有股份，只要一方对中间方持股比例达到 25％以上，则一方对另一方的持股比例按照中间方对另一方的持股比例计算。

上述条款虽是对关联关系的判定依据之一，但该条款也明确了如何计算一方对另一方（直接或通过第三方）持股比例的计算问题。因此，该条规定可用于确定财税〔2010〕111 号文件第四条规定的股权计算事项。

对于所述案例，A 公司直接持有甲公司股权 75％，同时通过第三方 B 公司间接持有甲公司股权。

间接持股比例计算如下：由于 A 公司持有 B 公司 75％股权，持股比例超过 25％，A 公司间接持有 B 公司股权比例为 B 公司持有甲公司股权 25％，即间接持有股权比例为 25％。

A 公司直接或间接持有甲公司股权为 100％（直接 75％＋间接 25％）。

2. 贵公司所述持股比例计算为会计规定的算法。对持股比例计算税法有规定，因此不能遵循会计的规定。

4. 企业无偿向境外子公司出借资金是否缴纳企业所得税？

问： 我公司是一家有限责任公司，注册资本为 20 亿元人民币，在加拿大注册了一家全资子公司。由于经营业务的需要，母公司将注册资本中的18亿元，无偿出借给加拿大子公司达2年。现当地税务机关要求母公司按规定计算出借给子公司的利息收入，并补缴企业所得税。

我公司是否应缴纳该企业所得税？

答：《企业所得税法》第四十一条第一款规定，企业与其关联方之间的业务往来，不符合独立交易原则而减少企业或者其关联方应纳税收入或者所得额的，税务机关有权按照合理方法调整。

《企业所得税法实施条例》第一百零九条规定，企业所得税法第四十一条所称关联方，是指与企业有下列关联关系之一的企业、其他组织或者个人：

（一）在资金、经营、购销等方面存在直接或者间接的控制关系；

（二）直接或者间接地同为第三者控制；

（三）在利益上具有相关联的其他关系。

第一百一十条规定，企业所得税法第四十一条所称独立交易原则，是指没有关联关系的交易各方，按照公平成交价格和营业常规进行业务往来遵循的原则。

《国家税务总局关于印发〈特别纳税调整实施办法（试行）〉的通知》（国税发〔2009〕2号）第九条规定，所得税法实施条例第一百零九条及征管法实施细则第五十一条所称关联关系，主要是指企业与其他企业、组织或个人具有下列之一关系：

（一）一方直接或间接持有另一方的股份总和达到25%以上，或者双方直接或间接同为第三方所持有的股份达到25%以上。若一方通过中间方对另一方间接持有股份，只要一方对中间方持股比例达到25%以上，则一方对另一方的持股比例按照中间方对另一方的持股比例计算。

根据上述规定，贵公司与加拿大子公司属于关联方，与子公司资金借贷应按独立交易原则确定交易额。贵公司将资金18亿元无偿借给境外子公司，不符合独立交易原则，税务机关有权进行特别纳税调整处理。

5. 关联交易比非关联定价微低是否涉及调整？

问：我公司为一自备电厂，对外供电时，收取的电费可能有所差异，比如集团内的公司收费少一些，无关联企业收费多一些，但差额不大，即每度电差3～5分钱。这样做是否有涉税风险？

答：《税收征收管理法》第三十六条规定，企业或者外国企业在中国境内设立的从事生产、经营的机构、场所与其关联企业之间的业务往来，应当按照独立企业之间的业务往来收取或者支付价款、费用；不按照独立企业之间的业务往来收取或者支付价款、费用，而减少其应纳税的收入或者所得额的，税务机关有权进行合理调整。

《增值税暂行条例》第七条规定，纳税人销售货物或者应税劳务的价格明显偏低并无正当理由的，由主管税务机关核定其销售额。

《国家税务总局关于印发〈特别纳税调整实施办法〔试行〕〉的通知》（国税发〔2009〕2号）第三十条规定，实际税负相同的境内关联方之间的交易，只要该交易没有直接或间接导致国家总体税收收入的减少，原则上不做转让定价调查、调整。

依据上述规定，关联企业之间销售货物，价格明显偏低并无正当理由的，由主管税务机关核定其销售额。实际税负不同的境内关联方之间的交易，不按照独立企业之间的业务往来收取或者支付价款、费用，而减少其应纳税的收入或者所得额的，税务机关有权进行合理调整。

6. 关联交易额超过 2 亿元的内资企业是否需要同期资料报备？

问：我公司是内资企业，2014 年我公司与关联方（全部属于境内企业）的交易金额超过 2 亿元，我公司是否要向税务局提供同期资料？另外《国家税务总局关于印发〈特别纳税调整实施办法（试行）〉的通知》（国税发〔2009〕2 号）第十五条第（三）款中"外资股份低于 50％且仅与境内关联方发生关联交易"应如何理解？

答：《国家税务总局关于印发〈特别纳税调整实施办法（试行）〉的通知》（国税发〔2009〕2 号）第十五条规定，属于下列情形之一的企业，可免于准备同期资料：

（一）年度发生的关联购销金额（来料加工业务按年度进出口报关价格计算）在 2 亿元人民币以下且其他关联交易金额（关联融通资金按利息收付金额计算）在 4 000 万元人民币以下，上述金额不包括企业在年度内执行成本分摊协议或预约定价安排所涉及的关联交易金额；

......

（三）外资股份低于 50％且仅与境内关联方发生关联交易。

根据上述规定，内资企业 2014 年度与关联方发生的关联购销金额超过 2 亿元人民币，应按税务机关要求提供其关联交易的同期资料。

企业股权结构中，没有外资股份则不适用外资股份低于 50％且仅与境内关联方发生关联交易可免于准备同期资料之规定。

7. 如何理解"关联购销金额"的范围？

问：《国家税务总局关于印发〈特别纳税调整实施办法（试行）〉的通知》（国税发〔2009〕2 号）第十五条规定，可免予准备同期资料的条件，是年度发生的关联购销金额在 2 亿元人民币以下。"关联购销金额"是否包括同在国内且同属一家国税局管理的兄弟企业之间的购销金额？

答：《国家税务总局关于印发〈特别纳税调整实施办法（试行）〉的通知》（国税发〔2009〕2 号）第十五条规定，属于下列情形之一的企业，可免于准备同期资料：

（一）年度发生的关联购销金额（来料加工业务按年度进出口报关价格计算）在 2 亿元人民币以下且其他关联交易金额（关联融通资金按利息收付金额计算）在 4 000 万元人民币以下，上述金额不包括企业在年度内执行成本分摊协议或预约定价安排所涉及的关联交易金额；

......

上述关联购销金额，包括与国内关联企业之间发生的关联方购销金额。

8. 预约定价是否适用境内关联企业？

问：预约定价安排包括单边、双边和多边 3 种类型。预约定价安排是否适用于境内关联方企业之间的定价管理？

答：《国家税务总局关于印发〈特别纳税调整实施办法（试行）〉的通知》（国税发〔2009〕2 号）第十五条规定，属于下列情形之一的企业，可免于准备同期资料：

（一）年度发生的关联购销金额（来料加工业务按年度进出口报关价格计算）在 2 亿元人民币以下且其他关联交易金额（关联融通资金按利息收付金额计算）在 4 000 万元人民币以下，上述金额不包括企业在年度内执行成本分摊协议或预约定价安排所涉及的关联交易金额；

（二）关联交易属于执行预约定价安排所涉及的范围；

（三）外资股份低于 50%且仅与境内关联方发生关联交易。

第四十八条规定，预约定价安排一般适用于同时满足以下条件的企业：

（一）年度发生的关联交易金额在 4 000 万元人民币以上；

（二）依法履行关联申报义务；

（三）按规定准备、保存和提供同期资料。

因此，国内关联方企业之间发生关联交易可免于准备同期资料，一般不适用预约定价安排。

9. 关联企业间无偿占用资金是否缴纳营业税和企业所得税？

问：按现行营业税条例，无偿行为不属于营业税征收范围。

《国家税务总局关于印发〈特别纳税调整实施办法（试行）〉的通知》（国税发〔2009〕2 号）第三十条规定，实际税负相同的境内关联方之间的交易，只要该交易没有直接或间接导致国家总体税收的减少，原则上不作转让定价调整。根据以上规定，是否可以认定为关联企业间资金无偿占用不涉及营业税和企业所得税？

答：关于无偿将资金让渡给他人使用的涉税问题，《营业税暂行条例》第一条规定，在中华人民共和国境内提供本条例规定的劳务、转让无形资产或者销售不动产的单位和个人，为营业税的纳税人，应当依照本条例缴纳营业税。《营业税暂行条例实施细则》第三条规定，条例第一条所称提供条例规定的劳务、转让无形资产或者销售不动产，是指有偿提供条例规定的劳务、有偿转让无形资产或者有偿转让不动产所有权的行为。前款所称有偿，是指取得货币、货物或者其他经济利益。

因此，公司之间或个人与公司之间发生的资金往来（无偿借款），若没有取得货币、货物或者其他经济利益，不缴纳营业税。由于无偿借款无收入体现，因此也不涉及企业所得税问题。

《税收征收管理法》第三十六条规定，企业或者外国企业在中国境内设立的从事生产、经营的机构、场所与其关联企业之间的业务往来，应当按照独立企业之间的业务往来收取或者支付价款、费用；不按照独立企业之间的业务往来收取或者支付价款、费用，而减少其应纳税的收入或者所得额的，税务机关有权进行合理调整。

即若借贷双方存在关联关系，税务机关有权核定其利息收入并征收营业税和企业所得税。

如果符合《国家税务总局关于印发〈特别纳税调整实施办法（试行）〉的通知》（国税发〔2009〕2号）第三十条的规定："实际税负相同的境内关联方之间的交易，只要该交易没有直接或间接导致国家总体税收收入的减少，原则上不做转让定价调查、调整。"境内关联方之间的交易原则上不做调整，但具体执行时税务机关可能并不采用此条款。因此，具体事例还要具体分析。

10. 从境外关联方进口设备是否构成"关联购销金额"？

问： 国税发〔2009〕2号文件第十五条第（一）款规定，"关联购销金额在2亿元以下且其他关联交易金额在4000万人民币以下"免于准备同期资料。我公司从国外关联方进口的机器设备属于关联购销还是其他关联交易？

答：《国家税务总局关于印发〈特别纳税调整实施办法（试行）〉的通知》（国税发〔2009〕2号）第十条规定，关联交易主要包括以下类型：

（一）有形资产的购销、转让和使用，包括房屋建筑物、交通工具、机器设备、工具、商品、产品等有形资产的购销、转让和租赁业务；

......

《国家税务总局关于印发〈中华人民共和国企业年度关联业务往来报告表〉的通知》（国税发〔2008〕114号）附件《企业年度关联业务往来报告表填报说明》规定：

关联交易汇总表（表二）：

一、本表为表三至表七的汇总情况表，除其他交易类型的交易金额外，所有交易类型的交易金额均为表三至表七各表的相应交易类型的交易金额汇总数。各表间勾稽关系如下：

1. 材料（商品）购入第1列＝表3购销表第1项；

材料（商品）购入第4列＝表3购销表第4项；

材料（商品）购入第7列＝表3购销表第7项。

7. 受让固定资产第1列＝表6固定资产表总计第1列；

受让固定资产第4列＝表6固定资产表总计第2列；

受让固定资产第7列＝表6固定资产表总计第4列。

购销表（表三）：

一、"购入总额"：填报年度购入的原材料、半成品、材料（商品）等有形资产的金额，不包括固定资产、工程物资和低值易耗品。

根据上述规定，贵公司从关联方购入机器设备，属于有形资产的转让关联交易业务。贵公司从国外关联方进口机器设备不反映在《购销表》的购入总额中，反映在《固定资产表（表六）》的受让固定资产对应栏次。该交易金额不属于关联购销金额，属于其他关联交易金额。

关联方利息扣除

1. 关联企业之间利息税前列支的比例有无规定?

问: 目前关联企业之间借款利息税前列支税法是如何规定的? 是否还有比例规定? 如果属于控股全资子公司借款, 母公司为支持其发展决定不收取利息, 所得税汇算时是否需要调整?

答:《企业所得税法实施条例》第三十八条规定, 企业在生产经营活动中发生的下列利息支出, 准予扣除:

(一) 非金融企业向金融企业借款的利息支出、金融企业的各项存款利息支出和同业拆借利息支出、企业经批准发行债券的利息支出;

(二) 非金融企业向非金融企业借款的利息支出, 不超过按照金融企业同期同类贷款利率计算的数额的部分。

《财政部、国家税务总局关于企业关联方利息支出税前扣除标准有关税收政策问题的通知》(财税〔2008〕121 号) 第一条规定, 在计算应纳税所得额时, 企业实际支付给关联方的利息支出, 不超过以下规定比例和税法及其实施条例有关规定计算的部分, 准予扣除, 超过的部分不得在发生当期和以后年度扣除。

企业实际支付给关联方的利息支出, 除符合本通知第二条规定外, 其接受关联方债权性投资与其权益性投资比例为:

(一) 金融企业, 为 5∶1;

(二) 其他企业, 为 2∶1。

第二条规定, 企业如果能够按照税法及其实施条例的有关规定提供相关资料, 并证明相关交易活动符合独立交易原则的; 或者该企业的实际税负不高于境内关联方的, 其实际支付给境内关联方的利息支出, 在计算应纳税所得额时准予扣除。

《国家税务总局关于印发〈特别纳税调整实施办法 (试行)〉的通知》(国税发〔2009〕2 号) 第三十条规定, 实际税负相同的境内关联方之间的交易, 只要该交易没有直接或间接导致国家总体税收收入的减少, 原则上不做转让定价调查、调整。

第八十九条规定, 企业关联债资比例超过标准比例的利息支出, 如要在计算应纳税所得额时扣除, 除遵照本办法第三章规定外, 还应准备、保存、并按税务机关要求提供以下同期资料, 证明关联债权投资金额、利率、期限、融资条件以及债资比例等均符合独立交易原则:

(一) 企业偿债能力和举债能力分析;

(二) 企业集团举债能力及融资结构情况分析;

(三) 企业注册资本等权益投资的变动情况说明;

(四) 关联债权投资的性质、目的及取得时的市场状况;

(五) 关联债权投资的货币种类、金额、利率、期限及融资条件;

(六) 企业提供的抵押品情况及条件;

（七）担保人状况及担保条件；

（八）同类同期贷款的利率情况及融资条件；

（九）可转换公司债券的转换条件；

（十）其他能够证明符合独立交易原则的资料。

第九十条规定，企业未按规定准备、保存和提供同期资料证明关联债权投资金额、利率、期限、融资条件以及债资比例等符合独立交易原则的，其超过标准比例的关联方利息支出，不得在计算应纳税所得额时扣除。

根据上述规定，关联方之间的借款利息支出中超过金融企业同期同类贷款利率计算的部分不能税前扣除；未超过部分的利息部分，债资比不超标或者超标但能提供相关的资料证明符合独立交易原则的或者该企业的实际税负不高于境内关联方的，可以按照实际支付的利息税前扣除，否则超标部分不能税前扣除。对于关联方无偿占用资金的，按照国税发〔2009〕2 号文件的规定，只要该交易没有直接或间接导致国家总体税收收入的减少，原则上不做转让定价调查、调整，但是具体执行要视主管税务机关的口径而定。

2. 关联方借款利息如何进行税务处理？

问：我公司系影视投资公司，进行影视剧的投资拍摄及发行工作，本年我公司向集团公司（系集团全资子公司）借款若干，用于本公司的影视剧投资及制作与控股子公司影视剧的投资与制作，集团的资金来源于银行，集团按照高于银行贷款利率的资金使用率向我公司收取资金使用费，我公司按照从集团取得借款的实际利率向子公司收取资金使用费，目前我公司从集团取得的借款资金已超过注册资本金的 2 倍，子公司从我公司取得的借款金额也超过了我公司投资额的 2 倍，那么，我公司及子公司如何进行存货资本化的核算？资本化利息应该如何计算？在税务处理上应该如何计税？

答：1. 营业税。

集团公司向银行借款后，将资金再借给贵公司使用，按高于银行贷款利率向贵公司收取利息，不适用统借统还不征收营业税规定。《财政部、国家税务总局关于非金融机构统借统还业务征收营业税问题的通知》（财税字〔2000〕7 号）第二条规定，统借方将资金分拨给下属单位，不得按高于支付给金融机构的借款利率水平向下属单位收取利息，否则，将视为具有从事贷款业务的性质，应对其向下属单位收取的利息全额征收营业税。

集团公司向贵公司收取的利息应全额缴纳营业税，根据《发票管理办法》第十九条规定，集团公司应向贵公司开具发票，贵公司应以发票作为合法凭证。

贵公司从集团公司取得借款后，再将款项借给子公司使用，由于该借款不是贵公司从金融机构取得的，因此，不再适用财税字〔2000〕7 号文件的相关规定。贵公司将款项借给子公司使用收取的利息，根据《国家税务总局关于印发〈营业税问题解答（之一）〉的通知》（国税函发〔1995〕156 号）的规定，不论金融机构还是其他单位，只要是发生将资金贷与他人使用的行为，均应视为发生贷款行为，按"金融保险业"税目征收营业税。贵公司收取利息应缴纳营业税，并应向子公司开具发票。

2. 企业所得税。

（1）未取得发票。如果贵公司向集团公司支付利息未取得发票的，根据《国家税务总局关于印发〈进一步加强税收征管若干具体措施〉的通知》（国税发〔2009〕114号）的规定，未按规定取得的合法有效凭据不得在税前扣除。因此，贵公司的利息支出不能税前扣除。此时，贵公司不需考虑关联方债权性投资与权益性投资比例事项。

同理，如果子公司向贵公司支付利息未取得发票的，子公司的利息支出不得税前扣除。

（2）取得发票。

关于超过同期同贷利息部分。贵公司向集团公司支付利息，需判定利息支出是否超过金融企业同期同类贷款利率计算的数额。超过部分，根据《企业所得税法实施条例》第三十八条第（二）项的规定，该项支出不得税前扣除。从税法而言，也不存在资本化问题。

关于不超过同期同贷利息部分。对于利息支出不超过在金融企业同期同类贷款利率计算的数额部分，贵公司应按照《财政部、国家税务总局关于企业关联方利息支出税前扣除标准有关税收政策问题的通知》（财税〔2008〕121号）及《国家税务总局关于印发〈特别纳税调整实施办法（试行）〉的通知》（国税发〔2009〕2号）的规定，确认准予税前扣除的部分，对于准予税前扣除部分，属于建造存货期间发生的，应予以资本化。不准予税前扣除部分，不能税前扣除，从税法而言，也不能资本化。具体为：

①根据财税〔2008〕121号文件的规定，贵公司的实际税负不高于集团公司，贵公司支付的利息支出准予税前扣除。其中，符合资本化条件的，应予资本化，计入相关资产计税基础。

②根据财税〔2008〕121号文件第二条的规定，贵公司按照税法及其实施条例的有关规定提供相关资料，并证明相关交易活动符合独立交易原则的，贵公司支付的利息支出准予税前扣除。其中，符合资本化条件的，应予资本化计入相关资产计税基础。证明符合独立交易原则提供的资料，按照国税发〔2009〕2号文件第八十九条的规定确定。

③上述两种情况以外，根据财税〔2008〕121号文件第一条的规定，企业实际支付给关联方的利息支出，不超过以下规定比例和税法及其实施条例有关规定计算的部分，准予扣除，超过的部分不得在发生当期和以后年度扣除。企业实际支付给关联方的利息支出，除符合本通知第二条规定外，其接受关联方债权性投资与其权益性投资比例为：

（一）金融企业，为5∶1；

（二）其他企业，为2∶1。

此处接受关联方债权性投资与其权益性投资比例不能简单地理解为：向关联方的借款金额与注册资本之比。其计算按如下规定执行：

国税发〔2009〕2号文件第八十五条规定，所得税法第四十六条所称不得在计算应纳税所得额时扣除的利息支出应按以下公式计算：

不得扣除利息支出＝年度实际支付的全部关联方利息×（1－标准比例/关联债资比例）

其中，标准比例是指《财政部、国家税务总局关于企业关联方利息支出税前扣除标准有关税收政策问题的通知》（财税〔2008〕121号）规定的比例。

关联债资比例是指根据所得税法第四十六条及所得税法实施条例第一百一十九的规定，企业从其全部关联方接受的债权性投资（以下简称关联债权投资）占企业接受的权益性投资（以下简称权益投资）的比例，关联债权投资包括关联方以各种形式提供担保的债权性投资。

第八十六条规定，关联债资比例的具体计算方法如下：

关联债资比例＝年度各月平均关联债权投资之和/年度各月平均权益投资之和

其中：

各月平均关联债权投资＝（关联债权投资月初账面余额＋月末账面余额）/2

各月平均权益投资＝（权益投资月初账面余额＋月末账面余额）/2

权益投资为企业资产负债表所列示的所有者权益金额。如果所有者权益小于实收资本（股本）与资本公积之和，则权益投资为实收资本（股本）与资本公积之和；如果实收资本（股本）与资本公积之和小于实收资本（股本）金额，则权益投资为实收资本（股本）金额。

贵公司按上述规定计算出准予税前扣除的利息额，其中对于符合资本化条件的，应予资本化。不准予税前扣除部分，不能资本化增加相关资产的计税基础。

同理，贵公司子公司也需按上述规定进行税务处理。

3. 符合独立交易原则的关联利息支出是否受比例限制？

问： 公司向自然人股东借款，根据《财政部、国家税务总局关于企业关联方利息支出税前扣除标准有关税收政策问题的通知》（财税〔2008〕121 号）第二条的规定，企业如果能够按照税法及其实施条例的有关规定提供相关资料，并证明相关交易活动符合独立交易原则的，实际支付给关联股东的利息支出，是否在计算应纳税所得额时准予扣除，不受 2：1 比例限制？

答：《企业所得税法》第四十六条规定，企业从其关联方接受的债权性投资与权益性投资的比例超过规定标准而发生的利息支出，不得在计算应纳税所得额时扣除。

《国家税务总局关于印发〈特别纳税调整实施办法（试行）〉的通知》（国税发〔2009〕2 号）第八十五条规定，所得税法第四十六条所称不得在计算应纳税所得额时扣除的利息支出应按以下公式计算：

不得扣除利息支出＝年度实际支付的全部关联方利息×（1－标准比例/关联债资比例）

其中，标准比例是指《财政部、国家税务总局关于企业关联方利息支出税前扣除标准有关税收政策问题的通知》（财税〔2008〕121 号）规定的比例。

第八十九条规定，企业关联债资比例超过标准比例的利息支出，如要在计算应纳税所得额时扣除，除遵照本办法第三章规定外，还应准备、保存、并按税务机关要求提供以下同期资料，证明关联债权投资金额、利率、期限、融资条件以及债资比例等均符合独立交易原则：

（一）企业偿债能力和举债能力分析；

（二）企业集团举债能力及融资结构情况分析；

（三）企业注册资本等权益投资的变动情况说明；

（四）关联债权投资的性质、目的及取得时的市场状况；

（五）关联债权投资的货币种类、金额、利率、期限及融资条件；

（六）企业提供的抵押品情况及条件；

（七）担保人状况及担保条件；

（八）同类同期贷款的利率情况及融资条件；

（九）可转换公司债券的转换条件；

（十）其他能够证明符合独立交易原则的资料。

第九十条规定，企业未按规定准备、保存和提供同期资料证明关联债权投资金额、利率、期限、融资条件以及债资比例等符合独立交易原则的，其超过标准比例的关联方利息支出，不得在计算应纳税所得额时扣除。

《财政部、国家税务总局关于企业关联方利息支出税前扣除标准有关税收政策问题的通知》（财税〔2008〕121号）第一条规定，在计算应纳税所得额时，企业实际支付给关联方的利息支出，不超过以下规定比例和税法及其实施条例有关规定计算的部分，准予扣除，超过的部分不得在发生当期和以后年度扣除。

企业实际支付给关联方的利息支出，除符合本通知第二条规定外，其接受关联方债权性投资与其权益性投资比例为：

（一）金融企业，为5∶1；

（二）其他企业，为2∶1。

第二条规定，企业如果能够按照税法及其实施条例的有关规定提供相关资料，并证明相关交易活动符合独立交易原则的；或者该企业的实际税负不高于境内关联方的，其实际支付给境内关联方的利息支出，在计算应纳税所得额时准予扣除。

根据上述规定，企业超过财税〔2008〕121号文件规定的债资比例从关联方借入款项支付的利息支出，应按照国税发〔2009〕2号文件第八十九条的相关规定提供相关资料。未按规定准备、保存和提供同期资料证明关联债权投资金额、利率、期限、融资条件以及债资比例等符合独立交易原则的，其超过标准比例的关联方利息支出，不得在计算应纳税所得额时扣除。

4. 间接从关联方取得的借款利息是否受限？

问：企业通过银行向第三方借款，即关联企业通过银行向企业定向发放贷款，是否要受关联方借款相关条件的制约？

答：《财政部、国家税务总局关于企业关联方利息支出税前扣除标准有关税收政策问题的通知》（财税〔2008〕121号）规定，在计算应纳税所得额时，企业实际支付给关联方的利息支出，不超过以下规定比例和税法及其实施条例有关规定计算的部分，准予扣除，超过的部分不得在发生当期和以后年度扣除。

《企业所得税法实施条例》第一百一十九条规定，企业所得税法第四十六条所称债权性投资，是指企业直接或者间接从关联方获得的，需要偿还本金和支付利息或者需要以其他具有支付利息性质的方式予以补偿的融资。

企业间接从关联方获得的债权性投资，包括：

（一）关联方通过无关联第三方提供的债权性投资；

……

根据上述规定，企业间接向关联方借入款项及支付利息时，受借款金额及利率水平的限制。所以，企业通过银行委托贷款方式从关联方取得借款，也应受财税〔2008〕121 号文件的规定和限制。

5. 关联企业间到期还本付息的利息支出如何税前扣除？

问：关联企业间签订五年期借款合同，期满一次性还本付息。期间是否每年都要按权责发生制原则确认利息收入和借款费用？若确认的话，对方科目挂应收和应付账款，借出款项方是否要就利息收入缴纳企业所得税？借入方确认的借款利息费用是否可以税前扣除？若双方都不确认，待五年后一次性都计入收入和费用是否可行？若五年后因借入方资金周转困难，借入方将利息予以减免，有何税收风险？

答：1.《企业会计准则——基本准则》第九条规定，企业应当以权责发生制为基础进行会计确认、计量和报告。

根据上述规定，借出方应在每个核算期末确认利息收入，借入方应在每个会计期末确认利息费用。

2.《企业所得税法实施条例》第十八条规定，利息收入，按照合同约定的债务人应付利息的日期确认收入的实现。

根据上述规定，借出方应在合同约定的应付利息日期所属纳税期，将利息收入确认为企业所得税的应税收入。约定到期一次还本付息的，在到期日所属纳税期申报该笔利息收入。

3.《企业所得税法》第八条规定，企业实际发生的与取得收入有关的、合理的支出，包括成本、费用、税金、损失和其他支出，准予在计算应纳税所得额时扣除。

《国家税务总局关于企业所得税若干问题的公告》（国家税务总局公告 2011 年第 34 号）第六条规定，企业当年度实际发生的相关成本、费用，由于各种原因未能及时取得该成本、费用的有效凭证，企业在预缴季度所得税时，可暂按账面发生金额进行核算；但在汇算清缴时，应补充提供该成本、费用的有效凭证。

根据上述规定，且根据现行营业税相关纳税义务时间的规定，借入方预提未付的利息支出，又无法取得发票，不能税前扣除。

取得支付凭证年度，可以按照《国家税务总局关于企业所得税应纳税所得额若干税务处理问题的公告》（国家税务总局公告 2012 年第 15 号）和《财政部、国家税务总局关于企业关联方利息支出税前扣除标准有关税收政策问题的通知》（财税〔2008〕121 号）的相关规定，将利息在所属年度追补扣除。

个别地区有特殊口径的除外。如《浙江省宁波市国家税务局直属税务分局、浙江省宁波国家高新技术产业开发区国家税务局关于开展 2009 年度企业所得税汇算清缴工作的通知》（甬国税直发〔2010〕3 号）规定：

44. 问：企业计提的预提费用能否在税前扣除？

答：纳税人按照权责发生制原则预提的属于某一纳税年度的租金、利息、保险费等费用即使当年并未支付，在不违背税前扣除其他原则的前提下，可按实际发生数扣除。纳税人预提的与当年度取得的应税收入无关的费用，不得在所得税前扣除。

4.《企业所得税法实施条例》第二十二条规定，企业所得税法第六条第（九）项所称其他收入，是指企业取得的除企业所得税法第六条第（一）项至第（八）项规定的收入外的其他收入，包括企业资产溢余收入、逾期未退包装物押金收入、确实无法偿付的应付款项、已作坏账损失处理后又收回的应收款项、债务重组收入、补贴收入、违约金收入、汇兑收益等。

《国家税务总局关于发布〈企业资产损失所得税税前扣除管理办法〉的公告》（国家税务总局公告 2011 年第 25 号）第二十二条规定，企业应收及预付款项坏账损失应依据以下相关证据材料确认：

（一）相关事项合同、协议或说明；

（二）属于债务人破产清算的，应有人民法院的破产、清算公告；

（三）属于诉讼案件的，应出具人民法院的判决书或裁决书或仲裁机构的仲裁书，或者被法院裁定终（中）止执行的法律文书；

（四）属于债务人停止营业的，应有工商部门注销、吊销营业执照证明；

（五）属于债务人死亡、失踪的，应有公安机关等有关部门对债务人个人的死亡、失踪证明；

（六）属于债务重组的，应有债务重组协议及其债务人重组收益纳税情况说明；

（七）属于自然灾害、战争等不可抗力而无法收回的，应有债务人受灾情况说明以及放弃债权申明。

第四十五条规定，企业按独立交易原则向关联企业转让资产而发生的损失，或向关联企业提供借款、担保而形成的债权损失，准予扣除，但企业应作专项说明，同时出具中介机构出具的专项报告及其相关的证明材料。

根据上述规定，五年后，借入方对于不再支付的应付款项应并入收入总额纳税，借出方对于无法收回的应收债权按规定申报税前扣除。

6. 子公司向母公司借款发生的利息支出是否受债资比限制？

问：全资控制下母子公司是否属于关联方，子公司借款利息是否受债资比限制？

例如，A 公司为 B 公司全资母公司，两者是否属于关联方？B 公司向 A 公司借款利息是否受债资比 2：1 限制？

答：《国家税务总局关于印发〈特别纳税调整实施办法（试行）〉的通知》（国税发〔2009〕2 号）第九条规定，所得税法实施条例第一百零九条及征管法实施细则第五十一条所称关联关系，主要是指企业与其他企业、组织或个人具有下列之一关系：

（一）一方直接或间接持有另一方的股份总和达到 25％以上，或者双方直接或间接同为第三方所持有的股份达到 25％以上。若一方通过中间方对另一方间接持有股份，只要一方对中间方持股比例达到 25％以上，则一方对另一方的持股比例按照中间方对另一方的持股比例计算。

根据上述规定，母子公司属于一方直接持有另一方的股份总和达到 25％以上，属于关联方。子公司向母公司借款利息支出税前扣除要按《财政部、国家税务总局关于企业关联方利息支出税前扣除标准有关税收政策问题的通知》（财税〔2008〕121 号）的规定进行处理，除符合财税〔2008〕121 号文件第二条规定外，要受关联方债权性投资与其权益性投资比例限制。

7. 为子公司投资从关联企业借款的利息能否税前扣除?

问: 我公司是一家外商独资企业,注册资本为 2.36 亿元,在中国境内另有两家外商独资企业,注册资本分别为 2 600 万美元和 300 万美元。2013 年我们从美国总部(即我公司 100% 控股母公司,分几笔以远低于银行同期利率从美国母公司贷款人民币 7 亿元,用于增加连续亏损的两家子公司的注册资本。现在税务局以财税〔2008〕121 号文件为由,认为超过注册资本 2 倍以上的借款利息均不能扣除,财税〔2008〕121 号文件对符合独立交易原则是否也有此限制性规定?对外增资发生的关联贷款利息支出能否扣除?是否可以理解,如果是支付给境外的关联公司,7 亿元中超过 2.36 亿元的两倍的部分不能扣除,未超过的部分可以扣除?

答: 《财政部、国家税务总局关于企业关联方利息支出税前扣除标准有关税收政策问题的通知》(财税〔2008〕121 号)第一条规定,在计算应纳税所得额时,企业实际支付给关联方的利息支出,不超过以下规定比例和税法及其实施条例有关规定计算的部分,准予扣除,超过的部分不得在发生当期和以后年度扣除。

企业实际支付给关联方的利息支出,除符合本通知第二条规定外,其接受关联方债权性投资与其权益性投资比例为:

(一)金融企业,为 5:1;

(二)其他企业,为 2:1。

第二条规定,企业如果能够按照税法及其实施条例的有关规定提供相关资料,并证明相关交易活动符合独立交易原则的;或者该企业的实际税负不高于境内关联方的,其实际支付给境内关联方的利息支出,在计算应纳税所得额时准予扣除。

因此,上述第二条规定针对的是支付给境内关联方利息支出事项。贵公司支付给境外母公司的利息支出,即便能提供相关资料证明相关交易活动符合独立交易原则,也应按第一条规定判定贵公司可税前扣除的利息支出额。

《企业所得税法实施条例》第三十七条规定,企业在生产经营活动中发生的合理的不需要资本化的借款费用,准予扣除。

企业为购置、建造固定资产、无形资产和经过 12 个月以上的建造才能达到预定可销售状态的存货发生借款的,在有关资产购置、建造期间发生的合理的借款费用,应当作为资本性支出计入有关资产的成本,并依照本条例的规定扣除。

第三十八条规定,企业在生产经营活动中发生的下列利息支出,准予扣除:

(一)非金融企业向金融企业借款的利息支出、金融企业的各项存款利息支出和同业拆借利息支出、企业经批准发行债券的利息支出;

(二)非金融企业向非金融企业借款的利息支出,不超过按照金融企业同期同类贷款利率计算的数额的部分。

根据上述规定,企业借款用于对外投资,其利息支出不需要资本化。该利息支出可按规定在税前扣除。

《国家税务总局关于印发〈特别纳税调整实施办法(试行)〉的通知》(国税发〔2009〕2 号)第八十五条规定,所得税法第四十六条所称不得在计算应纳税所得额时扣除的利息支出应按以下公式计算：

$$不得扣除利息支出＝年度实际支付的全部关联方利息×(1－标准比例/关联债资比例)$$

其中，标准比例是指《财政部、国家税务总局关于企业关联方利息支出税前扣除标准有关税收政策问题的通知》（财税〔2008〕121号）规定的比例。

关联债资比例是指根据所得税法第四十六条及所得税法实施条例第一百一十九的规定，企业从其全部关联方接受的债权性投资（以下简称关联债权投资）占企业接受的权益性投资（以下简称权益投资）的比例，关联债权投资包括关联方以各种形式提供担保的债权性投资。

第八十六条规定，关联债资比例的具体计算方法如下：

$$关联债资比例＝年度各月平均关联债权投资之和/年度各月平均权益投资之和$$

其中：

$$各月平均关联债权投资＝(关联债权投资月初账面余额＋月末账面余额)/2$$
$$各月平均权益投资＝(权益投资月初账面余额＋月末账面余额)/2$$

权益投资为企业资产负债表所列示的所有者权益金额。如果所有者权益小于实收资本（股本）与资本公积之和，则权益投资为实收资本（股本）与资本公积之和；如果实收资本（股本）与资本公积之和小于实收资本（股本）金额，则权益投资为实收资本（股本）金额。

因此，不能简单地说7亿元中超过2.36亿元两倍的部分不能扣除。应根据上述规定计算。

8. 母子公司提供担保发生的担保费能否税前扣除？

问：全资子公司资金困难，很难找到担保公司，由母公司提供担保才得以正常贷款开展经营。对母公司参照外部担保公司标准收取的担保费（为子公司开具担保费发票，提取营业税），子公司能否税前扣除？

答：《企业所得税法》第八条规定，企业实际发生的与取得收入有关的、合理的支出，包括成本、费用、税金、损失和其他支出，准予在计算应纳税所得额时扣除。

根据上述规定，子公司因生产经营需要，向银行借款而发生担保费用，属于与生产经营活动相关的合理支出，按规定可在税前扣除。

但是，结合《企业所得税法》第四十一条、第四十六条，《企业所得税法实施条例》第三十八条、第一百一十九条，《财政部、国家税务总局关于企业关联方利息支出税前扣除标准有关税收政策问题的通知》（财税〔2008〕121号），《国家税务总局关于印发〈特别纳税调整实施办法（试行）〉的通知》（国税发〔2009〕2号）第九章关于资本弱化的条款，企业间接从关联方获得的债权性投资也要受以上条款的限制。

《企业所得税法实施条例》第一百一十九条规定，企业所得税法第四十六条所称债权性投资，是指企业直接或者间接从关联方获得的，需要偿还本金和支付利息或者需要以其他具有支付利息性质的方式予以补偿的融资。

企业间接从关联方获得的债权性投资，包括：

（一）关联方通过无关联第三方提供的债权性投资；

（二）无关联第三方提供的、由关联方担保且负有连带责任的债权性投资；

（三）其他间接从关联方获得的具有负债实质的债权性投资。

国税发〔2009〕2 号文件第八十七条规定，企业所得税法第四十六条所称的利息支出包括直接或间接关联债权投资实际支付的利息、担保费、抵押费和其他具有利息性质的费用。

财税〔2008〕121 号文件第一条规定，在计算应纳税所得额时，企业实际支付给关联方的利息支出，不超过以下规定比例和税法及其实施条例有关规定计算的部分，准予扣除，超过的部分不得在发生当期和以后年度扣除。

企业实际支付给关联方的利息支出，除符合本通知第二条规定外，其接受关联方债权性投资与其权益性投资比例为：

（一）金融企业，为 5∶1；

（二）其他企业，为 2∶1。

根据上述规定，问题所述情况即属于上述《企业所得税法实施条例》第一百一十九条第（二）项所限定的银行（无关联第三方）提供的，由母公司（关联方）担保且负有连带责任的债权性投资。因此，子公司支付给关联方的担保费也要受债资比例的限制，但如果子公司能够符合财税〔2008〕121 号文件第二条规定的"企业如果能够按照税法及其实施条例的有关规定提供相关资料，并证明相关交易活动符合独立交易原则的；或者该企业的实际税负不高于境内关联方的，其实际支付给境内关联方的利息支出，在计算应纳税所得额时准予扣除。"

9. 通过关联方担保取得银行借款发生的利息支出如何税前扣除？

问：A 公司（生产企业）为我公司的子公司，现由我公司提供担保（负连带责任）向银行借款，A 公司将利息直接支付给银行。此种情形下，该项借款利息的税前扣除是否受资本弱化债权性投资与权益性投资比例 2∶1 的限制？

《财政部、国家税务总局关于企业关联方利息支出税前扣除标准有关税收政策问题的通知》（财税〔2008〕121 号）规定："企业实际支付给关联方的利息支出，不超过以下规定比例和税法及其实施条例有关规定计算的部分，准予扣除，超过的部分不得在发生当期和以后年度扣除……" A 公司的利息并非"实际支付给关联方的利息"，能否不按照此规定进行限额扣除，而是直接根据银行出具的利息通知税前扣除？

答：《企业所得税法》第四十六条规定，企业从其关联方接受的债权性投资与权益性投资的比例超过规定标准而发生的利息支出，不得在计算应纳税所得额时扣除。

《企业所得税法实施条例》第一百零九条规定，企业所得税法第四十一条所称关联方，是指与企业有下列关联关系之一的企业、其他组织或者个人：

（一）在资金、经营、购销等方面存在直接或者间接的控制关系。

第一百一十九条规定，企业所得税法第四十六条所称债权性投资，是指企业直接或者间接从关联方获得的，需要偿还本金和支付利息或者需要以其他具有支付利息性质的方式予以补偿的融资。

企业间接从关联方获得的债权性投资，包括：无关联第三方提供的、由关联方担保且负有连带责任的债权性投资；

根据上述规定，A公司为贵公司的子公司，A公司与贵公司为关联方。A公司从银行贷款，但贵公司作为关联方为其提供担保且负有连带责任，A公司属于间接从贵公司（关联方）获得债权性投资。A公司发生的利息支出应按《企业所得税法》第四十六条规定扣除。

《财政部、国家税务总局关于企业关联方利息支出税前扣除标准有关税收政策问题的通知》（财税〔2008〕121号）是针对"实际支付给关联方利息"的相关规定。贵公司为A公司的银行贷款提供担保，A公司将利息支付给银行而不是支付给贵公司，因此，该利息支出不受财税〔2008〕121号文件规定限制。根据《企业所得税法实施条例》第三十八条规定，企业在生产经营活动中发生的下列利息支出，准予扣除：

（一）非金融企业向金融企业借款的利息支出、金融企业的各项存款利息支出和同业拆借利息支出、企业经批准发行债券的利息支出，该利息支出准予扣除。

《国家税务总局关于印发〈特别纳税调整实施办法（试行）〉的通知》（国税发〔2009〕2号）第八十五条规定，所得税法第四十六条所称不得在计算应纳税所得额时扣除的利息支出应按以下公式计算：

$$不得扣除利息支出＝年度实际支付的全部关联方利息×（1－标准比例/关联债资比例）$$

其中，标准比例是指《财政部国家税务总局关于企业关联方利息支出税前扣除标准有关税收政策问题的通知》（财税〔2008〕121号）规定的比例。

关联债资比例是指根据企业所得税法第四十六条及其实施条例第一百一十九的规定，企业从其全部关联方接受的债权性投资（以下简称关联债权投资）占企业接受的权益性投资（以下简称权益投资）的比例，关联债权投资包括关联方以各种形式提供担保的债权性投资。

第八十七条规定，所得税法第四十六条所称的利息支出包括直接或间接关联债权投资实际支付的利息、担保费、抵押费和其他具有利息性质的费用。

根据上述规定，贵公司为A公司担保，A公司应向贵公司支付担保费。A公司支付的担保费支出税前扣除时，按财税〔2008〕121号文件第一条的相关规定计算债权性投资与其权益性投资比例时，债权性投资额应包括A公司由贵公司承担连带责任担保的银行贷款。

10. "往来款"征收利息的计算方法有无文件依据？

问：由于集团资金统筹，造成企业账面滞留大额往来款，税务稽查要求就往来款补收利息，调增所得税额，补缴所得税，该利息应如何计算？有何文件依据？

答：《国家税务总局关于印发〈特别纳税调整实施办法（试行）〉的通知》（国税发〔2009〕2号）第十条规定，关联交易主要包括以下类型：

（三）融通资金，包括各类长短期资金拆借和担保以及各类计息预付款和延期付款等业务；

……

第二十一条规定，企业发生关联交易以及税务机关审核、评估关联交易均应遵循独立交易原则，选用合理的转让定价方法。根据所得税法实施条例第一百一十一条的规定，转让定价方法包括可比非受控价格法、再销售价格法、成本加成法、交易净利润法、利润分割法和其他符合独立交易原则的方法。

第二十三条规定，可比非受控价格法以非关联方之间进行的与关联交易相同或类似业务活动所收取的价格作为关联交易的公平成交价格。

可比性分析应特别考察关联交易与非关联交易在交易资产或劳务的特性、合同条款及经济环境上的差异，按照不同交易类型具体包括如下内容：

（四）融通资金：融资的金额、币种、期限、担保、融资人的资信、还款方式、计息方法等。

第三十条规定，实际税负相同的境内关联方之间的交易，只要该交易没有直接或间接导致国家总体税收收入的减少，原则上不做转让定价调查、调整。

参考《江苏省地方税务局 2011 年企业所得税汇算清缴之年终结账应关注的财税事项》的规定：

5. 关联方借款利息支出

关联企业取得的利息收入属于《企业所得税法》规定的企业所得税的应税收入，要按规定缴纳企业所得税。财政部、国家税务总局《关于企业关联方利息支出税前扣除标准有关税收政策问题的通知》（财税〔2008〕121 号）第四条规定，企业自关联方取得的不符合规定的利息收入应按照有关规定缴纳企业所得税。

这里说的不符合规定的利息收入，包括借款方不得扣除利息支出，以及超过同期银行贷款利率的金额。

根据上述规定，关联企业间无偿拆借资金，税务机关在企业所得税的征收管理时，有权进行合理调整，利用可比性分析融通资金公平成交价格应考察融资的金额、币种、期限、担保、融资人的资信、还款方式、计息方法等。可用同期同类贷款利率计算利息收入作为调整方法之一。

但对于实际税负相同的境内关联方之间的无偿拆借资金，只要该交易没有直接或间接导致国家总体税收收入的减少，原则上不做转让定价调查、调整。

11. 如何理解"实际税负相同"？

问：《国家税务总局关于印发〈特别纳税调整实施办法（试行）〉的通知》（国税发〔2009〕2 号）第三十条规定，实际税负相同的境内关联方之间的交易，只要该交易没有直接或间接导致国家总体税收收入的减少，原则上不做转让定价调查、调整。那么，应如何理解上述条款中"实际税负"？

答：《国家税务总局关于印发〈特别纳税调整实施办法（试行）〉的通知》（国税发〔2009〕2 号）第三十条规定，实际税负相同的境内关联方之间的交易，只要该交易没有直接或间接导致国家总体税收收入的减少，原则上不做转让定价调查、调整。

此处实际税负相同，主要指关联方之间适用税率相同，而且没有其中一方享受减免税，发生亏损弥补等情形。其应纳税所得额承担了相同的税收负担。

12. 如何理解关联债资比例计算公式中的权益金？

问：法人代表同为一人形成关联方，关联方借款不超过权益金2倍的利息可税前扣除。这里的权益金如何理解？是指借款人的注册资本吗？

答：《财政部、国家税务总局关于企业关联方利息支出税前扣除标准有关税收政策问题的通知》（财税〔2008〕121号）规定，企业实际支付给关联方的利息支出，除符合本通知第二条规定外，其接受关联方债权性投资与其权益性投资比例为：

（一）金融企业，为5:1；

（二）其他企业，为2:1。

《国家税务总局关于印发〈特别纳税调整实施办法（试行）〉的通知》（国税发〔2009〕2号）第八十六条规定，关联债资比例的具体计算方法如下：

关联债资比例＝年度各月平均关联债权投资之和/年度各月平均权益投资之和

其中：

各月平均关联债权投资＝(关联债权投资月初账面余额＋月末账面余额)/2
各月平均权益投资＝(权益投资月初账面余额＋月末账面余额)/2

权益投资为企业资产负债表所列示的所有者权益金额。如果所有者权益小于实收资本（股本）与资本公积之和，则权益投资为实收资本（股本）与资本公积之和；如果实收资本（股本）与资本公积之和小于实收资本（股本）金额，则权益投资为实收资本（股本）金额。

依据上述规定，权益性投资是借款企业资产负债表所列示的所有者权益金额。

总分公司汇总纳税

1. 跨省新设立的分支机构是否需要申报缴纳企业所得税？

问：A公司于2013年跨省设立一家分支机构，该分支机构成立当年是否不参与总分机构所得税分配？是否需要分支机构自行缴纳所得税，并参与当地汇算清缴？

答：《国家税务总局关于印发〈跨地区经营汇总纳税企业所得税征收管理办法〉的公告》（国家税务总局公告2012年第57号）第三条规定，汇总纳税企业实行"统一计算、分级管理、就地预缴、汇总清算、财政调库"的企业所得税征收管理办法：

（一）统一计算，是指总机构统一计算包括汇总纳税企业所属各个不具有法人资格分支机构在内的全部应纳税所得额、应纳税额。

（二）分级管理，是指总机构、分支机构所在地的主管税务机关都有对当地机构进行企业所得税管理的责任，总机构和分支机构应分别接受机构所在地主管税务机关的管理。

（三）就地预缴，是指总机构、分支机构应按本办法的规定，分月或分季分别向所在地主管税务机关申报预缴企业所得税。

（四）汇总清算，是指在年度终了后，总机构统一计算汇总纳税企业的年度应纳税所得额、应纳所得税额,抵减总机构、分支机构当年已就地分期预缴的企业所得税款后,多退少补。

(五)财政调库,是指财政部定期将缴入中央国库的汇总纳税企业所得税待分配收入,按照核定的系数调整至地方国库。

第四条规定,总机构和具有主体生产经营职能的二级分支机构,就地分摊缴纳企业所得税。

二级分支机构,是指汇总纳税企业依法设立并领取非法人营业执照(登记证书),且总机构对其财务、业务、人员等直接进行统一核算和管理的分支机构。

第五条规定,以下二级分支机构不就地分摊缴纳企业所得税:

(一)不具有主体生产经营职能,且在当地不缴纳增值税、营业税的产品售后服务、内部研发、仓储等汇总纳税企业内部辅助性的二级分支机构,不就地分摊缴纳企业所得税。

(二)上年度认定为小型微利企业的,其二级分支机构不就地分摊缴纳企业所得税。

(三)新设立的二级分支机构,设立当年不就地分摊缴纳企业所得税。

(四)当年撤销的二级分支机构,自办理注销税务登记之日所属企业所得税预缴期间起,不就地分摊缴纳企业所得税。

(五)汇总纳税企业在中国境外设立的不具有法人资格的二级分支机构,不就地分摊缴纳企业所得税。

根据上述规定,总分机构汇总纳税时,是实行"统一计算、分级管理、就地预缴、汇总清算、财政调库"的企业所得税征收管理办法,对总机构和具有主体生产经营职能的二级分支机构,要就地分摊缴纳企业所得税,而对于当年新设的二级分支机构,不就地分摊缴纳企业所得税,在总机构统一计算,不单独作为企业所得税纳税人在所在地预缴所得税和办理汇算清缴。

2. 如何判定分支机构具备主体生产经营职能?

问:(1)如何判定分支机构是否具备主体生产经营职能?根据国家税务总局 2012 年第 57 号公告第五条第一款规定,不具备主体生产经营职能的内部辅助性分支机构不就地预缴所得税。

实践中总机构与分支机构主管税务局对分支机构是否从事生产经营活动判定依据不一。总机构税务局认为分支机构不开具发票则不发生经营;分支机构税务局认为根据登记证照上的经营范围以及分支机构在当地缴纳个人所得税及社保情况,分支机构应根据三项因素分摊缴纳企业所得税。

(2)总机构签订合同、开具发票、发货以及拥有销售货物所有权,因此从流转税角度,增值税应由总机构缴纳。如分支机构在当地从事对外销售活动,应分配就地预缴所得税,其营业收入为零,但有工资及资产,那么,在分支机构当地预缴所得税出现分支机构仅有所得税而没有流转税的情况,是否属于正常现象?

(3)如果总分机构主管税务局在所得税缴纳方式上发生异议,企业应如何处理?

答:《国家税务总局关于印发〈跨地区经营汇总纳税企业所得税征收管理办法〉的公告》(国家税务总局公告 2012 年第 57 号)第五条第(一)项规定,不具有主体生产经营职能,且在当地不缴纳增值税、营业税的产品售后服务、内部研发、仓储等汇总纳税企业内部辅助性的二级分支机构，不就地分摊缴纳企业所得税。

第十五条规定，总机构应按照上年度分支机构的营业收入、职工薪酬和资产总额三个因素计算各分支机构分摊所得税款的比例；三级及以下分支机构，其营业收入、职工薪酬和资产总额统一计入二级分支机构；三因素的权重依次为 0.35、0.35、0.30。

计算公式如下：

$$某分支机构分摊比例 = (该分支机构营业收入 \div 各分支机构营业收入之和) \times 0.35$$
$$+ (该分支机构职工薪酬 \div 各分支机构职工薪酬之和) \times 0.35$$
$$+ (该分支机构资产总额 \div 各分支机构资产总额之和) \times 0.30$$

分支机构分摊比例按上述方法一经确定后，除出现本办法第五条第（四）项和第十六条第二、三款情形外，当年不作调整。

第十九条规定，分支机构所在地主管税务机关应根据经总机构所在地主管税务机关受理的汇总纳税企业分支机构所得税分配表、分支机构的年度财务报表（或年度财务状况和营业收支情况）等，对其主管分支机构计算分摊税款比例的三个因素、计算的分摊税款比例和应分摊缴纳的所得税税款进行查验核对；对查验项目有异议的，应于收到汇总纳税企业分支机构所得税分配表后 30 日内向企业总机构所在地主管税务机关提出书面复核建议，并附送相关数据资料。

总机构所在地主管税务机关必须于收到复核建议后 30 日内，对分摊税款的比例进行复核，作出调整或维持原比例的决定，并将复核结果函复分支机构所在地主管税务机关。分支机构所在地主管税务机关应执行总机构所在地主管税务机关的复核决定。

总机构所在地主管税务机关未在规定时间内复核并函复复核结果的，上级税务机关应对总机构所在地主管税务机关按照有关规定进行处理。

复核期间，分支机构应先按总机构确定的分摊比例申报缴纳税款。

根据上述规定，不就地预缴企业所得税的分支机构应满足"不具有主体生产经营职能，且在当地不缴纳增值税、营业税"的条件，否则涉及预缴企业所得税。生产经营职能，应为具有生产或销售等经营行为，不包括单纯的产品售后服务、内部研发、仓储等企业内部辅助性的二级分支机构。

计算分摊比例时，涉及"营业收入、职工薪酬和资产总额三个因素"，其中，某个分支机构某个预缴期内可能会出现"营业收入"为零的情形。需要就地预缴企业所得税的分支机构不能因为分摊时营业收入为零一个因素而免除预缴义务。

参照国家税务总局 2012 年第 57 号公告第十九条的规定，总分机构之间的预缴分配有异议的，分支机构主管税务机关应向总机构所在地主管税务机关提出书面复核建议，并执行总机构所在地主管税务机关的复核决定。

3、如何理解"总机构设立具有主体生产经营职能的部门"？

问： 如何解读《国家税务总局关于印发〈跨地区经营汇总纳税企业所得税征收管理办法〉的公告》（国家税务总局公告 2012 年第 57 号）第十六条规定的内容？是否只要公司会

计账务处理上分开记录总公司与分公司营业收入、职工薪酬，就可以作为其总公司的二级分支机构？还是一定要另外在总公司的主管税务局再注册一家新的分公司才可以将作为二级分支机构？

答：《国家税务总局关于印发〈跨地区经营汇总纳税企业所得税征收管理办法〉的公告》（国家税务总局公告 2012 年第 57 号）第四条规定，总机构和具有主体生产经营职能的二级分支机构，就地分摊缴纳企业所得税。二级分支机构，是指汇总纳税企业依法设立并领取非法人营业执照（登记证书），且总机构对其财务、业务、人员等直接进行统一核算和管理的分支机构。

第十六条第一款规定，总机构设立具有主体生产经营职能的部门（非本办法第四条规定的二级分支机构），且该部门的营业收入、职工薪酬和资产总额与管理职能部门分开核算的，可将该部门视同一个二级分支机构，按本办法规定计算分摊并就地缴纳企业所得税；该部门与管理职能部门的营业收入、职工薪酬和资产总额不能分开核算的，该部门不得视同一个二级分支机构，不得按本办法规定计算分摊并就地缴纳企业所得税。

根据上述规定，第十六条指的是总机构设立具有主体生产经营职能的"部门"，不需要设立并领取分公司执照，而强调该"部门"的"营业收入、职工薪酬和资产总额与管理职能部门分开核算"，即会计上能分开核算即可。

4. 汇总纳税企业的分支机构其中一家注销后分摊比例是否调整？

问：某汇总纳税企业有多家分支机构，其中一家分支机构在第二季度进行了注销，原分摊比例是否需要调整？应如何调整？是否总机构的部分不变，剩余的分支机构重新分摊分支机构的 50%？是否从第二季度的申报期就开始变更？

答：《国家税务总局关于印发〈跨地区经营汇总纳税企业所得税征收管理办法〉的公告》（国家税务总局公告 2012 年第 57 号）第五条第（四）项规定，当年撤销的二级分支机构，自办理注销税务登记之日所属企业所得税预缴期间起，不就地分摊缴纳企业所得税。

第十五条规定，总机构应按照上年度分支机构的营业收入、职工薪酬和资产总额三个因素计算各分支机构分摊所得税款的比例；三级及以下分支机构，其营业收入、职工薪酬和资产总额统一计入二级分支机构；三因素的权重依次为 0.35、0.35、0.30。

计算公式如下：

$$某分支机构分摊比例 = （该分支机构营业收入/各分支机构营业收入之和）×0.35$$
$$+（该分支机构职工薪酬/各分支机构职工薪酬之和）×0.35$$
$$+（该分支机构资产总额/各分支机构资产总额之和）×0.30$$

分支机构分摊比例按上述方法一经确定后，除出现本办法第五条第（四）项和第十六条第二、三款情形外，当年不作调整。

根据上述规定，汇总纳税企业当年发生二级分支机构注销情形的，应自分支机构办理注销税务登记之日所属企业所得税预缴期间起，重新计算各分支机构分摊比例，总机构预缴比例不变。

如某汇总纳税企业经总机构所在地主管税务机关核算，企业所得税分季预缴。某分支机构 5 月 1 日注销，该分支机构第二季度不再就地预缴企业所得税，总机构应重新计算各分支机构预缴比例。

5. 汇算清缴时二级分支机构是否涉及纳税调整？

问：《国家税务总局关于印发〈跨地区经营汇总纳税企业所得税征收管理办法〉的公告》（国家税务总局公告 2012 年第 57 号）中总机构按照三因素计算各分支机构分摊所得税款的比例后，涉及的职工福利费、工会经费、职工教育经费、业务招待费及商业保险等扣除类项目，二级分支机构在汇算时是否还需要进行调整？

答：《国家税务总局关于印发〈跨地区经营汇总纳税企业所得税征收管理办法〉的公告》（国家税务总局公告 2012 年第 57 号）第十条规定，汇总纳税企业应当自年度终了之日起 5 个月内，由总机构汇总计算企业年度应纳所得税额，扣除总机构和各分支机构已预缴的税款，计算出应缴应退税款，按照本办法规定的税款分摊方法计算总机构和分支机构的企业所得税应缴应退税款，分别由总机构和分支机构就地办理税款缴库或退库。

第十一条规定，汇总纳税企业汇算清缴时，总机构除报送企业所得税年度纳税申报表和年度财务报表外，还应报送汇总纳税企业分支机构所得税分配表、各分支机构的年度财务报表和各分支机构参与企业年度纳税调整情况的说明；分支机构除报送企业所得税年度纳税申报表（只填列部分项目）外，还应报送经总机构所在地主管税务机关受理的汇总纳税企业分支机构所得税分配表、分支机构的年度财务报表（或年度财务状况和营业收支情况）和分支机构参与企业年度纳税调整情况的说明。

分支机构参与企业年度纳税调整情况的说明，可参照企业所得税年度纳税申报表附表"纳税调整项目明细表"中列明的项目进行说明，涉及需由总机构统一计算调整的项目不进行说明。

根据上述规定，在年度终了后 5 个月内，应以汇总纳税企业为主体进行企业所得税的汇算清缴，另外分支机构应报送各分支机构参与企业年度纳税调整情况的说明，涉及需由总机构统一计算调整的项目不进行说明。所述的职工福利费、工会经费、职工教育经费、业务招待费，应由汇总纳税企业统一计算，各分支机构不用自行调整。对于分支机构发生的不能税前扣除的商业保险，分支机构应在说明中列示。

6. 总分机构之间调拨固定资产是否涉及企业所得税问题？

问：A 公司总公司在北京，在河南设有二级分支机构 B。A 公司和 B 分公司之间调拨固定资产是否涉及企业所得税问题？

答：《企业所得税法》第五十条第二款规定，居民企业在中国境内设立不具有法人资格的营业机构的，应当汇总计算并缴纳企业所得税。

《国家税务总局关于企业处置资产所得税处理问题的通知》（国税函〔2008〕828 号）第一条规定，企业发生下列情形的处置资产，除将资产转移至境外以外，由于资产所有权属在形式和实质上均不发生改变，可作为内部处置资产，不视同销售确认收入，相关资产的计税基础延续计算。

（四）将资产在总机构及其分支机构之间转移；

……

因此，总分支机构之间调拨固定资产属于企业内部处置资产，不涉及企业所得税问题。

7. 如何确认分支机构预缴企业所得税时的营业收入？

问：我公司在总机构所在地设有销售分公司 A，在外省市设有分公司 B，分属不同的税区。国家税务总局 2012 年第 57 号公告中的分支机构营业收入是仅指对外销售的营业收入，还是包含分支机构间（B 卖给 A）或分支机构与总公司间的销售收入？

答：《国家税务总局关于印发〈跨地区经营汇总纳税企业所得税征收管理办法〉的公告》（国家税务总局公告 2012 年第 57 号）第十七条第一款规定，本办法所称分支机构营业收入，是指分支机构销售商品、提供劳务、让渡资产使用权等日常经营活动实现的全部收入。其中，生产经营企业分支机构营业收入是指生产经营企业分支机构销售商品、提供劳务、让渡资产使用权等取得的全部收入。金融企业分支机构营业收入是指金融企业分支机构取得的利息、手续费、佣金等全部收入。保险企业分支机构营业收入是指保险企业分支机构取得的保费等全部收入。

第四款规定，本办法所称上年度分支机构的营业收入、职工薪酬和资产总额，是指分支机构上年度全年的营业收入、职工薪酬数据和上年度 12 月 31 日的资产总额数据，是依照国家统一会计制度的规定核算的数据。

根据上述规定，分支机构参与计算的"营业收入"指依照国家统一会计制度的规定核算的数据，含分支机构间销售收入。

8. 分支机构营业收入较少引起预缴比例偏低是否需要调整？

问：（1）关于跨地区经营的总分机构所得税分配比例表，如果某分支机构在今年年初或者去年后半年才成立，去年的财务信息不全（去年的业务较少，基本上从今年才开始有业务），如何计算今年预缴的分配比例？

（2）如果分支机构在去年 12 月份成立，去年基本没有业务，如何计算分摊比例？如果按销售收入来分摊，今年预缴的所得税会很少，是否造成和今年的实际业务收入不匹配？

答：1.《国家税务总局关于印发〈跨地区经营汇总纳税企业所得税征收管理办法〉的公告》（国家税务总局公告 2012 年第 57 号）第五条规定，以下二级分支机构不就地分摊缴纳企业所得税：

（三）新设立的二级分支机构，设立当年不就地分摊缴纳企业所得税。

因此，如新公司在 2013 年年初设立，在预缴 2013 年企业所得税时，该机构可根据上项规定，不就地预缴，也就是说不需要报送分配比例表。如新公司是 2012 年下半年成立，就不属于当年新成立公司，如符合规定中跨地区的分支机构，则需要在经营所在地预缴 2013 年企业所得税。

2.《国家税务总局关于印发〈跨地区经营汇总纳税企业所得税征收管理办法〉的公告》（国家税务总局公告 2012 年第 57 号）第十四条规定，分支机构按以下公式计算分摊税款：

所有分支机构分摊税款总额＝汇总纳税企业当期应纳所得税额×50％

某分支机构分摊税款＝所有分支机构分摊税款总额×该分支机构分摊比例

第十五条规定，总机构应按照上年度分支机构的营业收入、职工薪酬和资产总额三个因素计算各分支机构分摊所得税款的比例；三级及以下分支机构，其营业收入、职工薪酬和资产总额统一计入二级分支机构；三因素的权重依次为 0.35、0.35、0.30。

计算公式如下：

某分支机构分摊比例＝（该分支机构营业收入÷各分支机构营业收入之和）×0.35
＋（该分支机构职工薪酬÷各分支机构职工薪酬之和）×0.35
＋（该分支机构资产总额÷各分支机构资产总额之和）×0.30

分支机构分摊比例按上述方法一经确定后，除出现本办法第五条第（四）项和第十六条第二、三款情形外，当年不作调整。

第十六条规定，总机构设立具有主体生产经营职能的部门（非本办法第四条规定的二级分支机构），且该部门的营业收入、职工薪酬和资产总额与管理职能部门分开核算的，可将该部门视同一个二级分支机构，按本办法规定计算分摊并就地缴纳企业所得税；该部门与管理职能部门的营业收入、职工薪酬和资产总额不能分开核算的，该部门不得视同一个二级分支机构，不得按本办法规定计算分摊并就地缴纳企业所得税。

汇总纳税企业当年由于重组等原因从其他企业取得重组当年之前已存在的二级分支机构，并作为本企业二级分支机构管理的，该二级分支机构不视同当年新设立的二级分支机构，按本办法规定计算分摊并就地缴纳企业所得税。

汇总纳税企业内就地分摊缴纳企业所得税的总机构、二级分支机构之间，发生合并、分立、管理层级变更等形成的新设或存续的二级分支机构，不视同当年新设立的二级分支机构，按本办法规定计算分摊并就地缴纳企业所得税。

根据上述规定，在总机构计算分支机构应分摊预缴的企业所得税时，营业收入、工资及资产总额均采用分支机构上年三因素金额，而营业收入仅为其中一个因素。

9.《汇总纳税分支机构企业所得税分配表》由谁报送？

问：在填写企业所得税季度申报表时，《汇总纳税分支机构企业所得税分配表》是由总机构报送，还是分支机构报送？

答：《国家税务总局关于印发〈跨地区经营汇总纳税企业所得税征收管理办法〉的公告》（国家税务总局公告 2012 年第 57 号）第九条规定，汇总纳税企业预缴申报时，总机构除报送企业所得税预缴申报表和企业当期财务报表外，还应报送汇总纳税企业分支机构所得税分配表和各分支机构上一年度的年度财务报表（或年度财务状况和营业收支情况）；分支机构除报送企业所得税预缴申报表（只填列部分项目）外，还应报送经总机构所在地主管税务机关受理的汇总纳税企业分支机构所得税分配表。

在一个纳税年度内，各分支机构上一年度的年度财务报表（或年度财务状况和营业收支情况）原则上只需要报送一次。

第三十一条规定，总机构应在每年 6 月 20 日前，将依照第二十三条规定方法计算确定的各分支机构当年应分摊税款的比例，填入《企业所得税汇总纳税分支机构分配表》，报送总机构所在地主管税务机关，同时下发各分支机构。

第三十六条规定，总机构及其分支机构除按纳税申报规定向主管税务机关报送相关资料外，还应报送《企业所得税汇总纳税分支机构分配表》、财务会计决算报告和职工工资总额情况表。

根据上述规定，在填写企业所得税月（季）度预缴纳申报表（A 类）时，总机构和分支机构都需要报送《汇总纳税分支机构企业所得税分配表》。

申报事项及其他

1. 季度预缴所得税能否于汇算清缴时一起完成？

问：我公司是机械工业企业，企业所得税按季度预缴，2013 年 12 月应该预缴第四季度企业所得税。因为年底临时资金紧张，我公司希望于 2013 年企业所得税汇算清缴时将第四季度所得税一起完成并交税，这样做是否合理？

答：《企业所得税法》第五十四条规定，企业所得税分月或者分季预缴。

企业应当自月份或者季度终了之日起十五日内，向税务机关报送预缴企业所得税纳税申报表，预缴税款。

企业应当自年度终了之日起五个月内，向税务机关报送年度企业所得税纳税申报表，并汇算清缴，结清应缴应退税款。

《企业所得税法实施条例》第一百二十八条规定，企业所得税分月或者分季预缴，由税务机关具体核定。

《企业所得税法》第五十四条规定，分月或者分季预缴企业所得税时，应当按照月度或者季度的实际利润额预缴；按照月度或者季度的实际利润额预缴有困难的，可以按照上一纳税年度应纳税所得额的月度或者季度平均额预缴，或者按照经税务机关认可的其他方法预缴。预缴方法一经确定，该纳税年度内不得随意变更。

《国家税务总局关于印发〈企业所得税汇算清缴管理办法〉的通知》（国税发〔2009〕79 号）第五条规定，纳税人 12 月份或者第四季度的企业所得税预缴纳税申报，应在纳税年度终了后 15 日内完成，预缴申报后进行当年企业所得税汇算清缴。

《税收征收管理法》第三十二条规定，纳税人未按照法规期限缴纳税款的，扣缴义务人未按照法规期限解缴税款的，税务机关除责令限期缴纳外，从滞纳税款之日起，按日加收滞纳税款万分之五的滞纳金。

根据上述规定，企业应按月度或者季度的实际利润额进行预缴，未按规定期限缴纳的，应缴纳滞纳金。

2. 项目所在地预缴的企业所得税如何核算？

问：我公司因在项目所在地有建筑业应税收入，其中预缴的企业所得税如何进行账务处理？期末汇算清缴时是否有影响？

答：《企业会计准则应用指南》附录"会计科目和主要账务处理"中指出：

2221　应交税费

六、企业按照税法规定计算应交的所得税，借记"所得税费用"等科目，贷记"应交税费（应交所得税）"科目。交纳的所得税，借记"应交税费（应交所得税）"科目，贷记"银行存款"等科目。

参照《天津市地方税务局、天津市国家税务局关于代开建筑业统一发票所得税管理有关问题的公告》（天津市地方税务局、天津市国家税务局公告 2011 年第 4 号）第四条的规定，所得税由地税局负责征管的纳税人，在项目地缴纳的所得税，在注册地进行所得税申报时，应作为已缴税款予以减除，年终汇算清缴时多退少补。

根据上述规定，项目所在地与机构所在地不属于同一地区的预缴企业所得税款，不影响会计核算时对所得税费用的归集科目，预缴时记入"应交税费（应交所得税）"科目借方，期末转入"所得税费用"科目。同时，汇算清缴时作为企业的预缴税款处理即可。

3. 代开发票预征所得税如何计算？

问： 去税务局代开发票，发票上的个人所得税或企业所得税的预征率是如何计算出来的？

答：《国家税务总局关于加强和规范税务机关代开普通发票工作的通知》（国税函〔2004〕1024 号）规定，对申请代开发票的单位和个人，应当按照税收法律、法规的有关规定征收税款和收取发票工本费。代开的普通发票上要注明完税凭证号码；同时代征税款的完税凭证上要注明代开的普通发票号码。

根据上述规定，税务机关在为纳税人代开发票时应按照规定征收税款。为了方便征管，对于应征收的个人所得税和企业所得税一般采取按率预征的办法。《国家税务总局关于代开货物运输业发票个人所得税预征率问题的公告》（国家税务总局公告 2011 年第 44 号）规定，对《国家税务总局关于货物运输业若干税收问题的通知》（国税发〔2004〕88 号）第四条规定的代开货运发票的个人所得税纳税人，统一按开票金额的 1.5％预征个人所得税。

此外，各省市对于不同行业的代开发票也针对本地区实际规定了不同的预征率。《天津市地方税务局关于代开建筑业统一发票所得税管理有关问题的公告》（天津市地方税务局公告 2011 年第 4 号）规定，除企业所得税由国税局负责征管的纳税人外，在地税局办税窗口代开《建筑业统一发票》时，对企业按代开发票金额 8％的应税所得率（实际税负 2％）征收企业所得税；对个人独资企业、合伙企业按 2％预征率征收个人所得税。

4. 季度预缴企业所得税时如何申报亏损弥补事项？

问： 我公司 2013 年亏损 50 万元，2014 年 6 月累计盈利 100 万元，填写月（季）度预缴纳税申报表时是否可以弥补 2013 年度的亏损 50 万元？还是要等到 2014 年度汇算清缴时才能弥补？

答：《国家税务总局关于发布〈中华人民共和国企业所得税月（季）度预缴纳税申报表

（2014 年版）等报表〉的公告》（国家税务总局公告 2014 年第 28 号）中企业所得税年度纳税申报表格式如下：

中华人民共和国

企业所得税月（季）度预缴纳税申报表（A 类，2014 年版）

税款所属期间：　　年　月　日至　　年　月　日

纳税人识别号：□□□□□□□□□□□□□□□

纳税人名称：　　　　　　　　　　　金额单位：人民币元（列至角分）		

行次	项目	本期金额	累计金额
1	一、按照实际利润额预缴		
2	营业收入		
3	营业成本		
4	利润总额		
5	加：特定业务计算的应纳税所得额		
6	减：不征税收入		
7	免税收入		
8	减征、免征应纳税所得额		
9	弥补以前年度亏损		
10	实际利润额（4 行＋5 行－6 行－7 行－8 行－9 行）		
11	税率（25%）		
12	应纳所得税额		
13	减：减免所得税额		
14	其中：符合条件的小型微利企业减免所得税额		
15	减：实际已预缴所得税额	—	
16	减：特定业务预缴（征）所得税额		
17	应补（退）所得税额（12 行－13 行－15 行－16 行）	—	
18	减：以前年度多缴在本期抵缴所得税额		
19	本月（季）实际应补（退）所得税额	—	

《中华人民共和国企业所得税月（季）度预缴纳税申报表（A 类，2014 年版）》填报说明：

3. 第 4 行"利润总额"：填报按照企业会计制度、企业会计准则等国家会计规定核算的利润总额。本行数据与利润表列示的利润总额一致。

······

8. 第 9 行"弥补以前年度亏损"：填报按照税收规定可在企业所得税前弥补的以前年度尚未弥补的亏损额。

根据上述规定，国家税务总局 2014 年第 28 号公告将实际利润额的计算过程列示到申报表，并规范填报，第 4 行"利润总额"作为计算季度缴税的主要基础，列示在申报表第 4 行，季度申报以利润为核心，同时对其进行五项调整，从而计算出第 10 行"实际利润额"，作为缴税的依据。按照申报表得出基本申报公式：实际利润额＝利润总额＋特定业务计算的应纳税所得额－免税收入－不征税收入－减征、免征应纳税所得额－以前年度亏损。

因此，符合税法规定的以前年度的亏损，可以用季度利润弥补。

5. 企业筹建期间是否需要纳税申报?

问：国税函〔2010〕79 号文件明确筹建期不得计算亏损年度,是否可以理解筹建期间不是纳税年度,因而不需要进行纳税申报?

答：《国家税务总局关于印发〈企业所得税汇算清缴管理办法〉的通知》(国税发〔2009〕79 号)第三条第一款规定,凡在纳税年度内从事生产、经营(包括试生产、试经营),或在纳税年度中间终止经营活动的纳税人,无论是否在减税、免税期间,也无论盈利或亏损,均应按照企业所得税法及其实施条例和本办法的有关规定进行企业所得税汇算清缴。

根据上述规定,筹建期不作为亏损年度,但仍应按规定进行年度汇算清缴申报。

6. 以前年度损益调整对企业所得税影响如何申报?

问：2011 年调整后企业应纳税所得额为 10 万元,2012 年调整后应纳税所得额为－20 万元,2013 年调整后应纳税所得额为 5 万元,但税务局在 2014 年 9 月份检查时发现 2011 年多计销售费用 3 万元,应调增应纳税所得额。那么,2013 年企业如何缴纳企业所得税?3 万元应计入哪年的应纳税所得额?

答：《企业所得税法实施条例》第九条规定,企业应纳税所得额的计算,以权责发生制为原则……《企业所得税法》第五十三条规定,企业所得税按纳税年度计算。纳税年度自公历 1 月 1 日起至 12 月 31 日止。

根据上述规定,2011 年的销售费用被多计,应调增 2011 年的应纳税所得额,不影响 2013 年应纳税所得额的计算。

7. 未按规定预缴企业所得税是否涉及滞纳金问题?

问：如果将第一季度应该预缴的企业所得税在第二季度申报,是否需要缴纳这期间的滞纳金?

答：《国家税务总局关于加强企业所得税预缴工作的通知》(国税函〔2009〕34 号)第四条规定,各级税务机关要进一步加大监督管理力度。对未按规定申报预缴企业所得税的,按照《税收征收管理法》及其实施细则的有关规定进行处理。

《税收征收管理法》第三十二条规定,纳税人未按照规定期限缴纳税款的,扣缴义务人未按照规定期限解缴税款的,税务机关除责令限期缴纳外,从滞纳税款之日起,按日加收滞纳税款万分之五的滞纳金。

根据上述规定,未按规定申报预缴企业所得税的,也涉及滞纳金问题。

8. 新设公司非货币出资比例超过 25% 如何确定征管机关?

问：我公司为 1997 年成立的生产型企业,企业所得税归属地税管理。目前要以非货币资产出资的形式在另外一区成立贸易公司，非货币出资比例超过 25%，这种情形是否属于《国家税务总局关于调整新增企业所得税征管范围问题的通知》中的情况，即贸易公司所得税仍然由地税征管？

答：《国家税务总局关于调整新增企业所得税征管范围问题的通知》（国税发〔2008〕120 号）规定，以 2008 年为基年，2008 年底之前国家税务局、地方税务局各自管理的企业所得税纳税人不作调整。2009 年起新增企业所得税纳税人中，应缴纳增值税的企业，其企业所得税由国家税务局管理；应缴纳营业税的企业，其企业所得税由地方税务局管理。

第二条第五款规定，2009 年起新增企业，是指按照《财政部、国家税务总局关于享受企业所得税优惠政策的新办企业认定标准的通知》（财税〔2006〕1 号）及有关规定的新办企业认定标准成立的企业。

《财政部、国家税务总局关于享受企业所得税优惠政策的新办企业认定标准的通知》（财税〔2006〕1 号）规定：

一、享受企业所得税定期减税或免税的新办企业标准

1. 按照国家法律、法规以及有关规定在工商行政主管部门办理设立登记，新注册成立的企业。

2. 新办企业的权益性出资人（股东或其他权益投资方）实际出资中固定资产、无形资产等非货币性资产的累计出资额占新办企业注册资金的比例一般不得超过 25%。

其中，新办企业的注册资金为企业在工商行政主管部门登记的实收资本或股本。非货币性资产包括建筑物、机器、设备等固定资产，以及专利权、商标权、非专利技术等无形资产。新办企业的权益性投资人以非货币性资产进行出资的，经有资质的会计（审计、税务）事务所进行评估的，以评估后的价值作为出资金额；未经评估的，由纳税人提供同类资产或类似资产当日或最近月份的市场价格，由主管税务机关核定。

根据上述规定，2009 年起新增企业，是指按照财税〔2006〕1 号文件及有关规定的新办企业认定标准成立的企业。贵公司新成立贸易公司在注册验资时非货币资产超过规定的比例 25%，因此，不属于规定的 2009 年新增企业，其企业所得税应由地方税务局负责管理。

9. 原企业将固定资产销售给新设公司是否影响企业所得税征管机关的归属？

问：我单位原为个人独资企业，现在重新注册成立了一家有限公司，有限公司注册资金为 100 万元，全部以现金出资，但新公司使用的固定资产仍为原企业所有，这些固定资产准备销售给新公司。那么，新成立公司的企业所得税应该由国税部门还是地税部门管理？

答：《国家税务总局关于调整新增企业所得税征管范围问题的通知》（国税发〔2008〕120 号）第一条规定，以 2008 年为基年，2008 年底之前国家税务局、地方税务局各自管理的企业所得税纳税人不作调整。2009 年起新增企业所得税纳税人中，应缴纳增值税的企业，其企业所得税由国家税务局管理；应缴纳营业税的企业，其企业所得税由地方税务局管理。

第二条规对若干具体问题的规定：

（三）按税法规定免缴流转税的企业，按其免缴的流转税税种确定企业所得税征管归属；既不缴纳增值税也不缴纳营业税的企业，其企业所得税暂由地方税务局管理。

（四）既缴纳增值税又缴纳营业税的企业，原则上按照其税务登记时自行申报的主营业

务应缴纳的流转税税种确定征管归属；企业税务登记时无法确定主营业务的，一般以工商登记注明的第一项业务为准；一经确定，原则上不再调整。

（五）2009 年起新增企业，是指按照《财政部、国家税务总局关于享受企业所得税优惠政策的新办企业认定标准的通知》（财税〔2006〕1 号）及有关规定的新办企业认定标准成立的企业。

《财政部、国家税务总局关于享受企业所得税优惠政策的新办企业认定标准的通知》（财税〔2006〕1 号）第一条第一项规定，按照国家法律、法规以及有关规定在工商行政主管部门办理设立登记，新注册成立的企业，享受企业所得税定期减税或免税。

根据上述规定，新公司与原个人独资企业之间的资产买卖不影响企业所得税归属判断。新注册的有限公司企业所得税是由国税部门还是地税部门管理，还应看流转税税种确定征管归属。

10. 企业免税期间少申报收入，是否要补征税款？

问：有一光伏发电企业，2011 年、2012 年属于在建期，2012 年产生试运行发电收入 2 000 万元，已按会计准则的规定冲减了"在建工程"成本。2012 年所得税汇算清缴时对冲减在建工程成本的试运行收入未进行纳税调整。按照相关税法的规定，2011 年至 2012 年属于免征期。那么，

（1）未申报的试运行收入是否应当申报收入？政策依据是什么？

（2）如果确需纳税调整，是否应当补税（本事项发现于 2013 年，属于减半征收期）？如果征税，适用何政策？不征又适用什么政策？

答：1. 试运行收入的税收问题。

《企业所得税法》第六条规定，企业以货币形式和非货币形式从各种来源取得的收入，为收入总额。包括：

（一）销售货物收入；

（二）提供劳务收入；

（三）转让财产收入；

（四）股息、红利等权益性投资收益；

（五）利息收入；

（六）租金收入；

（七）特许权使用费收入；

（八）接受捐赠收入；

（九）其他收入。

根据上述规定，企业从各种来源取得的收入，为收入总额，试运行收入也应并入收入总额缴纳企业所得税。

2. 纳税调整问题。

《国家税务总局关于查增应纳税所得额弥补以前年度亏损处理问题的公告》（国家税务总局公告 2010 年第 20 号）第一条规定，根据《中华人民共和国企业所得税法》第五条的规定，税务机关对企业以前年度纳税情况进行检查时调增的应纳税所得额，凡企业以前年度发

生亏损、且该亏损属于企业所得税法规定允许弥补的，应允许调增的应纳税所得额弥补该亏损。弥补该亏损后仍有余额的，按照企业所得税法规定计算缴纳企业所得税。对检查调增的应纳税所得额应根据其情节，依照《中华人民共和国税收征收管理法》有关规定进行处理或处罚。

对纳税人涉及的免税期间税收调整问题，可参照下列规定：

《广州市地方税务局关于印发偷税行为理解认定的若干指导意见的通知》（穗地税发〔2006〕73 号）中关于"《征管法》第六十四条的理解与适用"的问题规定：

1. 行为人"编造虚假计税依据"未造成不缴或少缴税款的，适用《税收征收管理法》第六十四条第一款规定。包括：（1）免税期间虚报计税依据、在行为当年未造成不缴或少缴应纳税款的；……（3）企业虚报亏损，是指企业在年度企业所得税纳税申报表中申报的亏损数额大于按税收规定计算出的亏损数额。企业依法享受税收优惠年度编造虚假计税依据或处于亏损年度发生虚报亏损行为，经过检查调整后仍然亏损，在行为当年或相关年度未造成不缴或少缴应纳税款的，等等。

根据上述规定，企业依法享受税收优惠年度，未计或少计收入，在行为当年或相关年度未造成不缴或少缴应纳税款的，应适用"编造虚假计税依据"，由税务机关责令限期改正，并处五万元以下的罚款，不涉及补税。

11. "营改增"是否会导致所得税税负升高？

问：假如一家物流运输企业，"营改增"前后收入保持不变，"营改增"后的流转税税负也不变，都为 3%。那么"营改增"后，其进项税额要占营业收入的 8% 才能保持税负不变（11%－8%）。这样的话，"营改增"后进项税额和应缴增值税都不能作为成本扣除，需要缴纳 25% 的企业所得税，是否会导致企业所得税税负实际升高 2.75%[（3%＋8%）×25%]？

答："营改增"事项对企业的影响是综合的，除了企业所得税税负外还有现金流等方面，可能有负影响因素，也可能有正影响因素，不能简单归结为一个比例。以下就可抵扣增值税进项税额的变化对企业纳税及现金流影响，简单举例，供您参考：

（1）假定该物流公司应税服务年收入 100 万元，应纳增值税销项税额 11 万元，税前可扣除成本 70 万元，可抵扣进项税额 6 万元。

同样的业务水平，"营改增"前，为营业税应税劳务年收入 111 万元（含税），适用营业税率 3%，税前可扣除成本 76 万元（含税）。

不考虑附加税费等小税种影响。

"营改增"后，物流公司纳税情况及现金流情况如下：

应纳增值税：11－6＝5（万元）

企业所得税：（100－70）×25%＝7.5（万元）

企业所得税税负：7.5÷100＝7.5%

现金净流入量：111－76－5－7.5＝22.5（万元）。

"营改增"前，物流公司纳税情况及现金流情况如下：

营业税：111×3%＝3.33（万元）

企业所得税：（111－3.33－76）×25%＝7.92（万元）

企业所得税税负：7.92÷111＝7.14％

现金净流入量：111－3.33－76－7.92＝23.75（万元）。

（2）假定该物流公司应税服务年收入100万元，应纳增值税销项税额11万元，税前可扣除成本70万元，可抵扣进项税额9万元。

同样的业务水平，"营改增"前，为营业税应税劳务年收入111万元（含税），适用营业税率3％，税前可扣除成本79万元（含税）。

不考虑附加税费等小税种影响。

"营改增"后，物流公司纳税情况及现金流情况如下：

增值税：11－9＝2（万元）

企业所得税：（100－70）×25％＝7.5（万元）

企业所得税税负：7.5÷100＝7.5％

现金净流入量：111－79－2－7.5＝22.5（万元）。

"营改增"前，物流公司纳税情况及现金流情况如下：

营业税：111×3％＝3.33（万元）

企业所得税：（111－3.33－79）×25％＝7.17（万元）

企业所得税税负：7.17÷111＝6.46％

现金净流入量：111－3.33－79－7.17＝21.5（万元）。

12. 汇率引起增值税报表收入与所得税报表收入的差异如何处理？

问：我公司是出口型企业，增值税报表中外销的收入是根据免抵退表中收入填入的（汇率为国税网上公布的汇率），而平时入账时的汇率是根据总公司公布的汇率，两个汇率有差异，导致增值税报表收入和所得税报表收入不一致，这种差异如何处理？

答：《企业所得税法实施条例》第三十九条规定，企业在货币交易中，以及纳税年度终了时将人民币以外的货币性资产、负债按照期末即期人民币汇率中间价折算为人民币时产生的汇兑损失，除已经计入有关资产成本以及与向所有者进行利润分配相关的部分外，准予扣除。

第一百三十条规定，企业所得以人民币以外的货币计算的，预缴企业所得税时，应当按照月度或者季度最后一日的人民币汇率中间价，折合成人民币计算应纳税所得额。年度终了汇算清缴时，对已经按照月度或者季度预缴税款的，不再重新折合计算，只就该纳税年度内未缴纳企业所得税的部分，按照纳税年度最后一日的人民币汇率中间价，折合成人民币计算应纳税所得额。

经税务机关检查确认，企业少计或者多计前款规定的所得的，应当按照检查确认补税或者退税时的上一个月最后一日的人民币汇率中间价，将少计或者多计的所得折合成人民币计算应纳税所得额，再计算应补缴或者应退的税款。

《增值税暂行条例实施细则》第十五条规定，纳税人按人民币以外的货币结算销售额的，其销售额的人民币折合率可以选择销售额发生的当天或者当月1日的人民币汇率中间价。纳税人应在事先确定采用何种折合率，确定后1年内不得变更。

根据上述规定，从增值税角度而言，贵公司以外币结算的销售收入可按销售额发生的当天或者当月 1 日的人民币汇率中间价折合成人民币。贵公司应事先确定采用何种折合率，确定后 1 年内不得变更。而从企业所得税方面来说，贵公司预缴时应当按照月度或者季度最后一日的人民币汇率中间价折合成人民币计算应纳税额，汇算清缴时按纳税年度最后一日的人民币汇率折合成人民币计算应纳税额。

表面上，增值税与企业所得税所选的折合率并不相同，但企业不论是选择销售发生当天的折合率还是选择当月 1 日的折合率，根据《企业会计准则第 19 号——外币折算》第十一条的规定，企业在资产负债表日，应当按照下列规定对外币货币性项目和外币非货币性项目进行处理：

（一）外币货币性项目，采用资产负债表日即期汇率折算。因资产负债表日即期汇率与初始确认时或者前一资产负债表日即期汇率不同而产生的汇兑差额，计入当期损益。

（二）以历史成本计量的外币非货币性项目，仍采用交易发生日的即期汇率折算，不改变其记账本位币金额。

货币性项目，是指企业持有的货币资金和将以固定或可确定的金额收取的资产或者偿付的负债。

非货币性项目，是指货币性项目以外的项目。

企业在资产负债表日应按当天汇率进行折算。根据《企业所得税法实施条例》第三十九条的规定，该汇兑差额可税前扣除。经过该项期末事项的处理，已将发生日或发生当月 1 日的折合率调整为期末的折合率，与企业所得税的规定一致。

13. 外币资产能否按期末买入价折算？

问：2012 年汇改后，汇率浮动由 5‰提高至 1%。以美元为例，中间价明显高于银行买卖价的平均价，税法及会计制度要求会计记账以中间价折算外币；按现在银行公布牌价的中间价，严重出现偏差。

以外币债务为主企业，会计选择银行卖出价为记账汇率；以资产反应（资产负债表）为主企业，选择买入价记账，或近似汇率记账，但一定不能使用中间价记账，否则造成会计核算失实。

例如，存款 100 万美元，支付本币为人民币，按 2012 年 11 月 5 日牌价汇价为买价为 6.231 5，汇卖价为 6.256 5，中间价为 6.308 2，资产不是 630.82 万元，而是 623.15 万元。

在人民币升值预期加大的前提下，如何入价折算？

答：《〈企业会计准则第 19 号——外币折算〉应用指南》第一条规定，根据本准则规定，企业在处理外币交易和对外币财务报表进行折算时，应当采用交易发生日的即期汇率将外币金额折算为记账本位币金额反映；也可以采用按照系统合理的方法确定的、与交易发生日即期汇率近似的汇率折算。

即期汇率，通常是指中国人民银行公布的当日人民币外汇牌价的中间价。企业发生的外币兑换业务或涉及外币兑换的交易事项，应当按照交易实际采用的汇率（即银行买入价或卖出价）折算。

即期汇率的近似汇率，是指按照系统合理的方法确定的、与交易发生日即期汇率近似的汇率，通常采用当期平均汇率或加权平均汇率等。

企业通常应当采用即期汇率进行折算。汇率变动不大的，也可以采用即期汇率的近似汇率进行折算。

《企业所得税法实施条例》第三十九条规定，企业在货币交易中，以及纳税年度终了时将人民币以外的货币性资产、负债按照期末即期人民币汇率中间价折算为人民币时产生的汇兑损失，除已经计入有关资产成本以及与向所有者进行利润分配相关的部分外，准予扣除。

因此，目前会计与税法处理外币交易时，均规定是以人民币外汇牌价的中间价进行折算。

例中拥有美元存款 100 万元，到期末时应按期末汇率人民币中间价折算为人民币。对于该美元存款，可能直接对外支付，也可能兑换成人民币，因此用中间价是合适的。如果持有该美元的目的就是兑换成人民币，按期末买入价折算，将不虚增资产，符合谨慎性原则，但是目前没有这样的规定。

14. 汇缴后税务机关发现多减免金额是否征收滞纳金？

问：某企业在 5 月 30 日所得税汇算清缴期限内，根据税务局认可（口头认可，并在税务局系统中做了申报）的环保设备所得税减免金额 47.49 万元进行了汇算清缴，并在 6 月份完成税款的抵免（属上年多预缴所得税，抵免当年所得税），9 月份，企业配合税务局完成环保设备减免报告（书面）批复中，发现所得税减免额应扣除已抵扣进项税部分，税务局批复书面减免报告为 40.59 万元，企业于 9 月份补缴了多减免的 6.9 万元企业所得税，但税务局要收取 0.38 万元滞纳金，该滞纳金是否可以免除？

答：《税收征收管理法》第三十二条规定，纳税人未按照规定期限缴纳税款的，扣缴义务人未按照规定期限解缴税款的，税务机关除责令限期缴纳外，从滞纳税款之日起，按日加收滞纳税款万分之五的滞纳金。

《税收征收管理法实施细则》第七十五条规定，税收征管法第三十二条规定的加收滞纳金的起止时间，为法律、行政法规规定或者税务机关依照法律、行政法规的规定确定的税款缴纳期限届满次日起至纳税人、扣缴义务人实际缴纳或者解缴税款之日止。

《企业所得税法》第五十四条规定，企业所得税分月或者分季预缴。

企业应当自月份或者季度终了之日起十五日内，向税务机关报送预缴企业所得税纳税申报表，预缴税款。

企业应当自年度终了之日起五个月内，向税务机关报送年度企业所得税纳税申报表，并汇算清缴，结清应缴应退税款。

根据上述规定，纳税人在企业所得税汇算清缴期后，如果存在补缴企业所得税的情形，应从 6 月 1 日起加收滞纳金。

15. 税务机关是否有权向非独立核算的机构调账？

问：保险公司在县级设立的四级机构，虽然办理了工商登记及税务登记，但不独立核算，其所在地税务局是否有调账检查的权利？如果调账，上级公司因没有单独的账簿，如何提供给当地税务局账本？

答：《税收征收管理法》第四条规定，法律、行政法规规定负有纳税义务的单位和个人为纳税人。

第五十四条规定，税务机关有权进行下列税务检查：

（一）检查纳税人的账簿、记账凭证、报表和有关资料，检查扣缴义务人代扣代缴、代收代缴税款账簿、记账凭证和有关资料。

《税收征收管理法实施细则》第八十六条规定，税务机关行使税收征管法第五十四条第（一）项职权时，可以在纳税人、扣缴义务人的业务场所进行；必要时，经县以上税务局（分局）局长批准，可以将纳税人、扣缴义务人以前会计年度的账簿、记账凭证、报表和其他有关资料调回税务机关检查，但是税务机关必须向纳税人、扣缴义务人开付清单，并在 3 个月内完整退还；有特殊情况的，经设区的市、自治州以上税务局局长批准，税务机关可以将纳税人、扣缴义务人当年的账簿、记账凭证、报表和其他有关资料调回检查，但是税务机关必须在 30 日内退还。

根据上述规定，只要是纳税人，无论是否独立核算，税务机关均有权按以上规定的程序行使查账和调账权。

国 家 税 务 总 局 公 告

2014 年第 63 号

国家税务总局关于发布《中华人民共和国
企业所得税年度纳税申报表
(A 类,2014 年版)》的公告

为贯彻落实《中华人民共和国企业所得税法》及其有关政策,现将国家税务总局修订后的《中华人民共和国企业所得税年度纳税申报表(A 类,2014 年版)》及《中华人民共和国企业所得税年度纳税申报表(A 类,2014 年版)填报说明》予以发布,自 2015 年 1 月 1 日施行,《国家税务总局关于印发〈中华人民共和国企业所得税年度纳税申报表〉的通知》(国税发〔2008〕101 号)、《国家税务总局关于〈中华人民共和国企业所得税年度纳税申报表〉的补充通知》(国税函〔2008〕1081 号)、《国家税务总局关于企业所得税年度纳税申报口径问题的公告》(国家税务总局公告 2011 年第 29 号)、《国家税务总局关于做好 2009 年度企业所得税汇算清缴工作的通知》(国税函〔2010〕148 号)同时废止。

特此公告。

附件:1. 中华人民共和国企业所得税年度纳税申报表

2.《中华人民共和国企业所得税年度纳税申报表》填报说明

国家税务总局

2014 年 11 月 3 日

中华人民共和国企业所得税年度纳税申报表

（A 类，2014 年版）

税款所属期间： 年 月 日至 年 月 日

纳税人识别号：☐☐☐☐☐☐☐☐☐☐☐☐☐☐☐☐☐☐

纳税人名称：

金额单位：人民币元（列至角分）

谨声明：此纳税申报表是根据《中华人民共和国企业所得税法》、《中华人民共和国企业所得税法实施条例》、有关税收政策以及国家统一会计制度的规定填报的，是真实的、可靠的、完整的。

法定代表人（签章）： 年 月 日

纳税人公章：	代理申报中介机构公章：	主管税务机关受理专用章：
会计主管：	经办人： 经办人执业证件号码：	受理人：
填表日期： 年 月 日	代理申报日期： 年 月 日	受理日期： 年 月 日

国家税务总局监制

企业所得税年度纳税申报表填报表单

表单编号	表单名称	选择填报情况	
		填报	不填报
A000000	企业基础信息表	✓	✗
A100000	中华人民共和国企业所得税年度纳税申报表（A类）	✓	✗
A101010	一般企业收入明细表	☐	☐
A101020	金融企业收入明细表	☐	☐
A102010	一般企业成本支出明细表	☐	☐
A102020	金融企业支出明细表	☐	☐
A103000	事业单位、民间非营利组织收入、支出明细表	☐	☐
A104000	期间费用明细表	☐	☐
A105000	纳税调整项目明细表	☐	☐
A105010	视同销售和房地产开发企业特定业务纳税调整明细表	☐	☐
A105020	未按权责发生制确认收入纳税调整明细表	☐	☐
A105030	投资收益纳税调整明细表	☐	☐
A105040	专项用途财政性资金纳税调整明细表	☐	☐
A105050	职工薪酬纳税调整明细表	☐	☐
A105060	广告费和业务宣传费跨年度纳税调整明细表	☐	☐
A105070	捐赠支出纳税调整明细表	☐	☐
A105080	资产折旧、摊销情况及纳税调整明细表	☐	☐
A105081	固定资产加速折旧、扣除明细表	☐	☐
A105090	资产损失税前扣除及纳税调整明细表	☐	☐
A105091	资产损失（专项申报）税前扣除及纳税调整明细表	☐	☐
A105100	企业重组纳税调整明细表	☐	☐
A105110	政策性搬迁纳税调整明细表	☐	☐
A105120	特殊行业准备金纳税调整明细表	☐	☐
A106000	企业所得税弥补亏损明细表	☐	☐
A107010	免税、减计收入及加计扣除优惠明细表	☐	☐
A107011	符合条件的居民企业之间的股息、红利等权益性投资收益优惠明细表	☐	☐
A107012	综合利用资源生产产品取得的收入优惠明细表	☐	☐
A107013	金融、保险等机构取得的涉农利息、保费收入优惠明细表	☐	☐
A107014	研发费用加计扣除优惠明细表	☐	☐
A107020	所得减免优惠明细表	☐	☐
A107030	抵扣应纳税所得额明细表	☐	☐
A107040	减免所得税优惠明细表	☐	☐
A107041	高新技术企业优惠情况及明细表	☐	☐
A107042	软件、集成电路企业优惠情况及明细表	☐	☐
A107050	税额抵免优惠明细表	☐	☐
A108000	境外所得税收抵免明细表	☐	☐
A108010	境外所得纳税调整后所得明细表	☐	☐
A108020	境外分支机构弥补亏损明细表	☐	☐
A108030	跨年度结转抵免境外所得税明细表	☐	☐
A109000	跨地区经营汇总纳税企业年度分摊企业所得税明细表	☐	☐
A109010	企业所得税汇总纳税分支机构所得税分配表	☐	☐

说明：企业应当根据实际情况选择需要填表的表单。

A000000

企业基础信息表

正常申报□	更正申报□	补充申报□

100 基本信息			
101 汇总纳税企业	是（总机构□　　　按比例缴纳总机构□　）　　否□		
102 注册资本（万元）	106 境外中资控股居民企业	是□	否□
103 所属行业明细代码	107 从事国家非限制和禁止行业	是□	否□
104 从业人数	108 存在境外关联交易	是□	否□
105 资产总额（万元）	109 上市公司	是（境内□境外□）	否□

200 主要会计政策和估计			
201 适用的会计准则或会计制度	企业会计准则（一般企业□　银行□　证券□　保险□　担保□） 小企业会计准则□ 企业会计制度□ 事业单位会计准则（事业单位会计制度□　科学事业单位会计制度□ 　医院会计制度□　高等学校会计制度□　中小学校会计制度□ 　彩票机构会计制度□） 民间非营利组织会计制度□ 村集体经济组织会计制度□ 农民专业合作社财务会计制度（试行）□ 其他□		
202 会计档案的存放地		203 会计核算软件	
204 记账本位币	人民币□ 其他□	205 会计政策和估计是否发生变化	是□　　　　　　否□
206 固定资产折旧方法	年限平均法□　工作量法□　双倍余额递减法□　年数总和法□ 其他□		
207 存货成本计价方法	先进先出法□　移动加权平均法□　月末一次加权平均法□ 个别计价法□　毛利率法□　零售价法□　计划成本法□　其他□		
208 坏账损失核算方法	备抵法□　　　直接核销法□		
209 所得税计算方法	应付税款法□　资产负债表债务法□　其他□		

300 企业主要股东及对外投资情况			

301 企业主要股东（前 5 位）

股东名称	证件种类	证件号码	经济性质	投资比例	国籍（注册地址）

302 对外投资（前 5 位）

被投资者名称	纳税人识别号	经济性质	投资比例	投资金额	注册地址

A100000

中华人民共和国企业所得税年度纳税申报表（A类）

行次	类别	项　目	金额
1	利润总额计算	一、营业收入（填写 A101010 \ 101020 \ 103000）	
2		减：营业成本（填写 A102010 \ 102020 \ 103000）	
3		营业税金及附加	
4		销售费用（填写 A104000）	
5		管理费用（填写 A104000）	
6		财务费用（填写 A104000）	
7		资产减值损失	
8		加：公允价值变动收益	
9		投资收益	
10		二、营业利润（1－2－3－4－5－6－7＋8＋9）	
11		加：营业外收入（填写 A101010 \ 101020 \ 103000）	
12		减：营业外支出（填写 A102010 \ 102020 \ 103000）	
13		三、利润总额（10＋11－12）	
14	应纳税所得额计算	减：境外所得（填写 A108010）	
15		加：纳税调整增加额（填写 A105000）	
16		减：纳税调整减少额（填写 A105000）	
17		减：免税、减计收入及加计扣除（填写 A107010）	
18		加：境外应税所得抵减境内亏损（填写 A108000）	
19		四、纳税调整后所得（13－14＋15－16－17＋18）	
20		减：所得减免（填写 A107020）	
21		减：抵扣应纳税所得额（填写 A107030）	
22		减：弥补以前年度亏损（填写 A106000）	
23		五、应纳税所得额（19－20－21－22）	
24	应纳税额计算	税率（25%）	
25		六、应纳所得税额（23×24）	
26		减：减免所得税额（填写 A107040）	
27		减：抵免所得税额（填写 A107050）	
28		七、应纳税额（25－26－27）	
29		加：境外所得应纳所得税额（填写 A108000）	
30		减：境外所得抵免所得税额（填写 A108000）	
31		八、实际应纳所得税额（28＋29－30）	
32		减：本年累计实际已预缴的所得税额	
33		九、本年应补（退）所得税额（31－32）	
34		其中：总机构分摊本年应补（退）所得税额（填写 A109000）	
35		财政集中分配本年应补（退）所得税额（填写 A109000）	
36		总机构主体生产经营部门分摊本年应补（退）所得税额（填写 A109000）	
37	附列资料	以前年度多缴的所得税额在本年抵减额	
38		以前年度应缴未缴在本年入库所得税额	

A101010

一般企业收入明细表

行次	项 目	金额
1	一、营业收入（2＋9）	
2	（一）主营业务收入（3＋5＋6＋7＋8）	
3	1. 销售商品收入	
4	其中：非货币性资产交换收入	
5	2. 提供劳务收入	
6	3. 建造合同收入	
7	4. 让渡资产使用权收入	
8	5. 其他	
9	（二）其他业务收入（10＋12＋13＋14＋15）	
10	1. 销售材料收入	
11	其中：非货币性资产交换收入	
12	2. 出租固定资产收入	
13	3. 出租无形资产收入	
14	4. 出租包装物和商品收入	
15	5. 其他	
16	二、营业外收入（17＋18＋19＋20＋21＋22＋23＋24＋25＋26）	
17	（一）非流动资产处置利得	
18	（二）非货币性资产交换利得	
19	（三）债务重组利得	
20	（四）政府补助利得	
21	（五）盘盈利得	
22	（六）捐赠利得	
23	（七）罚没利得	
24	（八）确实无法偿付的应付款项	
25	（九）汇兑收益	
26	（十）其他	

A101020

金融企业收入明细表

行次	项　目	金额
1	一、营业收入（2＋18＋27＋32＋33＋34）	
2	（一）银行业务收入（3＋10）	
3	1. 利息收入（4＋5＋6＋7＋8＋9）	
4	（1）存放同业	
5	（2）存放中央银行	
6	（3）拆出资金	
7	（4）发放贷款及垫资	
8	（5）买入返售金融资产	
9	（6）其他	
10	2. 手续费及佣金收入（11＋12＋13＋14＋15＋16＋17）	
11	（1）结算与清算手续费	
12	（2）代理业务手续费	
13	（3）信用承诺手续费及佣金	
14	（4）银行卡手续费	
15	（5）顾问和咨询费	
16	（6）托管及其他受托业务佣金	
17	（7）其他	
18	（二）证券业务收入（19＋26）	
19	1. 证券业务手续费及佣金收入（20＋21＋22＋23＋24＋25）	
20	（1）证券承销业务	
21	（2）证券经纪业务	
22	（3）受托客户资产管理业务	
23	（4）代理兑付证券	
24	（5）代理保管证券	
25	（6）其他	
26	2. 其他证券业务收入	
27	（三）已赚保费（28－30－31）	
28	1. 保险业务收入	
29	其中：分保费收入	
30	2. 分出保费	
31	3. 提取未到期责任准备金	
32	（四）其他金融业务收入	
33	（五）汇兑收益（损失以"－"号填列）	
34	（六）其他业务收入	
35	二、营业外收入（36＋37＋38＋39＋40＋41＋42）	
36	（一）非流动资产处置利得	
37	（二）非货币性资产交换利得	
38	（三）债务重组利得	
39	（四）政府补助利得	
40	（五）盘盈利得	
41	（六）捐赠利得	
42	（七）其他	

A102010

一般企业成本支出明细表

行次	项　目	金额
1	一、营业成本（2＋9）	
2	（一）主营业务成本（3＋5＋6＋7＋8）	
3	1. 销售商品成本	
4	其中：非货币性资产交换成本	
5	2. 提供劳务成本	
6	3. 建造合同成本	
7	4. 让渡资产使用权成本	
8	5. 其他	
9	（二）其他业务成本（10＋12＋13＋14＋15）	
10	1. 材料销售成本	
11	其中：非货币性资产交换成本	
12	2. 出租固定资产成本	
13	3. 出租无形资产成本	
14	4. 包装物出租成本	
15	5. 其他	
16	二、营业外支出（17＋18＋19＋20＋21＋22＋23＋24＋25＋26）	
17	（一）非流动资产处置损失	
18	（二）非货币性资产交换损失	
19	（三）债务重组损失	
20	（四）非常损失	
21	（五）捐赠支出	
22	（六）赞助支出	
23	（七）罚没支出	
24	（八）坏账损失	
25	（九）无法收回的债券股权投资损失	
26	（十）其他	

A102020

金融企业支出明细表

行次	项　目	金额
1	一、营业支出（2＋15＋25＋31＋32）	
2	（一）银行业务支出（3＋11）	
3	1．银行利息支出（4＋5＋6＋7＋8＋9＋10）	
4	（1）同业存放	
5	（2）向中央银行借款	
6	（3）拆入资金	
7	（4）吸收存款	
8	（5）卖出回购金融资产	
9	（6）发行债券	
10	（7）其他	
11	2．银行手续费及佣金支出（12＋13＋14）	
12	（1）手续费支出	
13	（2）佣金支出	
14	（3）其他	
15	（二）保险业务支出（16＋17－18＋19－20＋21＋22－23＋24）	
16	1．退保金	
17	2．赔付支出	
18	减：摊回赔付支出	
19	3．提取保险责任准备金	
20	减：摊回保险责任准备金	
21	4．保单红利支出	
22	5．分保费用	
23	减：摊回分保费用	
24	6．保险业务手续费及佣金支出	
25	（三）证券业务支出（26＋30）	
26	1．证券业务手续费及佣金支出（27＋28＋29）	
27	（1）证券经纪业务手续费支出	
28	（2）佣金支出	
29	（3）其他	
30	2．其他证券业务支出	
31	（四）其他金融业务支出	
32	（五）其他业务成本	
33	二、营业外支出（34＋35＋36＋37＋38＋39＋40）	
34	（一）非流动资产处置损失	
35	（二）非货币性资产交换损失	
36	（三）债务重组损失	
37	（四）捐赠支出	
38	（五）非常损失	
39	（六）其他	

A103000

事业单位、民间非营利组织收入、支出明细表

行次	项　目	金额
1	一、事业单位收入（2＋3＋4＋5＋6＋7）	
2	（一）财政补助收入	
3	（二）事业收入	
4	（三）上级补助收入	
5	（四）附属单位上缴收入	
6	（五）经营收入	
7	（六）其他收入（8＋9）	
8	其中：投资收益	
9	其他	
10	二、民间非营利组织收入（11＋12＋13＋14＋15＋16＋17）	
11	（一）接受捐赠收入	
12	（二）会费收入	
13	（三）提供劳务收入	
14	（四）商品销售收入	
15	（五）政府补助收入	
16	（六）投资收益	
17	（七）其他收入	
18	三、事业单位支出（19＋20＋21＋22＋23）	
19	（一）事业支出	
20	（二）上缴上级支出	
21	（三）对附属单位补助	
22	（四）经营支出	
23	（五）其他支出	
24	四、民间非营利组织支出（25＋26＋27＋28）	
25	（一）业务活动成本	
26	（二）管理费用	
27	（三）筹资费用	
28	（四）其他费用	

A104000

期间费用明细表

行次	项　目	销售费用	其中：境外支付	管理费用	其中：境外支付	财务费用	其中：境外支付
		1	2	3	4	5	6
1	一、职工薪酬		*		*	*	*
2	二、劳务费					*	*
3	三、咨询顾问费					*	*
4	四、业务招待费		*		*		*
5	五、广告费和业务宣传费		*		*		*
6	六、佣金和手续费						
7	七、资产折旧摊销费		*		*	*	*
8	八、财产损耗、盘亏及毁损损失		*		*	*	*
9	九、办公费		*		*	*	*
10	十、董事会费		*		*	*	*
11	十一、租赁费					*	*
12	十二、诉讼费		*		*	*	*
13	十三、差旅费		*		*	*	*
14	十四、保险费		*		*	*	*
15	十五、运输、仓储费					*	*
16	十六、修理费					*	*
17	十七、包装费		*		*	*	*
18	十八、技术转让费					*	*
19	十九、研究费用					*	*
20	二十、各项税费		*		*	*	*
21	二十一、利息收支	*	*	*	*		
22	二十二、汇兑差额	*	*	*	*		
23	二十三、现金折扣	*	*	*	*		*
24	二十四、其他						
25	合计（1＋2＋3＋…24）						

A105000

纳税调整项目明细表

行次	项　目	账载金额	税收金额	调增金额	调减金额
		1	2	3	4
1	一、收入类调整项目（2＋3＋4＋5＋6＋7＋8＋10＋11）	＊	＊		
2	（一）视同销售收入（填写 A105010）	＊			＊
3	（二）未按权责发生制原则确认的收入（填写 A105020）				
4	（三）投资收益（填写 A105030）				
5	（四）按权益法核算长期股权投资对初始投资成本调整确认收益	＊	＊	＊	
6	（五）交易性金融资产初始投资调整	＊	＊		＊
7	（六）公允价值变动净损益		＊		
8	（七）不征税收入	＊	＊		
9	其中：专项用途财政性资金（填写 A105040）	＊	＊		
10	（八）销售折扣、折让和退回				
11	（九）其他				
12	二、扣除类调整项目 （13＋14＋15＋16＋17＋18＋19＋20＋21＋22＋23＋24＋26＋27＋28＋29）	＊	＊		
13	（一）视同销售成本（填写 A105010）	＊		＊	
14	（二）职工薪酬（填写 A105050）				
15	（三）业务招待费支出				＊
16	（四）广告费和业务宣传费支出（填写 A105060）	＊	＊		
17	（五）捐赠支出（填写 A105070）				＊
18	（六）利息支出				
19	（七）罚金、罚款和被没收财物的损失		＊		＊
20	（八）税收滞纳金、加收利息		＊		＊
21	（九）赞助支出		＊		
22	（十）与未实现融资收益相关在当期确认的财务费用				
23	（十一）佣金和手续费支出				＊
24	（十二）不征税收入用于支出所形成的费用	＊	＊		
25	其中：专项用途财政性资金用于支出所形成的费用 （填写 A105040）	＊	＊		＊
26	（十三）跨期扣除项目				
27	（十四）与取得收入无关的支出		＊		＊
28	（十五）境外所得分摊的共同支出	＊	＊		＊
29	（十六）其他				
30	三、资产类调整项目（31＋32＋33＋34）	＊	＊		
31	（一）资产折旧、摊销（填写 A105080）				
32	（二）资产减值准备金		＊		
33	（三）资产损失（填写 A105090）				
34	（四）其他				
35	四、特殊事项调整项目（36＋37＋38＋39＋40）	＊	＊		
36	（一）企业重组（填写 A105100）				
37	（二）政策性搬迁（填写 A105110）	＊	＊		
38	（三）特殊行业准备金（填写 A105120）				
39	（四）房地产开发企业特定业务计算的纳税调整额（填写 A105010）	＊			
40	（五）其他	＊	＊		
41	五、特别纳税调整应税所得	＊	＊		
42	六、其他	＊	＊		
43	合计（1＋12＋30＋35＋41＋42）	＊	＊		

A105010

视同销售和房地产开发企业特定业务纳税调整明细表

行次	项　目	税收金额	纳税调整金额
		1	2
1	一、视同销售（营业）收入（2＋3＋4＋5＋6＋7＋8＋9＋10）		
2	（一）非货币性资产交换视同销售收入		
3	（二）用于市场推广或销售视同销售收入		
4	（三）用于交际应酬视同销售收入		
5	（四）用于职工奖励或福利视同销售收入		
6	（五）用于股息分配视同销售收入		
7	（六）用于对外捐赠视同销售收入		
8	（七）用于对外投资项目视同销售收入		
9	（八）提供劳务视同销售收入		
10	（九）其他		
11	二、视同销售（营业）成本（12＋13＋14＋15＋16＋17＋18＋19＋20）		
12	（一）非货币性资产交换视同销售成本		
13	（二）用于市场推广或销售视同销售成本		
14	（三）用于交际应酬视同销售成本		
15	（四）用于职工奖励或福利视同销售成本		
16	（五）用于股息分配视同销售成本		
17	（六）用于对外捐赠视同销售成本		
18	（七）用于对外投资项目视同销售成本		
19	（八）提供劳务视同销售成本		
20	（九）其他		
21	三、房地产开发企业特定业务计算的纳税调整额（22－26）		
22	（一）房地产企业销售未完工开发产品特定业务计算的纳税调整额（24－25）		
23	1. 销售未完工产品的收入		＊
24	2. 销售未完工产品预计毛利额		
25	3. 实际发生的营业税金及附加、土地增值税		
26	（二）房地产企业销售的未完工产品转完工产品特定业务计算的纳税调整额（28－29）		
27	1. 销售未完工产品转完工产品确认的销售收入		＊
28	2. 转回的销售未完工产品预计毛利额		
29	3. 转回实际发生的营业税金及附加、土地增值税		

A105020

未按权责发生制确认收入纳税调整明细表

行次	项 目	合同金额（交易金额）	账载金额		税收金额		纳税调整金额
			本年	累计	本年	累计	
		1	2	3	4	5	6(4－2)
1	一、跨期收取的租金、利息、特许权使用费收入（2＋3＋4）						
2	（一）租金						
3	（二）利息						
4	（三）特许权使用费						
5	二、分期确认收入（6＋7＋8）						
6	（一）分期收款方式销售货物收入						
7	（二）持续时间超过 12 个月的建造合同收入						
8	（三）其他分期确认收入						
9	三、政府补助递延收入（10＋11＋12）						
10	（一）与收益相关的政府补助						
11	（二）与资产相关的政府补助						
12	（三）其他						
13	四、其他未按权责发生制确认收入						
14	合计（1＋5＋9＋13）						

A105030

投资收益纳税调整明细表

行次	项 目	持有收益			处置收益							纳税调整金额
		账载金额	税收金额	纳税调整金额	会计确认的处置收入	税收计算的处置收入	处置投资的账面价值	处置投资的计税基础	会计确认的处置所得或损失	税收计算的处置所得	纳税调整金额	
		1	2	3(2－1)	4	5	6	7	8(4－6)	9(5－7)	10(9－8)	11(3＋10)
1	一、交易性金融资产											
2	二、可供出售金融资产											
3	三、持有至到期投资											
4	四、衍生工具											
5	五、交易性金融负债											
6	六、长期股权投资											
7	七、短期投资											
8	八、长期债券投资											
9	九、其他											
10	合计（1＋2＋3＋4＋5＋6＋7＋8＋9）											

A105040

专项用途财政性资金纳税调整明细表

行次	项　目	取得年度	财政性资金	其中：符合不征税收入条件的财政性资金 金额	其中：计入本年损益的金额	以前年度支出情况 前五年度	前四年度	前三年度	前二年度	前一年度	本年支出情况 支出金额	其中：费用化支出金额	本年结余情况 结余金额	其中：上缴财政金额	应计入本年应税收入金额
		1	2	3	4	5	6	7	8	9	10	11	12	13	14
1	前五年度														
2	前四年度					*									
3	前三年度					*	*								
4	前二年度					*	*	*							
5	前一年度					*	*	*	*						
6	本年					*	*	*	*	*					
7	合计（1＋2＋3＋4＋5＋6）	*				*	*	*	*	*					

A105050

职工薪酬纳税调整明细表

行次	项　目	账载金额	税收规定扣除率	以前年度累计结转扣除额	税收金额	纳税调整金额	累计结转以后年度扣除额
		1	2	3	4	5(1－4)	6(1＋3－4)
1	一、工资薪金支出		*	*			*
2	其中：股权激励		*	*			*
3	二、职工福利费支出			*			
4	三、职工教育经费支出		*				
5	其中：按税收规定比例扣除的职工教育经费						
6	按税收规定全额扣除的职工培训费用			*			*
7	四、工会经费支出			*			*
8	五、各类基本社会保障性缴款		*	*			*
9	六、住房公积金		*	*			*
10	七、补充养老保险			*			*
11	八、补充医疗保险			*			*
12	九、其他		*				
13	合计（1＋3＋4＋7＋8＋9＋10＋11＋12）		*				

A105060

广告费和业务宣传费跨年度纳税调整明细表

行次	项　目	金额
1	一、本年广告费和业务宣传费支出	
2	减：不允许扣除的广告费和业务宣传费支出	
3	二、本年符合条件的广告费和业务宣传费支出（1－2）	
4	三、本年计算广告费和业务宣传费扣除限额的销售（营业）收入	
5	税收规定扣除率	
6	四、本企业计算的广告费和业务宣传费扣除限额（4×5）	
7	五、本年结转以后年度扣除额（3>6，本行＝3－6；3≤6，本行＝0）	
8	加：以前年度累计结转扣除额	
9	减：本年扣除的以前年度结转额［3>6，本行＝0；3≤6，本行＝8或（6－3）孰小值］	
10	六、按照分摊协议归集至其他关联方的广告费和业务宣传费（10≤3或6孰小值）	
11	按照分摊协议从其他关联方归集至本企业的广告费和业务宣传费	
12	七、本年广告费和业务宣传费支出纳税调整金额（3>6，本行＝2+3－6+10－11；3≤6，本行＝2+10－11－9）	
13	八、累计结转以后年度扣除额（7+8－9）	

A105070

捐赠支出纳税调整明细表

行次	受赠单位名称	公益性捐赠				非公益性捐赠	纳税调整金额
		账载金额	按税收规定计算的扣除限额	税收金额	纳税调整金额	账载金额	
	1	2	3	4	5(2－4)	6	7(5＋6)
1			＊	＊	＊		＊
2			＊	＊	＊		＊
3			＊	＊	＊		＊
4			＊	＊	＊		＊
5			＊	＊	＊		＊
6			＊	＊	＊		＊
7			＊	＊	＊		＊
8			＊	＊	＊		＊
9			＊	＊	＊		＊
10			＊	＊	＊		＊
11			＊	＊	＊		＊
12			＊	＊	＊		＊
13			＊	＊	＊		＊
14			＊	＊	＊		＊
15			＊	＊	＊		＊
16			＊	＊	＊		＊
17			＊	＊	＊		＊
18			＊	＊	＊		＊
19			＊	＊	＊		＊
20	合计						

A10508

资产折旧、摊销情况及纳税调整明细表

行次	项　目	账载金额			税收金额					纳税调整	
		资产账载金额	本年折旧、摊销额	累计折旧、摊销额	资产计税基础	按税收一般规定计算的本年折旧、摊销额	本年加速折旧额	其中：2014年及以后年度新增固定资产加速折旧额（填写A105081）	累计折旧、摊销额	金额	调整原因
		1	2	3	4	5	6	7	8	9(2－5－6)	10
1	一、固定资产（2+3+4+5+6+7）										
2	（一）房屋、建筑物										
3	（二）飞机、火车、轮船、机器、机械和其他生产设备										
4	（三）与生产经营活动有关的器具、工具、家具等										
5	（四）飞机、火车、轮船以外的运输工具										
6	（五）电子设备										
7	（六）其他										
8	二、生产性生物资产（9+10）							*			
9	（一）林木类							*			
10	（二）畜类							*			
11	三、无形资产（12+13+14+15+16+17+18）						*	*			
12	（一）专利权						*	*			
13	（二）商标权						*	*			
14	（三）著作权						*	*			
15	（四）土地使用权						*	*			
16	（五）非专利技术						*	*			
17	（六）特许权使用费						*	*			
18	（七）其他						*	*			
19	四、长期待摊费用（20+21+22+23+24）						*	*			
20	（一）已足额提取折旧的固定资产的改建支出						*	*			
21	（二）租入固定资产的改建支出						*	*			
22	（三）固定资产的大修理支出						*	*			
23	（四）开办费						*	*			
24	（五）其他						*	*			
25	五、油气勘探投资						*	*			
26	六、油气开发投资						*	*			
27	合计（1+8+11+19+25+26）										*

A105081

固定资产加速折旧、扣除明细表

行次	项目	房屋、建筑物			飞机、火车、轮船、机器、机械和其他生产设备			与生产经营活动有关的器具、工具、家具			飞机、火车、轮船以外的运输工具			电子设备			合计				
		原值	本期折旧（扣除）额	累计折旧（扣除）额	原值	本期折旧（扣除）额	累计折旧（扣除）额	原值	本期折旧（扣除）额	累计折旧（扣除）额	原值	本期折旧（扣除）额	累计折旧（扣除）额	原值	本期折旧（扣除）额	累计折旧（扣除）额	原值	本期折旧（扣除）额		累计折旧（扣除）额	
																		正常折旧额	加速折旧额	正常折旧额	加速折旧额
		1	2	3	4	5	6	7	8	9	10	11	12	13	14	15	16	17	18	19	20
1	一、六大行业固定资产																				
2	（一）生物药品制造业																				
3	（二）专用设备制造业																				
4	（三）铁路、船舶、航空航天和其他运输设备制造业																				
5	（四）计算机、通信和其他电子设备制造业																				
6	（五）仪器仪表制造业																				
7	（六）信息传输、软件和信息技术服务业																				
8	（七）其他行业																				
9	二、允许一次性扣除的固定资产																				
10	（一）单位价值不超过100万元的研发仪器、设备																				
11	其中：六大行业小型微利企业研发和生产经营共用的仪器、设备																				
12	（二）单位价值不超过 5 000 元的固定资产																				
13	总　计																				

A105090

资产损失税前扣除及纳税调整明细表

行次	项　目	账载金额	税收金额	纳税调整金额
		1	2	3（1－2）
1	一、清单申报资产损失（2＋3＋4＋5＋6＋7＋8）			
2	（一）正常经营管理活动中，按照公允价格销售、转让、变卖非货币资产的损失			
3	（二）存货发生的正常损耗			
4	（三）固定资产达到或超过使用年限而正常报废清理的损失			
5	（四）生产性生物资产达到或超过使用年限而正常死亡发生的资产损失			
6	（五）按照市场公平交易原则，通过各种交易场所、市场等买卖债券、股票、期货、基金以及金融衍生产品等发生的损失			
7	（六）分支机构上报的资产损失			
8	（七）其他			
9	二、专项申报资产损失（填写 A105091）			
10	（一）货币资产损失（填写 A105091）			
11	（二）非货币资产损失（填写 A105091）			
12	（三）投资损失（填写 A105091）			
13	（四）其他（填写 A105091）			
14	合计（1＋9）			

A105091

资产损失（专项申报）税前扣除及纳税调整明细表

行次	项　目	账载金额	处置收入	赔偿收入	计税基础	税收金额	纳税调整金额
		1	2	3	4	5	6（5－3－4）	7（2－6）
1	一、货币资产损失（2＋3＋4＋5）						
2							
3							
4							
5							
6	二、非货币资产损失（7＋8＋9＋10）						
7							
8							
9							
10							
11	三、投资损失（12＋13＋14＋15）						
12							
13							
14							
15							
16	四、其他（17＋18＋19）						
17							
18							
19							
20	合计（1＋6＋11＋16）						

A105100

企业重组纳税调整明细表

行次	项　　目	一般性税务处理			特殊性税务处理			纳税调整金额
		账载金额	税收金额	纳税调整金额	账载金额	税收金额	纳税调整金额	
		1	2	3(2－1)	4	5	6(5－4)	7(3＋6)
1	一、债务重组							
2	其中：以非货币性资产清偿债务							
3	债转股							
4	二、股权收购							
5	其中：涉及跨境重组的股权收购							
6	三、资产收购							
7	其中：涉及跨境重组的资产收购							
8	四、企业合并（9＋10）							
9	其中：同一控制下企业合并							
10	非同一控制下企业合并							
11	五、企业分立							
12	六、其他							
13	其中：以非货币性资产对外投资							
14	合计（1＋4＋6＋8＋11＋12）							

A105110

政策性搬迁纳税调整明细表

行次	项　　目	金额
1	一、搬迁收入（2＋8）	
2	（一）搬迁补偿收入（3＋4＋5＋6＋7）	
3	1. 对被征用资产价值的补偿	
4	2. 因搬迁、安置而给予的补偿	
5	3. 对停产停业形成的损失而给予的补偿	
6	4. 资产搬迁过程中遭到毁损而取得的保险赔款	
7	5. 其他补偿收入	
8	（二）搬迁资产处置收入	
9	二、搬迁支出（10＋16）	
10	（一）搬迁费用支出（11＋12＋13＋14＋15）	
11	1. 安置职工实际发生的费用	
12	2. 停工期间支付给职工的工资及福利费	
13	3. 临时存放搬迁资产而发生的费用	
14	4. 各类资产搬迁安装费用	
15	5. 其他与搬迁相关的费用	
16	（二）搬迁资产处置支出	
17	三、搬迁所得或损失（1－9）	
18	四、应计入本年应纳税所得额的搬迁所得或损失（19＋20＋21）	
19	其中：搬迁所得	
20	搬迁损失一次性扣除	
21	搬迁损失分期扣除	
22	五、计入当期损益的搬迁收益或损失	
23	六、以前年度搬迁损失当期扣除金额	
24	七、纳税调整金额（18－22－23）	

A105120

特殊行业准备金纳税调整明细表

行次	项　目	账载金额	税收金额	纳税调整金额
		1	2	3（1－2）
1	一、保险公司（2＋3＋6＋7＋8＋9＋10）			
2	（一）未到期责任准备金			
3	（二）未决赔款准备金（4＋5）			
4	其中：已发生已报案未决赔款准备金			
5	已发生未报案未决赔款准备金			
6	（三）巨灾风险准备金			
7	（四）寿险责任准备金			
8	（五）长期健康险责任准备金			
9	（六）保险保障基金			
10	（七）其他			
11	二、证券行业（12＋13＋14＋15）			
12	（一）证券交易所风险基金			
13	（二）证券结算风险基金			
14	（三）证券投资者保护基金			
15	（四）其他			
16	三、期货行业（17＋18＋19＋20）			
17	（一）期货交易所风险准备金			
18	（二）期货公司风险准备金			
19	（三）期货投资者保障基金			
20	（四）其他			
21	四、金融企业（22＋23＋24）			
22	（一）涉农和中小企业贷款损失准备金			
23	（二）贷款损失准备金			
24	（三）其他			
25	五、中小企业信用担保机构（26＋27＋28）			
26	（一）担保赔偿准备			
27	（二）未到期责任准备			
28	（三）其他			
29	六、其他			
30	合计（1＋11＋16＋21＋25＋29）			

A106000

企业所得税弥补亏损明细表

行次	项目	年度	纳税调整后所得	合并、分立转入（转出）可弥补的亏损额	当年可弥补的亏损额	以前年度亏损已弥补额					本年度实际弥补的以前年度亏损额	可结转以后年度弥补的亏损额
						前四年度	前三年度	前二年度	前一年度	合计		
		1	2	3	4	5	6	7	8	9	10	11
1	前五年度											＊
2	前四年度					＊						
3	前三年度					＊	＊					
4	前二年度					＊	＊	＊				
5	前一年度					＊	＊	＊	＊	＊		
6	本年度					＊	＊	＊	＊	＊	—	
7	可结转以后年度弥补的亏损额合计											

A107010

免税、减计收入及加计扣除优惠明细表

行次	项　　目	金额
1	一、免税收入（2＋3＋4＋5）	
2	（一）国债利息收入	
3	（二）符合条件的居民企业之间的股息、红利等权益性投资收益（填写 A107011）	
4	（三）符合条件的非营利组织的收入	
5	（四）其他专项优惠（6＋7＋8＋9＋10＋11＋12＋13＋14）	
6	1. 中国清洁发展机制基金取得的收入	
7	2. 证券投资基金从证券市场取得的收入	
8	3. 证券投资基金投资者获得的分配收入	
9	4. 证券投资基金管理人运用基金买卖股票、债券的差价收入	
10	5. 取得的地方政府债券利息所得或收入	
11	6. 受灾地区企业取得的救灾和灾后恢复重建款项等收入	
12	7. 中国期货保证金监控中心有限责任公司取得的银行存款利息等收入	
13	8. 中国保险保障基金有限责任公司取得的保险保障基金等收入	
14	9. 其他	
15	二、减计收入（16＋17）	
16	（一）综合利用资源生产产品取得的收入（填写 A107012）	
17	（二）其他专项优惠（18＋19＋20）	
18	1. 金融、保险等机构取得的涉农利息、保费收入（填写 A107013）	
19	2. 取得的中国铁路建设债券利息收入	
20	3. 其他	
21	三、加计扣除（22＋23＋26）	
22	（一）开发新技术、新产品、新工艺发生的研究开发费用加计扣除（填写 A107014）	
23	（二）安置残疾人员及国家鼓励安置的其他就业人员所支付的工资加计扣除（24＋25）	
24	1. 支付残疾人员工资加计扣除	
25	2. 国家鼓励的其他就业人员工资加计扣除	
26	（三）其他专项优惠	
27	合计（1＋15＋21）	

A107011

符合条件的居民企业之间的股息、红利等权益性投资收益优惠明细表

行次	被投资企业	投资性质	投资成本	投资比例	被投资企业利润分配确认金额		被投资企业清算确认金额			撤回或减少投资确认金额						合计
					被投资企业做出利润分配或转股决定时间	依决定归属于本公司的股息、红利等权益性投资收益金额	分得的被投资企业清算剩余资产	被清算企业累计未分配利润和累计盈余公积应享有部分	应确认的股息所得	从被投资企业撤回或减少投资取得的资产	减少投资比例	收回初始投资成本	取得资产中超过收回初始投资成本部分	撤回或减少投资应享有被投资企业累计未分配利润和累计盈余公积	应确认的股息所得	
	1	2	3	4	5	6	7	8	9 (7与8孰小)	10	11	12 (3×11)	13 (10−12)	14	15 (13与14孰小)	16 (6+9+15)
1																
2																
3																
4																
5																
6																
7																
8																
9																
10	合计	*	*	*	*		*	*		*	*	*	*	*		

A107012

综合利用资源生产产品取得的收入优惠明细表

行次	生产的产品名称	资源综合利用认定证书基本情况			属于《资源综合利用企业所得税优惠目录》类别	综合利用的资源	综合利用的资源占生产产品材料的比例	《资源综合利用企业所得税优惠目录》规定的标准	符合条件的综合利用资源生产产品取得的收入总额	综合利用资源减计收入
		《资源综合利用认定证书》取得时间	《资源综合利用认定证书》有效期	《资源综合利用认定证书》编号						
	1	2	3	4	5	6	7	8	9	10(9×10%)
1										
2										
3										
4										
5										
6										
7										
8										
9										
10	合计	*	*	*	*	*	*	*	*	

A107013

金融、保险等机构取得的涉农利息、保费收入优惠明细表

行次	项 目	金额
1	一、金融机构农户小额贷款的利息收入	*
2	（一）金融机构取得农户小额贷款利息收入总额	
3	（二）金融机构取得农户小额贷款利息减计收入（2×10%）	
4	二、保险公司为种植业、养殖业提供保险业务取得的保费收入	*
5	（一）保险公司为种植业、养殖业提供保险业务取得的保费收入总额（6+7-8）	
6	1. 原保费收入	
7	2. 分保费收入	
8	3. 分出保费收入	
9	（二）保险公司为种植业、养殖业提供保险业务取得的保费减计收入（5×10%）	
10	三、其他符合条件的机构农户小额贷款的利息收入	*
11	（一）其他符合条件的机构取得农户小额贷款利息收入总额	
12	（二）其他符合条件的机构取得农户小额贷款利息减计收入（11×10%）	
13	合计（3+9+12）	

A107014

研发费用加计扣除优惠明细表

行次	研发项目	本年研发费用明细：研发活动直接消耗的材料、燃料和动力费用	直接从事研发活动的本企业在职人员人事费用	专门用于研发活动的有关折旧费、租赁费、运行维护费	专门用于研发活动的有关无形资产摊销费	中间试验和产品试制的有关费用，样品、样机及一般测试手段购置费	研发成果的论证、评审、验收、鉴定费用	勘探开发技术的现场试验费，新药研制的临床试验费	设计、制定、资料和翻译费用	年度研发费用合计	减：作为不征税收入处理的财政性资金用于研发的部分	可加计扣除的研发费用合计	费用化部分：计入本年损益的金额	计入本年研发费用加计扣除额	资本化部分：本年形成无形资产的金额	本年形成无形资产本年加计摊销额	以前年度形成无形资产本年加计摊销额	无形资产本年加计摊销额	本年研发费用加计扣除额合计
合计		1	2	3	4	5	6	7	8	9	$10(2+3+4+5+6+7+8+9)$	11	$12(10-11)$	13	$14(13\times50\%)$	15	16	17	$18(16+17)$	$19(14+18)$
1																				
2																				
3																				
4																				
5																				
6																				
7																				
8																				
9																				
10																				

A107020

所得减免优惠明细表

行次	项 目	项目收入 1	项目成本 2	相关税费 3	应分摊期间费用 4	纳税调整额 5	项目所得额 6 (1-2-3-4+5)	减免所得额 7
1	一、农、林、牧、渔业项目 (2+13)							
2	(一) 免税项目 (3+4+5+6+7+8+9+11+12)							
3	1. 蔬菜、谷物、薯类、油料、豆类、棉花、糖料、水果、坚果的种植							
4	2. 农作物新品种的选育							
5	3. 中药材的种植							
6	4. 林木的培育和种植							
7	5. 牲畜、家禽的饲养							
8	6. 林产品的采集							
9	7. 灌溉、农产品初加工、兽医、农技推广、农机作业和维修等农、林、牧、渔服务业项目							
10	其中: 农产品初加工							
11	8. 远洋捕捞							
12	9. 其他							
13	(二) 减半征税项目 (14+15+16)							
14	1. 花卉、茶以及其他饮料作物和香料作物的种植							
15	2. 海水养殖、内陆养殖							
16	3. 其他							
17	二、国家重点扶持的公共基础设施项目 (18+19+20+21+22+23+24+25)							
18	(一) 港口码头项目							
19	(二) 机场项目							
20	(三) 铁路项目							
21	(四) 公路项目							
22	(五) 城市公共交通项目							
23	(六) 电力项目							

续前表

行次	项目	项目收入 1	项目成本 2	相关税费 3	应分摊期间费用 4	纳税调整额 5	项目所得额 6(1-2-3-4+5)	减免所得额 7
24	（七）水利项目							
25	（八）其他项目							
26	三、符合条件的环境保护、节能节水项目（27＋28＋29＋30＋31＋32）							
27	（一）公共污水处理项目							
28	（二）公共垃圾处理项目							
29	（三）沼气综合开发利用项目							
30	（四）节能减排技术改造项目							
31	（五）海水淡化项目							
32	（六）其他项目							
33	四、符合条件的技术转让项目（34＋35）					*		
34	（一）技术转让所得不超过500万元部分	*	*	*	*	*	*	
35	（二）技术转让所得超过500万元部分	*	*	*	*	*	*	
36	五、其他专项优惠项目（37＋38＋39）							
37	（一）实施清洁发展机制项目							
38	（二）符合条件的节能服务公司实施合同能源管理项目							
39	（三）其他							
40	合计（1＋17＋26＋33＋36）							

A107030

抵扣应纳税所得额明细表

行次	项 目	金额
1	本年新增的符合条件的股权投资额	
2	税收规定的抵扣率	70%
3	本年新增的可抵扣的股权投资额（1×2）	
4	以前年度结转的尚未抵扣的股权投资余额	
5	本年可抵扣的股权投资额（3+4）	
6	本年可用于抵扣的应纳税所得额	
7	本年实际抵扣应纳税所得额（5≤6，本行=5行；5>6，本行=6行）	
8	结转以后年度抵扣的股权投资余额（5>6，本行=5-7行；5≤6，本行=0）	

A107040

减免所得税优惠明细表

行次	项 目	金额
1	一、符合条件的小型微利企业	
2	二、国家需要重点扶持的高新技术企业（填写 A107041）	
3	三、减免地方分享所得税的民族自治地方企业	
4	四、其他专项优惠（5+6+7+8+9+10+11+12+13+14+15+16+17+18+19+20+21+22+23+24+25+26+27）	
5	（一）经济特区和上海浦东新区新设立的高新技术企业	
6	（二）经营性文化事业单位转制企业	
7	（三）动漫企业	
8	（四）受灾地区损失严重的企业	
9	（五）受灾地区农村信用社	
10	（六）受灾地区的促进就业企业	
11	（七）技术先进型服务企业	
12	（八）新疆困难地区新办企业	
13	（九）新疆喀什、霍尔果斯特殊经济开发区新办企业	
14	（十）支持和促进重点群体创业就业企业	
15	（十一）集成电路线宽小于0.8微米（含）的集成电路生产企业	
16	（十二）集成电路线宽小于0.25微米的集成电路生产企业	
17	（十三）投资额超过80亿元人民币的集成电路生产企业	
18	（十四）新办集成电路设计企业（填写 A107042）	
19	（十五）国家规划布局内重点集成电路设计企业	
20	（十六）符合条件的软件企业（填写 A107042）	
21	（十七）国家规划布局内重点软件企业	
22	（十八）设在西部地区的鼓励类产业企业	
23	（十九）符合条件的生产和装配伤残人员专门用品企业	
24	（二十）中关村国家自主创新示范区从事文化产业支撑技术等领域的高新技术企业	
25	（二十一）享受过渡期税收优惠企业	
26	（二十二）横琴新区、平潭综合实验区和前海深港现代化服务业合作区企业	
27	（二十三）其他	
28	五、减：项目所得额按法定税率减半征收企业所得税叠加享受减免税优惠	
29	合计（1+2+3+4-28）	

A107041

高新技术企业优惠情况及明细表

行次	基本信息			
1	高新技术企业证书编号		高新技术企业证书取得时间	
2	产品（服务）属于《国家重点支持的高新技术领域》规定的范围（填写具体范围名称）		是否发生重大安全、质量事故	是□　否□
3	是否有环境等违法、违规行为，受到有关部门处罚的	是□　否□	是否发生偷骗税行为	是□　否□
4	关键指标情况			
5	收入指标	一、本年高新技术产品（服务）收入（6+7）		
6		其中：产品（服务）收入		
7		技术性收入		
8		二、本年企业总收入		
9		三、本年高新技术产品（服务）收入占企业总收入的比例（5÷8）		
10	人员指标	四、本年具有大学专科以上学历的科技人员数		
11		五、本年研发人员数		
12		六、本年职工总数		
13		七、本年具有大学专科以上学历的科技人员占企业当年职工总数的比例（10÷12）		
14		八、本年研发人员占企业当年职工总数的比例（11÷12）		
15	研究开发费用指标	九、本年归集的高新研发费用金额（16+25）		
16		（一）内部研究开发投入（17+18+19+20+21+22+24）		
17		1. 人员人工		
18		2. 直接投入		
19		3. 折旧费用与长期费用摊销		
20		4. 设计费用		
21		5. 装备调试费		
22		6. 无形资产摊销		
23		7. 其他费用		
24		其中：可计入研发费用的其他费用		
25		（二）委托外部研究开发费用（26+27）		
26		1. 境内的外部研发费		
27		2. 境外的外部研发费		
28		十、本年研发费用占销售（营业）收入比例		
29	减免税金额			

A107042

软件、集成电路企业优惠情况及明细表

行次	基本信息		
1	企业成立日期	软件企业证书取得日期	
2	软件企业认定证书编号	软件产品登记证书编号	
3	计算机信息系统集成资质等级认定证书编号	集成电路生产企业认定文号	
4	集成电路设计企业认定证书编号		
5	关键指标情况（2011 年 1 月 1 日以后成立企业填报）		
6	人员指标	一、企业本年月平均职工总人数	
7		其中：签订劳动合同关系且具有大学专科以上学历的职工人数	
8		二、研究开发人员人数	
9		三、签订劳动合同关系且具有大学专科以上学历的职工人数占企业当年月平均职工总人数的比例（7÷6）	
10		四、研究开发人员占企业本年月平均职工总数的比例（8÷6）	
11	收入指标	五、企业收入总额	
12		六、集成电路制造销售（营业）收入	
13		七、集成电路制造销售（营业）收入占企业收入总额的比例（12÷11）	
14		八、集成电路设计销售（营业）收入	
15		其中：集成电路自主设计销售（营业）收入	
16		九、集成电路设计企业的集成电路设计销售（营业）收入占企业收入总额的比例（14÷11）	
17		十、集成电路自主设计销售（营业）收入占企业收入总额的比例（15÷11）	
18		十一、软件产品开发销售（营业）收入	
19		其中：嵌入式软件产品和信息系统集成产品开发销售（营业）收入	
20		十二、软件产品自主开发销售（营业）收入	
21		其中：嵌入式软件产品和信息系统集成产品自主开发销售（营业）收入	
22		十三、软件企业的软件产品开发销售（营业）收入占企业收入总额的比例（18÷11）	
23		十四、嵌入式软件产品和信息系统集成产品开发销售（营业）收入占企业收入总额的比例（19÷11）	
24		十五、软件产品自主开发销售（营业）收入占企业收入总额的比例（20÷11）	
25		十六、嵌入式软件产品和信息系统集成产品自主开发销售（营业）收入占企业收入总额的比例（21÷11）	
26	研究开发费用指标	十七、研究开发费用总额	
27		其中：企业在中国境内发生的研究开发费用金额	
28		十八、研究开发费用总额占企业销售（营业）收入总额的比例	
29		十九、企业在中国境内发生的研究开发费用金额占研究开发费用总额的比例（27÷26）	
30	关键指标情况（2011 年 1 月 1 日以前成立企业填报）		
31	人员指标	二十、企业职工总数	
32		二十一、从事软件产品开发和技术服务的技术人员	
33		二十二、从事软件产品开发和技术服务的技术人员占企业职工总数的比例（32÷31）	

续前表

行次	基本信息		
34	收入指标	二十三、企业年总收入	
35		其中：企业年软件销售收入	
36		其中：自产软件销售收入	
37		二十四、软件销售收入占企业年总收入比例（35÷34）	
38		二十五、自产软件收入占软件销售收入比例（36÷35）	
39	研究开发经费指标	二十六、软件技术及产品的研究开发经费	
40		二十七、软件技术及产品的研究开发经费占企业年软件收入比例（39÷35）	
41	减免税金额		

A107050

税额抵免优惠明细表

行次	项目	年度	本年抵免前应纳税额	本年允许抵免的专用设备投资额	本年可抵免税额	以前年度已抵免额						本年实际抵免的各年度税额	可结转以后年度抵免的税额
						前五年度	前四年度	前三年度	前二年度	前一年度	小计		
		1	2	3	4＝3×10%	5	6	7	8	9	10（5＋6＋7＋8＋9）	11	12（4－10－11）
1	前五年度												*
2	前四年度					*							
3	前三年度					*	*						
4	前二年度					*	*	*					
5	前一年度					*	*	*	*				
6	本年度					*	*	*	*	*	*		
7	本年实际抵免税额合计												*
8	可结转以后年度抵免的税额合计												
9	专用设备投资情况	本年允许抵免的环境保护专用设备投资额											
10		本年允许抵免节能节水的专用设备投资额											
11		本年允许抵免的安全生产专用设备投资额											

A108000

境外所得税收抵免明细表

行次	国家（地区）	境外税前所得	境外所得纳税调整后所得	弥补境外以前年度亏损	境外应纳税所得额	抵减境内亏损	抵减境内亏损后的境外应纳税所得额	税率	境外所得应纳税额	境外所得可抵免税额	境外所得抵免限额	本年可抵免境外所得税额	未超过境外所得税抵免限额的余额	本年可抵免以前年度未抵免境外所得税额	按简易办法计算				境外所得抵免所得税额合计
															按低于12.5%的实际税率计算的抵免额	按12.5%计算的抵免额	按25%计算的抵免额	小计	
	1	2	3	4	5(3－4)	6	7(5－6)	8	9(7×8)	10	11	12	13(11－12)	14	15	16	17	18(15＋16＋17)	19(12＋14＋18)
1																			
2																			
3																			
4																			
5																			
6																			
7																			
8																			
9																			
10	合计																		

A108010

境外所得纳税调整后所得明细表

行次	国家（地区）	境外税后所得								境外所得可抵免的所得税额				境外税前所得	境外分支机构收入与支出纳税调整额	境外分支机构调整分摊扣除的有关成本费用	境外所得对应调整的相关成本费用支出	境外所得纳税调整后所得
		分支机构机构营业利润所得	股息、红利等权益性投资所得	利息所得	租金所得	特许权使用费所得	财产转让所得	其他所得	小计	直接缴纳的所得税额	间接负担的所得税额	享受税收饶让抵免税额	小计					
	1	2	3	4	5	6	7	8	9(2+3+4+5+6+7+8)	10	11	12	13(10+11+12)	14(9+10+11)	15	16	17	18(14+15−16−17)
1																		
2																		
3																		
4																		
5																		
6																		
7																		
8																		
9																		
10	合计																	

A108020

境外分支机构弥补亏损明细表

行次	国家（地区）	非实际亏损额的弥补				实际亏损额的弥补													
		以前年度结转尚未弥补的非实际亏损额	本年发生的非实际亏损额	本年弥补的以前年度非实际亏损额	结转以后年度弥补的非实际亏损额	以前年度结转尚未弥补的实际亏损额						本年发生的实际亏损额	本年弥补的以前年度实际亏损额	结转以后年度弥补的实际亏损额					
						前五年	前四年	前三年	前二年	前一年	小计			前四年	前三年	前二年	前一年	本年	小计
	1	2	3	4	5（2＋3－4）	6	7	8	9	10	11（6＋7＋8＋9＋10）	12	13	14	15	16	17	18	19（14＋15＋16＋17＋18）
1																			
2																			
3																			
4																			
5																			
6																			
7																			
8																			
9																			
10	合计																		

A108030

跨年度结转抵免境外所得税明细表

行次	国家（地区）1	前五年境外所得已缴所得税未抵免余额						本年实际抵免以前年度未抵免的境外已缴所得税额						结转以后年度抵免的境外所得已缴所得税额					
		前五年 2	前四年 3	前三年 4	前二年 5	前一年 6	小计 7 (2+3+4+5+6)	前五年 8	前四年 9	前三年 10	前二年 11	前一年 12	小计 13 (8+9+10+11+12)	前四年 14 (3－9)	前三年 15 (4－10)	前二年 16 (5－11)	前一年 17 (6－12)	本年 18	小计 19 (14+15+16+17+18)
1																			
2																			
3																			
4																			
5																			
6																			
7																			
8																			
9																			
10	合计																		

A109000

跨地区经营汇总纳税企业年度分摊企业所得税明细表

行次	项　目	金额
1	一、总机构实际应纳所得税额	
2	减：境外所得应纳所得税额	
3	加：境外所得抵免所得税额	
4	二、总机构用于分摊的本年实际应纳所得税（1－2＋3）	
5	三、本年累计已预分、已分摊所得税（6＋7＋8＋9）	
6	（一）总机构向其直接管理的建筑项目部所在地预分的所得税额	
7	（二）总机构已分摊所得税额	
8	（三）财政集中已分配所得税额	
9	（四）总机构所属分支机构已分摊所得税额	
10	其中：总机构主体生产经营部门已分摊所得税额	
11	四、总机构本年度应分摊的应补（退）的所得税（4－5）	
12	（一）总机构分摊本年应补（退）的所得税额（11×25％）	
13	（二）财政集中分配本年应补（退）的所得税额（11×25％）	
14	（三）总机构所属分支机构分摊本年应补（退）的所得税额（11×50％）	
15	其中：总机构主体生产经营部门分摊本年应补（退）的所得税额	
16	五、总机构境外所得抵免后的应纳所得税额（2－3）	
17	六、总机构本年应补（退）的所得税额（12＋13＋15＋16）	

A109010

企业所得税汇总纳税分支机构所得税分配表

税款所属期间：　　年　月　日至　　年　月　日

总机构名称（盖章）：　　　　　　　　　　　　　　　　　　金额单位：元（列至角分）

总机构纳税人识别号		应纳所得税额	总机构分摊所得税额	总机构财政集中分配所得税额		分支机构分摊所得税额
	分支机构纳税人识别号	分支机构名称	三项因素		分配比例	分配所得税额
			营业收入	职工薪酬	资产总额	
分支机构情况						
	合计	—				

附件 2

中华人民共和国企业所得税
年度纳税申报表（A 类，2014 年版）填报说明

国家税务总局
2014 年 11 月

目 录

《中华人民共和国企业所得税年度纳税申报表（A 类，2014 年版）》封面填报说明

　　《中华人民共和国企业所得税年度纳税申报表（A 类，2014 年版）》（以下简称申报表）适用于实行查账征收企业所得税的居民纳税人（以下简称纳税人）填报。有关项目填报说明如下：

　　1. "税款所属期间"：正常经营的纳税人，填报公历当年 1 月 1 日至 12 月 31 日；纳税人年度中间开业的，填报实际生产经营之日至当年 12 月 31 日；纳税人年度中间发生合并、分立、破产、停业等情况的，填报公历当年 1 月 1 日至实际停业或法院裁定并宣告破产之日；纳税人年度中间开业且年度中间又发生合并、分立、破产、停业等情况的，填报实际生产经营之日至实际停业或法院裁定并宣告破产之日。

　　2. "纳税人识别号"：填报税务机关统一核发的税务登记证号码。

　　3. "纳税人名称"：填报税务登记证所载纳税人的全称。

　　4. "填报日期"：填报纳税人申报当日日期。

　　5. 纳税人聘请中介机构代理申报的，加盖代理申报中介机构公章，并填报经办人及其执业证件号码等，没有聘请的，填报"无"。

《企业所得税年度纳税申报表填报表单》填报说明

　　本表列示申报表全部表单名称及编号。纳税人在填报申报表之前，请仔细阅读这些表单，并根据企业的涉税业务，选择"填报"或"不填报"。选择"填报"的，需完成该表格相关内容的填报；选择"不填报"的，可以不填报该表格。对选择"不填报"的表格，可以不上报税务机关。有关项目填报说明如下：

　　1.《企业基础信息表》（A000000）

　　本表为必填表。主要反映纳税人的基本信息，包括纳税人基本信息、主要会计政策、股东结构和对外投资情况等。纳税人填报申报表时，首先填报此表，为后续申报提供指引。

　　2.《中华人民共和国企业所得税年度纳税申报表（A 类）》（A100000）

　　本表为必填表。是纳税人计算申报缴纳企业所得税的主表。

3. 《一般企业收入明细表》（A101010）

本表适用于除金融企业、事业单位和民间非营利组织外的企业填报，反映一般企业按照国家统一会计制度规定取得收入情况。

4. 《金融企业收入明细表》（A101020）

本表仅适用于金融企业（包括商业银行、保险公司、证券公司等金融企业）填报，反映金融企业按照企业会计准则规定取得收入情况。

5. 《一般企业成本支出明细表》（A102010）

本表适用于除金融企业、事业单位和民间非营利组织外的企业填报，反映一般企业按照国家统一会计制度的规定发生成本费用支出情况。

6. 《金融企业支出明细表》（A102020）

本表仅适用于金融企业（包括商业银行、保险公司、证券公司等金融企业）填报，反映金融企业按照企业会计准则规定发生成本支出情况。

7. 《事业单位、民间非营利组织收入、支出明细表》（A103000）

本表适用于事业单位和民间非营利组织填报，反映事业单位、社会团体、民办非企业单位、非营利性组织等按照有关会计制度规定取得收入、发生成本费用支出情况。

8. 《期间费用明细表》（A104000）

本表由纳税人根据国家统一会计制度规定，填报期间费用明细项目。

9. 《纳税调整项目明细表》（A105000）

本表填报纳税人财务、会计处理办法（以下简称会计处理）与税收法律、行政法规的规定（以下简称税法规定）不一致，需要进行纳税调整的项目和金额。

10. 《视同销售和房地产开发企业特定业务纳税调整明细表》（A105010）

本表填报纳税人发生视同销售行为、房地产企业销售未完工产品、未完工产品转完工产品特定业务，会计处理与税法规定不一致，需要进行纳税调整的项目和金额。

11. 《未按权责发生制确认收入纳税调整明细表》（A105020）

本表填报纳税人发生会计上按照权责发生制确认收入，而税法规定不按照权责发生制确认收入，需要按照税法规定进行纳税调整的项目和金额。

12. 《投资收益纳税调整明细表》（A105030）

本表填报纳税人发生投资收益，会计处理与税法规定不一致，需要进行纳税调整的项目和金额。

13. 《专项用途财政性资金纳税调整明细表》（A105040）

本表填报纳税人发生符合不征税收入条件的专项用途财政性资金，会计处理与税法规定不一致，需要进行纳税调整的金额。

14. 《职工薪酬纳税调整明细表》（A105050）

本表填报纳税人发生的职工薪酬（包括工资薪金、职工福利费、职工教育经费、工会经费、各类基本社会保障性缴款、住房公积金、补充养老保险、补充医疗保险等支出），会计处理与税法规定不一致，需要进行纳税调整的项目和金额。

15. 《广告费和业务宣传费跨年度纳税调整明细表》（A105060）

本表填报纳税人本年发生的广告费和业务宣传费支出，会计处理与税法规定不一致，需要进行纳税调整的金额。

16.《捐赠支出纳税调整明细表》（A105070）

本表填报纳税人发生捐赠支出，会计处理与税法规定不一致，需要进行纳税调整的项目和金额。

17.《资产折旧、摊销情况及纳税调整明细表》（A105080）

本表填报纳税人资产折旧、摊销情况及会计处理与税法规定不一致，需要进行纳税调整的项目和金额。

18.《固定资产加速折旧、扣除明细表》（A105081）

本表填报纳税人符合《财政部 国家税务总局关于完善固定资产加速折旧税收政策有关问题的通知》（财税〔2014〕75 号）规定，2014 年及以后年度新增固定资产加速折旧及允许一次性计入当期成本费用税前扣除的项目和金额。

19.《资产损失税前扣除及纳税调整明细表》（A105090）

本表填报纳税人发生资产损失，以及由于会计处理与税法规定不一致，需要进行纳税调整的项目和金额。

20.《资产损失（专项申报）税前扣除及纳税调整明细表》（A105091）

本表填报纳税人发生的货币资产、非货币资产、投资、其他资产损失，以及由于会计处理与税法规定不一致，需要进行纳税调整的项目和金额。

21.《企业重组纳税调整明细表》（A105100）

本表填报纳税人发生企业重组所涉及的所得或损失，会计处理与税法规定不一致，需要进行纳税调整的项目和金额。

22.《政策性搬迁纳税调整明细表》（A105110）

本表填报纳税人发生政策性搬迁所涉及的所得或损失，由于会计处理与税法规定不一致，需要进行纳税调整的项目和金额。

23.《特殊行业准备金纳税调整明细表》（A105120）

本表填报保险公司、证券行业等特殊行业纳税人发生特殊行业准备金，会计处理与税法规定不一致，需要进行纳税调整的项目和金额。

24.《企业所得税弥补亏损明细表》（A106000）

本表填报纳税人以前年度发生的亏损，需要在本年度结转弥补的金额，本年度可弥补的金额以及可继续结转以后年度弥补的亏损额。

25.《免税、减计收入及加计扣除优惠明细表》（A107010）

本表填报纳税人本年度所享受免税收入、减计收入、加计扣除等优惠的项目和金额。

26.《符合条件的居民企业之间的股息、红利等权益性投资收益优惠明细表》（A107011）

本表填报纳税人本年度享受居民企业之间的股息、红利等权益性投资收益免税项目和金额。

27.《综合利用资源生产产品取得的收入优惠明细表》（A107012）

本表填报纳税人本年度发生的综合利用资源生产产品取得的收入减计收入的项目和金额。

28.《金融、保险等机构取得的涉农利息、保费收入优惠明细表》（A107013）

本表填报纳税人本年度发生的金融、保险等机构取得的涉农利息、保费收入减计收入项目和金额。

29.《研发费用加计扣除优惠明细表》（A107014）

本表填报纳税人本年度享受研发费加计扣除情况和金额。

30.《所得减免优惠明细表》（A107020）

本表填报纳税人本年度享受减免所得额（包括农、林、牧、渔项目和国家重点扶持的公共基础设施项目、环境保护、节能节水项目以及符合条件的技术转让项目等）的项目和金额。

31.《抵扣应纳税所得额明细表》（A107030）

本表填报纳税人本年度享受创业投资企业抵扣应纳税所得额优惠金额。

32.《减免所得税优惠明细表》（A107040）

本表填报纳税人本年度享受减免所得税（包括小微企业、高新技术企业、民族自治地方企业、其他专项优惠等）的项目和金额。

33.《高新技术企业优惠情况及明细表》（A107041）

本表填报纳税人本年度享受高新技术企业优惠的情况和金额。

34.《软件、集成电路企业优惠情况及明细表》（A107042）

本表填报纳税人本年度享受软件、集成电路企业优惠的情况和金额。

35.《税额抵免优惠明细表》（A107050）

本表填报纳税人本年度享受购买专用设备投资额抵免税额情况和金额。

36.《境外所得税收抵免明细表》（A108000）

本表填报纳税人本年度来源于或发生于不同国家、地区的所得，按照我国税法规定计算应缴纳和应抵免的企业所得税额。

37.《境外所得纳税调整后所得明细表》（A108010）

本表填报纳税人本年度来源于或发生于不同国家、地区的所得，按照我国税法规定计算调整后的所得。

38.《境外分支机构弥补亏损明细表》（A108020）

本表填报纳税人境外分支机构本年度及以前年度发生的税前尚未弥补的非实际亏损额和实际亏损额、结转以后年度弥补的非实际亏损额和实际亏损额。

39.《跨年度结转抵免境外所得税明细表》（A108030）

本表填报纳税人本年度发生的来源于不同国家或地区的境外所得按照我国税收法律、法规的规定可以抵免的所得税额。

40.《跨地区经营汇总纳税企业年度分摊企业所得税明细表》（A109000）

本表填报跨地区经营汇总纳税企业总机构，按规定计算总分机构每一纳税年度应缴的企业所得税，总、分机构应分摊的企业所得税。

41.《企业所得税汇总纳税分支机构所得税分配表》（A109010）

本表填报总机构所属年度实际应纳所得税额以及所属分支机构在所属年度应分摊的所得税额。

A000000《企业基础信息表》填报说明

纳税人在填报申报表前，首先填报基础信息表，为后续申报提供指引。基础信息表主要

内容包括表头、基本信息、主要会计政策和估计、企业主要股东及对外投资情况等部分。有
关项目填报说明如下：

1. 纳税人根据具体情况选择"正常申报"、"更正申报"或"补充申报"。

正常申报：申报期内，纳税人第一次年度申报为"正常申报"；

更正申报：申报期内，纳税人对已申报内容进行更正申报的为"更正申报"；

补充申报：申报期后，由于纳税人自查、主管税务机关评估等发现以前年度申报有误而
更改申报为"补充申报"。

2. "101 汇总纳税企业"：纳税人根据情况选择。纳税人为《国家税务总局关于印发
〈跨地区经营汇总纳税企业所得税征收管理办法〉的公告》（国家税务总局公告 2012 第 57
号）规定的跨地区经营企业总机构的，选择"总机构"，选择的纳税人需填报表 A109000 和
A109010；纳税人根据相关政策规定按比例缴纳的总机构，选择"按比例缴纳总机构"；其
他纳税人选择"否"。

3. "102 注册资本"：填报全体股东或发起人在公司登记机关依法登记的出资或认缴的
股本金额（单位：万元）。

4. "103 所属行业明细代码"：根据《国民经济行业分类》（GB/4754－2011）标准填报
纳税人的行业代码。如所属行业代码为 7010 的房地产开发经营企业，可以填报表 A105010
中第 21 至 29 行；所属行业代码为 06 ** 至 50 **，小型微利企业优惠判断为工业企业；所
属行业代码为 66 ** 的银行业，67 ** 的证券和资本投资，68 ** 的保险业，填报表
A101020、A102020。

5. "104 从业人数"：填报纳税人全年平均从业人数，从业人数是指与企业建立劳动关
系的职工人数和企业接受的劳务派遣用工人数之和；从业人数指标，按企业全年月平均值确
定，具体计算公式如下：

月平均值＝（月初值＋月末值）÷2
全年月平均值＝全年各月平均值之和÷12
全年从业人数＝月平均值×12

年度中间开业或者终止经营活动的，以其实际经营期作为一个纳税年度确定上述相关
指标。

6. "105 资产总额（万元）"：填报纳税人全年资产总额平均数，依据和计算方法同"从
业人数"口径，资产总额单位为万元，小数点后保留 2 位小数。

7. "106 境外中资控股居民企业"：根据《国家税务总局关于境外注册中资控股企业依
据实际管理机构标准认定为居民企业有关问题的通知》（国税发〔2009〕82 号）规定，境外
中资控股企业被税务机关认定为实际管理机构在中国境内的居民企业选择"是"。其他选择
"否"。

8. "107 从事国家非限制和禁止行业"：纳税人从事国家非限制和禁止行业，选择
"是"，其他选择"否"。

9. "108 境外关联交易"：纳税人存在境外关联交易，选择"是"，不存在选择"否"。

10. "109 上市公司"：纳税人根据情况，在境内上市的选择"境内"；在境外（含香港）
上市的选择"境外"；其他选择"否"。

11. "201 适用的会计准则或会计制度"：纳税人根据采用的会计准则或会计制度选择。

12. "202 会计档案存放地"：填报会计档案的存放地。

13. "203 会计核算软件"：填报会计电算化系统的会计核算软件，如 ERP。

14. "204 记账本位币"：纳税人根据实际情况选择人民币或者其他币种。

15. "205 会计政策和估计是否发生变化"：纳税人本年会计政策和估计与上年度发生变更的选择"是"，未发生的选择"否"。

16. "206 固定资产折旧方法"：纳税人根据实际情况选择，可选择多项。

17. "207 存货成本计价方法"：纳税人根据实际情况选择，可选择多项。

18. "208 坏账损失核算方法"：纳税人根据实际情况选择。

19. "209 所得税会计核算方法"：纳税人根据实际情况选择。

20. "301 企业主要股东（前 5 位）"，填报本企业投资比例前 5 位的股东情况。包括股东名称、证件种类（税务登记证、组织机构代码证、身份证、护照等）、证件号码（纳税人识别号、组织机构代码号、身份证号、护照号等）、经济性质（单位投资的，按其登记注册类型填报；个人投资的，填报自然人），投资比例，国籍（注册地址）。

国外非居民企业证件种类和证件号码可不填写。

21. "302 对外投资（前 5 位）"，填报本企业对境内投资金额前 5 位的投资情况。包括被投资者名称、纳税人识别号、经济性质、投资比例、投资金额、注册地址。

A100000《中华人民共和国企业所得税年度纳税申报表（A 类）》填报说明

本表为年度纳税申报表主表，企业应该根据《中华人民共和国企业所得税法》及其实施条例（以下简称税法）、相关税收政策，以及国家统一会计制度（企业会计准则、小企业会计准则、企业会计制度、事业单位会计准则和民间非营利组织会计制度等）的规定，计算填报纳税人利润总额、应纳税所得额、应纳税额和附列资料等有关项目。

企业在计算应纳税所得额及应纳所得税时，企业财务、会计处理办法与税法规定不一致的，应当按照税法规定计算。税法规定不明确的，在没有明确规定之前，暂按企业财务、会计规定计算。

一、有关项目填报说明

（一）表体项目

本表是在纳税人会计利润总额的基础上，加减纳税调整等金额后计算出"纳税调整后所得"（应纳税所得额）。会计与税法的差异（包括收入类、扣除类、资产类等差异）通过《纳税调整项目明细表》（A105000）集中填报。

本表包括利润总额计算、应纳税所得额计算、应纳税额计算、附列资料四个部分。

1. "利润总额计算"中的项目，按照国家统一会计制度口径计算填报。实行企业会计准则、小企业会计准则、企业会计制度、分行业会计制度纳税人其数据直接取自利润表；实行事业单位会计准则的纳税人其数据取自收入支出表；实行民间非营利组织会计制度纳税人其数据取自业务活动表；实行其他国家统一会计制度的纳税人，根据本表项目进行分析填报。

2. "应纳税所得额计算"和"应纳税额计算"中的项目，除根据主表逻辑关系计算的外，通过附表相应栏次填报。

（二）行次说明

第1～13行参照企业会计准则利润表的说明编写。

1. 第1行"营业收入"：填报纳税人主要经营业务和其他经营业务取得的收入总额。本行根据"主营业务收入"和"其他业务收入"的数额填报。一般企业纳税人通过《一般企业收入明细表》（A101010）填报；金融企业纳税人通过《金融企业收入明细表》（A101020）填报；事业单位、社会团体、民办非企业单位、非营利组织等纳税人通过《事业单位、民间非营利组织收入、支出明细表》（A103000）填报。

2. 第2行"营业成本"项目：填报纳税人主要经营业务和其他经营业务发生的成本总额。本行根据"主营业务成本"和"其他业务成本"的数额填报。一般企业纳税人通过《一般企业成本支出明细表》（A102010）填报；金融企业纳税人通过《金融企业支出明细表》（A102020）填报；事业单位、社会团体、民办非企业单位、非营利组织等纳税人，通过《事业单位、民间非营利组织收入、支出明细表》（A103000）填报。

3. 第3行"营业税金及附加"：填报纳税人经营活动发生的营业税、消费税、城市维护建设税、资源税、土地增值税和教育费附加等相关税费。本行根据纳税人相关会计科目填报。纳税人在其他会计科目核算的本行不得重复填报。

4. 第4行"销售费用"：填报纳税人在销售商品和材料、提供劳务的过程中发生的各种费用。本行通过《期间费用明细表》（A104000）中对应的"销售费用"填报。

5. 第5行"管理费用"：填报纳税人为组织和管理企业生产经营发生的管理费用。本行通过《期间费用明细表》（A104000）中对应的"管理费用"填报。

6. 第6行"财务费用"：填报纳税人为筹集生产经营所需资金等发生的筹资费用。本行通过《期间费用明细表》（A104000）中对应的"财务费用"填报。

7. 第7行"资产减值损失"：填报纳税人计提各项资产准备发生的减值损失。本行根据企业"资产减值损失"科目上的数额填报。实行其他会计准则等的比照填报。

8. 第8行"公允价值变动收益"：填报纳税人在初始确认时划分为以公允价值计量且其变动计入当期损益的金融资产或金融负债（包括交易性金融资产或负债，直接指定为以公允价值计量且其变动计入当期损益的金融资产或金融负债），以及采用公允价值模式计量的投资性房地产、衍生工具和套期业务中公允价值变动形成的应计入当期损益的利得或损失。本行根据企业"公允价值变动损益"科目的数额填报。（损失以"－"号填列）

9. 第9行"投资收益"：填报纳税人以各种方式对外投资确认所取得的收益或发生的损失。根据企业"投资收益"科目的数额计算填报；实行事业单位会计准则的纳税人根据"其他收入"科目中的投资收益金额分析填报（损失以"－"号填列）。实行其他会计准则等的比照填报。

10. 第10行"营业利润"：填报纳税人当期的营业利润。根据上述项目计算填列。

11. 第11行"营业外收入"：填报纳税人取得的与其经营活动无直接关系的各项收入的金额。一般企业纳税人通过《一般企业收入明细表》（A101010）填报；金融企业纳税人通过《金融企业收入明细表》（A101020）填报；实行事业单位会计准则或民间非营利组织会计制度的纳税人通过《事业单位、民间非营利组织收入、支出明细表》（A103000）填报。

12. 第12行"营业外支出"：填报纳税人发生的与其经营活动无直接关系的各项支出的

金额。一般企业纳税人通过《一般企业成本支出明细表》（A102010）填报；金融企业纳税人通过《金融企业支出明细表》（A102020）填报；实行事业单位会计准则或民间非营利组织会计制度的纳税人通过《事业单位、民间非营利组织收入、支出明细表》（A103000）填报。

13. 第13行"利润总额"：填报纳税人当期的利润总额。根据上述项目计算填列。

14. 第14行"境外所得"：填报纳税人发生的分国（地区）别取得的境外税后所得计入利润总额的金额。填报《境外所得纳税调整后所得明细表》（A108010）第14列减去第11列的差额。

15. 第15行"纳税调整增加额"：填报纳税人会计处理与税收规定不一致，进行纳税调整增加的金额。本行通过《纳税调整项目明细表》（A105000）"调增金额"列填报。

16. 第16行"纳税调整减少额"：填报纳税人会计处理与税收规定不一致，进行纳税调整减少的金额。本行通过《纳税调整项目明细表》（A105000）"调减金额"列填报。

17. 第17行"免税、减计收入及加计扣除"：填报属于税法规定免税收入、减计收入、加计扣除金额。本行通过《免税、减计收入及加计扣除优惠明细表》（A107010）填报。

18. 第18行"境外应税所得抵减境内亏损"：填报纳税人根据税法规定，选择用境外所得抵减境内亏损的数额。本行通过《境外所得税收抵免明细表》（A108000）填报。

19. 第19行"纳税调整后所得"：填报纳税人经过纳税调整、税收优惠、境外所得计算后的所得额。

20. 第20行"所得减免"：填报属于税法规定所得减免金额。本行通过《所得减免优惠明细表》（A107020）填报，本行＜0时，填写负数。

21. 第21行"抵扣应纳税所得额"：填报根据税法规定应抵扣的应纳税所得额。本行通过《抵扣应纳税所得额明细表》（A107030）填报。

22. 第22行"弥补以前年度亏损"：填报纳税人按照税法规定可在税前弥补的以前年度亏损的数额，本行根据《企业所得税弥补亏损明细表》（A106000）填报。

23. 第23行"应纳税所得额"：金额等于本表第19－20－21－22行计算结果。本行不得为负数。本表第19行或者按照上述行次顺序计算结果本行为负数，本行金额填零。

24. 第24行"税率"：填报税法规定的税率25%。

25. 第25行"应纳所得税额"：金额等于本表第23×24行。

26. 第26行"减免所得税额"：填报纳税人按税法规定实际减免的企业所得税额。本行通过《减免所得税优惠明细表》（A107040）填报。

27. 第27行"抵免所得税额"：填报企业当年的应纳所得税额中抵免的金额。本行通过《税额抵免优惠明细表》（A107050）填报。

28. 第28行"应纳税额"：金额等于本表第25－26－27行。

29. 第29行"境外所得应纳所得税额"：填报纳税人来源于中国境外的所得，按照我国税法规定计算的应纳所得税额。本行通过《境外所得税收抵免明细表》（A108000）填报。

30. 第30行"境外所得抵免所得税额"：填报纳税人来源于中国境外所得依照中国境外税收法律以及相关规定应缴纳并实际缴纳（包括视同已实际缴纳）的企业所得税性质的税款（准予抵免税款）。本行通过《境外所得税收抵免明细表》（A108000）填报。

31. 第31行"实际应纳所得税额"：填报纳税人当期的实际应纳所得税额。金额等于本表第 28＋29－30 行。

32. 第 32 行"本年累计实际已预缴的所得税额"：填报纳税人按照税法规定本纳税年度已在月（季）度累计预缴的所得税额，包括按照税法规定的特定业务已预缴（征）的所得税额，建筑企业总机构直接管理的跨地区设立的项目部按规定向项目所在地主管税务机关预缴的所得税额。

33. 第 33 行"本年应补（退）的所得税额"：填报纳税人当期应补（退）的所得税额。金额等于本表第 31－32 行。

34. 第 34 行"总机构分摊本年应补（退）所得税额"：填报汇总纳税的总机构按照税收规定在总机构所在地分摊本年应补（退）所得税款。本行根据《跨地区经营汇总纳税企业年度分摊企业所得税明细表》（A109000）填报。

35. 第 35 行"财政集中分配本年应补（退）所得税额"：填报汇总纳税的总机构按照税收规定财政集中分配本年应补（退）所得税款。本行根据《跨地区经营汇总纳税企业年度分摊企业所得税明细表》（A109000）填报。

36. 第 36 行"总机构主体生产经营部门分摊本年应补（退）所得税额"：填报汇总纳税的总机构所属的具有主体生产经营职能的部门按照税收规定应分摊的本年应补（退）所得税额。本行根据《跨地区经营汇总纳税企业年度分摊企业所得税明细表》（A109000）填报。

37. 第 37 行"以前年度多缴的所得税额在本年抵减额"：填报纳税人以前纳税年度汇算清缴多缴的税款尚未办理退税、并在本纳税年度抵缴的所得税额。

38. 第 38 行"以前年度应缴未缴在本年入库所得额"：填报纳税人以前纳税年度应缴未缴在本纳税年度入库所得税额。

二、表内、表间关系

（一）表内关系

1. 第 10 行＝第 1－2－3－4－5－6－7＋8＋9 行。
2. 第 13 行＝第 10＋11－12 行。
3. 第 19 行＝第 13－14＋15－16－17＋18 行。
4. 第 23 行＝第 19－20－21－22 行。
5. 第 25 行＝第 23×24 行。
6. 第 28 行＝第 25－26－27 行。
7. 第 31 行＝第 28＋29－30 行。
8. 第 33 行＝第 31－32 行。

（二）表间关系

1. 第 1 行＝表 A101010 第 1 行或表 A101020 第 1 行或表 A103000 第 2＋3＋4＋5＋6 行或表 A103000 第 11＋12＋13＋14＋15 行。
2. 第 2 行＝表 A102010 第 1 行或表 A102020 第 1 行或表 A103000 第 19＋20＋21＋22 行或表 A103000 第 25＋26＋27 行。
3. 第 4 行＝表 A104000 第 25 行第 1 列。
4. 第 5 行＝表 A104000 第 25 行第 3 列。
5. 第 6 行＝表 A104000 第 25 行第 5 列。
6. 第 11 行＝表 A101010 第 16 行或表 A101020 第 35 行或表 A103000 第 9 行或第

17 行。

7. 第 12 行＝表 A102010 第 16 行或表 A102020 第 33 行或表 A103000 第 23 行或第 28 行。

8. 第 14 行＝表 A108010 第 10 行第 14 列－第 11 列。

9. 第 15 行＝表 A105000 第 43 行第 3 列。

10. 第 16 行＝表 A105000 第 43 行第 4 列。

11. 第 17 行＝表 A107010 第 27 行。

12. 第 18 行＝表 A108000 第 10 行第 6 列。（当本表第 13－14＋15－16－17 行≥0 时，本行＝0）。

13. 第 20 行＝表 A107020 第 40 行第 7 列。

14. 第 21 行＝表 A107030 第 7 行。

15. 第 22 行＝表 A106000 第 6 行第 10 列。

16. 第 26 行＝表 A107040 第 29 行。

17. 第 27 行＝表 A107050 第 7 行第 11 列。

18. 第 29 行＝表 A108000 第 10 行第 9 列。

19. 第 30 行＝表 A108000 第 10 行第 19 列。

20. 第 34 行＝表 A109000 第 12＋16 行。

21. 第 35 行＝表 A109000 第 13 行。

22. 第 36 行＝表 A109000 第 15 行。

A101010《一般企业收入明细表》填报说明

本表适用于执行除事业单位会计准则、非营利企业会计制度以外的其它国家统一会计制度的非金融居民纳税人填报。纳税人应根据国家统一会计制度的规定，填报"主营业务收入"、"其他业务收入"和"营业外收入"。

一、有关项目填报说明

1. 第 1 行"营业收入"：根据主营业务收入、其他业务收入的数额计算填报。

2. 第 2 行"主营业务收入"：根据不同行业的业务性质分别填报纳税人核算的主营业务收入。

3. 第 3 行"销售商品收入"：填报从事工业制造、商品流通、农业生产以及其他商品销售的纳税人取得的主营业务收入。房地产开发企业销售开发产品（销售未完工开发产品除外）取得的收入也在此行填报。

4. 第 4 行"其中：非货币性资产交换收入"：填报纳税人发生的非货币性资产交换按照国家统一会计制度应确认的主营业务收入。

5. 第 5 行"提供劳务收入"：填报纳税人从事建筑安装、修理修配、交通运输、仓储租赁、邮电通信、咨询经纪、文化体育、科学研究、技术服务、教育培训、餐饮住宿、中介代理、卫生保健、社区服务、旅游、娱乐、加工以及其他劳务活动取得的主营业务收入。

6. 第 6 行"建造合同收入"：填报纳税人建造房屋、道路、桥梁、水坝等建筑物，以及生产船舶、飞机、大型机械设备等取得的主营业务收入。

7. 第7行"让渡资产使用权收入"：填报纳税人在主营业务收入核算的，让渡无形资产使用权而取得的使用费收入以及出租固定资产、无形资产、投资性房地产取得的租金收入。

8. 第8行"其他"：填报纳税人按照国家统一会计制度核算、上述未列举的其他主营业务收入。

9. 第9行："其他业务收入"：填报根据不同行业的业务性质分别填报纳税人核算的其他业务收入。

10. 第10行"材料销售收入"：填报纳税人销售材料、下脚料、废料、废旧物资等取得的收入。

11. 第11行"其中：非货币性资产交换收入"：填报纳税人发生的非货币性资产交换按照国家统一会计制度应确认的其他业务收入。

12. 第12行"出租固定资产收入"：填报纳税人将固定资产使用权让与承租人获取的其他业务收入。

13. 第13行"出租无形资产收入"：填报纳税人让渡无形资产使用权取得的其他业务收入。

14. 第14行"出租包装物和商品收入"：填报纳税人出租、出借包装物和商品取得的其他业务收入。

15. 第15行"其他"：填报纳税人按照国家统一会计制度核算、上述未列举的其他业务收入。

16. 第16行"营业外收入"：填报纳税人计入本科目核算的与生产经营无直接关系的各项收入。

17. 第17行"非流动资产处置利得"：填报纳税人处置固定资产、无形资产等取得的净收益。

18. 第18行"非货币性资产交换利得"：填报纳税人发生非货币性资产交换应确认的净收益。

19. 第19行"债务重组利得"：填报纳税人发生的债务重组业务确认的净收益。

20. 第20行"政府补助利得"：填报纳税人从政府无偿取得货币性资产或非货币性资产应确认的净收益。

21. 第21行"盘盈利得"：填报纳税人在清查财产过程中查明的各种财产盘盈应确认的净收益。

22. 第22行"捐赠利得"：填报纳税人接受的来自企业、组织或个人无偿给予的货币性资产、非货币性资产捐赠应确认的净收益。

23. 第23行"罚没利得"：填报纳税人在日常经营管理活动中取得的罚款、没收收入应确认的净收益。

24. 第24行"确实无法偿付的应付款项"：填报纳税人因确实无法偿付的应付款项而确认的收入。

25. 第25行"汇兑收益"：填报纳税人取得企业外币货币性项目因汇率变动形成的收益应确认的收入。（该项目为执行小企业准则企业填报）

26. 第26行"其他"：填报纳税人取得的上述项目未列举的其他营业外收入，包括执行《企业会计准则》纳税人按权益法核算长期股权投资对初始投资成本调整确认的收益，执行

《小企业会计准则》纳税人取得的出租包装物和商品的租金收入、逾期未退包装物押金收益等。

二、表内、表间关系

（一）表内关系

1. 第 1 行＝第 2＋9 行。
2. 第 2 行＝第 3＋5＋6＋7＋8 行。
3. 第 9 行＝第 10＋12＋13＋14＋15 行。
4. 第 16 行＝第 17＋18＋19＋20＋21＋22＋23＋24＋25＋26 行。

（二）表间关系

1. 第 1 行＝表 A100000 第 1 行。
2. 第 16 行＝表 A100000 第 11 行。

A101020《金融企业收入明细表》填报说明

本表适用于执行企业会计准则的金融企业纳税人填报，包括商业银行、保险公司、证券公司等金融企业。金融企业应根据企业会计准则的规定填报"营业收入"、"营业外收入"。

一、有关项目填报说明

1. 第 1 行"营业收入"：填报纳税人提供金融商品服务取得的收入。

2. 第 2 行"银行业务收入"：填报纳税人从事银行业务取得的收入。

3. 第 3 行"利息收入"：填报银行存贷款业务等取得的各项利息收入，包括发放的各类贷款（银团贷款、贸易融资、贴现和转贴现融出资金、协议透支、信用卡透支、转贷款、垫款等）、与其他金融机构（中央银行、同业等）之间发生资金往来业务、买入返售金融资产等实现的利息收入等。

4. 第 4 行"存放同业"：填报纳税人存放于境内、境外银行和非银行金融机构款项取得的利息收入。

5. 第 5 行"存放中央银行"：填报纳税人存放于中国人民银行的各种款项利息收入。

6. 第 6 行"拆出资金"：填报纳税人拆借给境内、境外其他金融机构款项的利息收入。

7. 第 7 行"发放贷款及垫资"：填报纳税人发放贷款及垫资的利息收入。

8. 第 8 行"买入返售金融资产"：填报纳税人按照返售协议约定先买入再按固定价格返售的票据、证券、贷款等金融资产所融出资金的利息收入。

9. 第 9 行"其他"：填报纳税人除本表第 4 行至第 8 行以外的其他利息收入，包括债券投资利息等收入。

10. 第 10 行"手续费及佣金收入"：填报银行在提供相关金融业务服务时向客户收取的收入，包括结算与清算手续费、代理业务手续费、信用承诺手续费及佣金、银行卡手续费、顾问和咨询费、托管及其他受托业务佣金等。

11. 第 18 行"证券业务收入"：填报纳税人从事证券业务取得的收入。

12. 第 19 行"证券业务手续费及佣金收入"：填报纳税人承销、代理兑付等业务取得的各项手续费、佣金等收入。

13. 第 26 行"其他证券业务收入"：填报纳税人在国家许可的范围内从事的除经纪、自营和承销业务以外的与证券有关的业务收入。

14. 第27行"已赚保费"：填报纳税人从事保险业务确认的本年实际保费收入。

15. 第28行"保险业务收入"：填报纳税人从事保险业务确认的保费收入。

16. 第29行"分保费收入"：填报纳税人（再保险公司或分入公司）从原保险公司或分出公司分入的保费收入。

17. 第30行"分出保费"：填报纳税人（再保险分出人）向再保险接受人分出的保费。

18. 第31行"提取未到期责任准备金"：填报纳税人（保险企业）提取的非寿险原保险合同未到期责任准备金和再保险合同分保未到期责任准备金。

19. 第32行"其他金融业务收入"：填报纳税人提供除银行业、保险业、证券业以外的金融商品服务取得的收入。

20. 第33行"汇兑收益"：填报纳税人发生的外币交易因汇率变动而产生的汇兑损益，损失以负数填报。

21. 第34行"其他业务收入"：填报纳税人发生的除主营业务活动以外的其他经营活动实现的收入。

22. 第35行"营业外收入"：填报纳税人发生的各项营业外收入，主要包括非流动资产处置利得、非货币性资产交换利得、债务重组利得、政府补助、盘盈利得、捐赠利得等。

23. 第36行"非流动资产处置所得"：填报纳税人处置固定资产、无形资产等取得的净收益。

24. 第37行"非货币资产交换利得"：填报纳税人发生非货币性资产交换应确认的净收益。

25. 第38行"债务重组利得"：填报纳税人发生的债务重组业务确认的净收益。

26. 第39行"政府补助利得"：填报纳税人从政府无偿取得货币性资产或非货币性资产应确认的净收益。

27. 第40行"盘盈所得"：填报纳税人在清查财产过程中查明的各种财产盘盈应确认的净收益。

28. 第41行"捐赠利得"：填报纳税人接受的来自企业、组织或个人无偿给予的货币性资产、非货币性资产捐赠应确认的净收益。

29. 第42行"其他"：填报纳税人取得的上述项目未列举的其他营业外收入，包括执行《企业会计准则》纳税人按权益法核算长期股权投资对初始投资成本调整确认的收益。

二、表内、表间关系

（一）表内关系

1. 第1行＝第2＋18＋27＋32＋33＋34行。

2. 第2行＝第3＋10行。

3. 第3行＝第4＋5＋…＋9行。

4. 第10行＝第11＋12＋…＋17行。

5. 第18行＝第19＋26行。

6. 第19行＝第20＋21＋…＋25行。

7. 第27行＝第28－30－31行。

8. 第35行＝第36＋37＋…＋42行。

（二）表间关系

1. 第 1 行＝表 A100000 第 1 行。

2. 第 35 行＝表 A100000 第 11 行。

A102010《一般企业成本支出明细表》填报说明

本表适用于执行除事业单位会计准则、非营利企业会计制度以外的其它国家统一会计制度的查账征收企业所得税非金融居民纳税人填报。纳税人应根据国家统一会计制度的规定，填报"主营业务成本"、"其他业务成本"和"营业外支出"。

一、有关项目填报说明

1. 第 1 行"营业成本"：填报纳税人主要经营业务和其他经营业务发生的成本总额。本行根据"主营业务成本"和"其他业务成本"的数额计算填报。

2. 第 2 行"主营业务成本"：根据不同行业的业务性质分别填报纳税人核算的主营业务成本。

3. 第 3 行"销售商品成本"：填报从事工业制造、商品流通、农业生产以及其他商品销售企业发生的主营业务成本。房地产开发企业销售开发产品（销售未完工开发产品除外）发生的成本也在此行填报。

4. 第 4 行"其中："非货币性资产交换成本"：填报纳税人发生的非货币性资产交换按照国家统一会计制度应确认的主营业务成本。

5. 第 5 行"提供劳务成本"：填报纳税人从事建筑安装、修理修配、交通运输、仓储租赁、邮电通信、咨询经纪、文化体育、科学研究、技术服务、教育培训、餐饮住宿、中介代理、卫生保健、社区服务、旅游、娱乐、加工以及其他劳务活动发生的的主营业务成本。

6. 第 6 行"建造合同成本"：填报纳税人建造房屋、道路、桥梁、水坝等建筑物，以及生产船舶、飞机、大型机械设备等发生的主营业务成本。

7. 第 7 行"让渡资产使用权成本"：填报纳税人在主营业务成本核算的，让渡无形资产使用权而发生的使用费成本以及出租固定资产、无形资产、投资性房地产发生的租金成本。

8. 第 8 行"其他"：填报纳税人按照国家统一会计制度核算、上述未列举的其他主营业务成本。

9. 第 9 行："其他业务成本"：根据不同行业的业务性质分别填报纳税人按照国家统一会计制度核算的其他业务成本。

10. 第 10 行"材料销售成本"：填报纳税人销售材料、下脚料、废料、废旧物资等发生的成本。

11. 第 11 行"非货币性资产交换成本"：填报纳税人发生的非货币性资产交换按照国家统一会计制度应确认的其他业务成本。

12. 第 12 行"出租固定资产成本"：填报纳税人将固定资产使用权让与承租人形成的出租固定资产成本。

13. 第 13 行"出租无形资产成本"：填报纳税人让渡无形资产使用权形成的出租无形资产成本。

14. 第 14 行"包装物出租成本"：填报纳税人出租、出借包装物形成的包装物出租成本。

15. 第 15 行"其他"：填报纳税人按照国家统一会计制度核算，上述未列举的其他业务成本。

16. 第 16 行"营业外支出"：填报纳税人计入本科目核算的与生产经营无直接关系的各项支出。

17. 第 17 行"非流动资产处置损失"：填报纳税人处置非流动资产形成的净损失。

18. 第 18 行"非货币性资产交换损失"：填报纳税人发生非货币性资产交换应确认的净损失。

19. 第 19 行"债务重组损失"：填报纳税人进行债务重组应确认的净损失。

20. 第 20 行"非常损失"：填报填报纳税人在营业外支出中核算的各项非正常的财产损失。

21. 第 21 行"捐赠支出"：填报纳税人无偿给予其他企业、组织或个人的货币性资产、非货币性资产的捐赠支出。

22. 第 22 行"赞助支出"：填报纳税人发生的货币性资产、非货币性资产赞助支出。

23. 第 23 行"罚没支出"：填报纳税人在日常经营管理活动中对外支付的各项罚没支出。

24. 第 24 行"坏帐损失"：填报纳税人发生的各项坏帐损失。（该项目为使用小企业准则企业填报）

25. 第 25 行"无法收回的债券股权投资损失"：填报纳税人各项无法收回的债券股权投资损失。（该项目为使用小企业准则企业填报）

26. 第 26 行"其他"：填报纳税人本期实际发生的在营业外支出核算的其他损失及支出。

二、表内、表间关系

（一）表内关系

1. 第 1 行＝第 2＋9 行。
2. 第 2 行＝第 3＋5＋6＋7＋8 行。
3. 第 9 行＝第 10＋12＋13＋14＋15 行。
4. 第 16 行＝第 17＋18＋…＋26 行。

（二）表间关系

1. 第 1 行＝表 A100000 第 2 行。
2. 第 16 行＝表 A100000 第 12 行。

A102020《金融企业支出明细表》填报说明

本表适用于执行企业会计准则的金融企业纳税人填报，包括商业银行、保险公司、证券公司等金融企业。纳税人根据企业会计准则的规定填报"营业支出"、"营业外支出"。金融企业发生的业务及管理费填报表 A104000《期间费用明细表》第 1 列"销售费用"相应的行次。

一、有关项目填报说明

1. 第1行"营业支出"：填报金融企业提供金融商品服务发生的支出。

2. 第2行"银行业务支出"：填报纳税人从事银行业务发生的支出。

3. 第3行"银行利息支出"：填报纳税人经营存贷款业务等发生的利息支出，包括同业存放、向中央银行借款、拆入资金、吸收存款、卖出回购金融资产、发行债券和其他业务利息支出。

4. 第11行"银行手续费及佣金支出"：填报纳税人发生的与银行业务活动相关的各项手续费、佣金等支出。

5. 第15行"保险业务支出"：填报保险企业发生的与保险业务相关的费用支出。

6. 第16行"退保金"：填报保险企业寿险原保险合同提前解除时按照约定应当退还投保人的保单现金价值。

7. 第17行"赔付支出"：填报保险企业支付的原保险合同赔付款项和再保险合同赔付款项。

8. 第18行"摊回赔付支出"：填报保险企业（再保险分出人）向再保险接受人摊回的赔付成本。

9. 第19行"提取保险责任准备金"：填报保险企业提取的原保险合同保险责任准备金，包括提取的未决赔款准备金、提取的寿险责任准备金、提取的长期健康责任准备金。

10. 第20行"摊回保险责任准备金"：填报保险企业（再保险分出人）从事再保险业务应向再保险接受人摊回的保险责任准备金，包括未决赔款准备金、寿险责任准备金、长期健康险责任准备金。

11. 第21行"保单红利支出"：填报保险企业按原保险合同约定支付给投保人的红利。

12. 第22行"分保费用"：填报保险企业（再保险接受人）向再保险分出人支付的分保费用。

13. 第23行"摊回分保费用"：填报保险企业（再保险分出人）向再保险接受人摊回的分保费用。

14. 第24行"保险业务手续费及佣金支出"：填报保险企业发生的与其保险业务活动相关的各项手续费、佣金支出。

15. 第25行"证券业务支出"：填报纳税人从事证券业务发生的证券手续费支出和其他证券业务支出。

16. 第26行"证券业务手续费及佣金支出"：填报纳税人代理承销、兑付和买卖证券等业务发生的各项手续费、风险结算金、承销业务直接相关的各项费用及佣金支出。

17. 第30行"其他证券业务支出"：填报纳税人从事除经纪、自营和承销业务以外的与证券有关的业务支出。

18. 第31行"其他金融业务支出"：填报纳税人提供除银行业、保险业、证券业以外的金融商品服务发生的相关业务支出。

19. 第32行"其他业务成本"：填报纳税人发生的除主营业务活动以外的其他经营活动发生的支出。

20. 第33行"营业外支出"：填报纳税人发生的各项营业外支出，包括非流动资产处置损失、非货币性资产交换损失、债务重组损失、捐赠支出、非常损失等。

21. 第34行"非流动资产处置损失"：填报纳税人处置非流动资产形成的净损失。

22. 第35行"非货币性资产交换损失"：填报纳税人发生非货币性资产交换应确认的净损失。

23. 第36行"债务重组损失"：填报纳税人进行债务重组应确认的净损失。

24. 第37行"捐赠支出"：填报纳税人无偿给予其他企业、组织或个人的货币性资产、非货币性资产的捐赠支出。

25. 第38行"非常损失"：填报纳税人在营业外支出中核算的各项非正常的财产损失。

26. 第39行"其他"：填报纳税人本期实际发生的在营业外支出核算的其他损失及支出。

二、表内、表间关系

（一）表内关系

1. 第1行＝第2＋15＋25＋31＋32行。

2. 第2行＝第3＋11行。

3. 第3行＝第4＋5＋…＋10行。

4. 第11行＝第12＋13＋14行。

5. 第15行＝第16＋17－18＋19－20＋21＋22－23＋24行。

6. 第25行＝第26＋30行。

7. 第26行＝第27＋28＋29行。

8. 第33行＝第34＋35＋…39行。

（二）表间关系

1. 第1行＝表A100000第2行。

2. 第33行＝表A100000第12行。

A103000《事业单位、民间非营利组织收入、支出明细表》填报说明

本表适用于实行事业单位会计准则的事业单位以及执行民间非营利组织会计制度的社会团体、民办非企业单位、非营利性组织等查账征收居民纳税人填报。纳税人应根据事业单位会计准则、民间非营利组织会计制度的规定，填报"事业单位收入"、"民间非营利组织收入"、"事业单位支出"、"民间非营利组织支出"等。

一、有关项目填报说明

（一）事业单位填报说明

第1至9行由执行事业单位会计准则的纳税人填报。

1. 第1行"事业单位收入"：填报纳税人取得的所有收入的金额（包括不征税收入和免税收入），按照会计核算口径填报。

2. 第2行"财政补助收入"：填报纳税人直接从同级财政部门取得的各类财政拨款，包括基本支出补助和项目支出补助。

3. 第3行"事业收入"：填报纳税人通过开展专业业务活动及辅助活动所取得的收入。

4. 第4行"上级补助收入"：填报纳税人从主管部门和上级单位取得的非财政补助

收入。

5. 第 5 行"附属单位上缴收入"：填报纳税人附属独立核算单位按有关规定上缴的收入。包括附属事业单位上缴的收入和附属的企业上缴的利润等。

6. 第 6 行"经营收入"：填报纳税人开展专业业务活动及其辅助活动之外开展非独立核算经营活动取得的收入。

7. 第 7 行"其他收入"：填报纳税人取得的除本表第 2 至 6 行项目以外的收入，包括投资收益、银行存款利息收入、租金收入、捐赠收入、现金盘盈收入、存货盘盈收入、收回已核销应收及预付款项、无法偿付的应付及预收款项等。

8. 第 8 行"其中：投资收益"：填报在"其他收入"科目中核算的各项短期投资、长期债券投资、长期股权投资取得的投资收益。

9. 第 9 行"其他"：填报在"其他收入"科目中核算的除投资收益以外的收入。

（二）民间非营利组织填报说明

第 10 至 17 行由执行民间非营利组织会计制度的纳税人填报。

10. 第 10 行"民间非营利组织收入"：填报纳税人开展业务活动取得的收入应当包括捐赠收入、会费收入、提供服务收入、政府补助收入、投资收益、商品销售收入等主要业务活动收入和其他收入等。

11. 第 11 行"接受捐赠收入"：填报纳税人接受其他单位或者个人捐赠所取得的收入。

12. 第 12 行"会费收入"：填报纳税人根据章程等的规定向会员收取的会费收入。

13. 第 13 行"提供劳务收入"：填报纳税人根据章程等的规定向其服务对象提供服务取得的收入，包括学费收入、医疗费收入、培训收入等。

14. 第 14 行"商品销售收入"：填报纳税人销售商品（如出版物、药品等）所形成的收入。

15. 第 15 行"政府补助收入"：填报纳税人接受政府拨款或者政府机构给予的补助而取得的收入。

16. 第 16 行"投资收益"：填报纳税人因对外投资取得的投资净收益。

17. 第 17 行"其他收入"：填报纳税人除上述主要业务活动收入以外的其他收入，如固定资产处置净收入、无形资产处置净收入等。

第 18 至 23 行由执行事业单位会计准则的纳税人填报。

18. 第 18 行"事业单位支出"：填报纳税人发生的所有支出总额（含不征税收入形成的支出），按照会计核算口径填报。

19. 第 19 行"事业支出"：填报纳税人开展专业业务活动及其辅助活动发生的支出。包括工资、补助工资、职工福利费、社会保障费、助学金，公务费、业务费、设备购置费、修缮费和其他费用。

20. 第 20 行"上缴上级支出"：填报纳税人按照财政部门和主管部门的规定上缴上级单位的支出。

21. 第 21 行"对附属单位补助支出"：填报纳税人用财政补助收入之外的收入对附属单位补助发生的支出。

22. 第 22 行"经营支出"：填报纳税人在专业业务活动及其辅助活动之外开展非独立核算经营活动发生的支出。

23. 第 23 行"其他支出"：填报纳税人除本表第 19 至 22 行项目以外的支出，包括利息支出、捐赠支出、现金盘亏损失、资产处置损失、接受捐赠（调入）非流动资产发生的税费支出等。

第 24 至 28 行由执行民间非营利组织会计制度的纳税人填报。

24. 第 24 行"民间非营利组织支出"：填报纳税人发生的所有支出总额，按照会计核算口径填报。

25. 第 25 行"业务活动成本"：填报民间非营利组织为了实现其业务活动目标、开展某项目活动或者提供劳务所发生的费用。

26. 第 26 行"管理费用"：填报民间非营利组织为组织和管理其业务活动所发生的各项费用，包括民间非营利组织董事会（或者理事会或者类似权力机构）经费和行政管理人员的工资、奖金、津贴、福利费、住房公积金、住房补贴、社会保障费、离退休人员工资与补助，以及办公费、水电费、邮电费、物业管理费、差旅费、折旧费、修理费、无形资产摊销费、存货盘亏损失、资产减值损失、因预计负债所产生的损失、聘请中介机构费和应偿还的受赠资产等。

27. 第 27 行"筹资费用"：填报民间非营利组织为筹集业务活动所需资金而发生的费用，包括民间非营利组织获得捐赠资产而发生的费用以及应当计入当期费用的借款费用、汇兑损失（减汇兑收益）等。民间非营利组织为了获得捐赠资产而发生的费用包括举办募款活动费，准备、印刷和发放募款宣传资料费以及其他与募款或者争取捐赠有关的费用。

28. 第 28 行"其他费用"：填报民间非营利组织发生的、无法归属到上述业务活动成本、管理费用或者筹资费用中的费用，包括固定资产处置净损失、无形资产处置净损失等。

二、表内、表间关系

（一）表内关系

1. 第 1 行＝第 2＋3＋…＋7 行。

2. 第 7 行＝第 8＋9 行。

3. 第 10 行＝第 11＋12＋…＋17 行。

4. 第 18 行＝第 19＋20＋21＋22＋23 行。

5. 第 24 行＝第 25＋26＋27＋28 行。

（二）表间关系

1. 第 2＋3＋4＋5＋6 行或第 11＋12＋13＋14＋15 行＝表 A100000 第 1 行。

2. 第 8 行或第 16 行＝表 A100000 第 9 行。

3. 第 9 行或第 17 行＝表 A100000 第 11 行。

4. 第 19＋20＋21＋22 行或第 25＋26＋27 行＝表 A100000 第 2 行。

5. 第 23 行或第 28 行＝表 A100000 第 12 行。

A104000《期间费用明细表》填报说明

本表适用于执行企业会计准则、小企业会计准则、企业会计制度、分行业会计制度的查账征收居民纳税人填报。纳税人应根据企业会计准则、小企业会计准则、企业会计、分行业会计制度规定，填报"销售费用"、"管理费用"和"财务费用"等项目。

一、有关项目填报说明

1. 第 1 列"销售费用"：填报在销售费用科目进行核算的相关明细项目的金额，其中金融企业填报在业务及管理费科目进行核算的相关明细项目的金额。

2. 第 2 列"其中：境外支付"：填报在销售费用科目进行核算的向境外支付的相关明细项目的金额，其中金融企业填报在业务及管理费科目进行核算的相关明细项目的金额。

3. 第 3 列"管理费用"：填报在管理费用科目进行核算的相关明细项目的金额。

4. 第 4 列"其中：境外支付"：填报在管理费用科目进行核算的向境外支付的相关明细项目的金额。

5. 第 5 列"财务费用"：填报在财务费用科目进行核算的有关明细项目的金额。

6. 第 6 列"其中：境外支付"：填报在财务费用科目进行核算的向境外支付的有关明细项目的金额。

7. 1 至 24 行：根据费用科目核算的具体项目金额进行填报，如果贷方发生额大于借方发生额，应填报负数。

8. 第 25 行第 1 列：填报第 1 行至 24 行第 1 列的合计数。

9. 第 25 行第 2 列：填报第 1 行至 24 行第 2 列的合计数。

10. 第 25 行第 3 列：填报第 1 行至 24 行第 3 列的合计数。

11. 第 25 行第 4 列：填报第 1 行至 24 行第 4 列的合计数。

12. 第 25 行第 5 列：填报第 1 行至 24 行第 5 列的合计数。

13. 第 25 行第 6 列：填报第 1 行至 24 行第 6 列的合计数。

二、表内、表间关系

（一）表内关系

1. 第 25 行第 1 列＝第 1 列第 1＋2＋…＋20＋24 行。

2. 第 25 行第 2 列＝第 2 列第 2＋3＋6＋11＋15＋16＋18＋19＋24 行。

3. 第 25 行第 3 列＝第 3 列第 1＋2＋…＋20＋24 行。

4. 第 25 行第 4 列＝第 4 列第 2＋3＋6＋11＋15＋16＋18＋19＋24 行。

5. 第 25 行第 5 列＝第 5 列第 6＋21＋22＋23＋24 行。

6. 第 25 行第 6 列＝第 6 列第 6＋21＋22＋24 行。

（二）表间关系

1. 第 25 行第 1 列＝表 A100000 第 4 行。

2. 第 25 行第 3 列＝表 A100000 第 5 行。

3. 第 25 行第 5 列＝表 A100000 第 6 行。

A105000《纳税调整项目明细表》填报说明

本表适用于会计处理与税法规定不一致需纳税调整的纳税人填报。纳税人根据税法、相关税收政策，以及国家统一会计制度的规定，填报会计处理、税法规定，以及纳税调整情况。

一、有关项目填报说明

本表纳税调整项目按照"收入类调整项目"、"扣除类调整项目"、"资产类调整项目"、

"特殊事项调整项目"、"特别纳税调整应税所得"、"其他"六大项分类填报汇总，并计算出纳税"调增金额"和"调减金额"的合计数。

数据栏分别设置"账载金额"、"税收金额"、"调增金额"、"调减金额"四个栏次。"账载金额"是指纳税人按照国家统一会计制度规定核算的项目金额。"税收金额"是指纳税人按照税法规定计算的项目金额。

"收入类调整项目"："税收金额"减"账载金额"后余额为正数的，填报在"调增金额"，余额为负数的，将绝对值填报在"调减金额"。

"扣除类调整项目"、"资产类调整项目"："账载金额"减"税收金额"后余额为正数的，填报在"调增金额"，余额为负数的，将其绝对值填报在"调减金额"。

"特殊事项调整项目"、"其他"分别填报税法规定项目的"调增金额"、"调减金额"。

"特别纳税调整应税所得"：填报经特别纳税调整后的"调增金额"。

对需填报下级明细表的纳税调整项目，其"账载金额"、"税收金额""调增金额"，"调减金额"根据相应附表进行计算填报。

（一）收入类调整项目

1. 第 1 行"一、收入类调整项目"：根据第 2 行至第 11 行进行填报。

2. 第 2 行"（一）视同销售收入"：填报会计处理不确认为销售收入，税法规定确认应税收入的收入。根据《视同销售和房地产开发企业特定业务纳税调整明细表》（A105010）填报，第 2 列"税收金额"为表 A105010 第 1 行第 1 列金额；第 3 列"调增金额"为表A105010 第 1 行第 2 列金额。

3. 第 3 行"（二）未按权责发生制原则确认的收入"：根据《未按权责发生制确认收入纳税调整明细表》（A105020）填报，第 1 列"账载金额"为表 A105020 第 14 行第 2 列金额；第 2 列"税收金额"为表 A105020 第 14 行第 4 列金额；表 A105020 第 14 行第 6 列，若≥0，填入本行第 3 列"调增金额"；若<0，将绝对值填入本行第 4 列"调减金额"。

4. 第 4 行"（三）投资收益"：根据《投资收益纳税调整明细表》（A105030）填报，第 1 列"账载金额"为表 A105030 第 10 行第 1＋8 列的金额；第 2 列"税收金额"为表A105030 第 10 行第 2＋9 列的金额；表 A105030 第 10 行第 11 列，若≥0，填入本行第 3 列"调增金额"；若<0，将绝对值填入本行第 4 列"调减金额"。

5. 第 5 行"（四）按权益法核算长期股权投资对初始投资成本调整确认收益"：第 4 列"调减金额"填报纳税人采取权益法核算，初始投资成本小于取得投资时应享有被投资单位可辨认净资产公允价值份额的差额计入取得投资当期的营业外收入的金额。

6. 第 6 行"（五）交易性金融资产初始投资调整"：第 3 列"调增金额"填报纳税人根据税法规定确认交易性金融资产初始投资金额与会计核算的交易性金融资产初始投资账面价值的差额。

7. 第 7 行"（六）公允价值变动净损益"：第 1 列"账载金额"填报纳税人会计核算的以公允价值计量的金融资产、金融负债以及投资性房地产类项目，计入当期损益的公允价值变动金额；第 1 列<0，将绝对值填入第 3 列"调增金额"；若第 1 列≥0，填入第 4 列"调减金额"。

8. 第 8 行"（七）不征税收入"：填报纳税人计入收入总额但属于税法规定不征税的财政拨款、依法收取并纳入财政管理的行政事业性收费以及政府性基金和国务院规定的其他不征税收入。第 3 列 "调增金额" 填报纳税人以前年度取得财政性资金且已作为不征税收入处理，在 5 年（60 个月）内未发生支出且未缴回财政部门或其他拨付资金的政府部门，应计入应税收入额的金额；第 4 列 "调减金额" 填报符合税法规定不征税收入条件并作为不征税收入处理，且已计入当期损益的金额。

9. 第 9 行 "其中：专项用途财政性资金"：根据《专项用途财政性资金纳税调整明细表》（A105040）填报。第 3 列 "调增金额" 为表 A105040 第 7 行第 14 列金额；第 4 列 "调减金额" 为表 A105040 第 7 行第 4 列金额。

10. 第 10 行 "（八）销售折扣、折让和退回"：填报不符合税法规定的销售折扣和折让应进行纳税调整的金额，和发生的销售退回因会计处理与税法规定有差异需纳税调整的金额。第 1 列 "账载金额" 填报纳税人会计核算的销售折扣和折让金额及销货退回的追溯处理的净调整额。第 2 列 "税收金额" 填报根据税法规定可以税前扣除的折扣和折让的金额及销货退回业务影响当期损益的金额。第 1 列减第 2 列，若余额≥0，填入第 3 列 "调增金额"；若余额＜0，将绝对值填入第 4 列 "调减金额"，第 4 列仅为销货退回影响损益的跨期时间性差异。

11. 第 11 行 "（九）其他"：填报其他因会计处理与税法规定有差异需纳税调整的收入类项目金额。若第 2 列≥第 1 列，将第 2－1 列的余额填入第 3 列 "调增金额"，若第 2 列＜第 1 列，将第 2－1 列余额的绝对值填入第 4 列 "调减金额"。

（二）扣除类调整项目

12. 第 12 行 "二、扣除类调整项目"：根据第 13 行至第 29 行填报。

13. 第 13 行 "（一）视同销售成本"：填报会计处理不作为销售核算，税法规定作为应税收入的同时，确认的销售成本金额。根据《视同销售和房地产开发企业特定业务纳税调整明细表》（A105010）填报，第 2 列 "税收金额" 为表 A105010 第 11 行第 1 列金额；第 4 列 "调减金额" 为表 A105010 第 11 行第 2 列金额的绝对值。

14. 第 14 行 "（二）职工薪酬"：根据《职工薪酬纳税调整明细表》（A105050）填报，第 1 列 "账载金额" 为表 A105050 第 13 行第 1 列金额；第 2 列 "税收金额" 为表 A105050 第 13 行第 4 列金额；表 A105050 第 13 行第 5 列，若≥0，填入本行第 3 列 "调增金额"；若＜0，将绝对值填入本行第 4 列 "调减金额"。

15. 第 15 行 "（三）业务招待费支出"：第 1 列 "账载金额" 填报纳税人会计核算计入当期损益的业务招待费金额；第 2 列 "税收金额" 填报按照税法规定允许税前扣除的业务招待费支出的金额，即："本行第 1 列×60%" 与当年销售（营业收入）×5‰ 的孰小值；第 3 列 "调增金额" 为第 1－2 列金额。

16. 第 16 行 "（四）广告费和业务宣传费支出"：根据《广告费和业务宣传费跨年度纳税调整明细表》（A105060）填报，表 A105060 第 12 行，若≥0，填入第 3 列 "调增金额"；若＜0，将绝对值填入第 4 列 "调减金额"。

17. 第 17 行 "（五）捐赠支出"：根据《捐赠支出纳税调整明细表》（A105070）填报。第 1 列 "账载金额" 为表 A105070 第 20 行第 2＋6 列金额；第 2 列 "税收金额" 为表 A105070 第 20 行第 4 列金额；第 3 列 "调增金额" 为表 A105070 第 20 行第 7 列金额。

18. 第 18 行 "（六）利息支出"：第 1 列 "账载金额" 填报纳税人向非金融企业借款，会计核算计入当期损益的利息支出的金额；第 2 列 "税收金额" 填报按照税法规定允许税前扣除的的利息支出的金额；若第 1 列≥第 2 列，将第 1 列减第 2 列余额填入第 3 列"调增金额"，若第 1 列＜第 2 列，将第 1 列减第 2 列余额的绝对值填入第 4 列"调减金额"。

19. 第 19 行"（七）罚金、罚款和被没收财物的损失"：第 1 列"账载金额"填报纳税人会计核算计入当期损益的罚金、罚款和被罚没财物的损失，不包括纳税人按照经济合同规定支付的违约金（包括银行罚息）、罚款和诉讼费；第 3 列"调增金额"等于第 1 列金额。

20. 第 20 行"（八）税收滞纳金、加收利息"：第 1 列"账载金额"填报纳税人会计核算计入当期损益的税收滞纳金、加收利息。第 3 列"调增金额"等于第 1 列金额。

21. 第 21 行"（九）赞助支出"：第 1 列"账载金额"填报纳税人会计核算计入当期损益的不符合税法规定的公益性捐赠的赞助支出的金额，包括直接向受赠人的捐赠、赞助支出等（不含广告性的赞助支出，广告性的赞助支出在表 A105060 中调整）；第 3 列"调增金额"等于第 1 列金额。

22. 第 22 行"（十）与未实现融资收益相关在当期确认的财务费用"：第 1 列"账载金额"填报纳税人会计核算的与未实现融资收益相关并在当期确认的财务费用的金额；第 2 列"税收金额"填报按照税法规定允许税前扣除的金额；若第 1 列≥第 2 列，将第 1－2 列余额填入第 3 列，"调增金额"；若第 1 列＜第 2 列，将第 1－2 列余额的绝对值填入第 4 列"调减金额"。

23. 第 23 行"（十一）佣金和手续费支出"：第 1 列"账载金额"填报纳税人会计核算计入当期损益的佣金和手续费金额；第 2 列"税收金额"填报按照税法规定允许税前扣除的佣金和手续费支出金额；第 3 列"调增金额"为第 1－2 列的金额。

24. 第 24 行"（十二）不征税收入用于支出所形成的费用"：第 3 列"调增金额"填报符合条件的不征税收入用于支出所形成的计入当期损益的费用化支出金额。

25. 第 25 行"其中：专项用途财政性资金用于支出所形成的费用"：根据《专项用途财政性资金纳税调整明细表》（A105040）填报。第 3 列"调增金额"为表 A105040 第 7 行第 11 列金额。

26. 第 26 行"（十三）跨期扣除项目"：填报维简费、安全生产费用、预提费用、预计负债等跨期扣除项目调整情况。第 1 列"账载金额"填报纳税人会计核算计入当期损益的跨期扣除项目金额；第 2 列"税收金额"填报按照税法规定允许税前扣除的金额；若第 1 列≥第 2 列，将第 1－2 列余额填入第 3 列"调增金额"；若第 1 列＜第 2 列，将第 1－2 列余额的绝对值填入第 4 列"调减金额"。

27. 第 27 行"（十四）与取得收入无关的支出"：第 1 列"账载金额"填报纳税人会计核算计入当期损益的与取得收入无关的支出的金额。第 3 列"调增金额"等于第 1 列金额。

28. 第 28 行"（十五）境外所得分摊的共同支出"：第 3 列"调增金额"，为《境外所得纳税调整后所得明细表》（A108010）第 10 行第 16＋17 列的金额。

29. 第 29 行"（十六）其他"：填报其他因会计处理与税法规定有差异需纳税调整的扣除类项目金额。若第 1 列≥第 2 列，将第 1－2 列余额填入第 3 列"调增金额"；若第 1 列＜第 2 列，将第 1－2 列余额的绝对值填入第 4 列"调减金额"。

（三）资产类调整项目

30. 第 30 行"三、资产类调整项目"：填报资产类调整项目第 31 至 34 行的合计数。

31. 第 31 行"（一）资产折旧、摊销"：根据《资产折旧、摊销情况及纳税调整明细表》

（A105080）填报。第1列"账载金额"为表A105080第27行第2列金额；第2列"税收金额"为表A105080第27行第5+6列金额；表A105080第27行第9列，若≥0，填入本行第3列"调增金额"；若<0，将绝对值填入本行第4列"调减金额"。

32. 第32行"（二）资产减值准备金"：填报坏账准备、存货跌价准备、理赔费用准备金等不允许税前扣除的各类资产减值准备金纳税调整情况。第1列"账载金额"填报纳税人会计核算计入当期损益的资产减值准备金金额（因价值恢复等原因转回的资产减值准备金应予以冲回）；第1列，若≥0，填入第3列"调增金额"；若<0，将绝对值填入第4列"调减金额"。

33. 第33行"（三）资产损失"：根据《资产损失税前扣除及纳税调整明细表》（A105090）填报。第1列"账载金额"为表A105090第14行第1列金额；第2列"税收金额"为表A105090第14行第2列金额；表A105090第14行第3列，若≥0，填入本行第3列"调增金额"；若<0，将绝对值填入本行第4列"调减金额"。

34. 第34行"（四）其他"：填报其他因会计处理与税法规定有差异需纳税调整的资产类项目金额。若第1列≥第2列，将第1-2列余额填入第3列"调增金额"；若第1列<第2列，将第1-2列余额的绝对值填入第4列"调减金额"。

（四）特殊事项调整项目

35. 第35行"四、特殊事项调整项目"：填报特殊事项调整项目第36行至第40行的合计数。

36. 第36行"（一）企业重组"：根据《企业重组纳税调整明细表》（A105100）填报。第1列"账载金额"为表A105100第14行第1+4列金额；第2列"税收金额"为表A105100第14行第2+5列金额；表A105100第14行第7列，若≥0，填入本行第3列"调增金额"；若<0，将绝对值填入本行第4列"调减金额"。

37. 第37行"（二）政策性搬迁"：根据《政策性搬迁纳税调整明细表》（A105110）填报。表A105110第24行，若≥0，填入本行第3列"调增金额"；若<0，将绝对值填入本行第4列"调减金额"。

38. 第38行"（三）特殊行业准备金"：根据《特殊行业准备金纳税调整明细表》（A105120）填报。第1列"账载金额"为表A105120第30行第1列金额；第2列"税收金额"为表A105120第30行第2列金额；表A105120第30行第3列，若≥0，填入本行第3列"调增金额"；若<0，将绝对值填入本行第4列"调减金额"。

39. 第39行"（四）房地产开发企业特定业务计算的纳税调整额"：根据《视同销售和房地产开发企业特定业务纳税调整明细表》（A105010）填报。第2列"税收金额"为表A105010第21行第1列金额；表A105010第21行第2列，若≥0，填入本行第3列"调增金额"；若<0，将绝对值填入本行第4列"调减金额"。

40. 第40行"（五）其他"：填报其他因会计处理与税法规定有差异需纳税调整的特殊事项金额。

（五）特殊纳税调整所得项目

41. 第41行"五、特别纳税调整应税所得"：第3列"调增金额"填报纳税人按特别纳税调整规定自行调增的当年应税所得；第4列"调减金额"填报纳税人依据双边预约定价安排或者转让定价相应调整磋商结果的通知，需要调减的当年应税所得。

（六）其他

42. 第 42 行"六、其他"：其他会计处理与税法规定存在差异需纳税调整的项目金额。

43. 第 43 行"合计"：填报第 1＋12＋30＋35＋41＋42 行的金额。

二、表内、表间关系

（一）表内关系

1. 第 1 行＝第 2＋3＋4＋5＋6＋7＋8＋10＋11 行。

2. 第 12 行＝第 13＋14＋15…24＋26＋27＋…29 行。

3. 第 30 行＝第 31＋32＋33＋34 行。

4. 第 35 行＝第 36＋37＋38＋39＋40 行。

5. 第 43 行＝第 1＋12＋30＋35＋41＋42 行。

（二）表间关系

1. 第 2 行第 2 列＝表 A105010 第 1 行第 1 列；第 2 行第 3 列＝表 A105010 第 1 行第 2 列。

2. 第 3 行第 1 列＝表 A105020 第 14 行第 2 列；第 3 行第 2 列＝表 A105020 第 14 行第 4 列；若表 A105020 第 14 行第 6 列≥0，填入第 3 行第 3 列；若表 A105020 第 14 行第 6 列＜0，将绝对值填入第 3 行第 4 列。

3. 第 4 行第 1 列＝表 A105030 第 10 行第 1＋8 列；第 4 行第 2 列＝表 A105030 第 10 行第 2＋9 列；若表 A105030 第 10 行第 11 列≥0，填入第 4 行第 3 列；若表 A105030 第 10 行第 11 列＜0，将绝对值填入第 4 行第 4 列。

4. 第 9 行第 3 列＝表 A105040 第 7 行第 14 列；第 9 行第 4 列＝表 A105040 第 7 行第 4 列。

5. 第 13 行第 2 列＝表 A105010 第 11 行第 1 列；第 13 行第 4 列＝表 A105010 第 11 行第 2 列的绝对值。

6. 第 14 行第 1 列＝表 A105050 第 13 行第 1 列；第 14 行第 2 列＝表 A105050 第 13 行第 4 列；若表 A105050 第 13 行第 5 列≥0，填入第 14 行第 3 列；若表 A105050 第 13 行第 5 列＜0，将绝对值填入第 14 行第 4 列。

7. 若表 A105060 第 12 行≥0，填入第 16 行第 3 列，若表 A105060 第 12 行＜0，将绝对值填入第 16 行第 4 列。

8. 第 17 行第 1 列＝表 A105070 第 20 行第 2＋6 列；第 17 行第 2 列＝表 A105070 第 20 行第 4 列；第 17 行第 3 列＝表 A105070 第 20 行第 7 列。

9. 第 25 行第 3 列＝表 A105040 第 7 行第 11 列。

10. 第 31 行第 1 列＝表 A105080 第 27 行第 2 列；第 31 行第 2 列＝表 A105080 第 27 行第 5＋6 列；若表 A105080 第 27 行第 9 列≥0，填入第 31 行第 3 列，若表 A105080 第 27 行第 9 列＜0，将绝对值填入第 31 行第 4 列。

11. 第 33 行第 1 列＝表 A105090 第 14 行第 1 列；第 33 行第 2 列＝表 A105090 第 14 行第 2 列；若表 A105090 第 14 行第 3 列≥0，填入第 33 行第 3 列，若表 A105090 第 14 行第 3 列＜0，将绝对值填入第 33 行第 4 列。

12. 第 36 行第 1 列＝表 A105100 第 14 行第 1＋4 列；第 36 行第 2 列＝表 A105100 第 14 行第 2＋5 列；若表 A105100 第 14 行第 7 列≥0，填入第 36 行第 3 列，若表 A105100 第

14 行第 7 列＜0，将绝对值填入第 36 行第 4 列。

13. 若表 A105110 第 24 行≥0，填入第 37 行第 3 列，若表 A105110 第 24 行＜0，将绝对值填入第 37 行第 4 列。

14. 第 38 行第 1 列＝表 A105120 第 30 行第 1 列；第 38 行第 2 列＝表 A105120 第 30 行第 2 列；若表 A105120 第 30 行第 3 列≥0，填入第 38 行第 3 列，若表 A105120 第 30 行第 3 列＜0，将绝对值填入第 38 行第 4 列。

15. 第 39 行第 2 列＝表 A105010 第 21 行第 1 列；若表 A105010 第 21 行第 2 列≥0，填入第 39 行第 3 列，若表 A105010 第 21 行第 2 列＜0，将绝对值填入第 39 行第 4 列。

16. 第 43 行第 3 列＝表 A100000 第 15 行；第 43 行第 4 列＝表 A100000 第 16 行。

17. 第 28 行第 3 列＝表 A108010 第 10 行第 16＋17 列。

A105010《视同销售和房地产开发企业特定业务纳税调整明细表》填报说明

本表适用于发生视同销售、房地产企业特定业务纳税调整项目的纳税人填报。纳税人根据税法、《国家税务总局关于企业处置资产所得税处理问题的通知》（国税函〔2008〕828 号）、《国家税务总局关于印发〈房地产开发经营业务企业所得税处理办法〉的通知》（国税发〔2009〕31 号）等相关规定，以及国家统一企业会计制度，填报视同销售行为、房地产企业销售未完工产品、未完工产品转完工产品特定业务的税法规定及纳税调整情况。

一、有关项目填报说明

1. 第 1 行"一、视同销售收入"：填报会计处理不确认销售收入，而税法规定确认为应税收入的金额，本行为第 2 至 10 行小计数。第 1 列"税收金额"填报税收确认的应税收入金额；第 2 列"纳税调整金额"等于第 1 列"税收金额"。

2. 第 2 行"（一）非货币性资产交换视同销售收入"：填报发生非货币性资产交换业务，会计处理不确认销售收入，而税法规定确认为应税收入的金额。第 1 列"税收金额"填报税收确认的应税收入金额；第 2 列"纳税调整金额"等于第 1 列"税收金额"。

3. 第 3 行"（二）用于市场推广或销售视同销售收入"：填报发生将货物、财产用于市场推广、广告、样品、集资、销售等，会计处理不确认销售收入，而税法规定确认为应税收入的金额。填列方法同第 2 行。

4. 第 4 行"（三）用于交际应酬视同销售收入"：填报发生将货物、财产用于交际应酬，会计处理不确认销售收入，而税法规定确认为应税收入的金额。填列方法同第 2 行。

5. 第 5 行"（四）用于职工奖励或福利视同销售收入"：填报发生将货物、财产用于职工奖励或福利，会计处理不确认销售收入，而税法规定确认为应税收入的金额。企业外购资产或服务不以销售为目的，用于替代职工福利费用支出，且购置后在一个纳税年度内处置的，可以按照购入价格确认视同销售收入。填列方法同第 2 行。

6. 第 6 行"（五）用于股息分配视同销售收入"：填报发生将货物、财产用于股息分配，会计处理不确认销售收入，而税法规定确认为应税收入的金额。填列方法同第 2 行。

7. 第 7 行"（六）用于对外捐赠视同销售收入"：填报发生将货物、财产用于对外捐赠或赞助，会计处理不确认销售收入，而税法规定确认为应税收入的金额。填列方法同第

2 行。

8. 第 8 行"（七）用于对外投资项目视同销售收入"：填报发生将货物、财产用于对外投资，会计处理不确认销售收入，而税法规定确认为应税收入的金额。填列方法同第 2 行。

9. 第 9 行"（八）提供劳务视同销售收入"：填报发生对外提供劳务，会计处理不确认销售收入，而税法规定确认为应税收入的金额。填列方法同第 2 行。

10. 第 10 行"（九）其他"：填报发生除上述列举情形外，会计处理不作为销售收入核算，而税法规定确认为应税收入的金额。填列方法同第 2 行。

11. 第 11 行"一、视同销售成本"：填报会计处理不确认销售收入，税法规定确认为应税收入的同时，确认的视同销售成本金额。本行为第 12 至 20 行小计数。第 1 列"税收金额"填报予以税前扣除的视同销售成本金额；将第 1 列税收金额以负数形式填报第 2 列"纳税调整金额"。

12. 第 12 行"（一）非货性资产交换视同销售成本"：填报发生非货币性资产交换业务，会计处理不确认销售收入，税法规定确认为应税收入所对应的予以税前扣除视同销售成本金额。第 1 列"税收金额"填报予以扣除的视同销售成本金额；将第 1 列税收金额以负数形式填报第 2 列"纳税调整金额"。

13. 第 13 行"（二）用于市场推广或销售视同销售成本"：填报发生将货物、财产用于市场推广、广告、样品、集资、销售等，会计处理不确认销售收入，税法规定确认为应税收入时，其对应的予以税前扣除视同销售成本金额。填列方法同第 12 行。

14. 第 14 行"（三）用于交际应酬视同销售成本"：填报发生将货物、财产用于交际应酬，会计处理不确认销售收入，税法规定确认为应税收入时，其对应的予以税前扣除视同销售成本金额。填列方法同第 12 行。

15. 第 15 行"（四）用于职工奖励或福利视同销售成本"：填报发生将货物、财产用于职工奖励或福利，会计处理不确认销售收入，税法规定确认为应税收入时，其对应的予以税前扣除视同销售成本金额。填列方法同第 12 行。

16. 第 16 行"（五）用于股息分配视同销售成本"：填报发生将货物、财产用于股息分配，会计处理不确认销售收入，税法规定确认为应税收入时，其对应的予以税前扣除视同销售成本金额。填列方法同第 12 行。

17. 第 17 行"（六）用于对外捐赠视同销售成本"：填报发生将货物、财产用于对外捐赠或赞助，会计处理不确认销售收入，税法规定确认为应税收入时，其对应的予以税前扣除视同销售成本金额。填列方法同第 12 行。

18. 第 18 行"（七）用于对外投资项目视同销售成本"：填报会计处理发生将货物、财产用于对外投资，会计处理不确认销售收入，税法规定确认为应税收入时，其对应的予以税前扣除视同销售成本金额。填列方法同第 12 行。

19. 第 19 行"（八）提供劳务视同销售成本"：填报会计处理发生对外提供劳务，会计处理不确认销售收入，税法规定确认为应税收入时，其对应的予以税前扣除视同销售成本金额。填列方法同第 12 行。

20. 第 20 行"（九）其他"：填报发生除上述列举情形外，会计处理不确认销售收入，税法规定确认为应税收入的同时，予以税前扣除视同销售成本金额。填列方法同第 12 行。

21. 第 21 行"三、房地产开发企业特定业务计算的纳税调整额"：填报房地产企业发生销售未完工产品、未完工产品结转完工产品业务，按照税法规定计算的特定业务的纳税调整额。第 1 列"税收金额"填报第 22 行第 1 列减去第 26 行第 1 列的余额；第 2 列"纳税调整金额"等于第 1 列"税收金额"。

22. 第 22 行"（一）房地产企业销售未完工开发产品特定业务计算的纳税调整额"：填报房地产企业销售未完工开发产品取得销售收入，按税收规定计算的纳税调整额。第 1 列"税收金额"填报第 24 行第 1 列减去第 25 行第 1 列的余额；第 2 列"纳税调整金额"等于第 1 列"税收金额"。

23. 第 23 行"1. 销售未完工产品的收入"：第 1 列"税收金额"填报房地产企业销售未完工开发产品，会计核算未进行收入确认的销售收入金额。

24. 第 24 行"2. 销售未完工产品预计毛利额"：第 1 列"税收金额"填报房地产企业销售未完工产品取得的销售收入按税法规定预计计税毛利率计算的金额；第 2 列"纳税调整金额"等于第 1 列"税收金额"。

25. 第 25 行"3. 实际发生的营业税金及附加、土地增值税"：第 1 列"税收金额"填报房地产企业销售未完工产品实际发生的营业税金及附加、土地增值税，且在会计核算中未计入当期损益的金额；第 2 列"纳税调整金额"等于第 1 列"税收金额"。

26. 第 26 行"（二）房地产企业销售的未完工产品转完工产品特定业务计算的纳税调整额"：填报房地产企业销售的未完工产品转完工产品，按税法规定计算的纳税调整额。第 1 列"税收金额"填报第 28 行第 1 列减去第 29 行第 1 列的余额；第 2 列"纳税调整金额"等于第 1 列"税收金额"。

27. 第 27 行"1. 销售未完工产品转完工产品确认的销售收入"：第 1 列"税收金额"填报房地产企业销售的未完工产品，此前年度已按预计毛利额征收所得税，本年度结转为完工产品，会计上符合收入确认条件，当年会计核算确认的销售收入金额。

28. 第 28 行"2. 转回的销售未完工产品预计毛利额"：第 1 列"税收金额"填报房地产企业销售的未完工产品，此前年度已按预计毛利额征收所得税，本年结转完工产品，会计核算确认为销售收入，转回原按税法规定预计计税毛利率计算的金额；第 2 列"纳税调整金额"等于第 1 列"税收金额"。

29. 第 29 行"3. 转回实际发生的营业税金及附加、土地增值税"：填报房地产企业销售的未完工产品结转完工产品后，会计核算确认为销售收入，同时将对应实际发生的营业税金及附加、土地增值税转入当期损益的金额；第 2 列"纳税调整金额"等于第 1 列"税收金额"。

二、表内、表间关系

（一）表内关系

1. 第 1 行＝第 2＋3＋…＋10 行。
2. 第 11 行＝第 12＋13＋…＋20 行。
3. 第 21 行＝第 22－26 行。
4. 第 22 行＝第 24－25 行。
5. 第 26 行＝第 28－29 行。

（二）表间关系

1. 第 1 行第 1 列＝表 A105000 第 2 行第 2 列。

2. 第 1 行第 2 列＝表 A105000 第 2 行第 3 列。

3. 第 11 行第 1 列＝表 A105000 第 13 行第 2 列。

4. 第 11 行第 2 列的绝对值＝表 A105000 第 13 行第 4 列。

5. 第 21 行第 1 列＝表 A105000 第 39 行第 2 列。

6. 第 21 行第 2 列，若≥0，填入表 A105000 第 39 行第 3 列；若＜0，将绝对值填入表 A105000 第 39 行第 4 列。

A105020《未按权责发生制确认收入纳税调整明细表》填报说明

本表适用于会计处理按权责发生制确认收入、税法规定未按权责发生制确认收入需纳税调整项目的纳税人填报。纳税人根据税法、《国家税务总局关于贯彻落实企业所得税法若干税收问题的通知》（国税函〔2010〕79 号）、《国家税务总局关于确认企业所得税收入若干问题的通知》（国税函〔2008〕875 号）等相关规定，以及国家统一企业会计制度，填报会计处理按照权责发生制确认收入、税法规定未按权责发生制确认收入的会计处理、税法规定，以及纳税调整情况。符合税法规定不征税收入条件的政府补助收入，本表不作调整，在《专项用途财政性资金纳税调整明细表》（A105040）中纳税调整。

一、有关项目填报说明

1. 第 1 列"合同金额或交易金额"：填报会计处理按照权责发生制确认收入、税法规定未按权责发生制确认收入的项目的合同总额或交易总额。

2. 第 2 列"账载金额—本年"：填报纳税人会计处理按权责发生制在本期确认金额。

3. 第 3 列"账载金额—累计"：填报纳税人会计处理按权责发生制历年累计确认金额。

4. 第 4 列"税收金额—本年"：填报纳税人按税法规定未按权责发生制本期确认金额。

5. 第 5 列"税收金额—累计"：填报纳税人按税法规定未按权责发生制历年累计确认金额。

6. 第 6 列"纳税调整金额"：填报纳税人会计处理按权责发生制确认收入、税法规定未按权责发生制确认收入的差异需纳税调整金额，为第 4−2 列的余额。

二、表内、表间关系

（一）表内关系

1. 第 1 行＝第 2＋3＋4 行。

2. 第 5 行＝第 6＋7＋8 行。

3. 第 9 行＝第 10＋11＋12 行。

4. 第 14 行＝第 1＋5＋9＋13 行。

5. 第 6 列＝第 4−2 列。

（二）表间关系

1. 第 14 行第 2 列＝表 A105000 第 3 行第 1 列。

2. 第 14 行第 4 列＝表 A105000 第 3 行第 2 列。

3. 第 14 行第 6 列，若≥0，填入表 A105000 第 3 行第 3 列；若＜0，将绝对值填入表 A105000 第 3 行第 4 列。

A105030《投资收益纳税调整明细表》填报说明

本表适用于发生投资收益纳税调整项目的纳税人填报。纳税人根据税法、《国家税务总局关于贯彻落实企业所得税法若干税收问题的通知》（国税函〔2010〕79 号）等相关规定，以及国家统一企业会计制度，填报投资收益的会计处理、税法规定，以及纳税调整情况。发生持有期间投资收益，并按税法规定为减免税收入的（如国债利息收入等），本表不作调整。处置投资项目按税法规定确认为损失的，本表不作调整，在《资产损失税前扣除及纳税调整明细表》（A105090）进行纳税调整。

一、有关项目填报说明

1. 第 1 列"账载金额"：填报纳税人持有投资项目，会计核算确认的投资收益。

2. 第 2 列"税收金额"：填报纳税人持有投资项目，按照税法规定确认的投资收益。

3. 第 3 列"纳税调整金额"：填报纳税人持有投资项目，会计核算确认投资收益与税法规定投资收益的差异需纳税调整金额，为第 2－1 列的余额。

4. 第 4 列"会计确认的处置收入"：填报纳税人收回、转让或清算处置投资项目，会计核算确认的扣除相关税费后的处置收入金额。

5. 第 5 列"税收计算的处置收入"：填报纳税人收回、转让或清算处置投资项目，按照税法规定计算的扣除相关税费后的处置收入金额。

6. 第 6 列"处置投资的账面价值"：填报纳税人收回、转让或清算处置的投资项目，会计核算的投资处置成本的金额。

7. 第 7 列"处置投资的计税基础"：填报纳税人收回、转让或清算处置的投资项目，按税法规定计算的投资处置成本的金额。

8. 第 8 列"会计确认的处置所得或损失"：填报纳税人收回、转让或清算处置投资项目，会计核算确认的处置所得或损失，为第 4－6 列的余额。

9. 第 9 列"税收计算的处置所得"：填报纳税人收回、转让或清算处置投资项目，按照税法规定计算的处置所得，为第 5－7 列的余额，税收计算为处置损失的，本表不作调整，在《资产损失税前扣除及纳税调整明细表》（A105090）进行纳税调整。

10. 第 10 列"纳税调整金额"：填报纳税人收回、转让或清算处置投资项目，会计处理与税法规定不一致需纳税调整金额，为第 9－8 列的余额。

11. 第 11 列"纳税调整金额"：填报第 3＋10 列金额。

二、表内、表间关系

（一）表内关系

1. 第 10 行＝第 1＋2＋3＋4＋5＋6＋7＋8＋9 行。

2. 第 3 列＝第 2－1 列。

3. 第 8 列＝第 4－6 列。

4. 第 9 列＝第 5－7 列。

5. 第 10 列＝第 9－8 列。

6. 第 11 列＝第 3＋10 列。

（二）表间关系

1. 第 10 行 1＋8 列＝表 A105000 第 4 行第 1 列。

2. 第 10 行 2＋9 列＝表 A105000 第 4 行第 2 列。

3. 第 10 行第 11 列，若≥0，填入表 A105000 第 4 行第 3 列；若＜0，将绝对值填入表 A105000 第 4 行第 4 列。

A105040《专项用途财政性资金纳税调整明细表》填报说明

本表适用于发生符合不征税收入条件的专项用途财政性资金纳税调整项目的纳税人填报。纳税人根据税法、《财政部国家税务总局关于专项用途财政性资金企业所得税处理问题的通知》（财税〔2011〕70 号）等相关规定，以及国家统一企业会计制度，填报纳税人专项用途财政性资金会计处理、税法规定，以及纳税调整情况。本表对不征税收入用于支出形成的费用进行调整，资本化支出，通过《资产折旧、摊销情况及纳税调整明细表》（A105080）进行纳税调整。

一、有关项目填报说明

1. 第 1 列"取得年度"：填报取得专项用途财政性资金的公历年度。第 5 至 1 行依次从 6 行往前倒推，第 6 行为申报年度。

2. 第 2 列"财政性资金"：填报纳税人相应年度实际取得的财政性资金金额。

3. 第 3 列"其中：符合不征税收入条件的财政性资金"：填报纳税人相应年度实际取得的符合不征税收入条件且已作不征税收入处理的财政性资金金额。

4. 第 4 列"其中：计入本年损益的金额"：填报第 3 列"其中：符合不征税收入条件的财政性资金"中，会计处理时计入本年（申报年度）损益的金额。本列第 7 行金额为《纳税调整项目明细表》（A105000）第 9 行"其中：专项用途财政性资金"的第 4 列"调减金额"。

5. 第 5 列至第 9 列"以前年度支出情况"：填报纳税人作为不征税收入处理的符合条件的财政性资金，在申报年度的以前的 5 个纳税年度发生的支出金额。前一年度，填报本年的上一纳税年度，以此类推。

6. 第 10 列"支出金额"：填报纳税人历年作为不征税收入处理的符合条件的财政性资金，在本年（申报年度）用于支出的金额。

7. 第 11 列"其中：费用化支出金额"：填报纳税人历年作为不征税收入处理的符合条件的财政性资金，在本年（申报年度）用于支出计入本年损益的费用金额，本列第 7 行金额为《纳税调整项目明细表》（A105000）第 25 行"其中：专项用途财政性资金用于支出所形成的费用"的第 3 列"调增金额"。

8. 第 12 列"结余金额"：填报纳税人历年作为不征税收入处理的符合条件的财政性资金，减除历年累计支出（包括费用化支出和资本性支出）后尚未使用的不征税收入余额。

9. 第 13 列"其中：上缴财政金额"：填报第 12 列"结余金额"中向财政部门或其他拨付资金的政府部门缴回的金额。

10. 第 14 列"应计入本年应税收入金额"：填报企业以前年度取得财政性资金且已作为不征税收入处理后，在 5 年（60 个月）内未发生支出且未缴回财政部门或其他拨付资金的政府部门，应计入本年应税收入的金额。本列第 7 行金额为《纳税调整项目明细表》（A105000）第 9 行"其中：专项用途财政性资金"的第 3 列"调增金额"。

二、表内、表间关系

（一）表内关系

1. 第 1 行第 12 列＝第 1 行第 3－5－6－7－8－9－10 列。

2. 第 2 行第 12 列＝第 2 行第 3－6－7－8－9－10 列。

3. 第 3 行第 12 列＝第 3 行第 3－7－8－9－10 列。

4. 第 4 行第 12 列＝第 3 行第 3－8－9－10 列。

5. 第 5 行第 12 列＝第 3 行第 3－9－10 列。

6. 第 6 行第 12 列＝第 6 行第 3－10 列。

7. 第 7 行＝第 1＋2＋3＋4＋5＋6 行。

（二）表间关系

1. 第 7 行第 4 列＝表 A105000 第 9 行第 4 列。

2. 第 7 行第 11 列＝表 A105000 第 25 行第 3 列。

3. 第 7 行第 14 列＝表 A105000 第 9 行第 3 列。

A105050《职工薪酬纳税调整明细表》填报说明

本表适用于发生职工薪酬纳税调整项目的纳税人填报。纳税人根据税法、《国家税务总局关于企业工资薪金及职工福利费扣除问题的通知》（国税函〔2009〕3 号）、《财政部 国家税务总局关于扶持动漫产业发展有关税收政策问题的通知》（财税〔2009〕65 号）、《财政部 国家税务总局 商务部 科技部 国家发展改革委 关于技术先进型服务企业有关企业所得税政策问题的通知》（财税〔2010〕65 号）、《财政部 国家税务总局关于进一步鼓励软件产业和集成电路产业发展企业所得税政策的通知》（财税〔2012〕27 号）等相关规定，以及国家统一企业会计制度，填报纳税人职工薪酬会计处理、税法规定，以及纳税调整情况。

一、有关项目填报说明

1. 第 1 行"一、工资薪金支出"：第 1 列"账载金额"填报纳税人会计核算计入成本费用的职工工资、奖金、津贴和补贴金额；第 4 列"税收金额"填报按照税法规定允许税前扣除的金额；第 5 列"纳税调整金额"为第 1－4 列的余额。

2. 第 2 行"其中：股权激励"：第 1 列"账载金额"填报纳税人按照国家有关规定建立职工股权激励计划，会计核算计入成本费用的金额；第 4 列"税收金额"填报行权时按照税法规定允许税前扣除的金额；第 5 列"纳税调整金额"为第 1－4 列的余额。

3. 第 3 行"二、职工福利费支出"：第 1 列"账载金额"填报纳税人会计核算计入成本费用的职工福利费的金额；第 2 列"税收规定扣除率"填报税法规定的扣除比例（14%）；第 4 列"税收金额"填报按照税法规定允许税前扣除的金额，按第 1 行第 4 列"工资薪金支出－税收金额"×14% 的孰小值填报；第 5 列"纳税调整金额"为第 1－4 列的余额。

4. 第 4 行"三、职工教育经费支出"：根据第 5 行或者第 5＋6 行之和填报。

5. 第 5 行"其中：按税收规定比例扣除的职工教育经费"：适用于按照税法规定职工教育经费按比例税前扣除的纳税人填报。第 1 列"账载金额"填报纳税人会计核算计入成本费用的金额，不包括第6行可全额扣除的职工培训费用金额；第2列"税收规定扣除率"填报税法规定的扣除比例；第3列"以前年度累计结转扣除额"填报以前年度累计结转准予扣除的职工教育经费支出余额；第4列"税收金额"填报按照税法规定允许税前扣除的金额，按第1行第4列"工资薪金支出－税收金额"×扣除比例与本行第1＋3列之和的孰小值填报；第5列"纳税调整金额"，为第1－4列的余额；第6列"累计结转以后年度扣除额"，为第1＋3－4列的金额。

6. 第6行"其中：按税收规定全额扣除的职工培训费用"：适用于按照税法规定职工培训费用允许全额税前扣除的的纳税人填报。第1列"账载金额"填报纳税人会计核算计入成本费用，且按税法规定允许全额扣除的职工培训费用金额；第2列"税收规定扣除率"填报税法规定的扣除比例（100％）；第4列"税收金额"填报按照税法规定允许税前扣除的金额；第5列"纳税调整金额"为第1－4列的余额。

7. 第7行"四、工会经费支出"：第1列"账载金额"填报纳税人会计核算计入成本费用的工会经费支出金额；第2列"税收规定扣除率"填报税法规定的扣除比例（2％）；第4列"税收金额"填报按照税法规定允许税前扣除的金额，按第1行第4列"工资薪金支出－税收金额"×2％与本行第1列的孰小值填报；第5列"纳税调整金额"为第1－4列的余额。

8. 第8行"五、各类基本社会保障性缴款"：第1列"账载金额"填报纳税人会计核算的各类基本社会保障性缴款的金额；第4列"税收金额"填报按照税法规定允许税前扣除的各类基本社会保障性缴款的金额。第5列"纳税调整金额"为第1－4列的余额。

9. 第9行"六、住房公积金"：第1列"账载金额"填报纳税人会计核算的住房公积金金额；第4列"税收金额"填报按照税法规定允许税前扣除的住房公积金金额；第5列"纳税调整金额"为第1－4列的余额。

10. 第10行"七、补充养老保险"：第1列"账载金额"填报纳税人会计核算的补充养老保险金额；第4列"税收金额"填报按照税法规定允许税前扣除的补充养老保险的金额，按第1行第4列"工资薪金支出－税收金额"×5％与本行第1列的孰小值填报；第5列"纳税调整金额"为第1－4列的余额。

11. 第11行"八、补充医疗保险"：第1列"账载金额"填报纳税人会计核算的补充医疗保险金额；第4列"税收金额"填报按照税法规定允许税前扣除的金额，按第1行第4列"工资薪金支出－税收金额"×5％与本行第1列的孰小值填报；第5列"纳税调整金额"为第1－4列的余额。

12. 第12行"九、其他"：填报其他职工薪酬支出会计处理、税法规定情况及纳税调整金额。

13. 第13行"合计"：填报第1＋3＋4＋7＋8＋9＋10＋11＋12行的金额。

二、表内、表间关系

（一）表内关系

1. 第4行＝第5行或第5＋6行。

2. 第13行＝第1＋3＋4＋7＋8＋9＋10＋11＋12行。

3. 第5列＝第1－4列。

4. 第6列＝第1＋3－4列。

（二）表间关系

1. 第 13 行第 1 列＝表 A105000 第 14 行第 1 列。

2. 第 13 行第 4 列＝表 A105000 第 14 行第 2 列。

3. 第 13 行第 5 列，若≥0，填入表 A105000 第 14 行第 3 列；若＜0，将其绝对值填入表 A105000 第 14 行第 4 列。

A105060《广告费和业务宣传费跨年度纳税调整明细表》填报说明

本表适用于发生广告费和业务宣传费纳税调整项目的纳税人填报。纳税人根据税法、《财政部 国家税务总局关于广告费和业务宣传费支出税前扣除政策的通知》（财税〔2012〕48 号）等相关规定，以及国家统一企业会计制度，填报广告费和业务宣传费会计处理、税法规定，以及跨年度纳税调整情况。

一、有关项目填报说明

1. 第 1 行"一、本年广告费和业务宣传费支出"：填报纳税人会计核算计入本年损益的广告费和业务宣传费用金额。

2. 第 2 行"减：不允许扣除的广告费和业务宣传费支出"：填报税法规定不允许扣除的广告费和业务宣传费支出金额。

3. 第 3 行"二、本年符合条件的广告费和业务宣传费支出"：填报第 1－2 行的金额。

4. 第 4 行"三、本年计算广告费和业务宣传费扣除限额的销售（营业）收入"：填报按照税法规定计算广告费和业务宣传费扣除限额的当年销售（营业）收入。

5. 第 5 行"税收规定扣除率"：填报税法规定的扣除比例。

6. 第 6 行"四、本企业计算的广告费和业务宣传费扣除限额"：填报第 4×5 行的金额。

7. 第 7 行"五、本年结转以后年度扣除额"：若第 3 行＞第 6 行，填报第 3－6 行的金额；若第 3 行≤第 6 行，填 0。

8. 第 8 行"加：以前年度累计结转扣除额"：填报以前年度允许税前扣除但超过扣除限额未扣除、结转扣除的广告费和业务宣传费的金额。

9. 第 9 行"减：本年扣除的以前年度结转额"：若第 3 行＞第 6 行，填 0；若第 3 行≤第 6 行，填报第 6－3 行或第 8 行的孰小值。

10. 第 10 行"六、按照分摊协议归集至其他关联方的广告费和业务宣传费"：填报签订广告费和业务宣传费分摊协议（以下简称分摊协议）的关联企业的一方，按照分摊协议，将其发生的不超过当年销售（营业）收入税前扣除限额比例内的广告费和业务宣传费支出归集至其他关联方扣除的广告费和业务宣传费，本行应≤第 3 行或第 6 行的孰小值。

11. 第 11 行"按照分摊协议从其他关联方归集至本企业的广告费和业务宣传费"：填报签订广告费和业务宣传费分摊协议（以下简称分摊协议）的关联企业的一方，按照分摊协议，从其他关联方归集至本企业的广告费和业务宣传费。

12. 第 12 行"七、本年广告费和业务宣传费支出纳税调整金额"：若第 3 行＞第 6 行，填报第 2＋3－6＋10－11 行的金额；若第 3 行≤第 6 行，填报第 2＋10－11－9 行的金额。

13. 第 13 行"八、累计结转以后年度扣除额"：填报第 7＋8－9 行的金额。

二、表内、表间关系

（一）表内关系

1. 第 3 行＝第 1－2 行。

2. 第 6 行＝第 4×5 行。

3. 若第 3＞6 行，第 7 行＝第 3－6 行；若第 3≤6 行，第 7 行＝0。

4. 若第 3＞6 行，第 9 行＝0；若第 3≤6 行，第 9 行＝第 8 行或第 6－3 行的孰小值。

5. 若第 3＞6 行，第 12 行＝2＋3－6＋10－11 行；若第 3≤6 行，第 12 行＝第 2－9＋10－11 行。

6. 第 13 行＝第 7＋8－9 行。

（二）表间关系

第 12 行，若≥0，填入表 A105000 第 16 行第 3 列，若＜0，将第 12 行的绝对值填入表 A105000 第 16 行第 4 列。

A105070《捐赠支出纳税调整明细表》填报说明

本表适用于发生捐赠支出纳税调整项目的纳税人填报。纳税人根据税法、《财政部 国家税务总局关于公益性捐赠税前扣除有关问题的通知》（财税〔2008〕160 号）等相关规定，以及国家统一企业会计制度，填报捐赠支出会计处理、税法规定，以及纳税调整情况。税法规定予以全额税前扣除的公益性捐赠不在本表填报。

一、有关项目填报说明

1. 第 1 列"受赠单位名称"：填报捐赠支出的具体受赠单位，按受赠单位进行明细填报。

2. 第 2 列"公益性捐赠－账载金额"：填报纳税人会计核算计入本年损益的公益性捐赠支出金额。

3. 第 3 列"公益性捐赠－按税收规定计算的扣除限额"：填报年度利润总额×12％。

4. 第 4 列"公益性捐赠－税收金额"：填报税法规定允许税前扣除的公益性捐赠支出金额，不得超过当年利润总额的 12％，按第 2 列与第 3 列孰小值填报。

5. 第 5 列"公益性捐赠－纳税调整金额"：填报第 2－4 列的金额。

6. 第 6 列"非公益性捐赠－账载金额"：填报会计核算计入本年损益的税法规定公益性捐赠以外其他捐赠金额。

7. 第 7 列"纳税调整金额"：填报第 5＋6 列的金额。

二、表内、表间关系

（一）表内关系

1. 第 20 行第 5 列＝第 20 行第 2－4 列。

2. 第 20 行第 7 列＝第 20 行第 5＋6 列。

（二）表间关系

1. 第 20 行第 2＋6 列＝表 A105000 第 17 行第 1 列。

2. 第 20 行第 4 列＝表 A105000 第 17 行第 2 列。

3. 第 20 行第 7 列＝表 A105000 第 17 行第 3 列。

A105080《资产折旧、摊销情况及纳税调整明细表》 填报说明

本表适用于发生资产折旧、摊销及存在资产折旧、摊销纳税调整的纳税人填报。纳税人根据税法、《国家税务总局关于企业固定资产加速折旧所得税处理有关问题的通知》（国税发〔2009〕81 号）、《国家税务总局关于融资性售后回租业务中承租方出售资产行为有关税收问题的公告》（国家税务总局公告 2010 年第 13 号）、《国家税务总局关于企业所得税若干问题的公告》（国家税务总局公告 2011 年第 34 号）、《国家税务总局关于发布〈企业所得税政策性搬迁所得税管理办法〉的公告》（国家税务总局公告 2012 年第 40 号）、《国家税务总局关于企业所得税应纳税所得额若干问题的公告》（国家税务总局公告 2014 年第 29 号）等相关规定，以及国家统一企业会计制度，填报资产折旧、摊销的会计处理、税法规定，以及纳税调整情况。

一、有关项目填报说明

1. 第 1 列"资产账载金额"：填报纳税人会计处理计提折旧、摊销的资产原值（或历史成本）的金额。

2. 第 2 列"本年折旧、摊销额"：填报纳税人会计核算的本年资产折旧、摊销额。

3. 第 3 列"累计折旧、摊销额"：填报纳税人会计核算的历年累计资产折旧、摊销额。

4. 第 4 列"资产计税基础"：填报纳税人按照税法规定据以计算折旧、摊销的资产原值（或历史成本）的金额。

5. 第 5 列"按税收一般规定计算的本年折旧、摊销额"：填报纳税人按照税法一般规定计算的允许税前扣除的本年资产折旧、摊销额，不含加速折旧部分。

对于不征税收入形成的资产，其折旧、摊销额不得税前扣除。第 5 至 8 列税收金额应剔除不征税收入所形成资产的折旧、摊销额。

6. 第 6 列"加速折旧额"：填报纳税人按照税法规定的加速折旧政策计算的折旧额。

7. 第 7 列"其中：2014 年及以后年度新增固定资产加速折旧额"：根据《固定资产加速折旧、扣除明细表》（A105081）填报，为表 A105081 相应固定资产类别的金额。

8. 第 8 列"累计折旧、摊销额"：填报纳税人按照税法规定计算的历年累计资产折旧、摊销额。

9. 第 9 列"金额"：填报第 2－5－6 列的余额。

10. 第 10 列"调整原因"：根据差异原因进行填报，A、折旧年限，B、折旧方法，C、计提原值，对多种原因造成差异的，按实际原因可多项填报。

二、表内、表间关系

（一）表内关系

1. 第 1 行＝第 2＋3＋…＋7 行。

2. 第 8 行＝第 9＋10 行。

3. 第 11 行＝第 12＋13＋…＋18 行。

4. 第 19 行＝第 20＋21＋…＋24 行。

5. 第 27 行＝第 1＋8＋11＋19＋25＋26 行。

6. 第 9 列＝第 2－5－6 列。

（二）表间关系

1. 第 27 行第 2 列＝表 A105000 第 31 行第 1 列。

2. 第 27 行第 5＋6 列＝表 A105000 第 31 行第 2 列。

3. 第 27 行第 9 列，若≥0，填入表 A105000 第 31 行第 3 列；若＜0，将绝对值填入表 A105000 第 31 行第 4 列。

4. 第 1 行第 7 列＝表 A105081 第 1 行第 18 列。

5. 第 2 行第 7 列＝表 A105081 第 1 行第 2 列。

6. 第 3 行第 7 列＝表 A105081 第 1 行第 5 列。

7. 第 4 行第 7 列＝表 A105081 第 1 行第 8 列。

8. 第 5 行第 7 列＝表 A105081 第 1 行第 11 列。

9. 第 6 行第 7 列＝表 A105081 第 1 行第 14 列。

A105081《固定资产加速折旧、扣除明细表》填报说明

本表适用于按照《财政部 国家税务总局关于完善固定资产加速折旧税收政策有关问题的通知》（财税〔2014〕75 号）规定，六大行业固定资产加速折旧、缩短折旧年限，以及其他企业研发仪器、设备，单项固定资产价值低于 5 000 元的一次性扣除等，享受税收优惠政策的统计情况。

《国家税务总局关于企业固定资产加速折旧所得税处理有关问题的通知》（国税发〔2009〕81 号）规定的固定资产加速折旧，不填报本表。

为统计加速折旧、扣除政策的优惠数据，固定资产填报按以下情况分别填报：

一是会计处理采取正常折旧方法，税法规定采取缩短年限方法的，按税法规定折旧完毕后，该项固定资产不再填写本表；

二是会计处理采取正常折旧方法，税法规定采取年数总和法、双倍余额递减法方法的，从按税法规定折旧金额小于按会计处理折旧金额的年度起，该项固定资产不再填写本表；

三是会计处理、税法规定均采取加速折旧方法的，合计栏项下"正常折旧额"，按该类固定资产税法最低折旧年限和直线法估算"正常折旧额"，与税法规定的"加速折旧额"的差额，填报加速折旧的优惠金额。

税法规定采取缩短年限方法的，在折旧完毕后，该项固定资产不再填写本表。税法规定采取年数总和法、双倍余额递减法的，加速折旧额小于会计处理折旧额（或正常折旧额）的月份、季度起，该项固定资产不再填写本表。

一、有关项目填报说明

（一）行次填报

1. 第 1 行"一、六大行业固定资产"：填报六大行业（包括生物药品制造业，专用设备制造业，铁路、船舶、航空航天和其他运输设备制造业，计算机、通信和其他电子设备制造业，仪器仪表制造业，信息传输、软件和信息技术服务业等行业）纳税人，2014 年 1 月 1 日后新购进的固定资产，按照财税〔2014〕75 号和国家税务总局相关规定的加速折旧政策计算的各项固定资产的加速折旧额；以及与按照税收一般规定计算的折旧额的差额。本表根

据固定资产类别填报相应数据列。

第 2 行至第 7 行，由六大行业中的企业根据所在行业固定资产加速折旧情况进行填报。

2. 第 8 行"其他行业"：由单位价值超过 100 万元的研发仪器、设备采取缩短折旧年限或加速折旧方法的六大行业以外的其他企业填写。

3. 第 9 行"二、允许一次性扣除的固定资产"：填报 2014 年 1 月 1 日后新购进单位价值不超过 100 万元的用于研发的仪器、设备和单位价值不超过 5 000 元的固定资产，按照税法规定一次性在当期所得税前扣除的金额。

小型微利企业研发与经营活动共用的仪器、设备一次性扣除，同时填写本表第 10 行、第 11 行。

（二）列次填报

除第 17 列外，其他列次有关固定资产原值、折旧额，均按税收规定填写。

1. 原值：填写固定资产的计税基础。自行建造固定资产，按照会计实际入账价值确定。

2. 本期折旧（扣除）额：按税法规定计算填写当年度折旧（扣除）额。

3. 累计折旧（扣除）额：按税法规定计算填写享受加速折旧优惠政策的固定资产自起始年度至本年度的累计折旧（扣除）额。

4. 合计栏"本期折旧（扣除）额"中的"加速折旧额"－"正常折旧额"的差额，反映本期加速折旧或一次性扣除政策导致应纳税所得税额减少的金额。"累计折旧（扣除）额"中的"加速折旧额"－"正常折旧额"的差额，反映该类资产加速折旧或一次性扣除政策导致应纳税所得税额减少的金额。

（1）第 17 列、19 列"正常折旧额"：会计上未采取加速折旧方法的，按照会计账册反映的折旧额填报。

会计上采取缩短年限法的，按照不短于税法上该类固定资产最低折旧年限和直线法计算的折旧额填报；会计上采取年数总和法、双倍余额递减法的，按照直线法换算的折旧额填报。当会计折旧额小于税法加速折旧额时，该类固定资产不再填报本表。

（2）第 18 列、20 列"加速折旧额"：填报固定资产缩短折旧年限法、年数总和法、双倍余额递减法、一次性扣除等，在本年度实际计入应纳税所得额的数额。

二、表内、表间关系

（一）表内关系

1. 第 16 列＝第 1 列＋4 列＋7 列＋10 列＋13 列。

2. 第 18 列＝第 2 列＋5 列＋8 列＋11 列＋14 列。

3. 第 20 列＝第 3 列＋6 列＋9 列＋12 列＋15 列。

4. 第 1 行＝第 2 行＋3 行＋4 行＋…＋7 行。

5. 第 9 行＝第 10 行＋12 行。

（二）表间关系

1. 第 1 行第 18 列＝表 A105080 第 1 行第 7 列。

2. 第 1 行第 2 列＝表 A105080 第 2 行第 7 列。

3. 第 1 行第 5 列＝表 A105080 第 3 行第 7 列。

4. 第 1 行第 8 列＝表 A105080 第 4 行第 7 列。

5. 第 1 行第 11 列＝表 A105080 第 5 行第 7 列。

6. 第 1 行第 14 列＝表 A105080 第 6 行第 7 列。

A105090《资产损失税前扣除及纳税调整明细表》填报说明

本表适用于发生资产损失税前扣除项目及纳税调整项目的纳税人填报。纳税人根据税法、《财政部 国家税务总局关于企业资产损失税前扣除政策的通知》(财税〔2009〕57 号)、《国家税务总局关于发布〈企业资产损失所得税税前扣除管理办法〉的公告》(国家税务总局公告 2011 年第 25 号)等相关规定,及国家统一企业会计制度,填报资产损失的会计处理、税法规定,以及纳税调整情况。

一、有关项目填报说明

1. 第 1 行"一、清单申报资产损失":填报以清单申报的方式向税务机关申报扣除的资产损失项目账载金额、税收金额以及纳税调整金额。填报第 2 行至第 8 行的合计数。

2. 第 2 行至第 8 行,分别填报相应资产损失类型的会计处理、税法规定及纳税调整情况。第 1 列"账载金额"填报纳税人会计核算计入当期损益的资产损失金额,已经计入存货成本的正常损耗除外;第 2 列"税收金额"填报根据税法规定允许税前扣除的资产损失金额;第 3 列"纳税调整金额"为第 1—2 列的余额。

3. 第 9 行"二、专项申报资产损失":填报以专项申报的方式向税务机关申报扣除的资产损失项目的账载金额、税收金额以及纳税调整金额。本行根据《资产损失(专项申报)税前扣除及纳税调整明细表》(A105091)填报,第 1 列"账载金额"为表 A105091 第 20 行第 2 列金额;第 2 列"税收金额"为表 A105091 第 20 行第 6 列金额;第 3 列"纳税调整金额"为表 A105091 第 20 行第 7 列金额。

4. 第 10 行"(一)货币资产损失":填报企业当年发生的货币资产损失(包括现金损失、银行存款损失和应收及预付款项损失等)的账载金额、税收金额以及纳税调整金额,根据《资产损失(专项申报)税前扣除及纳税调整明细表》(A105091)第 1 行相应数据列填报。

5. 第 11 行"(二)非货币资产损失":填报非货币资产损失的账载金额、税收金额以及纳税调整金额,根据《资产损失(专项申报)税前扣除及纳税调整明细表》(A105091)第 6 行相应数据列填报。

6. 第 12 行"(三)投资损失":填报应进行专项申报扣除的投资损失账载金额、税收金额以及纳税调整金额,根据《资产损失(专项申报)税前扣除及纳税调整明细表》(A105091)第 11 行相应数据列填报。

7. 第 13 行"(四)其他":填报应进行专项申报扣除的其他资产损失情况,根据《资产损失(专项申报)税前扣除及纳税调整明细表》(A105091)第 16 行相应数据列填报。

8. 第 14 行"合计":填报第 1＋9 行的金额。

二、表内、表间关系

(一)表内关系

1. 第 3 列＝第 1—2 列。

2. 第 1 行＝第 2＋3＋…＋8 行。

3. 第 14 行＝第 1＋9 行。

（二）表间关系

1. 第 14 行第 1 列＝表 A105000 第 33 行第 1 列。

2. 第 14 行第 2 列＝表 A105000 第 33 行第 2 列。

3. 第 14 行第 3 列，若≥0，填入表 A105000 第 33 行第 3 列；若＜0，将绝对值填入表 A105000 第 33 行第 4 列。

4. 第 9 行第 1 列＝表 A105091 第 20 行第 2 列。

5. 第 9 行第 2 列＝表 A105091 第 20 行第 6 列。

6. 第 9 行第 3 列＝表 A105091 第 20 行第 7 列。

7. 第 10 行第 1 列＝表 A105091 第 1 行第 2 列。

8. 第 10 行第 2 列＝表 A105091 第 1 行第 6 列。

9. 第 10 行第 3 列＝表 A105091 第 1 行第 7 列。

10. 第 11 行第 1 列＝表 A105091 第 6 行第 2 列。

11. 第 11 行第 2 列＝表 A105091 第 6 行第 6 列。

12. 第 11 行第 3 列＝表 A105091 第 6 行第 7 列。

13. 第 12 行第 1 列＝表 A105091 第 11 行第 2 列。

14. 第 12 行第 2 列＝表 A105091 第 11 行第 6 列。

15. 第 12 行第 3 列＝表 A105091 第 11 行第 7 列。

16. 第 13 行第 1 列＝表 A105091 第 16 行第 2 列。

17. 第 13 行第 2 列＝表 A105091 第 16 行第 6 列。

18. 第 13 行第 3 列＝表 A105091 第 16 行第 7 列。

A105091《资产损失（专项申报）税前扣除及纳税调整明细表》填报说明

本表适用于发生资产损失税前扣除专项申报事项的纳税人填报。纳税人根据税法、《财政部 国家税务总局关于企业资产损失税前扣除政策的通知》（财税〔2009〕57 号）、《国家税务总局关于发布〈企业资产损失所得税税前扣除管理办法〉的公告》（国家税务总局公告 2011 年第 25 号）等相关规定，及国家统一企业会计制度，填报纳税人资产损失会计、税法处理以及纳税调整情况。

一、有关项目填报说明

1. 第 1 列"项目"：填报纳税人发生资产损失的具体项目名称，应逐笔逐项填报具体资产损失明细。

2. 第 2 列"账载金额"：填报纳税人会计核算计入本年损益的资产损失金额。

3. 第 3 列"处置收入"：填报纳税人处置发生损失的资产可收回的残值或处置收益。

4. 第 4 列"赔偿收入"：填报纳税人发生的资产损失，取得的相关责任人、保险公司赔偿的金额。

5. 第 5 列"计税基础"：填报按税法规定计算的发生损失时资产的计税基础，含损失资产涉及的不得抵扣增值税进项税额。

6. 第 6 列"税收金额"：填报按税法规定确定的允许当期税前扣除的资产损失金额，为第 5—3—4 列的余额。

8. 第 8 列"纳税调整金额"：填报第 2—6 列的余额。

二、表内、表间关系

（一）表内关系

1. 第 1 行＝第 2＋3＋4＋5 行。

2. 第 6 行＝第 7＋8＋9＋10 行。

3. 第 11 行＝第 12＋13＋14＋15 行。

4. 第 16 行＝第 17＋18＋19 行。

5. 第 20 行＝第 1＋6＋11＋16 行。

6. 第 6 列＝第 5—3—4 列。

7. 第 7 列＝第 2—6 列。

（二）表间关系

1. 第 1 行第 2 列＝表 A105090 第 10 行第 1 列。

2. 第 1 行第 6 列＝表 A105090 第 10 行第 2 列。

3. 第 1 行第 7 列＝表 A105090 第 10 行第 3 列。

4. 第 6 行第 2 列＝表 A105090 第 11 行第 1 列。

5. 第 6 行第 6 列＝表 A105090 第 11 行第 2 列。

6. 第 6 行第 7 列＝表 A105090 第 11 行第 3 列。

7. 第 11 行第 2 列＝表 A105090 第 12 行第 1 列。

8. 第 11 行第 6 列＝表 A105090 第 12 行第 2 列。

9. 第 11 行第 7 列＝表 A105090 第 12 行第 3 列。

10. 第 16 行第 2 列＝表 A105090 第 13 行第 1 列。

11. 第 16 行第 6 列＝表 A105090 第 13 行第 2 列。

12. 第 16 行第 7 列＝表 A105090 第 13 行第 3 列。

13. 第 20 行第 2 列＝表 A105090 第 9 行第 1 列。

14. 第 20 行第 6 列＝表 A105090 第 9 行第 2 列。

15. 第 20 行第 7 列＝表 A105090 第 9 行第 3 列。

A105100《企业重组纳税调整明细表》填报说明

本表适用于发生企业重组纳税调整项目的纳税人，在企业重组日所属纳税年度分析填报。纳税人根据税法、《财政部国家税务总局关于企业重组业务企业所得税处理若干问题的通知》（财税〔2009〕59 号）、《国家税务总局关于发布〈企业重组业务企业所得税管理办法〉的公告》（国家税务总局公告 2010 年第 4 号）、《财政部 国家税务总局关于中国（上海）自由贸易试验区内企业以非货币性资产对外投资等资产重组行为有关企业所得税政策问题的通知》（财税〔2013〕91 号）等相关规定，以及国家统一企业会计制度，填报企业重组的会计核算及税法规定，以及纳税调整情况。对于发生债务重组业务且选择特殊性税务处理（即债务重组所得可以在 5 个纳税年度均匀计入应纳税所得额）的纳税人，重组日所属纳税年度的以后纳税年度，也在本表进行债务重组的纳税调整。除上述债务重组所得可以分期确认应纳税所得额的企业重组外，其他涉及资产计税基础与会计核算成本差异调整的企业重组，本表不作调整，在《资产折旧、摊销情况及纳税调整明细表》（A105080）进行纳税调整。

一、有关项目填报说明

本表数据栏设置"一般性税务处理"、"特殊性税务处理"两大栏次，纳税人应根据企业重组所适用的税务处理办法，分别按照企业重组类型进行累计填报。

1. 第 1 列"一般性税务处理－账载金额"：填报企业重组适用一般性税务处理的纳税人会计核算确认的企业重组损益金额。

2. 第 2 列"一般性税务处理－税收金额"：填报企业重组适用一般性税务处理的纳税人按税法规定确认的所得（或损失）金额。

3. 第 3 列"一般性税务处理－纳税调整金额"：填报企业重组适用一般性税务处理的纳税人，按税法规定确认的所得（或损失）与会计核算确认的损益金额的差。为第 2－1 列的余额。

4. 第 4 列"特殊性税务处理－账载金额"：填报企业重组适用特殊性税务处理的纳税人，会计核算确认的企业重组损益金额。

5. 第 5 列"特殊性税务处理－税收金额"：填报企业重组适用特殊性税务处理的纳税人，按税法规定确认的所得（或损失）。

6. 第 6 列"特殊性税务处理－纳税调整金额"：填报企业重组适用特殊性税务处理的纳税人，按税法规定确认的所得（或损失）与会计核算确认的损益金额的差额。为第 5－4 列的余额。

7. 第 7 列"纳税调整金额"：填报第 3＋6 列的金额。

二、表内、表间关系

（一）表内关系

1. 第 8 行＝第 9＋10 行。

2. 第 14 行＝第 1＋4＋6＋8＋11＋12 行。

3. 第 3 列＝第 2－1 列。

4. 第 6 列＝第 5－4 列。

5. 第 7 列＝第 3＋6 列。

（二）表间关系

1. 第 14 行第 1＋4 列＝表 A105000 第 36 行第 1 列。

2. 第 14 行第 2＋5 列＝表 A105000 第 36 行第 2 列。

3. 第 14 行第 7 列金额，若≥0，填入表 A105000 第 36 行第 3 列；若<0，将绝对值填入表 A105000 第 36 行第 4 列。

A105110《政策性搬迁纳税调整明细表》填报说明

本表适用于发生政策性搬迁纳税调整项目的纳税人在完成搬迁年度及以后进行损失分期扣除的年度填报。纳税人根据税法、《国家税务总局关于发布〈企业政策性搬迁所得税管理办法〉的公告》（国家税务总局公告 2012 年第 40 号）、《国家税务总局关于企业政策性搬迁所得税有关问题的公告》（国家税务总局公告 2013 年第 11 号）等相关规定，以及国家统一企业会计制度，填报企业政策性搬迁项目的相关会计处理、税法规定及纳税调整情况。

一、有关项目填报说明

本表第1行"一、搬迁收入"至第22行"五、计入当期损益的搬迁所得或损失"的金额，按照税法规定确认的政策性搬迁清算累计数填报。

1. 第1行"一、搬迁收入"：填报第2+8行的合计数。

2. 第2行"（一）搬迁补偿收入"：填报按税法规定确认的，纳税人从本企业以外取得的搬迁补偿收入金额，此行为第3行至第7行的合计金额。

3. 第3行"1. 对被征用资产价值的补偿"：填报按税法规定确认的，纳税人被征用资产价值补偿收入累计金额。

4. 第4行"2. 因搬迁、安置而给予的补偿"：填报按税法规定确认的，纳税人因搬迁、安置而取得的补偿收入累计金额。

5. 第5行"3. 对停产停业形成的损失而给予的补偿"：填报按税法规定确认的，纳税人停产停业形成损失而取得的补偿收入累计金额。

6. 第6行"4. 资产搬迁过程中遭到毁损而取得的保险赔款"：填报按税法规定确认，纳税人资产搬迁过程中遭到毁损而取得的保险赔款收入累计金额。

7. 第7行"5. 其他补偿收入"：填报按税收规定确认，纳税人其他补偿收入累计金额。

8. 第8行"（二）搬迁资产处置收入"：填报按税法规定确认，纳税人由于搬迁而处置各类资产所取得的收入累计金额。

9. 第9行"二、搬迁支出"：填报第10+16行的金额。

10. 第10行"（一）搬迁费用支出"：填报按税法规定确认，纳税人搬迁过程中发生的费用支出累计金额，为第11行至15行的合计金额。

11. 第11行"1. 安置职工实际发生的费用"：填报按税法规定确认，纳税人安置职工实际发生费用支出的累计金额。

12. 第12行"2. 停工期间支付给职工的工资及福利费"：填报按税法规定确认，纳税人因停工支付给职工的工资及福利费支出累计金额。

13. 第13行"3. 临时存放搬迁资产而发生的费用"：填报按税法规定确认，纳税人临时存放搬迁资产发生的费用支出累计金额。

14. 第14行"4. 各类资产搬迁安装费用"：填报按税法规定确认，纳税人各类资产搬迁安装费用支出累计金额。

15. 第15行"5. 其他与搬迁相关的费用"：填报按税法规定确认，纳税人其他与搬迁相关的费用支出累计金额。

16. 第16行"（二）搬迁资产处置支出"：填报按税法规定确认的，纳税人搬迁资产处置支出累计金额。符合《国家税务总局关于企业政策性搬迁所得税有关问题的公告》（国家税务总局公告2013年第11号）规定的资产购置支出，填报在本行。

17. 第17行"三、搬迁所得或损失"：填报政策性搬迁所得或损失，填报第1-9行的余额。

18. 第18行"四、应计入本年应纳税所得额的搬迁所得或损失"：填报政策性搬迁所得或损失按照税法规定计入本年应纳税所得额的金额，填报第19至21行的合计金额。

19. 第 19 行"其中：搬迁所得"：填报按税法相关规定，搬迁完成年度政策性搬迁所得的金额。

20. 第 20 行"搬迁损失一次性扣除"：由选择一次性扣除搬迁损失的纳税人填报，填报搬迁完成年度按照税法规定计算的搬迁损失金额，损失以负数填报。

21. 第 21 行"搬迁损失分期扣除"：由选择分期扣除搬迁损失的纳税人填报，填报搬迁完成年度按照税法规定计算的搬迁损失在本年扣除的金额，损失以负数填报。

22. 第 22 行"五、计入当期损益的搬迁收益或损失"：填报政策性搬迁项目会计核算计入当期损益的金额，损失以负数填报。

23. 第 23 行"六、以前年度搬迁损失当期扣除金额"：以前年度完成搬迁形成的损失，按照税法规定在当期扣除的金额。

24. 第 24 行"七、纳税调整金额"：填报第 18－22－23 行的余额。

二、表内、表间关系

（一）表内关系

1. 第 1 行＝第 2＋8 行。

2. 第 2 行＝第 3＋4＋…＋7 行。

3. 第 9 行＝第 10＋16 行。

4. 第 10 行＝第 11＋12＋…＋15 行。

5. 第 17 行＝第 1－9 行。

6. 第 18 行＝第 19＋20＋21 行。

7. 第 24 行＝第 18－22－23 行。

（二）表间关系

第 24 行，若≥0，填入表 A105000 第 37 行第 3 列；若＜0，将绝对值填入表 A105000 第 37 行第 4 列。

A105120《特殊行业准备金纳税调整明细表》填报说明

本表适用于发生特殊行业准备金纳税调整项目的纳税人填报。纳税人根据税法，财政部、国家税务总局《关于保险公司准备金支出企业所得税税前扣除有关政策问题的通知》（财税〔2012〕45 号）、《关于保险公司农业巨灾风险准备金企业所得税税前扣除政策的通知》（财税〔2012〕23 号）、《关于证券行业准备金支出企业所得税税前扣除有关政策问题的通知》（财税〔2012〕11 号）、《关于金融企业贷款损失准备金企业所得税税前扣除政策的通知》（财税〔2012〕5 号）、《关于延长金融企业涉农贷款和中小企业贷款损失准备金税前扣除政策执行期限的通知》（财税〔2011〕104 号）、《关于中小企业信用担保机构有关准备金企业所得税税前扣除政策的通知》（财税〔2012〕25 号）等相关规定，及国家统一企业会计制度，填报特殊行业准备金会计处理、税法规定及纳税调整情况。

一、有关项目填报说明

1. 第 1 行"一、保险公司"：填报第 2＋3＋6＋7＋8＋9＋10 行的金额。

2. 第 2 行"（一）未到期责任准备金"：第 1 列"账载金额"填报会计核算计入当期损益的金额；第 2 列"税收金额"填报按税法规定允许税前扣除的金额；第 3 列为第 1－2 列

的余额。

3. 第 3 行"（二）未决赔款准备金"：填报第 4＋5 行的金额。本表调整的未决赔款准备金为已发生已报案未决赔款准备金、已发生未报案未决赔款准备金，不包括理赔费用准备金。

4. 第 4 行"其中：已发生已报案未决赔款准备金"：填报未决赔款准备金中已发生已报案准备金的纳税调整情况。填列方法同第 2 行。

5. 第 5 行"已发生未报案未决赔款准备金"：填报未决赔款准备金中已发生未报案准备金的纳税调整情况。填列方法同第 2 行。

6. 第 6 行"（三）巨灾风险准备金"：填报巨灾风险准备金的纳税调整情况。填列方法同第 2 行。

7. 第 7 行"（四）寿险责任准备金"：填报寿险责任准备金的纳税调整情况。填列方法同第 2 行。

8. 第 8 行"（五）长期健康险责任准备金"：填报长期健康险责任准备金的纳税调整情况。填列方法同第 2 行。

9. 第 9 行"（六）保险保障基金"：填报保险保障基金的纳税调整情况。填列方法同第 2 行。

10. 第 10 行"（七）其他"：填报除第 2 行至第 9 行以外的允许税前扣除的保险公司准备金的纳税调整情况。填列方法同第 2 行。

11. 第 11 行"二、证券行业"：填报第 12＋13＋14＋15 行的金额。

12. 第 12 行"（一）证券交易所风险基金"：填报证券交易所风险基金的纳税调整情况。填列方法同第 2 行。

13. 第 13 行"（二）证券结算风险基金"：填报证券结算风险基金的纳税调整情况。填列方法同第 2 行。

14. 第 14 行"（三）证券投资者保护基金"：填报证券投资者保护基金的纳税调整情况。填列方法同第 2 行。

15. 第 15 行"（四）其他"：填报除第 12 至 14 行以外的允许税前扣除的证券行业准备金的纳税调整情况。填列方法同第 2 行。

16. 第 16 行"三、期货行业"：填报第 17＋18＋19＋20 行的金额。

17. 第 17 行"（一）期货交易所风险准备金"：填报期货交易所风险准备金的纳税调整情况。填列方法同第 2 行。

18. 第 18 行"（二）期货公司风险准备金"：填报期货公司风险准备金的纳税调整情况。填列方法同第 2 行。

19. 第 19 行"（三）期货投资者保障基金"：填报期货投资者保障基金的纳税调整情况。填列方法同第 2 行。

20. 第 20 行"（四）其他"：填报除第 17 至 19 行以外的允许税前扣除的期货行业准备金的纳税调整情况。填列方法同第 2 行。

21. 第 21 行"四、金融企业"：本行根据第 22＋23＋24 行的合计数。

22. 第 22 行"（一）涉农和中小企业贷款损失准备金"：填报涉农和中小企业贷款损失准备金的纳税调整情况。填列方法同第 2 行。

23. 第 23 行"（二）贷款损失准备金"：填报贷款损失准备金的纳税调整情况。填列方法同第 2 行。

24. 第 24 行"（三）其他"：填报除第 22 至 23 行以外的允许税前扣除的金融企业准备金的纳税调整情况。填列方法同第 2 行。

25. 第 25 行"五、中小企业信用担保机构"：填报第 26＋27＋28 行的金额。

26. 第 26 行"（一）担保赔偿准备"：填报担保赔偿准备金的纳税调整情况。填列方法同第 2 行。

27. 第 27 行"（二）未到期责任准备"：填报未到期责任准备金的纳税调整情况。填列方法同第 2 行。

28. 第 28 行"（三）其他"：填报除第 26、27 行以外的允许税前扣除的中小企业信用担保机构准备金的纳税调整情况。填列方法同第 2 行。

29. 第 29 行"六、其他"：填报除保险公司、证券行业、期货行业、金融企业、中小企业信用担保机构以外的允许税前扣除的特殊行业准备金的纳税调整情况。填列方法同第 2 行。

30. 第 30 行"合计"：填报第 1＋11＋16＋21＋25＋29 行的金额。

二、表内、表间关系

（一）表内关系

1. 第 3 列＝第 1－2 列。

2. 第 1 行＝第 2＋3＋6＋7＋8＋9＋10 行。

3. 第 3 行＝第 4＋5 行。

4. 第 11 行＝第 12＋13＋14＋15 行。

5. 第 16 行＝第 17＋18＋19＋20 行。

6. 第 21 行＝第 22＋23＋24 行。

7. 第 25 行＝第 26＋27＋28 行。

8. 第 30 行＝第 1＋11＋16＋21＋25＋29 行。

（二）表间关系

1. 第 30 行第 1 列＝表 A105000 第 38 行第 1 列。

2. 第 30 行第 2 列＝表 A105000 第 38 行第 2 列。

3. 第 30 行第 3 列，若≥0，填入表 A105000 第 38 行第 3 列；若＜0，将绝对值填入表 A105000 第 38 行第 4 列。

A106000《企业所得税弥补亏损明细表》填报说明

本表填报纳税人根据税法，在本纳税年度及本纳税年度前 5 年度的纳税调整后所得、合并、分立转入（转出）可弥补的亏损额、当年可弥补的亏损额、以前年度亏损已弥补额、本年度实际弥补的以前年度亏损额、可结转以后年度弥补的亏损额。

一、有关项目填报说明

1. 第 1 列"年度"：填报公历年度。纳税人应首先填报第 6 行本年度，再依次从第 5 行往第 1 行倒推填报以前年度。纳税人发生政策性搬迁事项，如停止生产经营活动年度可以从法定亏损结转弥补年限中减除，则按可弥补亏损年度进行填报。

2. 第 2 列"纳税调整后所得"，第 6 行按以下情形填写：

(1) 表 A100000 第 19 行"纳税调整后所得">0，第 20 行"所得减免">0，则本表第 2 列第 6 行＝本年度表 A100000 第 19－20－21 行，且减至 0 止。

第 20 行"所得减免"<0，填报此处时，以 0 计算。

(2) 表 A100000 第 19 行"纳税调整后所得"<0，则本表第 2 列第 6 行＝本年度表 A100000 第 19 行。

第 1 行至第 5 行填报以前年度主表第 23 行（2013 纳税年度前）或表 A100000 第 19 行 (2014 纳税年度后)"纳税调整后所得"的金额（亏损额以"－"号表示）。发生查补以前年度应纳税所得额的、追补以前年度未能税前扣除的实际资产损失等情况，该行需按修改后的"纳税调整后所得"金额进行填报。

3. 第 3 列"合并、分立转入（转出）可弥补亏损额"：填报按照企业重组特殊性税务处理规定因企业被合并、分立而允许转入可弥补亏损额，以及因企业分立转出的可弥补亏损额（转入亏损以"－"号表示，转出亏损以正数表示）。

4. 第 4 列"当年可弥补的亏损额"：当第 2 列小于零时金额等于第 2＋3 列，否则等于第 3 列（亏损以"－"号表示）。

5. "以前年度亏损已弥补额"：填报以前年度盈利已弥补金额，其中：前四年度、前三年度、前二年度、前一年度与"项目"列中的前四年度、前三年度、前二年度、前一年度相对应。

6. 第 10 列"本年度实际弥补的以前年度亏损额"第 1 至 5 行：填报本年度盈利时，用第 6 行第 2 列本年度"纳税调整后所得"依次弥补前 5 年度尚未弥补完的亏损额。

7. 第 10 列"本年度实际弥补的以前年度亏损额"第 6 行：金额等于第 10 列第 1 至 5 行的合计数，该数据填入本年度表 A100000 第 22 行。

8. 第 11 列"可结转以后年度弥补的亏损额"第 2 至 6 行：填报本年度前 4 年度尚未弥补完的亏损额，以及本年度的亏损额。

9. 第 11 列"可结转以后年度弥补的亏损额合计"第 7 行：填报第 11 列第 2 至 6 行的合计数。

二、表内、表间关系

（一）表内关系

1. 若第 2 列<0，第 4 列＝第 2＋3 列，否则第 4 列＝第 3 列。

2. 若第 3 列>0 且第 2 列<0，第 3 列<第 2 列的绝对值。

3. 第 9 列＝第 5＋6＋7＋8 列。

4. 若第 2 列第 6 行>0，第 10 列第 1 至 5 行同一行次≤第 4 列 1 至 5 行同一行次的绝对值－第 9 列 1 至 5 行同一行次；若第 2 列第 6 行<0，第 10 列第 1 行至第 5 行＝0。

5. 若第 2 列第 6 行>0，第 10 列第 6 行＝第 10 列第 1＋2＋3＋4＋5 行且≤第 2 列第 6 行；若第 2 列第 6 行<0，第 10 列第 6 行＝0。

6. 第 4 列为负数的行次，第 11 列同一行次＝第 4 列该行的绝对值－第 9 列该行－第 10 列该行。否则第 11 列同一行次填"0"。

7. 第 11 列第 7 行＝第 11 列第 2＋3＋4＋5＋6 行。

（二）表间关系

1. 第 6 行第 2 列＝表 A100000 第 19 行。

2. 第 6 行第 10 列＝表 A100000 第 22 行。

A107010《免税、减计收入及加计扣除优惠明细表》填报说明

本表适用于享受免税收入、减计收入和加计扣除优惠的纳税人填报。纳税人根据税法及相关税收政策规定，填报本年发生的免税收入、减计收入和加计扣除优惠情况。

一、有关项目填报说明

1. 第 1 行"一、免税收入"：填报第 2＋3＋4＋5 行的金额。

2. 第 2 行"（一）国债利息收入"：填报纳税人根据《国家税务总局关于企业国债投资业务企业所得税处理问题的公告》（国家税务总局公告 2011 年第 36 号）等相关税收政策规定的，持有国务院财政部门发行的国债取得的利息收入。

3. 第 3 行"（二）符合条件的居民企业之间的股息、红利等权益性投资收益"：填报《符合条件的居民企业之间的股息、红利等权益性投资收益情况明细表》（A107011）第 10 行第 16 列金额。

4. 第 4 行"（三）符合条件的非营利组织的收入"：填报纳税人根据《财政部 国家税务总局关于非营利组织企业所得税免税收入问题的通知》（财税〔2009〕122 号）、《财政部 国家税务总局关于非营利组织免税资格认定管理有关问题的通知》（财税〔2014〕13 号）等相关税收政策规定的，同时符合条件并依法履行登记手续的非营利组织，取得的捐赠收入等免税收入，不包括从事营利性活动所取得的收入。

5. 第 5 行"（四）其他专项优惠"：填报第 6＋7＋…＋14 行的金额。

6. 第 6 行"1. 中国清洁发展机制基金取得的收入"：填报纳税人根据《财政部 国家税务总局关于中国清洁发展机制基金及清洁发展机制项目实施企业有关企业所得税政策问题的通知》（财税〔2009〕30 号）等相关税收政策规定的，中国清洁发展机制基金取得的 CDM 项目温室气体减排量转让收入上缴国家的部分，国际金融组织赠款收入，基金资金的存款利息收入、购买国债的利息收入，国内外机构、组织和个人的捐赠收入。

7. 第 7 行"2. 证券投资基金从证券市场取得的收入"：填报纳税人根据《财政部 国家税务总局关于企业所得税若干优惠政策的通知》（财税〔2008〕1 号）第二条第一款等相关税收政策规定的，证券投资基金从证券市场中取得的收入，包括买卖股票、债券的差价收入，股权的股息、红利收入，债券的利息收入及其他收入。

8. 第 8 行"3. 证券投资基金投资者获得的分配收入"：填报纳税人根据《财政部 国家税务总局关于企业所得税若干优惠政策的通知》（财税〔2008〕1 号）第二条第二款等相关税收政策规定的，投资者从证券投资基金分配中取得的收入。

9. 第 9 行"4. 证券投资基金管理人运用基金买卖股票、债券的差价收入"：填报纳税人根据《财政部 国家税务总局关于企业所得税若干优惠政策的通知》（财税〔2008〕1 号）第二条第三款等相关税收政策规定的，证券投资基金管理人运用基金买卖股票、债券的差价收入。

10. 第 10 行"5. 取得的地方政府债券利息所得或收入"：填报纳税人根据《财政部 国家税务总局关于地方政府债券利息所得免征所得税问题的通知》（财税〔2011〕76 号）、《财

政部 国家税务总局关于地方政府债券利息免征所得税问题的通知》（财税〔2013〕5 号）等相关税收政策规定的，取得的 2009 年、2010 年和 2011 年发行的地方政府债券利息所得，2012 年及以后年度发行的地方政府债券利息收入。

11．第 11 行"6．受灾地区企业取得的救灾和灾后恢复重建款项等收入"：填报芦山受灾地区企业根据《财政部 海关总署 国家税务总局关于支持芦山地震灾后恢复重建有关税收政策问题的通知》（财税〔2013〕58 号）等相关税收政策规定的，通过公益性社会团体、县级以上人民政府及其部门取得的抗震救灾和灾后恢复重建款项和物资，以及税收法律、法规和国务院批准的减免税金及附加收入。

12．第 12 行"7．中国期货保证金监控中心有限责任公司取得的银行存款利息等收入"：填报中国期货保证金监控中心有限责任公司根据《财政部 国家税务总局关于期货投资者保障基金有关税收政策继续执行的通知》（财税〔2013〕80 号）等相关税收政策规定的，取得的银行存款利息收入、购买国债、中央银行和中央级金融机构发行债券的利息收入，以及证监会和财政部批准的其他资金运用取得的收入。

13．第 13 行"8．中国保险保障基金有限责任公司取得的保险保障基金等收入"：填报中国保险保障基金有限责任公司根据《财政部 国家税务总局关于保险保障基金有关税收政策继续执行的通知》（财税〔2013〕81 号）等相关税收政策规定的，根据《保险保障基金管理办法》取得的境内保险公司依法缴纳的保险保障基金；依法从撤销或破产保险公司清算财产中获得的受偿收入和向有关责任方追偿所得，以及依法从保险公司风险处置中获得的财产转让所得；捐赠所得；银行存款利息收入；购买政府债券、中央银行、中央企业和中央级金融机构发行债券的利息收入；国务院批准的其他资金运用取得的收入。

14．第 14 行"9．其他"：填报纳税人享受的其他免税收入金额。

15．第 15 行"二、减计收入"：填报第 16＋17 行的金额。

16．第 16 行"（一）综合利用资源生产产品取得的收入"：填报《综合利用资源生产产品取得的收入优惠明细表》（A107012）第 10 行第 10 列的金额。

17．第 17 行"（二）其他专项优惠"：填报第 18＋19＋20 行的金额。

18．第 18 行"1．金融、保险等机构取得的涉农利息、保费收入"：填报《金融、保险等机构取得的涉农利息、保费收入优惠明细表》（A107013）第 13 行的金额。

19．第 19 行"2．取得的中国铁路建设债券利息收入"：填报纳税人根据《财政部 国家税务总局关于铁路建设债券利息收入企业所得税政策的通知》（财税〔2011〕99 号）、《财政部 国家税务总局关于 2014 2015 年铁路建设债券利息收入企业所得税政策的通知》（财税〔2014〕2 号）等相关税收政策规定的，对企业持有发行的中国铁路建设债券取得的利息收入，减半征收企业所得税。本行填报政策规定减计 50％收入的金额。

20．第 20 行"3．其他"：填报纳税人享受的其他减计收入金额。

21．第 21 行"三、加计扣除"：填报第 22＋23＋26 行的金额。

22．第 22 行"（一）开发新技术、新产品、新工艺发生的研究开发费用加计扣除"：填报《研发费用加计扣除优惠明细表》（A107014）第 10 行第 19 列的金额。

23．第 23 行"（二）安置残疾人员及国家鼓励安置的其他就业人员所支付的工资加计扣除"：填报第 24＋25 行的金额。

24．第 24 行"1．支付残疾人员工资加计扣除"：填报纳税人根据《财政部 国家税务总局关于安置残疾人员就业有关企业所得税优惠政策问题的通知》（财税〔2009〕70 号）等相关税收政策规定的，安置残疾人员的，在支付给残疾职工工资据实扣除的基础上，按照支付给残疾职工工资的 100％加计扣除的金额。

25. 第 25 行"2. 国家鼓励的其他就业人员工资加计扣除"：填报享受企业向其他就业人员支付工资加计扣除金额。

26. 第 26 行"（三）其他专项优惠"：填报纳税人享受的其他加计扣除的金额。

27. 第 27 行"合计"：填报第 1＋15＋21 行的金额。

二、表内、表间关系

（一）表内关系

1. 第 1 行＝第 2＋3＋4＋5 行。

2. 第 5 行＝第 6＋7＋…＋14 行。

3. 第 15 行＝第 16＋17 行。

4. 第 17 行＝第 18＋19＋20 行。

5. 第 21 行＝第 22＋23＋26 行。

6. 第 23 行＝第 24＋25 行。

7. 第 27 行＝第 1＋15＋21 行。

（二）表间关系

1. 第 27 行＝表 A100000 第 17 行。

2. 第 3 行＝表 A107011 第 10 行第 16 列。

3. 第 16 行＝表 107012 第 10 行第 10 列。

4. 第 18 行＝表 A107013 第 13 行。

5. 第 22 行＝表 A107014 第 10 行第 19 列。

A107011《符合条件的居民企业之间的股息、红利等权益性投资收益优惠明细表》填报说明

本表适用于享受符合条件的居民企业之间的股息、红利等权益性投资收益优惠的纳税人填报。纳税人根据税法、《财政部 国家税务总局关于企业清算业务企业所得税处理若干问题的通知》（财税〔2009〕60 号）、《财政部 国家税务总局关于执行企业所得税优惠政策若干问题的通知》（财税〔2009〕69 号）、《国家税务总局关于贯彻落实企业所得税法若干税收问题的通知》（国税函〔2010〕79 号）、《国家税务总局关于企业所得税若干问题的公告》（国家税务总局公告 2011 年第 34 号）等相关税收政策规定，填报本年发生的符合条件的居民企业之间的股息、红利等权益性投资收益优惠情况，不包括连续持有居民企业公开发行并上市流通的股票不足 12 个月取得的投资收益。

一、有关项目填报说明

1. 行次按不同的被投资企业分别填报。

2. 第 1 列"被投资企业"：填报被投资企业名称。

3. 第 2 列"投资性质"：填报直接投资或股票投资。

4. 第 3 列"投资成本"：填报纳税人投资于被投资企业的计税成本。

5. 第 4 列"投资比例"：填报纳税人投资于被投资企业的股权比例；若购买公开发行股票的，此列可不填报。

6. 第 5 列"被投资企业做出利润分配或转股决定时间"：填报被投资企业做出利润分配或转股决定的时间。

7. 第 6 列"依决定归属于本公司的股息、红利等权益性投资收益金额"：填报纳税人按照投资比例计算的归属于本公司的股息、红利等权益性投资收益金额。若被投资企业将股权（票）溢价所形成的资本公积转为股本的，不作为投资方企业的股息、红利收入，投资方企业也不得增加该项长期投资的计税基础。

8. 第 7 列"分得的被投资企业清算剩余资产"：填报纳税人分得的被投资企业清算后的剩余资产。

9. 第 8 列"被清算企业累计未分配利润和累计盈余公积应享有部分"：填报被清算企业累计未分配利润和累计盈余公积中本企业应享有的金额。

10. 第 9 列"应确认的股息所得"：填报第 7 列与第 8 列孰小数。

11. 第 10 列"从被投资企业撤回或减少投资取得的资产"：填报纳税人从被投资企业撤回或减少投资时取得的资产。

12. 第 11 列"减少投资比例"：填报纳税人撤回或减少的投资额占被投资企业的股权比例。

13. 第 12 列"收回初始投资成本"：填报第 3×11 列的金额。

14. 第 13 列"取得资产中超过收回初始投资成本部分"：填报第 10—12 列的金额。

15. 第 14 列"撤回或减少投资应享有被投资企业累计未分配利润和累计盈余公积"：填报被投资企业累计未分配利润和累计盈余公积按减少实收资本比例计算的部分。

16. 第 15 列"应确认的股息所得"：填报第 13 列与第 14 列孰小数。

17. 第 17 列"合计"：填报第 6+9+15 列的金额。

18. 第 10 行"合计"：填报第 1+2+…+9 行的金额。

二、表内、表间关系

（一）表内关系

1. 第 12 列＝第 3×11 列。

2. 第 13 列＝第 10—12 列。

3. 第 16 列＝第 6+9+15 列。

4. 第 9 列：第 7 列与第 8 列孰小数。

5. 第 15 列：第 13 列与第 14 列孰小数。

6. 第 10 行＝第 1+2+…+9 行。

（二）表间关系

第 10 行第 16 列＝表 A107010 第 3 行。

A107012《综合利用资源生产产品取得的收入优惠明细表》填报说明

本表适用于享受综合利用资源生产产品取得的收入优惠的纳税人填报。纳税人根据税法、《国家发展改革委 财政部 国家税务总局关于印发〈国家鼓励的资源综合利用认定管理办法〉的通知》（发改环资〔2006〕1864 号）、《财政部 国家税务总局关于执行资源综合利用企业所得税优惠目录有关问题的通知》（财税〔2008〕47 号）、《财政部 国家税务总局 国家发展改革委关于公布资源综合利用企业所得税优惠目录（2008 年版）的通知》（财税〔2008〕117 号）、《国家税务总局关于资源综合利用企业所得税优惠管理问题的通知》（国税函〔2009〕185 号）等相关税收政策规定，填报本年发生的综合利用资源生产产品取得的收入优惠情况。

一、有关项目填报说明

1. 行次按纳税人综合利用资源生产的不同产品名称分别填报。

2. 第 1 列"生产的产品名称"：填报纳税人综合利用资源生产的产品名称。

3. 第 2 列"《资源综合利用认定证书》取得时间"：填报纳税人取得《资源综合利用认定证书》的时间。

4. 第 3 列"《资源综合利用认定证书》有效期"：填报证书有效期。

5. 第 4 列"《资源综合利用认定证书》编号"：填报纳税人取得的《资源综合利用认定证书》编号。

6. 第 5 列"属于《资源综合利用企业所得税优惠目录》类别"：填报纳税人生产产品综合利用的资源属于《资源综合利用企业所得税优惠目录》的类别，如共生、伴生矿产资源，废水（液）、废气、废渣或再生资源。

7. 第 6 列"综合利用的资源"：填报纳税人生产产品综合利用的资源名称，根据《资源综合利用企业所得税优惠目录》中综合利用的资源名称填报。

8. 第 7 列"综合利用的资源占生产产品材料的比例"：填报纳税人实际综合利用的资源占生产产品材料的比例。

9. 第 8 列"《资源综合利用企业所得税优惠目录》规定的标准"：填报纳税人综合利用资源生产产品在《资源综合利用企业所得税优惠目录》中规定的技术标准。

10. 第 9 列"符合条件的综合利用资源生产产品取得的收入总额"：填报纳税人综合利用资源生产产品取得的收入总额。

11. 第 10 列"综合利用资源减计收入"：填报第 9 列×10% 的金额。

12. 第 10 行第 10 列"合计"：填报第 10 列第 1+2+…+9 行的金额。

二、表内、表间关系

（一）表内关系

1. 第 10 列＝第 9 列×10%。

2. 第 10 行第 10 列＝第 10 列第 1+2+…+9 行。

（二）表间关系

第 10 行第 10 列＝表 A107010 第 16 行。

A107013《金融、保险等机构取得的涉农利息、保费收入优惠明细表》填报说明

本表适用于享受金融、保险等机构取得的涉农利息、保费收入优惠的纳税人填报。纳税

人根据税法、《财政部 国家税务总局关于农村金融有关税收政策的通知》（财税〔2010〕4号）、《财政部 国家税务总局关于中国扶贫基金会小额信贷试点项目税收政策的通知》（财税〔2010〕35号）、《财政部 国家税务总局关于中国扶贫基金会所属小额贷款公司享受有关税收优惠政策的通知》（财税〔2012〕33号）等相关税收政策规定，填报本年发生的金融、保险等机构取得的涉农利息、保费收入优惠情况。（财税〔2010〕4号政策执行期限至2013年12月31日，若无延期停止执行）

一、有关项目填报说明

1. 第2行"（一）金融机构取得农户小额贷款利息收入总额"：填报纳税人取得农户小额贷款利息收入总额。

2. 第3行"（二）金融机构取得农户小额贷款利息减计收入"：填报第2行×10％的金额。

3. 第5行"（一）保险公司为种植业、养殖业提供保险业务取得的保费收入总额"：填报第6＋7－8行的金额。

4. 第6行"1. 原保费收入"：填报纳税人为种植业、养殖业提供保险业务取得的原保费收入。

5. 第7行"2. 分保费收入"：填报纳税人为种植业、养殖业提供保险业务取得的分保费收入。

6. 第8行"3. 分出保费收入"：填报纳税人为种植业、养殖业提供保险业务分出的保费收入。

7. 第9行"（二）保险公司为种植业、养殖业提供保险业务取得的保费减计收入"：填报第5行×10％的金额。

8. 第11行"（一）其他符合条件的机构取得农户小额贷款利息收入总额"：填报中和农信项目管理有限公司和中国扶贫基金会举办的农户自立服务社（中心）、小额贷款公司从事农户小额贷款取得的利息收入总额。

9. 第12行"（二）其他符合条件的机构取得农户小额贷款利息减计收入"：填报第11行×10％的金额。

10. 第13行"合计"：填报第3＋9＋12行的金额。

二、表内、表间关系

（一）表内关系

1. 第3行＝第2行×10％。

2. 第5行＝第6＋7－8行。

3. 第9行＝第5行×10％。

4. 第12行＝第11行×10％。

5. 第13行＝第3＋9＋12行。

（二）表间关系

第13行＝表A107010第18行。

A107014《研发费用加计扣除优惠明细表》填报说明

本表适用于享受研发费用加计扣除优惠的纳税人填报。纳税人根据税法、《国家税务总局关于印发〈企业研究开发费用税前扣除管理办法（试行）〉的通知》（国税发〔2008〕116号）、《财政部 海关总署 国家税务总局关于支持文化企业发展若干税收政策问题的通知》（财税〔2009〕31号）、《财政部 国家税务总局关于研究开发费用税前加计扣除有关政策问题的通知》（财税〔2013〕70号）等相关税收政策规定，填报本年发生的研发费用加计扣除优惠情况。

一、有关项目填报说明

1. 第1列"研发项目"：填报纳税人研发项目名称。

2. 第2列"研发活动直接消耗的材料、燃料和动力费用"：填报纳税人从事研发活动直接消耗的材料、燃料和动力费用。

3. 第3列"直接从事研发活动的本企业在职人员费用"：填报纳税人在职直接从事研发活动人员的工资、薪金、奖金、津贴、补贴，及纳税人依照国务院有关主管部门或者省级人民政府规定的范围和标准为在职直接从事研发活动人员缴纳的基本养老保险费、基本医疗保险费、失业保险费、工伤保险费、生育保险费和住房公积金。

4. 第4列"专门用于研发活动的有关折旧费、租赁费、运行维护费"：填报纳税人专门用于研发活动的仪器、设备的折旧费，租赁费及运行维护、调整、检验、维修等费用。

5. 第5列"专门用于研发活动的有关无形资产摊销费"：填报纳税人专门用于研发活动的软件、专利权、非专利技术等无形资产的摊销费用。

6. 第6列"中间试验和产品试制的有关费用，样品、样机及一般测试手段购置费"：填报纳税人专门用于中间试验和产品试制的模具、工艺装备开发及制造费，不构成固定资产的样品、样机及一般测试手段购置费。

7. 第7列"研发成果论证、评审、验收、鉴定费用"：填报纳税人研发成果的论证、评审、验收、鉴定费。

8. 第8列"勘探开发技术的现场试验费，新药研制的临床试验费"：填报纳税人勘探开发技术的现场试验费，及新药研制的临床试验费。

9. 第9列"设计、制定、资料和翻译费用"：填报纳税人新产品设计费、新工艺规程制定费以及与研发活动直接相关的技术图书资料费、资料翻译费。

10. 第10列"年度研发费用合计"：填报第2+3+…+9列的金额。

11. 第11列"减：作为不征税收入处理的财政性资金用于研发的部分"：填报纳税人研究开发费用中作为不征税收入处理的财政性资金用于研发的部分。

12. 第12列"可加计扣除的研发费用合计"：填报第10-11列的金额。

13. 第13列"计入本年损益的金额"：填报纳税人未形成无形资产计入本年损益的研发费用金额，本列金额≤第12列。

14. 第14列"计入本年研发费用加计扣除额"：填报第13列×50%的金额。

15. 第15列"本年形成无形资产的金额"：填报纳税人本年按照国家统一会计制度核算的形成无形资产的金额，包括以前年度研发费用资本化本年结转无形资产金额和本年研发费用资本化本年结转无形资产金额。

16. 第16列"本年形成无形资产加计摊销额"：填报纳税人本年形成的无形资产计算的本年加计摊销额。

17. 第17列"以前年度形成无形资产本年加计摊销额"：填报纳税人以前年度形成的无

形资产计算的本年加计摊销额。

18. 第 18 列"无形资产本年加计摊销额"：填报第 16＋17 列的金额。

19. 第 19 列"本年研发费用加计扣除额合计"：填报第 14＋18 列的金额。

20. 第 10 行"合计"：填报第 1＋2＋…＋9 行的金额。

二、表内、表间关系

（一）表内关系

1. 第 10 列＝第 2＋3＋…＋9 列。

2. 第 12 列＝第 10－11 列。

3. 第 13 列≤第 12 列。

4. 第 14 列＝第 13 列×50%。

5. 第 18 列＝第 16＋17 列。

6. 第 19 列＝第 14＋18 列。

7. 第 10 行＝第 1＋2＋…＋9 行。

（二）表间关系

第 10 行第 19 列＝表 A107010 第 22 行。

A107020《所得减免优惠明细表》填报说明

本表适用于享受所得减免优惠的纳税人填报。纳税人根据税法及相关税收政策规定，填报本年发生的减免所得额优惠情况。

一、有关项目填报说明

1. 第 1 行"一、农、林、牧、渔业项目"：填报纳税人根据《财政部 国家税务总局关于发布享受企业所得税优惠政策的农产品初加工范围（试行）的通知》（财税〔2008〕149 号）、《国家税务总局关于黑龙江垦区国有农场土地承包费缴纳企业所得税问题的批复》（国税函〔2009〕779 号）、《国家税务总局关于"公司＋农户"经营模式企业所得税优惠问题的公告》（国家税务总局公告 2010 年第 2 号）、《财政部 国家税务总局关于享受企业所得税优惠的农产品初加工有关范围的补充通知》（财税〔2011〕26 号）、《国家税务总局关于实施农林牧渔业项目企业所得税优惠问题的公告》（国家税务总局公告 2011 年第 48 号）等相关税收政策规定的，本纳税年度发生的减征、免征企业所得税项目的所得额。本行填报第 2＋13 行的金额。

2. 第 2 行"（一）免税项目"：填报第 3＋4＋…＋9＋11＋12 行的金额。

3. 第 3 行"1. 蔬菜、谷物、薯类、油料、豆类、棉花、麻类、糖料、水果、坚果的种植"：填报纳税人种植蔬菜、谷物、薯类、油料、豆类、棉花、麻类、糖料、水果、坚果取得的免征企业所得税项目的所得额。

4. 第 4 行"2. 农作物新品种的选育"：填报纳税人从事农作物新品种的选育免征企业所得税项目的所得额。

5. 第 5 行"3. 中药材的种植"：填报纳税人从事中药材的种植免征企业所得税项目的所得额。

6. 第 6 行"4. 林木的培育和种植"：填报纳税人从事林木的培育和种植免征企业所得

税项目的所得额。

7. 第 7 行 "5. 牲畜、家禽的饲养"：填报纳税人从事牲畜、家禽的饲养免征企业所得税项目的所得额。

8. 第 8 行 "6. 林产品的采集"：填报纳税人从事采集林产品免征企业所得税项目的所得额。

9. 第 9 行 "7. 灌溉、农产品初加工、兽医、农技推广、农机作业和维修等农、林、牧、渔服务业项目"：填报纳税人从事灌溉、农产品初加工、兽医、农技推广、农机作业和维修等农、林、牧、渔服务业免征企业所得税项目的所得额。

10. 第 10 行 "其中：农产品初加工"：填报纳税人从事农产品初加工免征企业所得税项目的所得额。

11. 第 11 行 "8. 远洋捕捞"：填报纳税人从事远洋捕捞免征企业所得税的所得额。

12. 第 12 行 "9. 其他"：填报纳税人享受的其他免税所得优惠政策。

13. 第 13 行 "（二）减半征税项目"：填报第 14＋15＋16 行的金额。

14. 第 14 行 "1. 花卉、茶以及其他饮料作物和香料作物的种植"：填报纳税人从事花卉、茶以及其他饮料作物和香料作物种植减半征收企业所得税项目的所得额。

15. 第 15 行 "2. 海水养殖、内陆养殖"：填报纳税人从事海水养殖、内陆养殖减半征收企业所得税项目的所得额。

16. 第 16 行 "3. 其他"：填报国务院根据税法授权制定的其他减税所得税收优惠政策。

17. 第 17 行 "二、国家重点扶持的公共基础设施项目"：填报纳税人根据《财政部 国家税务总局关于执行公共基础设施项目企业所得税优惠目录有关问题的通知》（财税〔2008〕46 号）、《财政部 国家税务总局 国家发展改革委关于公布公共基础设施项目企业所得税优惠目录（2008 年版）的通知》（财税〔2008〕116 号）、《国家税务总局关于实施国家重点扶持的公共基础设施项目企业所得税优惠问题的通知》（国税发〔2009〕80 号）、《财政部 国家税务总局关于公共基础设施项目和环境保护 节能节水项目企业所得税优惠政策问题的通知》（财税〔2012〕10 号）、《财政部 国家税务总局关于支持农村饮水安全工程建设运营税收政策的通知》（财税〔2012〕30 号）第五条、《国家税务总局关于电网企业电网新建项目享受所得税优惠政策问题的公告》（国家税务总局公告 2013 年第 26 号）等相关税收政策规定的，从事《公共基础设施项目企业所得税优惠目录》规定的港口码头、机场、铁路、公路、城市公共交通、电力、水利等项目的投资经营的所得，自项目取得第一笔生产经营收入所属纳税年度起，第一年至第三年免征企业所得税，第四年至第六年减半征收企业所得税。不包括企业承包经营、承包建设和内部自建自用该项目的所得。本行填报第 18＋19＋…＋25 行的金额。

18. 第 18 行 "（一）港口码头项目"：填报纳税人从事《公共基础设施项目企业所得税优惠目录》规定的港口码头项目的投资经营的减免所得额。

19. 第 19 行 "（二）机场项目"：填报纳税人从事《公共基础设施项目企业所得税优惠目录》规定的机场项目的投资经营的减免所得额。

20. 第 20 行 "（三）铁路项目"：填报纳税人从事《公共基础设施项目企业所得税优惠目录》规定的铁路项目的投资经营的减免所得额。

21. 第 21 行 "（四）公路项目"：填报纳税人从事《公共基础设施项目企业所得税优惠

目录》规定的公路项目的投资经营的减免所得额。

22. 第22行"（五）城市公共交通项目"：填报纳税人从事《公共基础设施项目企业所得税优惠目录》规定的城市公共交通项目的投资经营的减免所得额。

23. 第23行"（六）电力项目"：填报纳税人从事《公共基础设施项目企业所得税优惠目录》规定的电力项目的投资经营的减免所得额。

24. 第24行"（七）水利项目"：填报纳税人从事《公共基础设施项目企业所得税优惠目录》规定的水利项目的投资经营的减免所得额。

25. 第25行"（八）其他项目"：填报纳税人从事《公共基础设施项目企业所得税优惠目录》规定的其他项目的投资经营的减免所得额。

26. 第26行"三、符合条件的环境保护、节能节水项目"：填报纳税人根据《财政部 国家税务总局 国家发展改革委关于公布环境保护节能节水项目企业所得税优惠目录（试行）的通知》（财税〔2009〕166号）、《财政部 国家税务总局关于公共基础设施项目和环境保护节能节水项目企业所得税优惠政策问题的通知》（财税〔2012〕10号）等相关税收政策规定的，从事符合条件的公共污水处理、公共垃圾处理、沼气综合开发利用、节能减排技术改造、海水淡化等环境保护、节能节水项目的所得，自项目取得第一笔生产经营收入所属纳税年度起，第一年至第三年免征企业所得税，第四年至第六年减半征收企业所得税。本行填报第27＋28＋…＋32行的金额。

27. 第27行"（一）公共污水处理项目"：填报纳税人从事符合条件的公共污水处理项目的减免所得额。

28. 第28行"（二）公共垃圾处理项目"：填报纳税人从事符合条件的公共垃圾处理项目的减免所得额。

29. 第29行"（三）沼气综合开发利用项目"：填报纳税人从事符合条件的沼气综合开发利用项目的减免所得额。

30. 第30行"（四）节能减排技术改造项目"：填报纳税人从事符合条件的节能减排技术改造项目的减免所得额。

31. 第31行"（五）海水淡化项目"：填报纳税人从事符合条件的海水淡化项目的减免所得额。

32. 第32行"（六）其他项目"：填报纳税人从事符合条件的其他项目的减免所得额。

33. 第33行"四、符合条件的技术转让项目"：填报纳税人根据《国家税务总局关于技术转让所得减免企业所得税有关问题的通知》（国税函〔2009〕212号）、《财政部 国家税务总局关于居民企业技术转让有关企业所得税政策问题的通知》（财税〔2010〕111号）、《国家税务总局关于技术转让所得减免企业所得税有关问题的公告》（国家税务总局公告2013年第62号）等相关税收政策规定的，一个纳税年度内，居民企业将其拥有的专利技术、计算机软件著作权、集成电路布图设计权、植物新品种、生物医药新品种，以及财政部和国家税务总局确定的其他技术的所有权或5年以上（含5年）全球独占许可使用权转让取得的所得，不超过500万元的部分，免征企业所得税；超过500万元的部分，减半征收企业所得税。居民企业从直接或间接持有股权之和达到100％的关联方取得的技术转让所得，不享受技术转让减免企业所得税优惠政策。本行第1至6列分别填报，第7列填报第34行＋35行的金额。

34. 第 34 行 "(一) 技术转让所得不超过 500 万元部分": 填报纳税人符合条件的技术转让所得不超过 500 万元的部分, 免征企业所得税。

35. 第 35 行 "(二) 技术转让所得超过 500 万元部分": 填报纳税人符合条件的技术转让所得超过 500 万元的部分, 减半征收企业所得税。

36. 第 36 行 "五、其他专项优惠项目": 填报第 37+38+39 行的金额。

37. 第 37 行 "(一) 实施清洁发展机制项目": 填报纳税人根据《财政部 国家税务总局关于中国清洁发展机制基金及清洁发展机制项目实施企业有关企业所得税政策问题的通知》(财税〔2009〕30 号) 等相关税收政策规定的, 对企业实施的将温室气体减排量转让收入的 65％ 上缴给国家的 HFC 和 PFC 类 CDM 项目, 以及将温室气体减排量转让收入的 30％ 上缴给国家的 N2O 类 CDM 项目, 其实施该类 CDM 项目的所得, 自项目取得第一笔减排量转让收入所属纳税年度起, 第一年至第三年免征企业所得税, 第四年至第六年减半征收企业所得税。

38. 第 38 行 "(二) 符合条件的节能服务公司实施合同能源管理项目": 填报纳税人根据《财政部 国家税务总局关于促进节能服务产业发展增值税营业税和企业所得税政策问题的通知》(财税〔2010〕110 号)、《国家税务总局 国家发展改革委关于落实节能服务企业合同能源管理项目企业所得税优惠政策有关征收管理问题的公告》(国家税务总局 国家发展改革委公告 2013 年第 77 号) 等相关税收政策规定的, 对符合条件的节能服务公司实施合同能源管理项目, 符合企业所得税税法有关规定的, 自项目取得第一笔生产经营收入所属纳税年度起, 第一年至第三年免征企业所得税, 第四年至第六年按照 25％ 的法定税率减半征收企业所得税。

39. 第 39 行 "(三) 其他": 填报纳税人享受的其他专项减免应纳税所得额。

40. 第 40 行 "合计": 填报第 1+17+26+33+36 行的金额。

41. 第 1 列 "项目收入": 填报享受所得减免企业所得税优惠的企业, 该项目取得的收入总额。

42. 第 2 列 "项目成本": 填报享受所得减免企业所得税优惠的企业, 该项目发生的成本总额。

43. 第 3 列 "相关税费": 填报享受所得减免企业所得税优惠的企业, 该项目实际发生的有关税费, 包括除企业所得税和允许抵扣的增值税以外的各项税金及其附加、合同签订费用、律师费等相关费用及其他支出。

44. 第 4 列 "应分摊期间费用": 填报享受所得减免企业所得税优惠的企业, 该项目合理分摊的期间费用。合理分摊比例可以按照投资额、销售收入、资产额、人员工资等参数确定。上述比例一经确定, 不得随意变更。

45. 第 5 列 "纳税调整额": 填报纳税人按照税法规定需要调整减免税项目收入、成本、费用的金额, 调整减少的金额以负数填报。

46. 第 6 列 "项目所得额": 填报第 1-2-3-4+5 列的金额。

47. 第 7 列 "减免所得额": 填报享受所得减免企业所得税优惠的企业, 该项目按照税法规定实际可以享受免征、减征的所得额。本行<0 的, 填写负数。

二、表内、表间关系

(一) 表内关系

1. 第 1 行=第 2+13 行。

2. 第 2 行＝第 3＋4＋…9＋11＋12 行。

3. 第 13 行＝第 14＋15＋16 行。

4. 第 17 行＝第 18＋19＋…＋25 行。

5. 第 26 行＝第 27＋28＋…＋32 行。

6. 第 33 行第 7 列＝第 34 行第 7 列＋第 35 行第 7 列。

7. 第 36 行＝第 37＋38＋39 行。

8. 第 40 行＝第 1＋17＋26＋33＋36 行。

9. 第 6 列＝第 1－2－3－4＋5 列。

（二）表间关系

第 40 行第 7 列＝表 A100000 第 20 行。

A107030《抵扣应纳税所得额明细表》填报说明

本表适用于享受创业投资企业抵扣应纳税所得额优惠的纳税人填报。纳税人根据税法、《国家税务总局关于实施创业投资企业所得税优惠问题的通知》（国税发〔2009〕87 号）、《财政部 国家税务总局关于执行企业所得税优惠政策若干问题的通知》（财税〔2009〕69 号）、《财政部 国家税务总局关于苏州工业园区有限合伙制创业投资企业法人合伙人企业所得税试点政策的通知》（财税〔2012〕67 号）、《国家税务总局关于苏州工业园区有限合伙制创业投资企业法人合伙人企业所得税政策试点有关征收管理问题的公告》（国家税务总局公告 2013 年第 25 号）、《财政部 国家税务总局关于中关村国家自主创新示范区有限合伙制创业投资企业法人合伙人企业所得税试点政策的通知》（财税〔2013〕71 号）等相关税收政策规定，填报本年发生的创业投资企业抵扣应纳税所得额优惠情况。（财税〔2012〕67 号政策执行期限至 2013 年 12 月 31 日，若无延期停止执行）。

一、有关项目填报说明

1. 第 1 行"本年新增的符合条件的股权投资额"：填报创业投资企业采取股权投资方式投资于未上市的中小高新技术企业 2 年以上的，本年新增的符合条件的股权投资额。

2. 第 3 行"本年新增的可抵扣的股权投资额"：本行填报第 1×2 行的金额。

3. 第 4 行"以前年度结转的尚未抵扣的股权投资余额"：填报以前年度符合条件的尚未抵扣的股权投资余额。

4. 第 5 行"本年可抵扣的股权投资额"：本行填报第 3＋4 行的金额。

5. 第 6 行"本年可用于抵扣的应纳税所得额"：本行填报表 A100000 第 19 行－20 行－22 行的金额，若金额小于 0，则填报 0。

6. 第 7 行"本年实际抵扣应纳税所得额"：若第 5 行≤第 6 行，则本行＝第 5 行；第 5 行＞第 6 行，则本行＝第 6 行。

7. 第 8 行"结转以后年度抵扣的股权投资余额"：第 5 行＞第 6 行，则本行＝第 5－7 行；第 5 行≤第 6 行，则本行＝0。

二、表内、表间关系

（一）表内关系

1. 第 3 行＝第 1×2 行。

2. 第 5 行＝第 3＋4 行。

3. 第 7 行：若第 5 行≤第 6 行，则本行＝第 5 行；第 5 行＞第 6 行，则本行＝第 6 行。

4. 第 8 行：第 5 行＞第 6 行，则本行＝第 5－7 行；第 5 行≤第 6 行，则本行＝0。

（二）表间关系

1. 第 6 行＝表 A100000 第 19－20－22 行，若小于 0，则填报 0。

2. 第 7 行＝表 A100000 第 21 行。

A107040《减免所得税优惠明细表》填报说明

本表适用于享受减免所得税优惠的纳税人填报。纳税人根据税法及相关税收政策规定，填报本年发生的减免所得税优惠情况。

一、有关项目填报说明

1. 第 1 行"一、符合条件的小型微利企业"：填报纳税人根据《财政部 国家税务总局关于执行企业所得税优惠政策若干问题的通知》（财税〔2009〕69 号）、《财政部 国家税务总局关于小型微利企业所得税优惠政策有关问题的通知》（财税〔2014〕34 号）、《国家税务总局关于扩大小型微利企业减半征收企业所得税范围有关问题的公告》（国家税务总局公告 2014 年第 23 号）等相关税收政策规定的，从事国家非限制和禁止行业的企业，并符合工业企业，年度应纳税所得额不超过 30 万元，从业人数不超过 100 人，资产总额不超过 3 000 万元；其他企业，年度应纳税所得额不超过 30 万元，从业人数不超过 80 人，资产总额不超过 1 000 万元条件的，减按 20％的税率征收企业所得税。本行填报根据《中华人民共和国企业所得税年度纳税申报表（A 类）》（A100000）第 23 行应纳税所得额计算的减征 5％企业所得税金额。其中对年应纳税所得额低于 10 万元（含 10 万元）的小型微利企业，其所得减按 50％计入应纳税所得额，按 20％的税率缴纳企业所得税，其减按 50％部分换算税款填入本行。

2. 第 2 行"二、国家需要重点扶持的高新技术企业"：填报《高新技术企业优惠情况及明细表》（A107041）第 29 行的金额。

3. 第 3 行"三、减免地方分享所得税的民族自治地方企业"：填报纳税人经民族自治地方所在省、自治区、直辖市人民政府批准，减征或者免征民族自治地方的企业缴纳的企业所得税中属于地方分享的企业所得税金额。

4. 第 4 行"四、其他专项优惠"：填报第 5＋6＋…27 行的金额。

5. 第 5 行"（一）经济特区和上海浦东新区新设立的高新技术企业"：填报纳税人根据《国务院关于经济特区和上海浦东新区新设立高新技术企业实行过渡性税收优惠的通知》（国发〔2007〕40 号）、《财政部 国家税务总局关于贯彻落实国务院关于实施企业所得税过渡优惠政策有关问题的通知》（财税〔2008〕21 号）、《国家税务总局关于实施高新技术企业所得税优惠有关问题的通知》（国税函〔2009〕203 号）等相关税收政策规定的，经济特区和上海浦东新区内，在 2008 年 1 月 1 日（含）之后完成登记注册的国家需要重点扶持的高新技术企业，在经济特区和上海浦东新区内取得的所得，自取得第一笔生产经营收入所属纳税年度起，第一年至第二年免征企业所得税，第三年至第五年按照 25％的法定税率减半征收企业所得税。本行填报根据表 A100000 第 23 行应纳税所得额计算的免征、减征企业所得税金额。

6. 第6行"（二）经营性文化事业单位转制企业"：填报纳税人根据《财政部 国家税务总局关于文化体制改革中经营性文化事业单位转制为企业的若干税收优惠政策的通知》（财税〔2009〕34号）、《财政部 国家税务总局 中宣部关于转制文化企业名单及认定问题的通知》（财税〔2009〕105号）等相关税收政策规定的，从事新闻出版、广播影视和文化艺术的经营性文化事业单位转制为企业，转制注册之日起免征企业所得税。本行填报根据表A100000第23行应纳税所得额计算的免征企业所得税金额。（财税〔2009〕34号、财税〔2009〕105号政策执行期限至2013年12月31日，若无延期停止执行。）

7. 第7行"（三）动漫企业"：填报纳税人根据《文化部 财政部 国家税务总局关于印发〈动漫企业认定管理办法（试行）〉的通知》（文市发〔2008〕51号）、《文化部 财政部 国家税务总局关于实施〈动漫企业认定管理办法（试行）〉有关问题的通知》（文产发〔2009〕18号）、《财政部 国家税务总局关于扶持动漫产业发展有关税收政策问题的通知》（财税〔2009〕65号）等相关税收政策规定的，经认定的动漫企业自主开发、生产动漫产品，可申请享受国家现行鼓励软件产业发展的所得税优惠政策。即在2017年12月31日前自获利年度起，第一年至第二年免征企业所得税，第三年至第五年按照25％的法定税率减半征收企业所得税，并享受至期满为止。本行填报根据表A100000第23行应纳税所得额计算的免征、减征企业所得税金额。

8. 第8行"（四）受灾地区损失严重的企业"：填报纳税人根据《财政部 海关总署 国家税务总局关于支持芦山地震灾后恢复重建有关税收政策问题的通知》（财税〔2013〕58号）第一条第一款等相关税收政策规定的，对芦山受灾地区损失严重的企业，免征企业所得税。本行填报根据表A100000第23行应纳税所得额计算的免征企业所得税金额。

9. 第9行"（五）受灾地区农村信用社"：填报纳税人根据《财政部 国家税务总局关于汶川地震灾区农村信用社企业所得税有关问题的通知》（财税〔2010〕3号）、《财政部 海关总署 国家税务总局关于支持玉树地震灾后恢复重建有关税收政策问题的通知》（财税〔2010〕59号）第一条第三款、《财政部 海关总署 国家税务总局关于支持舟曲灾后恢复重建有关税收政策问题的通知》（财税〔2010〕107号）第一条第三款、《财政部 海关总署 国家税务总局关于支持芦山地震灾后恢复重建有关税收政策问题的通知》（财税〔2013〕58号）第一条第三款等相关税收政策规定的，对汶川地震灾区、玉树受灾地区、舟曲灾区、芦山受灾地区农村信用社免征企业所得税。本行填报根据表A100000第23行应纳税所得额计算的免征企业所得税金额。

10. 第10行"（六）受灾地区的促进就业企业"：填报纳税人根据《财政部 海关总署 国家税务总局关于支持芦山地震灾后恢复重建有关税收政策问题的通知》（财税〔2013〕58号）第五条第一款等相关税收政策规定的，芦山受灾地区的商贸企业、服务型企业（除广告业、房屋中介、典当、桑拿、按摩、氧吧外）、劳动就业服务企业中的加工型企业和街道社区具有加工性质的小型企业实体在新增加的就业岗位中，招用当地因地震灾害失去工作的人员，与其签订1年以上期限劳动合同并依法缴纳社会保险费的，经县级人力资源和社会保障部门认定，按实际招用人数和实际工作时间予以定额依次扣减增值税、营业税、城市维护建设税、教育费附加和企业所得税。定额标准为每人每年4000元，可上下浮动20％，由四川省人民政府根据当地实际情况具体确定。按上述标准计算的税收抵扣额应在企业当年实际应缴纳的增值税、营业税、城市维护建设税、教育费附加和企业所得税税额中扣减，当年扣减不足的，不得结转下年使用。本行填报根据表 A100000 第 23 行应纳税所得额计算的减征企业所得税金额。

11. 第 11 行"（七）技术先进型服务企业"：填报纳税人根据《财政部 国家税务总局 商务部 科技部 国家发展改革委关于技术先进型服务企业有关企业所得税政策问题的通知》（财税〔2010〕65 号）等相关税收政策规定的，对经认定的技术先进型服务企业，减按 15％的税率征收企业所得税。本行填报根据表 A100000 第 23 行应纳税所得额计算的减征 10％企业所得税金额。（财税〔2010〕65 号政策执行期限至 2013 年 12 月 31 日，若无延期停止执行。）

12. 第 12 行"（八）新疆困难地区新办企业"：填报纳税人根据《财政部 国家税务总局关于新疆困难地区新办企业所得税优惠政策的通知》（财税〔2011〕53 号）、《财政部 国家税务总局 国家发展改革委 工业和信息化部关于公布新疆困难地区重点鼓励发展产业企业所得税优惠目录（试行）的通知》（财税〔2011〕60 号）等相关税收政策规定的，对在新疆困难地区新办的属于《新疆困难地区重点鼓励发展产业企业所得税优惠目录》范围内的企业，自取得第一笔生产经营收入所属纳税年度起，第一年至第二年免征企业所得税，第三年至第五年减半征收企业所得税。本行填报根据表 A100000 第 23 行应纳税所得额计算的免征、减征企业所得税金额。

13. 第 13 行"（九）新疆喀什、霍尔果斯特殊经济开发区新办企业"：填报纳税人根据《财政部 国家税务总局 国家发展改革委 工业和信息化部关于公布新疆困难地区重点鼓励发展产业企业所得税优惠目录（试行）的通知》（财税〔2011〕60 号）、《财政部 国家税务总局关于新疆喀什 霍尔果斯两个特殊经济开发区企业所得税优惠政策的通知》（财税〔2011〕112 号）等相关税收政策规定的，对在新疆喀什、霍尔果斯两个特殊经济开发区内新办的属于《新疆困难地区重点鼓励发展产业企业所得税优惠目录》范围内的企业，自取得第一笔生产经营收入所属纳税年度起，五年内免征企业所得税。本行填报根据表 A100000 第 23 行应纳税所得额计算的免征企业所得税金额。

14. 第 14 行"（十）支持和促进重点群体创业就业企业"：填报纳税人根据《财政部 国家税务总局关于支持和促进就业有关税收政策的通知》（财税〔2010〕84 号）、《财政部 国家税务总局 人力资源社会保障部关于继续实施支持和促进重点群体就业有关税收政策的通知》（财税〔2014〕39 号）、《财政部 国家税务总局 民政部关于调整完善扶持自主就业退役士兵创业就业有关税收政策的通知》（财税〔2014〕42 号）等相关税收政策规定的，可在当年扣减的企业所得税税额。本行填报政策规定减征企业所得税金额。

15. 第 15 行"（十一）集成电路线宽小于 0.8 微米（含）的集成电路生产企业"：填报纳税人根据《财政部 国家税务总局关于企业所得税若干优惠政策的通知》（财税〔2008〕1 号）、《财政部 国家税务总局关于进一步鼓励软件产业和集成电路产业发展企业所得税政策的通知》（财税〔2012〕27 号）、《国家税务总局关于软件和集成电路企业认定管理有关问题的公告》（国家税务总局公告 2012 年第 19 号）、《国家税务总局关于执行软件企业所得税优惠政策有关问题的公告》（国家税务总局公告 2013 年第 43 号）等相关税收政策规定的，集成电路线宽小于 0.8 微米（含）的集成电路生产企业，经认定后，在 2017 年 12 月 31 日前自获利年度起计算优惠期，第一年至第二年免征企业所得税，第三年至第五年按照 25％的法定税率减半征收企业所得税，并享受至期满为止。本行填报根据表 A100000 第 23 行应纳税所得额计算的免征、减征企业所得税金额。

16. 第 16 行"（十二）集成电路线宽小于 0.25 微米的集成电路生产企业"：填报纳税人根据《财政部 国家税务总局关于企业所得税若干优惠政策的通知》（财税〔2008〕1 号）、《财政部 国家税务总局关于进一步鼓励软件产业和集成电路产业发展企业所得税政策的通知》（财税〔2012〕27 号）、《国家税务总局关于软件和集成电路企业认定管理有关问题的公告》（国家税务总局公告 2012 年第 19 号）、《国家税务总局关于执行软件企业所得税优惠政策有关问题的公告》（国家税务总局公告 2013 年第 43 号）等相关税收政策规定的，集成电路线宽小于 0.25 微米的集成电路生产企业，经认定后，减按 15% 的税率征收企业所得税，其中经营期在 15 年以上的，在 2017 年 12 月 31 日前自获利年度起计算优惠期，第一年至第五年免征企业所得税，第六年至第十年按照 25% 的法定税率减半征收企业所得税，并享受至期满为止。本行填报根据表 A100000 第 23 行应纳税所得额计算的免征、减征企业所得税部分。

17. 第 17 行"（十三）投资额超过 80 亿元人民币的集成电路生产企业"：填报纳税人根据《财政部 国家税务总局关于企业所得税若干优惠政策的通知》（财税〔2008〕1 号）、《财政部 国家税务总局关于进一步鼓励软件产业和集成电路产业发展企业所得税政策的通知》（财税〔2012〕27 号）、《国家税务总局关于软件和集成电路企业认定管理有关问题的公告》（国家税务总局公告 2012 年第 19 号）、《国家税务总局关于执行软件企业所得税优惠政策有关问题的公告》（国家税务总局公告 2013 年第 43 号）等相关税收政策规定的，投资额超过 80 亿元的集成电路生产企业，经认定后，减按 15% 的税率征收企业所得税，其中经营期在 15 年以上的，在 2017 年 12 月 31 日前自获利年度起计算优惠期，第一年至第五年免征企业所得税，第六年至第十年按照 25% 的法定税率减半征收企业所得税，并享受至期满为止。本行填报根据表 A100000 第 23 行应纳税所得额计算的免征、减征企业所得税金额。

18. 第 18 行"（十四）新办集成电路设计企业"：填报《软件、集成电路企业优惠情况及明细表》（A107042）第 41 行的金额。

19. 第 19 行"（十五）国家规划布局内重点集成电路设计企业"：填报纳税人根据《财政部 国家税务总局关于进一步鼓励软件产业和集成电路产业发展企业所得税政策的通知》（财税〔2012〕27 号）、《国家税务总局关于软件和集成电路企业认定管理有关问题的公告》（国家税务总局公告 2012 年第 19 号）、《国家发改委 工业和信息化部 财政部 商务部 国家税务总局关于印发〈国家规划布局内重点软件企业和集成电路设计企业认定管理试行办法〉的通知》（发改高技〔2012〕2413 号）、《国家税务总局关于执行软件企业所得税优惠政策有关问题的公告》（国家税务总局公告 2013 年第 43 号）、《工业和信息化部 国家发展和改革委员会 财政部 国家税务总局关于印发〈软件企业认定管理办法〉的通知》（工信部联软〔2013〕64 号）、《工业和信息化部 国家发展和改革委员会 财政部 国家税务总局关于印发〈集成电路设计企业认定管理办法〉的通知》（工信部联电子〔2013〕487 号）等相关税收政策规定的，国家规划布局内的重点集成电路设计企业，如当年未享受免税优惠的，可减按 10% 的税率征收企业所得税。本行填报根据表 A100000 第 23 行应纳税所得额计算的减征 15% 企业所得税金额。

20. 第 20 行"（十六）符合条件的软件企业"：填报《软件、集成电路企业优惠情况及明细表》(A107042) 第 41 行的金额。

21. 第 21 行"(十七) 国家规划布局内重点软件企业":填报纳税人根据《财政部 国家税务总局关于进一步鼓励软件产业和集成电路产业发展企业所得税政策的通知》(财税〔2012〕27 号)、《国家税务总局关于软件和集成电路企业认定管理有关问题的公告》(国家税务总局公告 2012 年第 19 号)、《国家发改委 工业和信息化部 财政部 商务部 国家税务总局关于印发〈国家规划布局内重点软件企业和集成电路设计企业认定管理试行办法〉的通知》(发改高技〔2012〕2413 号)、《国家税务总局关于执行软件企业所得税优惠政策有关问题的公告》(国家税务总局公告 2013 年第 43 号)、《工业和信息化部 国家发展和改革委员会 财政部 国家税务总局关于印发〈软件企业认定管理办法〉的通知》(工信部联软〔2013〕64 号)、《工业和信息化部 国家发展和改革委员会 财政部 国家税务总局关于印发〈集成电路设计企业认定管理办法〉的通知》(工信部联电子〔2013〕487 号)等相关税收政策规定的,国家规划布局内的重点软件企业,如当年未享受免税优惠的,可减按 10% 的税率征收企业所得税。本行填报根据表 A100000 第 23 行应纳税所得额计算的减征 15% 企业所得税金额。

22. 第 22 行"(十八) 设在西部地区的鼓励类产业企业":填报纳税人根据《财政部 海关总署 国家税务总局关于深入实施西部大开发战略有关税收政策问题的通知》(财税〔2011〕58 号)、《国家税务总局关于深入实施西部大开发战略有关企业所得税问题的公告》(国家税务总局公告 2012 第 12 号)、《财政部 海关总署 国家税务总局关于赣州市执行西部大开发税收政策问题的通知》(财税〔2013〕4 号)等相关税收政策规定的,对设在西部地区的鼓励类产业企业减按 15% 的税率征收企业所得税;对设在赣州市的鼓励类产业的内资企业和外商投资企业减按 15% 的税率征收企业所得税。本行填报根据表 A100000 第 23 行应纳税所得额计算的减征 10% 企业所得税金额。

23. 第 23 行"(十九) 符合条件的生产和装配伤残人员专门用品企业":填报纳税人根据《财政部 国家税务总局 民政部关于生产和装配伤残人员专门用品企业免征企业所得税的通知》(财税〔2011〕81 号)等相关税收政策规定的,符合条件的生产和装配伤残人员专门用品的企业免征企业所得税。本行填报根据表 A100000 第 23 行应纳税所得额计算的免征企业所得税金额。

24. 第 24 行"(二十) 中关村国家自主创新示范区从事文化产业支撑技术等领域的高新技术企业":填报纳税人根据《科技部 财政部 国家税务总局关于印发〈高新技术企业认定管理办法〉的通知》(国科发火〔2008〕172 号)、《科学技术部 财政部 国家税务总局关于印发〈高新技术企业认定管理工作指引〉的通知》(国科发火〔2008〕362 号)、《财政部 海关总署 国家税务总局关于支持文化企业发展若干税收政策问题的通知》(财税〔2009〕31 号)、《科技部 财政部 税务总局关于在中关村国家自主创新示范区开展高新技术企业认定中文化产业支撑技术等领域范围试点的通知》(国科发高〔2013〕595 号)、《科技部 财政部 国家税务总局关于在中关村国家自主创新示范区完善高新技术企业认定中文化产业支撑技术等领域范围的通知》(国科发火〔2014〕20 号)等相关税收政策规定的,中关村国家自主创新示范区从事文化产业支撑技术等领域的企业,按规定认定为高新技术企业的,减按 15% 税率征收企业所得税。本行填报根据表 A100000 第 23 行应纳税所得额计算的减征 10% 企业所得税金额。

25. 第 25 行"(二十一) 享受过渡期税收优惠企业":填报纳税人符合国务院规定以及

经国务院批准给予过渡期税收优惠政策。本行填报根据表 A100000 第 23 行应纳税所得额计算的免征、减征企业所得税金额。

26. 第 26 行"（二十二）横琴新区、平潭综合实验区和前海深港现代化服务业合作区企业"：填报纳税人根据《财政部 国家税务总局关于广东横琴新区、福建平潭综合实验区、深圳前海深港现代化服务业合作区企业所得税优惠政策及优惠目录的通知》（财税〔2014〕26 号）等相关税收政策规定的，设在横琴新区、平潭综合实验区和前海深港现代化服务业合作区的鼓励类产业企业减按 15％的税率征收企业所得税。本行填报根据表 A100000 第 23 行应纳税所得额计算的减征 10％企业所得税金额。

27. 第 27 行"（二十三）其他"：填报国务院根据税法授权制定的其他税收优惠政策。

28. 第 28 行"五、减：项目所得额按法定税率减半征收企业所得税叠加享受减免税优惠"：填报纳税人从事农林牧渔业项目、国家重点扶持的公共基础设施项目、符合条件的环境保护、节能节水项目、符合条件的技术转让、其他专项优惠等所得额应按法定税率 25％减半征收，且同时为符合条件的小型微利企业、国家需要重点扶持的高新技术企业、技术先进型服务企业、集成电路线宽小于 0.25 微米或投资额超过 80 亿元人民币的集成电路生产企业、国家规划布局内重点软件企业和集成电路设计企业、设在西部地区的鼓励类产业企业、中关村国家自主创新示范区从事文化产业支撑技术等领域的高新技术企业等可享受税率优惠的企业，由于申报表填报顺序，按优惠税率 15％减半叠加享受减免税优惠部分，应在本行对该部分金额进行调整。

29. 第 29 行"合计"：金额等于第 1＋2＋3＋4－28 行。

二、表内、表间关系

（一）表内关系

1. 第 4 行＝第 5＋6＋…27 行。

2. 第 29 行＝第 1＋2＋3＋4－28 行。

（二）表间关系

1. 第 2 行＝表 A107041 第 29 行。

2. 第 18 行＝表 A107042 第 41 行。

3. 第 20 行＝表 A107042 第 41 行。

4. 第 29 行＝表 A100000 第 26 行。

A107041《高新技术企业优惠情况及明细表》填报说明

本表适用于享受高新技术企业优惠的纳税人填报。纳税人根据税法、《科技部 财政部 国家税务总局关于印发〈高新技术企业认定管理办法〉的通知》（国科发火〔2008〕172 号）、《科学技术部 财政部 国家税务总局关于印发〈高新技术企业认定管理工作指引〉的通知》（国科发火〔2008〕362 号）、《国家税务总局关于实施高新技术企业所得税优惠有关问题的通知》（国税函〔2009〕203 号）等相关税收政策规定，填报本年发生的高新技术企业优惠情况。

一、有关项目填报说明

1. 第 1 行"高新技术企业证书编号"：填报纳税人高新技术企业证书上的编号；"高新

技术企业证书取得时间": 填报纳税人高新技术企业证书上的取得时间。

2. 第 2 行"产品（服务）属于《国家重点支持的高新技术领域》规定的范围": 填报纳税人产品（服务）属于《国家重点支持的高新技术领域》中的具体范围名称，填报至三级明细；"是否发生重大安全、质量事故": 纳税人按实际情况选择"是"或者"否"。

3. 第 3 行"是否有环境等违法、违规行为，受到有关部门处罚的"、"是否发生偷骗税行为": 纳税人按实际情况选择"是"或者"否"。

4. 第 5 行"一、本年高新技术产品（服务）收入": 填报第 6＋7 行的金额。

5. 第 6 行"其中: 产品（服务）收入": 填报纳税人本年符合《国家重点支持的高新技术领域》要求的产品（服务）收入。

6. 第 7 行"技术性收入": 填报纳税人本年符合《国家重点支持的高新技术领域》要求的技术性收入的总和。

7. 第 8 行"二、本年企业总收入": 填报纳税人本年以货币形式和非货币形式从各种来源取得的收入，为税法第六条规定的收入总额。包括: 销售货物收入，提供劳务收入，转让财产收入，股息、红利等权益性投资收益，利息收入，租金收入，特许权使用费收入，接受捐赠收入，其他收入。

8. 第 9 行"三、本年高新技术产品（服务）收入占企业总收入的比例": 填报第 5÷8 行的比例。

9. 第 10 行"四、本年具有大学专科以上学历的科技人员数": 填报纳税人具有大学专科以上学历的，且在企业从事研发活动和其他技术活动的，本年累计实际工作时间在 183 天以上的人员数。包括: 直接科技人员及科技辅助人员。

10. 第 11 行"五、本年研发人员数": 填报纳税人本年研究人员、技术人员和辅助人员三类人员合计数，具体包括企业内主要从事研究开发项目的专业人员；具有工程技术、自然科学和生命科学中一个或一个以上领域的技术知识和经验，在研究人员指导下参与部分工作（包括关键资料的收集整理、编制计算机程序、进行实验、测试和分析、为实验、测试和分析准备材料和设备、记录测量数据、进行计算和编制图表、从事统计调查等）的人员；参与研究开发活动的熟练技工。

11. 第 12 行"六、本年职工总数": 填报纳税人本年职工总数。

12. 第 13 行"七、本年具有大学专科以上学历的科技人员占企业当年职工总数的比例": 填报第 10÷12 行的比例。

13. 第 14 行"八、本年研发人员占企业当年职工总数的比例": 填报第 11÷12 行的比例。

14. 第 15 行"九、本年归集的高新研发费用金额": 填报第 16＋25 行的金额。

15. 第 16 行"（一）内部研究开发投入": 填报第 17＋18＋19＋20＋21＋22＋24 行的金额。

16. 第 17 行"1. 人员人工": 填报纳税人从事研究开发活动人员（也称研发人员）全年工资薪金，包括基本工资、奖金、津贴、补贴、年终加薪、加班工资以及与其任职或者受雇有关的其他支出。

17. 第 18 行"2. 直接投入": 填报纳税人为实施研究开发项目而购买的原材料等相关支出。如: 水和燃料（包括煤气和电）使用费等；用于中间试验和产品试制达不到固定资产标准的模具、样品、样机及一般测试手段购置费、试制产品的检验费等；用于研究开发活动的仪器设备的简单维护费；以经营租赁方式租入的固定资产发生的租赁费等。

18．第 19 行"3．折旧费用与长期待摊费用"：填报纳税人为执行研究开发活动而购置的仪器和设备以及研究开发项目在用建筑物的折旧费用，包括研发设施改建、改装、装修和修理过程中发生的长期待摊费用。

19．第 20 行"4．设计费用"：填报纳税人为新产品和新工艺的构思、开发和制造，进行工序、技术规范、操作特性方面的设计等发生的费用。

20．第 21 行"5．装备调试费"：填报纳税人工装准备过程中研究开发活动所发生的费用（如研制生产机器、模具和工具，改变生产和质量控制程序，或制定新方法及标准等）。需特别注意的是：为大规模批量化和商业化生产所进行的常规性工装准备和工业工程发生的费用不能计入。

21．第 22 行"6．无形资产摊销"：填报纳税人因研究开发活动需要购入的专有技术（包括专利、非专利发明、许可证、专有技术、设计和计算方法等）所发生的费用摊销。

22．第 23 行"7．其他费用"：填报纳税人为研究开发活动所发生的其他费用，如办公费、通讯费、专利申请维护费、高新科技研发保险费等。

23．第 24 行"其中：可计入研发费用的其他费用"：填报纳税人为研究开发活动所发生的其他费用中不超过研究开发总费用的 10% 的金额。

24．第 25 行"（二）委托外部研究开发费用"：填报第 26＋27 行的金额。

25．第 26 行"1．境内的外部研发费"：填报纳税人委托境内的企业、大学、转制院所、研究机构、技术专业服务机构等进行的研究开发活动所支出的费用，按照委托外部研究开发费用发生额的 80% 计入研发费用总额。其中，企业在中国境内发生的研究开发费用总额占全部研究开发费用总额的比例不低于 60%。

26．第 27 行"2．境外的外部研发费"：填报纳税人委托境外机构完成的研究开发活动所发生的费用，按照委托外部研究开发费用发生额的 80% 计入研发费用总额。

27．第 28 行"十、本年研发费用占销售（营业）收入比例"：填报纳税人本年研发费用占销售（营业）收入的比例。

28．第 29 行"减免税金额"：填报按照表 A100000 第 23 行应纳税所得额计算的减征 10% 企业所得税金额。

二、表内、表间关系

（一）表内关系

1．第 5 行＝第 6＋7 行。

2．第 9 行＝第 5÷8 行。

3．第 13 行＝第 10÷12 行。

4．第 14 行＝第 11÷12 行。

5．第 15 行＝第 16＋25 行。

6．第 16 行＝第 17＋18＋19＋20＋21＋22＋24 行。

7．第 25 行＝第 26＋27 行。

（二）表间关系

第 29 行＝表 A107040 第 2 行。

A107042《软件、集成电路企业优惠情况及明细表》填报说明

本表适用于享受软件、集成电路企业优惠的纳税人填报。纳税人根据税法、《财政部 国家税务总局关于进一步鼓励软件产业和集成电路产业发展企业所得税政策的通知》（财税〔2012〕27 号）、《国家税务总局关于软件和集成电路企业认定管理有关问题的公告》（国家税务总局公告 2012 年第 19 号）、《工业和信息化部 国家发展和改革委员会 财政部 国家税务总局关于印发〈软件企业认定管理办法〉的通知》（工信部联软〔2013〕64 号）、《工业和信息化部 国家发展和改革委员会 财政部 国家税务总局关于印发〈集成电路设计企业认定管理办法〉的通知》（工信部联电子〔2013〕487 号）、《国家税务总局关于执行软件企业所得税优惠政策有关问题的公告》（国家税务总局公告 2013 年第 43 号）等相关税收政策规定，填报本年发生的软件、集成电路企业优惠情况。

一、有关项目填报说明

1. 本表"关键指标情况"第 6 至 29 行由 2011 年 1 月 1 日以后成立企业填报，第 31 至 40 行由 2011 年 1 月 1 日以前成立企业填报，其余行次均需填报。

2. 第 1 行"企业成立日期"：填报纳税人办理工商登记日期；"软件企业证书取得日期"：填报纳税人软件企业证书上的取得日期。

3. 第 2 行"软件企业认定证书编号"：填报纳税人软件企业证书上的软件企业认定编号；"软件产品登记证书编号"：填报纳税人软件产品登记证书上的产品登记证号。

4. 第 3 行"计算机信息系统集成资质等级认定证书编号"：填报纳税人的计算机信息系统集成资质等级认定证号；"集成电路生产企业认定文号"：填报纳税人集成电路生产企业认定的文号。

5. 第 4 行"集成电路设计企业认定证书编号"：填报纳税人集成电路设计企业认定证书编号。

6. 第 6 行"一、企业本年月平均职工总人数"：填报表《企业基础信息表》（A000000）"104 从业人数"。

7. 第 7 行"其中：签订劳动合同关系且具有大学专科以上学历的职工人数"：填报纳税人本年签订劳动合同关系且具有大学专科以上学历的职工人数。

8. 第 8 行"二、研究开发人员人数"：填报纳税人本年研究开发人员人数。

9. 第 9 行"三、签订劳动合同关系且具有大学专科以上学历的职工人数占企业本年月平均职工总人数的比例"：填报第 7÷6 行的比例。

10. 第 10 行"四、研究开发人员占企业本年月平均职工总数的比例"：填报第 8÷6 行的比例。

11. 第 11 行"五、企业收入总额"：填报纳税人本年以货币形式和非货币形式从各种来源取得的收入，为税法第六条规定的收入总额。包括：销售货物收入，提供劳务收入，转让财产收入，股息、红利等权益性投资收益，利息收入，租金收入，特许权使用费收入，接受捐赠收入，其他收入。

12. 第 12 行"六、集成电路制造销售（营业）收入"：填报纳税人本年集成电路企业制造销售（营业）收入。

13. 第13行"七、集成电路制造销售（营业）收入占企业收入总额的比例"：填报第12÷11行的比例。

14. 第14行"八、集成电路设计销售（营业）收入"：填报纳税人本年集成电路设计销售（营业）收入。

15. 第15行"其中：集成电路自主设计销售（营业）收入"：填报纳税人本年集成电路自主设计销售（营业）收入。

16. 第16行"九、集成电路设计企业的集成电路设计销售（营业）收入占企业收入总额的比例"：填报第14÷11行的比例。

17. 第17行"十、集成电路自主设计销售（营业）收入占企业收入总额的比例"：填报第15÷11行的比例。

18. 第18行"十一、软件产品开发销售（营业）收入"：填报纳税人本年软件产品开发销售（营业）收入。

19. 第19行"其中：嵌入式软件产品和信息系统集成产品开发销售（营业）收入"：填报纳税人本年嵌入式软件产品和信息系统集成产品开发销售（营业）收入。

20. 第20行"十二、软件产品自主开发销售（营业）收入"：填报纳税人本年软件产品自主开发销售（营业）收入。

21. 第21行"其中：嵌入式软件产品和信息系统集成产品自主开发销售（营业）收入"：填报纳税人本年嵌入式软件产品和信息系统集成产品自主开发销售（营业）收入。

22. 第22行"十三、软件企业的软件产品开发销售（营业）收入占企业收入总额的比例"：填报第18÷11行的比例。

23. 第23行"十四、嵌入式软件产品和信息系统集成产品开发销售（营业）收入占企业收入总额的比例"：填报第19÷11行的比例。

24. 第24行"十五、软件产品自主开发销售（营业）收入占企业收入总额的比例"：填报第20÷11行的比例。

25. 第25行"十六、嵌入式软件产品和信息系统集成产品自主开发销售（营业）收入占企业收入总额的比例"：填报第21÷11行的比例。

26. 第26行"十七、研究开发费用总额"：填报纳税人本年按照《国家税务总局关于印发〈企业研究开发费用税前扣除管理办法（试行）〉的通知》（国税发〔2008〕116号）归集的研究开发费用总额。

27. 第27行"其中：企业在中国境内发生的研究开发费用金额"：填报纳税人本年在中国境内发生的研究开发费用金额。

28. 第28行"十八、研究开发费用总额占企业销售（营业）收入总额的比例"：填报纳税人本年研究开发费用总额占企业销售（营业）收入总额的比例。

29. 第29行"十九、企业在中国境内发生的研究开发费用金额占研究开发费用总额的比例"：填报第27÷26行的比例

30. 第31行"二十、企业职工总数"：填报纳税人本年职工总数。

31. 第32行"二十一、从事软件产品开发和技术服务的技术人员"：填报纳税人本年从事软件产品开发和技术服务的技术人员人数。

32. 第33行"二十二、从事软件产品开发和技术服务的技术人员占企业职工总数的比

例"：填报第 32÷31 行的比例。

33. 第 34 行"二十三、企业年总收入"：填报纳税人本年以货币形式和非货币形式从各种来源取得的收入，为税法第六条规定的收入总额。包括：销售货物收入，提供劳务收入，转让财产收入，股息、红利等权益性投资收益，利息收入，租金收入，特许权使用费收入，接受捐赠收入，其他收入。

34. 第 35 行"其中：企业年软件销售收入"：填报纳税人本年软件销售收入。

35. 第 36 行"其中：自产软件销售收入"：填报纳税人本年销售自主开发软件取得的收入。

36. 第 37 行"二十四、软件销售收入占企业年总收入比例"：填报第 35÷34 行的比例。

37. 第 38 行"二十五、自产软件收入占软件销售收入比例"：填报第 36÷35 行的比例。

38. 第 39 行"二十六、软件技术及产品的研究开发经费"：填报纳税人本年用于软件技术及产品的研究开发经费。

39. 第 40 行"二十七、软件技术及产品的研究开发经费占企业年软件收入比例"：填报第 39÷35 行的金额。

40. 第 41 行"减免税金额"：填报按照表 A100000 第 23 行应纳税所得额计算的免征、减征企业所得税金额。

二、表内、表间关系

（一）表内关系

1. 第 9 行＝第 7÷6 行。
2. 第 10 行＝第 8÷6 行。
3. 第 13 行＝第 12÷11 行。
4. 第 16 行＝第 14÷11 行。
5. 第 17 行＝第 15÷11 行。
6. 第 22 行＝第 18÷11 行。
7. 第 23 行＝第 19÷11 行。
8. 第 24 行＝第 20÷11 行。
9. 第 25 行＝第 21÷11 行。
10. 第 29 行＝第 27÷26 行。
11. 第 33 行＝第 32÷31 行。
12. 第 37 行＝第 35÷34 行。
13. 第 38 行＝第 36÷35 行。
14. 第 40 行＝第 39÷35 行。

（二）表间关系

第 41 行＝表 A107040 第 18 行或 20 行。

A107050《税额抵免优惠明细表》填报说明

本表适用于享受专用设备投资额抵免优惠的纳税人填报。纳税人根据税法、《财政部 国家税务总局关于执行环境保护专用设备企业所得税优惠目录、节能节水专用设备企业所得税优惠目录和安全生产专用设备企业所得税优惠目录有关问题的通知》（财税〔2008〕48 号）、

《财政部 国家税务总局 国家发展改革委关于公布节能节水专用设备企业所得税优惠目录（2008 年版）和环境保护专用设备企业所得税优惠目录（2008 年版）的通知》（财税〔2008〕115 号）、《财政部 国家税务总局 安全监管总局关于公布〈安全生产专用设备企业所得税优惠目录（2008 年版）〉的通知》（财税〔2008〕118 号）、《财政部 国家税务总局关于执行企业所得税优惠政策若干问题的通知》（财税〔2009〕69 号）、《国家税务总局关于环境保护、节能节水、安全生产等专用设备投资抵免企业所得税有关问题的通知》（国税函〔2010〕256 号）等相关税收政策规定，填报本年发生的专用设备投资额抵免优惠情况。

一、有关项目填报说明

1. 第 1 列"年度"：填报公历年份。第 6 行为本年，第 5 至第 1 行依次填报。

2. 第 2 列"本年抵免前应纳税额"：填报纳税人《中华人民共和国企业所得税年度纳税申报表（A 类）》（A100000）第 25 行"应纳所得税额"减第 26 行"减免所得税额"后的金额。2009—2013 年度的"当年抵免前应纳税额"：填报原《企业所得税年度纳税申报表（A 类）》第 27 行"应纳所得税额"减第 28 行"减免所得税额"后的金额。

3. 第 3 列"本年允许抵免的专用设备投资额"：填报纳税人本年购置并实际使用《环境保护专用设备企业所得税优惠目录》、《节能节水专用设备企业所得税优惠目录》和《安全生产专用设备企业所得税优惠目录》规定的环境保护、节能节水、安全生产等专用设备的发票价税合计金额，但不包括允许抵扣的增值税进项税额、按有关规定退还的增值税税款以及设备运输、安装和调试等费用。

4. 第 4 列"本年可抵免税额"：填报第 3 列×10% 的金额。

5. 第 5 至 9 列"以前年度已抵免额"：填报纳税人以前年度已抵免税额，其中前五年度、前四年度、前三年度、前二年度、前一年度与"项目"列中的前五年度、前四年度、前三年度、前二年度、前一年度相对应。

6. 第 10 列"以前年度已抵免额—小计"：填报第 5+6+7+8+9 列的金额。

7. 第 11 列"本年实际抵免的各年度税额"：第 1 至 6 行填报纳税人用于依次抵免前 5 年度及本年尚未抵免的税额，第 11 列小于等于第 4—10 列，且第 11 列第 1 至 6 行合计数不得大于第 6 行第 2 列的金额。

8. 第 12 列"可结转以后年度抵免的税额"：填报第 4—10—11 列的金额。

9. 第 7 行第 11 列"本年实际抵免税额合计"：填报第 11 列第 1+2+…+6 行的金额。

10. 第 8 行第 12 列"可结转以后年度抵免的税额合计"：填报第 12 列第 2+3+…+6 行的金额。

11. 第 9 行"本年允许抵免的环境保护专用设备投资额"：填报纳税人本年购置并实际使用《环境保护专用设备企业所得税优惠目录》规定的环境保护专用设备的发票价税合计价格，但不包括允许抵扣的增值税进项税额、按有关规定退还的增值税税款以及设备运输、安装和调试等费用。

12. 第 10 行"本年允许抵免节能节水的专用设备投资额"：填报纳税人本年购置并实际使用《节能节水专用设备企业所得税优惠目录》规定的节能节水等专用设备的发票价税合计价格，但不包括允许抵扣的增值税进项税额、按有关规定退还的增值税税款以及设备运输、安装和调试等费用。

13. 第 11 行"本年允许抵免的安全生产专用设备投资额"：填报纳税人本年购置并实

使用《安全生产专用设备企业所得税优惠目录》规定的安全生产等专用设备的发票价税合计价格，但不包括允许抵扣的增值税进项税额、按有关规定退还的增值税税款以及设备运输、安装和调试等费用。

二、表内、表间关系

（一）表内关系

1. 第 4 列＝第 3 列×10％。
2. 第 10 列＝第 5＋6＋…＋9 列。
3. 第 11 列≤第 4－10 列。
4. 第 12 列＝第 4－10－11 列。
5. 第 7 行第 11 列＝第 11 列第 1＋2＋…＋6 行。
6. 第 8 行第 12 列＝第 12 列第 2＋3＋…＋6 行。

（二）表间关系

1. 第 7 行第 11 列≤表 A100000 第 25－26 行。
2. 第 7 行第 11 列＝表 A100000 第 27 行。
3. 第 2 列＝表 A100000 第 25 行－表 A100000 第 26 行。

2009—2013 年度：第 2 列＝原《企业所得税年度纳税申报表（A 类）》第 27－28 行。

A108000《境外所得税收抵免明细表》填报说明

本表适用于取得境外所得的纳税人填报。纳税人应根据税法、《财政部 国家税务总局关于企业境外所得税收抵免有关问题的通知》（财税〔2009〕125 号）和《国家税务总局关于发布〈企业境外所得税收抵免操作指南〉的公告》（国家税务总局公告 2010 年第 1 号）规定，填报本年来源于或发生于不同国家、地区的所得按照税收规定计算应缴纳和应抵免的企业所得税。对于我国石油企业在境外从事油（气）资源开采的，其境外应纳税所得额、可抵免境外所得税额和抵免限额按照《财政部 国家税务总局关于我国石油企业从事油（气）资源开采所得税收抵免有关问题的通知》（财税〔2011〕23 号）文件规定计算填报。

一、有关项目填报说明

1. 第 1 列"国家（地区）"：填报纳税人境外所得来源的国家（地区）名称，来源于同一国家（地区）的境外所得合并到一行填报。

2. 第 2 列"境外税前所得"：填报《境外所得纳税调整后所得明细表》（A108010）第 14 列的金额。

3. 第 3 列"境外所得纳税调整后所得"：填报表 A108010 第 18 列的金额。

4. 第 4 列"弥补境外以前年度亏损"：填报《境外分支机构弥补亏损明细表》（A108020）第 4 列和第 13 列的合计金额。

5. 第 5 列"境外应纳税所得额"：填报第 3－4 列的金额。

6. 第 6 列"抵减境内亏损"：填报纳税人境外所得按照税法规定抵减境内的亏损额。

7. 第 7 列"抵减境内亏损后的境外应纳税所得额"：填报第 5－6 列的金额。

8. 第 8 列"税率"：填报法定税率 25％。符合《财政部 国家税务总局关于高新技术企业境外所得适用税率及税收抵免问题的通知》（财税〔2011〕47 号）第一条规定的高新技术企业填报 15％。

9. 第 9 列"境外所得应纳税额"：填报第 7×8 列的金额。

10. 第 10 列"境外所得可抵免税额"：填报表 A108010 第 13 列的金额。

11. 第 11 列"境外所得抵免限额"：境外所得抵免限额按以下公式计算：

抵免限额＝中国境内、境外所得依照企业所得税法和条例的规定计算的应纳税总额×来源于某国（地区）的应纳税所得额÷中国境内、境外应纳税所得总额。

12. 第 12 列"本年可抵免境外所得税额"：填报纳税人本年来源于境外的所得已缴纳所得税在本年度允许抵免的金额。填报第 10 列、第 11 列孰小的金额。

13. 第 13 列"未超过境外所得税抵免限额的余额"：填报纳税人本年在抵免限额内抵免完境外所得税后有余额的、可用于抵免以前年度结转的待抵免的所得税额。本列填报第 11－12 列的金额。

14. 第 14 列"本年可抵免以前年度未抵免境外所得税额"：填报纳税人本年可抵免以前年度未抵免、结转到本年度抵免的境外所得税额。填报第 13 列、《跨年度结转抵免境外所得税明细表》（A108030）第 7 列孰小的金额。

15. 第 15 列至第 18 列由选择简易办法计算抵免额的纳税人填报。

（1）第 15 列"按低于 12.5％的实际税率计算的抵免额"：纳税人从境外取得营业利润所得以及符合境外税额间接抵免条件的股息所得，所得来源国（地区）的实际有效税率低于 12.5％的，填报按照实际有效税率计算的抵免额。

（2）第 16 列"按 12.5％计算的抵免额"：纳税人从境外取得营业利润所得以及符合境外税额间接抵免条件的股息所得，除第 15 列情形外，填报按照 12.5％计算的抵免额。

（3）第 17 列"按 25％计算的抵免额"：纳税人从境外取得营业利润所得以及符合境外税额间接抵免条件的股息所得，所得来源国（地区）的实际有效税率高于 25％的，填报按照 25％计算的抵免额。

16. 第 19 列"境外所得抵免所得税额合计"：填报第 12＋14＋18 列的金额。

二、表内、表间关系

（一）表内关系

1. 第 5 列＝第 3－4 列。

2. 第 7 列＝第 5－6 列。

3. 第 9 列＝第 7×8 列。

4. 第 12 列＝第 10 列、第 11 列孰小。

5. 第 13 列＝第 11 列－第 12 列。

6. 第 14 列≤第 13 列。

7. 第 18 列＝第 15＋16＋17 列。

8. 第 19 列＝第 12＋14＋18 列。

（二）表间关系

1. 第 2 列各行＝表 A108010 第 14 列相应行次。

2. 第 2 列合计＝表 A108010 第 14 列合计。

3. 第 3 列各行＝表 A108010 第 18 列相应行次。

4. 第 4 列各行＝表 A108020 第 4 列相应行次＋表 A108020 第 13 列相应行次。

5. 第 6 列合计＝表 A100000 第 18 行。

6. 第 9 列合计＝表 A100000 第 29 行。

7. 第 10 列各行＝表 A108010 第 13 列相应行次。

8. 第 14 列各行＝表 A108030 第 13 列相应行次。

9. 第 19 列合计＝表 A100000 第 30 行。

A108010《境外所得纳税调整后所得明细表》填报说明

本表适用于取得境外所得的纳税人填报。纳税人应根据税法、《财政部 国家税务总局关于企业境外所得税收抵免有关问题的通知》（财税〔2009〕125 号）和《国家税务总局关于发布〈企业境外所得税收抵免操作指南〉的公告》（国家税务总局公告 2010 年第 1 号）规定，填报本年来源于或发生于不同国家、地区的所得按照税法规定计算的境外所得纳税调整后所得。

一、有关项目填报说明

1. 第 1 列"国家（地区）"：填报纳税人境外所得来源的国家（地区）名称，来源于同一个国家（地区）的境外所得可合并到一行填报。

2. 第 2 列至第 9 列"境外税后所得"：填报纳税人取得的来源于境外的税后所得，其中：第 2 列股息、红利等权益性投资所得包含通过《受控外国企业信息报告表》（国家税务总局公告 2014 年第 38 号附件 2）计算的视同分配给企业的股息。

3. 第 10 列"直接缴纳的所得税额"：填报纳税人来源于境外的营业利润所得在境外所缴纳的企业所得税，以及就来源于或发生于境外的股息、红利等权益性投资所得、利息、租金、特许权使用费、财产转让等所得在境外被源泉扣缴的预提所得税。

4. 第 11 列"间接负担的所得税额"：填报纳税人从其直接或者间接控制的外国企业分得的来源于中国境外的股息、红利等权益性投资收益，外国企业在境外实际缴纳的所得税额中属于该项所得负担的部分。

5. 第 12 列"享受税收饶让抵免税额"：填报纳税人从与我国政府订立税收协定（或安排）的国家（地区）取得的所得，按照该国（地区）税收法律享受了免税或减税待遇，且该免税或减税的数额按照税收协定应视同已缴税额的金额。

6. 第 15 列"境外分支机构收入与支出纳税调整额"：填报纳税人境外分支机构收入、支出按照税法规定计算的纳税调整额。

7. 第 16 列"境外分支机构调整分摊扣除的有关成本费用"：填报纳税人境外分支机构应合理分摊的总部管理费等有关成本费用，同时在《纳税调整项目明细表》（A105000）进行纳税调增。

8. 第 17 列"境外所得对应调整的相关成本费用支出"：填报纳税人实际发生与取得境外所得有关但未直接计入境外所得应纳税所得的成本费用支出，同时在《纳税调整项目明细表》（A105000）进行纳税调增。

9. 第 18 列"境外所得纳税调整后所得"：填报第 14＋15－16－17 列的金额。

二、表内、表间关系

（一）表内关系

1. 第 9 列＝第 2＋3＋…＋8 列。

2. 第 13 列＝第 10＋11＋12 列。

3. 第 14 列＝第 9＋10＋11 列。

4. 第 18 列＝第 14＋15－16－17 列。

（二）表间关系

1. 第 13 列各行＝表 A108000 第 10 列相应行次。

2. 第 14 列各行＝表 A108000 第 2 列相应行次。

3. 第 14 列－第 11 列＝主表 A100000 第 14 行。

4. 第 16 列合计＋第 17 列合计＝表 A105000 第 28 行第 3 列。

5. 第 18 列各行＝表 A108000 第 3 列相应各行。

A108020《境外分支机构弥补亏损明细表》填报说明

本表适用于取得境外所得的纳税人填报。纳税人应根据税法、《财政部 国家税务总局关于企业境外所得税收抵免有关问题的通知》（财税〔2009〕125 号）、《国家税务总局关于发布〈企业境外所得税收抵免操作指南〉的公告》（国家税务总局公告 2010 年第 1 号）规定，填报境外分支机构本年及以前年度发生的税前尚未弥补的非实际亏损额和实际亏损额、结转以后年度弥补的非实际亏损额和实际亏损额。

一、有关项目填报说明

在汇总计算境外应纳税所得额时，企业在境外同一国家（地区）设立不具有独立纳税地位的分支机构，按照企业所得税法及实施条例的有关规定计算的亏损，不得抵减其境内或他国（地区）的应纳税所得额，但可以用同一国家（地区）其他项目或以后年度的所得按规定弥补。在填报本表时，应按照国家税务总局公告 2010 年第 1 号第 13、14 条有关规定，分析填报企业的境外分支机构发生的实际亏损额和非实际亏损额及其弥补、结转的金额。

1. 第 2 列至第 5 列"非实际亏损额的弥补"：填报纳税人境外分支机构非实际亏损额未弥补金额、本年发生的金额、本年弥补的金额、结转以后年度弥补的金额。

2. 第 6 列至第 19 列"实际亏损额的弥补"：填报纳税人境外分支机构实际亏损额弥补金额。

二、表内、表间关系

（一）表内关系

1. 第 5 列＝第 2＋3－4 列。

2. 第 11 列＝第 6＋7＋…＋10 列。

3. 第 19 列＝第 14＋15＋…＋18 列。

（二）表间关系

第 4 列各行＋第 13 列各行＝表 A108000 第 4 列相应行次。

A108030《跨年度结转抵免境外所得税明细表》填报说明

本表适用于取得境外所得的纳税人填报。纳税人应根据税法、《财政部 国家税务总局关于企业境外所得税收抵免有关问题的通知》（财税〔2009〕125 号）、《国家税务总局关于发布〈企业境外所得税收抵免操作指南〉的公告》（国家税务总局公告 2010 年第 1 号）规定，填报本年发生的来源于不同国家或地区的境外所得按照我国税收法律、法规的规定可以抵免的所得税额。

一、有关项目填报说明

1. 第 2 至 7 列"前五年境外所得已缴所得税未抵免余额"：填报纳税人前五年境外所得已缴纳的企业所得税尚未抵免的余额。

2. 第 8 至 13 列"本年实际抵免以前年度未抵免的境外已缴所得税额"：填报纳税人用本年未超过境外所得税款抵免限额的余额抵免以前年度未抵免的境外已缴所得税额。

3. 第 14 至 19 列"结转以后年度抵免的境外所得已缴所得税额"：填报纳税人以前年度和本年未能抵免并结转以后年度抵免的境外所得已缴所得税额。

二、表内、表间关系

（一）表内关系

1. 第 7 列＝第 2＋3＋…＋6 列。

2. 第 13 列＝第 8＋9＋…＋12 列。

3. 第 19 列＝第 14＋15＋…＋18 列。

（二）表间关系

1. 第 13 列各行＝表 A108000 第 14 列相应行次。

2. 第 18 列各行＝表 A108000 第 10 列相应行次－表 A108000 第 12 列相应行次（当表 A108000 第 10 列相应行次大于表 A108000 第 12 列相应行次时填报）。

A109000《跨地区经营汇总纳税企业年度分摊企业所得税明细表》填报说明

本表适用于跨地区经营汇总纳税的纳税人填报。纳税人应根据税法规定、《财政部 国家税务总局 中国人民银行关于印发〈跨省市总分机构企业所得税分配及预算管理办法〉的通知》（财预〔2012〕40 号）、《国家税务总局关于印发〈跨地区经营汇总纳税企业所得税征收管理办法〉的公告》（国家税务总局公告 2012 年第 57 号）规定计算总分机构每一纳税年度应缴的企业所得税、总分机构应分摊的企业所得税。

一、有关项目填报说明

1. 第 1 行"总机构实际应纳所得税额"：填报《企业所得税年度纳税申报表》（A100000）第 31 行的金额。

2. 第 2 行"境外所得应纳所得税额"：填报表 A100000 第 29 行的金额。

3. 第 3 行"境外所得抵免所得税额"：填报表 A100000 第 30 行的金额。

4. 第 4 行"总机构用于分摊的本年实际应纳所得税"：填报第 1－2＋3 行的金额。

5. 第 5 行"本年累计已预分、已分摊所得税"：填报总机构按照税收规定计算的跨地区分支机构本年累计已分摊的所得税额、建筑企业总机构直接管理的跨地区项目部本年累计已预分并就地预缴的所得税额。填报第 6＋7＋8＋9 行的金额。

6. 第 6 行"总机构向其直接管理的建筑项目部所在地预分的所得税额"：填报建筑企业总机构按照规定在预缴纳税申报时，向其直接管理的项目部所在地按照项目收入的 0.2％预分的所得税额。

7. 第7行"总机构已分摊所得税额"：填报总机构在预缴申报时已按照规定比例计算缴纳的由总机构分摊的所得税额。

8. 第8行"财政集中已分配所得税额"：填报总机构在预缴申报时已按照规定比例计算缴纳的由财政集中分配的所得税额。

9. 第9行"总机构所属分支机构已分摊所得税额"：填报总机构在预缴申报时已按照规定比例计算缴纳的由所属分支机构分摊的所得税额。

10. 第10行"总机构主体生产经营部门已分摊所得税额"：填报总机构在预缴申报时已按照规定比例计算缴纳的由总机构主体生产经营部门分摊的所得税额。

11. 第11行"总机构本年度应分摊的应补（退）的所得税"：填报总机构汇总计算本年度应补（退）的所得税额，不包括境外所得应纳所得税额。填报第4－5行的金额。

12. 第12行"总机构分摊本年应补（退）的所得税额"：填报第11行×25％的金额。

13. 第13行"财政集中分配本年应补（退）的所得税额"：填报第11行×25％的金额。

14. 第14行"总机构所属分支机构分摊本年应补（退）的所得税额"：填报第11行×50％的金额。

15. 第15行"总机构主体生产经营部门分摊本年应补（退）的所得税额"：填报第11行×总机构主体生产经营部门分摊比例的金额。

16. 第16行"总机构境外所得抵免后的应纳所得税额"：填报第2－3行的金额。

17. 第17行"总机构本年应补（退）的所得税额"：填报第12＋13＋15＋16行的金额

二、表内、表间关系

（一）表内关系

1. 第4行＝第1－2＋3行。

2. 第5行＝第6＋7＋8＋9行。

3. 第11行＝第4－5行。

4. 第12行＝第11行×25％。

5. 第13行＝第11行×25％。

6. 第14行＝第11行×50％。

7. 第15行＝第11行×总机构主体生产经营部门分摊比例。

8. 第16行＝第2－3行。

9. 第17行＝第12＋13＋15＋16行。

（二）表间关系

1. 第1行＝表A10000第31行。

2. 第2行＝表A10000第29行。

3. 第3行＝表A10000第30行。

4. 第5行＝表A10000第32行。

5. 第12＋16行＝表A10000第34行。

6. 第13行＝表A100000第35行。

7. 第15行＝表A10000第36行。

A109010《企业所得税汇总纳税分支机构所得税分配表》
填报说明

本表适用于跨地区经营汇总纳税的总机构填报。纳税人应根据税法规定、《财政部 国家税务总局 中国人民银行关于印发〈跨省市总分机构企业所得税分配及预算管理办法〉的通知》（财预〔2012〕40 号）、《国家税务总局关于印发〈跨地区经营汇总纳税企业所得税征收管理办法〉的公告》（国家税务总局公告 2012 年第 57 号）规定计算总分机构每一纳税年度应缴的企业所得税、总分机构应分摊的企业所得税。

一、具体项目填报说明

1. "税款所属时期"：填报公历 1 月 1 日至 12 月 31 日。

2. "总机构名称"、"分支机构名称"：填报税务机关核发的税务登记证记载的纳税人全称。

3. "总机构纳税人识别号"、"分支机构纳税人识别号"：填报税务机关核发的税务登记证件号码（15 位）。

4. "应纳所得税额"：填报总机构按照汇总计算的、且不包括境外所得应纳所得税额的本年应补（退）的所得税额。数据来源于《跨地区经营汇总纳税企业年度分摊企业所得税明细表》（A109000）第 11 行"总机构本年度应分摊的应补（退）的所得税"。

5. "总机构分摊所得税额"：填报总机构统一计算的本年应补（退）的所得税额的 25％。

6. "总机构财政集中分配所得税额"：填报总机构统一计算的本年应补（退）的所得税额的 25％。

7. "分支机构分摊所得税额"：填报总机构根据税务机关确定的分摊方法计算，由各分支机构进行分摊的本年应补（退）的所得税额。

8. "营业收入"：填报上一年度各分支机构销售商品、提供劳务、让渡资产使用权等日常经营活动实现的全部收入的合计额。

9. "职工薪酬"：填报上一年度各分支机构为获得职工提供的服务而给予各种形式的报酬以及其他相关支出的合计额。

10. "资产总额"：填报上一年度各分支机构在经营活动中实际使用的应归属于该分支机构的资产合计额。

11. "分配比例"：填报经总机构所在地主管税务机关审核确认的各分支机构分配比例，分配比例应保留小数点后四位。

12. "分配所得税额"：填报分支机构按照分支机构分摊所得税额乘以相应的分配比例的金额。

13. "合计"：填报上一年度各分支机构的营业收入总额、职工薪酬总额和资产总额三项因素的合计数及本年各分支机构分配比例和分配税额的合计数。

二、表内、表间关系

（一）表内关系

1. 总机构分摊所得税额＝应纳所得税额×25％。

2. 总机构财政集中分配所得税额＝应纳所得税额×25％。

3. 分支机构分摊所得税额＝应纳所得税额×50％

4. 分支机构分配比例＝（该分支机构营业收入÷分支机构营业收入合计）×35％＋（该分支机构职工薪酬÷分支机构职工薪酬合计）×35％＋（该分支机构资产总额÷分支机构资产总额）×30％。

5. 分支机构分配所得税额＝该分支机构分配比例×分支机构分摊所得税额。

（二）表间关系

应纳所得税额＝表 A109000 第 11 行。

购书扫码 赠送2大增值礼包

1、《税务规划》系列期刊在线阅读卡

《税务规划》系列期刊是中国税网编辑出版的税收业务专业刊物，分为三个品种，即每月1日、15日出版的《税务规划》（半月刊）和《财税实务问答》（半月刊），每月1日出版的《财税法规精选》（月刊），这些期刊均由中国税网税务专家撰稿或编写，具有较强的实务性和实用性。

凡购买《2015年版企业所得税汇算清缴操作指南》和《2015年版企业所得税汇算清缴答疑精选》丛书的用户，中国税网专门赠送《税务规划》系列期刊在线阅读卡1张，可免费浏览6个月《税务规划》、《财税实务问答》和《财税法规精选》三本精华期刊。

赠送方式：读者可关注订阅"中国税网 - 每日税讯"微信公众号，在菜单中选择期刊订阅，填写有效信息提交即可取得阅读卡；或者发送短信"SWQK"至手机13552231808或拨打电话010-83112811申请期刊在线阅读卡。

2、《中国税网2014年企业所得税汇算清缴法规汇编》电子版

购书用户可扫描关注《中国税网-每日税讯》二维码下载《中国税网2014年企业所得税汇算清缴法规汇编》电子版。

《每日税讯》微信

中国税网
2014年12月